Die Wahrheit wird stärker sein

INTERNATIONALE CARDINAL-NEWMAN-STUDIEN

Herausgegeben von
Günter Biemer

Begründet von
Heinrich Fries und Werner Becker

XVII. Folge

PETER LANG
Frankfurt am Main · Berlin · Bern · Bruxelles · New York · Wien

INTERNATIONALE CARDINAL-NEWMAN-STUDIEN

Günter Biemer

Die Wahrheit wird stärker sein
Das Leben Kardinal Newmans

PETER LANG
Europäischer Verlag der Wissenschaften

Die Deutsche Bibliothek - CIP-Einheitsaufnahme

Biemer, Günter:
Die Wahrheit wird stärker sein : das Leben Kardinal Newmans /
Günter Biemer. - Frankfurt am Main ; Berlin ; Bern ; Bruxelles ;
New York ; Wien : Lang, 2000
  (Internationale Cardinal Newman-Studien ; Bd. 17)
  ISBN 3-631-35747-8

Abbildung auf dem Umschlag:
John Henry Newman, 1880, Ölgemälde von
Walter William Ouless (1848-1933), The Oratory, Birmingham.

Wiedergabe der Newmanbilder geschieht – wenn nicht
anders vermerkt – mit Erlaubnis der
FATHERS OF THE BIRMINGHAM ORATORY.

Gedruckt im Auftrag und mit einem Zuschuß der
Internationalen Deutschen Newman-Gesellschaft.

Für die elektronische Betreuung des Manuskripts und die
Erstellung des Index bedankt sich der Verfasser
bei Michael Knaus.

Gedruckt auf alterungsbeständigem,
säurefreiem Papier.

ISSN 0934-7259
ISBN 3-631-35747-8
© Peter Lang GmbH
Europäischer Verlag der Wissenschaften
Frankfurt am Main 2000
Alle Rechte vorbehalten.

Das Werk einschließlich aller seiner Teile ist urheberrechtlich
geschützt. Jede Verwertung außerhalb der engen Grenzen des
Urheberrechtsgesetzes ist ohne Zustimmung des Verlages
unzulässig und strafbar. Das gilt insbesondere für
Vervielfältigungen, Übersetzungen, Mikroverfilmungen und die
Einspeicherung und Verarbeitung in elektronischen Systemen.

Printed in Germany 1 2 3 4 6 7

Eine Hinführung

Der Mann, der das Menschwerden des Menschen an die Entfaltung des Verantwortungssinnes gekoppelt sah, der Mann, der die Bedeutung des Sinnes für Verantwortung in seinem eigenen Lebenslauf so erlebte und dieses Erlebnis zur Grundlage seines Denkens und Handelns machte, das war John Henry Newman. Er lebte aus der Erfahrung, daß der Verantwortungssinn unlöslich mit dem Sinn für Gut und Böse verbunden war. Das was wahr ist, das was gerecht ist, das was gut ist ... soll unter allen Umständen getan werden und das Gegenteil soll unter allen Umständen vermieden, nicht getan werden.

Newman sah in dieser Erfahrung, in der er selbst persönlich und zuinnerst absolut beansprucht wurde und sich vom Absoluten angesprochen wußte, die tatsächlich erlebbare Verbindung des Menschen zu Gott und Gottes zum Menschen. Er sah darin „das Prinzip der Religion" in der Menschheitsgeschichte. So einzigartig neu ist diese seine Erfahrung nicht, aber er hat sie als erster und am Vorabend der „Gott ist tot"-Parole Friedrich Nietzsches so pointiert analysiert. Schon sein Landsmann Thomas Morus hat aufgrund dieses Anspruches in seinem Gewissen sein Leben eingesetzt. Im Morgenrot der abendländischen Philosophie hatte dies in analoger Liebe zur Wahrheit Sokrates im alten Griechenland getan. Und neuerdings waren es Franz Jägerstätter und andere, die mit dem Einsatz ihres Lebens ihrer Gewissensstimme den Vorrang vor dem Befehl Hitlers gaben. Ansonsten hatte die christliche Tradition ihre Gottes-"Beweise" oder besser: -Hinweise eher in kosmischen oder philosophischen Zusammenhängen gefunden. Newman läßt diese Tradition hinter sich. Sein „Prinzip der Religion" und Religiosität findet sich in der empirisch erfahrbaren Selbstreflexion des Individuums. Diese beschreibt Newman in phänomenologischer Weise als dialektisch und imperativisch angelegt: Du sollst auf jeden Fall ..., oder: Du darfst auf keinen Fall ... Und wo sich die Erfahrung dieser Tiefenstruktur des menschlichen Selbstbewußtseins nicht (mehr) einstellt, kommt es Newman vor, wie wenn er in einen Spiegel schaut und sich nicht darin sieht. Eine substantielle Störung der Naturgesetze des Menschseins hat sich ereignet.

EINE HINFÜHRUNG

Der gewissenhaft gegangene Weg zu Gott aus der originären Geschichte des eigenen Gewissens läßt Newman zu einem der wichtigsten und interessantesten Pfadfinder und Gesprächspartner für jeden Menschen werden, dem es im heutigen Leben um Gott und den Sinn unserer Existenz geht. Wie zentral für Newman der Gewissens-Sinn zur Entfaltung des Wesens der menschlichen Existenz und ihrem Bezug zu Gott gehört, zeigt er in einer seiner grundlegenden Universitätsrede über „Den persönlichen Einfluß als Mittel zur Verbreitung der Wahrheit". Darin „definiert" er gewissermaßen die Singularität von Jesus Christus, indem er sagt, er sei der Mensch, der „ohne Abweichung von den Forderungen seines Pflichtgefühls, von seiner frühen Kindheit an einzig darum bemüht (war), das ihm im Anfang gegebene Licht zu mehren und zu vervollkommnen. Die Kenntnis und Kraft, recht zu handeln, haben in ihm mit der Erweiterung seiner Pflichten Schritt gehalten ... Je mehr neue Pflichten auftauchen und je mehr neue Kräfte in Tätigkeit gesetzt werden, desto schneller wurde alles in die schon bestehende innere Ordnung aufgenommen und dort an den gebührenden Platz gestellt ..."[1] Gott als Mensch kann ganz einfach dadurch gekennzeichnet werden, daß sich sein Gewissen schlechthin „ohne Abweichung von den Forderungen des Pflichtgefühls" realisiert. Damit hat Newman zu Anfang seiner dreißiger Jahre exemplarisch aufgezeigt, wie man die Wahrheit in ihrer Bedeutsamkeit für das eigene Leben in zuverlässiger Weise finden kann und soll. Am Beispiel des heiligen Athanasius illustrierte Newman anschließend in derselben Predigt, wie sich die Orientierung des individuellen Gewissens an der Wahrheit auf den Gang der Heils-Geschichte Gottes mit den Menschen auswirken kann. „Das Subjekt findet bei Newman eine Aufmerksamkeit, wie es sie in katholischer Theologie vielleicht seit Augustinus nicht mehr erfahren hatte" (J. Ratzinger). Newman hat selbst sein Leben lang nach diesem Prinzip gehandelt, „dem im Anfang gegebenen Licht zu folgen", auch als es ihn aus der ihm vertrauten Kirche hinaus in eine ihm fremde Kirche führte, auch als es ihn sein öffentliches Ansehen und sein Einkommen kostete und als es ihn in der „fremden Kirche" selbst - aufgrund seiner inopportunen Gewissenstreue - als befremdlich erscheinen ließ. Er vertraute keinem Lebensprinzip mehr als dem „Praevalebit Veritas" („Die Wahrheit wird

---

[1] G 66 - 67.

sich als stärker erweisen"), es war für ihn synonym mit dem Glauben an „Deus providebit" („Gott waltet als Vorsehung").

Zweifellos ist die Lebensbeschreibung eines Menschen, dem Hochbegabung im musischen Bereich ebenso nachgewiesen wurde wie im psychologischen, philosophischen und theologischen Denken, der in der literarischen Form der Ironie ebenso brillierte wie er in der christlich-spirituellen Praxis Erfahrung und Kompetenz ausstrahlte, viel farbiger, lebendiger und vielseitiger als dies in unserer bisherigen Hinführung erscheint, die sich lediglich auf sein Zeugnis für die Gotteserfahrung im Gewissen konzentrierte. Das alles wird die Beschreibung seines Lebens und Werks noch erweisen. Dennoch erschien es uns richtig, in einer verdichteten Weise vorab zu sagen: Newman verstand „Leben als Ringen um die Wahrheit". Dieses Lebensverständnis kommt in seiner an der Lehre der Kirche orientierten Praxis des Gewissens zum Ausdruck.

Newman sagte der Kirche von seiner Zeit her voraus, vor der größten existentiellen Herausforderung ihrer Geschichte zu stehen. Danach aber sah er im Blick auf die kommenden Jahrhunderte die Religion in der Geschichte der Menschheit vor einem noch nie erfahrenen Aufblühen. Zu beiden Phasen kann der sensible, sorgfältige und praxisorientierte britische Denker und heiligmäßige Glaubende Geleit geben. Dabei wäre der gründlichen und fruchtbaren Auseinandersetzung mit ihm nichts unangemessener als unüberzeugte Zustimmung. Aber auch eine rein kritische Annäherung könnte den Weg zu ihm und zu seiner Gotteserfahrung verstellen. Ausprobieren, was er zum Leben aus dem Glauben an Gott zu sagen hat, entspricht seinem Grundsatz: „Wissen ist nichts im Vergleich zum Tun." Die Praxis der Wahrheit ist es, die von der Liebe geleitet, zu dem Wachstum führt, das in Jesus Christus sein Maß hat. (Vgl. Eph 4, 15).

„Wir, die wir nie einen solch anderen Menschen gesehen hatten, und denen er ... als Kontrast zum normalen Vorgesetzten am Kolleg erschien, betrachteten Newman mit der Zuneigung, die Schüler für ihren

Lieblingslehrer (...) haben. Das einfachste Wort, das von ihm fiel, wurde hochgeschätzt, als ob es ein geistiger Diamant wäre."[2]

---

[2] So der durchaus kritische J. A. Froude in:Short Studies on great Subjects, London 1883, Bd. IV, 199.

Inhaltsverzeichnis

Eine Hinführung 5

Abkürzungsverzeichnis 12

Die Suche nach dem, wozu wir leben 19

Wachstum - der einzige Beweis für Leben (1801 - 1833) 25
Kindheit und Jugendjahre 25 - Religiöse Bekehrung 29 - Studium in Oxford 35 - Das Schlußexamen 43 - Mathematik und Religion 46 - Fellow von Oriel 49 - Erste Predigten 63 - Geschwister, Freunde, Kontakte 66 - Tutor in Oriel 69 - Die Kirchenväter 81 - Glaubenszeuge: Glaube und Vernunft 85 - Mittelmeerreise 1832/33 89 - Briefe und Gedichte an Bord 92 - Krank in Sizilien 95 - Die Feuersäule 100

Reformversuche der „Apostolischen" in der Anglikanischen Kirche: Die Oxford-Bewegung (1833 - 1843) 105
Tracts for the Times 106 - Der Mittlere Weg 114 - Predigten als Reformimpulse der Oxford-Bewegung 131 - Die Feier der Gottesdienste erneuern 147 - Vorzeichen der Krise 154 - Verunsicherungen 156 - Religionsersatz in der Bildungspolitik 162 - Tract XC - der letzte in der Reihe 167 - Das Kreuz als Maß der Dinge 170 - Die entscheidende Wende 173 - Abschied von einer Kirche 176 - Die Entwicklung der christlichen Glaubenslehre 181 - Der Abschied von den Freunden 189

Aufbruch und Übergänge (1843 - 1850) 197
„Die eine wahre Herde" 197 - Die Entwicklung der christlichen Lehre 201 - In Erwartung des rechten Augenblicks 209 - Aufnahme in die Römisch-Katholische Kirche 212 - Die neue Glaubensgemeinschaft, ein fremdes Ufer 218 - Sorgfalt mit Konversion und Konvertiten 223 - Studienaufenthalt in Rom, Noviziat als Oratorianer 228 - Die Gründung der englischen Oratorien 236 - Gewisse Schwierigkeiten von Anglikanern mit dem katholischen Glauben 246 - Wiederherstellung der römisch-katholischen Hierarchie 251 - Ein Manifest für die Laien 253

Bildung als Beitrag zum Wiederaufbau der Katholischen Kirche (1851 - 1865) 261

Projekt einer Katholischen Universität in Irland 261 - Universität, das Universum des Wissens 269 - „Freie Bildung" 272 - Idee und geschichtliche Wirklichkeit der Universität 288 - Oratorien in Birmingham und London: Ein Fortsetzungskonflikt und seine Lösung 302 - Das Projekt einer englischen Bibelübersetzung 308 - Die Bedeutsamkeit der Laien in Sachen der Glaubenslehre 311 - Unter der Wolke des Verdachts 324 - Ein Gymnasium der Oratorianer 328 - In der „dunklen Nacht" der Läuterung 331

Die Verteidigung der Wahrheit seines Lebens (1864 - 1867) . 337

Apologia Pro Vita Sua 337 - Die Freiheit der Theologie und die Unfehlbarkeit des Lehramts 348 - Der Traum vom seligen Sterben 359 - Pläne für ein Oratorium in Oxford 363 - Manning und Newman 370 - Ein Vorschlag zur Wiedervereinigung der Christen: kritische Stellungnahme 380 - Newman und die Lehre über Maria, die Mutter Jesu 386

Über das Verhältnis von Glaube, Vernunft und Gewißheit (1866 - 1870) 399

Die Mitte seiner Lebensthemen: Glaube und Vernunft 399 - Impulse aus ehrlichem Nichtglauben 404 - Der Weg zur Grammatik der Glaubenszustimmung 406 - Grammar of Assent: Eine Elementarlehre des Glaubensaktes 411 - Folgerung und Gewißheit: Individualität und Identität 415 - Zur Wirkungsgeschichte der Zustimmungslehre 421

Das Gewissen des Christen und das unfehlbare Lehramt der Kirche Jesu Christi (1869 - 1877) 427

Zur Zeit des I. Vatikanischen Konzils 432 - Erneuerte Kontakte und Abschiede für immer: Verwandte und Freunde 447 - Die Kontroverse mit dem Premierminister über Papst und Gewissen 456 - Newmans Lehre vom Gewissen und seinem Verhältnis zum Lehramt der Kirche 462 - Abrundung des Lebens „im Angesicht des Todes" 470 - Zu den Ämtern der Kirche 477

„Damit er euch erhöht, wenn die Zeit gekommen ist"
(1877 - 1890) 481

Ehren-Fellow von Trinity College 481 - „Newman, der Oratorianer":
Zwischen den Generationen 488 - Kardinal der Heiligen Römischen
Kirche (1879) 490 - Zum Konsistorium der Kardinäle in Rom 501 -
Gewißheit und Zweifel in Theologie und Naturwissenschaft 517 - Worauf
bezieht sich die Inspiration der Heiligen Schrift? 526 - Moderne
Gesellschaft und das Schwinden der Religion 534 - Sorge um sein
Vermächtnis 542 - Die letzten Jahre 544 - Newmans Tod und der
Nachruf 548 - Besondere Zeugnisse von Newmans Wirkungsgeschichte in
Deutschland 554

Index 561

Abkürzungsverzeichnis

1. Englische Originalausgaben

1a: *vom Verfasser publiziert*

AE	Apologia pro vita sua, Being a History of his Religious Opinions, ed. with an Introduction and Notes by Martin J. Svaglic, Oxford 1967, ²1990 (deutsch: A).
Ar	The Arians of the Fourth Century, 3. Aufl. v. 1871 (mit Fußnoten und Zusätzen zur 1.Aufl. 1833).
Ath I-II	Selected Treatises of St. Athanasius in Controversy with the Arians, freely translated, with an Appendix, ³1881.
Call	Callista, a Tale of the Third Century, 1. Aufl.1855.
Cons	On Consulting the Faithful in Matters of Doctrine,(1859) ed, with an Introduction by John Coulson, London1961 (deutsch: P).
DA	Discussions and Arguments on Various Subjects,1872 (aus 1836-66).
Dev	An Essay on the Development of Christian Doctrine, 3.Aufl. 1878 (große Unterschiede gegenüber der 1. Aufl. v. 1845; deutsch: E, 1- 383, dort in den Anmerkungen ein Vergleich beider Auflagen).
Diff I-II	Certain Difficulties, felt by Anglicans in Catholic Teaching; Bd I: 12 Lectures, addressed in 1850 to the Party of the Religious Movement of 1833; Bd II: Letter to ... Pusey, 1866, Letter to the Duke of Norfolk..., 1875 (Diff II deutsch: P 1-251).
DMC	Discourses addressed to Mixed Congregations, 1849 (deutsch: DP XI).
ECH I-II	Essays Critical and Historical, 1871 (Essays aus 1828-46).

ABKÜRZUNGSVERZEICHNIS

GA	An Essay in Aid of a Grammar of Assent, (1870), ed. with Introduction and notes by Ian T. Ker, Oxford 1985. (deutsch: Z).
HS I-III	Historical Sketches, 1872 (aus 1824-60).
Just	Lectures on the Doctrine of Justification, 3.Aufl. 1874 (1. Aufl. 1838).
LG	Loss and Gain, (1. Aufl. 1848) 11. Aufl. London 1893.
Mir	Two Essays on Biblical and Ecclesiastical Miracles, 1870 (aus 1825 und 1843).
OUS	Fifteen Sermons preached before the University of Oxford between 1826 and 1843, (1843), 3.Aufl. 1871 (deutsch: G 1-258).
PPS	Parochial and Plain Sermons, Aufl. v. 1868 (1. Auflagen: Bd. I - VI: 1834 - 43; 2. Aufl. Bd. I - VIII: London u.a. 1868 (deutsch: DP I-VIII).
PresPos	Lectures on the Present Position of Catholics in England, 3. Aufl. 1857 (1. Aufl. 1851).
ProphOff	Lectures on the Prophetical Office of the Church, London - Oxford, ²1838
SSD	Sermons bearing on Subjects of the Day, 1. Aufl. 1843, (aus 1831-43), (deutsch: DP IX.)
SVO	Sermons preached on Various Occasions, 1. Aufl. 1857 (aus 1850-73), (deutsch: DP X.)
TTE	Tracts Theological and Ecclesiastical, 1874 (Nachträge 1883, aus 1847-72).
UE	The Idea of a University defined and illustrated: I. in nine Discourses delivered to the Catholic University of Dublin (1852); II. in Occasional Lectures and Essays addressed to the Members of the Catholic University (1854-58), 1. Aufl. 1859, ed. with Introduction and notes by Ian T. Ker, Oxford 1976 (deutsch: U., m. Auslassungen und einem zusätzlichen Vortrag).

ABKÜRZUNGSVERZEICHNIS

VM I-II The Via Media of the Anglican Church, ed. with Introduction and Notes by H.D. Weidner, Oxford 1990. Enthält nur Bd. I: Lectures on the Prophetical Office of the Church viewed relatively to Romanism and Popular Protestantism (1837; mit dem wichtigen Vorwort zur 3.Aufl. v. 1877) Bd. II: Occasional Letters and Tracts., 1877 (11 Aufsätze von 1830-1845).

VVO Verses on Various Occasions, 1868 (aus 1818-1865).

1b: Posthum herausgegebene Schriften und Reden Newmans:

Addr Addresses to Cardinal Newman with his Replies 1879-81 ed. W. Neville, 1905.

AM I-II Anne Mozley, Ed., Letters and Correspondence of J. H. Newman during his Life in the English Church, London 1891.

AWr J. H. Newman: Autobiographical Writings, ed. H. Tristram, Lodon - New York 1956 (deutsch: SB).

CF C. H. Harper: Cardinal Newman and William Froude. A Correspondence, 1933.

CK Correspondence of J. H. Newman with John Keble and others 1839-1845, ed. at the Birmingham Oratory 1917.

CM P. Zeno: Newman. Our Way to Certitude,:1957, Appendix: The Newman-Meynell Correspondence (S.226-70; 47 Briefe 1869/70).

CS Catholic Sermons of Cardinal Newman, ed. at the Birmingham Oratory 1957 (deutsch: DP XII).

DM Dorothea Mozley, ed., Newman Family Letters, 1962.

LD I-XXXI The Letters and Diaries of J. H. Newman. Edited at the Birmingham Oratory by Charles Stephen Dessain of the same Oratory et al., London 1961 ff. (es fehlen die Bände IX-X: der Zeit 1842-45).

MCI Card. Newman: My Campaign in Ireland. Part. I. Catholic University Reports and other Papers. Printed for private Circulation only. Aberdeen 1896 (Bd. II nicht erschienen).

ABKÜRZUNGSVERZEICHNIS

MD	Meditations and Devotions, ed. W. Neville, (1893), London 1912 (dtsch: BG).
MHS	Newman Manuscripts on Holy Scripture. Anhang zu: J. Seynaeve, Card. Newman's Doctrine on Holy Scripture, 1953 (aus 1836-65).
NO	Newman's Oratory Papers, in: P. Murray, Newman the Oratorian, 1968 (S. 133-467: aus den Jahren 1846-78).
OIS	John Henry Newman, On the Inspiration of Scripture. Edited by J. D. Holmes and P. Murray. London-Dublin-Melbourne 1967.
PhNb	The Philosophical Notebook of J. H. Newman. Edited at the Birmingham Oratory by E. Sillem, revised by J. A. Boekraad, Vol. II: The Text, 1970.
SE	Stray Essays on Controversial Points Variously Illustrated by Cardinal Newman.. Private. 1890. Deutsch: G 361-424.
SN	Sermon Notes of J. H. Card. Newman 1849-78. Edited by Fathers of the Birmingham Oratory, 1913.
TP I	The Theological Papers of John Henry Newman on Faith; and Certainty. Selected and edited by J. D. Holmes. Oxford 1976.
TP II	The Theological Papers of John Henry Newman on Biblical Inspiration and on Infallibility. Selected, edited, and introduced by J. D. Holmes. Oxford 1979.
Tr	Tracts for the Times, I (1833) - XC (1840).

2. Deutsche Übersetzungen von Werken Newmans

AW	Ausgewählte Werke Newmans (Mainz 1951-1969).
A	Apologia Pro Vita Sua (AW I, 1951; s. engl. AE).
B	Briefe und Tagebücher aus der katholischen Zeit seines Lebens (AW II - III, 1957).
E	Über die Entwicklung der Glaubenslehre (AW VIII, 1969; s. engl. Dev); im Anhang weitere Dokumente zur Theorie der Lehrentwicklung.

ABKÜRZUNGSVERZEICHNIS

G	Zur Philosophie und Theologie des Glaubens (AW VI, 1964): Oxforder Universitätspredigten (s. engl. OUS), weitere Predigten zum Thema (aus engl. PPS I, III, TV, VI, VIII, SVO, DMC), Texte zum Thema Inspiration und Glaubensanalyse (engl. SE bzw. OIS u. a.).
NLex	J. Artz, Newman - Lexikon, Mainz 1975.
P	Polemische Schriften (AW IV, 1959): Brief an Pusey (aus engl. Diff II), Brief an den Herzog von Norfolk (ebd.), Artikel im <Rambler>: Über das Zeugnis der Laien in Fragen der Glaubenslehre (s. engl. Cons).
U	Vom Wesen der Universitat (AW V, 1960; s. engl. UE).
Z	Entwurf einer Zustimmungslehre (AW VII, 1960; s. engl. GA).
DP I-XII	(Deutsche Predigtausgabe) Predigten, Gesamtausgabe (Stuttgart 1948-65): DP I-VIII: Pfarr- und Volkspredigten (s. engl. PPS); DP IX: Predigten zu Tagesfragen (s. engl. SSD); DP X: Predigten zu verschiedenen Anlässen (s. engl. SVO); DP XI: Predigten vor Katholiken und Andersgläubigen (s. engl. DMC); DP XII: Der Anruf Gottes, neun bisher unveröffentlichte Predigten aus der katholischen Zeit (s. engl. CS).
BG	Betrachtungen und Gebete /München 1952; (s. engl. MD: deutsch völlig umgeordnet und ausgewählt).
SB	Selbstbiographie nach seinen Tagebüchern, Stuttgart 1959; (s. engl. AWr).
Newman-Lesebuch	G. Biemer/J. D. Holmes, Hrg., Leben als Ringen um die Wahrheit, Ein Newman-Lesebuch. Mainz 1984.

3. Newman-Biographien und -kommentare

Dessain	C. S. Dessain: John Henry Newman. Anwalt redlichen Glaubens, Freiburg 1981 (engl.1966).
Gilley	Sheridan Gilley, Newman and his Age. London 1990.

Harrold	Charles F. Harrold, John Henry Newman. An Expositary and Critical Study of his Mind, Thought and Art, London - New York 1945.
Ker	Ian T. Ker: John Henry Newman. A Biography, Oxford 1989.
Ker - Hill	I. Ker - A. G. Hill, Hrg.., Newman after a Hundred Years, Oxford 1990.
W. Meynell	Wilfrid Meynell, John Henry Newman - The Founder of Modern Anglicanism and a Cardinal of the Roman Church, London 1890.
O'Faolain	Sean O'Faolain, Newman's Way, London u.a. 1952.
Trevor I-II	Meriol Trevor: John Henry Newman. Vol. I: The Pillar of the Cloud. - Vol. II: Light in Winter, London 1962.
Ward I-II	W. Wilfrid Ward: The Life of J. H. Card. Newman, based on his Private Journals and Correspondence, London 1912.

4. Newman-Forschung

Blehl	Blehl, Vincent F., John Henry Newman. A Bibliographical Catalogue of his Writings, Charlottesville 1978 (Zur Verifizierung der Ausgaben all seiner Schriften).
NSt I ff	Internationale Cardinal Newman-Studien, 1.-10. Folge, hrsg. von W. Becker und H. Fries, Nürnberg 1948 ff.; 11.-15. Folge, Sigmaringendorf 1980 ff., hrsg. von H. Fries und G. Biemer; ab 16. Folge: Frankfurt - Bern u.a. 1998 ff.

Die Suche nach dem, wozu wir leben

„Nichts ist dieser Tage seltener als ruhiges Denken.
Jeder ist in Unruhe auf vieles hin unterwegs.[3]

Es geht bei der Darstellung des Lebens von John Henry Newman nicht nur darum, einen außergewöhnlichen Menschen aus der Nähe kennenzulernen. Er war ein Mann, der an der Schwelle der Aufbrüche lebte, deren Dynamik uns umtreibt: der Autonomie des Individuums, der Emanzipation der Wissenschaften, der Überprüfung dessen, was Tradition wert ist, der Industrie-, Bildungs- und Kommunikationsgesellschaft. Er hätte mit seiner Theorie von der Entwicklung der Ideen durchaus das Wort Franz von Baaders zur Überschrift wählen können: „Es darf nicht beim alten bleiben, wenn es beim alten bleiben soll".

In Newman begegnet man einem Menschen, der einen festen Glauben an das persönliche Leben, an die Bedeutung der eigenen Existenz besaß: „Ich bin, was ich bin oder ich bin nichts. ... Ich kann nicht umhin, mir selbst ausreichend zu sein, denn ich kann mich nicht zu etwas anderem machen. ... Wenn ich nicht von mir selbst Gebrauch mache, habe ich kein anderes Selbst zu gebrauchen. Meine einzige Aufgabe ist es, herauszufinden, was ich bin, um es in Gebrauch zu nehmen. ... Mein erster Ungehorsam: ... mißtrauisch gegen meine Kräfte zu sein und den Wunsch zu haben, die Gesetzmäßigkeiten, die mit mir selbst identisch sind, auszuwechseln."[4] Mit seiner empirisch orientierten und logischen Weise des Denkens weckt Newman Zustimmung, Sympathie, Vertrauen, auch beim heutigen Menschen. Wie in den vergangenen ein- bis zweihundert Jahren machen die Leser bei der Lektüre seiner Texte die Erfahrung, daß er die Komposition menschlichen Lebens und Denkens erfaßt hat und daß es sich lohnt, von ihm etwas für die Gestaltung der eigenen Existenz zu lernen.

Newmans Glaube an das Leben durchdringt seinen ganzen Lebenslauf. Er findet, man soll sich ernst nehmen, tun, was man als wahr und richtig erkannt hat, konsequent leben. Dann werde sich eine erstaunliche Eindeutigkeit in der Lebensdynamik herausstellen. Wer darauf vertraut,

---

[3] Tr 40 von 1834.
[4] Z, 244.

daß es im Leben auf Gerechtigkeit und Wahrheit ankommt, wird die Erfahrung dieser Wahrheit selber machen. Davon ist Newman überzeugt und sucht er andere zu überzeugen. Er ist nicht nur ein brillanter Theoretiker, ein philosophischer Kopf, ein Meister psychologischer Einfühlung, der andere lehren will. Er ist auch ein Lebemeister, der ausprobierte und ausgehalten hat, wovon er spricht. Es geht uns also bei der Darstellung des Lebens von Newman darum, die Tragkraft seiner Einsichten für das eigene Leben zu entdecken. Wenn er inmitten eines eigenwilligen philosophischen Buches sagt: Das Begreifen erfolgt gemäß der Darbietung - entweder begriffstrocken und zuverlässig, wie in einem Lexikon, oder farbig existenzbezogen, wie in einer lebendigen Erzählung - wer würde das nicht verstehen? Wer würde sich nicht wünschen, alle Lehrer aller Schulen würden aus dieser seiner „Zustimmungslehre" Konsequenzen ziehen für lebendiges Lernen?

Aber kommen wir zur Sache, zur Sache Newmans: Ist er nicht Theologe, Kirchenmann, Kardinal? Richtig - letzteres wurde er nur ganz knapp mit einer spannenden Geschichte. Und Theologe? Er ist es; aber er hat sich selbst nie für einen solchen gehalten, sondern war von der eigenen Durchbruchserfahrung, der Erfahrung von Gottes Existenz als Quintessenz seiner eigenen Existenz sein ganzes Leben hindurch lebendig erfüllt. So geht auch seine eigene Bemühung dahin, jedem einzelnen Menschen diesen Zugang durch Einkehr in sein Inneres zu erschließen, durch Wahrnehmung des Sinnes für Verantwortung. Der Verantwortungssinn ist für Newman der Reflektor, in dem sich Gottes Dasein in jedem Menschen spiegelt, mitunter recht verzerrt, aber immerhin wirklich. Gott sei in jedem Menschen hörbar, in seinem Gewissenssinn, anfangs recht undeutlich, aber immerhin wirklich.

Religiöse Rede müsse von persönlicher Erfahrung gedeckt sein, fordert Newman. In religiösen Angelegenheiten ist Bezugnahme auf sich selbst die wahre Bescheidenheit.[5]

Und war er ein Mann der Kirche? Wie wenige - aber anders. In dieser Lebensdarstellung, in der es um die Geschichte Newmans geht, wird manches Fremde auftauchen, das mit der universalen Interessenlage, der

---

[5] „Egotism is true modesty": Z, 270.

tiefreichenden Gebildetheit und der anderen Lebenszeit Newmans zu tun hat. Manches wird nicht nachvollziehbar bleiben. Aber in einer Hinsicht werden alle in ihrem Urteil über Newman übereinstimmen: Er hat sich wie nur ganz wenige Menschen in der abendländischen Geschichte um eigene Glaubwürdigkeit bemüht; darum, seine Lebensgestaltung als wahrhaftig und einleuchtend darzustellen, und dies in den Augen der ganzen Öffentlichkeit seiner Zeit. Gerade darin zeigt sich noch einmal sein Vertrauen auf die Macht der Wahrheit, nicht nur bei Gott sondern auch bei den Menschen.

Er hat einen ungewöhnlichen Lebensweg anzubieten und plausibel zu machen: von der emotional hoch besetzten Frömmigkeit evangelikaler Christen innerhalb der anglikanischen Kirche zu dem sakramental und objektiv ausgerichteten katholischen Flügel der Staatskirche (Established Church), vom Promotor einer Kirchenreform zum Konvertit in eine andere Kirche, vom Durchhalten jener Positionen aus der Väterkirche, um derentwillen er konvertiert hatte, und die nun Grund für seine Anfeindung in der römisch-katholischen Kirche wurden, bis hin zur Bestätigung in eben dieser Kirche durch die zweithöchste Würde, die sie zu vergeben hat, schließlich vom Verzicht auf akademische Karriere auf Grund seines Kampfes für eine traditionsgebundene Orthodoxie bis zur Anerkennung und Wiedereingliederung in den akademischen Lehrkörper der Universität Oxford.

Newman kann jedem etwas zu lernen geben, der lernfähig ist. Er ist weder modern im Sinne einer Relativierung der Wahrheit und des Gewissens nach autonomem Ermessen. Noch vertritt er autoritäre Strukturen, die verlangen, daß man sich ohne Einsicht der Autorität zu beugen habe. Vielmehr ist er davon überzeugt: Gott hat das Gewissen jedes einzelnen Menschen einerseits und die Kirche als Hort seiner Offenbarung und Erlösung der Menschen anderseits aufeinander zugeschaffen: „Spräche der Papst gegen das Gewissen im wahren Sinne des Wortes, dann würde er Selbstmord begehen. Er würde sich den Boden unter den Füßen wegziehen. ... Auf das Gewissen und seine Heiligkeit gründet sich sowohl seine Autorität in der Theorie wie auch seine tatsächliche Macht."[6]

---

[6] P, 165.

Newman ist also sehr wohl ein Mann der Kirche, aber einer, der nicht bei anderen denken läßt.

Dieser Mensch, John Henry Newman, hat sein Leben in jedem Augenblick und ohne Vorbehalt auf Gott und seine persönliche Vorsehung hin gewagt und die Mitmenschen seiner Zeit zu diesem „Wagnis des Glaubens" unmißverständlich eingeladen und zu motivieren versucht. Daß er dies trotz aller, ja gerade in allen Baissen der Lebensgeschichte durchgehalten hat, ließ ihn zu einem Zeugen des Glaubens an den Menschen, an die (Ewige) Wahrheit und an das Evangelium werden. Am Ende seines neun Jahrzehnte umspannenden Lebens gibt die Faszination von Leuten aller Couleurs, Religionen und Weltanschauungen Auskunft darüber, daß sein Existenzentwurf gelungen ist. In einem Text über „Die Größe und Kleinheit des menschlichen Lebens" hat der 35jährige diese Transzendenz-Struktur des menschlichen Lebens, der er Zeugnis gab, einmal so formuliert: „In der sittlichen Wahrheit und Gutheit, im Glauben, in der Charakterfestigkeit, in der himmlischen Gesinnung, in der Milde, im Mut, in der Güte liegt etwas, dem die Verhältnisse dieser Welt keineswegs entsprechen, für das selbst das längste Leben ungenügend ist, für das die höchsten Möglichkeiten des Diesseits eine Enttäuschung bedeuten, das den Kerker dieses Lebens sprengen muß, um sich seinen angemessenen Raum zu schaffen. ... Stirbt ein Guter, dann ist man versucht zu sagen: 'Er hat sich nicht voll auswirken können ...'"[7]

Nach dieser Ouvertüre beginnen wir mit einem der merkwürdigsten autobiographischen Texte, die es in dieser Gattung gibt. Ein elfjähriger Junge schreibt eine Notiz auf den Rückendeckel seines Schulheftes. Als 18jähriger und Student schreibt er darunter in einer Situation seiner finanziell sehr gebeutelten Familie; zwei Jahre später hält er ein Datum seines schlecht gelungenen Examens fest und wieder zwei Jahre später den grandiosen Erfolg einer Einstiegsposition in die akademische Laufbahn seiner Universität. Zwei Jahrzehnte später, als der 45jährige zur katholischen Kirche übergetreten war, existiert dieses Blatt noch immer, und er notiert darauf eine Momentaufnahme während der Anfangsphase als Konvertit. Und noch einmal, vier Jahre später, notiert er die Verleihung des theologischen Doktorgrades durch den Papst. - Erst nach

---

[7] DP IV, 247.

vierunddreißig Jahren schreibt der greise Verfasser ein letztes Mal an den untersten Rand dieses merkwürdigen Schriftstücks, das ihn zweiundsiebzig Jahre seines Lebens begleitet hatte: „Und jetzt ein Kardinal, März 1884".[8] - Mit dieser singulären Miniatur einer Autobiographie wollen wir beginnen.

---

[8] SB, 6.

Wachstum - der einzige Beweis für Leben (1801 - 1833)

„Der ist weise, der seine Leidenschaften im Zaum hält"[9]

Kindheit und Jugendjahre

Es ist die übriggebliebene Seite eines Schulheftes. Auf ihr hält der 11jährige John Henry Newman einen Augenblick seines Schülerlebens fest. Er will sich wenige Tage später an diesen Zeitpunkt erinnern können. Was er noch nicht wissen konnte: Dieses Blatt Papier wird wie zufällig sein ganzes Leben begleiten; im Abstand von 72 Jahren wird er acht wichtige Augenblicksaufnahmen darauf verzeichnen. Von der großbogigen Schönschrift des Internatsschülers bis zur Minihandschrift des greisen Kardinals reicht dieses Blatt. - Wenn wir uns Newman über dieses einzigartig originelle Manuskript nähern, lernen wir gleich eines seiner elementaren Interessen und eine seiner herausragenden Begabungen kennen: Sein Gespür für die Bedeutung der Zeit, für ihren Verlauf und für den unwiederbringlichen Augenblick im Jetzt. Die Niederschrift lautet:

> „John Newman schrieb dies nieder im Augenblick, als er am Dienstag, dem 10. Juni 1812, eben in die Griechischstunde ging. Es war genau drei Tage vor seiner Abreise nach Hause, und er dachte an die Zeit (zu Hause), da er sich beim Anblick dieses Eintrags des Augenblicks erinnern würde, da er ihn machte."[10]

Die Aufzeichnung des 11jährigen zeigt, wie er der Bedeutsamkeit des Augenblicks im Fluß der Zeit gewahr wird, ihn markiert und reflektiert. Im Spiel von Vorschau und Rückerinnerung wird die Selbstvergewisserung des Geistes erkennbar. Es ist eine Denkbewegung, in der die Begegnung des Geistes mit sich selbst entsteht. Die vorwegnehmende Erinnerung „des

---

[9] LD I 7.
[10] SB 6.

WACHSTUM -
DER EINZIGE BEWEIS FÜR LEBEN (1801 - 1833)

Augenblicks, da er ihn (diesen Eintrag) machte", verknüpft für den Jungen die Zukunft des Daheimseins mit dem Jetzt des Vorausgefühls. Diese Vorschau auf die Erinnerung zeigt, daß der Schuljunge John Henry Newman den Zusammenhang von Zukunft aus der Gegenwart und der Vergangenheit aus der Zukunft wahrnimmt. Die Anfänge für das Verstehen von Geschichte sind erkennbar. Nur wenige Jahre später werden für ihn Werke der Kirchengeschichte und großer Historiker zur Lieblingslektüre. - „Und jetzt wieder zurück in der Schule", beschließt der kleine John Henry mit seiner Schülerhandschrift in einem zweiten Eintrag diesen Zirkel der geschichtlichen Vergewisserung im Ablauf der Zeit. -

Seit seinem siebten Lebensjahr - also schon vier Jahre - war der Elfjährige in der damals bekannten Internatsschule von Dr. George Nicholas, einem anglikanischen Geistlichen, in Ealing bei London, und vier weitere Jahre sollte er noch dort bleiben. Sie wurde nach den Prinzipien von Eton College, der berühmtesten Schule Englands, geführt. Der Neunjährige hatte Notizen in lateinischer Sprache in seinem Tagebuch festgehalten. Im gleichen Jahr notiert er: „25. Mai 1810: - bekam Ovid und Griechisch"; am „25. Mai 1812: begann Homer..". „3. Mai 1813: begann Herodot..."[11] - Als ihn die Eltern in die tradtionsreiche Schule nach Winchester senden wollten, bat er dringend darum, in Ealing bleiben zu dürfen. Er fühlte sich wohl. Dr. Nicholas bestätigte, daß „kein Junge die Schule von unten bis oben so rasch durchlaufen hat wie John Newman".[12] - Mit erstaunlicher Stetigkeit hält der kleine John Henry in Tagebuchnotizen auch seine Freizeitaktivitäten fest: Violinspiel, Drachen steigen lassen, Schlittschuhlaufen, vor allem Baden und Schwimmen, aber auch Krankheitstage und Familienereignisse tauchen auf. Da gibt es auch Aufzeichnungen anderer Art, die Notierung ethischer Grundsätze: „Der ist weise, der seine Leidenschaften im Zaum hält".[13] -

Mit 14 Jahren gründet Newman eine Schülerzeitschrift, den „Spion" („The Spy"), zu der er selbst eine Gegenzeitschrift herausgibt („The Anti-Spy"). Mit fünfzehn veröffentlichte er in einer weiteren Schulzeitschrift „The Beholder" („Der Betrachter") Gedichte und Aufsätze, unter anderem eine

---

[11] LD I 6 - 14.
[12] AW 29.
[13] LD I 7.

WACHSTUM -
DER EINZIGE BEWEIS FÜR LEBEN (1801 - 1833)

J. H. Newman: Manuskript „Autobiographische Miniatur", 1812 - 1882.
(The Birmingham Oratory Archieve)

WACHSTUM -
DER EINZIGE BEWEIS FÜR LEBEN (1801 - 1833)

Analyse über den Wert des menschlichen Ruhms. Er denkt darüber nach, daß es unsinnig ist, Ruhm direkt anzustreben, da er lediglich die Begleiterscheinung eines bestimmten Bekanntheitsgrades darstellt, etwas, was andere von einem haben. Wer ihn direkt anstrebe, dem ergehe es, wie dem Hund in der Aesop'schen Fabel, der nach dem Schatten des Knochens schnappte, den er in der Schnauze trug.

John Henry Newman war am 21. Februar 1801 in der City von London geboren und das älteste von sechs Kindern. Harriett, Charles und Francis, sowie Jemima und Mary hießen sie in der Reihenfolge ihres Alters. Die jüngste kam 1809 auf die Welt. Sie erlebten zusammen eine glückliche und sonnige Kindheit in zunächst gesicherten finanziellen Verhältnissen. Ihr Haus in London war im King-George-Stil erbaut (heute Southampton Square Nr. 17). Die Familie hatte zudem ein eigenes Landhaus im selben Stil in Ham bei Richmond, dessen Innenausstattung, Wohnatmosphäre und Gartenumgebung für John Henry Zeit seines Lebens ein Vorstellungsbild für das Paradies blieb[14].

Der Vater, John Newman (1767 - 1824) war Bankier; er entstammte einer Familie aus Cambridgeshire[15]. Die Mutter, Jemima Fourdrinier (1772 - 1836), kam aus einer Hugenottenfamilie, die nach der Aufhebung des Edikts von Nantes aus Frankreich eingewandert war.[16] - Die Eltern waren auf eine gute Erziehung ihrer Kinder bedacht, schickten auch die beiden anderen Söhne in die Internatsschule von Dr. Nicholas nach Ealing und trugen ihren Teil zur guten Atmosphäre in der Kinderstube bei.

So sehr John Henry in der Schule Jahr um Jahr mit großer Freude bei den Theateraufführungen lateinischer Klassiker Rollen übernahm oder mit Applaus griechische Texte bei Schulfeiern vortrug, größer war seine Freude, in den Schulferien zu Hause zu sein. Unter den Geschwistern habe er eine führende Rolle gehabt. Er schrieb für sie Theaterstücke, die sie gemeinsam aufführten. Von seiner musikalische Begabung -, er spielte seit seinem zehnten Lebensjahr Violine -, zeugt eine komische Oper, die der

---

[14] LD XX 23 u. 46.
[15] Seine Eltern waren: John Newman (1743 - 1799) und Elizabeth Good (1733 - 1825).
[16] Ihre Eltern waren Henry Fourdrinier (1730 - 1799) und Jemima White (1730 - 1781).

WACHSTUM -
DER EINZIGE BEWEIS FÜR LEBEN (1801 - 1833)

14jährige für seine Brüder und Schwestern mit Text und Musik komponiert hat.[17]

Religiöse Bekehrung

Was Newman über die Zeit seines 15. Lebensjahres schreibt, hört sich eines Teils wie die altersspezifisch üblichen kritischen Äußerungen in der Entwicklungsphase eines Jugendlichen an. Neugierig las er Bücher, die sich mit der christlichen Tradition skeptisch auseinandersetzten: Thomas Paines Abhandlungen gegen das Alte Testament, David Humes Essay über Wunder, Argumente gegen die Unsterblichkeit der Seele, vielleicht von Voltaire. Die Spannung zwischen seiner bürgerlich-christlichen Erziehung und der logischen Kraft der Gegenargumente aus der Epoche des Rationalismus und der Aufklärung waren für den Heranwachsenden einsichtig. Er kommentiert seine Freude an den Einwänden, die er somit kennenlernte, mit den Worten: „Wie schrecklich, und doch wie plausibel!"[18]

Newmans religiöse Erziehung war in traditionellen Bahnen verlaufen. Sein Vater John war als kaufmännisch orientierter Bankier religiös eher liberal. Die Großmutter väterlicherseits, Elizabeth Good Newman (1733 - 1825), in deren Haus in Fulham an der Themse Newman früheste Kindheitsjahre verbracht hatte, war es, die die bleibenden Fundamente zu seiner religiösen Entwicklung legte. „Was immer an Gutem in mir ist, schulde ich, nächst der Gnade, der Zeit, die ich in jenem Haus (in Fulham) ... verbracht habe. Ich vergesse nicht ihre (der Großmutter) Bibel und die Bilder darin", schreibt er in seinen Vierzigern an seine Tante gleichen Namens, die

---

[17] Ein lebendiges Bild der Newmanschen Kinderszene entwirft die Enkelin William George Wards und Gattin des Verlegers Frank Sheed, Maisie Ward in ihrer Biographie „Young Mr. Newman", London 1952. Newman habe es zu „einer solchen Meisterschaft auf der Violine gebracht, daß er, wäre er nicht ein Doktor der Kirche geworden, ein Paganini gewesen wäre" (S 11).

[18] In einer Predigt vom 4. Juni 1841 formuliert er den Grund für solche Freude: „Jemand, der zum ersten Mal die Argumente und Spekulationen eines Ungläubigen hört, . wird sich dessen bewußt sein, daß sie ein ganz neues Licht auf das werfen, was er bislang für das Heiligste hielt. . Er wird zweifellos das Gefühl haben, sein Horizont werde weiter und höher." G 211.

WACHSTUM -
DER EINZIGE BEWEIS FÜR LEBEN (1801 - 1833)

ebenfalls dort gewohnt hatte, und fährt fort: „Ich bin, was ich bin - und ich bin zu dem geworden, was ich bin, aus jener Zeit in Fulham ..."[19] Ihre praktische Frömmigkeit zeigt die Großmutter in einem Gebetswunsch an ihren Enkel im Frühjahr des entscheidenden Jahres 1816: „Daß der allmächtige Gott mit Dir sein möge, wie er mit Josef war! Dann wirst Du jenen Frieden des Geistes besitzen, den die Welt weder geben noch nehmen kann."[20] Newman selbst hatte bis dahin nach seinen eigenen Aussagen keine religiösen Überzeugungen, wohl aber ethische und religiöse Ideale. Er verfügte über gründliche Katechismus-Kenntnisse und war mit Texten der Heiligen Schrift vertraut. Er konnte die Bedeutung des Wunsches seiner Großmutter durchaus mitvollziehen.

Mit diesem Jahr 1816 gehen Newmans frohe Kinder- und Jugendjahre jäh zu Ende. Die Bank seines Vaters „Newman & Ramsbottom" wurde infolge der wirtschaftlichen Auswirkungen am Ende der napoleonischen Kriegswirren im Frühjahr zahlungsunfähig und nach der Auszahlung der Gläubiger von ihren Inhabern geschlossen. Die Familie zog in einfachere Verhältnisse nach Alton, Hampshire, um. Dort konnte sich der Vater an einer Brauerei beteiligen. John Henry mußte während der Sommerferien im Internat bleiben; - ohne seine Schulkameraden eine schwierige Zeit. Er wurde zudem krank und mußte für einige Zeit das Bett hüten. Er machte die Erfahrung der Verlassenheit in einem solchen Maße, daß er es zeitlebens nicht mehr vergaß.

„In jenem Sommer und Herbst 1816", so schreibt er als 63jähriger im Rückblick, „ging in meinem Denken eine große Änderung vor sich. Ich kam unter den Einfluß eines festen Glaubensbekenntnisses, und mein Geist nahm dogmatische Eindrücke in sich auf, die durch Gottes Güte nie mehr ausgelöscht und getrübt wurden." Er machte die Erfahrung einer inneren „Umkehr", deren er auch nach fast einem halben Jahrhundert deutlicher gewiß war, „als daß ich Hände und Füße habe".[21] Es war ein Prozess, in dem ihm die Gewißheit der Existenz Gottes unwiderruflich für sein ganzes Leben aufging. Er dauerte von August bis Dezember mit dem

---

[19] 9. Dez. 1844: AM II, 448.
[20] LD I 19.
[21] A 21f.

WACHSTUM -
DER EINZIGE BEWEIS FÜR LEBEN (1801 - 1833)

entscheidenden Höhepunkt im September.[22] Großen Einfluß auf ihn hatte dabei ein junger anglikanischer Geistlicher, der an der Internatsschule von Ealing unterrichtete, Walter Mayers (1790 - 1828). Seine Predigten, seine Buchempfehlungen und die Gespräche mit ihm führten Newman dazu, daß er „tiefe religiöse Eindrücke damals calvinistischer Prägung empfing, die für ihn der Anbruch eines neuen Lebens waren"[23]. Walter Mayers gehörte zur evangelikalen Erneuerungsbewegung in der anglikanischen Kirche, einer Bewegung, die das religiöse Leben stark unter Einbeziehung der Gefühlselemente gestaltete und großen Wert auf den Kontrast zwischen guten und bösen Mächten in der Welt legte. Trotz solcher Anleitung erlebte Newman seine „erste Konversion" auf nicht nach evangelikalem Muster als plötzliche Bekehrung. Er durchlebte einen Bekehrungsvorgang von längerer Dauer, der zwar existentiell und von emotionaler Auswirkung, aber noch stärker von geistigen Einsichten getragen war: „Eine Rückkehr zu den Prinzipien und eine in der Kraft des Heiligen Geistes erfolgte Erneuerung, wie ich sie schon in meiner Jugend empfunden und in etwa befolgt hatte", schreibt er im Rückblick eines Jahrzehnts[24]. Er gewann dabei einen festen Glauben mit „dogmatischen Eindrücken". Newman macht eine Gotteserfahrung, die nicht das Ergebnis menschlichen Ausdenkens, sondern des aufmerksamen Hinhörens und Hinschauens auf Gottes Offenbarung ist. „Dogmatisch" nennt er sie, weil sie von der lebendigen Wirklichkeit und Unbeliebigkeit Gottes ausgeht. Von nun an war sein Glaube derart, daß „er mich von den Dingen meiner Umgebung isolierte, mich in meinem Mißtrauen gegen die Wirklichkeit der materiellen Erscheinungen festigte und mich in dem Gedanken Ruhe finden ließ, daß es zwei und nur zwei Wesen gebe, die absolut und von einleuchtender Selbstverständlichkcit sind: Ich selbst und mein Schöpfer."[25]

Gegen Ende des Jahres 1816 entstanden die folgenden schlichten Verse, die Newman trotz mehrfacher Aussortierung seiner autobiographischen

---

[22] Am 24. September 1846 wird Newman seinem Freund Henry Wilberforce aus Mailand schreiben: „Genau diesen Monat sind es dreißig Jahre her, wie ich sagen darf, daß Gott mich religiös gemacht hat, und der hl. Ambrosius war in Milners (Kirchen-)Geschichte einer der ersten Gegenstände meiner Verehrung." (LD XI, 1961, 252).
[23] SB 34 f (1874).
[24] SB 223.
[25] A 22.

WACHSTUM -
DER EINZIGE BEWEIS FÜR LEBEN (1801 - 1833)

Texte als alter Mann übrig ließ und als „freiformulierte Gebete" bezeichnete:[26]

> „Gott und König, laß immer mich
> Deines teuren Namens erfreu'n
> laß zu Deinem Lob mich singen
> stets mit dankbarer Stimme.
>
> Ich bin ein Wurm und Du bist so gut
> mich Elenden zu retten
> der sich gegen Deine Gnade wehrte
> und dir den Rücken kehrte.
>
> Gewähre mir, daß ich beharrlich bleibe
> und am Ende erlange
> eine wunderbare Krone, die teuer erkauft,
> um für immer zu währen".

Unter den Autoren, deren Bücher der junge Newman auf Anregung von Walter Mayers im Sommer und Herbst 1816 las, waren nach seiner eigenen Bekundung besonders vier evangelikale Klassiker, die auf seine Religiosität und sein theologisches Denken grundlegenden und zum Teil bleibenden Einfluß gewannen. Allen voran stand *Thomas Scott* (1747 - 1821), in dessen religiöse Autobiographie „Die Kraft der Wahrheit"[27], er dessen Bekehrung - ebenfalls im Alter von 16 Jahren - als Werk des Heiligen Geistes beschrieben fand. Von seinem geistlichen Einfluß sagt er, daß „ich ihm (menschlich gesprochen) fast mein Seelenheil verdanke." Seinen vierbändigen Bibelkommentar kaufte er sich als Student.[28] Aus seinen Schriften habe er erstmals bewußt die Lehre von der Dreieinigkeit Gottes erlernt. Jahrelang habe er nach den Grundmaximen des evangelikalen Scott gelebt: „Lieber Heiligkeit als Frieden" und: „Wachstum ist der einzige Beweis für Leben". „Was auf viele, die Scotts Geschichte und Werke lesen", schreibt Newman, „einen tiefen Eindruck macht, ist sein stark weltabgewandter Sinn und die kraftvolle Unabhängigkeit seines Geistes. Er folgte der Wahrheit, wohin sie ihn

---

[26] SB 191f.
[27] The Force of Truth, 1779.
[28] The Holy Bibel with ... Notes, 1788 - 92.

WACHSTUM -
DER EINZIGE BEWEIS FÜR LEBEN (1801 - 1833)

führte." Aus Scotts Schriften sammelte Newman erste Beweisstellen für die einzelnen Verse des Athanasianischen Glaubensbekenntnisses „Quicumque"[29] - Aus der Lektüre eines anderen evangelikalen Klassikers, *William Laws* (1686 - 1761) „Ernster Ruf", lernte Newman die christlich-dualistische Lehre vom Kampf zwischen den Anhängern des Lichts und den Mächten der Finsternis kennen.[30] - Das Buch von *William Beveridge* (1637 - 1708) „Private Gedanken über die Religion" habe einen so starken Einfluß auf seine Frömmigkeit und die Darstellungsstruktur seiner Gedanken gehabt, sagt Newman, daß er eine Zeitlang beim Schreiben dessen Stil nachgeahmt habe.[31]- *Joseph Milners* (1744 - 1797) mehrbändige Kirchengeschichte schließlich wurde zu einer maßgebenden Quelle. Hier begegnete Newman in ausführlich zitierten Texten Augustinus, Ambrosius und weiteren Kirchenvätern, die ihn sozusagen „in persona" mit der Kirche der ersten Jahrhunderte bekannt machten und deren Faszination von da an seinen Glauben und sein ganzes Leben bestimmen sollten.[32]

„Als ich ein Junge von 15 Jahren war und ein Leben der Sünde lebte, mit einem dunklen Gewissen und einem sehr weltzugewandten (profanen) Geist, hat Er barmherzigerweise mein Herz berührt", so beschreibt Newman aus dem Abstand von nahezu zwei Jahrzehnten seine „Bekehrung zu Gott".[33] Seine Begegnung mit der Wirklichkeit Gottes blieb für ihn eine lebenslange Gewißheit. Wenn Newman Zeit seines Lebens theologischen Liberalismus für unvereinbar hielt mit dem Ernst des Offenbarungsglaubens, dann lag der Grund dafür in der ihm als 15jährigem zuteil gewordenen Gotteserfahrung. Von da an war, fand er, die Kontur des lebendigen Gottes durch die Vorgänge und Inhalte der

---

[29] A 23. Vgl. L. Kuld, „Bekehrung" als Rekonstruktionsmuster von Glaubensgeschichte bei Thomas Scott und John Henry Newman, in: ders., Glaube in Lebensgeschichten. Ein Beitrag zur theologischen Autobiographieforschung, Stuttgart 1997, 194 - 203.
[30] W. Law, Serious Call to a Devout Holy Life, 1729.
[31] W. Beveridge, Private Thoughts on Religion, 1709. - Vgl. dazu: LD I, 30.
[32] J. Milner, History of the Church of Christ, 1794 - 1809, hrsg. von seinem Bruder Isaac Milner: New Edition in 5 Bänden, London 1827. „Obgleich ungenau und unkritisch, erreichte sie große Popularität": vgl. The Oxford Dictionary of the Christian Church, London 1957, 902. (Während darin z.B. Augustinus im 2. Band über 160 Seiten gewidmet sind, erhalten Thomas von Aquin und Bonaventura im Band 4 jeweils nur 2 Seiten).
[33] CK 314.

WACHSTUM -
DER EINZIGE BEWEIS FÜR LEBEN (1801 - 1833)

Offenbarungsgeschichte für seinen Glauben vorgegeben. Im Zusammenhang seiner ersten Begegnung mit der Wirklichkeit des lebendigen Gottes schreibt Newman auch erstmals davon, daß er sich zum ehelosen Leben berufen fühlte.

Später bezeichnet Newman seinen eigenen Weg zur Erfahrung eines persönlichen Gottes als einen für alle möglichen Zugang. In seiner Predigt über die „Unsterblichkeit der Seele" vom 21. Juli 1833, in seinem ersten überhaupt veröffentlichten Band heißt es:[34]

> „Verstehen, daß wir eine Seele besitzen, heißt unseren Abstand empfinden von der sichtbaren Welt, unsere Unabhängigkeit von ihr, unser eigenes besonderes Dasein, unsere Individualität, unsere Macht, so oder anders zu handeln, unsere Verantwortung für unser Tun. Das sind die großen Wahrheiten, die auch schon in der Seele eines Kindes verborgen liegen. Durch Gottes Gnade können sie sich auch gegen den Einfluß der sozialen Umgebung entfalten, aber zunächst hat die Außenwelt das Übergewicht. Wir schauen von uns weg und blicken in die Umgebung, ja, wir vergessen uns darüber. Wir verlassen uns auf die Stütze schwankender Rohre und übersehen unsere wahre Kraft. So sieht es bei uns aus, wenn Gott sein Werk anfängt und uns zum wahren Blick auf unseren Platz im großen Plan seiner Vorsehung zurückruft. Sucht er uns heim, so regt sich in uns bald eine Unruhe. Mit Gewalt drängt sich unserem Geist die Nutzlosigkeit und Haltlosigkeit der irdischen Dinge auf. Sie machen uns große Versprechungen, aber sie erfüllen nichts und bringen Enttäuschung. Aber selbst, wenn sie eine Erfüllung brächten, dann - so ist es - stellen sie uns doch nicht zufrieden. Immer bleibt noch ein Sehnen nach etwas, wir wissen aber nicht recht, wonach. Wir sind jedoch sicher, daß es etwas ist, was uns diese Welt nicht zu geben hat. Sie ändert sich so vielfältig und schnell, so lautlos und restlos. Ihr Wechsel hört nie auf; sie ändert sich immerfort, bis uns ganz krank ums Herz ist. ... Wir erleben, daß wir selbst ein und dieselben bleiben, während sie sich ändert. Auf diese Weise geht uns mit Gottes Gnade ein schwacher Schimmer über die Bedeutung unserer Eigenständigkeit im

---

[34] 1. Aufl. 1834: DP I, 17 - 30.

WACHSTUM -
DER EINZIGE BEWEIS FÜR LEBEN (1801 - 1833)

Gegenüber zu den zeitlichen Dingen und über unsere Unsterblichkeit auf. Und kommt dann unverhofft, wie es nicht selten geschieht, noch ein Unglück über uns, so wird uns die Nichtigkeit der Welt noch viel mehr bewußt. Unser Mißtrauen ihr gegenüber steigert sich, und wir gewöhnen uns die Anhänglichkeit an sie ab, bis sie zu guter Letzt wie ein eitler Schleier vor unseren Augen flimmert, der bei aller Farbenpracht uns die jenseitige Welt nicht verbergen kann. So reift in uns allmählich die Erkenntnis, daß es in Wahrheit nur zwei Dinge im ganzen Weltall gibt: unsere eigene Seele und Gott, der sie geschaffen hat."

Studium in Oxford

Im Dezember 1816 fuhr John Newman mit seinem Sohn John Henry nach Oxford, um den Fünfzehnjährigen im Trinity College zum Studium zu immatrikulieren. Der angehende Student war durch die Schule von Ealing auf die geistigen Herausforderungen vorbereitet und durch die Begegnung mit den evangelikalen Lehrern auch geistlich für den neuen Lebensabschnitt gewappnet. In seinem Tagebuch, das nun häufig der Ort für seinen Dialog mit Gott wird, schreibt er: „In allen Gefahren wird uns 'Ego eimi' befreien, wenn wir ihn anrufen". Der Eintrag zum Jahresende 1816, in lateinischer Sprache abgefaßt, zitiert den Gottesnamen „Ich bin (der Ich bin)" von der Begegnung des Mose am Horeb in griechisch (Ex 3, 14). Und Newman fügt in evangelikaler Denkweise hinzu: „Da mir widerfahren kann, daß ich in den kommenden Tagen vom Feind angegriffen werde, bitte ich Dich, Gott, mich nicht zu verlassen."[35] In einem Brief aus dieser Zeit heißt es: „Ich finde in der Tat, daß ich eine Art Mahner, der mich leitet, sehr nötig habe. Und ich vertraue aufrichtig darauf, daß mein Gewissen, erleuchtet durch die Bibel und durch den

---

[35] LD I 29.

WACHSTUM -
DER EINZIGE BEWEIS FÜR LEBEN (1801 - 1833)

Einfluß des Heiligen Geistes sich als treuer und aufmerksamer Wächter für die Grundsätze der Religion erweisen wird."[36]

Oxford war mehr als eine Universität in England, es war eine nationale Institution und die „geistliche Hauptstadt der anglikanischen Staatskirche".[37] Der Charme der mittelalterlichen Colleges, der Newman zeitlebens beeindruckte, vermittelt sich dem aufmerksamen Besucher - von den Hauptstraßen abgesehen - bis heute. Das akademische Leben spielte sich hauptsächlich in den Colleges ab; denn öffentliche Vorlesungen der Professoren waren selten und weniger maßgebend als die Anleitung zum Studium durch die Tutoren. Das Oxford des Studenten Newman war nach der Revision der Prüfungsstatuten von 1807 bereits auf dem Weg der Studienreform: Zwei Examina waren als Abschluß erforderlich: eines in klassischer Literatur und eines in Mathematik und Physik. Auch die Einführung in die Theologie war verbessert worden; der Besuch eines Grundkurses gehörte zur Voraussetzung für den Eintritt in den Kirchendienst. Zu den staatskirchlichen Vorschriften, die bis über die Jahrhundertmitte Geltung behielten, gehörte, daß jeder Student bei der Immatrikulation die 39 Religionsartikel der anglikanischen Kirche zu unterzeichnen hatte, womit er zumindest implizit zu Studienbeginn ein Glaubensbekenntnis ablegte. Jugendliche anderer Glaubensrichtungen waren damit wie von selbst ausgeschlossen.

Obgleich Newman immatrikuliert war, dauerte es doch ein halbes Jahr, bis im Trinity College ein Zimmer für ihn frei wurde und er dort wohnen konnte. Durch Dispens wurden ihm gleichwohl die ersten zwei Semester des Studiums angerechnet. So begann er zu Hause. Er notiert, daß er zwischen März und Mai 1817 Sophokles, Cicero, Juvenal und Horaz und die erste Hälfte des Matthäus-Evangeliums in griechisch erarbeitet habe.[38]

Im Juni, wenige Wochen vor Semesterende, wurde ein Studienplatz für ihn frei, und er bezog sogleich sein Zimmer im College. Dreieinhalb Jahre, bis zum Dezember 1820, dem Zeitpunkt seines Schlußexamens, taucht er nun in die abendländische, zumeist antike Geisteswelt ein, wenn auch auf Umwegen.

---

[36] LD I 30.
[37] Gilley, 26.
[38] Culler, 5.

WACHSTUM -
DER EINZIGE BEWEIS FÜR LEBEN (1801 - 1833)

Newman war mit jugendlichem Ernst und mit Interesse an der Sache nach Oxford gekommen. Deshalb erwartete er konkrete Anleitung für den Einstieg. Er wurde beim Präsidenten des Hauses vorstellig und erhielt die Auskunft, dafür seien die Tutoren zuständig. Da das Semester zur Neige ging und sich keiner der Verantwortlichen um ihn gekümmert hatte, nützte er die, wie ihm schien, letzte Chance. Er beschreibt sie anschaulich: „Als er am Abend dieses Tages (vor seiner Abreise in die Ferien) von einem Gang durch den Park zurückkam, sah er einen der Tutoren hoch zu Pferd in Stulpenstiefeln aufs Land hinausreiten. Bei dem Gedanken, daß dies vielleicht die letzte Gelegenheit sei, stürzte er auf die Landstraße und fragte ihn unvermittelt, welche Bücher er während der Ferien lesen solle. Der Angesprochene antwortete ihm freundlich; er erklärte, daß er Oxford verlasse, um in Ferien zu gehen, und empfahl ihm einen seiner Kollegen, der noch im College sei und ihm die gewünschte Auskunft geben werde. Nach seiner Rückkehr ins Haus machte er von dieser Empfehlung Gebrauch und erhielt auf all seine Schwierigkeiten zufriedenstellende Antwort."[39]

Waren seine Studienerwartungen bei der ersten Berührung mit den Universitätslehrern noch nicht erfüllt worden, so waren andere Angebote um so reichhaltiger. Er schildert voll Freude die reichhaltigen und erlesenen Speisen und Getränke im Refektorium von Trinity College. „Bei Tisch fesselte mich die Neuheit der Sache sehr. Fisch, Fleisch, Geflügel - schöner Salm, Hammelkeule, Lammfleisch usw. und gutes Starkbier - auf alten Zinnplatten und in unförmigen irdenen Krügen aufgetragen", schreibt Newman an seinen Vater. „Sag Mama, es gab Stachelbeer-, Himbeer- und Aprikosentorte. ... Es gab eine solche Fülle, daß kaum zwei dasselbe aßen ... Zwei Dinge kann ich nicht bekommen: Milch und Hopfenbier; so muß ich mich für das eine mit Sahne und für das andere mit Malzbier begnügen."[40]

Newman war auf der Suche nach dem rechten Lebensstil. Dabei machten ihm die üblichen Trinkgelage seiner Kommilitonen zu schaffen. Ausschweifende Zechereien, gerade vor kirchlichen Festtagen, beeinträchtigten seiner Meinung nach die rechte Teilnahme der Studenten

---

[39] SB, 39.
[40] SB 37.

WACHSTUM -
DER EINZIGE BEWEIS FÜR LEBEN (1801 - 1833)

am Gottesdienst und kamen ihm wie eine Gotteslästerung vor. Als er seine Haltung auch öffentlich vertrat, führte das zu Spannungen mit seinen Mitstudenten. Er wurde nicht nur lächerlich gemacht, sondern auch bedroht. Er sah bei solchen Exzessen seine Gottesbeziehung in Gefahr. Das Ende einer Einladungsszene, die er in seinem Tagebuch schildert, ist charakteristisch: „Dann redeten sie einzeln auf mich ein, ich dürfe mich nicht blamieren. Ich ginge zu früh ... Ich stand auf und ging zur Ehre Gottes (to theo doxa)".[41] „Ich glaube wirklich, wenn mich jemand fragen würde, welche Fähigkeiten für Trinity erforderlich seien, würde ich antworten: 'Nur die eine: trinken, trinken, trinken!'"[42] Er stellte sich gegen die Herausforderung des studentisch-gesellschaftlichen Lebens in der üblichen exzessiven Form. „Wenn ich über Tanzen und alle derartigen Veranstaltungen meine Ansicht äußern soll, nun hier ist sie: Ich verurteile das!"

Während seines ersten ganz in Oxford verbrachten Semesters, notiert Newman zu Beginn des Monats Dezember 1817 in seinem Tagebuch: „Heute früh habe ich die Heilige Eucharistie empfangen." Es war seine erste Heilige Kommunion; er empfing sie in der Kapelle des Trinity College.[43]

Nach einer kurzen Phase der Fremdheit und Einsamkeit im College fand Newman in einem Kommilitonen, *John William Bowden* (1798 - 1844), einen Freund fürs Leben. Mit ihm gestaltete er von da an sein Studium. Beide hatten am selben Tag Geburtstag und viele gemeinsame Neigungen und Interessen. Sie studierten zusammen, nahmen die Mahlzeiten gemeinsam ein, machten gemeinsam Spaziergänge und Bootsfahrten um Oxford herum und besuchten sich auch in den Ferien bei ihren Familien zuhause. Bowden studierte anschließend an das Grundstudium Jura und wurde später Steuerkommissar der britischen Krone. Zur Zeit der Oxford-Bewegung von 1833 war er gleichwohl einer der ersten Mitarbeiter Newmans in den kirchlichen Reformanliegen der Tracts for the Times. Nach seinem allzu frühen Tod übertrug sich die Freundschaft Newmans auf seine Familie, die Frau und die Söhne, und dauerte lebenslang an.

---

[41] SB, 203.
[42] SB, 38.
[43] SB, 201f.

WACHSTUM -
DER EINZIGE BEWEIS FÜR LEBEN (1801 - 1833)

Newmans besondere Begabung für Freundschaft fand in der Beziehung zu John William Bowden einen ersten wichtigen Partner. Mit ihm gab er eine Studentenzeitschrift heraus, in der sie im Februar 1819 eine gemeinsam verfaßte Romanze anläßlich der Bartholomäusnacht veröffentlichten. Ihre antirömische Polemik äußern die Verfasser indem unter anderem sie die Unredlichkeit des Ablaßhandels anprangern:

> „Können Pomp und Prunk heilige Liebe ersetzen
> und ein dankbares Herz und gehorsame Augen?
> Verfehlter Glaube! Wo priesterliche List
> den geschmähten Mann zu Knechtsdienst zwingt.
> … und wagt, an Stelle der Reue über Vergangenes
> Kasteiung, Geißel und Fastenklage zu fordern.
> Wo jede Schuld feste Preise einbringt,
> um dem Sünder Trost, dem Priester Geld zu verschaffen …-
> Wo gerechter Schmerz und echter Büßerwandel
> zu heilgem Jahrmarkt wird und frommem Handel."[44]

Hatte sich Newman anfangs einmal vergeblich um rechte Studienanleitung bemüht, so wurde dies vom Herbstsemester 1817 an völlig anders. Thomas Short (1789 - 1879), erst vor kurzem von Eton als Fellow nach Trinity gekommen und als besonders anfordernd bekannt, entdeckte schon bald die Begabung Newmans. So gehörte er beispielsweise in der euklidischen Mathematik zusammen mit dem um drei Jahre älteren John William Bowden zu den am weitesten fortgeschrittenen Studenten des College. Beide bildeten zusammen eine eigene Klasse. Newman freute sich über die Anerkennung in Mathematik, die ihm nach vorsichtigem Zögern seines Tutors zuteil wurde: „Heute, als ich einen sehr verzwickten Beweis aus dem 5. Buch (von Euklid, GB) geführt hatte, sagte er, ich hätte sehr korrekt gearbeitet."[45] Auch später im Leben betrachtete Newman die Mathematik als ein bevorzugtes Feld, um den Geist zu schulen. - Aber auch in klassischen Sprachen wurde man auf ihn aufmerksam: „Letzte Woche hatte ich eine lateinische Rede zu halten. Ich hatte mir große Mühe damit gemacht. Als ich heute zur Vorlesung ging, hielt mich der Fellow,

---

[44] SB, 50. Diese theologische Paasage aus dem Gedicht über das schlimme Schicksal eines konfessionell gemischten Paares stammt aus Newmans Feder.
[45] SB, 40.

WACHSTUM -
DER EINZIGE BEWEIS FÜR LEBEN (1801 - 1833)

der die Reden durchschaut und dem wir sie auch vortragen, an und sagte mir, die meine mache mir große Ehre."[46] - Dagegen schien, was in der großen weiten Welt vor sich ging, an Newman unbemerkt vorüberzugehen. Kennzeichnend ist die Episode, die er im Brief an seine Mutter selbstironisch beschreibt: „Neulich trat der Schneider in mein Zimmer und fragte mich, ob ich Trauerkleidung benötige. Ich sagte: Nein - Ach, dann haben Sie schon welche? sagte er. Ich sagte verwundert: Nein. Er entgegnete: Jedermann wird in Trauer(-kleidung) gehen. - Für wen? (fragte ich). - Für Prinzessin Charlotte. - Du siehst, was für ein Einsiedler ich bin. Hatte doch die Zeitung den ganzen Tag auf meinem Tisch gelegen, und ich hatte noch keine Zeit gefunden, sie in die Hand zu nehmen."[47]

Die Leitung von Trinity College hatte zu jener Zeit ein *Stipendium* ausgeschrieben, um das sich Studienanfänger aus der ganzen Universität bewerben konnten; eine Summe, die einem Studenten neun Jahre lang ein gutes Auskommen ermöglichte. Thomas Short forderte Newman auf, sich um dieses Stipendium zu bewerben. Während der Zeit, da er sich auf die entsprechenden Examina vorbereitete, wurde der Wunsch nach Erfolg naturgemäß in ihm immer heftiger. In seinem Tagebuch finden wir die Auseinandersetzung mit der Spannung zwischen seinem eigenen Willen und der Bereitschaft, sich dem Willen der Vorsehung Gottes zu unterwerfen, wenn Gott es anders für ihn bestimmt hätte. „Gott, laß nicht zu, daß ich durch diese Erwartung von Dir getrennt werde. Gewähre mir, meinen Geist so in Zucht zu halten, daß ich nicht enttäuscht bin, wenn es schlecht ausgeht; sondern Deinen Namen lobe und preise, weil du besser weißt, was für mich gut ist."[48] - Die Prüfung war intensiv und anstrengend, aber am 18. Mai 1818 wurde Newman das Stipendium zugesprochen. Das war ein wichtiger Erfolg noch vor Ablauf seines ersten Studienjahres in Trinity. Scheu, wie er war, konnte er einem seiner Mitstudenten, der ihn kurz danach fragte, wer der glückliche Stipendiat geworden sei, nur antworten: „Oh, einer von unserem College", sagte ich und lief, so schnell ich konnte, davon."[49]

---

[46] SB, 40.
[47] SB, 40.
[48] SB, 204.
[49] SB, 43.

WACHSTUM -
DER EINZIGE BEWEIS FÜR LEBEN (1801 - 1833)

In der Folgezeit richteten sich naturgemäß die Erwartungen der Fellows und Mitstudenten von Trinity College auf ihn. Man hoffte, er sei schließlich derjenige, der nach vielen Jahren durchschnittlicher Leistungen wieder einmal ein Abschlußexamen mit Auszeichnung nach Trinity holen würde. Und Newman arbeitete nicht nur unter fremden Erwartungen, sondern ebenso sehr unter dem hohen Anspruch, den er selbst an sich stellte. Eine lange Lektüreliste von Klassikern und ein umfangreiches Tagespensum füllten seine Zeit in den nächsten beiden Jahren 1819 und 1820. - In einem Memoir aus dem Jahr 1874 schreibt er im Rückblick auf seine Studienzeit, er sei im Vergleich zu den Mitstudenten zwei bis drei Jahre zu jung gewesen für die Themen und Probleme, um die von ihm durchgearbeitete Literatur entsprechend verdauen zu können. Aus der Retrospektive fällt ihm auch auf, daß die Tutoren von Trinity keine Erfahrung mit den zentral abgehaltenen Universitätsexamina mehr hatten, weil sie selbst seit langer Zeit nicht mehr zu Prüfern an die Universität bestellt worden waren. Daher seien sie für ihre Studenten auch keine kompetenten Berater über die real stattfindenden Examina gewesen.

So arbeiteten Newman und sein Freund Bowden nach ihrem eigenen Ermessen. Im Durchschnitt waren sie zwölf Stunden täglich mit Aristoteles und Aischylos, Sophokles und Livius, Thukydidis u. a. beschäftigt, aber auch mit dem Historiker John Gibbon und dem Physiker Isaac Newton u.a. Um sich den Prüfungsstoff aktiv anzueignen verfaßte er eine Kritik der Dramen des Aischylos nach den Prinzipien der Poetik des Aristoteles.[50] Zwei Jahre später schrieb er im Rückblick an einen Freund: „Während der großen Ferien von 1819 studierte ich mit einem täglichen Quantum von etwa neun Stunden ... Ich blieb die Ferien über (1820) in Oxford, stand Winter und Sommer um fünf oder sechs Uhr auf, nahm mir kaum Zeit für die Mahlzeiten ... Zwanzig von den insgesamt vierundzwanzig Wochen, die meiner Prüfung unmittelbar vorausgingen, paukte ich im Durchschnitt mehr als zwölf Stunden am Tag. Und wenn ich an einem Tag nur neun Stunden studierte, dann am nächsten Tag fünfzehn Stunden."[51]

Wie schon bei der Vorbereitung auf den Erwerb des Stipendiums, so kamen Newman auch angesichts des näherrückenden Examenstermins

---

[50] SB 47.
[51] SB, 55.

WACHSTUM -
DER EINZIGE BEWEIS FÜR LEBEN (1801 - 1833)

Gedanken zwischen *Ehrgeiz und Gottvertrauen*. Im August 1820 schrieb er an seinen Bruder Francis: „Hier in Oxford fühle ich mich recht behaglich ... Gewiß, ich studiere sehr viel, doch Gott schenkt mir auch die Fähigkeit, ihn mit fröhlichen Lippen zu preisen, wenn ich aufstehe, wenn ich mich hinlege und wenn ich nachts aufwache ... - Es ist mein tägliches, und wie ich hoffe, von Herzen kommendes Gebet, keine Auszeichnung (beim Examen, GB) zu erlangen, wenn sie mir auch nur der geringste Anlaß zur Sünde sein sollten. Je näher der Zeitpunkt kommt und je mehr ich mich an meinen Büchern abgemüht habe, desto größer ist die Versuchung."[52] An seine Schwester Jemima schreibt er zur selben Zeit: „Ich versuche so kaltblütig wie möglich zu bleiben, finde es aber sehr schwierig. Es ist jedoch meine Pflicht, 'nicht für den morgigen Tag zu sorgen'. Ich kann nicht lange an das Examen denken, ohne daß der starke Wunsch in mir aufsteigt, mich dabei auszuzeichnen, und dieser innige Wunsch würde mich sehr unzufrieden machen, wenn ich keinen Erfolg hätte. Das aber heißt Begehrlichkeit; denn dann sind wir begehrlich, wenn wir uns etwas so ernsthaft wünschen, daß wir unzufrieden wären, wenn wir es nicht erlangen würden. Ich will deshalb nicht um Erfolg beten, sondern um das Gute."[53] - Und an seinen früheren Lehrer William Mayers schreibt er einen Monat später: „Ich mache es zu meinem täglichen Gebet ..., daß ich bei der Prüfung keine Auszeichnung bekommen möge, wenn sie mir im geringsten Anlaß zur Sünde wäre."[54] In seinem Tagebuch findet sich zu Beginn des Examensmonats November 1820 noch einmal die Auseinandersetzung mit der Versuchung seines ehrgeizigen Strebens: „Ich verdiene es nicht, und dieses mein Gewissen sagt es mir .... Aber ich komme zu Dir. Ich bitte Dich nicht um Erfolg, sondern um den Frieden des Herzens. Sei mir ein Schild gegen den schlimmen Feind. - Birg mich unter dem Schatten Deiner Flügel. Laß Dein Antlitz über mir leuchten ..."[55]

Wie sehr die Kommilitonen von seinem bevorstehenden Erfolg überzeugt waren, zeigt ein Brief seines Freundes J. William Bowden, der nach bestandenem Examen schon abgereist und heimgefahren war, ihm jedoch schrieb: „Wenn Du diesen Brief erhältst, hast Du Deine Examensnöte

---

[52] SB, 54.
[53] SB, 54f.
[54] LD I, 87.
[55] SB, 208.

WACHSTUM -
DER EINZIGE BEWEIS FÜR LEBEN (1801 - 1833)

sicher hinter Dir und Dir und dem College Ruhm erworben."[56] Aber es kam anders.

Das Schlußexamen

Newman war völlig überarbeitet. „Als er plötzlich - einen Tag früher als erwartet - (zum Examen, GB) aufgerufen wurde, verlor er den Kopf, brach völlig zusammen und mußte nach vergeblichen Versuchen nach einigen Tagen aufgeben. Er hatte zwar das Examen bestanden und somit Grad des BA (Baccalaureus Artis) sicher."[57] Aber als die Ergebnisliste ausgehängt wurde, war sein Name nicht unter denen, die mit Auszeichnung bestanden hatten, sondern „unter dem Strich". -

Newman hatte während der fruchtlosen Anstrengungen in der Prüfungswoche vom 25. November bis 1. Dezember heftig gelitten als er das Examen hatte vorzeitig aufgeben müssen. Doch alsbald überwand er seine Enttäuschung und fand seine Fassung wieder. An seine Eltern schreibt er unmittelbar danach, am 1. Dezember: „Es ist vorbei und ich habe kein Glück gehabt. Welchen Schmerz es mir bereitet, Dir und Mutter dies mitteilen zu müssen, vermag ich nicht zu sagen. Was ich selber leide, ist in der Tat gar nichts im Vergleich zu dem Gedanken, daß ich Euch enttäuscht habe. Mit Freuden würde ich das Hundertfache an Traurigkeit ertragen, die wie ein Schatten auf mir liegt, wenn ich dadurch Mutter und Dir den Schmerz ersparen könnte. Ich will gar nicht erst versuchen zu beschreiben, was ich durchgemacht habe, aber es ist vorbei und ich fühle mich wie von einer Last befreit. Die Prüfer waren so freundlich wie nur möglich zu mir, aber meine Nerven ließen mich ganz im Stich, und so versagte ich. Ich habe alles getan, was ich konnte, um mein Ziel zu erreichen; ich habe keine Mühe gescheut und mein Ruf im College ist so solid wie vorher, wenn auch nicht so glänzend. Wenn einer auf dem Schlachtfeld nach mutiger Tat fällt, wird er als Held geehrt; sollte nicht

---

[56] SB, 54.
[57] SB, 56.

dem, der auf dem Feld des wissenschaftlichen Kampfes fällt, dieselbe Ehre zukommen?[58] - Seine Mutter antwortete ihm postwendend mit großer Einfühlsamkeit: „Dein Vater und ich schreiben Dir mit der wärmsten Herzlichkeit und bitten Dich, nicht zu denken, daß wir enttäuscht seien oder daß der Inhalt Deines Briefes uns Qual bereitet. Wir sind mit Deinen lobenswerten Anstrengungen mehr als zufrieden. Und wie ich Dir schon vorher und in Vorwegnahme dessen, was sich zugetragen hat, gesagt habe: Du mußt geduldig und freudig auf die Zeit warten, die zum Reifen der Früchte Deines ständigen Fleißes bestimmt ist. Jeder, der Dich kennt, weiß um Deine Verdienste; Dein Versagen wird das Interesse, das man an Dir hat, verstärken ... Wir bitten Dich lediglich, an Deinen Auffassungen festzuhalten und Dich freudig in das zu schicken, was in diesem Augenblick für Dich so schwer zu ertragen ist."[59]

Während seiner Studienzeit und insbesondere in der Vorbereitungszeit zum Examen hatte sich Newman immer auch mit *theologischen Fragen* beschäftigt und seine Gedanken darüber aufgezeichnet. „Wir tragen in uns eine Art Sehnsucht nach etwas, das uns teuer und uns wohlbekannt ist, das sehr beruhigt."[60] Im Oktober desselben Jahres skizziert er die Grundgedanken zu einem Essay, wie „die Lehre von der Versöhnung der Eckstein des Christentums" werden solle.[61] Darüber hinaus notierte er Gedanken zum Athanasianischen Glaubensbekenntnis, zur Bedeutsamkeit der Heiligen Schrift, zum Sühneleiden Jesu Christi, zur Rechtfertigung bzw. Wiedergeburt in der Taufe und zur Rätselhaftigkeit der Schöpfung. „Viele denken, was wir doch Besonderes auf diesem Globus seien! Doch die Bewohner jeder ähnlich gearteten Erde könnten dasselbe denken. Wer die Glücksnummer in der Lotterie erwischt hat, dem muß sein Glück einzigartig vorkommen, wer immer er sei; aber einer muß sie ja ziehen!"[62] - Nun, nachdem das Examen vorüber war, entschied sich Newman nicht für das Jurastudium, wie es sein Vater von ihm gewünscht hatte, sondern für den Priesterberuf im Dienste der anglikanischen Kirche.

---

[58] SB, 57.
[59] LD I, 95.
[60] Beim Glockenläuten am Sonntagabend 21.3.1819: SB, 208.
[61] SB, 209.
[62] SB, 214.

WACHSTUM -
DER EINZIGE BEWEIS FÜR LEBEN (1801 - 1833)

Bis zum Sommersemester 1821 wohnte Newman noch im Trinity College, dann bezog er eine Privatwohnung in der Stadt. Er war voller Energie für Themenfelder, die er im Zuge der Examensvorbereitung außer acht gelassen hatte wie Musik und Mineralogie und vertiefte Bereiche seiner bisherigen Studien. „Die erste Symphonie von Haydn gibt noch Echo in meinen Ohren und lenkt durch ihre Schönheiten meine Aufmerksamkeit ab", schreibt er an eine seiner Schwestern und ein Vierteljahr später gut gelaunt an seine Mutter: „Ich freue mich, Dich und Harriett darüber informieren zu dürfen, daß Signor Giovanni Enrico Neandrini sein erstes Obiettamento vollendet hat. Die Melodie ist leicht und duftig und von der Harmonie(führung) gut getragen."[63] - „Ich habe zu meiner Unterhaltung das griechische Original von Aeschylos mit nach Hause gebracht und begonnen, die Chöre auswendig zu lernen; ich habe einige Einfälle, zu einem oder zwei von ihnen, die Musik zu komponieren ... Dann muß ich einen Aufsatz über Astronomie zu Ende bringen, den ich zum Teil für mein Examen begonnen habe ...; dann Optik, Eurypides, Platon, Aristophanes, Hume, Cicero..."[64] - Es war die Zeit, in der er sich regelmäßig Zeit zu religiösen Übungen und zum Studium der Heiligen Schrift nahm. Im Sommer 1822 vermerkt er in seinem Tagebuch: „Ich will wenigstens eine Stunde täglich meine Bibel studieren."[65]

Im Juli desselben Jahres legt er fest: „Jeden Tag widme ich eine Stunde der Apokalypse. Mein Gedanke dabei ist, ihre Symbole usw. durch andere Schriftstellen zu interpretieren und hernach sie mit aktuellen Begebenheiten zu vergleichen. Ich finde das höchst entzückend." Im Monat darauf: „Seit meinem letzten Eintrag in dieses Buch habe ich für gewöhnlich die erste Stunde des Tages der Bibellesung gewidmet ..."[66] Im Jahr darauf zeigen weitere Tagebucheinträge, daß Newman an der Schriftlesung festhielt: „Letzte und vorletzte Woche habe ich Heilige Schrift auswendig gelernt und habe soeben den Epheserbrief zu Ende gebracht."[67] Und eine Woche später: „Vergangene Woche habe ich das 12., 25. und 26. Kapitel aus Jesaja auswendig gelernt." - Im November:

---

[63] LD I, 97 und 100.
[64] LD I 97.
[65] SB, 241.
[66] SB, 242.
[67] SB, 251.

WACHSTUM -
DER EINZIGE BEWEIS FÜR LEBEN (1801 - 1833)

„Ich habe acht Kapitel aus Isajas auswendig gelernt, nämlich die vom 50. bis 57. Mögen sie sich doch meinem Herzen so wie meinem Gedächtnis einprägen!"[68] In einer seiner ersten Predigtskizzen vom Jahr 1824 rät er einem Menschen, der traurig ist: „Er muß sich zu seiner Bibel bekehren als seinem größten Trost und seiner besten Freude."[69]

Mathematik und Religion

Im Mai 1821 veröffentlichte Newman einen Aufsatz „To the Editor of the Christian Observer" über die analoge Natur der Schwierigkeiten in der Mathematik und in der Religion.[70] Die Befassung mit Mathematik und naturwissenschaftlichen Problemen hatte Newman auf die analoge Schwierigkeiten, die er in der Theologie vorfand, aufmerksam gemacht. Wie die immer neu auftauchenden scheinbaren Unregelmäßigkeiten der Natur ihrer mathematischen Erfassung Schwierigkeiten bereiten, so sei es in der Theologie bei dem Versuch, die Offenbarungsvorgänge verstandesmäßig zu erfassen. Immer wieder steht der Physiker vor der Schwierigkeit, Abweichungen in seiner Naturbeobachtung durch Veränderungen der mathematischen Formeln auffangen zu müssen. So stehe es auch mit der verstandesmäßigen Erfassung religiöser Fragen, wie z. B.: „Warum ist der Mensch in die Lage versetzt worden, der Sünde verfallen zu können? Warum hat Gott die Sünde nicht ohne Leistung einer Sühne vergeben können? Warum mußte es gerade eine Sühne sein, die darin besteht, daß der Sohn Gottes, des Vaters, die menschliche Natur annimmt und eines schmerzvollen Todes stirbt? ... Warum ist es so eingerichtet, daß der Christenglaube mehr auf einer geschichtlichen Tatsache als auf unmittelbarer Wahrnehmung von Wundern beruht und mehr auf einem Beweis, der aus Wahrscheinlichkeiten erbracht wird, als auf einem Beweisgang unmittelbar vorzeigbarer Art ...?"[71] Newman

---

[68] Vom 25. Nov. 1823: SB, 252.
[69] MS A 17, 36, S. 12 vom 21.11.1824.
[70] Vom Mai 1821: LD I, 102f.
[71] Franz Michel Willam, Aristotelische Erkenntnislehre bei Whately und Newman, Freiburg - Basel - Wien 1960, 144f.

WACHSTUM -
DER EINZIGE BEWEIS FÜR LEBEN (1801 - 1833)

argumentiert gegen die herrschende populäre Auffassung, naturwissenschaftliche Beweisgänge hätten es mit exakten, theologische mit unwissenschaftlichen oder unexakten Methoden zu tun. In Wirklichkeit ist „keine Wissenschaft viel besser geeignet, unseren Glauben an die Wahrheit des Christentums zu bestärken als die der Mathematik, wenn sie mit der richtigen Einstellung des Geistes betrieben wird." Und wer der Offenbarung mit Skepsis oder Ablehnung begegne, weil sie unauflösbare Geheimnisse enthalte, verhalte sich analog einem Naturwissenschaftler, der die Komplexität der Naturvorgänge bezweifle, weil sie nicht in glatten Formeln erfaßbar seien. - Newman kommt zu dem Ergebnis: „Nähme man die Analogie zwischen Mathematik und Religion ernst, urteilte man also über die Geheimnisse des Glaubens ebenso und nähme ihnen gegenüber die gleiche Haltung ein, die man der Mathematik, (bzw. Physik, GB) gegenüber an den Tag legt, dann würden der Geister, die gegen die Wahrheit Einwände erheben, nur mehr recht wenige sein. Aber nein! Da spielen eben menschliche Leidenschaften mit herein; die Menschen fürchten, das Evangelium könnte wahr sein, sie hassen das Licht, ihr Herz zeigt keine Neigung für übersinnliche Dinge. So treten sie mit Voreingenommenheit an die Auslegung der Heiligen Schrift heran, fällen oberflächliche Urteile und wenden sich dann mit Widerwillen von ihr ab."[72] - Subtil zeigt Newman auf, daß man Newtons Schlußfolgerungen implizit Glauben schenkt, weil man die Gründe für ihre Richtigkeit akzeptiert. Hingegen der Religion gegenüber apriorisch die Begründungen in Frage stellt, um dann auch die Schlußfolgerungen zu bezweifelten. „Das ist der Geist, der dann den weisen Satz aufstellt, eine wahre Religion könne keine Geheimnisse haben, und auf Grund dessen entweder den Schluß 1 zieht: 'Das Christentum ist nicht die wahre Religion, weil es Geheimnisse enthält' oder beim Schluß 2 ankommt: 'Das Christentum enthält keine Geheimnisse, weil es eben die wahre Religion ist.' ... Wo all die Leidenschaften und die persönlichen Interessen mit im Spiel sind, da wird nicht lange nach Folgerichtigkeit im Denken und nach Ehrlichkeit gefragt." -

Die Publikation dieses Artikels hatte für den zwanzigjährigen Newman ein persönliches Nachspiel im Gespräch, das sein Vater bald darauf mit ihm

---

[72] LD I, 103.

WACHSTUM -
DER EINZIGE BEWEIS FÜR LEBEN (1801 - 1833)

führte. „Es ist durchaus am Platz, die Heilige Schrift zu zitieren, aber du legst hier Texte in solcher Menge vor! Nimm dich in acht! Du nährst in dir eine Nervosität und krankhafte Empfindlichkeit und seelische Reizbarkeit, die zu ernsten Bedenken Anlaß geben ... Treibt man es mit der Religion zu weit, so führt sie zu einer Schwächung des Geistes. Du mußt dich zurückhalten und dabei alles aufbieten, was du nur kannst. Halte dich an den Satz: 'Niemand kann seine Prinzipien im Alter von zwanzig Jahren festlegen.' ..."[73]

Im November 1821 brachte eine geschäftliche Misere von *Vater John Newman* seine Familie zum zweiten Mal in finanzielle Schwierigkeiten. Er hatte nach dem Zusammenbruch seiner Bank das Angebot einer Brauerei in Alton angenommen und war mit seiner Familie dorthin übersiedelt. Doch er konnte sich offenkundig in die für ihn neue Geschäftsbranche nicht erfolgreich einarbeiten. Jetzt wurde der ganze Besitz der Familie versteigert. - Aus der Tatsache, daß Newmans Vater innerhalb von drei Jahren aus finanziellen Gründen auch seine Brauerei veräußern mußte und sich schließlich in eine Wirtschaft (Pub) mit angeschlossener Brauerei zurückzog, ist zu schließen, daß er insgesamt in Geschäftsdingen keine glückliche Hand hatte. Er hat im beruflichen Leben - ganz anders, als dies seine Frau Jemima aus ihrer besser situierten Herkunft gewohnt war, in beruflichen Dingen immer wieder versagt. So verwundert es nicht, daß sie einen Brief, in dem Newman voller Anerkennung von seinem Vater spricht, erleichtert zur Kenntnis nimmt und ihm antwortet, sie sei dankbar für diese Einschätzung; denn „ich habe die nervöse Angst, daß ihr alle ihn nur in Schmerz und Sorge in Erinnerung habt".[74]

Von dieser Zeit an sah sich John Henry Newman aus ganz diversen Gründen immer wieder in seinem Leben in Geldnöten, die er jedoch im Unterschied zu seinem Vater jeweils meisterte. Zunächst war dies deshalb der Fall, weil auf ihm als dem Ältesten nach dem frühen Tod seines Vaters im Jahre 1824 die Sorge für die ganze Familie, insbesondere für seine Mutter und die Schwestern lastete. Er hatte sich schon bisher nach Studenten umgesehen, denen er Privatstunden geben konnte, um auf diese Weise das Studium seines Bruders Francis mitzufinanzieren.

---

[73] Vom 6.1.1822, in: AWr, 179.

WACHSTUM –
DER EINZIGE BEWEIS FÜR LEBEN (1801 - 1833)

Fellow von Oriel

Newman lebte in Broad Street in Oxford. Er verfolgte eine neue und zugleich kühne Idee: Sich um eine der begehrtesten Positionen junger Akademiker in Oxford zu bewerben, eine Fellow-Stelle am Oriel College. Fellows bilden die leitende Körperschaft eines College in Oxford; ihnen obliegt die Sorge für den ökonomischen Bestand wie auch für den Standard der Bildung unter den Studierenden. Oriel, von Adam de Brome (+1332) gegründet, gehörte nicht nur zu den traditionsreichsten mittelalterlichen Studienhäusern Oxfords, sondern war gerade zu Newmans Zeit durch seine Ausprägung der erkenntnistheoretischen Richtung der Philosophie zum führenden College Oxfords geworden. „Im Common Room von Oriel stinkt es nach Logik", war ein geflügeltes Wort. Aber nicht nur hervorragende Logiker wie Richard Whateley (1787 - 1863) machten den Ruhm Oriels aus, sondern auch Männer wie der allseits anerkannte ebenso gelehrte und poetisch begabte wie fromme John Keble (1792 - 1866), bei dessen Gang über die Straße die Studenten leiser sprachen und die Leute sich gegenseitig sagten: „Dort ist Keble."

Für Newman war Oxford ein Platz geworden, an dem er sich heimisch fühlte. Die Löwenmäulchen an der Gartenmauer des Trinity College waren für ihn in der Stille ihrer Umgebung und in der Unscheinbarkeit ihrer Lebenskraft ein Symbol für Beständigkeit. Sich an diesem Ort eine Position zu erwerben, um dort für immer Forschung und Lehre, Gebet und Verkündigung nachgehen zu können, war für ihn das Traumziel. Allerdings schien es nach menschlichem Ermessen durch sein mittelmäßiges Examen unerreichbar.

Trotzdem glaubte Newman an die Chance, gerade in Oriel ankommen zu können. „Obwohl Oriel damals das anerkannte Zentrum des geistigen Lebens in Oxford war, hatte es sich niemals zu dem Grundsatz bekannt, bei seiner Wahl einfach den Kandidaten zu nehmen, der die besten Examina gemacht hatte ... Religiöse, ethische, soziale Überlegungen sprachen bei der Entscheidung ebenso mit wie intellektuelle Fertigkeiten, die außerhalb von Prüfungsinhalten lagen. Die Zustimmung fiel auf jene Männer, die von jedem Prüfer nach gewissenhafter Erwägung für die

---

[74] Vgl. O'Faolain, 51ff.

WACHSTUM -
DER EINZIGE BEWEIS FÜR LEBEN (1801 - 1833)

Fähigsten gehalten wurden, dem Maßstab eines Fellows von Oriel College am besten zu entsprechen, wie ihn die Statuten von Adam de Brome und König Edward festgelegt hatten."[75]

Nach Rücksprache mit ehemaligen Lehrern am Trinity College entscheidet sich Newman Mitte November 1821 für die unmittelbare Vorbereitung auf die Bewerbung. Die Anforderungen waren natürlich hoch. „Die Hauptsache scheint der lateinische Aufsatz zu sein, und Beschlagenheit in Metaphysik ist ein großer Vorteil, allgemeine Mathematik wird ebenfalls verlangt ..."[76]- Am 5. Februar 1822 meldet er sich in Oriel als Bewerber um eine Fellow-Stelle an: „Heute sprach ich beim Provost von Oriel vor und erbat seine Genehmigung, mich bei der anstehenden Wahl zu bewerben. ... Ich freue mich, daß ich mich jetzt an der Bewerbung beteilige. Ich mache mich selbst bekannt und lerne die Art des Examens kennen." Noch einen Monat zuvor hatte er in einem Brief geschrieben: „Ich bete darum, daß der Tag nicht komme, an welchem mir Gott einen Namen oder Zugang zu Reichtum gibt."[77] Aber jetzt fügt er hinzu: „Ach,

wie habe ich mich geändert. Ich bete beständig darum, ins Oriel zu gelangen ... O Herr, verfüg über mich so, wie es am meisten zu Deiner Ehre gereicht, aber gib mir Ergebenheit und Zufriedenheit."[78]

Vielsagend hatte er in seinem lateinisch verfaßten Antrag auf Zulassung an den Vorsteher von Oriel, Edward Copleston (1776 - 1849) von der (Kampf-) „Arena", gesprochen, „wo Siegen äußerst ruhmreich und Besiegtwerden nicht unehrenhaft ist".

Am 21. Februar darauf wurde er 21 Jahre alt, Anlaß für ihn, über die Vergänglichkeit seines Lebens und die Kostbarkeit der Zeit nachzudenken. „Ich dachte an die Jahre, die vorbei sind und an die Strecke, die vor mir liegt und vergoß richtig Tränen bei dem Gedanken, daß ich mich nicht mehr einen Jungen nennen konnte."[79] An eben diesem Geburtstag betet

---

[75] SB, 67.
[76] SB, 71.
[77] Noch im „Traum des Gerontius" (1865) ist sich Newman dieser Gefahr bewußt: "Nie bist du so der Schmach und dem Verbrechen nah, wie wenn du eine Tat des Ruhms vollbracht (some deed of name)": Kardinal Newman, Der Traum des Gerontius, übertragen und eingeleitet von Theodor Haecker, Freiburg 1939, 25.
[78] Ebd.
[79] SB, 71.

WACHSTUM -
DER EINZIGE BEWEIS FÜR LEBEN (1801 - 1833)

Newman rigoros gegen seine Vorliebe: „Du siehst, wie versessen und, ich fürchte abgöttisch, meine Sehnsucht danach ist, im Oriel College Erfolg zu haben. Nimm all meine Hoffnung weg, warte keinen Augenblick, o mein Gott, wenn ich dabei Deinen Geist gewinne."[80]

Die Prüfungstage in Oriel forderten sein ganzes Können. Der erste Teil begann am Karsamstag. Acht Stunden lang saßen die Kandidaten auf den harten Bänken in Oriel Hall, dem Speisesaal des College. Subjektiv war er von der Qualität seiner Arbeiten am Ostersonntag und -montag nicht überzeugt. Mehrfach fand er Trost im Gebet und beim Blick auf das Motto des College, das in einem der Farbfenster eingebrannt ist: „Pie repone te (Sei in frommem Vertrauen gelassen)!"[81] Als er nach dem dritten Tag den Eindruck bekam, er schaffe es nicht und müsse aufgeben, wurde ihm unverhofft Hilfe zuteil: Ein stärkendes Mittagsmahl, zu dem ihn sein Tutor Thomas Short von Trinity einlud und während dessen er ihm Mut zusprach weiterzumachen. Newman konnte nicht wissen, daß seine schriftlichen Arbeiten auf die Prüfer bereits einen so großen Eindruck gemacht hatten, daß sie ganz privat Erkundigungen über ihn und seinen Charakter in Trinity eingeholt hatten.[82]

Am 12. April 1822 schrieb Newman in sein Tagebuch: „Heute morgen wurde ich zum Fellow von Oriel College gewählt. Gott sei Dank. Gott sei Dank."[83] Er war stets davon überzeugt, daß dieser Tag „der Wendepunkt seines Lebens und der denkwürdigste aller Tage war. Er erhob ihn aus Unbekanntheit und Not zu Kompetenz und Name." Er könne sich nichts Schöneres vorstellen; denn als Fellow von Oriel College zu leben und zu sterben, war seine Auffassung. „Fortan lag sein Weg klar vor ihm; und wie seine Freunde bezeugen, bewahrte er sein ganzes Leben hindurch Jahr für Jahr die dankbare Erinnerung an diese große Barmherzigkeit der göttlichen

---

[80] SB, 237.
[81] SB, 73; An diese Situation der Hochspannung und göttlichen Tröstung sollte er immer wieder in seinem Leben zurückdenken: etwa bei der anstrengenden Arbeit der Vorlesungsvorbereitungen in Dublin 1852: LD XV, 90.
[82] Jahrzehnte später - am 27. Februar 1878 - sagte ihm Thomas Short, er habe Newmans Absicht bemerkt, die Prüfung aufzugeben und habe ihn deshalb zur Fortsetzung überredet; vgl. SB, 74.
[83] SB, 241.

WACHSTUM -
DER EINZIGE BEWEIS FÜR LEBEN (1801 - 1833)

Vorsehung, wie auch an seine Prüfer, die die ausführenden Organe waren."[84]

Bewegt beschrieb Newman im Nachherein die Einzelheiten. „Der Diener des Provost, dem nach altem Brauch die Aufgabe zufiel, dem glücklichen Kandidaten die gute Nachricht zu überbringen, nahm seinen Weg zu Newmans Wohnung in der Broad Street und traf ihn beim Violinspielen an. Das verwirrte an sich schon den Boten, der eine solche Tätigkeit nicht mit der Vorstellung von einem Kandidaten für den Common Room (den Gemeinschaftsraum der Fellows) in Oriel vereinbaren konnte. Doch seine Verblüffung wuchs, als er die wohl für solche Anlässe übliche Form seiner Rede vorbrachte: Er habe, so befürchte er, eine unangenehme Botschaft zu melden, nämlich daß Mr. Newman zum Fellow von Oriel College gewählt und dort sein Erscheinen sogleich erforderlich sei. Als der Angeredete nur sagte 'Sehr schön!', und weiter fiedelte, in der Annahme, eine solche Redeweise schmecke nach unangemessener Vertraulichkeit, veranlaßte dies den Mann zu der Frage, ob er sich etwa im Zimmer geirrt und die falsche Person angesprochen habe. Darauf erwiderte Newman, es sei schon ganz richtig. ... Kaum war der Mann fort, legte Newman sein Instrument hin und stürzte die Treppe hinunter und eilte nach Oriel College. Und noch nach fünfzig Jahren erinnerte er sich an die beredten Mienen und eifrigen Bücklinge der Geschäftsleute und anderer, die er unterwegs traf, die die Neuigkeit bereits erfahren hatten und gut begriffen, warum er so außerordentlichen Schrittes von St. Marien zu dem gegenüber liegenden Gäßchen (Oriel Lane) steuerte."[85] Newman wurde im Turm oberhalb des Eingangstors von Oriel College empfangen, wo die mündlichen Prüfungen stattgefunden hatten. Da hatten sich die Fellows von Oriel versammelt, um ihm zu gratulieren. „Ich ertrug es, bis Keble mir die Hand reichte; da fühlte ich mich so beschämt und der mir erwiesenen Ehre so unwürdig, daß ich glaubte, in den Erdboden versinken zu müssen. Sein Name war der erste, den ich mehr mit Ehrfurcht als mit bloßer Bewunderung nennen hörte, als ich nach Oxford kam. Ich ging eines Tages mit meinem ... Jugendfreund (John William Bowden) auf der Hauptstraße spazieren, da rief er plötzlich mit großem Eifer: 'Das ist Keble', und mit unbeschreiblicher Ehrfurcht

---

[84] SB, 76.
[85] SB, 74f.

WACHSTUM -
DER EINZIGE BEWEIS FÜR LEBEN (1801 - 1833)

schaute ich auf ihn."[86] - Newman wurde in den ihm zustehenden Platz in der Kapelle und im Speisesaal des College eingewiesen. Eigene Räume im Haus erhielt er erst 1826.[87] „Ich nahm von meinem Platz in der Kapelle Besitz und speiste mit einer großen Gesellschaft im Common Room. Ich saß neben Keble, und wie man ihn mir geschildert hat, gleicht er mehr einem Studenten als dem ersten Mann in Oxford, so vollkommen anspruchslos und schlicht ist seine Art."[88]-

Die Nachricht von Newmans Erwählung ging wie ein Lauffeuer durch Oxford: „Von drei Türmen ließ man die Glocken läuten - ich hatte dafür zu bezahlen." Besonders die Fellows und Studierenden von Trinity waren über die Auszeichnung, die damit auch ihrem College zuteil geworden war, außer Rand und Band. - „Ich bin jetzt Fellow von Oriel; und obgleich ich mich im Augenblick noch ganz unfähig fühle, die Vorteile zu definieren, die daraus folgen, kann ich mit genug Selbstvertrauen und Dankbarkeit sagen, daß ich an Unabhängigkeit, Kompetenz und literarischer Gesellschaft gewonnen habe", schreibt er am folgenden Tag an seinen Bruder Charles: „Nicht, daß ich unmittelbare Einnahmen erwarte, aber ich habe einen Glanz gewonnen, der mir so viele Schüler sichert, wie ich mir nur wünschen kann."[89] Letztere Bemerkung verweist darauf, daß sich Newman bereits auf die Mitfinanzierung in seiner Familie eingestellt hatte; denn für sich selbst hatte er ja noch das Stipendium. - Im Dezember dieses Jahres 1822 wußte er deshalb die finanziellen Bedenken seines Vaters im Blick auf das Studium seines Bruders Francis zu zerstreuen. „Ich habe wirklich genug Geld. Ich habe keinerlei Mangel. Es gibt keinerlei Schwierigkeit ... Was Francis betrifft, so muß er seinen Studienverlauf nicht ändern, wie Du annimmst, und kann so lange zu Hause wohnen, bis er seinen Platz (im College) bekommt. Ich habe das alles arrangiert. ... Laß mich, und ich werde alles sehr gut machen." Ein strahlender Brief seiner Mutter brachte die Antwort, aus der sich die traurige Bilanz der Familie ablesen läßt, die durch den beruflichen Mißerfolg des Vaters immer mehr in Armut geraten war; aber auch die

---

[86] A, 36.
[87] Aus Raummangel hatten die Fellows von Oriel vereinbart, daß sie, solange sie kein Amt wahrnahmen, in der Stadt wohnten: LD I, 135f.
[88] SB, 75f.
[89] LD I, 130.

WACHSTUM -
DER EINZIGE BEWEIS FÜR LEBEN (1801 - 1833)

Zuversicht und der Stolz angesichts des großen Erfolgs, den der älteste Sohn errungen hatte. „Dein Vater hat mir Deinen erfreulichen Brief weitergereicht ... Ich habe nichts gesehen, was ihn in gleicher Weise seit langer Zeit so erfreut und getröstet hat. ... Ich stimme mit Dir völlig darin überein, wenn Du sagst: 'Laß mich ...'. Das ist genau der Text, den ich, wann immer Dein Vater und ich über dieses Thema diskutiert haben, gepredigt habe. Ich beginne immer damit und ende damit seit vielen Monaten, daß ich sage: 'Ich habe keine Angst, John wird es arrangieren.'"[90]

Die Bewerbung um die Fellow-Stelle von Oriel, der Verlauf des Examens und sein Erfolg hatten Newman auch in seiner psychischen Balance eine entscheidende Erfahrung und Bestätigung gebracht. „Niemand außer mir selbst dachte, daß ich eine Chance hätte."[91] Und „wenn ich es ernsthaft und rational überprüfte, schien es keine Chance zu geben. Ich hatte im Abschlußexamen völlig versagt, diejenigen, die hörten, daß ich mich um die Oriel-Stelle bewarb, schauten auf mich herunter und verachteten mich ... Jedoch jener Himmlische Arm, vor dem die meisten Dinge wie nichts sind, gab mir augenblicklich Sicherheit in Trost und Ruhe. Er beseitigte jede Barriere, Er vertrieb jede Wolke ... Ich rühme mich in dem Bekenntnis, daß es Gott und Gott allein war, der es vollbrachte", schrieb er am 28. April im Brief an seine Tante Elizabeth, mit der er von Kindheit an in religiösen Dingen offener reden konnte.[92]

Das Erlangen der Fellow-Stelle bedeutete zumeist auch die Entscheidung für den kirchlichen Dienst, die er unmittelbar nach der Erwählung seinem Vater mitteilte: „Wenn ich wähle, kann meine Fellow-Stelle auch die eines Laien sein; aber ich habe in dieser Sache nun meine Entscheidung getroffen: Ich möchte (den Dienst in der) Kirche vorziehen."[93]

Vor allem waren es jetzt Studenten, die Newman in ihrem Studium begleitete und auf ihr Examen vorbereitete und die dafür ein entsprechendes Entgeld bezahlten. Auch jetzt arbeitete er seiner Art gemäß mitunter bis zur völligen Erschöpfung. So hatte er einen Tag mit seinen

---

[90] LD I, 156f.
[91] LD I; 135.
[92] LD I, 138.
[93] LD I, 135.

WACHSTUM -
DER EINZIGE BEWEIS FÜR LEBEN (1801 - 1833)

Schülern verbracht, über Nacht an einem Lexikon-Artikel über Cicero für die Encyclopaedia Metropolitana bis morgens gegen vier Uhr gearbeitet und sich dann in der Dämmerung auf den Weg gemacht in das achtzehn Meilen von Oxford entfernte Worton, wo er seinem Freund Walter Mayers versprochen hatte, sich während seinem Urlaub um dessen Schüler zu kümmern.[94]

„All die Oriel-Fellows sind so freundlich, ich weiß kaum, wie ich mich benehmen soll. Ich bin nun ein Mitglied der 'Schule der spekulativen Philosophie in England', um die Worte der Edinburgh Review zu gebrauchen. Und es ist nicht der geringste Vorteil, daß ich, wenn immer ich es wünsche, den Rat und die Anleitung der ersten Männer von Oxford habe", so schrieb er nicht ohne Stolz seinem Vater.[95] Aber in Wirklichkeit war er so scheu und zurückhaltend, daß die Fellows von Oriel anfangs dachten, sie hätten sich in Newman getäuscht. Er kam nur zu Gottesdiensten, Mahlzeiten und Veranstaltungen ins College und beteiligte sich anfangs kaum an den Gesprächen und Diskussionen im Senior Common Room. Er fühlte sich einsam und machte seine täglichen Spaziergänge gewöhnlich allein. „Mit Freuden stellte ich fest, daß ich mich auf meinen einsamen Wegen ... fast immer zu stillem Gebet angeregt fühlte, und ... einen großen Teil davon benützt habe, um für alle meine Freunde und die ganze Menschheit zu beten."[96] Sein Arbeitstag war gefüllt von klassischer Lektüre, von Thukydides und Homer, Aristoteles und Horaz, Livius und Cicero und natürlich von der Befassung mit seinen Schülern bzw. Studenten. Und: „Die erste Stunde des Tages gehörte der Bibellesung."[97]

Alsbald nahm sich einer der älteren Fellows des jungen Newman an: *Richard Whately* (1787 - 1863) schien besonders geeignet, durch seine originelle Weise des Denkens und seine Selbstsicherheit, einen schüchternen jungen Menschen aus sich herauszulocken. Es machte ihm Spaß, „junge Bären in der Hand zu haben, die er zurechtboxen könne und die, so sagte er, wie die Hunde aus der Zucht von König Karl, an einem

---

[94] O'Faolain, 73.
[95] LD I, 135.
[96] SB, 243.
[97] SB, 242.

WACHSTUM -
DER EINZIGE BEWEIS FÜR LEBEN (1801 - 1833)

Bein hochgehalten werden können, ohne aufzuheulen."[98] In der Tat gelang es Whately, Newman zum Reden zu bringen; und alsbald konnte er ihm das Kompliment machen, er sei der klarste Kopf, den er kenne. Whately vertraute ihm Manuskripte aus seiner Arbeit über die Logik an, die Newman mit großem Engagement durch eigene Beiträge ergänzte und bis zur Publikationsreife betreute. Als das Werk vier Jahre später veröffentlicht wurde, freute sich Newman über Whatelys Vorwort, in dem er seinen Mit-Fellow Newman erwähnte, „der einen beträchtlichen Teil des Werkes, wie es jetzt vorliegt, tatsächlich aus Manuskripten, die nie für die Öffentlichkeit gedacht waren, zusammengestellt hat und der selbständige Verfasser mehrerer Seiten darin ist."[99] Newman war sich bereits 1826 sehr wohl der Bedeutsamkeit Whatelys für seine geistige Entwicklung bewußt: „Viel verdanke ich Oriel College an geistigem Fortschritt, aber keinem verdanke ich so viel wie Ihnen, wie ich wohl weiß", schrieb Newman in einem Brief. „Ich weiß, wer es war, der mich als erster nach meiner (Fellow-)Wahl ermutigte, mich umzuschauen, mich lehrte, richtig zu denken und - eine seltsame Aufgabe für einen Erzieher - mich auf mich selbst zu verlassen."[100]

Die Geschichte der geistigen Entwicklung Newmans ist in ihren charakteristischen Zügen gerade an der Begegnung mit Richard Whately deutlich ablesbar. Einerseits erlernte er durch ihn auf grundlegende Weise, seinen eigenen Fähigkeiten zu vertrauen und sie richtig einzusetzen. Und von Whately lernte er die Lehre von der Eigenständigkeit der Kirche als eigener gesellschaftlicher Institution kennen. Aber anderseits ließ er sich nicht auf Dauer in die Richtung Whatelys, in einen theologischen Liberalismus, drängen, der die rationale Kraft des menschlichen Verstandes zum Maßstab der Akzeptanz von religiösen und Offenbarungsaussagen macht. Newman blieb sich selbst und seinen religiösen Prinzipien treu.

Diese Differenzierung gilt in entsprechender Weise auch für die vielen anderen Begegnungen der 20er Jahre in Oriel, bei denen Newman

---

[98] SB, 80.
[99] SB, 81; vgl. Richard Whateley, Elements of Logic. Nachdruck der 9. Aufl., London 1866, nennt Newman S. VIII.
[100] SB, 82.

WACHSTUM -
DER EINZIGE BEWEIS FÜR LEBEN (1801 - 1833)

grundlegende Lehren des Christentums erschlossen wurden. Von *William James* (+1861) habe er 1823 die Lehre von der apostolischen Nachfolge der Bischöfe in der Kirche kennengelernt, schreibt er in seiner „Apologia pro vita sua" von 1864.[101] Bei der Lektüre von *Joseph Butlers* (1692 - 1752) Buch „Über die Analogie der Religion ... zum Lauf der Natur" sei ihm die sakramentale Verbindung zwischen der unsichtbaren Welt Gottes und der sichtbaren Welt der Schöpfung aufgegangen.[102] Von ihm habe er auch die Erkenntnis gewonnen, daß man im Alltag nicht mit wissenschaftlicher Logik, sondern mit der praktischen Logik herrschender Wahrscheinlichkeiten die Entscheidungen zur Gestaltung des Lebens fälle. Von *Edward Hawkins* (1789 - 1882) sei er in die Bedeutsamkeit der Lehre von der Überlieferung des christlichen Glaubens für die Heilsgeschichte eingeführt worden. Damit sei ihm aufgegangen, daß die Botschaft des Evangeliums nicht durch die Schrift, sondern durch die mündliche Überlieferung von Generation zu Generation tradiert worden sei und tradiert werde. Hawkins war Fellow von Oriel und als Pfarrer der St. Marienkirche zu Oxford Newmans Vorgänger.[103] - So fand Newman im Verlauf einiger Jahre schrittweise zu einer Vielzahl katholischer Wahrheiten und damit zur hochkirchlichen Einstellung, weg von seiner evangelikalen Position, die er in der Begegnung mit Walter Mayers und aus der Lektüre der Werke von Thomas Scott erworben hatte.

Als Newman an seinem Geburtstag im Februar 1823 die vielfältigen geistigen und geistlichen Schritte seines Lebens überblickte, die ihn vorangebracht hatten, wurde ihm auch die ungeheure Arbeitsintensität bewußt, mit der er sich den täglichen Aufgaben stellte. „Das verflossene Jahr war der Schauplatz mühsamen Studiums von Anfang bis Ende. Laß mich dieses übergroße Erbarmen preisen, das mich mit einer kräftigen Konstitution gesegnet hat. Manchmal habe ich beim Zubettgehen infolge meiner Anstrengung ganz gezittert", vertraut er seinem Tagebuch an. Aber er geht auch in schonungsloser Gewissenserforschung dabei mit sich zu Gericht: „Zwei große Sündenbahnen beflecken das vergangene Jahr:

---

[101] A, 28.
[102] J. Butler, The Analogy of Religion, Natural and Revealed, to the Constitution and Course of Nature, 1736.
[103] E. Hawkins, A Dissertation upon the Use and Importance of Unauthoritative Tradition, Oxford 1819. Vgl. dazu G. Biemer, Überlieferung und Offenbarung, die Lehre von der Tradition nach John Henry Newman, Freiburg u. a. 1967.

WACHSTUM -
DER EINZIGE BEWEIS FÜR LEBEN (1801 - 1833)

Unbeherrschtheit und Selbstgefälligkeit. Meine Eitelkeit ist ein übergroßes und in letzter Zeit wachsendes Übel."[104] Hinter diesen Sündenbekenntnissen vor dem Angesicht Gottes in seinem Tagebuch steht die Bewertung einer Vielzahl von Leistungen, auf die er in der Tat stolz sein konnte.

Zum andern bedenkt er damit den mitunter schwierigen Umgang mit seinem Bruder Francis, der inzwischen auch in Oxford studierte. Für einige Zeit hatten sie sogar zusammen gelebt und sich das Zimmer in Seale's Coffee House geteilt. Eine karge Zeit: „Gott ernährt mich durch die Raben", hatte er in Anspielung auf den Propheten Elija notiert. Nach Anschauungen und Temperament waren die Brüder ungleich und es gab häufig Meinungsverschiedenheiten. Deshalb nahm sich John Henry seinem Bruder gegenüber vor: „Jedes verletzende Wort zu unterdrücken, auch wenn ich glaube, im Recht zu sein". Inzwischen hatte er ihm einen Studienplatz im Worcester College besorgen können.[105]

Später setzte er sich jedenfalls in langen Gesprächen und ausführlichen Briefen geduldig mit seinem Bruder Charles auseinander, der sich ganz entschieden für eine skeptisch-sozialistische Weltanschauung einsetzte. Aber er läßt ihn über seine Ansicht nicht im unklaren: „Ich möchte eindeutig verstanden wissen, daß ich die Zurückweisung des Christentums aus einer Verfehlung des Herzens und nicht des Verstandes entstehen sehe; daß Unglaube nicht nur von irrtümlichem Denken kommt, sondern entweder vom Stolz oder von der Sinnlichkeit."[106] Aus seinen Briefen und Aufzeichnungen können wir ihn uns im Winter 1823 lebhaft vorstellen. Er bietet ein spartanisches Bild: Eine hagere hübsche Gestalt mit Brille, die in dünnen Schuhen die matschige Highstreet entlangeilt, seine weichen Lippen geschlossen gegen den Regen, der Wind peitscht seinen Bachelor Talar um die Kniehosen, seine große Nase ist in den Sturm gebeugt.[107]

Das herausragende Ereignis dieser Jahre war für Newman zweifellos die Weihe zum Diakon am Dreifaltigkeitssonntag, dem 13. Juni 1824. Darauf bereitete er sich durch den Besuch eines Vorlesungskolloquiums bei

---

[104] SB 249.
[105] Vgl. O'Faolain, 57f und 87.
[106] LD I, 219.
[107] O'Faolain, 93.

WACHSTUM -
DER EINZIGE BEWEIS FÜR LEBEN (1801 - 1833)

Charles Lloyd (1784 - 1829) vor, der Regius Professor für Theologie in Oxford war und 1827 dort Bischof wurde. Er hielt den Zulassungskurs zu den kirchlichen Weihen ab, dessen Besuch unerläßlich war und an dem ein ausgesuchter Hörerkreis von Fellows teilnahm. Newman war ihm nicht nur wegen seines evangelikalen Hintergrunds aufgefallen, sondern er schätzte ihn auch seiner Fähigkeiten wegen und machte ihm den Vorschlag, „ich solle für ihn eine Arbeit zum Gebrauch der Theologiestudenten zusammenstellen; diese solle verschiedenartige Berichte enthalten, wie sie bisher nur im Lateinischen zu finden seien, z. B. über den Talmud, die Septuaginta usw."[108] Zu seinem Geburtstag hatte er Glückwünsche von seinen Schwestern erhalten und sich gefragt: „Was bin ich denn, daß man mich liebt und zu mir aufschaut?" Doch mehr noch beschäftigte ihn an diesem Tage, daß er das kanonische Alter für den Eintritt in den kirchlichen Dienst erreicht hatte: „Ich erzittere geradezu bei dem Gedanken, daß nun das Alter da ist, in dem sich mir ... der Priesterdienst eröffnet. Ist es möglich, sind dreiundzwanzig Jahre über mein Haupt gegangen? ... Bewahre mich davor, die Zeit nutzlos zu vertun - sie ist unwiderruflich. Herr, Du kennst mich, und das ist - sündig wie ich bin - ein großer Trost für mich. Gepriesen sei Dein Name. Du ziehst wahrhaftig meinen Geist zu den himmlischen Dingen empor. Dir sei Preis, der Du einen armseligen Kerl wie mich erwählt hast." Und wieder hält der 23jährige eine gründliche Gewissenserforschung über den rechten Gebrauch seiner geistigen und sinnlichen Fähigkeiten: „Es ist ein schmerzlicher Gedanke, daß ich in meinen Prinzipien so wankelmütig bin ... Ich tue gut daran, über mich zu wachen, daß ich nicht sehr selbstsüchtig bin ... Ich bin es beim Essen, nicht daß ich viel esse ..., sondern daß ich wählerisch und gierig bin und meinem Gaumen schmeichle usw."[109]

In dieser Zeit legt er nicht nur Rechenschaft ab über tägliche Schriftlesung sondern auch über den genauen Tagesablauf mit zwei ausgedehnten Aufenthalten in der Kapelle und erste Einübungen in das Fasten.[110] „Je näher die Zeit meiner Weihe herankommt, umso glücklicher fühle ich mich, Gott sei Dank", schreibt er am Freitag vor dem Weihetag und fügt hinzu: „Mach mich zu Deinem Werkzeug ... Gebrauche mich, wenn du

---

[108] SB, 255.
[109] SB, 253f.
[110] Zwischen März und Juni 1824: SB, 256.

willst, und schlag mich in Stücke, wenn Du willst. Laß mich Dein sein, lebendig oder tot, in Glück und Unglück, in Freude und Trauer, in Gesundheit und Krankheit, in Ehre und Schmach." Aber auch der Ernst des bevorstehenden Schrittes war ihm deutlich; denn für den anglikanischen Geistlichen im allgemeinen und für John Henry Newman im besonderen war die Weihe zum Diakon der eigentliche und entscheidende Zugang zum Amt und Dienst in der Kirche Jesu Christi. Entsprechend lautet sein Tagebucheintrag am Vortag der Weihe: „Es kommt mir vor, als sei in mir ein Widerwille, das Gelöbnis auf mich zu nehmen, eine Angst vor einem so unwiderruflichen Schritt, ein Zweifel, ob dieses Amt denn so segensreich, die christliche Religion so wahr ist. Heute faste ich."[111] Daß er in diesem Zusammenhang auf sein Gehalt hinweist, das er unmittelbar nach der (Diakonats-) Ordination für die Ausübung seines Amtes erhält, mag kleinlich oder geradezu ungebührlich erscheinen, und ist doch für Newmans Lebenslage in diesen Monaten, ja Jahren, hart charakteristisch; denn mehr als ein Dutzendmal finden sich in dieser Zeit private Aufzeichnungen über seine Finanznot, seine Geldknappheit, die ausbleibenden Stundengebühren seiner Schüler, die Anleihe, die er bei Freunden oder Kollegen macht. Armsein war eine der Grunderfahrungen, die Newman mit in sein kirchliches Amt brachte und die sich im Verlaufe seines Lebens häufig wiederholte.

Der *Tag der Weihe* war gekommen; die Ergriffenheit der Stunde ist aus seiner eigenen Niederschrift nachvollziehbar. „Es ist geschehen, ich bin Dein, Herr. Ich komme mir ganz betäubt vor und kann das Geschehene noch gar nicht glauben und verstehen. Zuerst, nach der Handauflegung erschauerte mein Herz in mir; die Worte 'für immer' sind so furchtbar. Es war wohl kein frommes Gefühl, das mich bei dem Gedanken melancholisch stimmte, daß ich alles um Gottes Willen aufgeben sollte. Freilich brannte dann und wann mein Herz in mir, besonders als man das Veni Creator sang. Ja, Herr, ich bitte nicht so sehr um Trost als um Heiligung. Ich komme mir vor wie einer, der plötzlich in tiefes Wasser geworfen worden ist." Auch am darauffolgenden Montag ist das Echo noch immer in ihm: „'Für immer', Worte, die nie widerrufen werden können. Ich trage Verantwortung für die Seelen bis zum Tage meines

---

[111] SB 258.

WACHSTUM -
DER EINZIGE BEWEIS FÜR LEBEN (1801 - 1833)

Todes ... Was war das doch gestern für ein gesegneter Tag. Es kam mir im Augenblick nicht zum Bewußtsein - er kommt nie wieder."[112]

Newman trug sich für kurze Zeit mit dem Gedanken, in die Missionen zu gehen und erkundigte sich, ob er angesichts seiner delikaten Gesundheit dafür geeignet sei. Doch nahm er sogleich nach der Weihe das Angebot einer Anstellung als Kaplan (Curate) in St. Clement's, einer Oxforder Pfarrei, an. Die Bevölkerung in der Pfarrei hatte sich innerhalb von zwei Jahrzehnten verdoppelt, der Pfarrer John Gutch war fast achtzig Jahre alt, und ein Kirchenneubau mußte dringend vorbereitet werden. Newman richtete einen zweiten Predigtgottesdienst an Sonntagnachmittagen ein. Über seine Grundeinstellung zum Predigen hielt er einige Grundsätze fest: „Jene, die den Trost zum Hauptgegenstand ihrer Predigt machen, scheinen den Zweck ihres Amtes verfehlt zu haben. Heiligkeit ist das große Ziel. Hier muß ein Kampf und eine Erprobung stattfinden. Trost ist ein Herzstärkemittel, aber kein Mensch trinkt von morgens bis abends Herzstärkemittel."[113] Die Praxis der Seelsorge konkretisierte und korrigierte viele seiner evangelikalen Ansichten: „Der Zwang, Predigten zu verfassen, hat mich veranlaßt, meine Gedanken über viele Dinge zu systematisieren und abzurunden." Er fand heraus, daß sich die evangelikale Einteilung der Christen in zwei Klassen, Bekehrte als Gestalten des Lichtes und die anderen als Verlorene im Dunkel des Heils, angesichts der realen Menschen nicht halten ließ. Auch viele der Lehren von Thomas Scott fand er bei ernstlichem Suchen nicht einmal in der Bibel bestätigt; die Lehre von der definitiven Auserwählung oder Prädestination Jean Calvins wurde für ihn mit der Lehre der Schrift unvereinbar. Die Wiedergeburt des Menschen zum ewigen Leben im Sakrament der Taufe war jetzt überzeugend; bisher hatte er nach evangelikaler Art die persönliche Bekehrung für den Zeitpunkt und Grund der Wiedergeburt gehalten. So gelangte er zu weiteren „katholischen" Lehren nach hochanglikanischer Auffassung, wie sie von der großen Mehrheit der Fellows von Oriel vertreten wurde.

Mit großem Einsatz widmete sich Newman Hausbesuchen in der Pfarrei St. Clement's, besonders bei den Kranken. Zudem bot er für die Kinder in

---

[112] SB 258f.
[113] 16.9.1824: SB, 222f.

der Sonntagsschule katechetische Unterweisung an. Schließlich organisierte er eine Sammlung für den Kirchenbau, die über 5.000 Pfund einbrachte.

Als Richard Whately im März 1825 Vorsteher von St. Alban Hall, einem kleineren Oxforder College, wurde, bot er Newman die Stellung eines Vizepräsidenten an. Newman überlegte, ob er angesichts seiner Ordination, die ihn ja primär für den kirchlichen Dienst qualifizierte, zusagen solle. Er entschied nach dem Grundsatz, daß er ja sein geistliches Amt vor allem im universitären Bereich ausüben wolle und nahm die Stellung an.

Am Dreifaltigkeitssonntag, dem 29. Mai 1825, wurde Newman in der Oxforder Kathedrale, der Kapelle von Christ Church College, *zum Priester geweiht*. „Vollende, o Herr, was Du in uns begonnen hast", (Phil 1, 6) schreibt er in sein Tagebuch und vermerkt, daß er im Unterschied zu seiner Auffassung bei der Diakonatsweihe darauf vertraute, daß keiner von den Weihekandidaten „gänzlich bar jeden göttlichen Einflusses war und daß alle, wenn auch in der Frömmigkeit verschieden, so doch in gewissem Grad geistliche Menschen seien. Damals hatte ich gemeint, es gäbe innerhalb der sichtbaren Kirche Jesu Christi viele, die nie vom Heiligen Geist heimgesucht worden waren; heute glaube ich, daß es keinen gibt, der nicht ... so gut wie sicher von Ihm heimgesucht wurde."[114] Die Wende von subjektiv fühlenden evangelikalen zum objektiv denkenden hochanglikanischen Newman ist deutlich. Von seinem äußeren Einsatzplan ist sein Priesterweihetag von anderen Sonntagen im pastoralen Dienst kaum verschieden, außer daß er eben erst am Nachmittag zum Predigtdienst antreten konnte, Frauen aussegnete, die Taufe spendete, eine Beerdigung hielt. Der pastorale Sonntag und Alltag ging weiter. Die eigentliche Zäsur und Anlaß zur Feier war der Diakonat gewesen.[115]

---

[114] LD I, 234.
[115] Vgl. dazu Raymund Schuster, Das kirchliche Amt bei John Henry Newman. Eine historisch-systematische Untersuchung der Genese seines Priesterbildes im Kontext, Frankfurt a. M. u. a. 1995.

WACHSTUM -
DER EINZIGE BEWEIS FÜR LEBEN (1801 - 1833)

Erste Predigten

Predigten und der Dienst an der Predigt spielen in Newmans Aufzeichnungen seiner Tagebücher eine wichtige Rolle. Regelmäßig vermerkt er den Zeitpunkt der Abfassung einer Predigt und wann er sie vorgetragen hat. In der Anfangsphase in St. Clement's hatte er mitunter sowohl im Vor- als auch im Nachmittagsgottesdienst zu predigen, seltener nur in einem von beiden. Spirituelle und stilistische Reife in seinen Predigtaussagen finden sich schon früh. So nahm er in den ersten Band seiner veröffentlichten Pfarrpredigten bereits die Nachmittagspredigt vom 2. Sonntag nach seiner Priesterweihe, dem 12. Juni 1825, über „Verborgene Fehler" auf. Die Frucht seiner jahrelangen Praxis der Gewissenserforschung aus dem Glauben kommt darin deutlich zum Vorschein.

„1. Selbsterkenntnis kommt nicht von selbst; sie bedeutet Anstrengung und Arbeit. Ebensogut können wir annehmen, daß die Kenntnis der Sprachen von selbst kommt, wie es Vertrautheit mit unserem eigenen Herzen natürlich sei. Die meisten Menschen empfinden schon die Mühe einer eigenständigen Besinnung als etwas Schmerzhaftes; ganz zu schweigen von der Schwierigkeit echter Besinnung. Uns selbst zu befragen nach dem Grund unseres Tuns und Lassens, uns Rechenschaft zu geben über die Grundsätze, die uns leiten, zu sehen, ob wir aus Gewissensgründen handeln oder aus einem niedrigeren Beweggrund, ist schmerzhaft. Unsere irdische Aufgabe nimmt uns in Anspruch, und was wir an Muße übrig haben, nützen wir gern zu Beschäftigungen, die nicht so streng und mühsam sind. -

2. Dazu kommt unsere Eigenliebe. Wir hoffen immer das Beste; das erspart uns die Mühe der Selbstprüfung. Die Eigenliebe verbürgt unsere Sicherheit. Wir fühlen uns hinreichend gesichert, wenn wir wenigstens die Möglichkeit zugeben, daß wir gewisse verborgene Fehler haben. Wir stellen sie sogar in Rechnung, wenn wir mit unserem Gewissen Bilanz machen. Wäre uns hingegen die Wahrheit bekannt, so fänden wir nichts, außer daß wir Schulden haben, und zwar größere als wir begreifen können und in stets wachsender Zahl.

WACHSTUM -
DER EINZIGE BEWEIS FÜR LEBEN (1801 - 1833)

3. Diese günstige Beurteilung unserer selbst bleibt vor allem dann in Geltung, wenn wir das Pech haben, uns ununterbrochener Gesundheit, gehobener Stellung und häuslicher Behaglichkeit zu erfreuen. Körperliche und geistige Gesundheit sind ein großer Segen, wenn wir ihn zu ertragen vermögen. Werden sie aber nicht durch Wachsamkeit und Fasten in Zucht gehalten, dann verführen sie einen Menschen gewöhnlich zu der falschen Meinung, er sei viel besser, als er tatsächlich ist. Widerstand gegen unser rechtes Handeln, ob er von außen oder von innen kommt, wird zum Prüfstein für unsere Grundsätze. Wenn aber alles glatt geht, ... dann läßt sich schwer sagen, ob und inwieweit wir aus Pflichtbewußtsein handeln ...

4. Betrachten wir als nächstes die Macht der Gewohnheit. Zuerst warnt uns das Gewissen vor der Sünde; mißachten wir es aber, dann hören seine Vorwürfe auf, und so kommt es, daß früher erkannte Sünden bald zu geheimen Sünden werden. Es scheint also - und das ist ein bestürzender Gedanke - daß wir, je mehr wir in Schuld sind, es umso weniger wissen, denn je öfter wir sündigen, umso weniger sind wir darüber bekümmert ..."[116]

Den Predigtthemen des 1. Bandes der Parochial Sermons (Pfarrpredigten) kommt auch deshalb große Bedeutung zu, weil sie die zweite Buchveröffentlichung Newmans überhaupt ausmachen. In ihnen veröffentlichte er die Grundlagen seines Verständnisses von Christsein. -

Die im folgenden Jahr, im August 1826, gehaltene Predigt über „Heiligkeit, notwendig zur künftigen Seligkeit" steht sogar programmatisch am Anfang dieses ersten Predigtbandes. Hier hat er als Motto eine Aussage aus dem Hebräerbrief gewählt: „Heiligkeit, ohne die niemand Gott schauen wird" (Hebr 12, 14).

„Dem Heiligen Geist schien es gut, in diesem Text mit wenig Worten eine Grundwahrheit der Religion zum Ausdruck zu bringen. Gerade dieser Umstand macht sie besonders eindrucksvoll; ist doch diese Wahrheit selbst in dieser und jener Form überall in der Heiligen Schrift ausgesprochen. Immer wieder wird uns gesagt, daß dies das große Ziel war, das unser Herr

---

[116] DP I, 55 - 58.

Wachstum -
Der einzige Beweis für Leben (1801 - 1833)

bei der Menschwerdung im Blick hatte: uns sündige Geschöpfe heilig zu machen. Und somit kann auch nur der Heilige um seinetwillen am letzten Tag Aufnahme finden. Die ganze Geschichte der Erlösung, der Bund des Erbarmens, bestätigt in all seinen Teilen und Anordnungen, daß Heiligkeit notwendig ist zu unserem Heil, wie es ja auch unser natürliches Gewissen bezeugt." Newman führt seinen Hörern zunächst die landläufige Auffassung vor Augen, die sich Menschen vom erwarteten Verhalten Gottes machen. „Wir glauben, wir können uns mit Gott versöhnen, wann wir wollen. Gerade, als ob für den Menschen im allgemeinen nur eine etwas über dem Durchschnitt liegende zeitweilige religiöse Pflichterfüllung erforderlich wäre : - z. B. ein größeres Maß von Strenge in kirchlichen Übungen während unserer letzten Krankheit, so wie Geschäftsleute ihre Papiere und Briefschaften in Ordnung bringen, wenn sie eine Reise antreten oder Bilanz machen." Doch die Bestimmung unseres Lebensziels und damit der Lebenshaltung geht nicht von den Überlegungen der Menschen sondern vom Leben in der Gegenwart Gottes aus. „Der Himmel gleicht also nicht dieser Welt", vielmehr soll die Gestaltung des Lebens in dieser Welt zur Vorbereitung auf die Gegenwart Gottes dienen. Der Ort dafür ist die Kirche: „Denn an dem Ort, der dem öffentlichen Gottesdienst geweiht ist, verstummt die Sprache dieser Welt. Da werden keine Vorschläge für zeitliche Dinge unterbreitet, seien sie groß oder klein. ... Wir hören hier einzig und allein von Gott, wir bringen ihm Lob, Anbetung, Preis und Dank dar. Wir bekennen uns zu ihm, übergeben uns ihm und bitten um seinen Segen. Und deswegen besteht eine Ähnlichkeit zwischen Himmel und Erde, weil nämlich in beiden uns der eine alles beherrschende Gegenstand vor Augen gestellt wird: die Verehrung Gottes." - Wer sich in scinem Leben diesem Anruf, dieser Einladung zum Reich Gottes nicht stellt, wird auch nicht dahin gelangen. Für solche Ver-Fehlung des Lebensziels braucht man sich keine eigene Pein auszudenken; denn „für den unreligiösen Menschen wäre der Himmel eine Hölle". Für den Religiösen aber gilt, daß er Geduld braucht, ja daß es ein ganzes Leben braucht, die Vorbereitung auf dieses Ziel zu bewerkstelligen: „Die Gabe der Heiligkeit zu erlangen, ist das Werk eines Lebens."

> Der 25jährige Prediger faßt seinen Appell an die Gemeinde seiner Zuhörer zusammen: „Ich möchte meine Worte an euch richten, nicht wie an Menschen, die den Erbarmungen Gottes fremd

gegenüber stehen, sondern die teilhaben an dem Gnadenbund in Christus. ... Und seid ganz sicher, ist einer zufrieden mit seinem eigenen Fortschritt in der christlichen Heiligkeit, so ist er bestenfalls im Dunkeln, wenn nicht in einer großen Gefahr. Sind wir wirklich erfüllt mit der Gnade der Heiligkeit, dann werden wir die Sünde als etwas Gemeines, Unvernünftiges und Beschmutzendes verabscheuen. Es ist wahr, viele Menschen geben sich mit halben und unbestimmten Ansichten über Religion und mit unklaren Beweggründen zufrieden. Gebt ihr euch mit nichts Geringerem zufrieden als der Vollkommenheit. Bemüht euch Tag für Tag darum, in Erkenntnis und Gnade zu wachsen, damit ihr, so Gott will, zuletzt in die Gegenwart des Allmächtigen Gottes gelangen mögt. - Und schließlich: Während wir uns bemühen, unser Herz nach dem Vorbild der Heiligkeit unseres himmlischen Vaters umzuwandeln, tröstet uns, wie schon gesagt, die Erkenntnis, daß wir uns nicht selbst überlassen sind. Der Heilige Geist ist uns mit seiner Gnade nahe und gibt uns die Kraft, über unseren eigenen Geist zu triumphieren und ihn umzuwandeln. Wir sind Werkzeuge und nur Werkzeuge unserer eigenen Rettung."[117]-

Geschwister, Freunde, Kontakte

Newman merkte selbst, daß er sich in jenen Jahren überarbeitete; er zog sich eine chronische Verdauungsstörung zu, von der er sich nie ganz erholte. Aber Arbeit war für ihn nicht alles. Die rastlose und vielfältige Beschäftigung auf verschiedenen Gebieten spiegelt noch nicht die ganze Breite seiner Persönlichkeit. Abgesehen von der Tatsache, daß an erster

---

[117] DP I, 1 - 16. Von den 604 Predigten, die Newman in seiner anglikanischen Zeit aufgezeichnet hat, sind von ihm nur 217 veröffentlicht worden. 120 gelten als verloren. Die 246 bisher unveröffentlichten Predigtmanuskripte werden nach thematischen Gesichtspunkten veröffentlicht. Davon sind zwei Bände erschienen: J. H. Newman, Sermons 1824 - 1843, Vol. I: Sermons on the Liturgy and Sacraments and on Christ the Mediator. Ed. P. Murray, Oxford 1991. Vol. II: Sermons on Biblical History, Sin and Justification, the Christian Way of Life and Biblical Theology. Ed. Vincent F. Blehl, Oxford 1993.

WACHSTUM -
DER EINZIGE BEWEIS FÜR LEBEN (1801 - 1833)

Stelle zu Beginn und zu Ende jedes Tages das Gebet und damit seine Zuwendung zu Gott stand, zeigt sein „Termin-Tagebuch", wie man die skizzenhaften Kurzeinträge seiner Tagebücher nennen könnte, wie häufig die Mahlzeiten im College Gelegenheit waren, mit Freunden, Bekannten und Besuchern in Kontakt zu sein. Eine weitere wesentliche Dimension seines Umgangs mit Verwandten und Freunden war für ihn die Korrespondenz. Er konnte herzliche Briefe schreiben und sprühte dabei vor Witz und Humor. „Ich kenne keine Freude, die ich fühlbarer empfinde (…) als Dir zu schreiben und andern, die mir gleich lieb sind",[118] schrieb er an seine Schwester Jemima im Mai 1820; sie war es, die ihn beim Violinspiel am Klavier begleitete. Ein Gedicht zum Geburtstag der einen Schwester, Wortspiele mit Buchstabenverdrehungen in den Briefen an die andere Schwester, lustige Aufgaben für seine jüngste Schwester Mary, humorvolle Anspielungen in Briefen an Freunde sind keine Seltenheit. Die antike Gestalt des Magiers Apollonios von Tyana, über den er gerade einen wissenschaftlichen Artikel verfaßt, charakterisiert er voll Übermut in einem Brief an die Geschwister: „Ich bin außer Atem vor Arbeit an diesem alten Burschen, der es nie genug sein läßt - er redet und redet, eine alte Schwatzbase und ein ermüdender alter Knabe."[119]

Newman ist sich der weiten Spannung seiner charakterlichen Fähigkeiten durchaus bewußt. Er kennt sowohl seine Begabung für Humor wie seine oft unüberwindliche Scheu und Schüchternheit. Er nennt den Grund für letztere: „Mauvaise honte (falsche Scham) entspringt dem Sinn für das Lächerliche in uns selbst; deswegen sind jene schüchtern, die auf sich selbst achten und zugleich humorvoll sind." Zu ersterem sagt er: „Humor entspringt der Phantasie, Witz der Weisheit; Humor ist Gefühlssache, Witz Verstandessache. Humor regt zum Lachen, Witz zu Bewunderung. Humor zielt auf das praktische Handeln, Witz ergeht sich in Worten." So analysiert er Charaktereigenschaften, die ihm aus der Selbsterkenntnis völlig vertraut sind.[120]

Als einen Freund besonderer Art schätzte Newman Edward Bouverie Pusey (1800 - 1882), der ein Jahr nach ihm, 1823, zum Fellow von Oriel

---

[118] LD I, 285.
[119] LD I, 278.
[120] SB, 224.

gewählt wurde. Es war die entschiedene Religiosität Puseys, verbunden mit Bescheidenheit und Selbstlosigkeit, die Newman bewunderte und ihn zu seinem Vorbild werden ließ. Newman skizziert ein anschauliches Portrait des hochbegabten jungen Mannes aus bestem Hause, der die Erziehung in Eton College genossen hatte und als Schüler von Charles Lloyd von Christ Church College nach Oriel gekommen war. „Sein heller Lockenkopf war feucht von dem kalten Wasser, das er zur Linderung seiner Kopfschmerzen anwenden mußte. Er ging schnell und hatte eine jugendliche Art, sich zu bewegen, stand ziemlich gebückt, und sein Blick kam unter den Augenbrauen hervor, die Schultern gerundet und den Talar des Baccalaureus nicht am Ellbogen geknöpft sondern lose über das Handgelenk herabhängend. Sein Gesichtsausdruck war sehr sanft, und er sprach wenig. Das chronische Kopfweh hatte ihn fast um seine Wahl (in Oriel, GB) gebracht"; denn die Schmerzen hatten ihn so überwältigt, daß er seinen Essay bei der schriftlichen Prüfung zerriß und den Saal verließ. Doch einer der Fellows sammelte die Papierfetzen auf und setzte sie zusammen und die Qualität seiner Arbeit entschied für ihn.[121] - Eigentlich hatten sie sich beide die Pfarrarbeit in St. Clement's teilen wollen. Aber Charles Lloyd empfahl seinem Schüler Pusey, zur Fortsetzung seiner Hebräisch-Studien nach Deutschland zu gehen, um dort auch die Gefahren des theologischen Liberalismus im Protestantismus kennenzulernen.[122] Als Pusey zurückgekehrt war, wurde er Regius Professor für Hebräisch und Kanonikus von Christ Church in Oxford; er heiratete 1828. Doch Newmans Freundschaft war damit nicht zu Ende; vielmehr erstreckte sie sich in der Folgezeit auch auf seine Frau Maria Barker und die Kinder. Newman war ein gern gesehener Gast im Hause der Familie Pusey. Eine der Besuchsszenen wird von einem Zeitgenossen geschildert: „Sogleich nach dem Abendessen kamen Dr. Puseys Kinder ins Zimmer gerannt. Eines kletterte auf Newmans Knie und umarmte ihn. Newman setzte ihm seine Brille auf, und als nächstes kam seine Schwester, und groß war die Fröhlichkeit des Pusey'schen Nachwuchses. Man sagt, Newman hasse kirchliche Konversation. Er schreibt so viel, daß er, wenn er in Gesellschaft ist, geneigt scheint zu leichteren Gesprächen und

---

[121] SB, 89f.
[122] Darüber gab Pusey Rechenschaft in einer zweibändigen Studie: „An Historical Inquiry into the Probable Causes of the Rationalist Character lately Predominant in the Theology of Germany", 2 Bände, London 1828 - 1830.

erfreulicheren Themen. Er erzählte ihnen die Geschichte einer alten Frau, die einen Kehrbesen hatte, der zur Quelle ging, Wasser zog und viele Dinge für sie verrichtete; wie die alte Frau des Kehrbesens müde war und um ihn unbrauchbar zu machen, ihn in zwei Stücke zerbrach, wie dann zum größten Ärger und zur Enttäuschung der alten Frau zwei lebendige Kehrbesen aus den beiden Teilen des einen zerbrochenen wurden."[123] -

Als Newman in der zweiten Jahreshälfte 1833 die religiöse Reformbewegung, die Oxford-Bewegung, ins Leben rief, zögerte Pusey anfangs, wurde dann aber einer ihrer führenden Köpfe. Newman nahm die Gelegenheit der Publikation seines bereits erwähnten ersten Bandes der „Pfarrpredigten" am 1. März 1834 wahr, um ihn diesem Freund zu widmen: „Dem Hochwürdigen E. B. Pusey, B.D. Canonicus von Christ Church und Regius Professor für Hebräisch an der Universität Oxford ist dieser Band in herzlichem Dank für den Segen seiner langjährigen Freundschaft und seines Vorbilds gewidmet."[124]

Tutor in Oriel

Im Januar 1826 wurde Newman zum Tutor an Oriel bestellt. Deshalb gab er seine Tätigkeit als Seelsorger in St. Clement's und sein Amt als Vice-Principal an St. Alban's Hall im Februar auf, um an Ostern - 26. März - seine Tutorentätigkeit aufzunehmen. Die große Bedeutung, die Tutoren für den Bildungsgang eines Studenten haben, wußte er noch aus seinen eigenen gemischten Erfahrungen im Trinity College. Zu Newmans Zeit spielte sich der akademische Lehrbetrieb weniger auf der Ebene gesamtuniversitärer Vorlesungen von Professoren ab, sondern in den Colleges, wo Tutoren Lektürepläne vorgaben, Übungen mit den Studenten abhielten und sie auf die Prüfungen vorbereiteten. Soweit sie letzteres nicht

---

[123] Von J. F. Russell, in: H. P. Liddon, Life of E. B. Pusey, Band 1, London 1893, 407f.
[124] Zu den zahlreichen Widmungen der Bücher Newmans vgl. die dazu thematische Monographie von Henry Tristram, Newman and his Friends, London 1933, hier: 48 - 54.

WACHSTUM -
DER EINZIGE BEWEIS FÜR LEBEN (1801 - 1833)

effizient genug taten, hatte sich die Praxis eingebürgert, zusätzlich private Tutoren zu bezahlen. Von dieser Praxis hatte Newman bis dahin profitiert.

Newman orientierte sich an den ursprünglichen Statuten der Universität, wie sie Bischof William Laud (1573 - 1645) erlassen hatte. Darin hieß es, daß die Studierenden dem Schutz (tutela) des Tutors anvertraut seien, damit er sie mit bewährten Sitten vertraut mache, in zuverlässigen Autoren unterweise und vor allem auch ihnen die Grundzüge der XXXIX Religionsartikeln der Anglikanischen Kirche erschließe. Seiner Schwester Harriett schildert er seine eigene Auffassung in einem Brief, den er am Umzugstag in seine Räume im Oriel College schrieb: „Mit dem Tutorenamt habe ich ein großes Unternehmen vor mir. Ich vertraue darauf, daß Gott mir die Gnade gibt, es im rechten Geist zu vollbringen und dabei stets im Auge zu behalten, daß ich mich für immer zu Seinem Dienst ausgesondert habe. Es besteht immer die Gefahr, daß die Liebe zu literarischen Beschäftigungen einen zu wichtigen Platz in den Gedanken eines College-Tutors einnimmt oder daß er seine Situation lediglich als weltliche Aufgabe sieht, als Mittel zu künftiger Versorgung, wenn er aus dem College weggeht."[125] Newman hatte also sowohl den wissenschaftlichen Aufgabenbereich wie auch die pastorale Dimension des Tutorenamtes in der ursprünglichen Weise verstanden.

Doch bevor er seine Auffassung in der Lehrpraxis ausfalten konnte, erlebte er eine große persönliche Krise. Bereits in dem genannten Brief erwähnt er seine physische Situation: „Ich bin gerade in die Räume (des College) eingezogen, mit meinen Büchern in Unordnung über den ganzen Raum zerstreut. Ich bin sicher, eine Woche zu Besuch irgendwo täte mir gut."[126]

Für den Herbst 1827 war Newman zum öffentlichen Examinator der Universität Oxford für die Baccalaureats-Prüfung im Fach der klassischen Philologie bestellt worden. Er bereitete sich auf diese ehrenvolle Aufgabe entsprechend intensiv vor, indem er wie einst in Studentenzeiten an einer großen Literaturliste entlang arbeitete. Doch dafür war in Oriel derzeit wenig Ruhe; denn der Vorsteher, Edward Copleston (1776 - 1849), seit 1795 Fellow und schon 13 Jahre Provost, war zum Bischof von Llandaff in

---

[125] LD I, 280f.
[126] LD I, 280.

WACHSTUM -
DER EINZIGE BEWEIS FÜR LEBEN (1801 - 1833)

Wales und gleichzeitig Dekan der St. Pauls Kathedrale in London ernannt worden. Somit waren alle Fellows mit der Frage beschäftigt, wer zum Nachfolger gewählt werden solle.dazu kam eine Ablenkung familiärer Art: Der Schock, den Newman mit der Nachricht bekam, daß seine geliebte Tante Elizabeth Newman mit ihrem Mädchenpensionat in über 500 Pfund Schulden geraten war -, ein Jahreseinkommen für den Fellow Newman. - Er und danach auch sein Bruder Francis hatten dafür aufzukommen. - Diese Umstände trugen dazu bei, daß Newman im selben öffentlichen Prüfungsgebäude der Universität (The Schools) neben dem Oriel College in der High Street, in dem er sieben Jahre zuvor seinen großen Mißerfolg beim eigenen Examen hatte, jetzt wiederum einen physischen Zusammenbruch erlitt, dieses Mal als Prüfer. Der Arzt diagnostizierte: „Eine Blutstauung im Kopf, die von der Überanstrengung des Gehirns kommt, dazu eine Magenstörung. ... Es war eigentlich kein Schmerz, sondern ein Krampf im Gehirn und im Auge. Ich hatte das Empfinden, als sei mein Kopf inwendig aus Teilen zusammengesetzt. Ich konnte noch ganz gut Verse niederschreiben, konnte aber nicht mehr zählen. Ein- oder zweimal versuchte ich, meinen Puls zu zählen, aber ich fand es ganz unmöglich. Bevor ich auf dreißig kam, drehten sich meine Augen im Kreis und von innen nach außen - ganz plötzlich."[127] Er mußte die Prüfertätigkeit aufgeben und sich in Erholung begeben.

In den Anfangstagen des Jahres 1828 wurde die Familie Newman von größtem Leid getroffen. Am 5. Januar starb die jüngste Tochter Mary im Alter von neunzehn Jahren, ohne jegliches Anzeichen einer Erkrankung mitten aus dem Leben. „Alle unsere Erinnerungen an meine liebe Schwester sind süß und voll Wonne", schrieb er an Edward Hawkins. „Nachdem sie in ihrer Lebenszeit unsere Freude und Wonne gewesen war, tröstete sie uns dadurch, daß sie fähig war, gesammelt und ruhig ... auf ihr Leben und ihren Glauben zurückzublicken, die Unvollständigkeit und Unzulänglichkeit ihres Gehorsams und ihren vollen Glauben zu bekennen, daß nur in ihrem Erlöser ihre Sünden vergeben und ihre Seele gerettet werden konnte. Sie sagte, sie könne nicht anders als sich zu wünschen, mit uns zu leben ... Aber daß sie fühle, daß Abschied zu nehmen und mit Ihm (ihrem Erlöser) zu sein, bei weitem besser sei ... Um voll zu verstehen,

---

[127] SB, 274.

WACHSTUM -
DER EINZIGE BEWEIS FÜR LEBEN (1801 - 1833)

welchen Trost uns dies alles gibt, muß man die Arglosigkeit und Lieblichkeit ihres Charakters kennen - was nur wenige kennen können - und die äußerste Bewußtheit, die alles kennzeichnete, was sie tat."[128] - Von der Beerdigung zurück in Oxford hält Newman in seinem Tagebuch fest: „Am 4. Januar wurde ihr bei der Mahlzeit plötzlich unwohl. In der Nacht kamen Krämpfe, und am nächsten Morgen lag sie im Sterben. - Sie starb am Samstag, den 5. Januar, zwanzig Minuten nach neun Uhr abends. - Hier erinnert mich alles an sie. Sie war ja bei uns in Oxford, und ich freute mich, ihr den Ort zeigen zu können. Jedes Gebäude, jeder Baum scheint von ihr zu reden. Ich kann gar nicht realisieren, daß ich sie nie mehr wiedersehen soll."[129] Seiner Schwester Jemima schreibt er: „Was für ein Schleier und Vorhang diese Welt der Sinne ist! Voll von Schönheit, aber doch ein Schleier!"[130]

Das Leben ging weiter. Edward Hawkins wurde zum neuen Provost (Vorsteher) von Oriel gewählt, nicht ohne Newmans Einfluß und Einsatz. Sein Nachfolger im Pfarramt an der Kirche von „St. Maria der Jungfrau" in Oxford wurde Newman am 2. Februar 1828. Die hinter ihm liegenden Monate waren voller Heimsuchungen für ihn gewesen, und er hat die Krankheit von 1827 stets zu den heilsgeschichtlich wichtigen Ereignissen seines Lebens gezählt. Wie aus einem Traum sei er zur Wirklichkeit aufgeweckt worden, bekennt er. Die Vordergründigkeit und Vergänglichkeit des Lebens war ihm neu zum Bewußtsein gekommen. Der Ernst des Lebens vor Gott und damit die Gefährlichkeit, die Gottesbeziehung nach eigenem Gutdünken auszudenken -, was er den *Liberalismus in Glaube und Theologie* nannte -, war ihm blitzartig aufgeleuchtet: „Die Wahrheit ist, daß ich angefangen hatte, intellektuelle Vortrefflichkeit der moralischen Güte vorzuziehen; ich war in Richtung des herrschenden Liberalismus getrieben."[131] Diese neue Wachheit des Geistes, die von nun an nicht mehr von ihm weichen sollte, konnte er gut gebrauchen. Denn nun begann er in der Öffentlichkeit Oxfords bekannt zu werden. Alsbald konnte er von sich sagen: „Es überkam mich wie ein

---

[128] LD II, 51.
[129] SB, 274.
[130] LD II, 69.
[131] A, 33.

WACHSTUM -
DER EINZIGE BEWEIS FÜR LEBEN (1801 - 1833)

Oriel College, Oxford: „First Quadrangle", Newmans Räume auf der rechten Seite in der zweiten Etage.

WACHSTUM -
DER EINZIGE BEWEIS FÜR LEBEN (1801 - 1833)

Frühlingsgefühl nach langer Winterszeit. Ich schlüpfte aus meiner Schale. Und so blieb es bis zum Jahre 1841."[132]

Die wichtigste Initiative der nächsten Jahre war die Auseinandersetzung um die Auffassung vom Tutorenamt im Oriel College. Newman konnte seine Anfangsschwierigkeiten in der Praxis seiner Tutorentätigkeit auf Grund der moralischen Autorität die seine Persönlichkeit ausstrahlte, noch relativ leicht überwinden. Es war so, daß eine Gruppe junger Edelleute, für die Studium in erster Linie ein gesellschaftlicher Zeitvertreib war und deren ausschweifenden Lebensstil er schon als Student abgelehnt hatte, ihm zu schaffen machte. Dies vor allem deswegen, weil seine Kritik und seine Bedenken gegenüber solchen Studenten von einigen der maßgebenden Vorsteher des Hauses nicht geteilt wurden. Damit das College sein hohes Ansehen durch solche unmotivierten jungen Männer nicht verliere, zog Newman die Konsequenz, sich in seinem Tutorat auf die fähigen, interessierten und motivierbaren Studierenden zu konzentrieren. Tatsächlich hatte seine Haltung zwei unterschiedliche Gründe, die im Verlauf seiner künftigen Tätigkeit immer deutlicher zum Tragen kamen. Er war erstens der Auffassung, daß *Bildung eine Sache des persönlichen Einflusses* sei, den Menschen auf Menschen ausüben, und daß daher der zwischenmenschliche Kontakt für den Bildungsprozess eine unersetzliche Bedeutung habe. Dies machte er gerade auch für die akademische Tätigkeit des Tutors geltend. Eine theologische Analyse dieser Auffassung legte er in seiner 5. Oxforder Universitätspredigt vom Januar 1832 vor: „Der persönliche Einfluß als Mittel zur Verbreitung der Wahrheit", die eigens zu betrachten sein wird. Die hochschulpädagogische Analyse dazu findet sich in seinen Vorlesungen vor der Katholischen Universität in Dublin während der 50er Jahre. - Zweitens war Newman der Auffassung, daß die Gottesbeziehung, d. h. die Religiosität des Menschen, einen integrierenden Bestandteil aller Vollzüge menschlichen Lebens, auch der Bildungsprozesse, darstellt. Die Lebenseinstellung, die sich in Trinkgelagen während der Nacht vor Festgottesdiensten eines College manifestierte, war für ihn, wie schon gesagt, Anlaß zur Hinterfragung des gesamten herrschenden Bildungskonzeptes.

---

[132] A, 35.

WACHSTUM -
DER EINZIGE BEWEIS FÜR LEBEN (1801 - 1833)

So ging Newman daran, im Januar 1829 eine „radikale Änderung" des Tutoratssystems am Oriel College in Gang zu setzen. Und er war dabei nicht allein, was von zukunftsträchtiger Bedeutung sein sollte.[133] Freunde unter den Fellows waren es, die seine Reformpläne teilten. Mit eben diesen Freunden wird er später eine Reformbewegung in der Kirche von England bewirken. So preist er jedenfalls dankbar den Segen der Freundschaft in Gedichtstrophen: „Damals und später hatte ich beständig das Empfinden, daß nicht ich es war, der Freunde suchte, sondern daß die Freunde mich suchten. Nie hat jemand anhänglichere und nachsichtigere Freunde gehabt als ich. In demselben Jahr 1829 schilderte ich in einer Reihe von Gedichten meine Auffassung über die Art und Weise, wie ich sie gewann."[134] In seinem Gedicht "Eine Dankgabe" vom 20. Oktober 1829 sagt er:

„Herr ...
ich bin ganz Dein - Deine Liebe und Wahl.
Mein Lob ist ganz Dein
Die Segnung von Freunden, die zu meiner Tür
ungefragt, unverhofft gekommen sind
und aus freier Wahl, eine ungezählte Schar
lebendigen Lächelns daheim.

Versag mir Reichtum, nimmt weit von mir
die Gelüste von Macht und Ruhm,
Hoffnung strebt gerade, Liebe in Schwachheit
und Glaube in der Schande dieser Welt."[135]

Newman verschweigt dabei, daß er selbst für Freundschaften sein ganzes Leben hindurch eine charismatische Begabung bewies. Sein bester Freund war zweifellos Richard Hurrell Froude, der im Jahre 1826 zusammen mit Robert Isaac Wilberforce Fellow am Oriel College geworden war. Beide erwiesen sich im Zusammenhang mit der Initiative zur Neugestaltung der Tutorenpraxis als gemeinsame Mitstreiter Newmans, nicht zuletzt auf Grund der ihnen eigenen tiefreligiösen Motivation.

---

[133] Zu Newmans Plänen einer alternativen Tutoratspraxis vgl. SB, 105 - 108.
[134] A, 34.
[135] J. H. Newman, Verses on Various Occasions, Standard Edition, 45 - 47.

WACHSTUM -
DER EINZIGE BEWEIS FÜR LEBEN (1801 - 1833)

R. H. Froude war ein Schüler von *John Keble* (1792 - 1866), einem ehemaligen Fellow des College, der bereits in einer Pfarrei lebte. Sein 1827 erschienener Gedichtband „Das christliche Jahr" wurde zu einem weitverbreiteten Gebets- und Gesangbuch der anglikanischen Kirche im Viktorianischen Zeitalter. Obwohl Newman für Keble schon lange eine besondere Verehrung hegte, hatten beide einander noch nicht als Menschen gleichen religiösen Ernstes und gleicher Glaubensauffassung entdeckt. Newman hatte, wie wir sehen konnten, evangelikale Auffassungen einer stark subjektiv und gefühlsbestimmte Verwirklichung des christlichen Glaubens hinter sich gelassen und sich die hochkirchliche Glaubensauffassung vom Wirken Gottes in der Vorgegebenheit der Sakramente angeeignet. Etwa ein Jahrzehnt, zwischen 1816 und 1826, konnte Newman als Anhänger der evangelikalen Richtung innerhalb der Church of England eingestuft werden. Aus der Erfahrung in deren Pastoral, unter dem Eindruck seines Studiums der Kirchenväter und nicht zuletzt unter dem Einfluß der Fellows von Oriel war Newman zu einem Christen der High Church geworden. Es war Richard Hurrell Froude, der John Keble von dieser Veränderung überzeugte und ihn Newman zu vertrauen lehrte. Hurrell Froude machte die beiden um das Jahr 1828 näher miteinander bekannt. „In seinem Nachlaß findet sich folgende Äußerung: 'Kennst Du die Geschichte von dem Mörder, der einmal in seinem Leben etwas Gutes getan hat? Nun denn, wenn ich je gefragt werde, was ich Gutes getan habe, so kann ich sagen: Ich habe Keble und Newman einander verstehen gelehrt.'"[136] Newman lernte aus Kebles „The Christian Year" zweierlei: 1. daß Gott seine unsichtbare Gnade durch sichtbare Vorgänge vermittle, daß also „die materiellen Erscheinungen sowohl Typen wie Ausdrucksmittel der unsichtbaren wirklichen Dinge sind, was man im weitesten Sinne des Wortes das sakramentale System nennen kann."[137]; 2. daß die Wahrscheinlichkeit die Führerin durchs Leben sei, alltägliche Gewißheit also nicht durch logische Schlüsse sondern zu allermeist durch die Häufung von Wahrscheinlichkeiten zustande komme. An dieser Frage von Erkenntnis und Gewißheit arbeitete Newman immer wieder über die nächsten vier Jahrzehnte.[138] Jedenfalls habe Keble mit

---

[136] A, 37.
[137] A, 37.
[138] Das Ergebnis findet sich in seinem Essay An Aid of a Grammar of Assent von 1870.

WACHSTUM -
DER EINZIGE BEWEIS FÜR LEBEN (1801 - 1833)

seinem Gedichtband eine neue Saite in der religiösen Literatur seiner Zeit angeschlagen, „die Musik einer Schule, die man in England schon lange nicht mehr kannte".[139] Ende 1831 wurde Keble zum Professor für Poetik in der Universität Oxford ernannt und kehrt damit nach achtjähriger Tätigkeit in der Seelsorge für ein Jahrzehnt in die Oxforder Szene zurück.

Richard Hurrell Froude (1803 - 1836) war der wichtigste und inspirierendste Freund Newmans. Er schildert ihn als „einen Mann von höchster intellektueller Begabung und von überfließendem Reichtum an originellen Gedanken und Ansichten, die zu zahlreich und zu gewaltig waren für seine körperliche Kraft und in ihrem Ringen nach Klarheit, Gestaltung und Ausdruck sich drängten und gegeneinander anstürmten."[140] Sein Verstand sei ebenso kritisch und logisch wie spekulativ und kühn gewesen. Nur sieben Jahre dauerte die reichhaltige Freundschaft zwischen beiden bis zum vorzeitigen Tod Froudes. In vieler Hinsicht war er die ideale Ergänzung zu Newman: Seine Vorliebe galt dem Mittelalter wie die Newmans dem kirchlichen Altertum. Seine Grundeinstellung war kritisch und sogar ablehnend gegenüber den Reformatoren, hingegen positiv gegenüber dem römisch-katholischen Kirchensystem. Er kam aus der angesehenen Familie des Archdeacon von Totnes, Robert H. Froude (1770 - 1859), und hatte sieben Geschwister, in deren Kreis er, der Älteste, geachtet und geliebt wurde: „Wir beteten Hurrell an, schreibt sein Bruder James Anthony; „er war sprühend, bewegte sich als eine Art von König im Element, das uns umgab. Mein Vater war unendlich stolz auf ihn und ließ ihn gewähren, wie es ihm gefiel. Ich verehrte ihn, aber ich kann nicht sagen, daß ich seine Erziehungsexperimente (an mir, GB) als immer erfolgreich ansehe."[141] Anders als Newman war er in der hochanglikanischen Glaubensatmosphäre und Theologie aufgewachsen und hatte er bei seinem Lehrer John Keble Askese als Grundbestandteil religiösen Lebens zu praktizieren gelernt. „Es ist schwierig, genau aufzuzählen, welche Bereicherungen meine theologische Überzeugung durch einen Freund erfuhr, dem ich so viel verdanke", schreibt Newman im Rückblick. „Er lehrte mich ebenso sehr, die römische Kirche bewundern wie die Reformation verurteilen. Den Gedanken der Verehrung

---

[139] A, 37.
[140] A, 43.
[141] W.H.Dunn, James Anthony Froude - A Biography 1818 - 1856, Oxford 1961, 18.

WACHSTUM -
DER EINZIGE BEWEIS FÜR LEBEN (1801 - 1833)

der Allerseligsten Jungfrau prägte er mir tief ein und führte mich schrittweise zum Glauben an die wirkliche Gegenwart im Heiligsten Sakrament."[142]

Nimmt man dazu Isaac Williams und E.B. Pusey hinzu, so ist es richtig, zu sagen: Dieser Freundeskreis junger Gelehrter in Oxford, die alle zum Oriel Common Room gehörten, war es, der im Jahre 1829 zweierlei Dinge in Angriff nahm, einmal die politische Aktivität in der Gegnerschaft gegen die Wahl von Robert Peel und zum anderen innerhalb der Collegemauern die Reform des Tutorensystems. 1829 engagierte sich Newman erstmals auf politischer Ebene zusammen mit anderen Fellows seines College in der Universitätsöffentlichkeit von Oxford. Der britische Innenminister Robert Peel hatte aus politischen Erwägungen seine bisherige Einstellung gegen die Catholic Relief Acts von 1829 geändert, um irischen Katholiken den Zugang zu Staatsämtern zu ermöglichen und so eine irische Revolution zu vermeiden. Newman und seine Freunde waren darüber aufgebracht. Sie sahen in erster Linie, daß er damit die Interessen der Kirche von England aus politischer Zweckmäßigkeit verraten hatte. Folgerichtig kämpften sie gegen seine Wiederwahl in seinem Wahlkreis Oxford, und zwar mit Erfolg. „Wir haben die Unabhängigkeit der Kirche und Oxfords bewiesen", schrieb er im ersten Überschwang an seine Mutter[143] und an seine Schwester: „Ich bin prinzipiell antikatholisch -, d. h. ich denke, daß ein großer Angriff von Seiten der Utilitaristen und Schismatiker auf die Kirche in Gang ist."[144]

Ende der 20er Jahre sieht Newman also seine Kirche in der Gefahr, durch die rein auf Nützlichkeit bedachten Pragmatiker in Wirtschaft, Politik und Bildungswesen, durch Leute, die das Studium auf seinen Gebrauchswert reduzieren wollen. Zu dieser Gemengelage des Utilitarismus komme noch die Tatsache, daß „die Begabten heutzutage gegen die Kirche" eingestellt sind. Hingegen sei „die Kirchenpartei (...), was ihre geistige Ausstattung angeht, armselig". Die „Weisheit unserer Ahnen" droht verlorenzugehen, weil es keine großen Geister mehr gibt, die deren Größe zu erkennen

---

[142] A, 45, vgl. G. Biemer, Richard Hurrell Froude und John Henry Newman, in: M. Seckler u. a., Begegnung. Beiträge zu einer Hermeneutik des theologischen Gesprächs. FS für Heinrich Fries, Graz u. a. 1972, 697 - 714.
[143] LD II, 125.
[144] ebd., 128.

WACHSTUM -
DER EINZIGE BEWEIS FÜR LEBEN (1801 - 1833)

vermögen."[145] - Beim ersten Gewahrwerden der Spannungen zwischen Kirche und Staat im Kampf um die Gleichberechtigtheit der christlichen Konfessionen im englischen Königreich stellt sich Newman, ganz eindeutig parteinehmend, auf die Seite der Anglikanischen Kirche und gegen die damals aus politischer Zweckmäßigkeit gebotene Problemlösung zugunsten der Katholiken. Er ist zwar nicht prinzipiell gegen die Emanzipation der Katholiken in Irland aus der englischen Staatsbevormundung, aber er hält die Verfahrensweise der Liberalen in der Regierung, das Problem durch ein Reformgesetz zu lösen, für inakzeptabel. Für Newman und seine Freunde steht primär zur Debatte, daß die Interessen der Anglikanischen Kirche und damit das Anliegen der Religion durch eine solche Politik beschädigt werde.

Weniger erfolgreich waren die jungen Fellows mit J. Keble auf ihrer Seite innerhalb des College mit ihrem Anliegen einer Studienreform durch Veränderung der Tutorenpraxis. Ihr Anliegen: „Die schlechteren Leute werden in großen Klassen zusammengefaßt und so wird Zeit gespart für die besseren, die in sehr kleine Vorlesungen gebracht werden und grundsätzlich mit ihren eigenen Tutoren ganz familiär und gesprächsweise umgehen." So beschreibt Newman die neue Linie in einem Brief vom Februar 1829.[146] Doch Edward Hawkins, der neue Provost, konnte sich mit den Plänen seiner Fellows nicht anfreunden. Jedem Tutor eine Gruppe von exklusiven Studenten zuzuteilen, bedeute eine zu große Verantwortung für ihn, der die Verteilung vorzunehmen habe. Zudem seien ja auch die Tutoren nicht alle einer Meinung und ihre Fähigkeiten seien auch nicht gleichmäßig verteilt. Er hielt deshalb am bisherigen System fest. Entscheidend war für ihn auch, daß er Newmans pastorale Forderung, die Tutoren seien ebenso für die spirituelle wie für die intellektuelle Bildung ihrer Studenten verantwortlich, nicht teilte. Als die Gruppe der Tutoren um Newman ihre Reformpläne nicht aufgaben, sondern in der Praxis fortsetzten, wies ihnen Hawkins keine weiteren Studenten zu. Vom Juni 1830 an bekam Newman keine Studenten mehr, so daß er faktisch sein Tutorenamt im Verlauf der folgenden zwei Jahre verlor. - Wenn es einer Rechtfertigung des Reformanliegens durch dessen Erfolg bedürfte; sie liegt

---

[145] LD II, 130.
[146] LD II, 118.

WACHSTUM -
DER EINZIGE BEWEIS FÜR LEBEN (1801 - 1833)

vor. Denn in der Zeit, da die Tutoren ihr neues Verfahren anwandten, konnten mehr als doppelt so viele Studenten ihr Examen mit zweifacher Auszeichnung machen als im gleichen Zeitraum vorher und hernach. Hawkins machte seinerseits für die folgenden Jahre lieber einen zusätzlichen auswärtigen Tutor für die Bedürfnisse seiner Studenten ausfindig. Er wählte den liberalen Theologen Renn Dickson Hampden (1793 - 1868). Dieser war es schließlich, dessen Kandidatur zur Moralphilosophie 1836 dem anderen Kandidaten, nämlich Newman, vorgezogen werden würde. An die Stelle einer wissenschaftlichen Entscheidung würde eine politische treten, die zur Stärkung der liberalen Position an der Universität Oxford führen sollte; Newman war zu jenem Zeitpunkt zweifellos der wissenschaftlich besser ausgewiesene von beiden, aber auch kirchenpolitisch eindeutig durch seine Reforminitiative antiliberal profiliert.

So hatte im eigentlichen Sinne Newmans akademische Karriere schon geendet, kaum, daß sie richtig begonnen hatte, einfach, weil er am Prinzip der pastoralen Amtsauffassung des Tutors festhielt. Er war von seiner Position im Gewissen überzeugt; denn wozu hätte er sich sonst als Fellow im Dienste der Universität zum Priester der Anglikanischen Kirche ordinieren lassen? Die Befolgung seiner Lebensmaxime „Heiligkeit vor Frieden" manövrierte ihn sozusagen aus den Erfolgsbahnen der seinerzeit üblichen Berufslaufbahn als Tutor aus. Und diesen Preis für seine Gewissenstreue sollte er noch öfter in seinem Leben bezahlen. Er selbst sah es im nachhinein so, daß der Ausgang des Tutorenstreits zum Ursprung für die kirchliche Reformbewegung der 30er Jahre wurde. Die Oxford-Bewegung wurde tatsächlich von eben den Männern eingeleitet und getragen, die am Oriel College bereits gemeinsame Sache gemacht hatten: John Henry Newman, John Keble, Richard Hurrell Froude, Isaac Williams, Robert Isaac Wilberforce. Ja, in der weiteren Perspektive seines ganzen Lebensverlaufs sah Newman darin sogar den Anfang jener Gedankenentwicklung, die ihn schließlich zur Römisch-Katholischen Kirche führte.

WACHSTUM -
DER EINZIGE BEWEIS FÜR LEBEN (1801 - 1833)

Die Kirchenväter

Begonnen hatte alles mit Newmans Plan, die Kirchenväter zu lesen. Am 1. Mai 1826 schrieb er gutgelaunt an seine Schwester Jemima: „Wirst Du mich schelten, wenn ich kühn genug bin, an ein Werk zu denken, das zehn Jahre dauern kann? Vielleicht zwanzig - aber das ist eine lange Zeit im Vorausblick - vielleicht zu lang ... Aber was ist bei all dem das Thema? Es geht darum, die Quellen aufzuspüren, aus denen die Verderbnisse der Kirche, insbesondere der römischen, sich herleiten. Es würde folgerichtig die Lektüre all der (Kirchen-) Väter einbeziehen - zumindest zweihundert Bände. (Du hast die guten dicken Herren in der Bibliothek von Oriel ja gesehen: zwölf Bände Augustinus, dreizehn Chrysostomus ...)."[147] Bei seiner Rückkehr von der Familie aus Hampstead stellt er am 13. Oktober 1827 fest: „In dieser Zeit waren die Väter, die mir Pusey in Deutschland gekauft hat, angekommen." Kurz danach teilt er seiner Schwester Harriett mit: „Ich habe meine 'Väter' heute geordnet. Sie passen hervorragend in meine Bücherregale. Ich wollte, Du könntest sie sehen." Und am selben Tag an seine Mutter: „Meine 'Väter' sind alle heil angekommen. Es sind riesige Burschen, aber sehr billig. Ein Band kostet 1 Shilling ..."[148] Im Sommer darauf, am 3. Juli 1828, begann Newman mit der chronologischen Lektüre der Apostolischen Väter: mit Ignatius von Antiochien und Justinus dem Märtyrer.[149] In dem Maße, als er durch das auslaufende Tutorat Zeit bekam zur Lektüre, widmete er sich den großen heiligen Theologen der ersten Jahrhunderte. Die Kirche des Altertums wurde in ihren herausragenden Vertretern für ihn zum Ideal und Maßstab für die wahre Verwirklichung des Glaubens an das Evangelium Jesu Christi. Für Newman begann jener große Lernprozeß, von dem er Jahrzehnte später in der Mitte der 60er Jahre schreiben kann: „Die Väter haben mich katholisch gemacht, und ich werde die Leiter nicht zurückstoßen, auf der ich in die Kirche hineingestiegen bin."[150] Im Oktober 1831 schenkten ihm Freunde und scheidende Schüler eine Bibliothek von Kirchenväterbänden. „Heute habe ich ein sehr wertvolles Büchergeschenk von vielen meiner Freunde und Schüler erhalten. Es besteht aus 36 Bänden der Väter - unter diesen

---

[147] LD I, 285.
[148] LD II, 30.
[149] LD II, 79f; A, 45.
[150] Brief an E. B. Pusey zu seinem jüngst veröffentlichten Eirenikon; vgl. LD XXV, 353.

WACHSTUM -
DER EINZIGE BEWEIS FÜR LEBEN (1801 - 1833)

sind die Werke von Augustinus, Athanasius, Kyrill von Alexandrien, Epiphanius, Gregor von Nyssa, Origines, Basilius, Ambrosius und Irenaeus. Sie sind so fein außen ausgestattet, daß sie meine bisherigen in den Schatten stellen; und die Ausgaben sind die besten. Alles zusammengenommen bin ich nun, wenn ich mit Gesundheit gesegnet würde und mit der Fähigkeit, davon Gebrauch zu machen, auf die patristische Fährte gesetzt. ..."[151]

Wenige Wochen vorher war er von Hugh James Rose (1800 - 1873), dem Herausgeber der Encyclopedia Metropolitana, eingeladen worden, ein Buch über die Geschichte der ersten Konzilien in der Kirche zu schreiben. Sie beträfe die Zeit zwischen dem ersten allgemeinen Konzil in Nicaea 325, dem zweiten von 381 in Kontantinopel, dem dritten in Ephesus 431 und dem vierten in Chalkedon 451. Newman vertiefte sich gründlich in die Glaubensstreitigkeiten des 4. Jahrhunderts, so daß er allein schon über die Geschichte der Arianer, die in der Zeit des ersten Konzils eine wichtige Rolle spielten, Stoff für ein ganzes Buch fand. Das Manuskript dazu hatte er im Sommer 1832 druckfertig. Im folgenden Jahr erschien es unter dem Titel „Die Arianer des 4. Jahrhunderts". Wie sich Gottes Volk als Leib Christi unter der Führung seiner Hirten der heilsgeschichtlichen Aufgabe stellte, Gottes Offenbarung getreu zu übernehmen und zu tradieren, lernte und zeigte Newman in dieser seiner ersten Monographie. Besonders in der katechetischen Schule von Alexandrien, so entdeckte er, gab es eine „sorgfältige und systematische Prüfung (der Katechumenen), durch welche ihre Verwurzelung im Glauben bewirkt wurde." Die Unterweisung reichte von der Aneignung „der moralischen Wahrheiten bis zu den christlichen Geheimnissen". Gleichwohl wurde ihnen die Botschaft des Evangeliums nicht als eine Vielzahl von Lehren, sondern als eine „tiefe Philosophie" erschlossen.[152] Das aber besagt, daß die einzelnen Inhalte der christlichen Botschaft in ihrem inneren Zusammenhang erschlossen und vermittelt wurden.

Dieser organische Zusammenhang aller heilsgeschichtlichen Ereignisse und Lehren war für die Väterkirche und in der Folge auch für Newman deshalb bedeutsam, weil nur so die „göttliche Idee", das zentrale

---

[151] LD II, 369.
[152] Ar, 44.

WACHSTUM -
DER EINZIGE BEWEIS FÜR LEBEN (1801 - 1833)

Geheimnis, als Grund des Glaubens erfaßt wurde. In der Methode der katechetischen Schule von Alexandrien erkannte Newman, daß ihr hermeneutisches Prinzip (das Prinzip der Erschließung und Vermittlung) die *Allegorie* war. Ihr entspricht die Mit-Vergegenwärtigung des Ganzen im Detail, der gesamten Heilsgeschichte in ihren Einzelereignissen, so daß beispielsweise der befreiende Ausbruch Israels aus Ägypten im Gang durch das Rote Meer mit-vergegenwärtigt werden kann bei der Spendung der Taufe, in der das Fließen des Wassers über dem Haupt des Täuflings mit den heiligen Worten die Freisetzung aus dem Sünden- und Untergangsszenario menschlicher Vergänglichkeit verstehbar macht: die Befreiung aus der Sklaverei Ägyptens ist von demselben Heilswillen Gottes bewirkt wie die Befreiung aus der Sklaverei der Sünde und des Todes. Die Herstellung solcher Zusammenhänge über die Jahrhunderte der Heilsgeschichte bezeugt den Glauben an die stets „vorsehende" Gegenwart des Gottes Abrahams, Isaaks und Jakobs, des Vaters Jesu Christi, des Geistes in der Kirche der Väter und in der Kirche der Gegenwart. So glaubte Newman behaupten zu können, daß das allegorische oder typologische Denken ein Kriterium für die Orthodoxie darstelle, wie sie aus der Alexandriner Schule hervorgegangen sei. Im Gegensatz dazu sah er die rein rational-kritische Auslegung biblischer und kirchlicher Vorgänge, wie er sie in der Schule von Antiochien wahrnahm, als mangelhaft an.[153] Personifiziert sah Newman das Offenbarungszeugnis und seine treue Tradierung im 4. Jahrhundert durch Athanasius, den Bischof von Alexandrien, den er „nach den Aposteln das hauptsächliche Werkzeug der Überlieferung" des Glaubens nannte.[154] Aber auch das Gottes-Volk, die Laien, erscheinen ihm als Garant orthodoxer Überlieferung, schon deshalb, weil sie Athanasius nach jeder erneuten Verbannung aus seinem Bistum wieder begeistert und treu aufnahmen und zu ihm, nicht zu Arius, standen. Als sähe er eine Glaubensauseinandersetzung heraufziehen, beschließt er seine systematisiert angelegte historische Analyse mit einer Bekundung seiner Glaubenszuversicht: „Sollte die Hand Satans uns

---

[153] Deutlich mißverstanden wird der Ernst religiösen Suchens, den Newmans Motivation für seine durchaus eigenwillige Interpretation der Arianer-Bewegung des 4. Jahrhunderts enthält, von Stephen Thomas, Newman and Heresy. The Anglican Years, Cambridge 1991, 20 - 50, insofern der Autor Newman „romantischen Konservativismus" unterstellt, welcher Häresie immer als Neuerung und Neuerung immer als falsch interpretiere. Ebd., 33.

[154] Ar, 375.

WACHSTUM -
DER EINZIGE BEWEIS FÜR LEBEN (1801 - 1833)

empfindlich bedrängen, wird uns zur bestimmten Zeit unser Athanasius ... gegeben werden, um die Fesseln des Unterdrückers zu zerbrechen und die Gefangenen in Freiheit zu setzen."[155]

Von diesem Zeitpunkt seines Lebens an war der heilige Athanasius (296 - 373) für Newman der große Vorkämpfer des christlichen Glaubens und näherhin der entscheidende Interpret für seinen Zugang zum Christusgeheimnis geworden.[156] - Bemerkenswert ist, daß, etwa zur selben Zeit der Tübinger Theologe Johann Adam Möhler, Mitinitiator einer kirchlichen und theologischen Reformbewegung der „Tübinger Schule", vom selben Kirchenvater inspiriert wurde. Er hat nicht nur zwei Bände über „Athanasius der Große und die Kirche seiner Zeit" geschrieben (Mainz 1827), sondern ebenfalls in der Katechese und der darin fundierten Bedeutsamkeit des Volkes Gottes Garantien für die orthodoxe Tradierung der Christusbotschaft gesehen. Er spricht von der „wahren und göttlichen Philosophie", die den Bewerbern um das Christentum in der Katechese aufgegangen sei und eine ganz bestimmte Haltung der Christen zur Folge gehabt habe. „Daher beruft er (d. h. Athanasius) sich so häufig auf ein den Christen einwohnendes Grundgefühl, das sich durch die erste Erziehung in der Kirche gebildet" habe.[157] Noch hatte Newman keine Kenntnis von Möhler, aber in späteren Jahren wird er großen Wert auf Möhlers Gedanken über die Bedeutsamkeit der Offenbarungsüberlieferung durch das Volk Gottes legen.[158]

---

[155] Ar, 394.
[156] Roderick Strange, Newman and the Gospel of Christ, Oxford 1981; ders., Newman and Athanasius on Divinization, in: NSt XII, Sigmaringendorf 1988, 43 - 52.
[157] J. A. Möhler, Athanasius der Große und die Kirche seiner Zeit, a.a.O., I, 124.
[158] G. Biemer, Leben als das Kennzeichen der wahren Kirche Jesu Christi. Zur Ekklesiologie von Johann Adam Möhler und John Henry Newman, in: Harald Wagner, Hrg., Johann Adam Möhler (1796 - 1838) - Kirchenvater der Moderne, Paderborn 1996, 71 - 98; 94.

WACHSTUM -
DER EINZIGE BEWEIS FÜR LEBEN (1801 - 1833)

Glaubenszeuge: Glaube und Vernunft

Vom 2. Juli 1826 bis zum 2. Februar 1843 hielt Newman 15 Predigten „vor der Universität Oxford". Der Titel will besagen, daß er zu diesen Predigten in der Pfarrkirche von St. Mary's entweder vom Vizekanzler der Universität oder von den Vorstehern der Colleges bestimmt oder ausgewählt worden war, zu einer von ihm gewählten Thematik zu predigen. Die Tatsache, daß er seine 12 Universitätspredigten in einem Band veröffentlichte, weist bereits darauf hin, daß er darin auch primär *ein* grundlegendes Thema verfolgte. Es war das Problem von Glaube und Vernunft in verschiedenen Zusammenhängen: die Entstehung der Glaubensgewißheit aus Wahrscheinlichkeitsgründen, die sich aufeinander beziehen lassen, die Bedeutsamkeit des persönlichen Zeugnisses für die Entstehung des Glaubens, also das Glaubenszeugnis. Nicht zuletzt war seine Idee einer Entwicklung der Glaubenseinsichten in die Offenbarungswahrheit Gegenstand seiner Ausführungen in einer Universitätspredigt, und zwar in der 15. und letzten.

Es gibt eine besondere Verwandtschaft zwischen Newmans Studien über die Glaubensauseinandersetzungen im 4. Jahrhundert der Väterkirche und der (5.) Universitätspredigt über „Der persönliche Einfluß als Mittel zur Verbreitung der Wahrheit" vom 22. Januar 1832. Zumindest berühren sich beide gleichzeitig bearbeiteten Texte in der Aussage, daß „einst sogar ein einziger Mensch (Athanasius) der Kirche sein Bild so aufgeprägt hat, daß es durch Gottes Barmherzigkeit bis zum Ende der Welt nicht erlöschen wird".[159] Daran wird deutlich, daß Newman im Winter 1831/32 mit der Frage nach der Beziehung von Wahrheit und Person befaßt war. Angesichts des Scheiterns der Studienreform im eigenen College, angesichts der Erkenntnisse aus den Glaubenskämpfen der beiden großen christologischen Konzilien von Nicaea (325) und Konstantinopel (381), angesichts des Ringens von hochkirchlicher Orthodoxie und opportunistischem theologischem Liberalismus in der kirchenpolitischen Öffentlichkeit, das er in den Kämpfen der frühen Kirche gespiegelt sah, hat sich der fast 31jährige der Analyse dieser Zusammenhänge zugewandt: Was ist die verborgene Kraft der Wahrheit und wie kann sie im Einzelkampf über die vielen und vielfältigen Irrtümer siegen, von denen

---

[159] G, 78.

WACHSTUM -
DER EINZIGE BEWEIS FÜR LEBEN (1801 - 1833)

sie gleichzeitig und ununterbrochen angegriffen wird? Newmans Hypothese zeigt sich in der Entfaltung der Gewissensgeschichte eines Menschen, in dem sich der Mensch schlechthin, Jesus Christus, entbirgt:

„Wir wollen annehmen, dieser Lehrer der Wahrheit habe unter solchen Bedingungen gelebt, wie nur ein einziger unter den Söhnen Adams jemals aufwuchs: als ein Mensch ohne Abweichung von den Forderungen seines Pflichtgefühls, von der frühen Kindheit an einzig darum bemüht, das im Anfang gegebene Licht zu mehren und zu vervollkommnen ... In einer Seele, die ihrer von Gott gegebenen Natur treu bleibt, geht das schwache Licht der Wahrheit immer heller auf. Die Schatten, die es anfangs trübten, die unwirklichen Gestalten, die durch den eigenen zwielichtigen Zustand hervorgerufen wurden, vergehen. Was unsicher war wie ein bloßes Gefühl und sich nur durch die befehlende Dringlichkeit seiner Stimme von einer bloßen Einbildung unterschied, wird fest und entschieden, es verstärkt sich zum Prinzip und entwickelt sich zur Gewohnheit. Je mehr neue Pflichten auftauchen und je mehr neue Kräfte in Tätigkeit gesetzt werden, desto schneller wird alles in die schon bestehende innere Ordnung aufgenommen und dort an den gebührenden Platz gestellt. ... (Er ist) ohne widersprechende und einander widerstreitende Prinzipien, ohne Irrungen, bei denen er umlernen müßte ... Ich meine also nicht die zufälligen und oberflächlichen Meinungen, nicht den bloßen Reflex dessen, was in der Welt vor sich geht, sondern die natürlichen und fast unmittelbar geformten Ergebnisse der fertigen und vollendeten inneren Haltung."[160]

Nachdem Newman in den Zwischenzeilen aufgezeigt hat, wie es den „normalen", der Versuchung als Sünde begegnenden Menschen geht - „ihr Gewissen spricht noch, aber da es spielerisch behandelt wurde, spricht es nicht mehr die Wahrheit. Es wird zweideutig oder regellos ...", lautet seine These: In der Urkirche ist die größtmögliche Annäherung an jenes Vorbild und Urbild von Jesus Christus greifbar. „Denn sie ist in der Tat eine Offenbarung des Heiligen Geistes in körperlicher Gestalt, jenes gesegneten Geistes, der uns als ein zweiter Lehrer der Wahrheit nach dem Hingang

---

[160] G, 67.

WACHSTUM -
DER EINZIGE BEWEIS FÜR LEBEN (1801 - 1833)

Christi verheißen war; und dies sogar auf einem weit vielfältigeren Felde wurde als jenes, auf dem sich (Jesus) Christus vor ihm geoffenbart hatte. Die Urkirche bzw. Kirche der Väter zeigt das lebendige Bild des Glaubens, was mehr ist als nur Sätze der Schrift: Wir setzen dabei voraus, daß es der Zweck des geschriebenen Wortes war, die Ausformung einer bestimmten Haltung zu sichern, und nicht, ein System für unsere intellektuelle Betrachtung darzustellen."[161] Es sei ja angesichts der immer wider irrenden und verwirrenden Tätigkeit des menschlichen Verstandes überhaupt ein Wunder, daß sich die Offenbarungswahrheit in der Menschheitsgeschichte behaupten konnte, werden doch „die Stolzen und Sinnlichen zum Widerstand dagegen gereizt".[162] Wie hat sich die Wahrheit des Evangeliums durch die Kirche Jesu Christi in der Geschichte der Menschheit durchgesetzt und erhalten?

„Ich antworte: Sie hat sich in der Welt nicht als System, nicht durch Bücher, nicht durch Argumente, auch nicht durch weltliche Macht erhalten, sondern durch den persönlichen Einfluß solcher Männer (und Frauen, GB), wie ich sie beschrieben habe, Männer (und Frauen, GB), die zugleich Lehrer und Vorbilder der Wahrheit sind."[163] Einige Kriterien, wie solche Vorbilder und Lehrer der Offenbarungswahrheit, d. h. Glaubenszeugen, beschaffen sein sollen, beschreibt der Prediger:

„Wir werden es schwierig finden, die sittliche Macht zu würdigen, die ein einzelner Mensch im Verlaufe seiner Jahre über seinen Umkreis erwirbt, wenn er sich darin geübt hat, selber zu tun, was er andere lehrt." „Die Anziehungskraft der unbewußten Heiligkeit ist zwingend und unwiderstehlich. Sie überzeugt die Schwachen, Ängstlichen, Schwankenden, Suchenden." „Der persönliche Einfluß des Lehrers der Wahrheit ... (ist besonders groß) auf die auserwählte Schar derer, die in gewissem Maße ihre Herzen schon nach dem Gesetz der Heiligkeit in Zucht genommen haben und sich durch die Einladung seines Beispiels gleichsam persönlich angesprochen fühlen."[164] Der Ausblick des Predigers hat

---

[161] G, 68.
[162] G, 71.
[163] G, 74.
[164] G, 76/77.

WACHSTUM -
DER EINZIGE BEWEIS FÜR LEBEN (1801 - 1833)

endzeitlich-apokalyptische Züge. Nicht als eine triumphale Massenbewegung, sondern als die verborgene Kraft der Wenigen charakterisiert er das Wirken der Kirche Jesu Christi in der Gesellschaft der Zukunft.

„Aber wenn wir auch schließlich sagen, sie seien nur wenige, diese hochstehenden Christen - was tut's? Es sind ihrer genug, um Gottes geräuschloses Werk fortzuführen. Die Apostel waren solche Männer. In jeder einzelnen Generation können wir noch andere als Nachfolger in ihrer Heiligkeit nennen ... Eine kleine Schar hochbegnadeter Menschen wird die Welt retten für die kommenden Jahrhunderte. Einst hat sogar ein einziger Mensch (Athanasius) der Kirche sein Bild so aufgeprägt, daß es durch Gottes Barmherzigkeit bis zum Ende der Welt nicht erlöschen wird. Solche Menschen stehen wie der Prophet auf dem Wachtturm und entzünden ihre Leuchte auf den Höhen. Jeder empfängt die heilige Flamme und gibt sie weiter. Er schürt sie mit seinem Vorgänger um die Wette, fest entschlossen, sie so hell strahlend zu überliefern, wie er sie empfangen hat. Und so hat schließlich dasselbe Feuer, das einst auf dem Berg Moria (vom Glaubensgehorsam Abrahams, GB) entzündet wurde, trotz scheinbaren zeitweiligen Versagens uns wohlbehalten erreicht und wird auf dieselbe Weise, so hoffen wir, bis zum Ende weitergetragen werden ..."[165]

Newmans eigene Zeugniskraft für den wahren Glauben begann in der universitären Öffentlichkeit Oxfords Eindruck zu machen. Das geht aus einer Reaktion des berühmten Ekklesiologen William Palmer (1803 - 1885) von Worcester College gerade auf diese Predigt hervor: „Wie ganz und vollständig ging ich mit all dem, was Sie so weise und wahr gesagt haben, einig! Wie dankbar ist mein Gefühl gegenüber der göttlichen Barmherzigkeit, daß sie Prediger der Aufrichtigkeit erweckt. In Zeiten des Kummers und der Niedergeschlagenheit, wenn das Böse auf der ganzen Welt die Oberhand zu gewinnen scheint, ist es für den gebrochenen Geist ein unsagbarer Trost, zu sehen und zu wissen, daß sich doch noch einige gefunden haben, die gläubig sind ... Seien Sie versichert, daß ich ...

---

[165] G, 78.

WACHSTUM -
DER EINZIGE BEWEIS FÜR LEBEN (1801 - 1833)

wünsche und bete, die göttliche Gnade möge Sie weiter auf diesem gesegneten Weg geleiten ..."[166]

Mittelmeerreise 1832/33

Bei einer gemeinsamen Schiffsreise, die sie über Nacht ohne ausreichende Bekleidung gegen die kühle Witterung auf Deck verbracht hatten, zog sich Newmans Freund Richard Hurrell Froude eine Erkältung zu, die seine Anfälligkeit für Tuberkulose zum Vorschein brachte. Sein Vater, Robert Hurrell Froude, der seine Frau und einen Sohn durch die Cholera verloren hatte, setzte alles daran, daß sein Ältester wieder gesund werde. Beide entschlossen sich, den bevorstehenden Herbst und Winter im Süden zu verbringen. So lud Richard Hurrell Froude am 9. September 1832 seinen Freund Newman ein, ihn und seinen Vater bei einer Mittelmeerreise zu begleiten: „Ich habe mich entschlossen, den Winter im Mittelmeerraum zu verbringen; mein Vater geht Ende November mit mir. Wir werden Sizilien und den Süden Italiens besuchen. Wir hätten beide gerne, daß Du mit uns kommst. Ich denke, das würde Dich aufrichten... Mein Vater wird der beste Mann der Welt sein, (wenn es darum geht) ausfindig zu machen, was für uns sehenswert ist. ..."[167] Newman antwortete erst einige Tage später. Er zögerte, er war noch nie weit gereist. Sein Leben lang liebte er es, fest an einem Ort zu bleiben. Anderseits: „Meine Verpflichtungen sind im Augenblick geringer als sie all diese Jahre hindurch gewesen waren und wie sie aller Wahrscheinlichkeit hinterher sein werden,- und ich fühle, daß ich es nötig habe. Ich habe den Verdacht, engstirnig zu werden, zumindest wünsche ich mir die Erfahrung des Gefühls und den Versuch, die Auffassungen zu erweitern ..." Auch war er sich darüber im klaren, daß er wahrscheinlich nie mehr eine „solche Gelegenheit haben würde - ich meine, mit jemandem zu reisen, den ich so gut kenne wie Dich".[168] Deshalb sagte er schließlich zu.

---

[166] LD III, VIII; vgl. G. Biemer, Art. William Patrick Palmer, in: LThK VII³, 1998, 1303.
[167] LD III, 92.
[168] LD III, 93.

WACHSTUM -
DER EINZIGE BEWEIS FÜR LEBEN (1801 - 1833)

Der Zeitpunkt seiner Mittelmeerreise markiert im Leben Newmans so etwas wie eine heilsgeschichtliche Schwellensituation. Zurück lagen Jahre des Suchens und der Vergewisserung. Die Themen seiner Predigten 1830/32 zeigen eine erste umfassende Grundlegung christlichen Glaubensdenkens. Es ging ihm um Natur und Offenbarung,[169] um Vernunft und Glaube,[170] um Jesus Christus und das Geheimnis der Auferstehung. Zu dem neuen Predigtstil, den er im Oktober 1831 bei einem Spaziergang reflektierte, gehörte die Planung von Predigtreihen: „Bekenntnis ohne Tat", „Bekenntnis ohne Heuchelei", Bekenntnis ohne Schaustellung", „Versprechen ohne Erfüllung" war eine Predigtreihe im Oktober/November 1831, in der es um die Echtheit christlicher Glaubenspraxis ging.[171] „Der persönliche Einfluß als Mittel zur Verbreitung der Wahrheit" vom Januar 1832 schloß sich daran thematisch an. Und die Kritik der Religion der Bürgerlichkeit[172] analysierte den Kontrast dazu. Newman hätte Bilanz ziehen können, daß er im Verlauf von etwas mehr als eineinhalb Jahrzehnten durch unentwegtes Suchen und Forschen mit seiner ganzen Existenz zur Fülle der katholischen Wahrheit gekommen war: die Quelle der Heiligen Schriften, der Maßstab der Väterkirche für deren Verständnis, die Bedeutsamkeit der sakramentalen Struktur der Kirche für das Heil des Menschen, die Eigenständigkeit der Ämter in ihrer apostolischen Nachfolge, die Unersetzbarkeit der Laien, wie er sie im Glaubenskampf der Arianischen Auseinandersetzungen kennengelernt hatte für das Leben der Kirche, der Wert festgefügter Glaubensformeln in den frühen Glaubensbekenntnissen. Diese Grundlehren des christlichen Glaubens hatte er sich erarbeitet und gläubig zu eigen gemacht, hatte sein Leben danach gestaltet und sie anderen verkündet. Kurz vor seiner Abreise erhielt er noch die Zusage vom Verleger, daß das Manuskript über die Arianergeschichte gedruckt würde. Seine letzte Predigt Anfang Dezember 1832 handelte von der „Eigenwilligkeit, der Sünde Sauls". Darin konkretisiert er Glauben an Gottes Offenbarung als den bestimmten Gehorsam, der sich von Gottes Geboten einfordern läßt:

---

[169] G, 23ff.
[170] G, 49ff; DP I, 213ff.
[171] DP I, 10 - 13. Predigt.
[172] „Die Religion des Tages" - 26. Aug. 1832: DP I, 347ff.

WACHSTUM -
DER EINZIGE BEWEIS FÜR LEBEN (1801 - 1833)

„Wenn das Christentum tatsächlich eine Botschaft ist, so muß es immer mehr oder weniger so sein, wie es die Menge der Menschen, die nur im Vertrauen auf ihre eigene Weisheit denken, nicht wahrhaben will: Es muß ein Gebot sein. Es muß seinem Wesen nach gerade das sein, was sie eine Form und eine Fessel nennen. Es muß in gewissem Maße Dunkelheit mit sich bringen anstatt der sich aufdrängenden unmittelbaren Erleuchtung. Ja, es muß so sein, daß es sie nur in dem Maße erleuchtet, wie sie zuerst im Gehorsam bereit sind, sich auf das Dunkel einzulassen. Was nämlich die sogenannten philosophischen Christen und die 'Neutralen' heute wünschen - ohne es recht zu wissen - ist dies: Sie möchten von den Fesseln einer Offenbarung völlig frei werden. Und das ist es, wonach sie zugegebenermaßen streben und immer streben werden: Die christliche Lehre mit ihren eigenen persönlichen Überzeugungen zu identifizieren, ihren übernatürlichen Charakter zu reduzieren und sich selbst zu Propheten, statt Empfängern, der göttlichen Wahrheit zu machen. Glaubensbekenntnisse und Disziplin sind in ihrem Geist schon von ihrer Substanz entleert und von ihnen stufenweise faktisch schon so weit abgebaut, wie es die Zeitsituation eben braucht."[173]

Hier leuchtet noch einmal sein Verständnis von seiner ersten Konversion auf, bei der er „dogmatische Eindrücke in sich aufnahm, die durch Gottes Güte nie mehr ausgelöscht und getrübt wurden".[174] Mit dieser Bilanz und Mahnung verabschiedete sich Newman von der Oxforder Szene. „Nun trat für mich eine große Wende ein: Ich verließ meine geregelte Lehrtätigkeit und einen gelehrten, stillen und liebenswürdigen Freundeskreis, in dem ich die letzten sechs Jahre verlebt hatte, um hinauszuziehen in fremde Länder und in eine unbekannte Zukunft. Daher kam mir unwillkürlich der Gedanke, daß auch innere Wandlungen und ein weiterer Wirkungskreis auf mich warten würden."[175] Er schrieb ein Gedicht an seinen Schutzengel, bevor er sich in Falmouth mit seinem Freund Richard Hurrell Froude und dessen Vater der „Hermes" anvertraute, die am 8. Dezember in die dezembergraue See stach.

---

[173] G, 132/133.
[174] A, 22.

WACHSTUM -
DER EINZIGE BEWEIS FÜR LEBEN (1801 - 1833)

„Engelhaftes Geleit.
Sind dies die Spuren eines gewissen unirdischen Freundes
seine Fußabdrücke, seine Gewandumrisse aus Licht:
Der bei meinem Gespräch mit Menschen
ihre sympathischen Worte oder Taten zurechtrückt,
die sich mit meinen verborgenen Gedanken mischen
oder auf meine Schmerzbekundung aufmerksam macht
und die Macht des Bösen, die ich nicht sehe, mildert
oder in nächtlichen Träumen die Reichweite aufzeigt,
in der alles endet, was ist?
Wäre ich Christus zu eigen,
dann könnte ich mit Fug sagen,
daß diese Vision wirklich ist;
denn dem gedankenvollen Geist, der mit ihm geht,
entbirgt er halb sein Antlitz.
Aber wenn solche Zeichen auf erdbefleckte Seelen fallen
so wagen sie nicht, als das ihre zu beanspruchen,
was sie dort vorfinden.
Jedoch nicht ohne alle Hoffnung sehen sie seine grenzenlose
Gnade."[176]

Briefe und Gedichte an Bord

Drei Tage nach ihrer Abreise schwärmt Newman im Brief an seine Mutter: „Heute war der erfreulichste Tag, den ich je hatte, was die äußeren Umstände angeht, soweit ich mich erinnern kann. Und jetzt am Abend bin ich schläfrig und müde vor Aufregung. Wir sind auf der Höhe von Cap Finisterre, aber der Mond ist noch nicht aufgegangen, und wir können nichts davon sehen ... Heute in der Morgenfrühe sahen wir die hohen Berge Spaniens (das erste fremde Land, das ich je gesehen habe), nachdem wir in höchst erquicklicher Weise die furchtbare Bucht von Biscaya

---

[175] A, 52.
[176] 3. Dez. 1832: VV 73; LD III, 143.

Wachstum -
Der einzige Beweis für Leben (1801 - 1833)

überquert hatten. Das erste Land, das wir entdeckten, war Cap Ortegal und seine Umgebung - Phantastisch im Umriß und, als wir uns ihm näherten, von drei Berglinien gezeichnet und an manchen Stellen steil abfallend über der See ..."[177] So schildert Newman seiner Schwester Jemima die portugiesische Küste: „Die Kliffe sind hoch, aus Sandstein und sehr malerisch -; sie bilden eine natürliche Architektur ... Solche Pyramiden wie diese in Gruppen - hie und da unten Sandstrand - und das Wasser, das wunderbar ruhig ist, bricht sich daran in hohen Schaumkronen. Die Sonne ist hell und wirft lange Schatten auf die Felsen und Niederungen. Über all dem - kahl oder kaum bearbeitet - eine endlose Ebene, mit unregelmäßiger Oberfläche, Serpentinen herunter bis an den Rand der Kliffe - ein wunderbar blaßrötliches Braun. - Durch das Fernglas sehen wir Häuser, Schafherden, Windmühlen ..."[178] „Es wundert mich nicht mehr, daß junge Leute begeistert sind vom Reisen ... Aber ich denke, es verlangt geistige Mühe ..., wenn die verschiedenen fremden Ansichten, politische, moralische und physische vor dem Auge vorbeiziehen."[179]

Die entspannte Atmosphäre der Reise verlockte Newman, Verse zu schreiben, wie bereits das Schutzengel-Gedicht zeigte. In einem Brief an Jemima vom 12. Dezember heißt es: „Ich habe eines (Gedicht, GB) über Athanasius geschrieben - und eine Art Lied - und eines über die Kirche von Rom - usw. usw. Sie brauchen alle noch einen guten Teil Korrektur ..."[180] Das Gedicht über Athanasius ist zweifellos ein Echo seiner Befassung mit dem großen Vorkämpfer für eine orthodoxe Christologie während der letzten Jahre der Arianismus-Studien.

Auf dieser Strecke reiste „der große Athanasius von Rom nach Konstantinopel (mit dem Schiff). Aber da ich von Athanasius rede, will ich Dir einige Verse über ihn mitteilen:"[181]

> Wann wird unsere Kirche des Nordens ihren Kämpen sehen,
> der durch des Himmels Beschluß erhoben ist,
> den alten Glauben auf seine eigenen Kosten zu schützen?

---

[177] LD III, 129.
[178] LD III, 137.
[179] LD III, S. XV.
[180] LD III, 134.
[181] LD III, 156.

WACHSTUM -
DER EINZIGE BEWEIS FÜR LEBEN (1801 - 1833)

Ihn lieben, der dem Arm
der tyrannischen Macht und sophistischen Gelehrsamkeit gebot,
Den einsamen Seher der kühnen Vision? ...

Unser ist Cyprian, seit der hochgesinnte
unter das verräterische Schwert
sein silbernes Haupt legte.
Und Chrysostomus beanspruchen wir
In dieser sprachgewandten Flamme
und gelehrten Glut war das selbe Weh
das um eines Märtyrers Thron erglänzt.

Und die pastorale Kraft des Ambrosius feiern wir
Doch mit unvergleichlichem Los,
da in dunklen Zeiten sich unser Vorkämpfer mit einem König
anlegte.
Aber das Gute kommt in allen Dingen als Heilung des Übels.
Düstere Zukunft! Haben wir einen Propheten
zum Bekenntnis der Wahrheit NOTWENDIG?"[182]

In Gibraltar legte ihr Schiff an; dann fuhren sie an Algier und Italien vorbei und verbrachten auf Malta das Weihnachtsfest. Danach ging es von dort zur Insel Korfu und nach Patras." „Es war, als käme die Kindheit zurück." Sizilien, „das nach Ägypten interessanteste Land, dessen Geschichte in ältester Zeit beginnt und mit der Geschichte von Griechenland und Rom verbunden war", faszinierte ihn nachhaltig „Was für ein Anblick das war, Segesta zu sehen und ... Korkyra und vor allem Itaka; das der erste poetische Ort war, von dem ich gehört habe, als ich Popes Odyssee als Kind auswendig zu lernen hatte ..."

Über Neapel reisten sie nach Rom. Zum ersten Mal in der Ewigen Stadt hatte Newman widersprüchliche Gefühle: „Man ist am Ort des Martyriums der Apostel und Heiligen, wo sie begraben sind ...; in der Stadt, der England den Segen des Evangeliums verdankt ... Im Gegensatz dazu steht das Wissen, daß die berühmteste Kirche (zum Teil) durch den

---

[182] LD III, 156: vom 19. Dez. 1832.

Ablaßverkauf erbaut wurde."[183] Newman sieht sich auch an den Ursprüngen der Beziehungsgeschichte zwischen Staat und christlichem Glauben, die unter Kaiser Konstantin im 4. Jahrhundert eine positive Wende nahm. Sein Kommentar zeigt, daß er darin die anglikanische Problematik gespiegelt sieht und sie kritisch beurteilt: „Ich sehe keinen Grund, Konstantins Etablierung der Kirche ein glückliches Ereignis zu nennen", schreibt er an E.B. Pusey, „außer insofern, als jedes Ding auch seine gute Seite hat. Er war der Patron des Arianismus, und Constantius nach ihm. So wurde das Evangelium in Häresie versetzt, und ein säkularer Geist verband sich mit ihm, wie die Geschichte zeigt. Die Kirche wurde in der Regierungszeit von Konstantin, Constantius und Valens verfolgt. Unter Theodosius glichen sich die Arianer der Orthodoxie an und verdarben die Katholiken."[184]

Krank in Sizilien

Richard Hurrell Froude und sein Vater traten von Rom aus die Rückreise nach England an. Newman dagegen wandte sich noch einmal nach Süditalien. Er besuchte den Vesuv, „den wunderbarsten Anblick, den ich im Ausland gesehen habe".[185] Dennoch, sein eigentliches Reiseziel, um dessentwillen er noch einmal zurückgekehrt war, war die Faszination von Sizilien. Den Blick aus dem Römischen Theater von Taormina hinüber zum Gipfel des Ätna nennt er die größte Annäherung an den Anblick des Paradieses.

„Taormina
Sag, hast du eines Reisenden Route nachgespürt
und bist keiner Vision begegnet,
du konntest nur staunen,
diese verderbte Welt so herrlich zu finden?

---

[183] LD III, 16.
[184] LD III, 260.
[185] LD III, S. XVII.

WACHSTUM -
DER EINZIGE BEWEIS FÜR LEBEN (1801 - 1833)

Und fühlst eine Ehrfurcht in dir aufstehen
daß der sündhafte Mensch sehen darf
Herrlichkeit, die eher eines Seraphs Auge wert wäre
als dir teilhaftig zu werden?

Bewahr sie im Herzen! Dann wirst du nicht schwach werden
inmitten der kommenden Pein und Furcht
So wie einst der Dritte Himmel einen Heiligen
für vierzehn Prüfungsjahre stärkte."[186]

Von Taormina hinunter nach Catania reiste Newman auf einem Maulesel. Nach Syrakus und zurück, in die Stadt des Archimedes, war er in einem offenen Boot unterwegs, zum Teil über Nacht und mit ungeheurer Verspätung, da man gegen den Wind kreuzen mußte. Wieder in Catania, brach er von dort aus zu einer Reise ins Landesinnere auf mit der Absicht, Agrigent kennenzulernen; dabei fühlte er sich gesundheitlich unwohl. Anfang Mai mußte er in Leonforte seine Reise unterbrechen, weil er von einem schweren Fieber heimgesucht wurde, das dort in der Gegend wütete. Zur besseren Versorgung wurde er alsbald nach Castro Giovanni, dem heutigen Enna, hinaufgebracht. Über drei Wochen lebte er zwischen Leben und Tod und fühlte sich am Rand der Existenz. „Eine Woche lang hatte meine Umgebung mich aufgegeben, und ringsum starben die Leute."[187] Sein Reiseführer Gennaro erbat von ihm die Heimatadresse, um nach seinem Tode die Habseligkeiten nach Hause senden zu können. Aber obgleich Newman immer wieder ins Koma fiel und eine Zeit lang den Verlust seines Gedächtnisses zu beklagen hatte, ja, das mühsam erlernte Italienisch soweit vergaß, daß er mit dem Arzt sich in Latein verständigte, behielt er ein sicheres Gefühl, er werde die Krankheit bestehen und durchkommen. „Ich glaubte, Gott habe noch ein Werk für mich zu tun. Dies waren, glaube ich, genau meine Worte. Und als ich nach überstandenem Fieber auf dem Weg nach Palermo war, so schwach, daß ich nicht allein gehen konnte, saß ich am Morgen des 26. oder 27. Mai auf

---

[186] 26. April 1833: VV, 135.
[187] J. H. Newman, Meine Krankheit in Sizilien: SB, 152 - 176; 153.- Vgl. G. Biemer, Die Bedeutsamkeit von Newmans Sizilien-Erfahrung für die Selbstinterpretation der individuellen Heilsgeschichte seines Lebens, in: Rosario La Delfa - Alessandro Magno, Hrg., Luce nella Solitudine. Viaggio e crisi di Newman in Sicilia 1833, Palermo 1989, 33 - 52.

WACHSTUM -
DER EINZIGE BEWEIS FÜR LEBEN (1801 - 1833)

meinem Bett, in Tränen aufgelöst, und war nur noch fähig zu sagen, ich könne nicht anders als glauben, daß Gott daheim noch etwas für mich zu tun habe. Dies sagte ich immer wieder zu meinem Diener, dem meine Worte natürlich unverständlich waren."[188] Von diesem Gedanken war Newman schon in Rom, vor dem Aufbruch zur Sizilienreise beherrscht, als er zum Rektor des englischen Kollegs, Nicholas Wiseman, sagte: „Wir haben ein Werk in England zu vollbringen."[189]

Newman hatte seine Krankheit nicht nur physisch durchzustehen sondern erlebte sie gleichzeitig auch als ein heilsgeschichtliches Ereignis seines Lebenslaufs. Die Erinnerung an die Krankheit von Leonforte und Castro Giovanni erstreckt sich in der Folgezeit über Newmans ganzes Leben. Noch vor der Heimreise im Juni 1833 berichtet er ein erstes Mal von Palermo aus in einem Brief seinem Freund Frederic Rogers. Im Juli und August desselben Jahres beantwortet er Anfragen von Henry Wilberforce. Im Abstand eines Jahres, im August 1834, begann er mit seiner autobiographischen Niederschrift „Meine Krankheit in Sizilien", an der er 1835 weiterschrieb und die er erst 1840 vollendete. Die Berufung auf dieses Ereignis taucht immer wieder in wichtigen Situationen seines Lebens bis ins hohe Greisenalter 1885 auf.

Von Anfang an ist auffällig, daß Newman die atemberaubende Schönheit der Natur und Üppigkeit der Vegetation von Sizilien und den Anblick der paradiesischen Landschaft nicht als eine Gottesbegegnung mit dem Schöpfer erfährt. Vielmehr ist es die menschlich-geschichtliche Erfahrung der schweren fiebrigen Erkrankung, die für ihn zum Ort des Durchbrucherlebnisses zu Gottes Gegenwart und Wirken führt. Schon im Brief an F. Rogers kommt die Dialektik zum Vorschein, die er in sich erlebte zwischen der Lebensgefährlichkeit des Fiebers und dem gleichzeitigen Bewußtsein, noch nicht sterben zu müssen: „Ich gab meinem Diener Anweisungen, wie die Nachricht von meinem Tod (sollte es so sein) nach England zu überbringen wäre und brachte ihm gegenüber gleichzeitig die klare und zuversichtliche Überzeugung zum Ausdruck, daß ich nicht sterben würde. Der Grund, den ich dafür angab, war, ich dachte, Gott habe eine Aufgabe für mich. Ich denke nicht, daß daran irgend etwas

---

[188] SB, 153.
[189] A, 55.

WACHSTUM -
DER EINZIGE BEWEIS FÜR LEBEN (1801 - 1833)

falsch war ..."[190] Und in einem späteren Brief an Henry Wilberforce geht Newman mehr in Details: Es sei zuerst „eine Offenbarung von Gottes Liebe zu seinen Auserwählten und das Gefühl, einer von ihnen zu sein" vorausgegangen[191] und habe die Entdeckung der eigenen Sünden und Sündhaftigkeit ermöglicht, die „Gott dazu führten, so gegen mich zu kämpfen. Das hat er die ganze Zeit getan, seit ich von Rom abgereist war und zeitweilig über die Widerstände ungeduldig war, die er mir in den Weg stellte und mich gefragt hatte, warum er das tat." Newman kam zu der Folgerung, daß sein Bestehen darauf, die faszinierende Pracht Siziliens noch einmal zu sehen, selbst als seine beiden Freunde Richard Hurrell Froude und sein Vater nicht mit ihm gingen und Bedenken zu seinem Vorhaben geäußert hatten, ein Symptom von Eigenwilligkeit war, die ihm immer mehr als die besondere Unvollkommenheit seiner eigenen Natur in dieser Zeit deutlich wurde. „Nun gelangte ich dazu zu denken, daß es bei meiner Sizilienreise einige Eigenwilligkeit gab ... Und dann fühlte ich immer mehr, daß ich überhaupt der Eigenwilligkeit meines Charakters gefolgt war."[192] In dem ein Jahr später verfaßten Bericht über „Meine Krankheit in Sizilien" vermerkt er ausführlich seine Gedanken und Gefühle. Er sei sich vorgekommen, als wäre er den Mächten der Unterwelt, dem Teufel, ausgeliefert. Er verstand sich als zu wenig durchdrungen von der Botschaft Jesu Christi. „In der Tat, dies ist das Bild, unter dem ich mich selbst sah: Sehr ähnlich (soweit der Vergleich trägt) einer Glasscheibe, die Hitze durchläßt, selbst aber kalt bleibt ...; denn ich glaube von mir selbst im innersten, daß ich so gut wie hohl bin - d. h. wenig Liebe habe, wenig Selbstverleugnung. Ich vermeine, etwas Glauben zu haben, das ist alles. - Und was meine Sünden betrifft, so brauche ich kein geringes Maß an Glauben, um gegen sie anzugehen und deren Vergebung zu erlangen."[193] Der Tutoratsstreit sei ihm jetzt in neuem Licht erschienen, nicht als ob er seine Entscheidung hätte anders fällen sollen und wollen, doch die Vorgehensweise erschien ihm jetzt als ungeduldig und eigenwillig. Er sah einen Zusammenhang mit dem Verhalten Sauls, wie er es in der letzten Universitätspredigt vor seiner Abreise interpretiert

---

[190] Aus Palermo am 5. Juni 1833: LD III, 314.
[191] LD IV, 8: vom 16. Juli 1833 aus dem Oriel College.
[192] LD IV, 8.
[193] SB, 157f.

WACHSTUM -
DER EINZIGE BEWEIS FÜR LEBEN (1801 - 1833)

hatte. - Doch auch nach diesem neuerlichen und ausführlichen Niederschrieb seiner Erfahrungen an den Pforten des Todes, im Wechsel von Bewußtlosigkeit und Bewußtsein behielt die tröstende Überzeugung aus seinem Glauben die Oberhand: „Ich habe nicht gegen das Licht gesündigt."[194]

Gegen Ende der Aufzeichnungen fragt sich Newman, wozu er sie eigentlich gemacht habe, wer daran Interesse haben könnte. „Ein solches Interesse nimmt eigentlich nur eine Frau, und sie allein - es ist ein frauliches Interesse - aber dieses Interesse (so mag es sein) wird man wohl nie an mir nehmen ... All meine Gewohnheiten seit Jahren, meine Neigungen, sind auf den Zölibat gerichtet. Ich könnte an dieser Welt nie das Interesse haben, das die Ehe erfordert. Ich habe zu sehr einen Ekel vor dieser Welt ... Werde ich wohl je in meinem Alter geistliche Kinder haben, die sich so dafür interessieren, wie es eine Frau tut? Wie doch die Zeit vergeht! ... Welch ein Traum ist doch das Leben ... Die Zeit ist nur die Saat für die Ewigkeit."[195]

Zu viele Schritte war Newman Gott in das Land der Existenz aus dem Glauben gefolgt zwischen 1816 und 1827, zwischen 1827 und 1833, als daß ihm Gott am Abgrund des Todes die Erfahrung seines Trostes und seiner Nähe vorenthalten hätte. Die Krankheit auf den Tod inmitten paradiesischer Natur wurde für Newman zu einer Kontrast- und Transzendenzerfahrung im eigentlichen Sinne des Wortes: Erfahrung der Grenzüberschreitung. Doch sie war mehr, sie ließ ihn nicht nur die absolute Verwiesenheit als endliches Wesen in dieser kontingenten Welt spüren. Sie brachte ihn auch mit dem Licht des persönlich führenden Gottes in Berührung, mit Gottes Vorsehung. Eine Transzendenzerfahrung, eine Vorsehungserfahrung, eine Reinigungs- und Läuterungserfahrung war die Krankheit in Sizilien für Newman.

Von diesem kathartischen Prozeß seines Glaubensbewußtseins wollte Newman dann auch mit allen Fasern seiner Existenz Zeugnis geben. So sind die Aufzeichnungen über die Wartezeit in Palermo, wo er ungeduldig auf die Möglichkeit einer Schiffsüberfahrt nach Marseille wartete, über das

---

[194] SB, 158 und 160.
[195] SB, 173f: Aufzeichnung vom 25. März 1840.

WACHSTUM -
DER EINZIGE BEWEIS FÜR LEBEN (1801 - 1833)

Beten und Betrachten in den Kirchen der sizilianischen Hauptstadt, über die Windstille in der Straße von San Bonifacio zwischen Korsika und Sardinien mehr als nur menschlich verständliche Bekundungen seines Heimwehs nach der schwersten Krankheit seines Lebens. Seine Niederschriften sind von Anfang an auch Äußerungen religiösen Heimwehs nach Gott und - darin eingeschlossen - Äußerungen seines religiösen Sendungsbewußtseins von Gott her. Der dichteste Ausdruck dieser Erfahrung ist zweifellos jenes Gedicht, das er auf dem Apfelsinenfrachter in der genannten Windstille von San Bonifacio schrieb, dem er die biblische Überschrift von der „Feuersäule" Israels in der Wüste gab.[196]

Die Feuersäule

„Führ liebes Licht, im Ring der Dunkelheit
führ du mich an.
Die Nacht ist tief, noch ist die Heimat weit
führ du mich an!
Behüte du den Fuß: der fernen Bilder Zug
begehr ich nicht zu sehen: ein Schritt ist mir genug.

Ich war nicht immer so, hab nicht gewußt
zu bitten: du führ an!
Den Weg zu schauen, zu wählen war mir Lust -
doch nun: führ du mich an!
Den grellen Tag hab ich geliebt und manches Jahr
regierte Stolz mein Herz, trotz Furcht: vergiß, was war!

So lang gesegnet hat mich deine Macht, gewiß
führst du mich weiter an,
durch Moor und Sumpf, durch Fels und Sturzbach bis die Nacht
verrann

---

[196] The Pillar of the Cloud.

WACHSTUM -
DER EINZIGE BEWEIS FÜR LEBEN (1801 - 1833)

und morgendlich der Engel Lächeln glänzt am Tor,
die ich seit je geliebt und unterweils verlor."[197]

Während der ganzen Mittelmeerreise hatten Newman und Richard H. Froude geistliche Gedichte geschrieben. Hernach veröffentlichten sie sie als Lyra Apostolica im „British Magazine", bereichert durch die Beiträge von dem poetisch am meisten erfahrenen John Keble, aber auch von John William Bowden, Robert Isaac Wilberforce u. a..[198]

Eine weitere Frucht seiner lebendigen Vorsehungserfahrung in Sizilien erwuchs bei den Predigten Newmans in seiner Pfarrkirche St. Mary's innerhalb einer Jahresfrist. Er predigte am 5. April 1835 über „*Die besondere Vorsehung, im Evangelium geoffenbart*". In dieser seiner schönsten und persönlichsten Begründung seines individuellen Vorsehungsglaubens heißt es:

„Gott sieht dich als Einzelwesen in der Lage, in der du gerade bist. Er 'ruft dich bei deinem Namen' (Jes. 43, 1), er sieht dich und er versteht dich, denn er ist dein Schöpfer. Er weiß, was in dir vorgeht; er weiß von all deinem persönlichen Fühlen und Denken, deinen Anlagen und Neigungen, deiner Kraft und deiner Schwäche. Er sieht dich in den Tagen der Freude und in den Tagen der Trübsal. Er nimmt teil an deinen Hoffnungen und an deinen Versuchungen; er ist Mitwisser um deine Ängste und Erinnerungen, um das auf und Nieder deiner Stimmungen. Er hat die Haare deines Hauptes und die Ellen deiner Körperlänge gezählt; er umschließt dich rings und trägt dich auf seinen Armen. Er hebt dich auf und setzt dich nieder. Er beobachtet dein Antlitz, ob es lächelt oder weint, ob es gesund oder krank erscheint; er hört das Pochen deines Herzens und den Atem deiner Brust. Du liebst dich selber nicht mehr als er dich liebt. Du kannst nicht erschreckter vor einer Prüfung erbeben, als er teilnehmen und sie

---

[197] VVO, 156f; Übertragung von Ida Friederike Görres.
[198] Die Lyra Apostolica erschien 1836 in Buchform und wurde bis ins 20. Jh. hinein immer wieder neu aufgelegt. Vgl. Teresa Berger, Lyra Apostolica: Programmatic Poetry of Early Tractarianism - Prayer-Book of the Victorian Age. In: NSt XII, 1988, 103 - 116; dies., Liturgie - Spiegel der Kirche. Eine systematisch-theologische Analyse des liturgischen Gedankenguts im Traktarianismus, Göttingen 1986.

WACHSTUM -
DER EINZIGE BEWEIS FÜR LEBEN (1801 - 1833)

mit dir tragen will; und er lädt sie dir mit einer solchen Rücksicht auf, wie du selbst es um eines größeren Gutes willen tätest, wenn du weise wärst. Du bist nicht nur sein Geschöpf - obschon er auch für die kleinen Sperlinge sorgt und sich des Viehs von Ninive erbarmt (Mt 10, 29; Jona 3, 7ff). - Du bist ein Mensch, erlöst und geheiligt, sein angenommenes Kind, und hast gesegneten Anteil an jener Herrlichkeit und Seligkeit, die er von Ewigkeit her in Fülle seinem eingeborenen Sohn geschenkt hat. Du bist erwählt, sein eigen zu sein und wie sehr bevorzugt vor vielen deinesgleichen auf der weiten Welt! Du bist einer von denen, die Christus in sein Gebet einschloß und die er mit seinem kostbaren Blut bezeichnet hat."[199]

Durch eine Krankheit ist Newman zum Christen im eigentlichen Sinne geworden bei der Einsicht in die Existenz Gottes im Herbst 1816. Durch eine Krankheit hat er das Fahrwasser des Liberalismus verlassen und sich seiner endgültigen Bestimmung religiösen Lebens zugewandt im Winter 1827/28. Durch eine Krankheit ist ihm die konkrete Vorsehung Gottes und seine Sendung zu einer Reform der Kirche aufgegangen im Frühjahr und Frühsommer 1833.

Auf dem schnellstmöglichen Weg war Newman von Marseille aus über Lyon und Paris ohne Zwischenaufenthalte nach Hause gefahren. Wenige Stunden vor ihm war sein Bruder Francis nach Hause gekommen von einer mehrjährigen Reise nach Persien, wohin er 1830 mit einer Sektengruppe, den Plymouth-Brüdern, unvermittelt aufgebrochen war, um bei den Muslimen zu missionieren.[200]

Am folgenden Sonntag, dem 14. Juli 1833, hielt John Keble in der Universitätskirche von St. Marien eine Predigt über die „Nationale Apostasie in England". Dieses Thema war auf dem kirchenpolitischen

---

[199] PPS III, 114 - 127; übers. von Otto Karrer in: Dem Leben einen Sinn geben, hrg. v. M. Baumotte, Zürich - Düsseldorf 1997, 44f.
[200] Die Plymouth Brethren sind eine kleine aber weitverstreute Gruppe von Christen, die 1830 von J.N.Darby in Plymouth gegründet wurden, einem fundamentalistischen Bibelverständnis der calvinisch-pietistischen Richtung der christlichen Botschaft folgten und zumindest in ihrer Anfangsphase an den unmittelbar bevorstehenden Anbruch des Tausendjährigen Reiches Christi glaubten.

WACHSTUM -
DER EINZIGE BEWEIS FÜR LEBEN (1801 - 1833)

> Lead, kindly Light, amidst the encircling gloom,
>   Lead Thou me on!
> The night is dark, and I am far from home;
>   Lead Thou me on.
> Keep Thou my feet – I do not ask to see
> The distant scene, – one step enough for me.
>
> I was not ever thus, nor prayed that Thou
>   Shouldst lead me on;
> I loved to choose & see my path; – but now
>   Lead Thou me on. –
> I loved the garish day, and, spite of fears,
> Pride ruled my will; – remember not past years.
>
> So long Thy power has blest me, sure it still
>   Will lead me on;
> O'er moor & fen, o'er crag & torrent, till
>   The night is gone;
> And with the morn those angel faces smile
> Which I have loved long since, & lost awhile.
>
> at sea. on board   June 16. 1833
> the Conte Ruggiero

J.H. Newman: Manuskript des Gedichtes „Lead, kindly Light" (Führ, liebes Licht), das Newman in der „Straße von San Bonifacio" bei Sardinien am 16. Juni 1833 verfaßte. (The Birmingham Oratory Archieve)

WACHSTUM -
DER EINZIGE BEWEIS FÜR LEBEN (1801 - 1833)

Hintergrund einer Parlamentsentscheidung des Englischen Unterhauses entstanden. Die Politiker hatten eine Reihe von kleineren anglikanischen Bischofssitzen in Irland, die ihnen unrentabel erschienen, aufgehoben. Keble protestierte gegen den Eingriff der staatlichen Institution in den Eigenbereich der Kirche. Diese Kritik am parlamentarischen Verhalten gegenüber der Staatskirche war für ihn und seine Freunde aus der Gruppe der Oriel Fellows und einige weitere Angehörige der Hochkirche spezifisch, jedoch keineswegs allgemein verbreitet. Für Newman war der flammende Protest Kebles ein markantes Datum: „Ich habe diesen Tag immer als Ausgangspunkt der religiösen Bewegung von 1833 angesehen und in Ehren gehalten."[201] Man kann den Anlaß also durchaus als zwiespältig bezeichnen, insofern es in Irland eine Reihe anglikanischer Bischofssitze gab, die keine pastorale Funktion mehr hatten und lediglich kostspielig unterhalten wurden und zudem katholischen Iren ein Dorn im Auge sein mußten. Vom Gesichtspunkt der Nützlichkeit aus war es also zweckmäßig, sie aufzuheben. So dachten die Liberalen in England. Vom Standpunkt einer staatsunabhängigen eigenständigen Kirche Jesu Christi aber wäre ein solcher Akt allein Sache der anglikanischen Bischöfe gewesen und nicht des Staates. So dachten Newman, Keble und ihre Freunde.

---

[201] J. Kebles Predigt in: E. R. Fairweather, ed., The Oxford Movement, New York (Oxford University Press), 1964, 37 - 49; Newmans Kommentierung: A, 56.

Reformversuche der „Apostolischen" in der Anglikanischen Kirche: Die Oxford-Bewegung (1833 - 1843)

> „Die Ausbreitung dieser Lehren macht jetzt in der Tat alle anderen Unterschiede gegenstandslos und scheidet die religiöse Gemeinschaft in zwei Teile."[202]

Newman war nicht der einzige, der eine Erneuerung der Anglikanischen Kirche für notwendig hielt. „Vom Ausland zurückgekehrt, traf ich bereits eine Bewegung an, die sich gegen die der Religion der Nation und ihrer Kirche drohende Gefahr richtete. Eine Anzahl eifriger und begabter Männer hatten gemeinsame Sache gemacht und standen untereinander in Beziehung. Die bedeutendsten davon waren John Keble und Richard Hurrell Froude, der lange vor mir heimgekommen war, ferner William Patrick Palmer vom Worcester College (1803 - 1885), Arthur Perceval (1799 - 1853) und James Hugh Rose (1795 - 1838).[203] Sie lebten fast alle nicht in Oxford; deshalb war das Vorhaben, als Gruppe eine kirchliche Bewegung in Gang zu setzen, nicht leicht zu verwirklichen. Zudem glaubte Newman nicht an Gruppeninitiativen. „Lebendige Bewegungen gehen nicht von Komitees aus, und große Ideen werden nicht durch Briefwechsel bewirkt, selbst wenn das Porto noch so sehr herabgesetzt wird. Dieses Prinzip stand für Froude und mich von Anfang an fest und führte uns auf den Weg, den die Dinge bald von selbst nahmen."[204] Entscheidend war Newmans Einfall, die Reformideen durch kleine Flugschriften publik zu machen. In einer der Septembernächte 1833 erlosch das Licht in der oberen Etage neben der Kapelle im ersten Innenhof des Oriel College nicht. Newman war um einen dynamischen Stil bemüht, als er den ersten seiner Traktate verfaßte. Er hatte das Motto gewählt: „Wenn die Trompete (nur) einen unklaren Ton gibt, wer wird sich zum Kampf bereit machen?" (1 Kor 14, 8).

---

[202] A, 120f.
[203] A, 57.

Reformversuche der „Apostolischen" in der Anglikanischen Kirche: Die Oxford-Bewegung (1833 - 1843)

Tracts for the Times

Der erste der Tracts (Flugschriften) war also aus Newmans Feder und erschien im September 1833. Er begründet, weshalb er ihn anonym veröffentlicht:

> „Ich bin nur einer von Euch, ein Presbyter, und deshalb verberge ich meinen Namen, damit ich nicht, indem ich in meinem Namen spreche, zu viel auf mich nehme. Doch reden muß ich; denn die Zeiten sind sehr übel, dennoch spricht niemand gegen sie. - Ist es nicht so? Schauen wir uns nicht gegenseitig an, tun aber nichts? Bekennen wir nicht alle die Gefahr, in die die Kirche gekommen ist, aber jeder in seiner eigenen Klause, so als ob Gebirge und Meer Mitbruder von Mitbruder trennen würden. Deshalb erlaubt mir, daß ich Euch aus diesen schönen zurückgezogenen Plätzen heraus fordere..., um die Lage und die Aussichten unserer heiligen Mutter Kirche auf eine praktische Weise zu bedenken ...
>
> Überlegt einen Augenblick! Ist es recht gehandelt, ist es pflichtgemäß, daß wir unsere Bischöfe der Wucht des Angriffs standhalten lassen, ohne das unsrige zu tun, um sie zu stützen? Auf ihnen ruht die Sorge um alle Kirchen. Daran ist nichts zu ändern; das ist wirklich ihr Ruhm. Keiner von uns würde sich im mindesten wünschen, ihnen die Pflichten, die Größe, die Verantwortung ihres hohen Amtes abzunehmen. Und, so verhängnisvoll das für das Land auch wäre, so könnten wir (wenn es darum ginge) ihnen kein gesegneteres Ende ihrer Laufbahn wünschen, als daß sie ihrer Güter beraubt würden und das Martyrium erlitten...."

Und nun wendet sich Newman direkt an seine Mitbrüder: „Sollten die Regierungen des Landes so gottvergessen werden, daß sie die Kirche fallenlassen, Sie Ihrer zeitlichen Ehren und Ihres Unterhalts beraubten, worauf würden Sie dann den Anspruch auf Achtung und Aufmerksamkeit gründen, den Sie Ihrer Herde gegenüber erheben? ... Wie können wir die Form der gesunden Lehre festhalten und das bewahren, was uns anvertraut worden ist

---

[204] A, 60

Reformversuche der „Apostolischen" in der Anglikanischen Kirche: Die Oxford-Bewegung (1833 - 1843)

(1 Tim 6, 20), wenn unser Einfluß nur auf unserer Popularität beruhen soll? Ist es nicht gerade unser Amt, der Welt zu widerstehen? Können wir es uns dann gestatten, ihr zu schmeicheln? ... - Worauf sollen wir unsere Autorität gründen, wenn der Staat uns im Stich läßt? Christus hat seine Kirche nicht ohne einen ihr eigenen Anspruch auf Achtung bei den Menschen gelassen, gewiß nicht. Ein so harter Herr kann er nicht sein, daß er uns aufträgt, der Welt zu widerstehen ohne uns für dieses Handeln die Beglaubigung zu geben. - Da gibt es einige, die ihre göttliche Sendung auf ihre eigene ungeschützte Behauptung gründen; andere, die sich auf ihre Volkstümlichkeit berufen; andere auf ihren Erfolg und andere gründen sie auf ihre zeitlichen Vorzüge. Letzteres war vielleicht allzu sehr der Fall bei uns. Ich fürchte, wir haben den wirklichen Grund außer acht gelassen, auf dem unsere Autorität ruht: unsere apostolische Herkunft. ... Wir haben vor Gott unseren Glauben bekannt, daß wir durch den Bischof, der uns weihte, den Heiligen Geist empfangen haben, die Kraft zu binden und zu lösen, die Sakramente zu spenden, zu predigen... Es ist also klar, daß er (der Bischof) nur weitergibt und daß das christliche Dienstamt eine Sukzession ist. Deshalb, meine lieben Brüder, handeln Sie entsprechend Ihrem Bekenntnis! Lassen Sie es sich nicht nachsagen, daß Sie eine Gabe mißachtet haben; denn wenn Sie den Geist der Apostel in sich haben, dann ist dies gewiß eine große Gabe. 'Wecke die Gabe Gottes auf, die in Dir ist!' (2 Tim 1, 6).

Ergreifen Sie Partei, da sie in Kürze doch auf der einen oder anderen Seite werden stehen müssen; selbst, wenn Sie nichts tun. Fürchten Sie sich davor, zu denen zu gehören, denen der Platz durch Zufall zugewiesen wird und die sich am Ende unter den Feinden Christi befinden werden, während Sie doch nur glaubten, sich aus weltlicher Politik herauszuhalten. Solche Enthaltung ist in stürmischen Zeiten unmöglich! 'Wer nicht für mich ist, ist gegen

REFORMVERSUCHE DER „APOSTOLISCHEN" IN DER ANGLIKANISCHEN KIRCHE: DIE OXFORD-BEWEGUNG (1833 - 1843)

mich, und wer nicht mit mir sammelt, der zerstreut.' (Mt 12, 30)"[205]

Dem ersten Tract über den priesterlichen Dienst in apostolischer Sukzession folgte der zweite: „Die Katholische Kirche" als eigenständige und unabhängige Institution.

„Es wird manchmal gesagt, der Klerus solle sich von Politik fernhalten; und wenn ein Diener Christi politisch ist, sei er nicht ein Nachfolger dessen, der sagte 'Mein Reich ist nicht von dieser Welt'. Nun, es gibt einen Sinn, in dem das wahr ist, aber so, wie es gemeinhin verstanden wird, ist es völlig falsch... Laßt uns nicht von einer eindeutigen Pflicht durch die bloße Kraft eines falsch verwendeten Texts abgeschreckt werden. Es gibt einen ausnahmslosen Sinn, in dem ein Kleriker politisch sein darf, ja muß... - Lassen Sie mich nach dieser Einleitung Ihre Aufmerksamkeit auf eine offenkundig höchst gefährliche Beschädigung unserer Rechte vonseiten des Staates lenken: Die Gesetzgebung, die kürzlich stattfand, um die Diözesen Irlands neu zu gestalten. Überlegen Sie, ob es nicht in sich selbst eine Einmischung in geistliche Dinge ist. - Sind wir damit zufrieden, als bloße Geschöpfe des Staates zu gelten, wie Schulmeister und Lehrer es sein mögen, oder Soldaten oder Verwalter oder öffentliche Beamte? Hat uns der Staat geschaffen? Kann er uns abschaffen? Kann er Missionare aussenden? Kann er Diözesen errichten? All diese Dinge sind doch geistliche Tätigkeiten ... Nun, zu welchen Taten rufe ich Sie auf? Sie können nicht ändern, was in Irland geschehen ist, aber Sie können dagegen protestieren. Sie können pflichtmäßig öffentlich und privat dagegen protestieren. Sie können eifersüchtig über die Vorgehensweisen der Nation wachen, damit nicht ein zweiter Akt derselben Art versucht wird." (Tract Nr. 2).

---

[205] Tracts for the Times by Members of the University of Oxford. Tract Nr. 1: Thoughts on the Ministerial Commission", 1833; vgl. die bibliophile Neuausgabe von A. Stephenson: J.H.Newman, Tract One, (The Rocket Press) Blewbury 1985 (mit Facsimile-Einlage)

REFORMVERSUCHE DER „APOSTOLISCHEN" IN DER ANGLIKANISCHEN KIRCHE: DIE OXFORD-BEWEGUNG (1833 - 1843)

Im dritten Trakt „Gedanken, die hochachtungsvoll an den Klerus gerichtet werden über Veränderungen in der Liturgie" ruft Newman zum Widerstand gegen eigenmächtige Veränderungen der Gottesdienstform und -formulare auf. „Seien Sie also bereit, Unterschriftenlisten gegen jegliche Änderungen, die im Prayer Book vorgeschlagen werden mögen, zu sammeln. Und sollten Sie sehen, daß sich unsere Väter, die Bischöfe, gegen die Änderungen wenden, sammeln Sie weiter . .. Sie werden Ihnen für dieses Vorgehen dankbar sein. Sie wünschen diese Veränderungen nicht; wie können sie sich dagegen verwahren ohne die Unterstützung ihres Klerus?" Am Beispiel des Begräbnisritus, an dem manche Geistliche dringend Änderungen wünschen oder vornehmen, zeigt Newman die Auswirkung: „Hier sehen wir den allgemeinen Verlauf der Dinge in der Welt. Wir lassen eine Pflicht aus. In der Folge werden unsere (Gottes-) Dienste inkonsequent. Statt unsere ersten Schritte wieder rückgängig zu machen, ändern wir den Gottesdienst. Was ist dies anderes als sozusagen gegen das Prinzip sündigen... Auf die Dauer, wenn wir das Absurde, das in unserer Widersprüchlichkeit enthalten ist, spüren, passen wir unser (Glaubens-) Bekenntnis unserer Praxis an. Das ist jeweils der Weg der Welt; es sollte aber nicht der Weg der Kirche sein."

Schließlich appelliert Newman an den Primat der Einheit der Kirche, der in der Übereinstimmung mit der bischöflichen Autorität zu suchen sei. Er belegt dies mit der Autorität der Apostolischen Väter Clemens von Rom und Ignatius von Antiochien und fragt, „Wie können wir uns mit diesen und anderen starken Stellen in den Apostolischen Vätern die gegenwärtige praktische Mißachtung der bischöflichen Autorität leisten?" -

Auch der 4. Tract betont bereits im Titel nochmals die Themenstellung „Sich an die apostolische Sukzession halten - der sicherste Kurs!". Tract 6 und 7 bestärken die Verpflichtung, daß sich die Kirche der Gegenwart an der urkirchlichen Praxis insbesondere an der Weitergabe der Amtsvollmacht zu orientieren habe, die durch die Handauflegung der Bischöfe geschieht. „Daß eine Praxis (heute) vernachlässigt wird, ist kein Argument gegen ihre Richtigkeit; wir sind vielmehr dagegen gewarnt, die breite Straße der Menge der Menschen zu gehen." (Tr 6). „Wenn die (Heilige) Schrift alle Christen in eine kontinuierliche Gemeinschaft durch alle Zeitalter einbezogen sieht (...), entspricht dies derselben Analogie, wie

REFORMVERSUCHE DER „APOSTOLISCHEN" IN DER ANGLIKANISCHEN KIRCHE: DIE OXFORD-BEWEGUNG (1833 - 1843)

das Dienstamt in eine Ordnung einbezogen ist, die nach dem Prinzip der Sukzession von Jahrhundert zu Jahrhundert weitergegeben wird." (Tr 7). Befaßte sich Newman in Tract 19 „Über die Argumente, die sich auf die Apostolische Sukzession beziehen," mit der inzwischen darüber begonnenen Diskussion, so griff er in Tract 20 das Thema seiner früheren Flugschrift (Nr. 11) über "Die sichtbare Kirche" noch einmal auf. Dort hatte er die Grundmerkmale einer sichtbaren Kirche dargestellt, die in der Gesellschaft von Generation zu Generation nach ihren eigenen Gesetzen lebt. Jetzt verteidigte er sich (in Tract 20) gegen den Vorwurf, er fordere damit die Prinzipien der römisch-katholischen Kirche. „Papisterei muß zerstört werden; sie kann nicht reformiert werden" sagt er unmißverständlich. Damit entspricht er der üblichen anglikanischen Tradition. Aber gleichwohl seien die elementaren Kennzeichen der Kirche - Einheit, Heiligkeit, Katholizität, Apostolizität - auch für die anglikanische Kirche gültig. Christus „hat unsere Kirche auf wunderbare Weise als einen wahren Zweig der universalen Kirche bewahrt, ja, sie im ganzen frei von Irrtum in der Lehre erhalten. Sie ist katholisch und apostolisch, jedoch nicht papistisch. Angesichts dieser Überlegung scheint es da nicht bare Undankbarkeit gegenüber der erstaunlichen Vorsehung von Gottes Barmherzigkeit, diese Gabe außer acht zu lassen, wie viele Kirchenmänner es jetzt tun, Unionsversuche mit solchen zu unternehmen, die sich von der Kirche getrennt haben, die Abgrenzungen einzureißen und so zu argumentieren, als sei Religion insgesamt und lediglich eine Angelegenheit von jedermanns privatem Dafürhalten ...? Politische Ereignisse liegen jenseits unserer Macht ..., aber kirchliche Angelegenheiten sind in den Händen aller Geistlichen (Churchmen)."[206]-

Die ersten zwanzig Traktate erschienen in den Monaten September bis Dezember 1833, davon allein acht im Dezember; der letzte am Heiligabend. Alle bisher genannten waren aus Newmans Feder und anonym veröffentlicht. Der erste mit Namen gekennzeichnete Beitrag war Tr 18 von E. B. Pusey: „Gedanken über die Wohltaten der Fastenordnung, wie sie von unserer Kirche auferlegt wird". Außer Newman und E. B. Pusey waren vor allem John Keble, Arthur Perceval, John William

---

[206] Tract Nr. 20: The Visible Church - Letters to a Friend III (vgl. Tract Nr. 11: Letter I and II.

Reformversuche der „Apostolischen" in der Anglikanischen Kirche: Die Oxford-Bewegung (1833 - 1843)

Bowden, Isaac Williams u. a. beteiligt. Im darauffolgenden Jahr 1835 erschienen weitere dreißig Tracts; und man nannte die Vertreter und Anhänger dieser Initiative in der Folge deshalb Traktarianer. Nach 1835, als Newman schon glaubte, die Wirkung der Flugschriften und die Popularitätskurve ihrer Bewegung gehe zur Neige, - erschienen bis 1841 noch weitere vierzig Tracts, die dann allerdings zum Teil zu wissenschaftlichen Abhandlungen im Umfang von Büchern anwuchsen.[207]

Die Traktate wurden weit über das Land verteilt. Newman selbst ritt in die Dörfer der Umgebung und lieferte sie in den Pfarrhäusern ab, sehr zur Überraschung mancher ihm unbekannten Pfarrer. Verwandte und Freunde, auch Freunde von Freunden und Freundinnen wurden eingespannt. Jede Verbindung wurde zur Verbreitung der Tracts genützt. Über England hinaus kamen die Flugschriften in die ganze englischsprachige Welt, in die USA und bis nach Australien. Eine heftige Diskussion wurde entfacht, in der es darum ging, die Christen wachzurütteln, zu einem lebendigen Bekenntnis ihres Glaubens aufzurufen, sich am Geist und Glaubensinhalt der Väterkirche zu orientieren, die katholischen Prinzipien innerhalb der anglikanischen Kirche, also den Flügel der sogenannten Hochkirche, zu stärken. Vernachlässigte oder vergessene Elemente urchristlicher Glaubenspraxis sollten zu neuem Leben erweckt werden. Darunter die regelmäßige Eucharistiefeier an Sonntagen, der tägliche Gottesdienst in den Kirchen, das Bewußtsein der realen Gegenwart Jesu Christi in der Eucharistie, die Versöhnungspraxis im Ritus der Sündenvergebung und vieles andere mehr.

Die „Apostolischen", wie sich die Traktarianer selber nannten, spiegelten ein Bild vom Bischofsamt, das sie an den heiligen Vertretern der Kirche des Altertums abgelesen hatten. Mit einem solchen Bischofsspiegel konnten sie in legitimer Weise theologische, liturgische und asketische Anforderungen an den Klerus ihrer Zeit begründen und zur Diskussion stellen. Sie suchten vor allem die Auseinandersetzung mit den von ihnen sogenannten Liberalen, d. h. solchen Klerikern, Theologen und Christen,

---

[207] Die von Newman selbst verfaßten Tracts for the Times sind 1 - 3, 6 - 8, 10 und 11, 15, 19 - 21, 31, 33 - 34, 38, 41, 45, 47, 71,73 - 75, 79, 82 - 83, 85, 88, 90. - Für die Weiterverbreitung der Tracts spricht auch die hohe Verkaufszahl von 60.000 Exemplaren im ersten Jahr, von je 7.000 Exemplaren der Tr 5 und 29 und 30, um Beispiele zu nennen: AM II, 283.

REFORMVERSUCHE DER „APOSTOLISCHEN" IN DER ANGLIKANISCHEN
KIRCHE: DIE OXFORD-BEWEGUNG (1833 - 1843)

die ein eindeutiges oder genauer gesagt, dogmatisches Bekenntnis von Glaube und Kirche für unnötig oder unmöglich hielten. Ein symptomatischer Fall für die Auseinandersetzung mit zeitgenössischem Liberalismus ereignete sich, als Newman am 1. Juli 1834 eine Mitwirkung bei der Trauung eines Paares verweigerte, weil die Braut nicht getauft war und ein Getaufter und eine Ungetaufte sich nicht gegenseitig das Sakrament der Ehe spenden können. Der Vater der Braut drehte den Spieß um und denunzierte Newmans Beharren auf der Orthodoxie als Aberglaube. Die Zeitungen beschimpften ihn als intoleranten Prinzipienreiter. An einen Freund unter den Fellows schrieb Newman: „Hätte ich Zeit gehabt, hätte ich den Bischof befragt, aber ich wußte es erst eineinhalb Stunden vor Beginn der für die Zeremonie festgesetzten Zeit ..."[208] Die Brautleute wurden anstandslos von einem anderen Geistlichen getraut, ohne daß die Braut getauft oder die Eheschließung mit Dispens vollzogen worden wäre. Aber die Freunde aus der Gruppe der Traktarianer - allerdings nur sie - waren über diesen eindeutigen Kollisionskurs Newmans gegen die liberale Auffassung von Christsein im Falle der Miss Jubber erfreut. Auf diese Weise kam ihr theologisches Grundanliegen öffentlich in die Diskussion. Nach ihrer Auffassung war die Kirche von Jesus Christus dem Gottessohn und Menschensohn nicht dazu da, Familienfeste zu garnieren. Sie durfte es sich nicht mehr leisten, zu einem bürgerlichen Serviceunternehmen zu degenerieren, so die Auffassung Newmans und der Traktarianer.

Aus der Retrospektive seiner 1864 verfaßten Apologia Pro Vita Sua formuliert Newman drei Grundsätze, die für seine Reformintention der anglikanischen Kirche jener Zeit maßgebend gewesen waren:

- „Zuerst das dogmatische Prinzip. Mein Kampf galt den Liberalen. Unter Liberalismus verstehe ich das antidogmatische Prinzip und seine Konsequenzen. Dies war der erste Punkt, der für mich feststand ... Das große Prinzip der Bewegung ist mir heute noch so teuer, wie es mir immer war. Ich habe mich in vielen Dingen geändert, darin aber nicht. Von meinem 15. Lebensjahr an war das Dogma das Fundamentalprinzip meiner Religion. Eine andere Religion kenne ich nicht; den Begriff einer anderen Art der Religion kann ich mir nicht

---

[208] LD IV, 291; vgl. Newmans Memoranda zur „Jubber affair", ebd., 288f

Reformversuche der „Apostolischen" in der Anglikanischen Kirche: Die Oxford-Bewegung (1833 - 1843)

denken. Religion als bloßes Gefühl ist für mich Traum und Blendwerk. Man könnte ebensogut von Kindesliebe ohne Eltern sprechen als von Frömmigkeit ohne die Tatsache eines Höchsten Wesens. ... Selbst unter Dr. Whateleys Einfluß fühlte ich nie die Versuchung, gegen die großen Dogmen des Glaubens gleichgültig zu werden. ... Das war das Grundprinzip der Bewegung von 1833.

- Zweitens hatte ich ein festes Vertrauen in die Wahrheit einer bestimmt ausgesprochenen Glaubenslehre, die auf dieses Fundament des Dogmas gegründet war; daß es nämlich eine *sichtbare Kirche* gäbe mit Sakramenten und Riten, welche die Lebensadern der unsichtbaren Gnade sind. Dies hielt ich für die Lehre der Schrift, der frühen Kirche und des Anglikanismus. Auch darin habe ich meine Ansicht nicht geändert. Meine Gewißheit über diesen Punkt ist jetzt noch so groß wie im Jahre 1833, und sie hat mich nie verlassen ... (1.) Für die Existenz einer sichtbaren Kirche berief ich mich in Tract 11 auf die Schrift, und zwar auf die Apostelgeschichte und die Briefe. (2.) für die Sakramente und sakramentalen Riten stützte ich mich auf das Book of Common Prayer... (3.) Das Bischofssystem gründete ich auf die Briefe des hl. Ignatius, die es in verschiedenen Formen einschärfen....

- Der dritte Punkt meiner Einstellung vom Jahre 1833, den ich hernach in seinem vollen Umfang widerrufen und verdammt habe, betrifft meine damalige Ansicht von der *Römischen Kirche*. ... Ich nannte die Römische Kirche eine Verbündete der Sache des Antichrist."[209] An dieser letztgenannten Ansicht hielt Newman trotz des Widerspruchs von Richard Hurrell Froude, der eine Reihe der großen Päpste des Mittelalters besonders verehrte, bis 1843 fest.

Froude, Newmans engster Freund und Mitstreiter an der Erneuerung der anglikanischen Kirche, konnte infolge seiner tückischen Krankheit auch im folgenden Winter 1834/35 nicht in Oxford bleiben. Er ging für eineinhalb Jahre auf die Barbados-Inseln in der Karibik, um dort Heilung von seiner Tuberkulose zu suchen. Die Intensität der Korrespondenz zwischen beiden zeigt, welch große Unterstützung der ebenso asketisch wie theologisch

---

[209] A, 70 - 74

REFORMVERSUCHE DER „APOSTOLISCHEN" IN DER ANGLIKANISCHEN
KIRCHE: DIE OXFORD-BEWEGUNG (1833 - 1843)

geniale Freund Newman geben konnte und durch seine Präsenz in noch stärkerem Maße hätte geben können. Durch ihre Reformoffensive waren die Traktarianer gleich von zwei Flanken verwundbar und wurden dementsprechend angegriffen. Die Anhänger einer reformatorisch-protestantischen Auffassung des Christentums innerhalb der anglikanischen Kirche beschuldigten sie, sich der römisch-katholischen Lehre zu nähern. Die römisch-katholischen Theologen und Kirchenmänner hingegen warfen ihnen Inkonsequenz vor, weil sie den letzten Schritt zu der wahren Kirche, wie sie sie verstanden, nicht wagten. Newman sah sich deshalb vor die Aufgabe gestellt, die mittlere Position, die die anglo-katholische Bewegung tatsächlich vertrat, als die einzig wahre zu begründen und dies sowohl aus historischer wie theologischer Perspektive. Er nannte die Position der Traktarianer nach altem Vorbild die Via Media (der Mittlere Weg). In den Jahren 1834 bis 1836 widmete sich Newman dieser Arbeit in drei verschiedenen Darstellungen.

Der Mittlere Weg

Eine erste Darstellung der Glaubensposition der anglikanischen Kirche im Vergleich zur römisch-katholischen ergab sich gewissermaßen durch einen Zufall. Einer der Autoren der Tracts for the Times, Benjamin Harrison (1808 - 1887), hatte mit dem französischen Kirchenhistoriker an der Sorbonne in Paris, Abbé Jean Nicolas Jager (1805 - 1868) eine Briefkontroverse über Glaubensfragen begonnen. Im September 1834 erschien sein erster Brief in der französischen Zeitschrift „L'Univers", ein zweiter folgte im Oktober. Die zentrale Frage war die Gültigkeit der alten Glaubensregel des Vincentius von Lerins, „Was immer, was überall, was von allen geglaubt wird, das ist der katholische Glaube". Alsbald bat Harrison Newman, seinen Part in der Auseinandersetzung zu übernehmen. Zwar war Newman neben seiner Pastoral und regelmäßigen Predigttätigkeit um diese Zeit besonders mit den Tracts befaßt, aber gerade letztere kreisten ja um die Thematik der unterscheidenden Merkmale der anglikanischen Kirche und ihre Glaubensregel. Wie ernst Newman die

Reformversuche der „Apostolischen" in der Anglikanischen Kirche: Die Oxford-Bewegung (1833 - 1843)

Formulierung seiner Korrespondenzbeiträge nahm, zeigt die Tatsache, daß er hernach wesentliche Partien daraus in seinen Vorlesungen „über das prophetische Amt der Kirche" verwendete.[210] Newman hat in dieser Korrespondenz seine eigene Auffassung über die Bedeutsamkeit der (mündlichen) Überlieferung als Quelle des Glaubens im Vergleich zur Heiligen Schrift und im Verhältnis zur Auffassung der Katholiken präzisiert. Charakteristisch ist dafür u.a. die von Newman vorgegebene Formulierung des Glaubensverständnisses: „Das ist Glaube, nämlich Unterwerfung des Verstandes und Willens Gott gegenüber, sehnsüchtige und liebende Betrachtung seiner Botschaft, kindliches Vertrauen auf die Führerin, die von ihm als Ausleger der Botschaft bestimmt ist. Die Kirche ist unsere Mutter ... Ein Kind kommt zu seiner Mutter und bittet um Unterweisung."

Zum Verständnis von Newmans theologischer Entwicklung ist es wichtig, daß in dieser Korrespondenz erstmals zwei grundlegende Weisen der Überlieferung des Evangeliums in der Kirche unterschieden werden: die unveränderlich-statische, *episkopal* genannt und repräsentiert durch die Glaubensbekenntnisse z. B. das Apostolische Credo, und die dynamisch sich verändernden Anteile der Überlieferung, die wie eine Atmosphäre die Kirche durchfluten, unregelmäßig in ihrer Gestalt auf Grund ihrer ungeheuren Vielfalt. Letztere nennt er *prophetische* Überlieferung.

Die Veröffentlichung von Jagers und Newmans Briefwechsel in *L'Univers* währte vom 25. Dezember 1834 bis zum 27. März 1835. Im darauf folgenden Jahr veröffentlichte Newman in *The British Critic* einen Beitrag zur Frage der Glaubensüberlieferung unter dem Titel „Die Kontroverse der Brüder: Die Apostolische Tradition".[211] Darin betont Newman, daß es eine starke Wahrscheinlichkeit für die Existenz einer apostolischen, d. h. von den Aposteln herkommenden Überlieferung der christlichen Lehre gebe, die sich auf die wesentlichen Inhalte bezieht, wie etwa die Gottheit Jesu Christi in ihrer Verbindung mit seiner menschlichen

---

[210] Vgl. G. Biemer, Überlieferung und Offenbarung. Die Lehre von der Tradition nach John Henry Newman, Freiburg u. a. 1961, 63 - 69 (engl 1967); John Stern, Bible et Tradition chez Newman. Aux origines de la théorie du développement, (Aubier) Paris 1967; Louis Allen, John Henry Newman and the Abbé Jager. A Controversy on Scripture and Tradition (1834 - 1836), London 1975.
[211] Ess. crit. I, 102 - 138.

REFORMVERSUCHE DER „APOSTOLISCHEN" IN DER ANGLIKANISCHEN KIRCHE: DIE OXFORD-BEWEGUNG (1833 - 1843)

Natur. Ohne eine solche Tradition wisse man gar nicht, welche Schriften zum Kanon der Heiligen Schrift gehören; auch sei die Sammlung von festen Aussagen im Glaubensbekenntnis dafür das eindeutige Exempel. Natürlich müßten die wesentlichen Überlieferungsinhalte in der Heiligen Schrift ihr Fundament haben. Gleichwohl haben diese dem Evangelium gemäßen Lehren ihren Ausgangspunkt im lebenslangen Kontakt, der von Meistern zu Schülern, von Bischöfen zu Bischöfen, von Generation zu Generation reicht. Auf mündliche Weise läßt sich so anvertrauen, was im alltäglichen Lebensvollzug „zu umfassend, zu eingehend, zu kompliziert, zu verschlüsselt, zu fruchtbar ist als daß es, besonders in Zeiten der Verfolgung, schriftlich niedergelegt werden könnte."[212]

Newman hatte als Pfarrer der Kirche von St. Marien in der Seitenkapelle, die den Namen des Stifters von Oriel, Adam de Brome, trug, durch Errichtung einer Wand gegen das Hauptschiff einen Hörsaal eingerichtet. Dort wollte er in einer Art Erwachsenenbildung vor einem Kreis von Interessenten theologische Themen erörtern. Er nannte die Veranstaltung Parochial Lectures (Pfarrei-Vorlesungen) und trug im Herbst 1836 seine „Vorlesungen über das prophetische Amt der Kirche" vor. Im folgenden Jahr erschienen sie im Druck. Über die Stimmung und Situation, in der er sich befand, spricht er sich gegen Ende der Vorlesungen so aus: „...Am Ende ... mag der Gedanke wiederkehren, mit dem wir die Sache begonnen haben, ...: daß das, was gesagt wurde, nur ein Traum ist, ein vergeblicher Versuch und keine praktische Schlußfolgerung des Verstandes. So ist das Gefühl des Geistes, wenn er in den Enttäuschungen der Welt unerfahren ist und nicht glauben kann, wie viel sie verspricht und wie wenig davon Substanz hat...- Wie viel muß man auf Vertrauen hin annehmen, um etwas zu erreichen! Wie wenig kann man verwirklichen, außer mit Anstrengung des Willens; wie viel Freude kommt dadurch, daß man sich fügen kann, zustande! Ohne einen gewissen Anteil an jener göttlichen Philosophie, die uns auffordert, daran zu denken, daß das Reich Gottes in uns ist ..., ist die Kirche nur ein Name ... ohne Wohnort oder sichtbare Zeichen...".[213] -

In seiner Einführungsvorlesung macht Newman seinen Hörern bewußt, daß sie in einem Zeitalter leben, in welchem „wir unser Recht betonen,

---

[212] Ess. Crit. I, 126
[213] Proph. Off., 400

Reformversuche der „Apostolischen" in der Anglikanischen Kirche: Die Oxford-Bewegung (1833 - 1843)

jede Wahrheit zu diskutieren, so heilig sie auch sei ...; wir zählen nur jenen Glauben als männlich, der mit dem Zweifel beginnt, nur jene Erforschung als philosophisch, die keine ersten Prinzipien annimmt, allein jene Religion als rational, die wir für uns selbst geschaffen haben."[214] Wer dagegen von einer fest vorgegebenen Offenbarung Gottes spricht, scheint eine menschenunfreundliche Religion zu vertreten. „Von Kirche überhaupt schon zu sprechen, wird, obgleich sie im Glaubensbekenntnis erwähnt wird, als Rom-verdächtig betrachtet." Aber: „Diese Vorlesungen sind gegen Rom gerichtet," sagt Newman eindeutig. Sie entfalten die Theorie der richtigen katholischen Kirche in größtmöglicher Annäherung an die Kirche der Väter, wobei die Kirche nicht als politische Größe von außen, sondern von ihrer zentralen Aufgabe dem prophetischen oder Lehramt bedacht werden soll. Vierzig Jahre später, bei der 3. Auflage dieser Vorlesungen (1877), ergänzt Newman sein Kirchenbild durch die Ämter des priesterlichen und des Leitungs-Dienstes der Kirche. 1837 geht es ihm darum zu zeigen, daß Papismus und Protestantismus tatsächliche Religionen sind, obwohl sie der rechtmäßigen Grundlage entbehren, während die Anglikanische Kirche als Via Media (Mittlerer Weg) zwischen den beiden genannten ihre orthodoxe Legitimation von der Väterkirche her aufzeigen kann, aber als solche keine reale Existenz hat und bisher nur auf dem Papier steht.[215] Die von den anglikanischen Theologen des 17. Jahrhunderts bereits entworfene Theologie des Mittleren Weges als spezifisches Proprium der anglikanischen Kirche auszufalten, ist Ziel von Newmans Vorlesungen. So sei es das Ziel der Oxford-Bewegung, diese Position in Realität zu überführen. Newman vertraut darauf, daß „die Wahrheit die Gabe hat, das menschliche Herz zu überwältigen, sei es durch Überredung, sei es indem sie es bezwingt... Und wenn das, was wir verkünden, die Wahrheit sein soll, dann muß es natürlich, zeitgemäß, volksnah sein, dann wird es sich von selbst als volkstümlich erweisen."[216] -

Newman skizziert einerseits, was er für die römisch-katholische Position hält, ohne deren genaue Differenzierung zu erreichen, anderseits das, was er für Protestantismus hält, ohne wesentlich über die in seiner eigenen

---

[214] ebd.
[215] ebd., 19 - 20.
[216] ebd., 19.

REFORMVERSUCHE DER „APOSTOLISCHEN" IN DER ANGLIKANISCHEN KIRCHE: DIE OXFORD-BEWEGUNG (1833 - 1843)

Kirche vertretenen protestantischen Prinzipien hinaus zu gehen. Die römisch-katholische Kirche vertraut auf die Tradition und behauptet bei ihrer Auslegung, der im Rahmen der Tradition überlieferten Heiligen Schrift und den Kirchenvätern zu folgen; aber eben dies tut sie nicht.[217] - „Allein die Wahrheit ist in sich selbst ohne Brüche", sagt Newman und weist Römern und Protestanten eben diese Inkonsistenz nach: „Wir sind gewillt, entweder den Beweis aus (der Kirche) des Altertums oder aus der Schrift anzunehmen. So stimmen wir mit dem Protestanten darin überein, daß die Schrift der inspirierte Schatz des ganzen Glaubens ist, halten aber daran fest, daß seine (des Protestanten) Lehren nicht in der Schrift stehen. Ebenso stimmen wir mit dem Anhänger Roms darin überein, daß er sich auf die Kirche des Altertums als unseren Lehrer beruft, aber wir bestreiten, daß seine (des Römischen) Lehren sich in der Alten Kirche finden."[218]

Eine besondere Rolle bei der Aktualisierung des Glaubens spielt nach Newman auf katholischer Seite die Forderung nach der Unfehlbarkeit, auf protestantischer Seite der Gebrauch des „Privaturteils". Die Mühe, die die Kirche von Rom für die nicht beweisbare Praxis der Unfehlbarkeit aufwendet, mache den Eindruck, daß es ihr mehr um Ausübung von Macht über die Menschen zu tun ist als um die Botschaft des Himmels.[219] Und in Bezug auf die Protestanten: Das Auslegungsprinzip des Privaturteils führt leicht in subjektive Willkür. Auch in dieser Hinsicht habe die Via Media, wie sie in der Oxford-Bewegung praktiziert wird, beide Extreme vermieden. Die Kriterien für die Auslegung und das rechte Verständnis der Offenbarung, wie sie Newman in der christologischen Kontroverse des 4. Jahrhunderts erarbeitet hat, besagt:

a) „Wer aus seiner persönlichen Beurteilung redet, sagt die Unwahrheit[220]

b) Heilige Schrift, die Kirche des Altertums und (das Prinzip der) Katholizität können einander nicht wirklich widersprechen.

---

[217] ebd., 59 - 101
[218] ebd., 47.
[219] ebd., 128 - 148.
[220] ebd., 396

REFORMVERSUCHE DER „APOSTOLISCHEN" IN DER ANGLIKANISCHEN KIRCHE: DIE OXFORD-BEWEGUNG (1833 - 1843)

c) Wenn Gewissen oder Verstand des einzelnen auf der einen Seite zu stehen scheinen und die Schrift auf der anderen, müssen wir der Schrift folgen; es sei denn, die Schrift enthalte irgendwo Widersprüche....

d) Wenn der Schriftsinn nach der verstandesgemäßen Auslegung eines einzelnen dem Sinn des katholischen Altertums widerspricht, sollten wir uns an letzteren halten.

e) Wenn die Alte Kirche in wichtigen Dingen der Gegenwartskirche entgegensteht, müssen wir der Alten Kirche folgen, falls in unwichtigen Dingen, der heutigen.

f) Wenn die Kirche der Gegenwart gegen unsere private Auffassung spricht und es keine Äußerung der Alten Kirche gibt oder keine bekannt ist, so ist es (ein Zeichen von) Frömmigkeit, unsere Auffassung der der Kirche zu opfern.

g) Wenn wir trotz unseres Bemühens der (Lehre der) Kirche zuzustimmen, gleichwohl anderer Auffassung bleiben und von der Väterkirche keine Äußerung vorliegt, müssen wir vermeiden, irgendwelche Unruhe zu verursachen und uns daran erinnern, daß 'in Glaubensauseinandersetzungen die Autorität der Kirche zukommt, nicht dem einzelnen Individuum.'"[221]

Sowohl die römischen Katholiken als auch die Anglikaner, so Newman, halten daran fest, daß die katholische Kirche in ihren Glaubenserklärungen bzw. in ihrer Heilslehre nicht irren kann; jedoch unterscheiden sich beide in dem, was sie glauben und was sie „katholische Kirche" nennen. Rom halte daran fest, daß der Glaube von der Kirche abhängt und die Anglikaner daran, daß die Kirche auf den Glauben gebaut ist. „Sie verstehen unter Glaube, was die Kirche zu irgendeiner Zeit als Glaube erklärt; wir das, was im eigentlichen Sinne von Anfang an so erklärt wurde. Das Glaubensbekenntnis Roms ist immer Gegenstand von Wachstum; unseres ist ein für allemal fest fixiert. Wir beschränken unsere Anatheme auf das Glaubensbekenntnis des hl. Athanasius; sie dehnen sie bis zu Papst Pius aus."[222]

---

[221] ebd., 162 - 163.
[222] ebd., 259 - 260

REFORMVERSUCHE DER „APOSTOLISCHEN" IN DER ANGLIKANISCHEN KIRCHE: DIE OXFORD-BEWEGUNG (1833 - 1843)

Wo Newman auf die fundamentalen Inhalte des christlichen Glaubens zu sprechen kommt, greift er seine Vorarbeiten aus der Kontroverse mit Jean Nicolas Jager auf. Unbestritten ist dabei die zentrale Bedeutsamkeit der Heiligen Schrift. Was die Realität der (mündlichen) Überlieferung des christlichen Glaubens angeht, so trägt Newman der einerseits immer identischen Glaubenslehre und anderseits ihrer immer neu formulierten Ausdrucksform durch die Wahrnehmung zweier Arten dieses Überlieferungsstroms Rechnung. Er nennt sie *bischöfliche und prophetische Tradition*. Erstere bilden die Glaubensbekenntnisse der Kirche, vom Apostolischen Glaubensbekenntnis angefangen. Das Credo ist eine Sammlung definitiver Glaubensartikel, die von Anfang an spezifiziert wurden, „von Hand zu Hand weitergegeben wurden", bei der Taufe erlernt und als Bekenntnis vorgetragen, von einem Bischof dem andern anvertraut, von Generation zu Generation zuverlässig weitergegeben.[223] Im Verhältnis zu dieser wortwörtlichen und insofern faktisch-gleichbleibenden Überlieferung der Offenbarung nimmt sich die prophetische Überlieferung als dynamisches Geschehen aus. Sie ist zum Teil Interpretation der Schrift, zum Teil Ergänzung, eines Teils in verstandesgemäßen Ausdrücken enthalten, anderseits im geistigem Zuschnitt und Temperament von Christen geborgen. Sie ist ein weites System und kann nicht in wenigen Sätzen formuliert werden; sie läßt sich nicht in Rechtssammlungen oder Abhandlungen einfangen und ist doch eine bestimmte Vielfalt von Wahrheit, die Kirche wie eine Atmosphäre durchzieht. Zu ihr gehören Predigten und Gebete, Liturgie und Brauchtum. Der Kern der Offenbarung, das Wort Gottes, wird durch sie nie voll ausgeschöpft. „Jedes Wort der Offenbarung hat eine tiefe Bedeutung. Es ist die äußere Form einer himmlischen Wahrheit und in diesem Sinne ein Mysterium oder Sakrament.[224] -

Auch die Verhältnisbestimmung von inspirierter Heiliger Schrift und den beiden Formen der Überlieferung faltet Newman in dieser Vorlesungsreihe aus, wobei es ihm schwer fällt, die Differenz zwischen der römisch-katholischen und der anglo-katholischen Auffassung, wie er sie in der Via Media formuliert, klar zum Ausdruck zu bringen. Tatsächlich merkt er in

---

[223] ebd., 304 - 305
[224] ebd., 306 - 314.

Reformversuche der „Apostolischen" in der Anglikanischen Kirche: Die Oxford-Bewegung (1833 - 1843)

der Neuausgabe seiner Vorlesungen in katholischer Zeit an, daß die Unterschiede nur verbal seien: „Während Katholiken darauf insistieren, daß sie ihre Lehre nicht aus der Schrift beweisen müssen, es aber immer tun, insistieren Anglikaner darauf, daß die Tradition keine Autorität hat, behandeln sie aber voll Ehrerbietung, was einen direkten Bezug zur Autorität zeigt.[225]

Von geradezu poetischer Kraft und inhaltlich bleibender Bedeutung ist Newmans Schlußwort seiner Vorlesungen über das prophetische Amt der Kirche:

„Jedes Jahrhundert gleicht dem anderen und denen, die darin leben, erscheint es schlimmer als alle Zeiten davor. Die Kirche ist immer in Schmerzen und schleppt sich in Schwäche dahin, trägt 'immer das Todesleiden Jesu an (ihrem) Leib, damit auch das Leben Jesu an (ihrem) Leib sichtbar wird'. (1 Kor 4, 10). Die Religion scheint immer wie am Sterben, Spaltungen vorherrschend, das Licht der Wahrheit fahl, seine Anhänger verstreut. Die Sache Christi ist immer im Todeskampf. So, als sei es nur eine Frage der Zeit, ob sie heute oder morgen endgültig scheitert. Es gibt fast keine Heiligen mehr auf Erden, und Christus ist fast am Kommen; und der Tag des Letzten Gerichts ist buchstäblich immer im Anbruch; und es ist unsere Pflicht, immer danach Ausschau zu halten, ohne Enttäuschung, daß wir schon so oft gesagt haben, 'jetzt ist der Augenblick (gekommen)' und sich zuletzt im Gegensatz zu unserer Erwartung (der Einbruch der) Wahrheit ein wenig hinausgezögert hat. So ist es Gottes Wille: Seine Auserwählten zu sammeln, erst den einen, dann die andern, in kleinen Gruppen, im Aufleuchten der Sonne zwischen Sturm und Sturm oder, indem er sie der Brandung des Bösen entreißt, gerade, wenn die Strömung am stärksten wütet. Und mögen die Propheten ausrufen: 'Wie lange wird es dauern, o Herr, bis zum Ende dieser Dinge?' Wie lange wird dieses Geheimnis weitergehen? Wie lange wird die zugrunde gehende Welt durch die schwachen Lichter, die in der beklemmenden Atmosphäre ums Dasein ringen, erhalten werden? Gott allein weiß den Tag und die

---

[225] VM I 327 Anm 9.

Reformversuche der „Apostolischen" in der Anglikanischen Kirche: Die Oxford-Bewegung (1833 - 1843)

Stunde, wann das schließlich sein wird .... Soviel Trost gewinnen wir in der Zwischenzeit aus dem, was bisher gewesen ist: nicht zu verzweifeln, nicht zu erschrecken, uns nicht zu ängstigen über die Schwierigkeiten, die uns umgeben. Es gab sie immer, es wird sie immer geben, sie sind unser Anteil. 'Fluten erheben sich Herr, Fluten erheben ihr Brausen, Fluten erheben ihr Tosen. Gewaltiger als das Tosen vieler Wasser, gewaltiger als die Brandung des Meeres ist unser Herr in der Höhe.' (Ps 93, 3f).[226]

Das Jahr 1836 sollte für Newman in mehrfacher Hinsicht ein Schicksalsjahr werden mit Abschieden und Einsamkeit. Sein Freund Richard Hurrell Froude war im Mai 1835 von den Barbedos nach Hause zurückgekehrt und auch zu einem kurzen Aufenthalt nach Oxford gekommen, um seine Stimme gegen die Zulassung von Nichtanglikanern an der Oxforder Universität abzugeben. Bei dieser Abstimmung hielten die Fellows der Colleges die Uhr der Säkularisierung durch ihr Mehrheitsvotum noch einmal für ein paar Jahrzehnte an. Bei dieser Gelegenheit wurde Froude zum letzten Mal in Oxford gesehen, „als er aus der Kutsche ausstieg und von seinen Freunden begrüßt wurde. Er war schrecklich dünn -, sein Antlitz dunkel und verbraucht aber mit vergeistigtem Ausdruck und feinen Konturen, ... Am nächsten Tag war er im (Sheldonian) Theater (dem Ort der Abstimmung), ging ganz in die Begeisterung der Szene ein und schrie mit all seinen Freunden um ihn herum sein Non Placet (Nicht einverstanden). Solange er überhaupt lebte, mußte er intensiv leben."[227] Von Dartington aus in Devon, dem Wohnort der Froudes, nahm er weiterhin schriftlich an den Vorgängen in Oxford teil, soweit es sein Gesundheitszustand zuließ. Newman hielt ihn über die Neuigkeiten auf dem laufenden. Im Herbst des Jahres besuchte er ihn im Bewußtsein, daß es das letzte Mal war. Bis in seine letzten Briefe war Froude der humorvolle, disziplinierte, einfallsreiche Freund, ein entschiedener Kämpfer für die hochkirchlichen Anliegen. Auf Anregung von Froudes Vater nahm Newman nach der Beisetzung die Bände des römischen Breviers aus den Regalen von Hurrell Froude als Andenken mit. Als er zusammen mit John Keble den Nachlaß von Froude veröffentlicht

---

[226] Proph. Off., 429 - 430
[227] Anne Mozley, in: M. Trevor I, 174 f.

REFORMVERSUCHE DER „APOSTOLISCHEN" IN DER ANGLIKANISCHEN
KIRCHE: DIE OXFORD-BEWEGUNG (1833 - 1843)

hatte, schrieb er in sein eigenes Exemplar der *Remains* auf die Titelseite den Vers: „So viele Reliquien einer vergänglichen Liebe, die verloren, so viele teure Zeichen einer endlosen Liebe, die begonnen." Der stürmische, enthusiastische Freund, der unkonventionelle und radikale Denker, der in vieler Hinsicht an Pascal erinnert, war tot.[228] „Je länger ich lebe, desto mehr werde ich ihn vermissen", schrieb Newman.[229] Sie hatten einander in hervorragender Weise ergänzt: war Newman der Theologe und Philosoph, so Froude mehr der historisch und politisch Interessierte, galt Newmans Kunstverständnis der Musik, so Froudes der darstellenden Form in Zeichnen und Malen, war Newman in der Kirche der früheren Jahrhunderte zu Hause, so Froude im Mittelalter. Froude sah die Kirche als Ganzes mit Hierarchie und ihren Gliederungen, Newmans Sinn war auf die praktische Realisierung des Glaubens im Detail gerichtet. Froudes Kühnheit durchkreuzte alle Vorurteile, Newmans sorgsames Abwägen aller erreichbaren Quellen kam auf behutsame Weise zu denselben Anliegen und Zielen.

Im April 1836 heiratete Newmans Schwester Jemima. Newman hatte seine Mutter und die beiden Schwestern Jemima (1808 - 1879) und Harriett (1803 - 1852) in einer Wohnung in Iffley, unweit Oxfords, in seiner Nähe untergebracht. Auf diese Weise konnte er sie nicht nur häufiger besuchen, sondern sie auch an pastoralen Aufgaben in seiner Oxforder Filialgemeinde Littlemore beteiligen, besonders in der Katechese und bei Krankenbesuchen. Newman brachte auch Kollegen aus der Fellowschaft, wie Henry Wilberforce und Tom Mozley, zu Besuch mit in die Familie. Jemima, inzwischen 28 Jahre, vermählte sich mit John C. M. Mozley (1805 - 1872), einem Bruder von Tom, der als Buchdrucker und Verleger in Derby tätig war. - Einen Monat später, am 17. Mai 1836, starb Newmans Mutter nach kurzen Anzeichen des Unwohlseins. Im Jahr zuvor hatte sie im Juli 1835 den Grundstein zur Pfarrkirche von Littlemore gelegt; eine Erinnerungstafel zeugt bis heute von ihrer Bedeutung für Newman in der dortigen Gemeinde. Sie hatte Newman einst „die freundlichsten Wünsche zum Geburtstag (gesandt), die eine Mutter ihrem Sohn entbieten kann, der immer ihr größter Trost in der Not war."[230] In der

---

[228] R. W. Church, The Oxford Movement, London 1890, 56
[229] M. Trevor I, 182
[230] LD I, 277.

Reformversuche der "Apostolischen" in der Anglikanischen Kirche: Die Oxford-Bewegung (1833 - 1843)

Tat hatte John Henry Newman in all den Jahren seiner Fürsorge für die Familie das Vertrauen, das seine Mutter in ihren Ältesten setzte, nie enttäuschen brauchen. So war das herzliche Einvernehmen zwischen beiden bis zuletzt erhalten geblieben. Der Tod kam als Erlösung, wie er an seine Tante schreibt:„Wenn Du wüßtest, wie schrecklich sie geistig gelitten hat und wie wenig ihre Phantasien sie noch ihresgleichen sein ließen, würdest Du wie wir fühlen, daß es wirklich eine Erlösung war. Wer hätte das gedacht! Alles in dieser Welt ist seltsam - jedes Ding geheimnisvoll. Nichts als fester Glaube kann uns hindurch bringen ... Sie schien so kräftig und wohlauf; es kam höchst überraschend. Wie wenig hätte ich gedacht, als sie den Grundstein der neuen Kirche legte, daß sie deren Vollendung nicht erleben würde."[231]

Auch Newmans ältere Schwester Harriett zog von Rosebank in Iffley nach Derby hinüber, um dort ihrer jung verheirateten Schwester Jemima im Haushalt beizustehen. So stand die Newmansche Wohnung leer, und das nicht nur vorübergehend. Im Herbst 1836 heiratete Harriett (1803 - 1852) den Bruder ihres Schwagers, Tom Mozley (1806 - 1893). Tom Mozley war als Student ein Schüler Newmans gewesen, dann Fellow von Oriel und anglikanischer Pfarrer, später ab 1844 Chefredakteur der Times.

Newman war somit nach 13 Jahren von der Verantwortung für seine Familienangehörigen frei und für sich allein. Von jetzt an hatte er keine andere Heimat mehr als Oriel. Er wohnte neben der Kapelle im 2. Stock des ersten Quadrangle in zwei Zimmern. Ein zusätzlicher Raum führte direkt zur Empore der Kirche. Sein Vorgänger Whateley hatte darin einst Heringe zum Trocknen aufgehängt. Newman benützte den Zugang zur Kapelle als Gebetsraum und zum Besuch des Altarsakraments; war er doch durch Hurrell Froude zum Glauben an die wirkliche Gegenwart Jesu Christi im Eucharistischen Sakrament gekommen. - „Gott will, daß ich einsam bin", schrieb er in jenem Jahr an Harriett.[232] In gewisser Weise war dies die konsequente Entwicklung seines Lebenslaufs mit geringen Schwankungen, die schon vor seinem 30. Lebensjahr lagen. Den Zölibat hatte er nicht zuletzt durch Richard Hurrell Froude als eine apostolische

---

[231] LD V, 299.
[232] Die Hochzeit Harrietts war am 27. September 1836: LD V, 363

REFORMVERSUCHE DER „APOSTOLISCHEN" IN DER ANGLIKANISCHEN KIRCHE: DIE OXFORD-BEWEGUNG (1833 - 1843)

Lehre und in Praxis kennen und schätzen gelernt.²³³ Im März 1840 bekennt er: „All meine Gewohnheiten seit Jahren, meine Neigungen, sind auf den Zölibat gerichtet. Ich könnte an dieser Welt nie das Interesse haben, das die Ehe erfordert."²³⁴ Das war im Zusammenhang mit der Niederschrift seiner Erfahrungen in Sizilien, als er sich gefragt hatte: „Werde ich wohl je in meinem Alter geistliche Kinder haben, die sich dafür so interessieren, wie eine Frau es tut?"²³⁵

An Harriett hatte er am 21. Juni geschrieben: „Ich ging am Montag rasch nach Rosehill, wo das Haus fast leer war... Ich fürchte, Du bist meinetwegen so lange dort geblieben. Du brauchst, was mich anbetrifft, keine unguten Gefühle zu haben;" etwa darüber, daß sie nun zu ihrer Schwester und ihrem Schwager nach Derby gezogen ist, wo sie alsbald, wie gesagt, ihre Heirat mit dessen Bruder vorbereiten wird. „Gott sei Dank ist meine Stimmung nicht gesunken, und das wird sie auch nicht, wie ich hoffe. Ich war voller Arbeit und das hält mich im allgemeinen frei von Niedergeschlagenheit. Wenn sie kommt, ist sie nie von langer Dauer, und sie ist noch nicht einmal unwillkommen. Ich spreche von Niedergeschlagenheit infolge von Einsamkeit. Ich fühle mich dem Himmel nie so nahe wie gerade dann. Vor Jahren, zwischen 1822 und 1826 (im Frühjahr 1826 wurde Froude zum Fellow von Oriel gewählt, GB), pflegte ich sehr viel für mich zu sein und mit verschiedensten Arten von Sorgen, was sehr lästig war. Ich hatte damals insgesamt keinen Freund in der Nähe, niemanden, dem ich meine Geistesverfassung offen hätte mitteilen oder der mit mir Mitgefühl hätte haben können. Schlimmstenfalls werde ich nur zu jenem Zustand zurückkehren. Tatsächlich habe ich seit jener Zeit gelernt, mich mit mir selbst zurechtzufinden. Deshalb vertraue ich darauf, daß ich, so Gott will, sehr gut weiterhin zurechtkomme. Und zudem ist dieses Leben sehr kurz, und es ist besser zu tun, was Gottes Wille zu sein scheint, als sich um die eigene Gemütlichkeit zu kümmern. Ich lerne gerade, mehr als bisher, in der Gegenwart der Toten zu leben. - Das ist ein Gewinn, den fremde Gesichter einem nicht nehmen können."²³⁶ - Harriett antwortete: „Seit ich hierher gekommen bin, fühle ich mich als ein ganz

---

[233] A 76.
[234] SB, 174.
[235] ebd.
[236] LD V, 311f.

Reformversuche der „Apostolischen" in der Anglikanischen Kirche: Die Oxford-Bewegung (1833 - 1843)

anderer Mensch. In der Tat, ich glaube, ich sehe auch so aus; denn jedermann spricht von meinem guten Aussehen, was in Iffley sehr schlecht war, glaube ich. ..."[237] - Über die Bedeutung der Einsamkeit für die Religiosität spricht Newman bereits in einem seiner Gedichte auf Korfu im Januar 1833:

> „Dreimal gesegnet sind die, die ihre Einsamkeit spüren;
> denen weder die Stimme von Freunden
> noch erfreuliche Situationen etwas bieten,
> an das sich ihr traurig gewordenes Herz anlehnen kann..."[238]

In seinen „Historischen Skizzen" zitiert Newman aus seinen Väterstudien die Überlegungen des heiligen Basilius, wie der vielfältigen Unruhe und den Sorgen der Welt auf dem Weg der Gottessuche zu entgehen sei: „Der einzige Weg, alledem zu entgehen, ist die Trennung von der ganzen Welt, so daß man lebt ohne Staat, Heim, Güter, Gesellschaft, Besitzungen, Lebensunterhalt, Geschäft, Verpflichtungen, weltliche Gelehrsamkeit, auf daß das Herz bereit sei wie Wachs für die Eindrücke göttlichen Unterrichts. Einsamkeit ist von größtem Nutzen für diesen Zweck, da sie unsere Leidenschaften still macht und die Vernunft instand setzt, sie auszureißen. Finde also einen Platz wie den meinen, getrennt vom Verkehr mit den Menschen, damit der Inhalt unserer Übungen nicht von außen unterbrochen werde... ." Newman fügt dem hinzu: „Es ist ganz klar, daß zumindest der heilige Basilius dieselbe Ansicht vom mönchischen Stande hatte wie ich."[239]

Im Jahr 1837 griff Newman seine Abendvorlesungen in der Adam de Brome-Kapelle wieder auf. Dieses Mal ging es ihm um die *Frage der Rechtfertigung,* die durch eine Kontroverse im „Christian Observer" aufgeworfen worden war. Newman wollte dieses theologische Problem, - wie denn der in Sünde und damit in Gottesferne geratene Mensch von Gott her und für Gott akzeptabel werden könne -, wiederum im Sinne einer Via Media beantworten. Er wollte weder die protestantische Auffassung völlig ablehnen, wonach *allein der Glaube* den Menschen vor Gott gerechtfertigt,

---

[237] LD V, 312
[238] „Melchizedek" in: VV, 108;
[239] J.H.Newman, Historische Skizzen. Deutsch von Theodor Haecker, München 1948, 190.

Reformversuche der „Apostolischen" in der Anglikanischen Kirche: Die Oxford-Bewegung (1833 - 1843)

also akzeptabel macht, wie Luther betonte; denn dadurch wurde das Mißverständnis ausgeräumt, als könnten Menschen durch ihr eigenes Tun ihr Heil wirken. Noch wollte er die römisch-katholische Auffassung völlig ablehnen, wonach die Gnade Gottes den Menschen neu schafft und ihn als solch *neues Geschöpf in Christus* zum Reich Gottes berufbar macht. Seine Auffassung war es auch nicht, diese beiden Positionen in ihrer jeweiligen Einseitigkeit zu akzeptieren. Vielmehr war ihm daran gelegen, die gegensätzlichen Auffassungen, die in den beiden anderen christlichen Zweigkirchen herrschten, so zu analysieren, daß er die tiefer liegende gemeinsame Grundlage zeigen konnte. Er suchte die Versöhnung beider Lehrauffassungen in der strengen Orientierung an Texten der Heiligen Schrift und der Kirchenväter. Gott selbst in seinem persönlichen Wirken am Menschen ist es, der aus dem sündigen Erdenbürger einen neuen Menschen macht, einen Erben des Himmelreichs. Gott ist es also, der dem auf diese Weise souverän mit seiner Gnade beschenkten Menschen auch den Glauben ermöglicht. „Das heißt gerechtfertigt sein, die göttliche Gegenwart in uns empfangen und zu einem Tempel des Heiligen Geistes gemacht werden."[240]. Gott ist also auf zweierlei Weise im Menschen anwesend: im natürlichen Sinne, in dem er überall in seiner Schöpfung zugegen ist; „in ihm leben wir, bewegen wir uns und sind wir" (Apg 17, 28). Aber er wohnt im Christen auch im begnadenden Sinne, weil Christi heiligende Gegenwart in den Herzen der Getauften und Gefirmten aufleuchtet.

Newman hebt die herrschenden Gegensätze zwischen den Konfessionen von der Sachebene der Gnade und Werke auf die personale Ebene. Auf der Sachebene gab es den Gegensatz zwischen der Rechtfertigung einerseits und der Heiligung anderseits. Auf der höheren personalen Ebene geht es einzig um das Wirken von Gottes Heiligem Geist selbst im Menschen. Gottes personales Einwirken auf die Person des Menschen wird Newman später in seinem „Entwurf einer Zustimmungs-Grammatik" (1870) als Prägungsvorgang darstellen: Jesus Christus prägt dem Menschen in der Taufe und deren Wirkungsgeschichte sein Bild in die Seele. Darin nämlich vollende sich die eigentliche Umkehr oder Hinkehr zu Gott, die im Glauben stattfindet. In der Einprägung dieses „Image of Christ" (Bild von

---

[240] Just., 144

Reformversuche der „Apostolischen" in der Anglikanischen Kirche: Die Oxford-Bewegung (1833 - 1843)

Christus) werde das Prinzip der Vergemeinschaftung wirksam, das die so Geprägten, die Christen, durch das Wirken des Geistes Jesu Christi zur Gemeinschaft der Kirche mache. In der Vorlesungsreihe über die Rechtfertigung von 1837/38 beschreibt Newman den rechtfertigenden Glauben als Frucht der rechtfertigenden Gnade und letztere als Wirken des Heiligen Geistes, der im Menschen durch die Taufe Wohnung nimmt.

„Solcher Art rechtfertigender Glaube", sagt er zusammenfassend am Ende der vorletzten Vorlesung: „...ist nicht ein bloßer Eindruck oder der Schein der Seele oder Wissen oder Gefühl oder Überzeugung, die in sich selbst endet, sondern der Anfang dessen, was ewig ist; sie ist die Wirkung der Einwohnenden Kraft, die von innen, außen und um uns herum wirkt, die sich in uns machtvoll auswirkt, so innig mit unserem Willen verbunden, als wäre sie in einem wahren Sinne eins mit ihm. Sie gießt sich in unseren ganzen Geist aus, läuft über in unsere Gedanken, Wünsche, Gefühle, Absichten, Versuche und Werke und verbindet sie alle zusammen in eines. Sie macht den ganzen Menschen zu ihrem einen Werkzeug und rechtfertigt ihn zu einem heiligen und gnadenvollen Dienst, einem lebenslang verkörperten Akt des Glaubens, einem 'Opfer, heilig, für Gott annehmbar, welches sein angemessener Gottesdienst ist'.

Solcher Art ist Glaube, der aus dem unsterblichen Samen der Liebe aufgeht, neue Blüten hervorbringt und neue Frucht reifen läßt; er ist tatsächlich in den Gefühlen vorhanden, aber geht in Handlungen über, in Siege verschiedener Art über das Selbst und ist die Macht des Willens über die ganze Seele um Christi willen und veranlaßt den Verstand, Geheimnisse zu akzeptieren, das Herz, im Leiden ruhig zu bleiben, die Hand, zu arbeiten, die Füße, zu laufen, die Stimme, Zeugnis zu geben, je nachdem es sein mag. Diese Handlungen nennen wir mitunter Mühen, mitunter Ausdauer, mitunter Bekenntnisse, mitunter Hingabe, mitunter Dienste. Alle aber sind sie Beispiele der Selbstbeherrschung, die aus dem Glauben kommt, der die unsichtbare Welt sieht, und aus der Liebe, die sie wählt. -

So scheint es also, wie der Glaube von uns her die gemäße Antwort oder das Korrelat, wie es genannt wird, zur Gnade von

REFORMVERSUCHE DER „APOSTOLISCHEN" IN DER ANGLIKANISCHEN KIRCHE: DIE OXFORD-BEWEGUNG (1833 - 1843)

Gott her ist, so sind die Sakramente Wirkung der Gnade und gute Werke Auswirkung des Glaubens. Folglich, ob wir sagen, daß wir gerechtfertigt sind durch Glaube oder Werke oder Sakramente, meint dies alles die eine Lehre, daß wir durch Gnade gerechtfertigt sind, die durch Sakramente gegeben wird, vollzogen im Glauben, bekundet in Werken."[241]

Am 29. Januar 1838 wurden die Vorlesungen als Buch publiziert. Newman meinte zu seiner Schwester Harriett: „Die große Schwierigkeit lag darin zu vermeiden, daß es schwierig wird, was angesichts des Themas Rechtfertigung keine Kleinigkeit ist";[242] und an seine Schwester Jemima am selben Tag: „Mein Buch über Rechtfertigung hat unglaubliche Zeit in Anspruch genommen. Ich bin vom Korrigieren ganz erschöpft ... Ich schreibe - ich schreibe noch einmal - ich schreibe im Verlauf von sechs Monaten ein drittes Mal; - dann nehme ich das dritte: Ich fülle das Papier buchstäblich mit Korrekturen, so daß jemand anders es nicht lesen könnte. Dann schreibe ich es in Reinschrift für den Drucker. Ich lege es weg - ich nehme es wieder auf - ich beginne wieder zu korrigieren - es genügt nicht - die Änderungen vervielfältigen sich - Seiten werden neu geschrieben - kleine Linien hüpfen herein und krabbeln herum - die ganze Seite ist mißgestaltet - ich schreibe noch einmal. ... Ich kann das ganze Geschäft nur mit einem sehr heimischen Unternehmen vergleichen - vielleicht hast Du es nie gemacht - aus einem Schwamm Meeressand und Meeresgeruch herauswaschen..."[243] Obgleich Newman mit diesem Werk ein Beispiel bedeutsamer ökumenischer Theologie gab, hielt sich seine Wirkungsgeschichte in Grenzen. Wenn ihm heute mangelnde Lutherkenntnis bescheinigt wird,[244] so läßt das Newmans eigene Präzisierung außer acht, daß er unter protestantisch einen Mischbegriff aus lutherischen, calvinistischen und anti-evangelikalen Lehren meinte, wie er im Vorwort zur 3. Auflage (1874) schreibt. Jedenfalls hat er den Weg für das ökumenische Gespräch insofern gewiesen, als er nicht Gegensätze polemisch polarisierte, sondern deren Inhalte durch tieferes Nachdenken über die

---

[241] Just. 302f.
[242] AM II, 250.
[243] LD VI, 192f.
[244] Henry Chadwick, The Lectures on Justification, in: I. Ker - A. G. Hill, Newman after a Hundred Years, Oxford 1990, 287 - 308; 294 - 297.

Reformversuche der „Apostolischen" in der Anglikanischen Kirche: Die Oxford-Bewegung (1833 - 1843)

dahintersteckenden Glaubensaussagen auf das Geheimnis Gottes selbst hin vertiefte. „Eines der besten theologischen Bücher in diesem Jahrhundert" nannte es denn auch der bedeutende Kirchenhistoriker seiner Zeit, Ignaz von Döllinger.[245] Hans Küng rühmt in seiner Karl Barth-Untersuchung über Rechtfertigung und katholische Theologie Newman als Vorbild der theologischen Analyse und nennt sein Buch eines „der besten Werke über die katholische Rechtfertigungslehre".[246] Der anglikanische Historiker Henry Chadwick bescheinigt auch nach einem Jahrhundert: „Das Buch von 1838 ist nach Inhalt und Gestimmtheit ganz und gar anglikanisch. Es ist lehrreich, daß (Newman) als ein römischer Katholik bei der Wiederauflage dieses Bandes im Zusammenhang mit anderen anglikanischen Werken wenige Stellen fand, wo er es für nötig hielt, den Text zu ändern ... Wie vieles sonst bei Newman, gehörte dieses Buch zu den großen Festungswerken der modernen ökumenischen Bewegung."[247]

Die beiden Vorlesungsreihen hatten eine wichtige Funktion für die anglokatholische Bewegung der Traktarianer. Sie stellten die Grundlegung einer eigenen Theologie der Mitte (Via Media) dar. Die Tracts waren das Element, das die öffentliche Diskussion über die Reformbedürftigkeit der anglikanischen Kirche angezettelt hatte. Sie lieferten Argumente für eine staatsunabhängige Institution und apostolisch fundierte Kirche für die englische Christenheit. Zugleich transportierten sie konkrete pastoralliturgische Vorlagen zur Gestaltung von Gottesdiensten. Ort der konkreten Bewährung einer neuen Praxis von Gottesdienst und Predigt war die Marienkirche von Oxford. Dort realisierte Newman schon, was er als Glaubens- und Gebetspraxis der Väterkirche erkannt hatte. So entsprach er seinem eigenen Prinzip: „Der Sachverhalt, daß etwas wahr ist, ist kein Grund es auszusprechen, sondern es zu tun, danach zu handeln und es zum innersten Besitz zu machen."[248]

---

[245] B 207.
[246] H. Küng, Rechtfertigung. Die Lehre Karl Barths und eine katholische Besinnung. Einsiedeln 1957, 209.
[247] A.a.O., 308.
[248] „Worte ohne Wirklichkeit", Predigt vom 2. Juni 1839: DP V, 41 - 59; hier 58f

REFORMVERSUCHE DER „APOSTOLISCHEN" IN DER ANGLIKANISCHEN
KIRCHE: DIE OXFORD-BEWEGUNG (1833 - 1843)

Predigten als Reformimpulse der Oxford-Bewegung

Newman, der Prediger auf der Kanzel von St. Mary, wurde von Jahr zu Jahr zu einem bedeutsameren Anziehungspunkt des religiösen Lebens in der Universitätsstadt Oxford. Sogar seine Art des Predigens prägte sich Kennern und Liebhabern ein. So gibt es Beschreibungen, wie die von John Shairp (1819 - 1885), Professor für Poetik in Oxford, der im Rückblick seiner Erfahrung von Newmans Predigtweise festhielt: „Wenn er anfing zu predigen, so war ein Fremder wohl nicht so gleich hingerissen, besonders, wenn er eine Kanzelberedtsamkeit nach der Art der Donnersöhne gewohnt war. Hier gab es keine Heftigkeit, keine Deklamation, keine Entfaltung erhabener Beweisführung, so daß jemand, der die Offenbarung eines großen Geistes erwartet hatte, enttäuscht werden mußte. ... Der Vortrag hatte eine Eigenart, die neue Hörer nur langsam faßten. Jeder einzelne Satz oder wenigstens jeder kürzere Abschnitt wurde schnell gesprochen, aber mit klarer Betonung. Am Ende war jedesmal eine Pause von wenigstens einer halben Minute, dann kam ein anderer schnell, aber klar gesprochener Satz, dann wieder eine Pause. Man mußte sich daran gewöhnen, aber wenn man das getan hatte, ging einem der wunderbare Reiz dieser Art auf. Der Blick und die Haltung des Predigers waren die eines Menschen, der abseits stand, der, obgleich er seine Zeit gut kannte, doch nicht in dieser Zeit lebte. Aus der Einsamkeit seiner Studien, seiner Askese, seiner Gebete, aus der Gewohnheit heraus, im Ungesehenen zu wohnen, schien er einmal in der Woche den anderen etwas von den Dingen sagen zu wollen, die er geschaut und erkannt hatte. Jene, die ihn nie hörten, konnten glauben, daß er in der Hauptsache von apostolischer Nachfolge und den Rechten der Kirche oder gegen die Nonkonformisten predigte. Nichts von alledem ... Seine Macht zeigte sich besonders in der neuen und ungeahnten Weise, wie er alte Wahrheiten lebendig machte, sittliche oder geistige, die wohl alle Christen anerkannten, aber die die meisten nicht mehr fühlten. Wenn er von 'Unwirklichen Worten' sprach, von der 'Individualität der Seele', von der 'Besonderen Vorsehung' ..., wie wurden da die alten Wahrheiten neu! Wie strahlte ein nie gefühlter Sinn in uns auf! Er legte seinen Finger - behutsam und doch stark - in das innerste der Herzen seiner Hörer. Er sagte ihnen Dinge über sich selbst, die sie bis jetzt nicht wußten. Erhabenste Wahrheiten, die zu erklären Philosophen mit großen Worten seitenlang geschrieben hätten, fielen in ein oder zwei Sätzen des

REFORMVERSUCHE DER „APOSTOLISCHEN" IN DER ANGLIKANISCHEN KIRCHE: DIE OXFORD-BEWEGUNG (1833 - 1843)

durchsichtigsten Angelsächsisch von seinen Lippen. Man darf diese Predigten nicht 'beredt' nennen, sie waren eher hohe Gedichte eines inspirierten Sängers oder Aussagen eines Propheten, hingerissen und doch beherrscht. Und der Ton der Stimme, die sie sprach -, wenn man sich einmal an sie gewöhnt hatte -, war wie zarte die Melodie unirdischer Musik. Durch die Stille des hohen gotischen Gebäudes fielen die Worte, wie gemessene Tropfen Wassers fallen, in eine weite dämmrige Höhle."[249]

Newman hatte ein außergewöhnliches Einfühlungsvermögen für die Wirklichkeit dessen, worum es im Evangelium ging. Er verfügte über reiche Erfahrung in der Verwirklichung der ethischen Praxis, die das Evangelium als Lebensstil des Neuen Menschen forderte. Auch sein Einführungsvermögen in die Situation seiner Hörer war erstaunlich. Die Grundströmungen der Gesellschaft, sein Sinn für das, was an der Zeit war, ließen ihn die besonderen Themen finden, die seine Predigten auszeichnen. Da gab es Themenschwerpunkte in den Jahren 1829 - 1833, die ganz schlicht aber genau das bezeichnen, worauf es in der Religiosität des Menschen ankommt: „Verborgene Fehler" (Juni 1825), „Heiligkeit, notwendig zur künftigen Seligkeit" (August 1826), „Gehorsam als Heilmittel gegen religiöse Verwirrung" (November 1830), die Nutzlosigkeit „religiöser Gefühle" (März 1831), „Erkenntnis des göttlichen Willens ohne Gehorsam" (September 1832), „Sünden der Unwissenheit und Schwäche" (Oktober 1832); aber auch spezifische christliche Themen, wie im Jahre 1834: „Die Zeugen des Evangeliums", „Das Evangelium, ein uns anvertrautes Gut", „Das christliche Amt", „Christlicher Eifer"; oder spezifisch kirchliche Themen 1835: „Kampf zwischen Wahrheit und Irrtum in der Kirche", „Die sichtbare und die unsichtbare Kirche", „Die Gabe des Geistes", „Die Taufe als Wiedergeburt", „Die Kindertaufe", „Der Gottesdienst als ein Heilmittel gegen seelische Erregungen", die Bedeutsamkeit von „Fürbitten".[250] Das Suchen nach der Wahrheit Gottes, das Horchen auf Gott, das Durchstehen von Enttäuschungen, die Offenheit, nach Heiligkeit zu streben, die Spannungen zwischen Vernunft und Glaube, die Kultivierung der Gefühle im Interesse der Religion, diese und andere waren zentrale Themen für ihn. Und immer ging es ihm dabei

---

[249] Zit. von Francis Bacchus, Zur Einführung in: AW V, XI f
[250] Vgl. DP III, 226 - 402.

REFORMVERSUCHE DER „APOSTOLISCHEN" IN DER ANGLIKANISCHEN KIRCHE: DIE OXFORD-BEWEGUNG (1833 - 1843)

um die Echtheit, wir würden sagen, um die Identität des Menschen, die er sich von Gott selbst her geben läßt. Als er 1834 einen ersten Band seiner Pfarrpredigten veröffentlichte, war dieser in neun Monaten ausverkauft und mußte in kurzer Zeit mehrfach neu aufgelegt werden. Ähnlich ging es mit dem zweiten und dritten Band, die bis Ende 1835 erschienen; die folgenden drei veröffentliche er zwischen 1838 und 1842. Auch danach publizierte er einen weiteren Doppelband, aber dieses Mal in der anonymen Reihe der „Autoren für die 'Tracts for the Times'".[251] Später kam Newman zu der Erkenntnis: „Ich glaube tatsächlich, daß mein Einfluß auf Menschen, die mich nie gesehen haben, unendlich viel größer war als auf die, die mich sahen."[252]

Zu den charakteristischen Themen zählt Newmans Predigt vom 22. Dezember 1833, also gegen Ende des Jahres, in dessen Herbst die ersten Tracts erschienen waren, über „Selbstverleugnung, der Prüfstein religiösen Ernstes." Ihr Motto lautete „Es ist Zeit, vom Schlafe aufzustehen" (Röm 13, 11). Die Gefahr in der Gesellschaft seiner Zeit sei für religiöse Menschen, daß ihnen die Möglichkeit der Täuschung verborgen bleibt: daß nämlich ihr gutes Verhalten auf Grund der Vorteile im gesellschaftlichen Leben praktiziert werde, obgleich es so scheine, als sei religiöse Motivation dahinter.

> „Gute Führung ist in ihrem Fall nicht nur eine Sache der Pflicht, sondern auch des Vorteils, Gehorsam gegen Gott bringt ihnen Lob bei Gott sowohl wie bei den Menschen, so daß sie nur schwer zur Erkenntnis kommen, ob sie um des Gewissens willen richtig handeln oder aus Rücksicht auf die Welt."[253] In einem heidnischen Lande würde das Bekenntnis zum Evangelium u. U. das Martyrium nach sich ziehen und damit wäre der Prüfstein für den Ernst des Glaubens offenkundig. Aber „was tun wir, das uns in dem Vertrauen rechtfertigt, wir täten etwas um Christi willen...'?
> ..Indem ich diese Frage beantworte, mache ich zuerst die

---

[251] Plain Sermons by Contributors to the „Tracts for the Times", vol. V, London 1843; vol. VI, London 1844: vgl. das Vorwort von William Copeland in der Neuauflage der Parochial and Plain Sermons vom Mai 1868 in Band I, wo er auf die Bände VII und VIII in den Pfarr- und Volkspredigten verweist, die aus den Plain Sermons hinzu genommen seien, die die Verfasser der Tracts einst anonym publiziert hatten.
[252] LD XII, 99
[253] DP I, 64 - 80; 71.

Reformversuche der „Apostolischen" in der Anglikanischen Kirche: Die Oxford-Bewegung (1833 - 1843)

Beobachtung, daß nach der Heiligen Schrift die Selbstverleugnung als der Prüfstein unseres Glaubens eine tägliche Übung sein muß." Gelegentlich etwas Gutes zu tun, noch dazu vor den Augen der Welt, das ist typisch für den großen edlen Menschen, der „zeitweilig heroisch handelt, so daß man mit Bewunderung und Unterordnung auf ihn schaut, dem aber im privaten Leben die persönliche, religiöse Bindung fehlt. ... Die Kreuzesnachfolge Christi erschöpft sich also nicht in einer einmaligen Großtat, sondern sie ist die beharrliche Übung kleiner Pflichten, die uns widerstreben. ... Der eine ist lässig und vergnügungssüchtig, ein anderer leidenschaftlich oder launisch, einer ist eitel, ein anderer hat keine Herrschaft über seine Zunge; es gibt Schwächlinge, die dem Spott gedankenloser Kameraden nicht widerstehen können, andere sind geplagt von schlimmen Leidenschaften, deren sie sich schämen, über die sie aber nicht Herr werden. Ein jeder schaue nach seiner schwachen Stelle aus: Dort muß er sich bewähren... Wiege dich nicht in Sicherheit, weil du die Pflicht in neunundneunzig Fällen getan hast; der hundertste ist es, der deine Selbstverleugnung begründet. Hier muß sich dein Glaube erweisen." - Die beschwichtigenden Meinungen über das, was Gott verlangen kann oder nicht, was religiös ist oder nicht, hält Newman für töricht und appelliert an die Weisheit, die allein aus dem Heiligen Geist Jesu Christi kommt. „Daß ihr doch die Weisheit hättet, euch wenig um die religiöse Auffassung dieser Welt oder um das Lob der Welt zu kümmern. Macht euch doch nicht konform mit dem, was die Gescheiten, die Mächtigen oder die Mehrzahl zum Maßstab von Religion erheben! Unvergleichlich höher steht das innere Bewußtsein eines Gehorsams gegen Gott in den kleinen und großen Dingen." Auch bisherige Erfahrungen von der Tragkraft des Glaubens und der Größe der Erbarmungen Gottes sollen kein Grund dafür sein, nachzulassen und der Aufforderung Jesu *täglich* sein Kreuz auf sich zu nehmen, nicht mehr nachzukommen. Es bleibt die Aufforderung zur geistlichen Wachheit und zu religiösem Ernst. Fragt sich einer: wie soll ich wissen, daß ich es ernst nehme? Ich würde ihm nahelegen: Bring ein Opfer, tu etwas Unangenehmes, wozu die Pflicht dich nicht gerade ruft (natürlich in den Grenzen

Reformversuche der „Apostolischen" in der Anglikanischen Kirche: Die Oxford-Bewegung (1833 - 1843)

des Erlaubten). So kommt der Geist zum Bewußtsein, daß man tatsächlich die Liebe zum Erlöser hat, die Sünde verachtet, ... die gegenwärtige Welt hintan setzt. Das gibt euch bis zu einem gewissen Grad den Beweis, daß ihr es nicht bei bloßen Worten belaßt. Es ist leicht, Versprechungen zu machen, Feingeistiges in Wort und Schrift zu äußern, die Menschen mit Wahrheiten in Staunen zu versetzen, die sie nicht kennen, und mit Empfindungen, die über die menschliche Natur hinausgehen. 'Du aber, Mann Gottes, fliehe solches und strebe nach Gerechtigkeit, Gottseligkeit, Frömmigkeit, Glaube, Liebe, Geduld und Sanftmut.'"[254] ... „Probiert euch täglich in kleinen Taten. Das ist der beste Beweis dafür, daß euer Glaube mehr ist als eine Täuschung ... Das ist der Weg, euer Herz wach zu halten."[255] Der junge Prediger gibt seinen Zuhörern ganz konkrete Anregungen, wie sie täglich „das Kreuz auf sich nehmen" können und daran einen Prüfstein für ihren religiösen Ernst haben: „Laßt schon euer Aufstehen aus dem Bett eine Selbstverleugnung sein; eure Mahlzeiten seien (Gelegenheiten zur) Selbstverleugnung. Nehmt euch vor, anderen in alltäglichen Dingen den Vortritt zu lassen, in kleinen Dingen eure Routine zu verlassen, eher eine Unbequemlichkeit auf euch zu nehmen als eure tägliche Selbstdisziplin zu versäumen... So war es beim heiligen Paulus, der seinen 'Leib züchtigte und unterwarf' (1 Kor 9, 27). Das ist eines von den Hauptzielen des Fastens."

Von beispielhafter Wirkung war Newmans Predigt über „Die Wagnisse des Glaubens", die er an seinem Geburtstag, dem 21. Februar 1836, hielt. Sie handelt von der Aussage des Matthäus-Evangeliums, mit der Jesus zwei seiner Apostel fragt: „Könnt ihr den Kelch trinken, den ich trinken werde? - Sie sprachen zu ihm: wir können es." (Mt 20, 22). Die Art und Weise, wie Newman seine Predigt vortrug, wird von einem seiner Schüler aus der Tutorzeit in Oriel und lebenslangen Freund Henry Wilberforce (1807 - 1873) geschildert. Newman „begann mit einer ruhigen klangvollen Stimme, deren Ton sich allmählich hob, so, wie der Redner durch seinen

---

[254] 1 Tim 6, 11.
[255] DP I, 79.

Gegenstand erwärmt wurde. Es schien dann, als ob seine Seele und sein Körper in kraftvoll unterdrückter Erregung glühen würden. Zuweilen hielt er an den ergreifendsten Stellen plötzlich inne, ohne seine Stimme zu senken, für einen Augenblick, der aber lange zu sein schien. Und dann sprach er mit neu gesammelter Kraft und Feierlichkeit einige gewichtige Worte. Sogar der Klang seiner Stimme schien anzudeuten, daß da mehr war als sein eigenes. Es gibt heute noch viele, die beim Lesen der Predigten in diesen Bänden die damaligen Szenen wieder erleben: Die große Kirche, die Gemeinde, die sie ganz anfüllte, alle atemlos in ihrer erwartungsvollen Aufmerksamkeit. Das Gaslicht zur Rechten der Kanzel war heruntergedreht, damit der Redner nicht geblendet werde. Vielleicht waren sie selbst damals unter dem Halbdunkel der Galerie gestanden - und dann die Pause, als hier die Worte in der Predigt 'Wagnisse des Glaubens' sie erschütterten: 'Sie sagten zu ihm: wir können es...'"[256] - Worum es in dieser Predigt ging, nämlich um den Testfall des eigenen Ernstmachens mit dem Glauben an Gott, zeigt in besonderer Weise eine Passage, in der Newman ganz konkret wird:

> „Jeder meiner Hörer möge sich die Frage vorlegen, was er auf die Wahrheit der Verheißung Christi hin riskiert hat. Wäre er auch nur im geringsten schlechter daran, angenommen (was zwar unmöglich ist), jedoch angenommen, sie wäre ein Fehlschlag? Wir wissen, was es heißt, in irgendeinem Unternehmen dieser Welt zu investieren. Wir riskieren unser Eigentum bei Plänen, die Erfolg versprechen; bei Plänen, die uns verheißungsvoll erscheinen, an die wir glauben. Was haben wir für Christus gewagt? Was haben wir ihm gegeben auf Grund unseres Glaubens an seine Verheißung? Der Apostel sagt, daß er und seine Brüder die elendesten von allen Menschen wären, wenn die Toten nicht auferweckt würden. (1 Kor 15). Können wir dies in irgendeinem Grad auf uns selbst anwenden? Vielleicht denken wir gerade, wir hätten einige Hoffnung auf den Himmel; diese würden wir natürlich verlieren; aber inwiefern wären wir, was unsere gegenwärtige Lage anbetrifft, schließlich schlechter daran? - Ein Geschäftsmann, der etwas von seinem Vermögen in ein

---

[256] F. Bacchus, Zur Einführung, in: J. H. Newman, Predigten der anglikanischen Zeit, AW 1, XVIIf

Reformversuche der „Apostolischen" in der Anglikanischen Kirche: Die Oxford-Bewegung (1833 - 1843)

Unternehmen steckt, das aber fehlschlägt, verliert nicht nur seine Aussicht auf Gewinn, sondern noch etwas von seinem Vermögen, das er in der Hoffnung auf Gewinn gewagt hatte. Das ist unsere Frage: Was haben wir gewagt? - Ich hege die tatsächliche Befürchtung, bei einer etwaigen Überprüfung stellt sich heraus, daß es nichts gibt, wozu wir uns entschließen, nichts, das wir tun, nichts, das wir unterlassen, nichts, das wir meiden, nichts, das wir wählen, nichts, das wir aufgeben, nichts, das wir unternehmen, wozu wir uns nicht entschließen würden, das wir nicht täten, nicht unterließen, vermieden, wählten, aufgäben und unternähmen, wenn Christus nicht gestorben und der Himmel uns nicht verheißen wäre. Ich fürchte wirklich, daß die meisten der sogenannten Christen, wie immer ihr Bekenntnis sein mag, was immer sie an Gefühlen zu haben glauben, was immer an Wärme und Erleuchtung und Liebe sie für sich in Anspruch nehmen mögen, dennoch so leben, fast wie sie leben würden, weder viel besser noch viel schlechter, wenn sie das Christentum für eine Fabel hielten. - In jungen Jahren überlassen sie sich der Lust oder jagen zumindest weltlichen Eitelkeiten nach. Mit fortschreitenden Jahren arbeiten sie sich in das Geschäftsleben ein oder beschreiten einen anderen Weg, um Geld zu verdienen. Dann heiraten sie und gründen eine Familie. Und da sich bei ihnen Interesse und Pflicht paaren, erscheinen sie als ehrsame und religiöse Menschen und halten sich auch dafür. Sie lieben die Verhältnisse, wie sie sind; sie beginnen, Eifer gegen Laster und Irrtum zu entwickeln und bestreben sich, mit allen Menschen in Frieden zu leben. Solches Verhalten ist natürlich insoweit recht und lobenswert. Nur, behaupte ich, hat es nicht notwendigerweise etwas mit Religion zu tun. Es enthält nichts, was in seinen Trägern vom Vorhandensein religiöser Grundsätze irgendwie zeugte ... Etwas gewinnen sie auch jetzt: Sie befriedigen ihre jetzigen Wünsche, sie führen ein ruhiges und geordnetes Leben, denn das ist ihr Interesse und nach ihrem Geschmack. Aber sie wagen nichts, sie riskieren nichts, opfern nichts, geben nichts auf um des Glaubens willen an Christi Wort." -

Reformversuche der „Apostolischen" in der Anglikanischen Kirche: Die Oxford-Bewegung (1833 - 1843)

Newman beläßt es nicht bei der Infragestellung bürgerlicher Wohlanständigkeit durch das, was er selber als christlichen Glauben kennt und bekennt; er bringt auch konkrete Beispiele:

> „Es steht einer auf der Höhe seines Glücks in der Welt, da gibt er seine Erwartung auf Reichtum oder Ansehen auf, um Christus näher zu sein, einen Platz in seinem Tempel zu gewinnen, mehr Muße für Gebet und Lobpreis zu haben - dieser bringt ein Opfer. - Oder: Wer von edlem Streben nach Vollkommenheit erfaßt, das Verlangen nach weltlichen Annehmlichkeiten aufgibt, gleichwie Daniel oder Paulus mit viel Arbeit und Mühe, aber mit gesammeltem Herzen lebt - auch der wagt etwas auf die Gewißheit der kommenden Welt hin. - Oder: Wer nach begangener Sünde in Werk und Wort bereut, seinem Nacken ein Joch auferlegt, sich der Strafe unterwirft, hart ist gegen seine Natur, sich unschuldige Freude versagt, sich öffentlicher Beschämung aussetzt - auch der beweist, daß sein Glaube Erkanntnhaben der zu erhoffenden Dinge ist, Bürgschaft für das Unsichtbare. - Und wiederum: Wer sich wenigstens zum Gebet aufschwingt und im Gegensatz zu dem, wonach die Masse verlangt, das umfängt, wovor das Herz von Natur aus zurückschreckt, wer da, wo Gottes Wille ihn mit zeitlichem Übel zu bedrohen scheint, Gott zwar um dessen Abwendung bittet, es aber dennoch über sich bringt, von Herzen zu sagen 'Dein Wille geschehe', auch dieser ist nicht ohne sein Opfer. ..."[257]

„Seine Predigten ließen den Hörer das denken, was der Redner sagte und nicht an die Predigt oder den Prediger", sagt Richard William Church (1815 - 1890), der spätere Dekan der St. Pauls-Kathedrale in London über seine Erfahrung beim Zuhören in Newmans Predigten. Auch er war, wie Henry Wilberforce, Ohrenzeuge jener Predigt von den Wagnissen des Glaubens. Eine Generation jünger als Newman, war er eine Zeitlang mit innerer Distanz zu dessen Predigten gekommen, weil er der Mode kritisch gegenüber stand, zum Vier-Uhr-Gottesdienst an Sonntagnachmittagen nach St. Marien zu gehen. Später wurde er ein regelmäßiger Besucher und einer der engen Freunde Newmans. Die Predigt über die Wagnisse des

---

[257] Die Wagnisse des Glaubens, in: DP IV, 329 - 341; 335ff

Reformversuche der „Apostolischen" in der Anglikanischen Kirche: Die Oxford-Bewegung (1833 - 1843)

Glaubens aber wurde für ihn sogar zum Anlaß, für „seine erste große praktische Bemühung um Selbstverleugnung. Sie schien ihm, wenn er zurückschaute, als eine Art Wendepunkt seines Lebens."[258]

Im Herbst des Jahres 1836, im Jahr, das für Newman persönlich durch den Tod seiner Mutter und seines besten Freundes gekennzeichnet war und durch den Verlust seines Zuhause, sprach Newman über „Die Größe und Kleinheit des christlichen Lebens".[259] Die Vergänglichkeit des menschlichen Lebens, seine Transparenz und Transzendenz innerhalb dieser Welt war sein Thema. Newman zeichnet das Bild eines Menschen, dessen vorzügliche sittliche und religiöse Fähigkeiten in seinem Leben nicht vollständig ausgefaltet wurden - und dachte er da nicht an R.H. Froude? Sein Tod veranlaßt zu der Frage, ob ihm das Leben gerecht geworden sei. Nicht als wolle er mit dieser Skizze den Glauben an die Unsterblichkeit beweisen, sagt Newman:.

> „Über unseren positiven Glauben an diese große Wahrheit hinaus fühlen wir uns wirklich zu einem Glauben an dieses künftige Leben gedrängt, wir erlangen eine Art sinnenfällige Überzeugung davon, eine Gewißheit, die infolge jener Unzulänglichkeit der gegenwärtigen Dinge unser Herz anrührt und es aufwühlt. Gerade die Größe unserer (sittlichen und religiösen, GB) Kräfte gibt diesem Leben (in dieser Welt, GB) ein erbärmliches Antlitz. Die Erbärmlichkeit dieses Lebens aber zwingt unsere Gedanken hin zu einem andern. Und die Aussicht auf ein anderes verleiht dem jetzigen, das uns jenes verheißt, Würde und Wert. So ist dieses Leben zugleich groß und klein, und wir haben ein Recht, es hintan zu setzen, indes wir zugleich seine Bedeutung schätzen".[260] Mit anderen Worten: Die religiös-sittliche Ausstattung des Menschen übersteigt diese Welt bei weitem, und das wird gerade in der Verwirklichung dieser „Ausstattung" im Leben eines Heiligen faßbar. „In der sittlichen Wahrheit und Gutheit, im Glauben, in der Charakterfestigkeit, in der himmlischen Gesinnung, in der Milde,

---

[258] B. A. Smith, Dean Church - The Anglican Response to Newman, Oxford 1958, 26. Dazu G. Biemer, The Anglican Response to Newman? In: Philosophical Studies, Maynooth, vol. VIII, 1958, 64 - 70.
[259] Predigt vom 23. Oktober 1836: DP IV, 242 - 254.
[260] DP IV, 245f.

REFORMVERSUCHE DER „APOSTOLISCHEN" IN DER ANGLIKANISCHEN
KIRCHE: DIE OXFORD-BEWEGUNG (1833 - 1843)

im Mut, in der Güte, liegt etwas, dem die Verhältnisse dieser Welt keineswegs entsprechen, für das selbst das längste Leben ungenügend ist, für das die höchsten Möglichkeiten des Diesseits eine Enttäuschung bedeuten, das den Kerker dieses Lebens sprengen muß, um sich seinen angemessenen Raum zu schaffen. Stirbt ein guter Mensch, dann ist man versucht zu sagen: Er hat sich nicht voll auswirken können, er hatte nichts, daran sich zu erproben; seine Tage sind entschwunden wie ein Schatten und wie Gras welkte er dahin." - Diese Zwiespältigkeit illustriert der Prediger am Tod der Menschen, vor dem alle gleich zu sein scheinen: „Wahre Christen sterben wie die andern auch. Der eine stirbt durch einen plötzlichen Unfall, ein anderer im Krieg, ein anderer ohne Freunde, die seinen Tod bezeugen, ein vierter ist bewußtlos... so scheint die Gelegenheit vergeudet, und wir werden machtvoll daran erinnert, daß 'die Offenbarung der Kinder Gottes' (Röm 8, 19) erst im nachherein kommt." - Das Leben erscheint mit Vordergründigkeit und Hintergründigkeit, mit Materialität und Geistbegabtheit, mit Endlichkeit und Unendlichkeit - und die eine Dimension spielt sich in der anderen ab. Diese Doppelbödigkeit unserer Existenz sollte uns als Christen bewußt werden. „Wir sollten daran denken, ... daß wir unsterbliche Geistwesen sind, unabhängig von Zeit und Raum, und daß dieses Leben nur eine Art Schaubühne ist, auf der wir eine zeitlang auftreten, das seinen hinreichenden Zweck nur darin hat, uns zu erproben, ob wir Gott dienen wollen oder nicht. Wir sollten bedenken, daß wir in keinem volleren Sinn in dieser Welt stehen als der Spieler in seinem Spiel. Und daß das Leben nur ein Traum ist, so getrennt und verschieden von unserer wahren, ewigen Existenz wie ein Traum verschieden ist vom Zustand des Wachens; wohl ein ernsthafter Traum, da er den Stoff zu unserem Gericht liefert, aber in sich selbst wie ein Schatten ohne Substanz, ein Bühnenspiel, das sich vor unseren Augen ereignet, in dem wir eine Scheinrolle haben und in dem wir auftreten müssen, als wäre alles, was wir sehen, Wahrheit und Wirklichkeit." - „So wollen wir von unsrem gegenwärtigen Zustand denken; er ist kostbar, weil er uns inmitten von Schatten und Bildern die Existenz und Eigenschaften Gottes und seines auserwählten Volkes offenbart; er

Reformversuche der „Apostolischen" in der Anglikanischen Kirche: Die Oxford-Bewegung (1833 - 1843)

ist kostbar, weil er uns in die Lage versetzt, mit den unsterblichen Seelen zu verkehren, die heimgesucht werden wie wir. Er ist bedeutungsvoll, weil er der Schauplatz und das Mittel unserer Prüfung ist, während er darüber hinaus keine Ansprüche an uns zu stellen hat. ... Wir mögen arm sein oder reich, jung oder alt, geehrt oder verachtet, es sollte uns nicht mehr berühren, uns nicht mehr erheben oder bedrücken, als wenn wir Spieler in einem Theater wären, die wissen, daß die Rollen, die sie darstellen, nicht sie selber sind und daß sie zwar von unterschiedlichem Rang, König oder Bauer, zu sein scheinen, in Wirklichkeit doch alle auf gleicher Stufe stehen. Das eine Verlangen, das uns beseelt, sollte sein: - Erstlich Ihn von Angesicht zu Angesicht schauen zu dürfen, der jetzt vor uns verborgen ist. Sodann in Ihm und durch Ihn in immerwährender und unmittelbarer Gemeinschaft mit unseren Freunden stehen zu dürfen, die wir im gegenwärtigen Zustand nur durch die Vermittlung der Sinne kennen, durch brüchige und dürftige Kanäle, die uns wenig Einblick in ihr Herz gewähren ..."[261]

In einer apokalyptischen Dynamik läßt Newman seine herbstliche Predigt ausmünden, die damit an seine spätere und berühmte Predigt über den „Zweiten Frühling" (1852) erinnert:

„Denen, die nach dem Glauben leben, kündet alles, was sie sehen, von jener kommenden Welt. Selbst die Herrlichkeit der Natur, Sonne, Mond, Sterne, Reichtum und Schönheit der Erde, sie sind wie Bilder und Gestalten, die uns die unsichtbaren Dinge Gottes bezeugen und lehren. Alles Sichtbare ist bestimmt dafür, eines Tages zu himmlischer Blüte aufzubrechen und in unsterbliche Herrlichkeit verklärt zu werden. Der Himmel ist im gegenwärtigen Zustand dem Blick entrückt. Aber wie der dahinschmelzende Schnee den Grund aufdeckt, auf dem er liegt, so wird die sichtbare Schöpfung zu gegebener Zeit wegschmelzen vor den größeren Herrlichkeiten, die dahinter liegen und von denen sie jetzt getragen werden. An jenem Tag werden die Schatten weichen und die Wirklichkeit wird sich offenbaren. Die Sonne wird bleich

---

[261] ebd. 250 - 252.

werden und wie ein Irrlicht am Himmel sein; aber es wird geschehen vor dem Aufleuchten dessen, den sie nur versinnbildet, der Sonne der Gerechtigkeit, vor dem, der Heilung an seinen Schwingen trägt, der in sichtbarer Gestalt hervortritt wie ein Bräutigam aus seinem Gemach... Gedanken wie diese bewegen uns zu dem heißen und frommen Ruf: Komm, Herr Jesus, die Zeit des Wartens zu beenden, die Zeit der Dunkelheit, der Wirrnis, der Fragen, der Trübsal und der Sorge!"[262].

Unermüdlich sucht Newman seinen Hörern die symbolische Struktur der irdischen Wirklichkeit erfahrbar zu machen, ihre Transparenz für den unsichtbaren Gott. So in der Predigt vom 16. Juli des Jahres 1837 über: „Die unsichtbare Welt". Wieder sind es die Jahreszeiten, an denen Newman das Gleichnis für Vergehen und Auferstehen seinen Hörern vor Augen stellt.

„Einmal nur im Jahr, immerhin einmal, enthüllt die sichtbare Erde ihre verborgene Kraft und offenbart sich gewissermaßen. Dann quellen die Blätter hervor und die Blüten der Fruchbäume und die Blumen; Gras und Korn schießen empor. Ein plötzliches Schwellen und Aufbrechen jenes verborgenen Lebens beginnt, das Gott in die stoffliche Welt gelegt hat. Das zeigt euch nun im Beispiel, wozu sie auf Gottes Befehl imstande ist, wenn er sein Wort ergehen läßt. Diese Erde, die da in Blättern und Blüten sprießt, wird eines Tages aufblühen in eine neue Welt des Lichtes und der Herrlichkeit, in der wir Heilige und Engel wohnen sehen... - Wie verschieden ist ein Baum, wie verschieden sein Anblick, wenn er in Blättern steht und wenn sie fehlen! Wie unwahrscheinlich möchte es uns zuerst vorkommen, daß die dürren und nackten Äste sich plötzlich in ein so leuchtendes frisches Gewand kleiden sollen! Aber zu der von Gott bestimmten Zeit sprossen Blätter an den Bäumen... So ist es mit dem Kommen jenes Frühlings, auf den alle Christen warten... Die Erde, die wir sehen, genügt uns nicht; sie ist nur ein Anfang; sie ist nur die Verheißung eines Höheren. Selbst, wenn sie am heitersten

---

[262] ebd. 253f. Die Nähe zu Newmans Lebensinschrift bzw. Inschrift auf der Gedächtnisplatte „Aus Schatten und Bildern in die Wahrheit" ist unüberhörbar.

Reformversuche der „Apostolischen" in der Anglikanischen Kirche: Die Oxford-Bewegung (1833 - 1843)

ist, im Schmuck aller ihrer Blüten, und selbst, wenn sie höchst anrührend aus ihrer Verborgenheit heraustritt, genügt sie uns doch nicht. Wir wissen, es liegt vielmehr in ihr verborgen als wir sehen. Eine Welt von Heiligen und Engeln, eine herrliche Welt, ein Palast Gottes, der Berg des Herrn der Heerscharen, das Himmlische Jerusalem, der Thron Gottes und Christi: Alle diese Wunder, von ewiger Dauer, über alles kostbar, geheimnisvoll und unfaßbar liegen in dem verborgen, was wir erblicken. Was wir sehen, ist die äußere Hülle eines Ewigen Reiches; und auf dieses Reich sind die Augen unseres Glaubens geheftet. Leuchte auf, Herr, wie damals, als bei deiner Geburt deine Engel den Hirten erschienen! Laß deine Herrlichkeit aufblühen wie die Blüten und Blätter an den Bäumen! Verwandle mit deiner mächtigen Kraft diese Erde in jene göttlichere Welt, die wir jetzt noch nicht sehen. Zerstöre das Sichtbare, daß es vergehe und in das verwandelt werde, was wir glauben. ... Wir schauen aus nach dem Anbruch des Tages des Herrn, wenn die ganze äußere Welt trotz all ihrer Schönheit untergeht, wenn die Himmel verbrennen und die Erde schmilzt. ... Wir verlangen im Ernst und beten darum, daß das Sichtbare vergehe, da wir uns nach dem Unsichtbaren sehnen."[263]

Weil diese Welt der Ort der Entscheidung für das Gute und des Kampfes gegen das Böse ist, die Zeit der Bewährung und der großen Verheißung, sollen Christen die fundamentalen Tugenden des Wachens und Harrens auf die Ankunft Gottes entwickeln. Wie die Suche nach der Wahrheit und das Ausschauhalten nach dem Licht, so ist das Wachen und Beten eines seiner wichtigsten Losungsworte. Im Advent 1837 entfaltet er dies vor seiner Hörergemeinde in der Predigt „Wachen". Im Anschluß an die Mahnung Jesu am Ölberg „Wachet und betet, denn ihr wißt nicht, wann es Zeit ist" (Mk 13, 33) entfaltet Newman sein Thema. Die Aufmerksamkeit für Gott habe in Beispielen mitmenschlicher Gefühle ihre Analogie: Nachricht erwarten von einem Freund aus fernem Land, mit einem Menschen zusammen leben, „wo ihr jeden Wechsel in seinem Antlitz beobachtet, seine Wünsche erahnt, lächelt, wenn er lächelt, trauert, wenn er trauert, bedrückt seid, wenn er bedrängt ist".

---

[263] Predigt vom 16. Juli 1837: DP IV, 227 - 241; 237 -239.

Reformversuche der „Apostolischen" in der Anglikanischen Kirche: Die Oxford-Bewegung (1833 - 1843)

„Für Christus wach sein ist ein Gefühl wie alle diese, soweit Gefühle dieser Welt imstande sind, die einer anderen Welt widerzuspiegeln. - Der ist wach für Christus, der ein empfindendes, sehnsuchtsvolles, fühlendes Herz besitzt: der mit frischer Kraft, mit scharfsichtigem Eifer darauf bedacht ist, ihn zu suchen und ehren. der in allem, was geschieht, nach ihm ausschaut und nicht überrascht, nicht allzu erregt oder überwältigt wäre, wenn er entdeckte, daß er plötzlich käme. - Und der wacht mit Christus, der in die Zukunft, zugleich aber auch in die Vergangenheit blickt, der bei der Betrachtung dessen, was sein Erlöser für ihn erwarb, nicht vergißt, was er für ihn gelitten hat. Der wacht mit Christus, der den Gedanken an Christi Kreuz und Todesangst stets in sich trägt und in seiner Person nachvollzieht... - Das also heißt wachen: vom Gegenwärtigen losgeschält sein und im Unsichtbaren leben; im Gedanken an Christus leben, wie er einstens kam und wie er wieder kommen wird. Nach seiner zweiten Ankunft verlangen in herzlichem und dankbarem Gedenken an seine erste." „Jahr um Jahr gleitet lautlos dahin: Christi Ankunft nähert sich immer mehr. Daß wir uns doch, je näher er der Erde kommt, umso mehr dem Himmel näherten. Bittet ihn, euch ein Herz zu geben, daß ihn aufrichtig sucht. Bittet ihn, daß er euch Ernst verleihe... Faßt den Vorsatz, euch nicht mehr täuschen zu lassen, durch Worte, Reden, Gefechte, Begriffe, hochtrabende Beteuerungen, Entschuldigungen oder durch die Verheißungen oder Drohungen dieser Welt."[264]

Im August 1837 sandte Archdeacon Robert H. Froude die privaten Tagebücher seines Sohnes Richard Hurrell an Newman. Deren Existenz war für ihn neu: Sie „geben einen Bericht seiner Fasten usw., seiner kleinsten Fehler und Versuchungen ... Sie sind interessanter als irgend etwas, was ich bisher gesehen habe ... Hat es nicht den Anschein, als ob die Vorsehung uns Dinge zu einem besonderen Zweck in die Hände spielt? Es gibt so eine stufenweise und unerwartete Häufung."[265] Kennzeichnend für Newmans Situation im Herbst 1837 ist der Schlußsatz dieses Briefes an

---

[264] DP IV, 356 - 371.
[265] LD VI, 120.

REFORMVERSUCHE DER „APOSTOLISCHEN" IN DER ANGLIKANISCHEN KIRCHE: DIE OXFORD-BEWEGUNG (1833 - 1843)

Frederic Rogers: „Ich habe noch nie so viele bedeutende Dinge zumal zu tun gehabt wie gerade jetzt. Die Bibliothek der Kirchenväter, mein Buch über Rechtfertigung, einige Tracts und jetzt Froudes Papiere."[266] Zusammen mit John Keble, E. Pusey, Isaac Williams, Frederic Rogers und Samuel F. Wood war Newman für die sofortige Veröffentlichung, obgleich er selber bestimmte Befürchtungen hatte, die er auch im Vorwort zum ersten Band der vierbändigen Ausgabe von Froudes „Remains" zum Ausdruck brachte: Froudes scheinbare Tendenz für die Kirche von Rom, seine nach Werkgerechtigkeit aussehende praktische Askese, seine unverblümt klare Sprache, seine Zweifel, seine Ablehnung der Reformatoren. Anderseits waren sowohl seine Tagebuchaufzeichnungen wie seine Predigten das Zeugnis eines zutiefst religiösen und hochintelligenten Menschen: „Eine beständige Bemühung des Geistes, begleitet von der vollen Überzeugung seiner Schwäche und der Notwendigkeit, göttliche Hilfe und Vergebung zu benötigen, um ihn in Ordnung zu halten und so des Himmelreichs würdig zu werden, die beständige Bemühung, jeden Gedanken dem Gehorsam Christi untertan zu machen ... Ist es nicht deutlich, daß Fasten und andere äußere Übungen, so streng er glaubte, daß es seine Pflicht sei, sie zu beobachten, bei ihm nichts anderes als ein Mittel zum Zweck waren? Seine Papiere sind eine Art dokumentarischen Beweises zugunsten jener Ansichten, die er zu recht als katholisch glaubte bezeichnen zu müssen, gerade in dieser Hinsicht. Sie zeigen, daß diese Ansichten vollkommen in sich logisch sind, ja, untrennbar mit den höchsten Begriffen innerer Heiligkeit, eines erneuerten Herzens und Lebens verbunden sind."[267] Newman setzte darauf, daß die geistliche Tiefe und Lauterkeit Froudes, wie sie in seinen Tagebüchern zum Ausdruck kam, gerade junge Menschen zu religiösem Ernst im christlichen Glauben anspornen werde. Und er war sich mit seinen Freunden der Oxford-Bewegung darüber einig, daß „diese Papiere ihnen als so wertvoll erschienen, daß sie sich nicht berechtigt fühlten, eine solche Hilfe zu der Sache, der sie sich verpflichtet hatten (nämlich der Erneuerung der Kirche und des christlichen Lebens, GB) vorzuenthal-

---

[266] ebd., 121.
[267] Vorwort von J. H. Newman zu „Remains of the Late Reverend Richard Hurrell Froude, M. A. Fellow of Oriel College, Oxford, vol. I, London 1838, S. XVI

REFORMVERSUCHE DER „APOSTOLISCHEN" IN DER ANGLIKANISCHEN
KIRCHE: DIE OXFORD-BEWEGUNG (1833 - 1843)

ten."[268] Froudes Liebe zur Kirche des Mittelalters ebenso wie seine strenge persönliche Lebensführung, waren in der üblichen Praxis christlichen Lebens der anglikanischen Kirche seiner Zeit völlig tabuisiert. Dem entsprechend erregten auch Predigtthemen wie „Die Kenntnis unserer Pflicht ist nur erreichbar durch ihre Befolgung" Aufsehen. Das war auch mit seinen Vorsätzen im Tagebuch der Fall: „Sobald ich aus der Reichweite des Beobachtetwerdens bin, will ich eine Art mönchischstrengen Lebens beginnen. ..."[269] - Die Wirkung, die sich die Freunde aus dem Lebenszeugnis Richard Hurrell Froudes versprochen hatten, wurde bei weitem übertroffen. Es fand eine Explosion der Gefühle statt. Von Froude her wurde nun deutlich den Vertretern der Oxfordbewegung verborgene Romfreundlichkeit und implizite Häresie unterstellt. Selbst innerhalb der High Churchmen, der konservativen Vertreter der anglikanischen Hochkirche, entstand eine Spaltung.[270] Noch nach Jahrzehnten war Newman der Ansicht, daß die Veröffentlichung von Froudes Remains „vielleicht mehr als jedes andere (Werk) in der anglikanischen Welt Unruhe und Störungen verursacht hat".[271] Im Rückblick urteilt Richard William Church: „Die Freunde, die Froudes Remains veröffentlichten, wußten, was er war, sie kannten den Stellenwert und die Verhältnismäßigkeit der heftigen und dornigen Passagen; sie wußten, daß sie in Wirklichkeit nicht über die Freiheit und offene Sprache hinausgingen, die sich die meisten Leute im verborgenen leisten, und verstanden die Übertreibungen in der privaten Korrespondenz und im Gespräch. Aber sie schätzten die Wirkung auf jene, die ihn nicht kannten oder deren Interesse darin lag, aus dem ihnen gegebenen Vorteil alles herauszuholen, falsch ein. ... Zweifellos erschreckten sie damit viele, die bisher mit der Bewegung gegangen waren und die sich nun zurückzogen. Aber wenn die Veröffentlichung ein Fehler war, war es der Fehler von Männern, die auf ihre Geradlinigkeit vertrauten."[272]

---

[268] Ebd., S. VIII
[269] R. H. Froude, Knowledge of our Duty Attainable only by Practising it, in: Remains II, 1838, 94 - 108. ebd. I, 25
[270] Peter Benedict Nockles, The Oxford Movement in Context. Anglican High Churchmanship 1760 - 1857, Cambridge 1994, 113ff
[271] A 99.
[272] R. W. Church, a.a.O., 42f.

REFORMVERSUCHE DER „APOSTOLISCHEN" IN DER ANGLIKANISCHEN
KIRCHE: DIE OXFORD-BEWEGUNG (1833 - 1843)

Die Feier der Gottesdienste erneuern

Zusammen mit Richard Hurrell Froude hatte Newman einst beim späteren Bischof Charles Lloyd Vorlesungen über die historische Herkunft des anglikanischen „Book of Common Prayer" (Buch des Gemeinsamen Gebetes) aus römisch-katholischen Formularen des Mittelalters gehört.[273] Eine dieser Grundlagen war das Römische Brevier. Newman hatte bei dessen Tod das Exemplar seines Freundes Richard Hurrell Froude vom Bücherregal mitgenommen. Nun wurde es über das Vermächtnis der Freundschaft hinaus zum Beginn neuer Gebetspraxis in der anglikanischen Kirche: „Ich nahm es also, studierte es, schrieb meinen Tract darüber und habe es bis zu diesem Tag auf dem Tisch zum beständigen Gebrauch," schreibt er fast drei Jahrzehnte später in der „Apologia". Gemeint ist Tract 75, der noch im Todesjahr Froudes im Juni 1836 erschien: „Über das Römische Brevier als Verkörperung der Substanz der Gottesdienste der katholischen Kirche".[274] „In den (Gottes-) Diensten ist soviel Hervorragendes und Schönes, daß es zweifellos ein Vorurteil zu ihren Gunsten hervorrufen würde, wenn es von römischen Kontroverstheologen

---

[273] The Book of Common Prayer ist das offizielle Buch für gottesdienstliche Riten der Anglikanischen Kirche. Es enthält Morgen- und Abendgebete, Sakramentenspendung, das Psalterium und andere öffentliche und private Gebetsvorlagen. Es wurde auf Wunsch von Erzbischof Thomas Cranmer u. a. (zwischen 1548 und 1552) aus den lateinischen Liturgischen Riten des Mittelalters entwickelt. Es erhielt 1559 unter Elisabeth I. seine erste feste Gestalt und wurde von 1662 an fast unverändert bis ins 20. Jh. überliefert.

[274] Tract Nr. 75: „On the Roman Breviary as Embodying the Substance of the Devotional Services of the Church Catholic" (207 Seiten, wovon 181 Seiten Vorlagen mit liturgischen Formularen enthalten). Vgl. Donald A. Withey, John Henry Newman: The Liturgy and the Breviary. Their Influence on his Life as an Anglican, London 1992. Im Jahre 1838 gab Newman zwei Bände mit Hymnen aus dem Brevier in lateinischer Sprache heraus, von denen er zum 1. Bd.: Hymni Ecclesiae e Breviariis Romano, Sarisburiensi, Eboracensi et aliunde, Oxford 1838, auch ein lateinisches Vorwort schrieb. Darin heißt es in Bezug auf die Gebete der Reformatoren, sie seien nicht an der Tradition christlichen Betens orientiert gewesen, sondern an ihrer eigenen Begeisterung. „Von dort stammt unsere Ordnung des Gottesdienstes und von diesen Quellen muß die Gestalt unseres Lehrens und müssen die Prinzipien unseres gottesdienstlichen Betens hergeleitet werden." Die ganze Liturgie wurde von damals an in der Landessprache gehalten, was nach Newman erklärt, daß keine Hymnen übernommen wurden; denn wo wären, so fragt Newman, „zur selben Zeit blühende Dichter gewesen, die mit gleicher Befähigung in ihrer Suche die Worte nach der Wahrheitsnorm wie in Versform wiedergeben können?" Diesen Mangel solle die vorliegende Anthologie beheben, die allerdings Hymnen von ungleicher Qualität, „dem Urteil des Lesers unterbreite". Im selben Jahr erschienen ein 2. Band: „Hymni Ecclesiae e Breviario Parisiensi, Oxford 1838, mit einem englischen Vorwort Newmans (2. Aufl. London 1865).

Reformversuche der „Apostolischen" in der Anglikanischen Kirche: Die Oxford-Bewegung (1833 - 1843)

als das in ihrer Gemeinschaft erhaltene Andachtsbuch geschickt dem Protestanten präsentiert würde, der von den Umständen der Sache nicht wüßte und nur auf normale Weise redlich und unvoreingenommen wäre", so beginnt Newman seinen Tract. Er sieht im Wiederaufgreifen der Gebetsschätze des Breviers eine „Wieder-Aneignung", die lediglich durch Unaufmerksamkeit der anglikanischen Kirche in ihrer gemeinsamen Herkunft aus der Kirche des Mittelalters und der Frühzeit verlorengegangen sei. In dem über 200 Seiten starken Traktat plädiert Newman dafür, das Stundengebet der Kirche, gereinigt von römischen Zusätzen, - gemeint ist vor allem der Heiligenzyklus - als gemeinsames Erbe der Christenheit in der anglikanischen Kirche zu übernehmen. Um die Praxis der Gemeinde direkt in die Wege zu leiten, gibt er der nur 16seitigen Einführung und Begründung einen umfangreichen Anhang von gottesdienstlichen Formularen über Matutin und Komplet, Laudes, Prim, Terz, Sext, Non und Vesper hinzu, und dies für die verschiedenen Gottesdienstzeiten des Kirchenjahres.

Die Ausweitung und Ausgestaltung der gottesdienstlichen Angebote war Newman schon an seiner ersten Pfarrstelle in St. Clement's ein Anliegen gewesen, weshalb er schon dort einen zweiten Predigtgottesdienst an Sonntagnachmittagen eingeführt hatte. Am 2. November 1834 hielt Newman in St. Mary's eine für die Gottesdienstgeschichte der anglikanischen Kirche bedeutsame Predigt: „Der tägliche Gottesdienst".[275] Wieder sind es die ersten Christen, die Newmans Vorstellung von Gestalt und Frequenz des gottesdienstlichen Lebens inspirieren. Er zählt die Vielzahl der im Altertum üblichen Gottesdienste auf und zieht daraus Konsequenzen für eine Änderung der Praxis in seiner eigenen Gemeinde. Er werde in Zukunft nicht nur an Sonntagen Gottesdienste halten, sondern mit der Orientierung an der frühen Christenheit, ja am Zeugnis der Heiligen Schrift, täglich zum liturgischen Beten einladen.

> „Versucht nur dessen inne zu werden, daß beständiges Bitt- und Lobgebet ein Gnadenvorrecht ist! Lernt nur mit allem Ernst empfinden, was die Masse der Christen trotz alledem auf irgendeine Weise nicht anerkennt, daß 'es gut ist, hier zu sein' (Mt 17, 4)! Lernt empfinden, was die ersten Christen empfanden, als

---

[275] DP III, 331- 349.

Reformversuche der „Apostolischen" in der Anglikanischen Kirche: Die Oxford-Bewegung (1833 - 1843)

die Verfolgung sie an der Zusammenkunft hinderte; oder was der heilige David empfand, als er ausrief: 'Meine Seele dürstet nach Gott, nach dem lebendigen Gott; wann werde ich hinkommen und erscheinen vor Gottes Angesicht?' (Ps 41, 2) Lernt das empfinden, und ich mache mir keine Sorgen um euer Kommen. Ihr werdet kommen, wenn ihr könnt. - Mit diesen Gedanken in meinem Innern entschloß ich mich, persönlich den täglichen Gottesdienst hier abzuhalten, damit alle, die kommen möchten, Gelegenheit hätten, vor Ihm zu erscheinen. Ich entschloß mich, ihn abzuhalten, ohne auf Teilnehmer zu warten, ganz unabhängig von allem, so wie unsere Kirche es vorschreibt; das Beispiel zu geben und euch die Notwendigkeit zu ersparen, aufeinander zu warten; und wenigstens für mich selbst nach dem Beipsiel der ersten Christen und des heiligen Petrus auf dem Dach des Hauses, den Segen zu erlangen, wenn nicht den Segen des gemeinschaftlichen Betens, so doch wenigstens des privaten Gebetes, wie es sich für das christliche Priestertum gehört. ... - Wenn ich daher den täglichen Gottesdienst einführe und fortsetze, so will ich den Erfolg, der dabei erzielt wird, nicht an Äußerlichkeiten messen und tue es auch nicht. Wollten wir warten, bis die ganze Welt zum Gottesdienst kommt,. dann müßten wir warten, bis die Welt neu erschaffen wird. Ist dem aber so, wer wird unter diesen Umständen die Grenzen ziehen und sagen, wie viele hinreichend sind für das gemeinschaftliche Gebet, da Christus uns gesagt hat, daß seine Herde klein ist und daß dort, wo zwei oder drei in seinem Namen versammelt sind, er mitten unter ihnen ist? (Mt. 18, 20)."[276] -

Im folgenden Jahr, am 8. Februar 1835, hielt Newman eine Predigt über „Gottesdienst als Heilmittel gegen seelische Aufgeregtheit". Schon in apostolischen Zeiten habe das gottesdienstliche Leben äußere Erregungen und innere Aufgeregtheit der Menschen befriedet, wie der heilige Paulus in seinen Mahnungen an die Gemeinde von Korinth zeige.[277] Newman konkretisiert, als würde er Erfahrungsdaten seines eigenen oder des Lebens

---

[276] Ebd., 342 - 346.
[277] Vgl. DP III, 369 - 384; 380.

seiner Brüder und gewiß die Lebensläufe mancher Christen in der Spannung zwischen Kirche und Sekten aufgreifen.

„Es kommt oft vor, daß in einer Familie, deren Glieder gemeinsam erzogen sind, eines plötzlich eine sogenannte religiöse Bekehrung durchmacht. Ein solcher Mensch wünscht sich, religiöser zu sein als die übrigen, er wünscht, etwas mehr zu tun als das gewohnliche, weiß aber nicht genau, was. Im allgemeinen werdet ihr sehen, daß er sich einer Sekte anschließt, hauptsächlich, um sich selbst den Beweis größerer Strenge zu erbringen. Seine Seele ist in Erregung; er scheint mit dem heiligen Paulus zu sagen: 'Herr, was willst du, das ich tun soll?' (Apg 9, 6). ... Hier nun liegt der Nutzen der kirchlichen Gottesdienste, wenn wir sie nur auszuwerten verstünden. Sie besänftigen und leiten den aufgeregten Geist." Doch um dies tun zu können, muß die Gemeinde vor Ort auch tatsächlich solche Gottesdienstangebote haben und verwirklichen. Darum drängt Newman: „Solange wir nicht genau nach unseren anerkannten Grundsätzen handeln, solange wir nicht häufiger Lob- und Bittgottesdienste abhalten, solange wir uns nicht mehr in wahrhaft katholischem Geist mühen, Gott zu ehren und den Menschen Wohltaten zu erweisen, solange wir nicht die edleren und schöneren Formen der christlichen Frömmigkeit entfalten, die den frömmeren Christen Bewunderung einflößen und Autorität abnötigen, solange haben wir gewissermaßen noch nichts getan."[278]

Das war im Februar 1835, im Mai predigte er über die Kindertaufe, im November über deren sakramentale Kraft der Wiedergeburt im Täufling, 1837 folgten Predigten über das Sakrament der Eucharistie in der Kommunion. Im April 1838 ging es dem Prediger in seiner Gemeinde um „Das Halten von Fasten und Festen" und im Dezember desselben Jahres um den „Gottesdienst als eine Vorbereitung für das Kommen Christi".[279]

---

[278] Ebd., 381f.
[279] Vgl. Infant Baptism vom 24.05.1835: DP III; Regenerating Baptism vom 15.11.1835: ebd.; Keeping Fast and Festival vom 15.04.1838, in: DP IV; Worship, a Preparation for Christ's Coming vom 02.12.1838, in: DP V, 1ff. - Vgl. zum ganzen die neuerdings erstmals herausgegebenen Predigten Newmans, Manuskripte, die er selber nicht publizierte: J. H. Newman, Sermons 1824 - 1843, vol. I: Sermons on the Liturgy and Sacraments and on Christ the Mediator, ed. Placid Murray, Oxford 1991. Darin

Reformversuche der „Apostolischen" in der Anglikanischen Kirche: Die Oxford-Bewegung (1833 - 1843)

1838 war auch das Jahr, in dem Newman zum ersten Mal eine Beichte hörte und die Absolution spendete. In seinen als „persönlich und streng privat" überschriebenen Aufzeichnungen notiert er unter dem 18 März: „Am Mittwochabend, dem 15. März, als ich in meinem Zimmer saß, kam ein junger Mann herein und sagte im Verlauf der Unterhaltung immer deutlicher, er möchte vor dem Empfang des Sakraments der Heiligen Eucharistie am nächsten Sonntag (heute) bei mir beichten.... Ich sagte, ich empfände es peinlich, sowohl wegen der Verantwortung als auch wegen der beklemmenden Neuheit, sie zu hören; doch ich wolle es mir überlegen. ... Dann sagte ich ihm, ich empfände, daß die Beichte nicht von der Absolution getrennt werden könne. ... Und während ich dachte, es wäre gut für viele von uns, wenn wir wenigstens zu gewissen Zeiten unseres Lebens die Übung des Sündenbekenntnisses in Gebrauch hätten, sagte ich zudem, daß ich hinsichtlich der .. Absolution zu dem Entschluß gekommen sei, sie bedeute die Beseitigung der durch die Sünde geschaffenen Unfähigkeiten und Schranken, die uns daran hindern, aus den Sakramenten der Kirche Nutzen zu ziehen..." Newman verabredete einen Zeitpunkt in der Kirche von St. Mary's. Dort war er mit seinem Chorrock bekleidet und saß in Richtung der Altarschranke. Als der Pönitent sich vor ihn hingekniet hatte, erhob er sich und sprach ein Eingangsgebet. „Dann setzte ich mich nieder und sprach dabei: 'Was Sie nun sagen sollen, ist nicht zu mir gesprochen sondern zu Gott', und er begann seine Beichte. - Als sie zu Ende war, ... versuchte ich ihm einige Winke als Wegweisung und Trost zu geben. ... Dann stand ich auf, hielt meine Hände über sein Haupt und sprach die Absolution nach dem Ritus des Krankenbesuches. Als er dann sein Gebet verrichtet hatte, nahm ich ihn bei der Hand, richtete ihn auf und entließ ihn."[280]

Newmans Predigt und Liturgie, an der Heiligen Schrift und an der Tradition der Kirche des Altertums orientiert, führten in seiner Ortsgemeinde zu Oxford zur Wiedererweckung der katholischen Elemente innerhalb der Anglikanischen Kirche. Die Vision von der ursprünglichen

---

besonders die Predigt Nr. 449 (= nach der von Newman selbst in seinem Leben durchgeführten Gesamtnumerierung der Predigten) vom Nachmittagsgottesdienst am 19. März 1837 in St. Marien, worin er seine Absicht mitteilt, in dieser Pfarrei wöchentlich das Abendmahl zu feiern und die Heilige Kommunion auszuteilen. (S. 154. Anm. 1).
[280] SB 276f.

REFORMVERSUCHE DER „APOSTOLISCHEN" IN DER ANGLIKANISCHEN KIRCHE: DIE OXFORD-BEWEGUNG (1833 - 1843)

Fülle katholischen Lebens, wie sie durch ihn und seine Freunde in den Traktaten über das ganze Land verbreitet und in der Praxis verwirklicht werden sollte, war der Maßstab seiner Liturgie und Pastoral in der Pfarrei von St. Mary's. Die dadurch eingeleitete Bewegung des Anglo-Katholizismus geht unter diesem Namen auf ihre Reforminitiative zurück. Sie „veränderten das äußere Gesicht und den inneren Geist des religiösen Lebens in England".[281] Aber es war keine Erfolgsgeschichte, der Newman seine ganze Arbeitsenergie und Glaubenshoffnung verschrieben hatte. Nicht nur, daß er und die Seinen mit starken Gegnern zu kämpfen hatten, es fehlte nicht selten auch an Gefolgschaft für ihre anfordernde Auffassung von christlicher Gebets- und Lebenspraxis. Im nachherein gesteht er, wie häufig er beim morgendlichen Stundengebet, das er im Chor von St. Marien eingeführt hatte, mit nur wenigen Leuten allein war, so daß es ihn Mühe kostete, die einmal begonnene Praxis auf Dauer konsequent durchzuhalten.

Von 1838 an war Newman auch der Herausgeber der kirchlichen Vierteljahreszeitschrift „The British Critic", die unter seiner Regie bei aller Offenheit gegenüber Autoren verschiedener Richtungen doch in erster Linie das Sprachrohr der Oxford-Bewegung war. Newman war 1838/39 auf der Höhe seines Einflusses in der Anglikanischen Kirche. In einem Artikel, den er in der Frühjahrsnummer der British Critic 1839 über den „Stand der religiösen Parteien" veröffentlichte, gibt er eine Einschätzung über die Bedeutsamkeit der Via Media als der nun zum Leben gekommenen anglo-katholischen Bewegung. „Wenn ich eine vollständige Liste der in der kurzen Zeitspanne von fünf Jahren herausgegebenen Werke aufstellen müßte, so wäre man überrascht. Man würde sehen, welch eine Aufgabe es ist, das System (der Via Media) selbst in seinem gegenwärtigen, wahrscheinlich noch unvollkommenen Zustand ganz erfassen zu wollen. Die Autoren haben sich den Wahlspruch angeeignet: Ruhe und Vertrauen wird eure Kraft sein. Was das Vertrauen angeht, so haben sie die Annahme des Spruches gerechtfertigt; von Ruhe dagegen zeugt eine solche Reihe von Streitschriften nicht. ... Die Ausbreitung dieser Lehre macht jetzt in der Tat alle anderen Unterschiede (in der Anglikanischen Kirche, GB) gegenstandslos und scheidet die religiöse

---

[281] Owen Chadwick, The Spirit of the Oxford Movement, Cambridge 1990, 49. Vgl. meinen Artikel Oxford-Bewegung, in: LThK VII³, Freiburg u.a. 1998, 1239.

REFORMVERSUCHE DER „APOSTOLISCHEN" IN DER ANGLIKANISCHEN
KIRCHE: DIE OXFORD-BEWEGUNG (1833 - 1843)

Gemeinschaft in zwei Teile, die einander grundsätzlich und scharf gegenüberstehen. Bald wird kein Platz in der Mitte mehr übrig sein, und jedermann, vor allem jeder Kleriker, wird gezwungen sein, zwischen beiden Richtungen zu wählen. ... Es gibt wenige Städte von Bedeutung, wo sie nicht verbreitet worden sind ..."[282] - Über seine persönliche Verfassung zu dieser Zeit sagt Newman: „Im Frühling 1839 hatte meine Stellung in der Anglikanischen Kirche ihren Höhepunkt erreicht. Ich hatte das größte Vertrauen in die grundlegenden Prinzipien meiner Polemik und einen großen und immer wachsenden Erfolg, wenn ich andere dafür zu gewinnen suchte."[283] Ganz offenkundig war er auch mit dem zufrieden, was er bewirkt hatte, zumal er sich vorstellte, daß die begonnene Reform in der Zukunft weiter an Boden gewinnen würde, denn „Wachstum ist der einzige Beweis für Leben". - „So lebte ich jahrelang fort bis 1841. Menschlich betrachtet war es die glücklichste Zeit meines Lebens. Ich war wirklich daheim. In einem meiner Bücher habe ich die Worte Bramhalls auf mich selbst angewandt: 'Die Bienen lieben aus natürlichem Instinkt ihre Körbe und die Vögel ihre Nester'. Ich erwartete durchaus nicht, daß diese sonnigen Tage fortdauern würden, wußte aber auch nicht, welches Ende sie nehmen würden. Es war die Zeit der Fülle, die sieben Jahre währte, und ich suchte unterdessen soviel wie möglich für die nachfolgende Zeit der Dürre aufzuspeichern. Wir wuchsen und breiteten uns aus."[284]

Was brachte die Veränderung? Wieso konnte er in der Rückschau auf jenen Artikel in der British Critic sagen, er enthalte „die letzten Worte, die ich als Anglikaner zu Anglikanern gesprochen habe"?[285]

---

[282] A 120f.
[283] A 118.
[284] A 100. Zu Bramhall vgl. The Works of ... John Bramhall, Dublin 1677, 141.
[285] A 118.

REFORMVERSUCHE DER „APOSTOLISCHEN" IN DER ANGLIKANISCHEN
KIRCHE: DIE OXFORD-BEWEGUNG (1833 - 1843)

Vorzeichen der Krise

„Daß schon jahrelang so etwas wie eine angewöhnte, freilich verborgene Erkenntnis in mir geschlummert haben muß,... mein Geist habe seine endgültige Ruhestatt noch nicht gefunden und ich sei in dieser oder jener Hinsicht noch ein Wanderer"[286]

Die Fastenzeit 1839 verbrachte Newman in Littlemore und widmete der altchristlichen Übung besondere Aufmerksamkeit. An machen Tagen enthielt er sich bis fünf Uhr nachmittags jeder Speise und in der Karwoche steigerte er diese Übungen. Er wollte damit eine Praxis der frühen Kirche am eigenen Leib in Erfahrung bringen, um sich im Glaubensgehorsam gefügiger zu machen. „Selbstverleugnung zur zweiten Natur" des Christen werden zu lassen, war sein Ziel, das er in seinen Predigten immer wieder seinen Hörern aufzeigte. So werde der Mensch besser auf den Anruf Gottes aufmerksam, war seine Überzeugung, die er auch in eigener Erfahrung gewonnen hatte. Natürlich war er sich der theologischen Problematik solcher Übungen bewußt: daß sie nichts in sich selbst bedeuteten, sondern nur ein Mittel waren, sich für die Gnade Gottes empfänglicher zu machen.

„Wir können die Mittel benützen - Gott allein aber ist es, der sie segnet. Er allein verwandelt Steine in Brot und schlägt Wasser aus hartem Felsen. Er kann alle Dinge in Speise verwandeln, freilich nur er allein kann es tun", so beschließt Newman seine Predigt über „Apostolisches Fasten - ein Vorbild für Christen": „Bitten wir ihn, zu segnen, was wir um seinetwillen unternehmen, damit wir uns nicht nur abmühen, sondern auch unseren Lohn empfangen und Früchte sammeln zum Ewigen Leben. Diese Welt für die nächste aufzugeben, kostet nicht viel. Dennoch werden wir die nächste nur gewinnen, wenn wir diese im Herzen und im Handeln aufgeben. Streben wir nach jener beharrlichen Geisteshaltung, die auf Gott schaut und sich der Herrlichkeit freut, die offenbar werden wird."[287]

Im Mai erschloß Newman seiner Zuhörerschaft das Panorama der Heilsgeschichte. Er machte der Gemeinde bewußt, daß sie im Verlauf der

---

[286] A 146.
[287] Predigt vom 21. März 1841, in: DP VI, 34 - 47, hier 46f.

Reformversuche der „Apostolischen" in der Anglikanischen Kirche: Die Oxford-Bewegung (1833 - 1843)

hinter ihr liegenden Feste des Kirchenjahres die Heilsereignisse aus Gottes Geschichte im Älteren und Neuen Bund gefeiert hatte.

„Zuerst feiern wir das Nahen Christi in den Adventswochen, dann nach der wunderbaren Empfängnis seine Geburt aus der Gebenedeiten Maria an Weihnachten; dann seine Beschneidung, seine Offenbarung vor den Weisen, seine Taufe, den Anfang seiner Wunder und seine Darstellung im Tempel. In der Fastenzeit (feiern wir) sein Fasten und seine Versuchung in der Wüste, seine Todesangst im Garten, den Verrat an ihm, seine Verspottung und Geißelung, sein Kreuz und Leiden, sein Begräbnis, seine Auferstehung, danach seinen vierzigtägigen Umgang mit den Jüngern, dann seine Himmelfahrt, endlich die Herabkunft des Heiligen Geistes, damit dieser statt seiner bei der Kirche bis zum Ende bleibe - bis zum Ende der Welt; denn solange soll der allmächtige Tröster bei uns bleiben. Und nachdem wir so während der vergangenen Woche das Gedächtnis des gnadenvollen Amtes des Geistes begangen hatten", sagt der Prediger am Dreifaltigkeitssonntag 1839, „gelangten wir in unserer Reihe der Festfeiern zum Ende aller Dinge. Und was bleibt nun übrig, als daß wir dessen gedenken, was nach dem Ende sein wird: der Wiederkehr des Ewigen Reiches, des unendlichen Friedens und der glückseligen Vollkommenheit des Vaters, des Sohnes und des Heiligen Geistes." Menschliche Existenz ist auf diese eschatologische, d. h. endzeitliche Dynamik hin entworfen von Gott. „Alle Werke der göttlichen Vorsehung, alles Walten Gottes, alle seine Gerichte, Gnadenerweise, Warnungen, Befreiungen streben hin auf den Frieden und die Ruhe als ihr letztes Ziel. Alle unsere Bedrängnisse und Freuden in dieser Welt, all unsere Sorgen, Befürchtungen, Zweifel, Schwierigkeiten, Hoffnungen, Ermutigungen, Züchtigungen, Verluste, Gewinne zielen auf diesen einen Weg. ... -

Nach dem Fieber dieses Lebens, nach Ermüdung und Krankheit, nach Kampf und Mutlosigkeit, Schwäche und Verdruß, Ringen und Versagen, Ringen und Gelingen, nach all dem Wechsel und Hoffen dieses mühseligen, unheilbringenden Zustandes kommt endlich der Tod, endlich der weiße Thron Gottes, endlich die

REFORMVERSUCHE DER „APOSTOLISCHEN" IN DER ANGLIKANISCHEN
KIRCHE: DIE OXFORD-BEWEGUNG (1833 - 1843)

selige Anschauung. Nach der Ruhelosigkeit kommen Ruhe, Frieden, Freude; - unser ewiger Anteil, wenn wir seiner würdig sind; - der Anblick der gebenedeiten Drei, des Einen Heiligen; der Drei, die Zeugnis geben im Himmel, im unzugänglichen Licht, in der Herrlichkeit ohne Flecken und Makel, in der Kraft ohne 'Veränderung oder Schatten von Veränderlichkeit', (Jak 1, 17)."[288]

Verunsicherungen

Im Sommer des Jahres 1839 nahm Newman während der Ferienzeit das Studium der Väterkirche wieder auf, die Lektüre der griechischen Texte des 5. Jahrhunderts. Es war im Zusammenhang mit der von Edward B. Pusey angeregten und zusammen mit ihm von Newman herausgegebenen „Bibiothek der Kirchenväter",[289] daß er sich in die Geschichte des Monophysitismus vertiefte, einer Irrlehre, die behauptete, in Jesus sei nur eine Natur, die man weder als menschliche noch als göttliche bezeichnen könne. Dabei gab es gemäßigte Vertreter, die glaubten, daß in Jesus von Nazaret seine Gottheit und seine Menschheit zu einer einzigen neuen Natur verschmolzen seien, sowie Seele und Leib einen einzigen Menschen ausmachen. Es gab anderseits radikale Vertreter, wie Eutyches (378 - ca

---

[288] „Friede im Glauben", Predigt vom 26. Mai 1839, in: DP VI, 390 - 400; hier 395f. u. 397f.

[289] Library of the Fathers of the Holy Catholic Church Anterior to the Division of the East and West..., 48 Bde., 1838 - 1885. In der Biographie H. P. Liddon, Life of Edward Bouverie Pusey, vol. I, London 1893, 434, lesen wir: „daß die Bibliothek der Väter keinen geringen Einfluß auf die Oxford-Bewegung ausübte, ist der Welt insgesamt wahrscheinlich weniger bekannt als jenen, die, in welcher Weise auch immer, hinter der Szene waren. Sie hatte sowohl einen ermutigenden wie stabilisierenden Einfluß: Sie ließ besonnene Anhänger der Bewegung spüren, daß die Kirchenväter hinter ihnen standen und mit den Kirchenvätern jene alte ungeteilte Kirche, die die Väter repräsentierten." Wenig bekannt ist in diesem Zusammenhang auch, daß Newman zusammen mit E.B. Pusey eine Übersetzung der Catena Aurea von Thomas von Aquin befürwortete, die er 1841 mit eigenem Vorwort in vier Bänden herausgab. In einem Brief vom Januar 1839 schrieb er dazu: „Nichts wird in unserer Kirche mehr gebraucht als ein Standard-Kommentar zur Schrift ... eine Catena (Kommentarkette) von ... Die Aurea Catena vom Aquinaten scheint zu diesem Zweck bestens geeignet" (LD VII, 11). Vgl. dazu die Neuausgabe der Übersetzung der Traktarianer durch Aidan Nichols OP, Catena Aurea, Commentary on the Four Gospels collected out of the works of the Fathers by S. Thomas of Aquinas, 4 vols., (Austin Press), Southampton 1997.

REFORMVERSUCHE DER „APOSTOLISCHEN" IN DER ANGLIKANISCHEN
KIRCHE: DIE OXFORD-BEWEGUNG (1833 - 1843)

451), die glaubten, Jesus Christus sei nur Gott und nicht auch Mensch gewesen, so daß seine eine Natur die göttliche war. Im Jahre 451 wurde zur Abklärung dieser grundlegenden Glaubensfrage der frühen Christenheit eigens ein Konzil nach Chalkedon einberufen, das vierte und letzte in der Reihe der christologischen Konzilien seit 325. Es war vor allem das Verdienst des Papstes Leo I. des Großen (440 - 461), der durch seine eindeutige Stellungnahme und Autorität die orthodoxe Lehre betonte und eindeutig den Gauben einforderte, daß die wahre Menschheit und die wahre Gottheit in der Person Jesu Christi „unvermischt und ungetrennt" vereint seien.[290] Die historischen Sachverhalte dieser Auseinandersetzung studierte Newman nach den griechischen Originalquellen. Dabei machte er eine seltsame Entdeckung, die ihn in der historischen Szene der Kirche des Altertums in jenem Streit in Kleinasien die gegenwärtige Situation der Anglikanischen Kirche erblicken ließ. „Ich war ganz vertieft in die Lehrfrage. Das dauerte etwa vom 13. Juni bis zum 30. August (1839). Während dieses Studiums kam mir zum ersten Mal ein Zweifel an der Möglichkeit, am Anglikanismus festzuhalten. Ich erinnere mich, daß ich am 30. Juli einem Freund gegenüber, dem ich zufällig begegnet war, die Äußerung tat, wie merkwürdig die Geschichte sei. Ende August kam ich ernstlich in Unruhe. ... Mein Bollwerk war das Altertum. Nun fand ich anscheinend hier, in der Mitte des 5. Jahrhunderts, das Christentum des 16. und 19. Jahrhunderts gespiegelt. Ich sah mein Gesicht in diesem Spiegel, und ich war Monophysit. Die Kirche der Via Media nahm dieselbe Stellung ein wie die orientalische Gemeinschaft (der Gemäßigten in der Mitte, GB). Rom war dasselbe damals, was es jetzt ist. Die Protestanten waren die Eutychianer. Seit die Welt besteht, ist zwar schon viel Merkwürdiges passiert, aber wem wäre je der Gedanke gekommen, sich durch Worte und Handlungen des alten Eutyches ... nach Rom führen zu lassen? ... Es war schwer einzusehen, warum die Eutychianer oder Monophysiten Häretiker sein sollten, wenn die Protestanten und die

---

[290] In der Definition des Glaubensbekenntnisses vom 22. Okt. 451 heißt es: „In der Nachfolge der Heiligen Väter lehren wir also alle übereinstimmen, daß wir unseren Herrn Jesus Christus als ein und denselben Sohn bekennen ... Derselbe ist der Gottheit nach dem Vater wesensgleich und der Menschheit nach uns wesensgleich ...; der einzig geborene Sohn und Herr, der in zwei Naturen unvermischt, unveränderlich, ungetrennt und unteilbar erkannt wird, wobei ... die Eigentümlichkeit jeder der beiden Naturen gewahrt bleibt und sich in einer Person und einer Hypostase vereinigt." Vgl. Kompendium der Glaubensbekenntnisse ..., hrg. v. H. Denzinger - P. Hünermann, Freiburg u. a. , 37. Aufl. 1991, Nr. 301f.

REFORMVERSUCHE DER „APOSTOLISCHEN" IN DER ANGLIKANISCHEN
KIRCHE: DIE OXFORD-BEWEGUNG (1833 - 1843)

Anglikaner keine waren; es war schwierig, gegen die Tridentinischen Väter Beweise zu erbringen, die nicht auch gegen die Väter von Chalkedon zeugten, und die Päpste des 16. Jahrhunderts zu verdammen, ohne auch die des 5. Jahrhunderts zu verurteilen. Das Drama der Religion und der Kampf zwischen Wahrheit und Irrtum war immer und überall derselbe. Die Grundsätze und die Handlungsweise der Kirche (heute) waren die gleichen wie damals. ... Fast mit Schrecken sah ich das. ..."[291]

Noch stand Newman unter diesem Eindruck, als er Besuch erhielt von einem Freund, der auf der Durchreise in Oxford war und ihn auf einen Artikel von Nicholas Wiseman (1802 - 1865) hinwies. Newman hatte Wiseman, wie wir sahen, bei seiner Mittelmeerreise in Rom als Rektor des Collegio Inglese für englische Priesterkandidaten kennengelernt. Er war inzwischen als römisch-katholischer Bischof in die englischen Midlands zurückgekehrt mit Sitz im Oscott College bei Birmingham. In der von ihm neu gegründeten theologischen Vierteljahreszeitschrift „Dublin Review"[292] beschrieb Wiseman u. a. die Geschichte der Donatisten, Vertreter einer Irrlehre im Afrika des Augustinus (354 - 430). Bei jenen historischen Auseinandersetzungen hatte Augustinus gegen die Donatisten die Frage aufgegriffen, wo die Fülle der katholischen Wahrheit zu finden sei. Es ging dabei um die zuverlässige Überlieferung der wahren Offenbarung Jesu Christi. Seine Antwort lautete: Nicht bei einer Teilgruppe von Christen, die sich vom Gesamt der katholischen, und das heißt der allumfassenden, Kirche getrennt hatten. Vielmehr: „Zuverlässig urteilt der Erdkreis (d.h. die ganze Christenheit, GB), daß die, die sich von ihm ... trennen, nicht gut seien."[293] Nun hielt Newman nach seinen eigenen sorgfältigen Studien Augustinus für „eine der vorzüglichsten Stimmen der Alten Kirche".[294] Deshalb traf ihn dieses Argument besonders stark. Er hatte an die Alte Kirche als Quelle der unverfälschten Lehre Jesu Christi appelliert, weil sie sich der Verheißung des Heiligen Geistes und damit der Wahrheit

---

[291] A, 141f.
[292] Die Dublin Review, eine theologische Zeitschrift, die 1836 von dem Iren M. J. Quinn und dem Engländer N. Wiseman gegründet wurde, zeitweilig „Wiseman Review" hieß und seit 1970 mit der Zeitschrift „The Month" zusammengelegt worden ist, erscheint heute wieder unter ihrem ursprünglichen Namen.
[293] „Securus iudicat orbis terrarum bonos non esse qui se dividunt ab orbe terrarum". Vgl. A, 143: Augustinus, Contra epistulam Parmeniani III, 4, 24, in: CSEL. vol. LI, 129ff.
[294] A, 143.

REFORMVERSUCHE DER „APOSTOLISCHEN" IN DER ANGLIKANISCHEN KIRCHE: DIE OXFORD-BEWEGUNG (1833 - 1843)

ungebrochen erfreuen durfte. Genau diese Kirche aber sagte ihm nun im Streitfall getrennter Gruppierungen durch Augustinus: „Das wohlüberlegte Urteil, in dem die ganze Kirche schließlich übereinstimmt und zur Ruhe kommt, stellt ein unfehlbares Gebot und einen endgültigen Schiedsspruch gegen solche Teile (der Kirche, GB) dar, die sich auflehnen und abfallen.[295] „Ich muß bekennen, daß es mir Magenschmerzen verursacht hat", gibt er im September des Jahres einem Freund gegenüber zu erkennen. „Du verstehst, die ganze Geschichte der Monophysiten war schon eine Art Umstellung. Und jetzt kam am Ende noch diese Portion auf mich. Es überkommt einem als ganz gewiß, daß wir noch nicht auf dem Grund der Dinge angelangt sind. Im Augenblick haben wir ein Leck bekommen ... Es hat sich ein ungemütlicher Ausblick aufgetan, der vorher verschlossen war."[296] - Soviel stand jedenfalls fest: „Diese großen Worte des alten Kirchenvaters lösten die Theorie der Via Media vollständig in Staub auf."[297]

Vielleicht hatte Newman das Gefühl, daß er Tapetenwechsel benötigte, als er sich nach dieser Erfahrung und einem Jahr ununterbrochener Arbeit in Oxford für einige Tage davonmachte, um Freunde zu besuchen. Doch gerade das sollte für ihn die Lage weiter zuspitzen.

Einer seiner jüngeren Freunde aus der Traktarianer-Bewegung, John B. Morris (1812 - 1880), Puseys Assistent von Exeter College, übernahm freundlicherweise während seiner Abwesenheit den Predigtdienst in St. Mary's. Er schaffte es, durch seine extremen Ansichten über Fasten und Engel die Oxforder Gemeinde in Aufruhr zu versetzen. Daß er zudem von der Kanzel der Oxforder Hauptkirche römisch-katholische Lehren über die Heilige Messe vortrug, führte zum Einschreiten des Vizekanzlers der Universität. Selbst der Bischof von Oxford meldete sich zu Wort. Newman mußte nach seiner Rückkehr die Wogen glätten. Verärgert schrieb er: „Soll er doch ein Pferd haben, das fastet, wenn er das nächste Mal ein Hindernisrennen macht."[298] Die öffentlichen Angriffe richteten sich natürlich gegen Newman. In einem Brief an seine Schwester Jemima

---

[295] A, 144.
[296] AM II, 286.
[297] A, 144.
[298] AM II, 291.

Reformversuche der „Apostolischen" in der Anglikanischen Kirche: Die Oxford-Bewegung (1833 - 1843)

überlegt er, ob er nicht folgerichtig das Pfarramt aufgeben solle. Ja, er dachte sogar noch weiter: Einerseits „sind wir um einer Sache willen vorangekommen und wir dürfen die Angelegenheit Ihm überlassen, der alle Dinge gut leitet". Anderseits „könnte ich mir vorstellen, daß es soweit kommt, mich sogar zum Aufgeben meiner Fellowstelle zu veranlassen".[299]

Doch zunächst konzentrierte sich Newman auf das eine: die neuen Einsichten zu überprüfen, die er im Verlauf der letzten Monate gewonnen hatte. Zeigten sie die Richtung des wahren Weges zur Kirche Jesu Christi? „Die Zeit allein kann diese Frage beantworten", sagt er. „Ich dachte an Samuel, der zuerst die Stimme des Herrn nicht erkannte; darum ging ich hin und legte mich wieder schlafen."[300] Wenn es ernst gewesen war, würde sich die Stimme wieder melden.

In der folgenden Zeit setzte sich Newman scharf mit Wiseman und anderen Katholiken auseinander, die durch ihre Konversionsempfehlungen an die Trakterianer deren Position im anglikanischen Lager natürlich erschwerten. Newmans eigene Verunsicherung über die Position der Anglikanischen Kirche in der Via Media schlug sich nun in einem harscheren Ton gegen Rom nieder. Auf diese Weise versuchte er, der öffentlich geäußerten Meinung, die Traktarianer seien auf dem Weg, sich früher oder später der Kirche von Rom anzuschließen, nach beiden Seiten entgegenzutreten. Symptomatisch ist sein Artikel „Über die Katholizität der englischen Kirche", den er im Januar 1840 in der „British Critic" veröffentlichte:

> „Wir sehen, wie Rom versucht, Konvertiten unter uns zu gewinnen: durch unwahrhafte Darstellung seiner Lehren, durch gefällige Behauptungen, durch kühne Zusicherungen, durch Berufung auf die Schwächen der menschlichen Natur... Wir sehen seine Agenten lächeln und sich bücken und mit dem Kopf nicken, wie es die Zigeuner mit Knaben machen, die Schule schwänzen. Wir sehen, wie sie Kindermärchen und hübsche Bilder feilbieten, vergoldete Pfefferkuchen, Medikamente versteckt in Konfitüre und verzuckerte Pflaumen für brave Kinder. Wer kann etwas

---

[299] 17. Nov. 1839: AM II, 293.
[300] A, 147.

Reformversuche der „Apostolischen" in der Anglikanischen Kirche: Die Oxford-Bewegung (1833 - 1843)

anderes als Scham empfinden, wenn er die Religion eines (Cisneros) Ximenes, eines Karl Borromaeus, eines (Blaise) Pascal so mißbraucht sieht? ... Wir Engländer lieben Männlichkeit, Offenheit, Beständigkeit und Treue. Rom wird bei uns niemals Fuß fassen, wenn es diese Tugenden nicht lernt und anwendet ..."[301]

Seine Schwester Jemima, die ältere und ruhigere der beiden Schwestern Newmans, verfolgte gleichwohl seinen Weg mit sympathischem Interesse, stand jedoch seinen katholisierenden Tendenzen kritisch gegenüber. Nun nahm sie den Anlaß wahr und spendete ihm Beifall. „Ich freue mich, daß Du meinen Artikel magst", war Newmans Reaktion.[302]

Zwei Monate später, im März 1840, zog sich Newman von Oxford in seine Filiale *Littlemore* zurück, um sich dort, wie schon im Jahre zuvor, durch strenges Einhalten der *Fastenzeit* auf das Osterfest vorzubereiten. Er aß weder Fisch noch Fleisch, kein Gemüse und kein Gebäck, nahm weder Tee noch Bier oder Wein zu sich. Zum Frühstück gab es Brot mit Ei und heiße Milch, zum Mittagessen Brot, Käse und Speck mit Wasser, am Abend Brot und Ei mit Gerstensaft. Mittwochs und freitags, den traditionellen Quatember-Wochentagen, aß er nicht vor 18.00 Uhr; so hielt er es auch während der ganzen Karwoche.[303] - Trotz dieser kargen und einseitigen Kost fühlte er sich sehr wohl. Er hielt regelmäßig Gebetszeiten entsprechend dem Stundengebet (des Breviers). Er ging zudem zur Schule, die er selbst in Littlemore erbaut hatte und deren Gebäude bis heute, - bis vor kurzem noch als Schule, - in Gebrauch ist. Seine Unterrichtsgegenstände waren Religion und Kultur. Er lehrte nicht nur Kenntnisse über Katechismus und liturgische Gesänge - dazu hatte ihm Jemima eine alte Geige besorgt; - er kämpfte auch, wie er sagt, „gegen ungekämmtes Haar, schmutzige Gesichter und Hände".[304] Auch an Sonntagen nahm Newman die Gelegenheit wahr, die Kinder und Jugendlichen in die Glaubenslehre einzuführen. Ein Augenzeuge berichtet über die Sonntagsschule: „Newmans Katechesetätigkeit war die große

---

[301] Catholicity of the Anglican Church, in: ECH II, 1 - 73; 71f.
[302] AM II, 298.
[303] SB, 280f.
[304] AM II, 301.

Attraktion in dieser Fastenzeit. Die Leute gingen jeden Sonntag von Oxford hinaus, um es zu hören. Ich hörte ihn letzten Sonntag und fand es sehr treffend, mit solchem Esprit getan, und die Kinder waren so aufgeweckt und antworteten mit der größten Lebendigkeit."[305] - Hatte Newman schon seit Ende der 20iger Jahre von Oxford aus in Littlemore Gottesdienste gehalten und Glaubensunterweisung gegeben, so spielte er jetzt mit dem Gedanken, sich ganz dort anzusiedeln und „in absehbarer Zeit ein klösterliches Gebäude zu errichten und gegebenenfalls auch seine Fellowstelle aufzugeben".[306] Obwohl Keble ihm davon abriet, seine Pfarrei in Oxford aufzugeben, weil er sonst die Gerüchte über seine Tendenz zur Kirche von Rom nur noch bekräftigen würde, kaufte Newman schließlich eine einfache Blockhausanlage aus ehemaligen Stallungen, zu denen eine Scheune gehörte. Er ließ die Räume in Einzelzimmer umbauen, den größten zu einer Bibliothek.

Religionsersatz in der Bildungspolitik

In seiner Eröffnungsrede einer öffentlichen Bibliothek und eines Lesesaals in Tamworth hatte der Premierminister Robert Peel (1841 - 46) darauf verwiesen, daß das Wissen aus den wunderbaren Entdeckungen der Wissenschaft ein neues Band der Harmonie und Einheit für die Gesellschaft sein könne, nachdem das bisherige Band, die Religion, nicht zuletzt durch das dauernde Gezänk der Theologen, kraftlos und unnütz geworden sei. Theologische Literatur solle deshalb auch nicht in die öffentlichen Büchereien aufgenommen werden. Newman decouvrierte in einer (anonymen) Briefserie an die Times das utilitaristische Denkmodell von Jeremy Bentham (1748 - 1832) und Henry Peter Brougham (1778 - 1868), dessen sich Robert Peel bediente, um die darin postulierte

---

[305] AM II, 302. - Vgl. G. Biemer, Newman's Catechesis in a Pluralistic Age, in: Gerard Magill, ed., Personality and Belief. Interdisciplinary Essays on J. H. Newman, Lanham, 1994, 109 - 125.
[306] AM II, 305.

REFORMVERSUCHE DER „APOSTOLISCHEN" IN DER ANGLIKANISCHEN KIRCHE: DIE OXFORD-BEWEGUNG (1833 - 1843)

Kompensation von Religion durch Aufklärung anzuprangern.[307] In signifikanten Thesen macht Newman die Gefährlichkeit des beginnenden Säkularisierungskonflikts deutlich.

(1.) Besser Bescheid wissen heißt noch nicht, ein besserer Mensch zu sein.
Peel habe seine Ausführungen auf das Utilitarismus-Axiom Henry Broughams gebaut, „daß ein Mensch besser wird, indem er weiser wird"[308]., eröffnet Newman. Und er hinterfragt ironisch, „wie denn diese wunderbaren sittlichen Wirkungen mit Hilfe physikalischer Wissenschaften hervorgebracht werden sollen"? Er folgert, daß dann womöglich „jeder, dessen Geist Wissenschaft und Literatur erfüllt, unter allen Umständen (auch) ein besserer Mensch sein muß"[309]. Wo „Leidenschaft und Gewissen, Neigungen und Vernunft im Widerstreit" liegen, genügt es da -, wie ein aufklärerischer Liberalismus in der Bildungspolitik gegen die Religion ins Feld führt -, die Leidenschaften abzulenken und von der Versuchung zu distanzieren, statt auf die Änderung des Charakters zu zielen? Wenn ein Kind schreit, tanzt die Kinderfrau mit ihm herum oder deutet auf die hübschen schwarzen Pferde vor dem Fenster... Das ist die Art von Rezept, wie es Sir Robert Peel den guten Leuten von Tamworth anbietet."[310]. Es ist die Behauptung, der Charakter des Menschen werde „durch eine Entdeckung verändert oder durch Zerstreuung erlöst und gelange durch Amusement zur Unsterblichkeit. Die Behauptung, Gram, Zorn, Feigheit, Selbstgefälligkeit, Stolz und Leidenschaft könnten durch Untersuchungen von Muscheln oder Gräsern ..., Abklopfen von Steinen oder Berechnung von Längengraden beherrscht werden -, diese Behauptung stellt den Gipfel dessen dar, was je ein Sophist oder Marktschreier einem gaffenden Publikum feilgeboten hat. Wenn Tugend Herrschaft über Geist und Gemüt, ihr Ziel Handeln, ihre höchste Vollendung innere Ordnung, Harmonie und Friede sein sollen,

---

[307] J. H. Newman, The Tamworth Reading Room, in: Discussions and Arguments on Various Subjects, London 1872, 254 - 305.- Deutsche Übersetzung in: J.H.Newman, Wissenschaft, Religion und Leben (Der Lesesaal zu Tamworth), in: Ausgewählte Werke, hg. v. Matthias Laros, Bd. III 1.Aufl.(!), Mainz 1940, 119 - 157 (zit. A.W.III)
[308] Ebd A.W.III 122
[309] Ebd. 125
[310] Ebd 127

dann müssen wir sie an ernsteren und heiligeren Orten suchen als in Bibliotheken und Lesesälen."[311]

(2.) Studium muß nicht zu Religiosität führen, aber Religion heiligt ein Studium.

Newman problematisiert den Mythos von der voraussetzungslosen Wissenschaft und zieht die Implikation in Zweifel, auf dem langen Marsch durch die Wissensinstanzen werde der Mensch auch sittlich qualifizierte und religiöse Haltungen erwerben. Seine Gegen-Maxime lautet: „Für eine Religion aus Schlußfolgerungen ist das Leben nicht lang genug; wir werden niemals mit dem Anfang zu Ende kommen."[312] Die Annahme, die wissenschaftliche Beschäftigung mit der Natur führe konsequent zur Religion, hält Newman für einen Trugschluß. „Wo der Geist (des Wissenschaftlers, GB) nicht religiös ist, hat das System der Natur so viel Beziehung zu Religion wie eine Uhr oder Lokomotive."[313] Und wenn schon, gelange man auf dem Weg der Schlußfolgerungen bestenfalls zu einem Weltenbaumeister, aber nicht zum lebendigen Gott der Offenbarung. Gewiß habe jedes Studium, jede Beschäftigung, jeder Beruf seine Chancen und Gefahren; aber zu erwarten, daß ausgerechnet die Befassung mit den Entdeckungen und Erkenntnissen der Naturwissenschaften den Menschen religiös mache, „das hieße als Kur gegen die Gicht eine Domherrenpfründe (canonry) zu empfehlen."[314]

(3.) Die Wissenschaft hat keine Vollmacht zur Sündenvergebung.

Die Benützer öffentlicher Bibliotheken müßten ebensosehr das „Recht haben, mit dem Christentum anzufangen wie mit der (Natur-)

---

[311] Ebd. 130 - Neill Postmans Frage „Amüsieren wir uns zu Tode?" wird von Newman auf religiöser Ebene durchkreuzt: Ihr gaukelt uns vor, an die Stelle eines Lebens, das vor Gott zu verantworten ist, genüge es, sich durch Bildung zu unterhalten bzw. durch Unterhaltung zu bilden.
[312] Ebd.149
[313] Ebd. 155
[314] Ebd. 153

REFORMVERSUCHE DER „APOSTOLISCHEN" IN DER ANGLIKANISCHEN KIRCHE: DIE OXFORD-BEWEGUNG (1833 - 1843)

Wissenschaft."³¹⁵ Newman plädiert für eine Umkehr der Prioritäten: „Zuerst Religion!" Denn dann würde der Stellenwert aller Gaben und Begabungen der Schöpfung aus dem Heilsplan Gottes sinnvoll deutlich werden. „Aber wenn wir in der Erziehung mit der Natur vor der Gnade beginnen, mit Beweisen vor dem Glauben, mit Wissenschaft vor dem Gewissen, mit Poesie vor der Lebenspraxis, dann tun wir so ziemlich dasselbe, als würden wir die Begierden und Leidenschaften frei laufen lassen und uns der Vernunft gegenüber taub stellen."³¹⁶ Selbst, wenn sie Christen sind, setzen Bildungspolitiker offenkundig in ihrem aufgeklärten Denken immer wieder auf die heidnische Antike. Aber haben die antiken Ideale wie Ehre, Gelehrsamkeit, Tugend u. a. die Kraft, das vom Bösen verwundete Herz des Menschen zu heilen? fragt Newman. „Man wird das Laster nicht mit menschlichen Mitteln los... Man muß dazu zu einer höheren Quelle emporsteigen, wenn man Herz und Willen erneuern will." Gnade ist „von Anfang an ein belebendes, erneuerndes, gestaltendes Prinzip gewesen", das durch das Christentum in die Welt gekommen sei, „und der Impuls, den es gab, dauert in seiner ursprünglichen Kraft noch heute fort."³¹⁷

(4.) Glaube ist ein Prinzip zum Handeln, dazu reicht Wissen nicht hin

Als habe Newman die Situation der Vertreter geisteswissenschaftlicher Pädagogik in der Zeit des Nationalsozialismus gekannt, die das Wissen um ihre edlen Grundsätze nicht in Motivationskraft gegen eine rechtsradikale Bewegung umzusetzen vermochten, sagt er: „Wissen - das heißt nicht *leben*". „Das Leben ist zum Handeln da. Wenn wir darauf bestehen, für alles Beweise zu wollen, dann werden wir niemals zum Handeln kommen: Um zu handeln, mußt du von Annahmen ausgehen, und eine solche Annahme ist der Glaube".³¹⁸ Newmans grundlegende aristotelische Alternative lautet: Wissenschaft ist Reflexion und Reflexion führt durch Folgerungen von der konkreten Wirklichkeit weg. „Darum besitzt Wissenschaft zu wenig religiöse Tendenz", sagt Newman, und:

---

³¹⁵ Ebd. 138
³¹⁶ Ebd. 135
³¹⁷ Ebd. 134 u. 132
³¹⁸ Ebd. 150

REFORMVERSUCHE DER „APOSTOLISCHEN" IN DER ANGLIKANISCHEN KIRCHE: DIE OXFORD-BEWEGUNG (1833 - 1843)

„Deduktionen haben keine Überzeugungskraft. Das Herz wird im allgemeinen nicht durch den Verstand gewonnen, sondern durch die Vorstellungskraft mit Hilfe unmittelbarer Eindrücke, durch das Zeugnis von Tatsachen und Geschehnissen, durch Geschichte, durch Beschreibung. Persönlichkeiten beeinflussen uns, Stimmen ergreifen uns, Blicke bezwingen uns, Taten entflammen uns. Mancher Mensch wird auf einen Glaubenssatz hin leben und sterben; niemand wird Märtyrer für eine Schlußfolgerung des Verstandes."[319] - Pointiert einseitig gegen die aufklärerische Reduktion des Menschen auf seinen Verstand formuliert Newman: „Der Mensch ist *letzten Endes* kein vernünftig denkendes Wesen; er ist ein sehendes, fühlendes, betrachtendes, handelndes Wesen. Er wird beeinflußt durch das, was unmittelbar gegeben und fest umrissen ist."[320] Weder Wissen noch Beweis führen uns zum lebendigen Gott der Offenbarung, sondern höchstens zum Baumeister der Welten. „Mose hatte nicht die Weisung, aus der Schöpfung (Gott) zu beweisen, sondern Wunder zu wirken. Die christliche Lehre ist eine übernatürliche Geschichte, nahezu dramatisch; sie sagt uns, was der Schöpfer ist, indem sie uns erzählt, was er getan hat."[321]

Die konkrete Heilsgeschichte, ihre Gestalten, die Personifikation Gottes in Jesus von Nazaret motiviert zur Annahme, „fest zu stehen in dem, was erhofft wird und seine Gründe im Unsichtbaren zu haben: und das heißt glauben". (Hebr. 11, 1). Das basale Handlungsmotiv, als Mensch verantwortlich zu leben, seine Persönlichkeit nach den Grundwerten von Wahrheit und Gerechtigkeit zu orientieren, mit den Mitmenschen eine sinnvolle Beziehung einzugehen, das Universum als einen sinnerfüllten Lebensraum zu verstehen: All dies sieht Newman einzig und allein im *religiösen* Grundbezug fundiert, den die ersten selbstevidenten Elementen der Religion repräsentieren: „Myself and my Creator"(Ich selbst und mein Schöpfer). Zur Schaffung einer solchen Handlungsbasis reichen die Informationen aus Ethik und anderen Wissenschaften nicht aus.[322]

---

[319] Ebd. 148
[320] Ebd. 149
[321] Ebd. 151
[322] Vgl. zur Problematik: Bernd Trocholepczy, Realizing: Newmans inkarnatorisches Prinzip als Beitrag zum Theorie-Praxis-Verständnis in der Praktischen Theologie., Frankfurt u.a. 2000 (NSt XVIII). Vgl. bes. Kapitel 4 „Handeln und Gewissen".

REFORMVERSUCHE DER „APOSTOLISCHEN" IN DER ANGLIKANISCHEN
KIRCHE: DIE OXFORD-BEWEGUNG (1833 - 1843)

Tract XC - der letzte in der Reihe

Im Sommer 1840 ging Newman noch einmal den Zusammenhängen von *Glaube und Vernunft* nach. In einer seiner Oxforder Universitätspredigten über „Implizite und explizite Vernunft" wollte er zeigen, wie wir „Rechenschaft von unserem Glauben zu geben haben" (1 Petr 3, 15).[323] Er macht darauf aufmerksam, daß der Glaubensakt bei manchen Gläubigen Denkprozesse voraussetzen oder beinhalten kann, die bei anderen gewissermaßen implizit enthalten und somit verborgen bleiben. Damit knüpft Newman an das Thema von Predigten der gleichen Serie aus dem Jahr zuvor (Januar 1839) an, als es ihm um „Glaube und Vernunft als gegensätzliche Haltungen des Geistes" und überhaupt um „Die Natur des Glaubens im Verhältnis zur Vernunft" gegangen war.[324] Zugleich bereitet sich in seinem Denken die umfassende Idee für die zeitlich aufeinanderfolgende Ausfaltung von Gedanken vor, die zuvor implizit, d. h. unentfaltet, im Glaubensgut der Kirche mit auf dem Weg gewesen seien. Diese seine „Lehre von der Entwicklung" wird das Thema seiner letzten Oxforder Universitätspredigt am 2. Febr. 1843 sein: „Die Theorie der Entwicklung in der religiösen Lehre". Der Entwicklungsgedanke sollte schließlich den Ausschlag geben in seiner Suche nach Kriterien für die wahre Kirche. Er entsprang seinen Einsichten in den Zusammenhang von Glaube und Vernunft, die ihn über Jahrzehnte beschäftigten, und die er erst zwischen 1860 und 1870 zur vollen Reife brachte.

Noch einmal ging es Newman zunächst um die Positionsklärung zwischen protestantischen Kreisen innerhalb der Anglikanischen Kirche, die vor allem das Gedankengut der Reformatoren ins Feld führten. und der Bestreitung der wahren Katholizität der Anglikanischen Kirche durch Vertreter der römisch-katholischen Theologie, wie Nicholas Wiseman. Am Stellenwert der XXXIX Religionsartikel der Anglikanischen Kirche wollte Newman gegen beide Seiten zeigen, daß sie kein Bollwerk gegen katholisierende Einflüsse sein sollten, sondern für eine katholische Interpretation offen waren. Noch stand die Kritik von E.B. Puseys Tract 69 (vom Jahr 1836) im Raum, die von ihm vertretene katholische Auffassung von Taufe sei mit den XXXIX Artikeln unvereinbar, und diese seien

---

[323] G, 188 - 206.
[324] G, 136ff; 154ff.

eindeutig gegen Rom verfaßt und gerichtet. Je mehr Newman und die anderen Traktarianer sich als Anglikaner auf katholische Prinzipien aus der Väterkirche beriefen, desto schärfer wurde ihnen der reformatorische Sinn der XXXIX Artikel der Anglikanischen Kirche entgegengehalten. So entschloß sich Newman zur Auseinandersetzung. Es ging ihm um eine dreifache Unterscheidung: Erstens, die katholische Lehre der ersten Jahrhunderte war nach anerkannter anglikanischer Auffassung verbindliches Glaubensgut, weil damals die ungeteilte eine Kirche auch den ungebrochenen, verbindlichen Glauben lehrte. Zweitens, die offiziellen Glaubenssätze, wie sie von späteren Konzilien der Kirche (von Rom) einschließlich des Konzils von Trient (1545 - 1563) formuliert worden waren, enthielten teilweise anzuerkennende Lehren, nämlich nach dem Maßstab ihrer Übereinstimmung mit der Kirche des Altertums. Drittens, darüber hinausgehende Glaubensansichten, sowie volkstümliche Lehren und Bräuche der Römisch-katholischen Kirche wurden von Newman abgelehnt. Sein Ziel war es nun, in einem neuen Tract -, der 90. in der Reihe -, darzustellen, daß die XXXIX Artikel der Anglikanischen Kirche sich nur gegen die letztgenannten Popularisierungen der Römischen Kirche sowie einen Teil ihrer Glaubenssätze aus den mittelalterlichen Konzilien richtete. Newman gedachte also, die Religionsartikel der Anglikanischen Kirche nicht nur im polemischen Sinne als Abgrenzung gegen die letztgenannten römischen Sonderlehren und populären Bräuche zu interpretieren, sondern darüber hinaus in positiver Weise, ihre Vereinbarkeit mit den katholischen Lehren der Kirche aus den ersten Jahrhunderten aufzuzeigen.

Der Begründungsgang ist einfach und logisch einleuchtend. Die anglikanischen Religionsartikel wurden erstmals 1536 als „Die 10 Artikel" unter Heinrich VIII. formuliert. 1553 wurden daraus die 42 Artikel entwickelt. Ihre letzte Fassung hielten sie als „Die XXXIX Religionsartikel" unter Elisabeth I. im Jahre 1563. Da selbst die letzte Fassung noch zeitlich mit dem Konzil von Trient (1563) zusammenfiel, konnten sie keineswegs gegen die Ergebnisse jenes Konzils gerichtet sein. Sie seien zwar in polemischer Absicht gegen Rom verfaßt, ließen aber viele große Fragen offen. So werde zwar beispielsweise lapidar gesagt:

Reformversuche der „Apostolischen" in der Anglikanischen Kirche: Die Oxford-Bewegung (1833 - 1843)

„Alles zu glauben Notwendige ist aus der Heiligen Schrift zu beweisen";[325] es werde aber nicht gezeigt, wie dies zu geschehen habe. Wer die XXXIX Artikel nicht nur als polemische Formeln zur Ergänzung der katholischen Lehre verstehe, sondern sie ganz davon ablöse und als alleinige Inhalte der Anglikanischen Kirche betrachte, der müßte zu einem ganz falschen Verständnis der Offenbarung kommen. Dann verstehe er jedenfalls die christliche Lehre nicht mehr „im Sinne der heiligen Väter, des Athanasius, Ambrosius und aller Lehrer und Heiligen."[326]

Als Tract 90 im Februar 1841 in die Öffentlichkeit kam, erregte er großes Aufsehen. Von nun an wurde Newman vom protestantischen Flügel der Anglikanischen Kirche laufend mit aggressiven Publikationen in Zeitungen und Zeitschriften verfolgt. Im Rückblick sagt er selbst dazu: „Es war hart, der Welt im Vertrauen mitzuteilen, daß mir das anglikanische System manchen Zweifel bereite ... Es war hart, erklären zu müssen, daß sich meine Zweifel voraussichtlich verflüchtigen würden, wenn die Zeitungen die Güte hätten, mir Zeit und Ruhe zu lassen." Aber es war gerade umgekehrt. Bis nach Littlemore wurde er „verfolgt".[327] Als er eines Tages nach Hause zurückkehrte, fand er eine Schar Studierender mit ihren Lehrern auf dem Gelände seines Eigentums. Vorsteher von Colleges lenkten wie „berittene Patrouillen" ihre Pferde rings um seine Blockhäuser, die einen L-förmigen Grundriß hatten: „Doktoren der Theologie drangen uneingeladen in die verborgenen Winkel dieses Privatbesitzes ein und machten sich nach dem, was sie sahen, ein Bild von meiner Häuslichkeit. Ich hatte gemeint, eines Engländers 'Heim sei seine Burg'."[328] Als ihn schließlich auch der Bischof auf Grund von Zeitungsmeldungen über seine Niederlassung in Littlemore anfragte, nahm er die Gelegenheit wahr, sich deutlich zu rechtfertigen und sie zu legitimieren.

---

[325] VM II, 345.
[326] VM II, 262.
[327] A, 209.
[328] A, 204.

REFORMVERSUCHE DER „APOSTOLISCHEN" IN DER ANGLIKANISCHEN
KIRCHE: DIE OXFORD-BEWEGUNG (1833 - 1843)

Das Kreuz als Maß der Dinge

Die Fastenzeit verbrachte Newman im Jahr 1841 in Oxford. Dabei hielt er sich aber weitgehend an die in Littlemore schon eingespielten Fastenregeln. Gegen Ende fühlte er sich allerdings sehr überanstrengt. „Die Schuld trägt vielleicht die Luft in Oxford und das viele Reden."[329] Am Karfreitag las er eine Predigt über *„Das Kreuz Christi, das Maß der Welt"*,[330] die zu den bedeutendsten seiner Ansprachen zu zählen ist, auch was die Kraft und Schönheit der Rhetorik anbetrifft. Er begann mit einer Analyse der gesellschaftlichen Lebenswelt:

> „Wenn jemand bedächtigen Sinnes oder mit geistiger Regsamkeit den sichtbaren Stand der Welt zu betrachten beginnt, in die er sich hineingeboren sieht, dann erkennt er sie ohne weiteres als ein wirres Durcheinander. Sie ist ein Rätsel, das man nicht lösen kann. Sie scheint voll der Widersprüche und ohne Ziel zu sein. Warum sie ist und wohin sie geht, wie sie ist und was sie ist, auf welche Weise wir in sie hineingeraten und welches unsere Bestimmung darin ist, das alles sind Geheimnisse. Angesichts dieser Probleme haben die einen diese, die anderen jene Lebensphilosophie aufgestellt. ..." Den Schlüssel zu all diesen Rätseln bietet der Karfreitag: „Der Tod des ewigen, Fleisch gewordenen Wortes Gottes: Das ist die große Lehre, wie wir von dieser Welt zu denken und zu reden haben. Sein Kreuz hat an alles, was wir sehen, die rechte Wertskala angelegt, an alle Reichtümer, alle Vorteile, alle Rangstufen, alle Würden, alle Freuden; an Fleischeslust, Augenlust und Hoffart des Lebens ..."

Nach der Analyse der menschlichen Lebenssituation und der Bestimmung der christlichen Werteskala führt Newman alle möglichen Bereiche der persönlichen Werte, des politischen Lebens, der Kultur, der Wissenschaft vor das Kreuz, um sich von ihm den Maßstab geben zu lassen. Von ihm her werden alle Chancen neu bewertet, von ihm her mit kristallener Klarheit die Mängel aufgedeckt:

---

[329] SB, 283.
[330] DP VI, 94 - 105, vom 9. April 1841.

REFORMVERSUCHE DER „APOSTOLISCHEN" IN DER ANGLIKANISCHEN
KIRCHE: DIE OXFORD-BEWEGUNG (1833 - 1843)

„Schaut euch um und seht, was die Welt an Hohem und Niedrigem bietet. Geht an die Höfe der Fürsten. Betrachtet die Schätze und Kunstwerke aller Völker, die zusammengetragen werden, um einen Menschen zu ehren. Beobachtet den Fußfall der vielen vor den wenigen. Beseht die Etikette und das Zeremoniell, das Gepränge, die Parade, die Aufmachung und die eitle Ruhmsucht. Wollt ihr den Wert von alldem kennen? Schaut auf das Kreuz Christi.

Geht in die politische Welt: Seht die Eifersucht einer Nation auf die andere, die Konkurrenz im Handel, Armeen und Flotten, wie sie sich gegenseitig messen. Blickt hin auf die verschiedenen Gesellschaftsklassen, die Parteien und ihre Streitfragen, das Ringen der Ehrgeizigen, die Intrigen der Schlauen. Was ist das Ende des ganzen Tumults? Das Grab. Was ist das Maß? Das Kreuz.

Wendet euch sodann zur Welt des Geistes und der Wissenschaft: Betrachtet die wundervollen Erfindungen des Menschengeistes, die Mannigfaltigkeit der Technik, die seinen Erfindungen Aufschwung geben, die an Wunder grenzenden Werke, in denen er seine Macht erweist. Beachtet dazu, was die Folge davon ist, den Hochmut und das Selbstvertrauen des Verstandes und die völlige Inanspruchnahme des Denkens durch die vergänglichen Dinge. Möchtet ihr euch ein richtiges Urteil über all das bilden? Schaut auf das Kreuz Christi.

Zudem: Blickt an das Elend, die Armut und Verlassenheit, die Unterdrückung und Sklaverei. Geht dahin, wo die Nahrung kärglich und die Wohnung ungesund ist. Betrachtet Schmerz und Leid, langwierige oder heftige Krankheiten, alles, was schrecklich und empörend ist. Wollt ihr wissen, wie all dies zu bewerten ist? Schaut auf das Kreuz.

So begegnen sich im Kreuz und in Dem, Der daran gehangen hat, alle Dinge. Alle Dinge dienen Ihm, alle Dinge bedürfen Seiner. Er ist ihr Mittelpunkt und ihre Bedeutung. Denn Er wurde am Kreuz erhöht, damit Er alle Menschen und alle Dinge an sich ziehe."[331]

Am Schluß faßt Newman zusammen: „In diesem Kreuz werden wir zuerst Schmerz finden, aber bald wird Freude und Trost aus diesem Schmerz erstehen. Dieses Kreuz wird uns zu Trauer, Reue, Verdemütigung, Gebet und Fasten führen. Wir werden trauern um unserer Sünden willen, wir werden leiden mit Christi Leiden. Aber das Ende all dieses Schmerzes, nein der Grund, warum wir ihn aushalten, wird uns zum Glück ausschlagen, das weit größer ist als die Freude, wie die Welt sie bietet. Mag sein, daß Leichtfertige, weltlich Gesinnte das nicht glauben wollen, die Vorstellung eines solchen Glücks verlachen, weil sie es ja nie gekostet haben."

Newman schließt mit dem Aufruf, das Leben unter das christliche Paradox zu stellen: „Nur jene können wahrhaft diese Welt genießen, die mit der unsichtbaren beginnen. Nur jene genießen sie, die zuerst auf sie verzichtet haben. Nur jene können wahre Feste feiern, die zuerst gefastet haben; nur jene können die Welt gebrauchen, die gelernt haben, sie nicht zu mißbrauchen. Nur jene erben sie, die sie als einen Schatten der kommenden Welt betrachten und um jener kommenden Welt willen verlassen."[332]

An solch einprägsamen Aussagen von der Welt als *Schatten* der künftigen Herrlichkeit wird erkennbar, daß Newman einst im Rückblick auf sein ganzes Leben beim Entwurf eines Textes für seine eigene Grabtafel im Jahr 1876 Sterben als den Übergang aus der Welt als Schatten in die wahre lichte Wirklichkeit bezeichnen wird.

---

[331] DP VI, 96f.
[332] DP VI, 105.

REFORMVERSUCHE DER „APOSTOLISCHEN" IN DER ANGLIKANISCHEN
KIRCHE: DIE OXFORD-BEWEGUNG (1833 - 1843)

Die entscheidende Wende

Im zweiten Halbjahr 1841 ereignete sich die entscheidende Wende im Leben John Henry Newmans. „Zwischen Juli und November trafen mich drei Schläge, unter denen ich zusammenbrach."[333] Wie gewöhnlich, hatte er während der Sommerferien sich ein besonderes Studienthema vorgenommen; wie zwei Jahre zuvor war es die Kirchengeschichte des 4. Jahrhunderts, mit der er sich so oft beschäftigte. Dieses Mal vertiefte er sich noch einmal in die Geschichte der Arianer, über die er schon 1831/32 gearbeitet hatte, als ihm die Bedeutsamkeit des Athanasius von Alexandrien zum Fixstern geworden war. Was ihm damals verborgen geblieben war, zeichnete sich jetzt für ihn ganz deutlich ab: der Zusammenhang zwischen den Hauptströmungen der verschiedenen Lehrauffassungen in der damaligen Zeit und in der Gegenwartsgeschichte der Kirche. Er erkannte die verblüffende Ähnlichkeit zwischen den Mainstreams des 4./5. Jahrhunderts und seiner eigenen kirchenpolitischen Situation in der Kirche von England. „Ich war in meiner Arbeit noch nicht weit gekommen, als meine Unruhe wieder erwachte" (die ihn bereits 1839 erfaßt hatte, GB). Der Geist erschien zum zweiten Mal. „In der Geschichte der Arianer stieß ich auf dieselbe Wahrnehmung, nur in viel ausgeprägterer Gestalt, als in der Geschichte der Monophysiten. Das hatte ich im Jahre 1832 noch nicht bemerkt. Seltsam, daß das über mich kommen mußte! Ich hatte nicht danach gesucht; ich las und schrieb, fern von allen Auseinandersetzungen des Tages ... Aber da sah ich klar, daß in der Geschichte des Arianismus die reinen Arianer die Stelle der Protestanten, die Semiarianer die der Anglikaner einnahmen, und daß Rom *jetzt noch dasselbe war wie damals.* Die Wahrheit lag also nicht in der Via Media ..."[334] Die Kirche von England konnte nicht die Kontinuität des rechtgläubigen Weges der Christenheit in der Mitte zwischen Extremen beanspruchen.

Noch während Newman die Konsequenzen aus dieser Einsicht zu verarbeiten hatte, traf ihn in den darauffolgenden Monaten ein zweiter Schlag: Ein Bischof nach dem andern lehnte seinen Trakt 90 durch

---

[333] A, 168.
[334] A, 168.

REFORMVERSUCHE DER „APOSTOLISCHEN" IN DER ANGLIKANISCHEN KIRCHE: DIE OXFORD-BEWEGUNG (1833 - 1843)

öffentliche Stellungnahmen ab. Damit wurde für ihn deutlich, daß die eigentlichen Autoritäten der Anglikanischen Kirche, eben die Bischöfe, die er nach der eindeutigen Auffassung der Väterkirche als die letzten Appellationsinstanzen in der Kirche Jesu Christi anerkannt hatte, keine Möglichkeit ließen,. die XXXIX Religionsartikel katholisch zu interpretieren. „Sie ... richteten ein Hirtenschreiben nach dem anderen gegen mich, drei Jahre lang. Ich sah darin eine Verurteilung; dies war die einzige Art von Verurteilung, die in ihrer Macht stand. Erst wollte ich protestieren, aber dann gab ich hoffnungslos den Gedanken auf." Im selben Zusammenhang besteht Newman jedoch darauf, seine im genannten Tract XC vorgetragene Glaubensauffassung nicht zurückzunehmen, sondern in der Spannung zwischen der disziplinarischen Maßnahme seiner Bischöfe und der von seinem Gewissen diktierten katholischen Auffassung der anglikanischen Artikel öffentlich Zeugnis zu geben. „Wenn die in diesem Trakt vertretene Ansicht zum Schweigen gebracht würde, könnte ich nicht in der Kirche bleiben", schrieb er an einen Freund im Herbst 1841, „und viele andere könnten es auch nicht. Und da sie nicht zum Schweigen gebracht ist, werde ich Sorge dafür tragen, dies zu zeigen."[335]

Ein dritter Schlag, der ihn Anfang Oktober 1841 traf, war eine Verfügung, die das Britische Parlament erlassen hatte. Danach sollte in Jerusalem ein Bischofssitz errichtet werden, auf dem anglikanische Bischöfe für protestantische Christen mit zuständig sein sollten und umgekehrt in alternierender Weise jeweils protestantische Bischöfe für anglikanische Christen. Was sich aus fiskalischer Sicht als eine plausible und rationelle Maßnahme ausnimmt, weil von den Christen beider Konfessionen eine lediglich kleine Zahl am Ort wohnte, muß einem um die Ehrfurcht vor der Wahrheit bemühten gläubigen Christen haarsträubend vorkommen. Newman fand, daß eine bischöfliche Zuständigkeit für Anhänger anderer christlicher Konfessionen in der eigenen Kirche ohne Klärung der herrschenden Glaubensirrtümer der Anerkennung der anderen Konfession gleichkomme und damit zur Konfusion führe. Damit gebe jede Kirche ihren eigenen Anspruch auf, ein eigenständiger Zweig der wahren Herde Jesu Christi zu sein, worum sich die Väter und Mütter des Glaubens bei jener „Abzweigung" mit aller Macht gemüht hatten. Newman verfaßte

---

[335] A, 169.

REFORMVERSUCHE DER „APOSTOLISCHEN" IN DER ANGLIKANISCHEN KIRCHE: DIE OXFORD-BEWEGUNG (1833 - 1843)

J.H. Newman: Farbige Kreide auf Papier, von George Richmond, 1844, im Auftrag von Henry Wilberforce (National Portrait Gallery, London: Zu den Angaben der Portraits vgl. Susan Foister, Cardinal Newman, 1801 - 1890, National Portrait Gallery Publications, 1990).

einen feierlichen Protest, den er an den Erzbischof von Canterbury sandte. Darin ging er von der fundamentalen Aussage aus: „Die Kirche von England hat nur auf Grund ihres Anspruchs, als Zweig der Katholischen Kirche betrachtet zu werden, ein Recht auf die Ergebenheit der katholischen Gläubigen. Sowohl die indirekte wie die direkte Anerkennung der Häresie beraubt jede religiöse Gemeinschaft eines solchen Rechtes. Die Aufnahme von Anhängern der Häresie in die Gemeinschaft ohne ausdrücklichen Widerruf ihrer Irrtümer kommt einer Anerkennung derselben gleich." Daß eben diese Grundsätze durch den Erlaß des englischen Parlaments verletzt seien, entfaltet Newman in seinem Protestschreiben. Er schließt mit der zusammenfassenden Konsequenz:

> „In Anbetracht all dieser Gründe erhebe ich hier für meine Person, als Priester der Englischen Kirche und Pfarrer von St. Maria der Jungfrau in Oxford zur Entlastung meines Gewissens gegen besagte Einrichtung feierlich Protest und versage ihr meine Anerkennung,[336] da sie unsere Kirche ihrer jetzigen Grundlage beraubt und auf ihre Zerstörung hinzielt; John Henry Newman, den 11. November 1841."[337]

Abschied von einer Kirche

Vom Ende des Jahres 1841 an habe er sich, so sagt Newman, „was meine Zugehörigkeit zur Anglikanischen Kirche angeht, auf dem Sterbebett (befunden); nur merkte ich es damals erst allmählich."[338] Jedenfalls war seinen Predigten am Ende des Jahres anzuhören, daß er seine Zuhörer beschwor, in der Kirche von England auszuharren. Am 5. Dezember sprach er über „Äußere und innere Kennzeichen der Kirche" und legte unter dem Motto „ich weiß, wem ich geglaubt habe" (2 Tim 1, 12) dar, daß zwar die äußeren und öffentlichen Kriterien für die Apostolozität und

---

[336] A, 99.
[337] A, 175f.
[338] A, 177.

Reformversuche der „Apostolischen" in der Anglikanischen Kirche: Die Oxford-Bewegung (1833 - 1843)

Katholizität der anglikanischen Kirche verdüstert seien, aber umso mehr sei das innere Merkmal der Befähigung zur Heiligkeit erkennbar und attraktiv. „Es scheint also klar zu sein - und das ist eine Quelle großen Trostes in einer Zeit wie der heutigen, da das Leuchten der öffentlichen Kennzeichen der Kirche so matt und schwach geworden ist - es ist also klar, daß wir guten Grund haben zu glauben, daß ihre privaten Kennzeichen der wahre Anteil der Christen sind; daß diese privaten Kennzeichen dazu dienen, uns anzuleiten, daß sie, wenn wir sie in Gnade erhalten, für uns Gottes Führung sind und Zeichen seiner Gegenwart und daß wir sonst nach keinen Zeichen Ausschau zu halten brauchen."[339] Zwei Sonntage später nannte er „Gründe für das Verbleiben in unserem religiösen Bekenntnis". Wiederum bekennt er: „Leider kann ich nicht leugnen, daß die äußeren Kennzeichen der Kirche teilweise von uns gewichen sind oder im Begriff sind zu weichen; das ist ein furchtbares Gericht." Newman verweist an dieser Stelle in der Anmerkung auf die Errichtung des Jerusalemer Bischofssitzes und fährt fort: „... Finsternis verhüllt die Kirche Gottes. Wo ist unsere Einheit, um die Christus gebetet hat? Wo ist unsere Liebe, die er uns aufgetragen hat? Wo der einst hinterlegte Glaube, wenn jeder seine eigene Lehrmeinung hat? Wo unsere Sichtbarkeit (als Kirche, GB), die ein Licht der Welt sein sollte? Wo jener erhabene Gottesdienst, der in jeder Seele Ehrfurcht erwecken sollte? Was ist die Folge? 'Wir tasten wie die Blinden nach der Wand, wie ohne Augen tappen wir umher; am hellen Tag straucheln wir, als ob es Dämmerung wäre, und in der Dunkelheit sind wir wie Tote' (Jes 58, 10)."[340] Die große pastorale Sorge anläßlich der wachsenden Konversionstendenzen unter anglikanischen Mitchristen veranlaßt Newman gegen Ende der Predigt zu einem Appell: „Es soll hinzugefügt werden, daß die Treue zu unserer eigenen (Kirchen-) Gemeinschaft inmitten der religiösen Konfessionen dieses Zeitalters und Landes fast eine Eigenart von uns ist. ... Das Gefühl, um das es geht, ist uns spezifisch .. und verdient deshalb um so mehr Anerkennung, weil es bestimmt, real und charakteristisch ist. So dürfen wir nicht vergessen, daß, wenn ein einzelner in der Versuchung, uns zu verlassen, dieses besondere Gefühl nicht kennt, selbst schon die Tatsache

---

[339] Predigt „Äußere und innere Kennzeichen der Kirche" vom 5. Dez. 1941: DP IX, 354 - 373; 365.
[340] DP IX, 365f.

des Zeugnisses der anderen in seiner Umgebung bei ihm ins Gewicht fallen müßte. So müßte er sich wenigstens eine Zeit lang auf der Linie, wie sie seinen Brüdern (im Glauben, GB) gegeben ist. leiten lassen ..."[341]

In der Krise, in der sich die Kirche befindet, weil ihre öffentlichen Merkmale, insbesondere das der Apostolizität, nicht zu reden von dem, der seit Jahrhunderten zerbrochenen Einheit, schwer zu erkennen sind, müsse sich das persönliche Kennzeichen der Heiligkeit um so deutlicher ablesen lassen, meint Newman. Die Liebe müsse um so kostbarer werden, an der die Christen zu erkennen sein sollen, und die Frucht des Wortes Gottes selbst solle sich aus der ihm innewohnenden Macht darstellen. Die Treue zur Kirche müsse sich jetzt auf diese persönlichen, privaten und verborgenen Kennzeichen gründen.

Einen Monat später, am 23. Januar 1842, sprach Newman über die Aufgabe der Christen, die Vorgänge in dieser Welt in ihrem Stellenwert für die Heilsgeschichte zu verstehen, sie in den Zusammenhang einzuordnen, der auf die endzeitliche Zukunft zuläuft. Im Unterschied zu anderen Epochen der Menschheits- und Kirchengeschichte sei nun die elfte Stunde gekommen.

> „Mit dem Ausdruck 'zur elften Stunde' ist nicht gemeint, daß die Christen nur wenig zu tun hätten, sondern daß die Zeit kurz ist; daß es die letzte Zeit ist; daß es eine 'gegenwärtige Trübsal' gibt; daß Sie binnen kurzer Zeit viel zu tun haben... Himmel und Erde sind stets am vergehen; Christus stets am Kommen, der Christ erhebt stets sein Haupt und hält Ausschau; insofern ist es Abend. Wir dürfen unser Herz nicht an die Gegenwart verlieren. ... Wir dürfen nicht an Haus, Brüder, Schwestern, Vater, Mutter, Frau. Kinder oder Äcker denken; insofern ist es Abend. ... - Auf das Ende kommt es an ... Wir wollen nach jenem Abend und nach jener Abendkühle ausschauen, wenn der Hausvater inmitten der Bäume seines Gartens einherschreitet und seinem Verwalter sagt: 'Ruf die Arbeiter und gib ihnen ihren Lohn, von den letzten angefangen bis zu den ersten.' (Mt 20, 8). Dieser Abend entscheidet: Wenn die Hitze, das Fieber, der Lärm des Mittags

---

[341] DP IX, 372.

Reformversuche der „Apostolischen" in der Anglikanischen Kirche: Die Oxford-Bewegung (1833 - 1843)

vorbei ist, wenn das Licht schwindet und der Ausblick Sehnsucht weckt, wenn die Schatten wachsen und die geschäftige Welt still wird ... -" Im Blick auf jene entscheidende Endphase gelte es, sich abzuwenden „von Schatten aller Art: von Schatten der Sinne, von Schatten der Rechthaberei und des Disputierens, von Schatten, die unsere Vorstellung und unser Empfinden befallen .." Vielmehr gilt es, die Verwirrungen dieser Welt zu durchschauen und sich lediglich daran zu orientieren, daß wir, wie der Prophet sagt, „das Rechte tun, die Güte lieben und in Ehrfurcht unseren Weg zu gehen mit unserem Gott." (Micha 6, 8)[342]

Im April des Jahres 1842 konnte Newman seine neue Behausung in Littlemore als Wohnung beziehen, nachdem er die ehemaligen Stallungen als Wohnräume hatte herrichten lassen. Es war für ihn ein großer Aufwand, seine umfangreiche Bibliothek dorthin zu bringen. Junge Männer, die sich in dieser Phase aus religiösen Gründen um ihn scharten, halfen dabei. Die jungen Leute, die nach Littlemore kamen, um dort zu wohnen und an Gespräch, Gebet und Meditation teilzunehmen, waren ganz verschiedener Herkunft. Alle hatten sie besonderes Interesse an der apostolischen und katholischen Dimension der Kirche. Newman war bemüht, sie von der Konversion zur Römisch-katholischen Kirche zurückzuhalten. Auch wenn sie die Mahlzeiten, Gebete und manche Freizeitgestaltung gemeinsam nach einem Tagesplan hatten, sie waren gleichwohl keine Mönchsgemeinschaft, wie manche Gerüchte und sogar Zeitungsberichte behaupteten. Es gab unter den Bewohnern solche, die wie Mark Pattison (1813 - 1884) an der „Bibliothek der Kirchenväter" arbeiteten und sich nach ihrem Aufenthalt in Littlemore ganz und gar von Newmans Weg abwandten.[343] Andere, wie Frederic Bowles (1818 - 1900), Richard Stanton (1820 - 1901), John Dobrée Dalgairns 81818 - 1876) und Ambrose St. John (1815 - 1875) gingen seinen Weg mit. A. St. John wurde für Newman am bedeutsamsten. Als Schüler von E. B. Pusey und Kaplan von Newmans engem Freund Henry Wilberforce wird er später die Brücke von den anglikanischen Freunden in die katholische Phase Newmans

---

[342] „Das Werk des Christen", Predigt vom 23. Jan. 1842, in: DP IX, 13 - 25; 22 - 25.
[343] Vgl. G. Biemer, A Vivified Church: Common Structures in the Ecclesiology of Johann Adam Möhler and John Henry Newman, in: NSt XVI, 1998, 240 - 268; 245f, Anm. 27.

REFORMVERSUCHE DER „APOSTOLISCHEN" IN DER ANGLIKANISCHEN
KIRCHE: DIE OXFORD-BEWEGUNG (1833 - 1843)

bilden. Er wird ihn zur Konversion, zum Studium in Rom und zum Leben im Oratorium in Birmingham begleiten.

In Newmans Geistesverfassung blieb den ganzen Sommer des Jahres 1842 über die Auseinandersetzung um das rechte Kirchenbild und das Verhältnis der anglikanischen zur wahren Kirche im Vordergrund. Am 16. Juli schrieb er: „Gemäß der großen anglikanischen Theorie, mit der ich die Theorie von Laud, Bull, Butler usw. meine, auf der allein die englische Kirche stehen kann, die weder römisch noch puritanisch ist, betrachte ich den gegenwärtigen Zustand der Kirche wie den eines Imperiums, das im Stadium des Abbruchs oder schon zusammengebrochen ist. Zumindest kenne ich kein besseres Bild. Wo ist das türkische Reich heutzutage? In gewissem Sinn ist es gewesen und ist nicht mehr. Verschiedene Teile davon sind herausgerissen, andere im Aufstand ... Zu welchem Grad auch immer dies von der türkischen Macht wahr ist, zumindest ist es wahr von der Kirche. Unser Herr hat ein Königreich gegründet: Es verbreitete sich über die Erde und dann brach es zusammen. Unsere Schwierigkeiten mit Glaube und Gehorsam sind genau diejenigen, die ein Bürger eines zerfallenden Imperiums in Sachen Staatstreue hat. Wir wissen manchmal nicht, was autoritativ ist und was nicht, wer Glaubwürdigkeit hat und wer nicht ..."[344] Nachdem die Via Media als spezifische Theologie der Anglikanischen Kirche nicht standgehalten hatte, sieht sich Newman in den Zweifel gedrängt, ob es überhaupt eindeutig auszumachen sei, wo die wahre Kirche Jesu Christi in der Gegenwart identifiziert werden könne. Es sei nicht möglich zu sagen, wo die Kirche heute sei, sondern nur, wo sie einstmals als die eine wahre Kirche Jesu Christi war. Deshalb gelte: „Wir leiten uns selbst durch das, was die Kirche tat oder sagte, bevor diese Heimsuchung über sie hereinbrach: wir gehorchen denen, die uns vorgesetzt sind, erstens weil sie uns vorgesetzt sind; sodann, weil sie zumindest die apostolische Sukzession bewahrt haben ...; zudem, weil sie die nahesten Repräsentanten zur ganzen Kirche sind, die wir auffinden können... Wir betrachten die örtliche Kirche als den Typ und Stellvertreter der ganzen."[345]

---

[344] AM II, 399.
[345] AM II, 400.

REFORMVERSUCHE DER „APOSTOLISCHEN" IN DER ANGLIKANISCHEN
KIRCHE: DIE OXFORD-BEWEGUNG (1833 - 1843)

Die Entwicklung der christlichen Glaubenslehre

Bereits durch die Predigt von Edward Hawkins, seinem Vorgänger als Pfarrer von St. Mary's, „Über den Gebrauch und die Bedeutung nicht autoritativer Tradition" war Newman als junger Fellow über die Bedeutsamkeit der vor der Heiligen Schrift des Neuen Testaments liegenden und sie begleitenden mündlichen Überlieferung aufgeklärt worden. Er hatte damals sein evangelikales Kleben am geschriebenen Wort der Offenbarung bedeutend gelockert. Im zeitlichen Zusammenhang dazu steht seine frühe Predigt vom 23. Oktober 1825 „Über die Zusammengehörigkeit geistlicher Gefühle und dürftiger Kenntnisse in den Gläubigen der Frühzeit", in der er sagt, „daß es eine *fortschreitende Entwicklung* des Evangeliums gab, daß die Juden mehr zu wissen scheinen als die alten Patriarchen und die Christen mehr als die Juden".[346] Beim Väterstudium für seinen Band über die Arianer des 4. Jahrhunderts findet Newman nicht nur das Prinzip der mündlichen Überlieferung durch den Vorgang der frühchristlichen Katechese bestätigt, sondern auch die Erweiterung ursprünglicher Glaubenskenntnisse durch die allegorische Methode. (1832). In seinen Vorlesungen über das „prophetische Amt der Kirche" versucht Newman 1836/37 die Unveränderlichkeit der Offenbarung und das stets weitergehende Wachstum ihrer Rezeption und Erkenntnis in jeder neuen Generation von Gläubigen durch zwei Arten von Tradition, die bischöfliche und die prophetische zu begreifen. Im November 1842 zeigt er in einem Predigtzyklus über den Zusammenhang von Judentum und christlicher Kirche, wie er sich dem Gedanken der Entwicklung nähert, indem er die beiden Elemente der immer gleichen Offenbarungswahrheit Gottes mit der fortschreitenden Gottesoffenbarung in der Geschichte Israels und der Kirche vergleicht. In der Predigt über „Die christliche Kirche eine Fortsetzung der jüdischen" (vom 13. November 1842) hat er den Zusammenhang von Aussagen der Propheten im Älteren Bund mit den durch die neutestamentlichen Autoren in Anspruch genommenen Erfüllungsvorstellung in Zusammenhang gebracht. Dabei sieht er, „daß die Prophezeiungen nie eine buchstäbliche Erfüllung gehabt haben und sie

---

[346] Unveröffentlichte Predigt „On the Compatibility of Spiritual Feelings with Scanty Knowlegde in Ancient Believers": Birmingham Archives MS A 17.1 (voraussichtliche Veröffentlichung in Band V der Ausgabe: J. H. Newman, Sermons 1824 - 1843, vol. I/II, Oxford 1991/1993).

auch nie finden werden, denn sie enthalten Ausdrücke und Behauptungen, die eine buchstäbliche Auslegung nicht zulassen". Anderseits kennt er die bildhafte Bedeutung solcher Aussagen als Möglichkeit zu allegorischer Ausfaltung, durch die künftige Heilsereignisse durchaus in Zusammenhang gebracht werden können. So sieht er: „Die Ereignisse in der christlichen Kirche sind jedenfalls nur dann überhaupt eine Erfüllung der an die Juden ergangenen Verheißungen, wenn man beide in einem sehr echten Sinn *eine* Kirche nennen kann. Je größer nach außen hin die Schwierigkeit ist, um so fester und stärker muß zum Ausgleich inwendig das Prinzip des Zusammenhangs und der Wesenseinheit bestehen. Welches nun aber diese innigen Berühungspunkte zwischen der Kirche in der jüdischen und ihrer christlichen Form sind, dies zu untersuchen, ist natürlich wichtig."[347] Gerade der Zusammenhang von Beschneidung und Taufe, von Sabbat und Sonntag und von vielen anderen heiligen Riten und Weisungen lasse erkennen, daß die christliche Kirche nicht die jüdische Thora ersetze, sondern daß sie deren Fortbestand „in neuer Gestalt" sei, so sagt Newman in seiner Predigt „Das Prinzip des Zusammenhangs zwischen der jüdischen und der christlichen Kirche" vom 20. Nov. 1842.[348] Es sei eine Frage der Gegenwart Gottes, die sich zu verschiedenen Zeiten unter der Gestalt verschiedener Riten vollziehe. Dabei sieht Newman durchaus auch Gottes Gegenwart in religiösen Riten anderer Religionen, deren Zeichenform u. U. in die jüdische Religion und in die christliche Kirche übernommen wurden. „Einst wohnte Gott im jüdischen Ritus, obwohl dieser heidnischen (Riten, GB) ähnlich war, und jetzt wohnt er im christlichen Ritus, obwohl er dem jüdischen ähnlich ist. Formen sind nichts ohne Gottes Gegenwart, mit seiner Gegenwart sind sie alles." Newman denkt hier die Gegenwart chronologisch in einer Aufeinanderfolge, die keine Gleichzeitigkeit in verschiedenen Riten oder Religionen ermöglicht, zumindest nicht die Vollform der Gegenwart Gottes. Noch ist der Gedanke für ihn nicht abgeschlossen, wie sich zwei Jahre später in seinem Essay über die

---

[347] DP IX, 205 - 224; 210 und 224. Wir weisen in diesem Zusammenhang auf die für den anglikanischen Christen Newman selbstverständliche Subsumierung der jüdischen Heilsgeschichte unter die christliche hin. Das Kapitel eines deutlichen, wenn auch spezifisch gemilderten Antijudaismus bei Newman ist noch nicht geschrieben worden. Ob es als eine signifikante Aussage für eine positive Einschätzung der Juden zu verstehen ist, „daß die christliche Kirche die jüdische Thora nicht ersetze" sei nur angemerkt.

[348] DP IX, 225 - 244.

Reformversuche der „Apostolischen" in der Anglikanischen Kirche: Die Oxford-Bewegung (1833 - 1843)

Entwicklungslehre zeigen wird: Jedenfalls ist für ihn faßbar geworden, daß nicht die Identischkeit der rituellen Vollzüge über die Gegenwärtigwerdung Gottes entscheidet, sondern umgekehrt diese Gegenwart in neu entwickelten Riten gewährt werden kann.

Im Februar des darauffolgenden Jahres 1843 erschließt Newman seinen Gedanken von der progressiven Entfaltung der Offenbarung am Evangelium von Mariä Lichtmeß: „Maria aber bewahrte alle diese Worte und erwog sie in ihrem Herzen" (Lk 2, 19). Daraus wurde seine 15. und letzte Predigt vor der Universität Oxford, die er „Theorie der Entwicklung in der religiösen Lehre" nannte und die eineinhalb Stunden dauerte.[349] Newman spricht von der Weitung des Geistes, die darin besteht, neues Wissen in den Zusammenhang mit dem bisherigen zu setzen und so in der Vorwärtsbewegung der Zeit zu weiteren Erkenntnissen zu kommen. Auch das Glaubenswissen sei auf diese Weise den Gesetzmäßigkeiten menschlichen Wissenserwerbs in der Geschichte unterworfen. Der nachdenkende Verstand des Glaubenden trage dabei, wenn er im rechten Geist angewendet werde, zur Entfaltung der Glaubensinhalte bei. Maria sei dafür ein herausragendes Beispiel, da sie ihren Verstand unter Anleitung des Heiligen Geistes zur Erforschung der Glaubensinhalte gebraucht habe. Im Verlauf der Jahrhunderte unserer Kirchengeschichte seien so auch in der theologischen Ausfaltung des Glaubens neue Begriffe aufgenommen worden wie Person, Menschwerdung, Gottesnatur, Menschennatur usw. Die *Lebendigkeit des gläubigen Nachdenkens* sei das Prinzip zur Entstehung neuer Begriffe. Diese seien dann legitim, wenn sie das Alte neu zur Sprache bringen. Die Gefahr besteht darin, daß einzelne Sätze bzw. Aussagen des Evangeliums herausgegriffen werden, auf die sich dann Glaube und Glaubenssystem stützen, ohne daß die Gesamtidee, zu der dieser Satz gehört, begriffen wurde. So entstehen Häresien, das Gegenstück der wahren Entwicklung. Die Umsetzung der Aussagen des Evangeliums ins Leben, ihre Verkörperung, ihre Verwirklichung führt zur echten Aneignung und Erweiterung der Glaubenserfahrung. „Realisierung ist überhaupt das Leben der echten Entwicklung; sie ist der Kirche eigentümlich und die Rechtfertigung ihrer Definitionen." - Dabei bedenkt Newman auch die Relativität aller Aussagen über Gott, da die menschliche

---

[349] G, 231 - 258.

REFORMVERSUCHE DER „APOSTOLISCHEN" IN DER ANGLIKANISCHEN
KIRCHE: DIE OXFORD-BEWEGUNG (1833 - 1843)

Fähigkeit zum Verstehen endlich und begrenzt sei, Gott aber der unendliche und ganz Andere. So sind auch die Aussagen des Glaubensbekenntnisses nur in dem Maße wahr, „wie unser Geist überhaupt fähig ist, die Wahrheit aufzunehmen. Sie sind wahr, soweit sie reichen, und unter Denkbedingungen, wie sie uns unsere menschliche Schwäche auferlegt. Es ist wahr, daß Gott ohne Anfang ist, sofern der Begriff Ewigkeit, in Ehrfurcht betrachtet, den der Aufeinanderfolge enthält. Es ist wahr, daß er überall ist, wenn Gott, der ein Geist ist, räumliche Eigenschaften haben kann... usw."[350] Ohne darauf zu verweisen, macht Newman in diesem Zusammenhang von einem Glaubenssatz des 4. Lateran-Konzils von 1215 Gebrauch, der in seiner umständlichen Genauigkeit lautet: „Zwischen dem Schöpfer und dem Geschöpf kann man keine so große Ähnlichkeit feststellen, daß zwischen ihnen keine noch größere Unähnlichkeit festzustellen wäre."[351] - Gegen Ende seiner Predigt kommt Newman auf die Warnung: „Der Fehler also, den wir bei der Annahme solcher göttlichen Mitteilungen vermeiden müssen, ist der Ehrgeiz, weiser sein zu wollen als das, was geschrieben steht... Die Vernunft kann die tiefen Schwierigkeiten unserer Situation nur bestätigen, nicht entfernen. Sie hat hier keine Aufgabe; sie kann keinen Anfang setzen. Sie fällt nur auf sich selbst zurück, (solange) bis sie sich damit begnügt, ein Kind zu sein und dem Glauben zu folgen, wohin er sie führt."

Noch im gleichen Monat brachte Newman die fünfzehn Predigten, die er seit 1826 „vor der Oxforder Universität" gehalten hatte, in einem Band an die Öffentlichkeit. Er war der Ansicht, es sei das „beste Buch, das ich bislang gemacht habe", wenn auch das „am wenigsten theologische".[352] Und er war auch der Auffassung, daß die Argumente und Ansichten über Glaube und Vernunft, die er darin entfaltet habe, ihn seit der Befassung mit den Arianern im Jahre 1831 immer wieder neu beschäftigt hätten. Aus dem Nachdenken über den Zusammenhang von Glaube und Vernunft war schließlich der Gedanke von der Entwicklung der christlichen Lehre entstanden. Schon 1838 im Trakt 85 über „Die Heilige Schrift und das Credo" hatte er einen wichtigen Teil dieses Gedankengebäudes errichtet; denn darin hatte er aufgezeigt, wie es zu den neuen Begriffen und

---

[350] G, 257f.
[351] DH, 806.
[352] AM II, 407.

REFORMVERSUCHE DER „APOSTOLISCHEN" IN DER ANGLIKANISCHEN KIRCHE: DIE OXFORD-BEWEGUNG (1833 - 1843)

Formulierungen des Glaubensbekenntnisses kommen konnte und mußte. Sie basieren zwar auf dem Inhalt der Schrift, sind aber so - das heißt mit Begriffen der Bibel - formuliert.[353]

Das Jahr 1843, das Newman, wie wir sahen, mit der groß angelegten Darstellung der Entwicklungslehre begonnen hatte, war auch der Zeitraum, in dem er seine Retractationes veröffentlichte, sich erneut und vertieft Exerzitien verschrieb und den folgenreichen Schritt des Verzichts auf sein Pfarramt tat. Im zentralen Part jener Entwicklungs-Predigt beschrieb er phänomenologisch genau, wie er Entwicklung entstehen sieht, wenn durch die Verkündigung Eindrücke von einer Idee vermittelt werden. „Der Apostel sprach zu den Athenern: 'Was ihr, ohne es zu kennen, verehrt, das verkünde ich euch.' Der Geist, der an den Gedanken an Gott, an Jesus Christus, an den Heiligen Geist gewöhnt ist, wird ... schon von Natur aus gedrängt, den Gegenstand seiner Anbetung in frommer Wißbegier zu betrachten, beginnt Thesen über Gott zu formulieren, ehe er noch ahnt, wohin oder wie weit ihn seine Gedanken tragen werden. Die eine Behauptung führt notwendig zu einer anderen, die zweite zu einer dritten. Dann wird irgend eine Abgrenzung notwendig, und die Verbindung dieser Gegensätze verursacht wieder neue Ableitungen aus der ursprünglichen Idee, von der man in der Tat nie sagen kann, man habe sie erschöpft. Dieser Vorgang ist ihre Entwicklung und ergibt eine Reihe ... dogmatischer Feststellungen bis das, was anfänglich nur ein Eindruck auf die Einbildungskraft war, in der Vernunft zu einem System oder Glaubensbekenntnis geworden ist." Entscheidend ist dabei, daß diese Ideen „nicht Geschöpfe unseres Geistes sind, sondern *Bilder äußerer, von uns unabhängiger Dinge.* Dies wird natürlicherweise auch bei den göttlichen Ideen geschehen, die wie Objekte unseres Glaubens sind. ... Die dogmatischen Bestimmungen über das Wesen Gottes in unseren Bekenntnissen (können) noch so sehr vervielfacht werden: niemals können sie mehr sagen, als in der Fülle der ursprünglichen Idee enthalten ist... Das Leben der Bekenntnisse besteht in der einen Idee, die sie ausdrücken sollen und die allein wesenhaft ist. Sie sind einzig darum notwendig, weil der

---

[353] Tract Nr. 85: „Lectures on the Scripture Proofs of the Doctrines of the Church, Oxford 1838, 115 Seiten.

REFORMVERSUCHE DER „APOSTOLISCHEN" IN DER ANGLIKANISCHEN KIRCHE: DIE OXFORD-BEWEGUNG (1833 - 1843)

Menschengeist nur stückweise über sie nachdenken und sie nicht in ihrer Einzigkeit und Ganzheit aufnehmen kann."[354]

Im Februar (1843) veröffentlichte Newman seinen *Widerruf* (Retractation), in dem er eine Anzahl von Stellen aus seinen Schriften zurückzieht, die sich gegen die Kirche von Rom gerichtet haben. Er bemerkt dazu am Ende: „Wenn man mich fragt, wie ein Mensch dazu kommt, von einer kirchlichen Gemeinschaft, die so alt, so weit verbreitet und so fruchtbar an Heiligen ist, solche Ansichten zu haben und diese sogar öffentlich auszusprechen, so antworte ich ...: Ich folgte nur dem fast übereinstimmenden Urteil der Theologen meiner Kirche."[355] Newman hat diese negativen Äußerungen über die Kirche von Rom zu dem Zeitpunkt, als er sie getan hatte, für wahr gehalten. Doch inzwischen hatte er hinreichend Gründe kennengelernt, diese Urteile als ungerecht und falsch betrachten zu müssen. Folgerichtig veröffentlicht er als eine Forderung der Gerechtigkeit und Wahrheit die Rücknahme jener falschen Urteile. Es ist also nicht richtig, darin bereits einen Schritt auf die Anerkennung der Kirche von Rom als wahre Kirche Jesu Christi zu sehen. Zu dieser Überzeugung war er noch nicht gelangt. Darum ist auch die heftige Kritik falsch gewesen, die ihm dieser Schritt eintrug. Noch nach zwei Jahrzehnten mußte er sich mit der Logik oder Unlogik seiner „Retractations" auseinandersetzen, als er „die Geschichte seiner religiösen Überzeugungen" schrieb, die „Apologia Pro Vita Sua" von 1864. - Solange Newman von der Richtigkeit der anglikanischen Theorie der Via Media überzeugt war, gehörte dazu als Teil ihres Inhalts und Bestandteil der in der Anglikanischen Kirche üblichen Spielregeln auch, Rom als Ort des Antichrist zu diffamieren. Nachdem er jedoch begonnen hatte einzusehen, daß zusätzliche Glaubenssätze, wie sie die Kirche von Rom in ihrer Geschichte hervorgebracht hat, möglicherweise legitime logische Ausfaltungen der Offenbarungslehre sein konnten, hielt er seinen Konsens mit der Großzahl der anglikanischen Theologen und deren aggressiver Haltung Rom gegenüber nicht mehr für vertretbar.

---

[354] G, 243f.
[355] J. H. Newman, Retractations of Anti-Catholic Statements, 1843/1845, in: VM II, 425 - 433.

Reformversuche der „Apostolischen" in der Anglikanischen Kirche: Die Oxford-Bewegung (1833 - 1843)

Je stärker Newmans Zweifel an der Legitimität des anglikanischen Kirchensystems wurden, je mehr er die Erfahrung machen mußte, daß sich die maßgebenden Autoritäten gegen eine Re-Apostolisierung ihrer Kirche zur Wehr setzten und dem Kennzeichen der Katholizität das der Reformiertheit gegenüberstellten, desto intensiver war seine eigene Orientierung am Ideal der Väterkirche. Christ sein nach der Art und Weise der großen Heiligen des 4. und 5. Jahrhunderts sollte auch der Maßstab für die Lebensgestaltung aus dem Glauben unter seinen Zuhörern in St. Mary's werden, ob sie der Gemeinde oder der Universität angehörten. Deshalb hielt er im Februar 1843 jene fundamentale Predigt über den „Christen der apostolischen Zeit", in der er in einer Kurzformel sagt, der Christ habe ein reines Herz, eine saubere Hand und ein frohes Gesicht.[356] Im einzelnen faltet er diese populäre Merkformel so aus, daß die Christen der biblischen Zeit sich bemüht hätten, gelöst von weltlichen Bindungen zu leben und einzig nach Jesus Christus Ausschau zu halten. Der ursprüngliche Christ sei durch seine Wachsamkeit bzw. seine Aufmerksamkeit für das Kommen des Menschensohnes und durch seine Art der Gebetspraxis ausgezeichnet. Keine Schranke, nichts Irdisches habe er zwischen seiner Seele und ihrem Erlöser stehen lassen. Jesus Christus selbst habe in seinem Herzen gewohnt. - Mit der sauberen Hand wollte Newman die Besitzlosigkeit des Christen kennzeichnen:

> „Die Christen waren, wie jede Seite des Neuen Testaments darstellt, eine Gemeinschaft von einfachen, lauteren, ernsten, demütigen, geduldigen, sanftmütigen und liebenden Menschen ohne Streben nach irdischen Vorteilen oder weltlichem Einfluß... Dies war die natürliche Folge einer tiefen Überzeugung von der Nichtigkeit dieser Welt und von der Allwichtigkeit der anderen Welt. ... Sie opferten Christus ihre teuersten Wünsche und Gegenstände, Dinge, die ihnen wertvoller und näher waren als selbst das Kleid, das sie trugen. 'Wenn deine Hand oder dein Fuß dich zum Bösen reizt, ... hau ihn ab und wirf ihn von dir ...' Dies ist - wenn man über etwas Großes in solcher Kürze sprechen kann - das im Neuen Testament entworfene Bild des Christen: Christen sind jene, die bekennen, daß sie die Liebe zur Wahrheit in ihren

---

[356] DP IX, 303 - 320.

Herzen tragen. Und wenn Christus sie fragt, ob ihre Liebe so groß sei, daß sie seinen Kelch trinken können und an seiner Taufe teilhaben, dann geben sie zur Antwort: 'Wir können es'. Und ihr Bekenntnis endet in einer wunderbaren Erfüllung. Sie lieben Gott und geben die Welt auf." - Schließlich sei für den apostolischen Christen kennzeichnend, daß er eine besondere Art der Freude in sich getragen habe: die edle Freude der Verfolgten und Geläuterten, die wissen, daß sie auf Seiten der Gerechtigkeit und Wahrheit leben. „Ertragt es, auf das Bild des Christen zu schauen, wie es die Inspiration darstellt: ohne Erläuterung, ohne Kommentar und ohne menschliche Tradition. Ertragt es, daß man euch eine Anzahl von Texten vorliest, von Texten, die man siebenfach vermehren könnte, von Texten, die kein Gegenstück haben, die keine bloßen Auszüge sind, sondern Beispiele aus dem ganzen Neuen Testament... Entschließt euch, das Bild eines biblischen Christen lebendig zu erfassen, wie auch die Tatsache, daß die ersten Christen in Wirklichkeit ihm entsprochen haben", beschwört er seine Zuhörer. „Wenn die Wahrheit gesagt werden muß, was ist der demütige Mönch, die heilige Nonne, was sind die andern Ordensleute, wie man sie nennt, anderes als Christen genau nach dem Vorbild, wie es in der Schrift steht?", fragt er seine anglikanischen Hörer des 19. Jahrhunderts. „Wer anders als sie gibt Heim und Freunde hin, Reichtum und Bequemlichkeit, hohen Namen und freien Willen für das Himmelreich? Wo finden wir das Bild eines heiligen Paulus, Petrus, Johannes, Marias, der Mutter des Markus oder der Töchter des Philippus wieder, wenn nicht in jenen, die in der Einsamkeit oder mitten in der Welt das stille Antlitz, die traut verhaltene Stimme bewahren, die hagere Gestalt, edles Benehmen, ein Herz, das sich der Welt entwöhnt hat, und einen Willen, der sich unterwirft; die für ihre Sanftmut Hohn ernten und für ihre Reinheit Verleumdung und für ihren Ernst Argwohn, für ihren Mut Grausamkeit, die aber Christus in allem finden - Christus, ihr ein und alles, ihr Anteil in Ewigkeit,

REFORMVERSUCHE DER „APOSTOLISCHEN" IN DER ANGLIKANISCHEN KIRCHE: DIE OXFORD-BEWEGUNG (1833 - 1843)

daß er ihnen vergelte, hier und im anderen Leben, was sie gelitten, gewagt haben und um seines Namens willen?"[357]

Der Abschied von den Freunden

Einer jungen Frau, die sich von der römisch-katholischen Kirche angezogen fühlte und glaubte, dort die Wahrheit Gottes und das Heil zu finden, schreibt Newman im März 1843: „Sie müssen geduldig sein, Sie müssen warten, bis sich *das Auge der Seele* in Ihnen gebildet hat. Religiöse Wahrheit erlangt man nicht durch Denken, sondern durch innere Wahrnehmung. Denken kann jeder, aber nur der disziplinierte, gebildete, geformte Geist kann wahrnehmen. Also ist nichts wichtiger für Sie als Gewohnheiten der Selbstbeherrschung, wie Sie selber sagen. Gefühle und impulsive Regungen überschwemmen einen. All das muß gezügelt, reguliert, unter Kontrolle gebracht werden, in Prinzipien und Gewohnheiten beziehungsweise in Charakterelemente umgewandelt werden. Überlegen Sie, daß Sie diese große Aufgabe zu vollbringen haben, sich selbst zu ändern; und Sie können nicht daran zweifeln, daß - was immer die Mängel der englischen Kirche sein mögen - und was immer die Vorteile der römischen - in ersterer Gaben und Hilfen übergenug sind, um Sie bei dieser notwendigen Mühe zu stützen."[358] -

Newman selbst und fünf weitere seiner Freunde wollten in diesem Sinne die geistlichen Möglichkeiten der Anglikanischen Kirche in der Fastenzeit 1843 besonders ausschöpfen. So hielten sie eine Woche vor dem Karfreitag zum ersten Mal streng Exerzitien im Geiste des heiligen Ignatius von Loyola in Littlemore. Der Tagesverlauf sah eine Meditation von 4.30 Uhr bis 5.30 Uhr vor, sowie um 13.30 Uhr und 20.30 Uhr. Ausgehend von der Thematik über das Ziel des menschlichen Lebens, über die Sünde, über Tod und Gericht folgte in der zweiten Wochenhälfte die

---

[357] DP IX, 317 - 319.
[358] AM II, 409. Zu der Korrespondentin Mary Holmes (1815 - 1878) vgl. Joyce Sugg, Ever Yours Affly. John Henry Newman and his Female Circle, Leominster 1996, 45ff; 267ff. u. a.

REFORMVERSUCHE DER „APOSTOLISCHEN" IN DER ANGLIKANISCHEN KIRCHE: DIE OXFORD-BEWEGUNG (1833 - 1843)

Betrachtung der Heilsgeheimnisse der Menschwerdung und (am Karfreitag) des Leidens Christi. In seinen Aufzeichnungen zur ersten Meditationsübung notiert Newman: „Die Gedanken, die mich am meisten trafen, waren folgende: Daß Gott mir im Alter von fünf oder sechs Jahren die Frage eingab, was ich sei und wozu ich da sei, und daß ich sie bis jetzt, da ich 42 bin, noch nie durch meine *Lebensführung* beantwortet habe. Wenn Ungehorsam wider die Natur ist, dann bin ich im Angesicht der Engel wie ein abscheuliches Monstrum, dessen Anblick man meidet. Ich habe kaum einmal zur Ehre Gottes gehandelt, mein Beweggrund bei all meinem Tun in den letzten zehn Jahren war die Freude, intellektuelle Kräfte zu entfalten, als wären mir meine Talente zum Spielen gegeben ... Es ist ein erschreckender Gedanke, wie wenig ich meine Gaben für den Dienst Gottes benutzt habe... Am Schluß habe ich mich feierlich Gott hingegeben, daß er über mich verfüge, wie er will, daß er aus mir mache, was er will, daß er mir auferlege, was er will."[359] Bei der Betrachtung der Menschwerdung geht Newman „die wunderbare Wahrheit" auf, die wohl als Axiom zu nehmen sei - und das heißt, als ein Grundsatz ohne Beweis - daß „Demut geradezu die Bedingung dafür ist, ein Christ zu sein; sie gehört zum Begriff desselben und ist keine Zugabe." Unter den großen Anliegen, die ihn während dieser Woche plagten und die er Gott als Opfer anbot - allerdings in der Hoffnung, „daß er keines davon fordert" - war das Angebot, „sich der Kirche von Rom anschließen zu müssen", seine Bibliothek hergeben zu müssen, physische Schmerzen ertragen zu müssen.[360]

Als sich Newman im Advent des Jahres 1843 wieder mit fast den selben Freunden zu Exerzitien traf, hatte sich ihre Lage in der Anglikanischen Kirche allerdings grundlegend verändert. Er hatte das geistliche Amt aufgegeben und war in den Laienstand zurückgekehrt. Den Anlaß zu diesem Schritt hatte einer seiner jungen Mitbewohner, William Lockhart (1819 - 1892) gegeben, der erst 1842 zum Kreis von Littlemore hinzugekommen war, in der dortigen Schule Unterricht erteilte und sich an den geistlichen Übungen beteiligte, auch an den geschilderten Exerzitien in der Fastenzeit. Obgleich er wie alle anderen Newman das Versprechen

---

[359] SB, 288f.
[360] SB, 289f.

Reformversuche der „Apostolischen" in der Anglikanischen Kirche: Die Oxford-Bewegung (1833 - 1843)

hatte geben müssen, drei Jahre lang die anglikanische Gemeinschaft nicht zu verlassen, ließ er sich im August in die Römisch-katholische Kirche aufnehmen. Zwei Jahre später trat er der Priestergemeinschaft der Rosminianer bei, die in Loughborough eine Niederlassung hatte.[361] Lockhart betrachtete sich gleichwohl Zeit seines Lebens als Schüler Newmans.

Seine Konversion wurde als Skandalgeschichte gehandelt, und natürlich hielt man Newman für mitverantwortlich. Aus einer Stimmung, der man nicht nur die Betroffenheit sondern das eigene Einfühlungsvermögen und Mitgefühl anmerkt, schildert Newman die Situation seiner Schwester Jemima: „Du kannst nicht einschätzen, was gegenwärtig (leider!) so viele fühlen: die seltsame Wirkung, die im Geiste entsteht, wenn die Überzeugung aufblitzt, vielmehr ihn überflutet, daß Rom die wahre Kirche ist. Das ist natürlich eine höchst evolutionäre und deshalb aufregende und umwerfende Überzeugung. Aus diesem Grund sollten Leute daraufhin nicht handeln; denn es ist unmöglich, in einem solchen Gefühlszustand zu sagen, ob die Überzeugung gut begründet ist oder nicht."[362] Newman selbst unterschied für seine eigene Person von der Sympathie für Rom, die Notwendigkeit rationaler Überzeugung und die Sondierung der Gewissenspflicht. Weshalb er auf die Nachricht von der Konversion W. Lockharts hin sogleich vorhatte, sein Pfarramt aufzugeben, begründete er in einem als vertraulich bezeichneten Schreiben an seinen Schwager James B. Mozley: „Ich dachte, Du würdest die Aussicht, daß ich St. Mary's verlasse, bereits kennen, ohne daß ich zu Dir über eine Sache spreche, die zwar ansteht, aber die mich (wie du Dir denken kannst) ganz krank macht. Ich habe daran während dieser (letzten) drei, ich könnte sagen vier, Jahre gedacht und handle nicht ohne mich beraten zu haben. ... Die Wahrheit ist also dies, daß ich kein so guter Sohn der Kirche von England mehr bin, als daß ich das Gefühl hätte, ich könnte ihr im Gewissen einen Vorzug einräumen. Ich liebe zu sehr die Kirche von Rom. - Nun, sei ein guter Kerl

---

[361] Das von Antonio Rosmini-Serbati (1797 - 1855) 1828 in Domodossola gegründete Institutum Caritatis - eine Ordenskongregation aus Priestern und Laien mit einem weiblichen Zweig - hat in der englischen Kirche für die Priester den Titel Fathers of Charity. Die Kongregation wurde von A. Gentili 1835 in England eingeführt und fand auch in Irland und Amerika Ausbreitung. Ihre Mitglieder widmeten sich der Predigt, der Volksmission, der Lehr- und literarischen Tätigkeit im Dienste des Evangeliums.
[362] AM II, 424.

REFORMVERSUCHE DER „APOSTOLISCHEN" IN DER ANGLIKANISCHEN
KIRCHE: DIE OXFORD-BEWEGUNG (1833 - 1843)

und verbrenne dies; denn manchmal läßt Du Briefe auf dem Kaminsims herumliegen."[363] Noch deutlicher formulierte er es an seine Schwester Harriett: „Ich bin so verzweifelt über die Kirche von England und werde von ihr so offensichtlich verstoßen und auf der anderen Seite so sehr von der Kirche von Rom angezogen, daß ich es im Sinne der Ehrlichkeit für sicherer halte, meine (Pfarr-)Stelle nicht zu behalten. Das ist etwas ganz anderes als hätte ich irgendeine *Absicht*, mich der Kirche von Rom anzuschließen. ... Die Leute können es nicht verstehen, daß ein Mensch im Zustand des Zweifels ist. ... Alles, was ich weiß, ist dies, daß ich mich nicht länger ohne Scheinheiligkeit als Lehrer und Vorkämpfer zu unserer Kirche bekennen könnte ..."[364]

In seinem Tageskalender schreibt Newman unter „18. September (1843) - Hatte letzte Nacht keinen Schlaf...Unterzeichnete Verzicht auf St. Mary's vor einem Notar - ... 25. September: Gedächtnistag in Littlemore ... Ich predigte Nr. 604, meine letzte Predigt".[365] - Im Rückblick von zwei Jahrzehnten auf jene Zeit bestätigte Newman seinen Seelenzustand. „Ich begann, an der englischen Kirche zu zweifeln und legte alle geistlichen Pflichten nieder. Alles, was ich von da an schrieb und tat, war nur noch von dem Wunsch geleitet, ihr kein Unrecht zu tun."[366]

Der 25. September 1843 war der Jahrestag der Einweihung der Kirche von Littlemore. Newman, der wie gewöhnlich am Nachmittag in St. Mary's gepredigt hatte, hielt seine letzte Predigt als Priester der Anglikanischen Kirche. In einem zeitgenöösischen Brief des jungen Edward Bellasis spiegelt sich die Erwartung und Spannung der Studenten: „Wir, das heißt jedermann in Oxford gingen zum Nachmittagsgottesdienst nach St. Marien, da man annahm, Newman predige dort zum letzten Mal; er predigte, machte aber keine Anspielung auf seinen Rücktritt..." Die Freunde Newmans seien hernach zum Essen bei Manuel Johnson, dem Oxforder Astronom, zusammengekommen, um sich anschließend nach Littlemore zu begeben. Bellasis schildert die mit Blumen reich dekorierte Kapelle und die Liturgie. „Der Gottesdienst begann mit einer Prozession

---

[363] AM II, 423.
[364] AM II, 425f.
[365] AM II, 424. Newman numerierte seine Predigten durchgehend nach der Reihenfolge der Abfassung. Sermons I, 354ff.
[366] A, 219.

Reformversuche der „Apostolischen" in der Anglikanischen Kirche: Die Oxford-Bewegung (1833 - 1843)

von Klerus und Schulkindern, die auf dem Weg vom Schulhaus zur Kirche einen Psalm sangen; den Gottesdienst hielten Newman (zum letzten Mal), Pusey, Copeland und Bowles. Es gab einen Kommunion (-Gottesdienst, GB) und Newman hielt seine Abschiedpredigt. ... Die Predigt werde ich nie vergessen, die stockende Stimme, die langen Pausen, die vernehmbare aber kaum gelingende Bemühung sich zu berherrschen in Verein mit dem starken Interesse am Thema, war überwältigend. Newmans Stimme war leise aber deutlich und klar, und seine Thematik war eine halbverschleierte Klage und Anklage über die Behandlung, die ihn hinaus trieb." „Es gab in der Kirche kein trockenes Auge, ausgenommen Newman."[367]

Der Schrifttext zur Predigt war derselbe, über den Newman als Diakon seine allererste Predigt verfaßt hatte: „Nun geht der Mensch hinaus an sein Tagwerk, an seine Arbeit bis zum Abend." (Psalm 104, 23). „Als der Menschensohn, der Erstgeborene der Schöpfung Gottes, an den Abend seines sterblichen Lebens gekommen war, nahm er Abschied von seinen Jüngern mit einem festlichen Mahl", begann Newman seine Predigt.[368] Die Festzeit des Jahrestages der Kirchweihe und der Zyklus seines Arbeitstages aus den beinahe zwanzig Jahren in der Anglikanischen Kirche waren die zwei Gedankenebenen, die sich in seinen Ausführungen spiegelten, orientiert an immer neuen Beispielen aus der Heiligen Schrift.

> „Jahr für Jahr (war es uns, GB) gegönnt, nach unserem Maß, entsprechend unserem Tun und Glauben, im Angesicht Gottes uns über dieses heilige Hauses zu freuen, das er uns für seinen Kult geschenkt hat. Es war eine frohe Zeit, als wir uns erstmals hier versammelten; - viele der Anwesenden erinnern sich daran. Und unsere Freude hat nicht aufgehört, sie hat sich vielmehr jeden Herbst erneuert, wenn der Jahrestag kam. Es war 'ein Tag der Freude und des Festmahls, ein Festtag, da man sich gegenseitig Speisen zusandte' (Est 9, 19). Bis heute haben wir das Fest freudigen Herzens gehalten 'bis zum glücklichen Ende'. Heute wollen wir es wieder halten, wenn auch in Eile, mit bitteren Kräutern, die Lenden gegürtet, den Stab in der Hand, als 'hätten wir hier keine bleibende Wohnstatt und als suchten wir die

---

[367] E. Bellasis, Memorials of Mr. Serjeant Bellasis, London 1895, 62 - 65
[368] DP IX, 431 - 446: „Abschied von Freunden".

künftige' (Hebr 13, 14)." Abschiedsszenen wie die Jakobs, als er den Jordan überschritt und Ismaels, als er aus seines Vaters Zelt weggeschickt wurde, und Orphas, als sie sich von Noemi trennte, von Paulus, der sich jeweils unter Tränen von seinen Freunden veerabschiedete, bildeten den Inhalt. Die Klage über die Mutter Kirche, die ihre Kinder bzw. ihren Sohn verabschiedet, ziehen läßt, faßt diese biblischen Szenen in ihren Gegenwartsbezug zusammen. Doch dann fordert der Prediger seine Hörer auf: „Und nun, meine Brüder, 'lobpreist Gott und sagt ihm Dank; gebt ihm die Ehre, preist ihn vor allen Lebewesen für das, was er an euch getan hat! Es ziemt sich, Gott zu preisen und seinen Namen zu verherrlichen (Tob 12, 6)... 'Iß dein Brot mit Fröhlichkeit und trink mit Freude deinen Wein; denn Gott hat schon Wohlgefallen an deinen Werken. Allezeit seien deine Kleider frisch und deinem Haupt fehle nie das Salböl' (Koh 9, 7f)."

Erst am Ende der Predigt brachte Newman seine eigene Situation zur Sprache, den Abschied, den er damit vom priesterlichen Dienst der Anglikanischen Kirche nahm. „O meine Brüder, ihr gütigen und liebreichen Herzen! Ihr, meine liebenden Freunde! Solltet ihr einen Menschen kennen, dessen Sendung es war, euch durch (die Heilige) Schrift und durch das mündliche Wort zu solchem Tun zu helfen, hätte er euch verkündet, was ihr über euch selbst wußtet oder noch nicht wußtet; sollte er euch eure Nöte und Empfindungen gedeutet und durch die Deutung euch getröstet haben; sollte er in euch das Bewußtsein wach gerufen haben, daß es ein höheres Leben gibt als das alltägliche und eine lichtvollere Welt als die sichtbare; sollte er euch ermutigt, euch ernüchtert haben, den Fragenden einen Weg erschlossen, den Verwirrten beruhigt haben; sollte all sein Reden und Tun euch je für ihn eingenommen und in euch Sympathie für ihn geweckt haben: Dann denkt an ihn in der kommenden Zeit, auch wenn ihr ihn nicht mehr hört und betet für ihn, daß er in allem den Willen Gottes erkenne und allzeit bereit sei, ihn zu erfüllen."

Newman sei von der Kanzel gegangen, habe seinen weißen Chorrock ausgezogen, ihn über die Chorschranke gehängt und in den Bänken der Gemeinde Platz genommen. So symbolisierte er das Aufgeben des

REFORMVERSUCHE DER „APOSTOLISCHEN" IN DER ANGLIKANISCHEN
KIRCHE: DIE OXFORD-BEWEGUNG (1833 - 1843)

Pfarramts und die Rückkehr in den Laienstand der Kirche von England. Noch einmal der Augenzeuge Edward Bellasis: „Nach der Predigt ging Newman zwar zur Kommunion, nahm aber nicht mehr an der Leitung des Gottesdienstes teil. Dr. Pusey konsekrierte die Elemente (von Brot und Wein, GB) unter Tränen, und ein- zweimal überkam es ihn völlig und er unterbrach (die Handlung, GB) ganz." - Newmans Schwester Jemima schrieb ihm hinterher: „Ich kann es nur tief bedauern, aber ich kann keinen Fehler darin finden. Ich kann Dich nicht beschuldigen, ungeduldig, überstürzt oder unlauter gewesen zu sein. Letzteren Gedanken weise ich für immer weit von mir. Ich kann nicht sagen, daß Du unter den Umständen nicht weise gehandelt hast, und ich bin gewiß, daß Du freundlich und umsichtig gehandelt hast ... Wir leben in der Tat in einer dunklen Wolke. Die kleine Gemeinschaft in der Kirche, die in Einigkeit zu sein schien, ist auseinandergerissen. Doch fühle ich Hoffnung, daß wir nicht gänzlich verlassen sein werden ..."[369]

Nicht nur Newman dachte zeitlebens an jenen großen Einschnitt zurück. John C. Shairp (1819 - 1885), Professor für Poetik in Oxford, schrieb 25 Jahre später in seinen Memoiren: „Wie lebhaft kommt die Erinnerung an jene schmerzvolle Leere zurück, an die furchtbare Stille, die über Oxford kam, als diese Stimme aufhörte und wir wußten, daß wir sie nie wieder hören würden. Es war, wie wenn man nachts in der Stille einer großen Kathedrale kniet und die große Glocke, die über einem feierlich erklang, plötzlich aufhört ... Man hat seitdem viele Stimmen machtvoller Lehrer gehört, aber keine hat je die Seele so durchdrungen wie diese."[370]

---

[369] AM II, 426.
[370] AW, 1. Aufl., Bd. V, S. XII.

Aufbruch und Übergänge (1843 - 1850)

„In einer höheren Welt ist es anders,
aber hier unten heißt leben, sich verändern,
und vollkommen sein heißt, sich oft verändert haben"[371]

„Die eine wahre Herde"[372]

Der 21. Februar 1844, Newmans Geburtstag, war ein Aschermittwoch. Es schneite, und Newman war so schwer erkältet wie schon lange nicht mehr. Aber seine Hauptsorge war zu dieser Zeit nicht seine Gesundheit, sondern der Kummer, ja die Enttäuschung, die er offenkundig vielen Menschen durch seine Suche nach der wahren Kirche Jesu Christi bereitete. John Keble hatte ihm zum Geburtstag gratuliert: „Ich muß Dir eine Zeile an diesem Tag schreiben; denn es ist der 21. Februar, und wer ist mehr verpflichtet als ich, mit allen Arten von guten Wünschen Deiner zu gedenken? Möge diese Fastenzeit ein Segen und voll Friede sein für Dich und für die vielen, die mehr oder weniger von der Vorsehung veranlaßt, an Dir hängen ..."[373] - Vielleicht ist dieser Impuls der Grund für Newmans Äußerung an William Bowden am selben Tag: „Ich konnte Dich nicht besuchen; es gab viele Schwierigkeiten und - obgleich es Dich schmerzen wird, wenn ich es sage:- Ich bin der Freunde nicht wert. Mit meinen Ansichten, die ich gar nicht ganz zu bekennen wage, fühle ich mich andern gegenüber als ein schuldiger Mensch, obgleich ich darauf vertraue, daß ich es nicht bin. Die Leute nehmen freundlicherweise an, daß ich von außen her viel zu ertragen hätte - Enttäuschung, Verleumdung usw. Nein, ich habe nichts zu ertragen außer dem Gefühl der Sorge, daß sich meine Freunde um mich sorgen und verwirrt sind."[374] Seiner Schwester Jemima schreibt er, daß es nun schon fünf Jahre her sind, seit ihm beim Studium der Geschichte des Monophysitismus Zweifel an der Via Media kamen;

---

[371] E, 41
[372] LD XI, 8 u. ö.
[373] CK 302
[374] AM II, 431.

seine Ansichten und Gefühle seien inzwischen sehr viel klarer und stärker geworden. Er komme sich vor wie ein Patient, der nicht sagen kann, wann seine Beschwerden ein kritisches Stadium erreichen werden, obgleich es jederzeit soweit sein könne. Allein die Tatsache, daß die Beunruhigung über die Rechtmäßigkeit der Anglikanischen Kirche so lange anhalte, sei ein starkes Indiz gegen ihren Wahrheitsanspruch.[375] - Kennzeichnend für Newmans Situation in Littlemore ist eine Begebenheit, die William Lockhart in seinen Memoiren festhält: Er habe bei Newman gebeichtet, aber mitten im Bekenntnis innegehalten und ihn gefragt: „Sind Sie auch sicher, daß Sie mich lossprechen können?" Newman habe ihn besorgt angeschaut und geantwortet: „Gehen Sie doch zu Pusey und fragen Sie ihn!" In der Tat war Pusey derjenige, der keinerlei Unsicherheiten über die Legitimität der Kirche von England bekundete, weder damals noch später. Für Lockhart war dies ein erstes Anzeichen dafür, daß Newman seiner Sache nicht mehr sicher war.[376]

Mit dem anderen großen Inspirator der Oxford-Bewegung, John Keble, stand Newman in diesen Monaten der Jahre 1844/45 in intensiver Weise in Verbindung. Keble hielt er mehr denn je für den Gewährsmann, dessen spirituellem Urteil er ohne weiteres vertraute. Darum gingen lange Briefe zwischen Littlemore und Hursley Vicarage, dem Pfarrhaus Kebles, hin und her. Als die Schwierigkeiten Newmans mit der Kirche von England sich zuspitzten und er über die Kirche von Rom Klarheit gewann, als die Gefahr der Trennung sich deutlicher abzeichnete, wurde der Ton noch sorgfältiger und herzlicher, einfühlsamer und ehrfurchtsvoller. Im Januar hatte Newman Keble seinen Gewissenszustand so beschrieben: „Was ich mir wünsche, ist nicht, meinem eigenen Urteil zu folgen, sondern etwas Äußerem, wie der Wolkensäule in der Wüste." Und er hatte hinzugefügt: „Ich hoffe, ich habe nicht Unrecht, aber ich habe kürzlich gebetet, daß, wenn ich Recht habe, dann mögen auch Pusey, Manning usw. dahin gelangen; und wenn Pusey und Manning Recht haben, dann möge auch ich aufgehalten werden -, so daß uns, wenn möglich, nichts trennen könnte."[377] In einem späteren Zusammenhang argumentiert Keble im Juni des Jahres Newman gegenüber: „Wenn Deine gegenwärtige Ansicht

---

[375] AM II, 431f.
[376] M. Trevor I, 299.
[377] CK, 300f.

richtig ist, dann ist, wie ich meine, die von Pusey falsch. Sollte man deshalb folgern, daß seine Gebete um Licht und Führung nicht erhört werden?" Keble neigte eher zu der Auffassung, daß jemand in einem so außerordentlichen Stadium, wie es Newman bei seiner Suche nach Wahrheit erreicht hatte, einem noch verborgenen Plan der Vorsehung entspreche. Zu dieser persönlichen Seite der Geschichte fügt er als Sachargument die Frage an: „Hältst Du es nicht für möglich - und diese Ansicht habe ich von Dir selbst geborgt, - daß die gesamte Kirche durch Sünde so tief gesunken sein könnte, daß man auf Erden nichts mehr findet, was wirklich der Kirche der Heiligen Schrift (also der Zeit des Neuen Testaments) zu entsprechen scheint?"[378] Und Keble deutet weiter an, daß Newman auf dem Weg seines Suchens u. U. so enttäuscht werden könnte, daß er an der Möglichkeit, die Wahrheit und die wahre Kirche zu finden, überhaupt verzweifeln und im Skeptizismus enden könnte. Doch die Auseinandersetzungen um Sachfragen bleiben zwischen beiden in persönliche Hochachtung und liebende Zuneigung eingebettet. Keble schreibt: „Ich möchte Dir sagen, oder vielmehr Dich fühlen lassen, daß zumindest einer Deiner Freunde hofft - und er glaubt, viele andere sind derselben Auffassung - daß nichts, was geschehen mag, irgendeine Art von Trennung bringen oder das Vertrauen einschränken könnte."

Wie sehr Newman unter dem allgemeinen öffentlichen Erwartungsdruck stand und sich dessen auch bewußt war, zeigt einer der journalistisch provozierten Zufälle jener Zeit. Im November 1844 gaben Zeitungen in einer Falschmeldung seinen Übertritts zur Kirche von Rom bekannt. Das Ergebnis war eine Flut von Briefen. Vorwürfe wurden ihm gemacht; er wurde beschimpft; heftige Enttäuschung und Trauer wurden geäußert. Das erlebte er als eine schreckliche Generalprobe für den Fall, daß er wirklich die Anglikanische Kirche verlassen müßte. Es war eine Einschüchterung, die ihn zusätzlich belastete.

Newman gewann keine weitere Klarheit und ohne sie konnte er nicht handeln. So schrieb er im Januar 1845 an Maria Rosina Giberne (1802 - 1885), eine Freundin seiner Schwestern und Sympathisantin der Oxford-Bewegung: „Nur ein unzweifelhafter, unmttelbar verpflichtender Ruf gibt einem Menschen das Recht, unsere Kirche zu verlassen. Nicht jedoch, weil

---

[378] CK, 320.

er eine andere Kirche bevorzugt, an ihrem Gottesdienst Freude hat oder hofft, in ihr größere religiöse Fortschritte zu machen, oder gar, weil er empört ist und von Personen und Dingen abgestoßen wird, unter denen wir in der englischen Kirche leiden. Die Frage lautet einfach: Kann *ich* - ganz persönlich, nicht ein anderer, sondern kann ich - in der englischen Kirche selig werden? Könnte ich noch in dieser Nacht ruhig sterben? Ist es eine Todsünde für *mich,* nicht einer anderen Gemeinschaft beizutreten?[379] Im März sondiert Newman, ob seine Überzeugungen sich aus Einsichten des Verstandes ergeben und/oder ob sie sich als Verpflichtung aus seinem Gewissen einstellen; denn dann wäre er zum Handeln verpflichtet. „Meine Überzeugungen sind so fest, wie sie wahrscheinlich überhaupt werden können; es ist nur so schwierig zu erkennen, ob es sich um Forderungen der Vernunft oder des Gewissens handelt. Ich kann nicht unterscheiden, ob ich durch scheinbare Klarheit oder durch Pflichtgefühl geleitet werde." Diese Unsicherheit quält ihn, weil sie sein bisheriges Verbleiben in der Anglikanischen Kirche in Frage stellt und gleichzeitig sein Handeln blockiert. Er habe bisher auf Licht gewartet und mit dem Psalmisten gebetet: „Gib mir ein Zeichen (Ps 85, 17). Doch ich habe vermutlich kein Recht, immer darauf zu warten. Ich warte auch deswegen, weil meine Freunde überaus sorgenvoll meiner gedenken und um Erleuchtung für mich beten ... Dieses Warten dient auch der Absicht, die Menschen vorzubereiten. Ich schrecke davor zurück, Menschen Anstoß zu geben und sie irre zu machen. Auf jeden Fall werde ich es nicht vermeiden können, unzähligen wehe zu tun ..."[380]

Wie sollte Newman die Wahrscheinlichkeiten, die gegen die Anglikanische Kirche und für die Kirche von Rom als wahre Kirche Jesu Christi sprachen, so oder anders zu einer abschließenden Gewißheit bringen? Wie konnte er dieses Warten in der Beschäftigung mit der Frage selbst intensivieren und zuspitzen, um über die herrschende Klarheit hinaus die verpflichtende Weisung zum Handeln in seinem Gewissen zu erhalten? In den zurückliegenden drei Jahren 1841 - 1844 hatte Newman an der Übersetzung und Darstellung von „Ausgewählten Abhandlungen des hl. Athanasius in der Kontroverse mit den Arianern" gearbeitet. Es

---

[379] A, 267f. Zu M. R. Giberne vgl. J. Sugg, Ever Yours Affly. J. H. Newman and his Female Circle, Leominster 1996, 77 - 100 u. ö.
[380] A, 268.

entsprach sseinem Bedürfnis, an den Quellen der von allen Seiten anerkannten wahren Kirche Jesu Christi der ersten Jahrhunderte zu bleiben: „Dieser berühmte (Kirchen-) Vater ist in der Kirchengeschichte der besondere Lehrer der heiligen Wahrheit ..., die er so vollständig und hell in Gestalt und System bringt, daß er sozusagen dieses Thema, soweit es dem menschlichen Verstand offenliegt, ausgeschöpft hat." Und was Newman besonders beeindruckt -, nicht nur an diesem Kirchenvater, aber an ihm besonders: „Er begleitet seine Darstellung der Lehre mit Erhellungen des Charakters, die von großem Interesse und Wert sind."[381] -

Die Entwicklung der christlichen Lehre

Es war im Frühjahr 1845, als Newman „sehr schmerzliche Briefe" mit seiner veständnisvollen Schwester Jemima ausgetauscht hatte, - Harriett hatte sich bereits von ihm zurückgezogen, - als er seinem Schwager James Mozley für einen Artikel zu danken hatte, in dem ihm dieser ganz persönlich seine Zuneigung bekundet hatte - „Du sprichst, als würdest Du eine Beerdigungsansprache schreiben, und so ist es".[382] - Newman begann mit einem Essay, der ihn fast das ganze Jahr über bis zum Oktober rastlos engagierte. Er forderte die ganze Breite seines theologischen, philosophischen und kirchengeschichtlichen Repertoires ein. „Nie hat mich etwas so harte Gedankenarbeit und Aufregung gekostet", schrieb er im Sommer des Jahres, wenn auch nicht zum letzten Mal in seinem Leben.[383] Das Grundaxiom seiner Arbeit hatte er schon in der Predigt von Mariä Lichtmeß 1843 aufgewiesen: Die Offenbarung Gottes ist dem menschlichen Nachdenken anvertraut, wird Teil der Menschheitsgeschichte und wird folglich durch die rastlose Tätigkeit des menschlichen Verstandes in ihrem Inhalt bedacht, durchsucht, ausgefaltet. Newman bringt diese Tätigkeit auf einen Nenner mit dem von ihm neu in die Theologie eingeführten Begriff der *Entwicklung*. Die biblische

---

[381] J. H. Newman, Select Treatises of St. Athanasius in Controversy with the Arians, I - II, London 1890 (Reprint: Library of Congress, USA, 1978, vol. II, 51).
[382] AM II, 464.
[383] CK, 381.

Personifikation für die Berechtigung dieses Tuns hatte er in Maria gefunden, von der es bei Lukas heißt: „Sie bewahrte all diese Worte und erwog sie in ihrem Herzen."[384] Wenn aber diese Voraussetzung stimmte, daß Gottes Offenbarung auf jeden Fall den fehlbaren Erwägungen und Entfaltungen der Menschen ausgeliefert ist, dann galt auch der logische Zusammenhang zu einer Konsequenz, die Newman in eine plausible Formel bringt: Da die Offenbarung eine Gabe Gottes ist, hat er sie auch vor Verderbnis gesichert. Sie wäre, anders gesagt, nicht Gottes Gabe, wenn sich herausstellen würde, daß sie nicht vor Verderbnis geschützt wäre. In ihrem Gang, in ihrer Tradierung durch die Geschichte der Menschen, wäre sie infolge der Sündhaftigkeit dieser Geschichte mit all den Intrigen, der Gewalt und den Verlogenheiten der Entstellung ausgeliefert; somit wäre sie im vorhinein vergeblich gewesen. Da aber Gott nicht vergeblich handelt, ist also als „im voraus bestehende Wahrscheinlichkeit" (antecedent probability) anzunehmen, daß mit der Kirche als der Gemeinschaft, in der die Offenbarung überliefert und bewahrt werden soll, auch eine Lehrautorität mitgegeben ist, die für ihre Aufgaben entsprechend ausgestattet ist. Diese Lehrautorität, bzw. dieses Lehramt, ist für die unversehrte Überlieferung der Offenbarungslehre verantwortlich und von Gott bzw. von Gottes Geist dafür befähigt.[385] Mit dieser Grundlegung seines Denkansatzes ging Newman von einer Voraussetzung aus, die mit ihm alle Anglikaner teilten: Die Kirche ist untrüglich und wird mit ihrer Sendung, das Evangelium zu bewahren und zu verkünden, nicht untergehen. Newman aber konkretisiert diese Voraussetzung von einer allgemeinen Verantwortungsstruktur auf das Lehramt der Bischöfe. So hatte er es schon in der Oxford-Bewegung betont und bezog es jetzt auch auf das in der Lehre der Väter bezeugte Lehramt des Bischofs von Rom, des Papstes. Damit deutet Newman bereits als Anglikaner an der Schwelle zum Eintritt in die Katholische Kirche im Jahre 1845 auf die Lehre hin, die erst 1870 als formeller Glaubenssatz beschlossen wird: die Unfehlbarkeit des Papstes.

Die „im voraus bestehende Wahrscheinlichkeit" einer göttlichen Garantie bzw. Verheißung für die Entwicklung der christlichen Lehre nimmt

---

[384] Lk 2, 19, vgl. 2, 51b.
[385] E, 86.

Newman nun als Sonde, um die tatsächlichen Ereignisse und Lehren der Väterkirche in der Antike damit zu sondieren. Er legt beispielsweise Wert darauf, aufzuzeigen, daß in den Darstellungen der Väter mindestens so viele Zeugnisse für das Vorhandensein und die Anerkennung der Lehrautorität des Bischofs von Rom sprechen wie für die reale Gegenwart Jesu Christi im Sakrament der Eucharistie. Im ganzen ersten Teil seines Essays ging es ihm um „Lehrentwicklungen als solche", und seine Methode folgt der Beweisart von Aristoteles: „In allen Dingen des menschlichen Lebens sind Annahmen, die durch Beispiele bestätigt werden, unser gewöhnliches Beweisinstrument, und, wenn die im voraus bestehende Wahrscheinlichkeit groß ist, dann macht sie Beispiele sogar nahezu überflüssig ..."[386]

Im zweiten Teil seines „Essay über die Entwicklung der christlichen Lehre" geht es Newman zuerst darum, Merkmale aufzustellen, an denen sich der Unterschied zwischen einer echten Lehrentwicklung und einer falschen aufzeigen läßt. Er entwirft sieben solche Kennzeichen und geht mit jedem von ihnen ein Stück weit durch die Kirchengeschichte der ersten Jahrhunderte oder auch späterer Zeiten. Die in schöpferischer Art entworfenen sieben Kennzeichen („Notes") echter Entwicklung sind: 1. die Erhaltung des Typus einer Idee, 2. die Kontinuität ihrer Prinzipien, 3. ihr Assimilationsvermögen, 4. ihre logische Folgerichtigkeit, 5. die Vorwegnahme ihrer künftigen Ausfaltung, 6. erhaltende Wirkung auf ihre Vergangenheit, 7. fortdauernde Lebenskraft."[387] Newmans Gesamtkonzept liegt die Auffassung zugrunde, daß die Offenbarung in all ihrer Vielfalt gleichsam wie eine einzige Idee zu verstehen sei. Eine Idee ist die Gesamtsumme der möglichen Aspekte eines Sachverhalts oder Gegenstandes. Ein Gedankengang, der sich um die einzelnen Aspekte bemüht und auf diese Weise das Gesamt des Gegenstandes erfaßt, führt zur Idee. Der Denkvorgang selbst, bei dem diese Teilansichten einer Idee in Zusammenhang und Form gebracht werden, kann bereits als Entwicklung

---

[386] G, 105. In seiner Universitätspredigt über „Glaube und Vernunft als gegenläufige Haltungen des Geistes" von Epiphanie 1839 hatte er diese Gedanken bereits ausgefaltet: G, 145 - 152. Dabei kam er zu dem Schluß: „Erst die vorausliegenden Wahrscheinlichkeiten geben den Argumenten aus Tatsachen, die gewöhnlich Beweise für die Offenbarung genannt werden, ihren eigentlichen Sinn ... Bloße Annahmen haben keine Kraft, aber bloße Tatsachen keine Wärme. Ein verstümmelter und mangelhafter Beweis genügt für die Überzeugung, wenn das Herz lebendig ist ..."
[387] E, 149 - 186.

der Idee bezeichnet werden. Er ist wie ein Keimen und Reifen von Wahrheiten auf einem weiten geistigen Feld. Da es sich bei dieser „Idee" um die Botschaft des Evangeliums handelt - und dies ist ja das Thema seines Essay - wird nachvollziehbar, weshalb die Glaubensinhalte als „eine tiefe Philosophie" bezeichnet werden, wie es Newman in seiner Studie über die Arianer des 4. Jahrhunderts bereits getan hat. Seine Merkmale echter Entwicklung beziehen sich auf diese Auffassung des Christentums als Idee, die im gläubigen Nachdenken entfaltet wird.

Newmans Versuch (Essay), die philosophische Struktur des Überlieferungsprozesses der Offenbarungsinhalte nachzuzeichnen, wurde verständlicherweise zunächst auf abstraktem Niveau vorbereitet. Dann aber, als er die Beispiele aus dem Ablauf der Kirchengeschichte einfügte, entstand für ihn jene Überschaubarkeit und Gewißheit, die er gesucht hatte. Beginnen wir z. B. mit Typus, Prinzip und logische Folgerichtigkeit (1., 2., 4. Merkmal). Newman sieht beim Gang durch die Jahrhunderte der Kirche jenen „Typus", der die Selbigkeit der wahren Kirche in verschiedenen Zeiten erkennen läßt. Die Kirche ändert sich zwar, aber so, wie junges Leben sich zum älteren, wie unreifes sich zum reifen entwickelt. Gerade, um die Identität des Wesentlichen zu wahren, ist es für die Kirche oft nötig, sich zu wandeln. Begreift Newman mit Typus die äußeren Erkenntnismerkmale, die nicht verlorengehen dürfen, so meint er mit Prinzipien jene inneren Ursprünge, die bei aller Veränderung die Selbigkeit der Lehre garantieren. Die Kraft der Prinzipien garantiert die Einheit bei aller Vielfalt und die ungebrochene Kraft trotz mancher Entwicklungspausen oder -schwankungen. Dabei ist formal der logische Zug der Entwicklung eine Gewähr, um deren Legitimität nachzuweisen. Der Lebensprozeß besteht in der logischen Sequenz darin, daß eine Lehre zur andern führt und eine aus der andern folgt. Diese logische Struktur dient auch der leichteren Ausbreitung der Idee des Christentums, ihrer Verständlichmachung. Die wichtigste Veranschaulichung für die Kontinuität der Prinzipien des Christlichen sieht Newman im Heilsereignis der Menschwerdung in Jesus Christus. Die *Inkarnation nennt der das Zentralprinzip des Christentums*. Dieses entfalte sich seiner Natur nach

AUFBRUCH UND ÜBERGÄNGE (1843 - 1850)

J.H. Newman: Miniatur auf Elfenbein, von William Charles Ross, im Sommer 1845, zur Zeit der Abfassung des „Essay über die Entwicklung der christlichen Lehre" (The Birmingham Oratory).

und im Verlaufe der Geschichte auf verschiedenen Ebenen:[388]

- In den Sakramenten als der unfehlbaren Mitteilung von Gottes Gnade in irdischen Elementen;

- im Prinzip der Umkehr und Buße als Hinwendung der Menschen aus der sichtbaren auf die unsichtbare Welt Gottes;

- auf der Ebene der Glaubenssätze (Dogmen) und des Glaubens, der an das Eingehen göttlicher Wahrheit in menschliche Aussagen gebunden ist.

- Das Wirken von geistlicher Lebenskraft durch irdische Elemente (inkarnatorisches Prinzip) findet sich selbst noch einmal im Bereich der Reliquien, wo an irdischen Überbleibseln heiliges Handeln Gottes erfahrbar werden kann usw. -

An den Merkmalen der Antizipation und Konservation (5. und 6. Merkmal) wird die Anleihe an den Bildern aus biologischer Herkunft deutlich: der Keim als Ausgangspunkt der ausgewachsenen Pflanze und die Frucht, in der sich das Wachstum summiert und eingebracht hat. Doch Newman geht über dieses Verständnis hinaus und sieht im Reich des Geistes auch „regelwidrig in ihrer Form und verschieden im Stil" auftauchende Glaubensgedanken. Eine Unregelmäßigkeit besonderer Art ist z. B. die „Vorwegnahme" von logisch erst später zu erwartenden Entfaltungen. Newmans historisches Exempel für die Bewahrung von einmal erkannten und formulierten Glaubenseinsichten steht im Zusammenhang mit der frühen Verehrung von Maria. Sie ist schon im 5. Jahrhundert im Konzil von 431 Mutter Gottes bzw. Gottesgebärerin genannt worden, doch wurden die logischen Grundlagen vergleichsweise erst spät in den Glaubenssätzen über das von der Zeugung an geschenkte Freisein vom Sündezusammenhang aller Menschen (1854: Empfängnis ohne Erbsünde) und in ihrer Aufnahme in den Himmel (1950) ausgefaltet. Letzteres jedenfalls wäre eine logische Sequenz, die Newmans Einsicht bis in das 20. Jahrhundert hinein verlängern läßt. -

Was die Kennzeichen der Assimilation und bleibenden Lebenskraft angeht (3. und 7. Merkmal), so war es für Newman geradezu ein Vergnügen, die

---

[388] E, 280f.

Souveränität aufzuzeigen, mit der die christliche Glaubenslehre über die Jahrhunderte fremdes Ideengut philosophischer Systeme und Weltanschauungen sowie anderer Religionen aufnahm, ohne sich dadurch in ihrem Typus und ihren Prinzipien verfälschen zu lassen. An solchen Stellen erweist er sich als „Optimist" der heilsgeschichtlichen Entwicklung. Er sagt, viele Elemente in der christlichen Lehre würden heutzutage von manchen Theologen in ihrer Herkunft aus anderen Religionssystemen identifiziert und deshalb als nicht christlich bezeichnet. Er dagegen ziehe es vor, umgekehrt zu sagen:

„Diese Dinge finden sich im Christentum, darum sind sie nicht heidnisch. Das heißt, wir ziehen es vor zu sagen - und wir glauben, die Schrift unterstützt uns dabei -: Von Anfang an hat der geistige Herrscher der Welt die Samenkörner der Wahrheit weit und breit über die ganze Welt verstreut; diese haben mannigfach Wurzeln geschlagen und sind aufgewachsen wie in der Wildnis, zwar als wilde Pflanzen, aber doch als lebendige ..."[389] Die Kirche Jesu Christi, die von seinem Geist in der Wahrheit geleitet und gehalten wird, ist Gottes Werkzeug zur Identifizierung der Wahrheit. Es gab sie zu allen Zeiten von Abraham an. „Und wohin sie auch kam, in Bedrängnis oder Triumph, immer war sie ein lebendiger Geist, der Geist und die Stimme des Allerhöchsten ... Also weit davon entfernt, daß ihr Credo zweifelhaften Charakters sei, weil es fremden Theologien ähnlich sieht, glauben wir vielmehr, daß eines der besonderen Mittel, durch welche die Vorsehung uns göttliche Erkenntnis zuteil werden läßt, dieses ist: daß sie sie befähigt, Erkenntnis aus der Welt zu ziehen und zusammenzulesen ..."[390] Die Besonderheit der Offenbarungsüberlieferung besteht gerade darin, daß in den vielfältigen Prozessen der Auseinandersetzung ihr Gehalt immer differenzierter und klarer wird. Newman kommt zu dem erstaunlichen Postulat, daß die Wasser des Offenbarungsstromes nicht am klarsten an seiner Quelle, sondern am klarsten und bedeutsamsten in seinem weiteren und weiten Verlauf seien.

---

[389] E, 328f.
[390] E, 329.

„Welcher Gebrauch auch immer von diesem Bild (von Strom und Quelle, GB) verständlicherweise gemacht werden mag, es trifft bei der Geschichte einer Philosophie oder religiösen Gemeinschaft nicht zu, die im Gegenteil gleichmäßiger, reiner und stärker wird, wenn ihr Bett tief geworden ist und breit und voll."[391] -

Das Fazit aus der Entwicklungstheorie ist Newmans Vertrauen auf die Kraft der göttlichen Idee, die er in der Geschichte der Offenbarung in Raum und Zeit am Werk sieht: „Je stärker und lebenskräftiger eine Idee ist, desto eher ist sie fähig, auf Vorsichtsmaßnahmen zu verzichten und gegenüber der Gefahr der Verderbnis auf sich selbst zu vertrauen." Und im Blick auf sein Verhältnis zu Rom hat dies für ihn die Konsequenz: „Die Kirche von Rom kann viel freier auf Zweckmäßigkeit Rücksicht nehmen als andere Gemeinschaften, da sie auf ihre lebendige Tradition vertraut", wie ihre Grundstruktur der zwei Glaubensquellen (Schrift und Tradition) unter der Leitung durch das kirchliche Lehramt zeigt.[392]

Es war Herbst 1845 geworden, und Newmans Essay war umfangreich, aber noch nicht zu Ende. Er kam auch nicht zum Ende damit, weil sich Sinn und Zweck seines Schreibens vorher erfüllten. Die Gewißheit, auf die er seit Monaten, ja Jahren gewartet hatte, stellte sich für ihn so deutlich ein, daß er aufhören konnte, ja mußte. Es war, wie er einstmals formuliert hatte: Wahrheit erkennt man nicht, um sie zu sagen, sondern um sie zu tun. Dies stand nun für ihn an. Eine Schlußseite schrieb er, die den Duktus seines bisherigen Denkens der Suche, des Auffüllens von Beweisen in die Schale der voraus bestandenen Wahrscheinlichkeit zu Ende brachte. Die Schlußseite ist aus der Position des Angekommen-Seins, der Erkenntnis, der Gewißheit formuliert. In ihr tritt der Verfasser des Essay aus seiner Gedankenführung heraus in die unmittelbare Anrede an den Leser:

„Das waren die Gedanken über die 'selige Schau des Friedens' von einem, dessen fortwährende Bitte es gewesen, der Allbarmherzige möge das Werk seiner Hände nicht verschmähen und ihn nicht sich selbst überlassen, solange seine Augen noch trübe waren und seine Brust beladen und er nur die Vernunft

---

[391] E, 41.
[392] E, 168.

verwenden konnte in Dingen des Glaubens. Und nun, mein lieber Leser, die Zeit ist kurz, die Ewigkeit ist lang. Weise nicht zurück, was du hier gefunden hast! Sieh es nicht als eine bloße Streitsache des gegenwärtigen Augenblicks an; fasse nicht gleich den Entschluß, es zu widerlegen, und dich nach besten Mitteln umzuschauen, wie du es könntest. Verführe dich nicht selber mit der Einbildung, daß es aus Enttäuschung komme oder aus Widerwillen oder aus Ungeduld, aus verletzten Gefühlen oder unangebrachter Empfindlichkeit oder anderen Schwächen. Verschanze dich nicht hinter Erinnerungen an vergangene Jahre. Triff nicht die Entscheidung, die Wahrheit sei das, wovon du wünschst, es möchte sie sein. Und mach dir auch nicht ein Idol aus liebgewonnenen Erwartungen. Die Zeit ist kurz, die Ewigkeit ist lang.

„Nun läßt du Herr, deinen Diener nach deinem Wort im Frieden ziehen; denn meine Augen haben dein Heil geschaut."[393]

Newman schließt also sein Buch mit dem Glaubensbekenntnis des alten Simeon aus dem Lukasevangelium. Jener hatte die Erfüllung seiner Lebensverheißung, den Messias Gottes selber schauen zu dürfen, in der Gegenwart Marias erlebt. Vom selben Evangelisten hatte sich Newman das Stichwort Marias vom Erwägen der Heilsereignisse im Herzen vorgeben lassen, um seine Theorie von der Entwicklung der christlichen Lehre zu schaffen.

In Erwartung des rechten Augenblicks

In einer ersten Konsequenz reichte Newman am 3. Oktober seinen Verzicht ein auf das, was ihm im Leben am meisten bedeutet hatte, seine Fellowstelle in Oriel. Was er in dreiundzwanzig Jahren unter Einsatz seiner ganzen Existenz als Gottes Fügung und als seine Lebensgrundlage glaubte bezeichnen zu können: Nun gab er es im Blick auf die Führung,

---

[393] E, 383.

die ihm sein inneres Licht zuteil werden ließ, auf. „Die Wahrheit wird stärker sein", das war seine nun einzige und in ihrer Konsequenz radikale Lebensdevise geworden. Auf den Monat zwei Jahre zuvor hatte er einem unbekannten Anglikaner, der sich zur Konversion gedrängt fühlte, aber keine endgültige Klarheit erreichen konnte, geschrieben: „Ich würde sagen, daß Sie sich einen Bewährungszeitraum geben und beschließen, drei Jahre lang nicht (aus unserer Kirche weg GB) zu gehen ... Außerdem denke ich, Sie sollten die Frage so weit wie möglich aus Ihrem Kopf verbannen; denn sie können sicher sein, daß die Überzeugung trotzdem kommen wird, wenn sie von Gott ist. Sie sollten beobachten, welches ihr Zustand in sechs Monaten sein wird ... Wenn uns gesagt wurde, 'wir sollen die Geister prüfen', machen wir es gewiß nicht falsch, wenn wir so handeln. Magna est veritas et praevalebit (Groß ist die Wahrheit und sie wird stärker sein).[394] Dem Korrespondenten hatte er empfohlen, nach drei Jahren noch einmal drei Jahre zur Überprüfung zu warten; genau diese Zeit war tatsächlich in seinem Fall seit den Sommermonaten 1839 vergangen. Jetzt hatte Newman kompromißlos selber den Pfad bis zum Ende ausgeschritten, den er auch schon viel früher in in einer Predigt im Oktober 1830 seinen Hörern als Imperativ genannt hatte:

> „Das ist eine Tatsache, die man nicht stark genug hervorheben kann: Handelt nach eurem Licht, auch inmitten von Schwierigkeiten, und ihr werdet vorangetragen werden, ihr wißt nicht wie weit. Abraham gehorchte dem Ruf und machte sich auf den Weg, ohne zu wissen, wohin. So werden auch wir, wenn wir der Stimme Gottes folgen, Schritt für Schritt in eine neue Welt geführt, von der wir vorher keine Ahnung gehabt haben. Sein gütiges Walten über uns geschieht so: Er gibt in Weisheit nicht alles auf einmal, sondern nach Maß und Zeit. Dem, der hat, wird noch mehr gegeben werden. Aber wir müssen vorn beginnen. Jede Wahrheit hat ihre eigene Ordnung ... Religiöse Menschen sind immer am lernen. Wenn aber die Menschen es ablehnen, aus dem bereits gewährten Licht Nutzen zu ziehen, wandelt sich ihr Licht in Finsternis ..."[395]

---

[394] CK, 269f.: Brief vom 7. Okt. 1843.
[395] „Wahrheit bleibt ohne Suchen verborgen" vom 17. Okt. 1830: DP VIII, 188 - 203; 198f.

AUFBRUCH UND ÜBERGÄNGE (1843 - 1850)

Er schrieb an Edward Hawkins, der noch immer Vorsteher des Oriel College war, und dieser antwortete ihm karg und formal: „Die Form des Verzichts ist korrekt, und wenn ich von Ihnen nichts Gegenteiliges mehr höre, muß ich natürlich Ihrem Wunsch nachkommen und nach meiner Rückkehr Ihren Namen aus unseren Büchern von Oriel streichen."[396]

Völlig anders als Hawkins reagierte natürlich John Keble. Voll dunkler Ahnungen hatte er Newmans entscheidenden Brief den ganzen Tag ungeöffnet mit sich herumgetragen. Als er ihn gelesen hatte, antwortete er ausführlich:

„Ich habe das Gefühl, als hätte ich Dir etwas zu sagen, obgleich ich nicht sehr gut weiß, was es sein wird ..." Keble konnte „vor lauter Traurigkeit" seinen Brief am 3. Oktober nicht zu Ende schreiben, und als er eine Woche später weiterschrieb, hatte er bereits die Nachricht von Newmans Konversion erhalten. „Und jetzt, da ich daran dachte weiterzuschreiben, sehe ich, daß uns der Blitzschlag bereits getroffen hat und daß Du tatsächlich den Schritt getan hast, den wir so sehr befürchteten. Ich will Dich deswegen nicht mit dem plagen, was ich unter anderen Umständen niedergeschrieben hätte ... - Abgesehen von dem tiefen Schmerz, Dich als Führer und Helfer zu verlieren und kaum zu wissen, wohin man Ausschau halten soll ..., magst Du abschätzen, welche unangenehmen Gefühle mich umtreiben, als ob ich mehr als irgend jemand sonst für jeglichen Kummer und Ärger verantwortlich wäre, der entstehen könnte. Ich denke immer wieder: Wenn ich anders gewesen wäre, vielleicht wäre Newman dann angeleitet worden, die Dinge anders zu sehen und es wären uns so viele gebrochene Herzen und verwirrte Geister erspart geblieben... - Mein liebster Newman, Du warst ein lieber und hilfreicher Freund für mich in einer Weise, wie es kaum irgend jemand sonst hätte gewesen sein können. Und Du bist in meinem Geist so sehr mit alten, lieben und heiligen Gedanken verbunden, daß ich es nicht gut ertragen kann, mich von dir zu trennen, obgleich ich weiß, wie höchst unwürdig ich selbst bin. Und doch kann ich nicht mit dir gehen. Ich muß mich an den Glauben

---

[396] CK, 387.

klammern, daß wir nicht wirklich getrennt sind. So hast Du es mich gelehrt, und ich glaube kaum, daß du es mich anders lehren kannst. Nachdem ich meinen Geist mit diesen wenigen Worten erleichtert habe, will ich nur sagen: Gott segne Dich und vergelte Dir tausendmal all Deine Hilfe, die Du mir Unwürdigem und so vielen anderen hast zuteil werden lassen. Mögest du Frieden haben dort, wo Du hingehst, und uns helfen, in gewisser Weise den Frieden zu finden. - aber irgendwie glaube ich kaum, daß es auf dem Weg der Kontroverse sein wird. - Und so - mit einem ähnlichen Gefühl, als hätte man den Frühling aus dem Jahr meines Lebens genommen, bin ich immer Dein von Herzen dankbarer John Keble".[397] -

Die Zuneigung Newmans zu Keble sollte die kommenden Jahrzehnte überdauern. Seinem im geistlichen Leben kongenialen Freund wird Newman später im Abbild von Philipp Neri, dem Vater der Oratorianer, wieder begegnen. Nach Kebles Tod wird Newman diesen Abschiedsbrief vom Oktober 1845 und die übrige Korrespondenz persönlich dem Archiv des Keble College in Oxford vermachen.[398]

Aufnahme in die Römisch-Katholische Kirche

Die nächsten Ereignisse spielten sich innerhalb weniger Tage ab. Einige der Mitbewohner von Newmans Blockhaus waren im Verlauf der vergangenen Wochen bereits zur Katholischen Kirche übergetreten - darunter Ambrose St. John (1815 - 1875) und John Dobrée Dalgairns (1818 - 1876), der eine wichtige Rolle unter den jüngeren Anhängern der Oxford-Bewegung spielte. Andere warteten auf Newmans entscheidenden Schritt, um sich zusammen mit ihm in die Kirche aufnehmen zu lassen. Als einer der bereits Konvertierten Newman mitteilte, daß der Passionisten-Pater Domenico Barberi (1792 - 1849) auf seinem Weg von den englischen Midlands nach Belgien durch Oxford komme, nahm Newman

---

[397] CK, 385f.
[398] Vgl. AM II, 474; LD XII, 25; LD XXV, 153.

diesen Anlaß wahr und ließ den italienischen Missionar nach Littlemore bitten. Nun war die Entscheidung gefallen und die notwendige Initiative ergriffen. Am Tag zuvor hatte er einen Brief von Henry Wilberforce beantwortet, in dem jener auf die bevorstehende Konversion Newmans anspielte: „Ich kann es nicht ertragen, an Oriel ohne an Dich als Fellow zu denken. Nun sind es neunzehn Jahre, daß Du für mich Oriel gewesen bist, und für wie viele andere!"[399] Am 8. Oktober, während er auf die Ankunft von Pater Domenico wartete, schrieb Newman an die Frau von John William Bowden, deren Mann im Jahr zuvor gestorben war: „Heute Nacht erwarte ich den Passionisten-Pater Domenico .. und er wird, wenn es Gottes Wille ist, mich morgen .. in die nach meinem Glauben eine wahre Herde Christi aufnehmen. ... Ich fand, daß meine Arbeit (am Essay, GB) fast beendet ist und langsam das Drucken beginnt ... So beschloß ich sogleich zu handeln. Und da ich die ganze Zeit bisher verpflichtet war, entsprechend meinem eigenen Sinn für das, was recht ist, zu handeln, tat es mir nicht leid, daß ein scheinbar von außen ergehender Ruf gekommen ist und die Zeit (meines Wartens, GB) abkürzt. Es erinnert mich an die Plötzlichkeit der Berufungen des heiligen Matthäus oder Petrus und an die furchterregende Plötzlichkeit des Gerichts. ... - Ich habe den Pater einmal gesehen, als ich ihm am Tag Johannes des Täufers letztes Jahr die Kapelle hier zeigte. Er war ein armer Junge, der, wie ich glaube, in der Nähe von Rom Schafe hütete und von Jugend an in einer ganz einzigartigen und bestimmten Weise seine Gedanken auf die Bekehrung Englands gerichtet hat. Er ist ein schlauer, kluger Mann, aber ohne Allüren und einfach wie ein Kind und besonders freundlich in seinen Gedanken religiösen Menschen in unserer Gemeinschaft zugetan."[400] Achtunddreißig Jahre lang hatte Pater Domenico in seinem Orden darauf gewartet, bis ihn seine Ordensoberen ohne sein eigenes Zutun zur Missionierung nach England geschickt hatten. „Ich halte ihn für einen sehr heiligen Menschen", fügte Newman in seinem Brief hinzu. Wie recht er damit hatte, zeigt die Seligsprechung Domenico Barberis durch Papst Paul VI.[401]

---

[399] LD XI, 4.
[400] LD XI, 5.
[401] Im Seligsprechungsdekret nennt ihn der Papst: „Apostel der kirchlichen Einheit" (1963). Vgl. I. McElligott, Blessed Dominic Barberi and the Tractarians, in: Recusant History, 21, 1992/93, 51 - 85 Vgl.: G. Biemer, Art. Domenicus a Matre Dei, in: LThK III³, Freiburg u.a. 1995, 323.

„Ruhig und leise" hatte Newman Dalgairns seinen Wunsch mitgeteilt, jetzt in die Kirche von Rom aufgenommen zu werden. Fast ein halbes Jahr später, als sich Elizabeth Bowden ihrerseits auf die Konversion vorbereitete, erwähnt er, wie es ihm an diesem Nachmittag bzw. Abend ergangen war. Er beschreibt es aus pastoralen Gründen: „Manche Leute sind in einer solchen Krise am liebsten für sich allein, andere finden Trost in der Gegenwart anderer. Ich konnte nichts tun als mich in meinem Zimmer einschließen und auf mein Bett legen ..."[402]

Als Domenico Barberi an der Poststation in Oxford vom Vordersitz der Kutsche herabstieg, wo er fünf Stunden lang in strömendem Regen gesessen war, ließ ihn die Freude über die Nachricht, die ihm Newman zukommen ließ, alles andere vergessen. „Gott sei Dank", habe er gesagt. Als er schließlich nach Littlemore hinauskam, war es bereits elf Uhr abends. Die Begegnung mit Newman beschreibt er selbst in einem damals veröffentlichten Bericht in der Zeitschrift „The Tablet": „Ich setzte mich gleich an den Kamin, um meine Kleider zu trocknen. Da trat Herr Newman ein, warf sich vor mir zu Boden, verlangte meinen Segen und bat mich, seine Beichte anzuhören und ihn in die Kirche aufzunehmen. Er beichtete noch in der gleichen Nacht." Am folgenden Morgen, nachdem Pater Domenico von der Feier der Heiligen Messe in der katholischen Kirche St. Clement in Oxford zurückgekommen war, führte Newman seine Beichte zu Ende. Auch die „Herren Bowles und Stanton taten das gleiche. Am Abend jenes Tages legten die drei in ihrem privaten Gebetsraum nacheinander das Glaubensbekenntnis in der üblichen Form mit solcher Innigkeit und Frömmigkeit ab, daß ich vor Freude ganz außer mir war. Ich gab ihnen allen die kirchenrechtlich (vorgesehene) Lossprechung und spendete ihnen die Taufe 'unter Bedingung' (d. h. für den Fall, daß die erste Taufspendung nicht gültig gewesen war, GB). Am folgenden Morgen las ich in ihrem Gebetsraum die Messe und reichte den Herren Newman, St. John, Bowles, Stanton und Dalgairns die Kommunion."[403]

---

[402] LD XI, 141.
[403] WW I, 94, Anm. 1. Heute ist die Kapelle, in der jene Eucharistiefeier stattfand, wieder in der ursprünglichen Form ausgestattet und der Tisch, der Pater Domenico zur Eucharistiefeier gedient hatte, wieder ins Newman-Cottage von Littlemore zurückgebracht worden.

Newman Cottage in Littlemore, wohin er sich ab 1841 häufig zurückzog und wo er sich am 9. Oktober 1845 in die Katholische Kirche aufnehmen ließ.

AUFBRUCH UND ÜBERGÄNGE (1843 - 1850)

Die große, ebenso dramatische wie schmerzliche Geschichte des Weges von John Henry Newman und seinen Freunden zur Römisch-katholischen Kirche war zu Ende. Am 8. und 9. Oktober 1845 schrieb er neunzehn Briefe an seine engsten Freunde und Verwandten. Er schickte sie alle erst weg, nachdem die Aufnahme in die Kirche geschehen war. So sehr es für Außenstehende ein Bruch mit seiner bisherigen Anglikanischen Kirche war, für Newman selbst war der Übertritt eine kontinuierlich vollzogene Konsequenz. Die Aufnahme in die Kirche von Rom war wie der Schlußstein in dem großen Gewölbe der wahren Lehre Jesu Christi, das er im Verlauf von drei Jahrzehnten seit 1816 Stein um Stein kennengelernt und sich zu eigen gemacht hatte. Von einer Konversion im Sinne der Abkehr von bisherigen und Hinkehr zu neuen Lehren konnte genau betrachtet nicht die Rede sein. Für ihn hatte sich vielmehr nun die „Vision des Friedens" aus einer Sehnsucht in eine Wirklichkeit verwandelt. In der Folgezeit war er bis zu seinem Lebensende nie mehr im Zweifel darüber, die wahre Kirche Jesu Christi gefunden zu haben, auch wenn ihm das Leben in dieser Kirche mitunter sehr schwer gemacht wurde. Insofern wurde die Überzeugung bestätigt, die er in den vielen Briefen immer wieder zum Ausdruck brachte. So schrieb er beispielsweise an Henry Edward Manning, den Archdeacon von Chichester: „Mein lieber Manning, ich schicke Ihnen nur eine Zeile, da ich viele Briefe zu schreiben habe. Sie werden sehen, es erfordert keine Antwort. Pater Dominic, der auf seinem Weg von Staffordshire nach Belgien ist, übernachtet heute hier. Er weiß nichts von meiner Absicht. Aber ich werde ihn bitten, mich in die nach meinem Glauben eine wahre Herde aufzunehmen. Dies wird nicht abgesandt werden, bis alles vorüber ist. Ich bin sehr von Herzen, mein lieber Manning, stets Ihr J. H. Newman."[404]

Welche persönlichen und sozialen Konsequenzen, welch tiefgreifenden Einschnitt der Schritt der Konversion für Newman hatte, läßt sich nur an der Eingebettetheit der Menschen ins damalige gesellschaftliche Leben ablesen. Newman war in einer neuen Welt: Verlust seiner Arbeitsstelle, seiner Einkünfte, ja seines Berufes waren die Folge. Auch im Blick auf seine persönlichen Beziehungen wurde der Abstand zu Freunden und Verwandten in kurzer Zeit unüberwindbar deutlich. Der Antwortbrief

---

[404] LD XI, 8

seiner Schwester Jemima auf die Mitteilung seiner Konversion ist charakteristisch: „Die Tatsache, daß unsere Folgerungen (aus Deinem Schritt, GB) so verschieden sind, weil wir unseren je eigenen Ansichten gemäß urteilen, stellt mir noch lebhafter und schmerzlicher vor Augen, was ich nur langsam als Wirklichkeit wahrnehme: daß wir in der Tat mehr voneinander getrennt sind als ich ertragen kann. Wir müssen doch schrecklich weit auseinander sein, andernfalls würdest Du es nicht für notwendig erachten, uns zu verlassen... Lieber John, wenn du im Namen unserer Kirche gesprochen hast, waren Deine Mahnungen alle machtvoll, Deine Stimme schien die Stimme eines Engels zu sein. Du hast in all unseren Herzen Saiten angerührt, du schienst unsere Herzen geradezu zu kennen. Seit Deine neuen Ansichten die Oberhand gewonnen haben, wie groß ist die Veränderung! - ... Nun, ich will nicht sagen, daß Dein Einfluß nicht sehr groß bleiben wird. Deine Fähigkeiten, Erfahrungen und Geistestiefe müssen Deine Worte machtvoll machen. Aber Du wirst nicht mehr dieselbe Klasse von Geistern beeinflussen, wie Du es in vergangenen Zeiten getan hast. Glaub mir, es ist sehr schmerzlich für mich, das zu denken, und noch viel mehr, es niederzuschreiben. Aber ich habe meine Kirche sehr lieb und setze mein Vertrauen in sie als das erwählte Gefäß, das der Herr nicht verlassen wird ..."[405] Das war der Anfang der jahrzehntelangen Entfremdung mit seiner „teuersten", „süßesten Jemima", wie er sie in sorgenvollen Briefen während der letzten Monate angeredet hatte. Sie war diejenige unter seinen Geschwistern, die ihn am Klavier begleitet hatte, wenn er Violine spielte, und deren ruhige Intelligenz ihm im Gedankenaustausch viel bedeutete. James Mozley hatte von den beiden Newman-Schwestern einst geschrieben: Sie „sind sehr gelehrte Persönlichkeiten, sehr belesen in Kirchengeschichte und in all den alten Theologen, sowohl denen der Hochkirche wie der Puritaner. Gleichwohl sind sie sehr angenehm und ohne Allüren."[406] Harriett, die jüngere Schwester, hatte den Bruch mit ihrem Bruder auf Grund der Entwicklung seiner religiösen Ansichten bereits 1843 vollzogen. Sie sahen sich nie mehr im Leben. Ihre Tochter Grace besucht den greisen Newman wenige Tage vor seinem Tod.

---

[405] AM II, 469.
[406] Zit. in W. Meynell, Cardinal Newman, London 1890, 3f.

AUFBRUCH UND ÜBERGÄNGE (1843 - 1850)

Die neue Glaubensgemeinschaft, ein fremdes Ufer

Der Weg zur Römisch-Katholischen Kirche, die Aufnahme in die wahre Herde Jesu Christi, war für Newman eine konsequente Folge von geistigen und geistlichen Erkenntnissen, denen er, von seinem Gewissen geleitet, Gehorsam leistete. Er selbst war das Subjekt seiner Handlungen, wenn auch im aufmerksamen Horchen auf die rufende Stimme. Alle seine Lebensentscheidungen seit jenem Sommer 1816 fällte er im Lichte und Angesicht von Gottes Vorsehung. So weist sein Lebensverlauf eine Folgerichtigkeit auf, die allerdings weithin nur für ihn selbst aus seiner inneren Glaubenskonsequenz erkennbar war. In dem Maße, als er die Väterkirche als die einzig authentische Auslegung der christlichen Lehre im nachapostolischen Zeitalter erkannt hatte, war sie für ihn zum Maßstab seines Glaubensbekenntnisses und seines Glaubenslebens geworden. Der Versuch, seine eigene Anglikanische Kirche nach diesem Maßstab konsequent zu reformieren bzw. zu re-apostolisieren, war, wie wir sahen, auf heftige Kritik und autoritative Ablehnung gestoßen. In dem daraus entstandenen Engpaß seines Verhältnisses zur Anglikanischen Kirche hatte er schrittweise die Einsicht in die Legitimität der Kirche von Rom gewonnen.

Was die wahre Glaubenslehre anbetrifft, die das Evangelium Jesu Christi in die jeweilige Gegenwart überliefert und übersetzt, hatte Newman faktisch nichts Neues hinzuzulernen, als er sich in die Römisch-Katholische Kirche aufnehmen ließ. Gewiß, manche seiner in der Väterkirche erlernten Glaubensinhalte wurden ihm nun als von der Kirche ausgefaltete Glaubenssätze vorgestellt, aber dabei handelte es sich für ihn mehr um eine formale Verfahrensweise. Beispielsweise stimmte er nun der wahrhaften und wirklichen Gegenwart Jesu Christi, des erhöhten Herrn, im Sakrament der Eucharistie, wie er sie von R. H. Froude kennengelernt hatte, unter dem dem Glaubenssatz der Transsubstantiation entsprechenden Dogma des IV. Lateran-Konzils von 1215 zu. Konnten wir schon bei Newmans Predigtthemen zu Beginn er 30er Jahre erkennen, daß sie die Fülle der katholischen Wahrheit im Sinne der Väterkirche spiegelten, so ist vom Zeitpunkt seiner Konversion an zu sagen, daß er durch die persönliche Aneignung des Evangeliums im Licht der Gnade Gottes selbst zum Träger von neuen Glaubenseinsichten geworden war, die ihn vor vielen katholischen Theologen seiner Zeit auszeichneten.

Im Rückblick wird erkennbar, daß Newman die Lehre von der *Entwicklung der Glaubenssätze* in die theologische Diskussion des 19. und 20. Jahrhunderts eingeführt hat, ebenso die *Bedeutsamkeit der Laien* als Volk Gottes in der Kirche, die *Bedeutung der Bildung* für die Christen in der Moderne, das Übergewicht des Glaubens*lebens* als theologisches Prinzip über das Theorieprinzip, die fundamentale Bedeutung des Gewissens für die Religion, das Verhältnis des Lehramts zur Theologie und der Theologie zu den anderen Wissenschaften, die Wichtigkeit theologischer Schulen für die Katholizität der Glaubenslehre und vieles andere. In diesem Sinne wird Newman zwanzig Jahre nach seiner Konversion im öffentlichen Rückblick der „Apologia Pro Vita Sua" bekunden, daß er „keine Änderung mehr durchzumachen hatte und keinerlei Besorgnis mehr im Herzen trug". Er konnte über die ganze Zeit seiner Zugehörigkeit zur Katholischen Kirche das Bekenntnis ablegen: „Ich habe in vollkommenem Frieden und in ungestörter innerer Ruhe gelebt, ohne je von einem einzigen Zweifel heimgesucht zu werden. Daß mein Übertritt irgendeine intellektuelle oder moralische Änderung in meinem Geist bewirkt hätte, kann ich nicht sagen. Auch empfand ich nichts von einer Konsolidierung des Glaubens an die großen Offenbarungswahrheiten oder von einer größeren Fähigkeit zur Selbstbeherrschung. Ich hatte nicht mehr Zweifel als zuvor. Auch schien es mir, als hätte ich nach stürmischer Fahrt den sicheren Hafen erreicht; und das Glück, das ich darüber empfand, hat bis heute ununterbrochen angehalten."[407]

Anderseits aber standen Newman in der Katholischen Kirche nicht nur vielfältige soziale Lernprozesse bevor, sondern in der Begegnung mit der menschlichen und oft allzu menschlichen Gemeinschaft Kirche wurde ihm jahrzehntelanges seelisches Leid zugemutet. Gerade auch darum muß es bei der Darstellung seines Lebenslaufs in der zweiten Hälfte seines Lebens gehen, und es wird eigens zu zeigen sein, wie er einerseits das Glücksgefühl über den wahren Glauben und anderseits unglückselige mitmenschliche Erfahrungen erlebt.

Zunächst stand die konkrete Kontaktaufnahme mit den Vertretern der Katholischen Kirche bevor, die er nach seiner Konversion alle erst

---

[407] A, 275.

kennenlernen mußte. Der Apostolische Delegat der Katholischen Kirche in England, der ihm bereits bekannte Bischof Nicholas Wiseman, in dessen Bezirk Oxford und Littlemore lagen, lud Newman mit seinen Konvertiten-Freunden ein, in das Priesterseminar Oscott College in der Nähe von Birmingham zu kommen, das gerade von August N. Pugin (1812 - 1852) im Zuge der Mittelalterrenaissance in neugotischem Stil erbaut worden war. Die Situation der Römisch-Katholischen Kirche war in England durch das seit der Reformation mehr oder minder strikt geltende Verbot und durch die zeitweiligen Verfolgungen die einer Minderheit im Verhältnis zur anglikanischen Staatskirche. Es gab keine festen katholischen Diözesen und Bischofssitze mehr. Obgleich eineinhalb Jahrzehnte zuvor - im Jahre 1829 - im Parlament das Emanzipationsgesetz für Katholiken erlassen worden war, hatte sich an der bis dahin herrschenden Benachteiligung der Katholiken wenig geändert.[408] Die katholische Bevölkerung Englands bestand in der Mitte des 19. Jahrhunderts aus einer kleinen Schar von Familien, die dem katholischen Glauben treu geblieben waren, einigen wenigen alteingesessenen Adelsgeschlechtern, wie den Herzögen von Norfolk, dem Marquis von Ripon u. a. und einer breiten Schicht neu eingewanderter irischer Arbeiter, die im Zusammenhang mit den Mißernten und den Hungersnöten der 40er Jahre, aber auch infolge der Industrialisierung nach England gekommen waren. Priester waren während der Jahrhunderte der Unterdrückung der katholischen Minorität in England in eigens dafür eingerichteten Priesterseminaren im Ausland ausgebildet worden. Berühmt war dafür Douay in Frankreich, wo eine eigene Bibelübersetzung zum Gebrauch der Katholiken angefertigt worden war.[409] Während das Seminar in Douay im Gefolge der französischen Revolution bereits 1793 aufgelöst worden war, bestanden andere wie in

---

[408] Zur Emanzipation der Katholiken in England trugen folgende Gesetze bei: Roman Catholic Relief Act (1829), wodurch die Katholiken zu den meisten staatlichen Ämtern wieder zugelassen werden durften, von denen sie seit der Reformationszeit ausgeschlossen waren; die Reform Bill (1832), wodurch Katholiken (und Anders- bzw. Ungläubige) auch Mitglieder des Parlaments werden konnten. Andere Catholic Relief Acts oder Catholic Emancipation Acts reichten von 1778 und 1791 bzw. 1793 bis 1926. - Zur Aufarbeitung ihrer Geschichte während der Zeit der Unterdrückung veröffentlicht The Catholic Record Society die kirchenhistorische Zeitschrift Recusant History. A Journal of Research in Post-Reformation Catholic History in the British Isles, eine Halbjahreszeitschrift.

[409] J. H. Newman, The History of the Text of the Rheims and Douay Version of Holy Scripture, 1859, in: TTE, 403 - 445.

Valladolid in Spanien und in Lissabon bis in die zweite Hälfte unseres Jahrhunderts und das Collegio Inglese in Rom besteht bis heute.[410] An letzterem war Wiseman Rektor, als Newman ihn erstmals 1833 in Rom kennenlernte, wie wir sahen. Jetzt, zwölf Jahre später, trat er ihm als Konvertit gegenüber und anerkannte ihn als seinen ihm vorgesetzten Bischof, von dem er sich Rat geben ließ für den nun zu beginnenden Lebensweg in der Römisch-Katholischen Kirche. Wiseman seinerseits war daran gelegen, die Lebensgemeinschaft von Littlemore beisammenzuhalten und bot deshalb Newman und seinen jungen Freunden das leerstehende kirchliche Haus in Old Oscott an. Newman zögerte zunächst, weil er der Hoffnung war, daß sich weitere Mitglieder der Oxford-Bewegung für die Konversion entscheiden und dann möglicherweise zu ihrer Gruppe hinzukommen würden.

Im Winter und Frühjahr 1845/46 wurden Newman und seine Oxforder Mitkonvertiten von wichtigen Zentren katholischen und theologischen Lebens in England zum Besuch eingeladen. So reisten sie zum Priesterseminar St. Edmund in Ware, das 1793 für den Londoner Distrikt gegründet worden war, zu dem 1830 eröffneten Seminar Prior Park bei Bath, zur Niederlassung der Rosminianer in Loughborough/Leicestershire, zur bedeutendsten theologisch-philosophischen Hochschule im Ushaw College bei Durham, zum Jesuitenkolleg in Stonyhurst/Lancashire u. a. m. Newman war davon überzeugt, daß sie sich mit den neuen Leuten und ihren Einrichtungen in England bekannt machen müßten. „Wir sind gewiß in die Kirche Gottes zu etwas berufen worden und nicht für nichts. Laßt uns abwarten und fröhlich sein und sicher, daß für uns etwas Gutes bestimmt ist und daß wir zu etwas nützlich sein sollen."[411] Newman, zumeist mit Ambrose St. John zusammen unterwegs, machte die Erfahrung, daß sie überall höchst willkommen waren. Allerdings stimme ihn das viele Umherreisen depressiv, wie er sagte, weil es ihm so deutlich seinen eigenen Pilgerstatus auf dieser Erde bewußt mache. Welchen Eindruck er auf die Gastgeber machte, zeigt eine Beschreibung des Rosminianer-Provinzials J. B. Pagani: „Welch erbaulicher Anblick, Mr.

---

[410] Als ich 1952/53 im Oscott College bei Birmingham zwei Semester Theologie - u.a. Newmans Theologie unter Anleitung des Vice-Rectors Henry Francis Davis - studierte, gab es ganz selbstverständlich englische Kommilitonen, die einige Studiensemester in Valladolid verbracht hatten.

[411] LD XI, 96.

Newman beim Empfang der Hl. Kommunion mit unseren Laienbrüdern auf dem Boden knien zu sehen, hinter unseren Klerikern, unter denen Lockhart war, einst sein Schüler und geistlicher Sohn! Obgleich er der Pfarrer der Universitätskirche von Oxford war und den Ruf hat, der talentierteste Mann Englands zu sein, ist er völlig anspruchslos und wünscht, wie der letzte der Konvertiten behandelt zu werden."[412]

Im Februar 1846 begann der endgültige Abschied von Littlemore und die Übersiedlung nach Old Oscott, wie es Wiseman angeboten hatte. Tagelang wurde die kostbare und umfangreiche Bibliothek Newmans verpackt. „Ich werde hier bleiben, bis sie alle weg sind", schrieb er an Maria Rosina Giberne; „vor vier Jahren kam ich allein hierher, und ich nehme an, ich werde der Letzte sein, der dieses Haus jetzt verläßt. Es ist eine sehr melancholische Arbeit, wie Sie annehmen können ..."[413] „Solus cum solo" (allein mit dem Alleinen), so deutete er in heilsgeschichtlicher Weise seine Abschiedssituation: „Es war trotz meiner Zweifel und Spannung die glücklichste Zeit meines Lebens, weil sie so ruhig war. Vielleicht werde ich nie wieder solche Ruhe haben, außer in den nächsten paar Monaten. Es war eine ausdrücklich sehr glückliche Zeit."[414] Es galt für ihn auch, von drei Jahrzehnten äußerst aktiven und erfolgreichen Lebens in Oxford Abschied zu nehmen: „Ich nehme an, daß ich Gott vom ersten Tage an, da ich hierher kam, dauernd gedient habe."[415] Aber es war nicht Oxford, was ihm den Abschied schwer machte, sondern Littlemore, seine kleine Klause, wo er „die selige Vision des Friedens" gefunden hatte. Er habe die Kaminkonsole beim Weggehen geküßt, schrieb er einem Freund, und es sei ihm zumute gewesen, wie dem Verfasser des Psalmworts: „Vergiß Dein Volk und Dein Vaterhaus." (Ps 45, 11). Es war ihm, „als gehe es hinaus auf die offene See".[416] Es war Montag, der 23. Februar 1846 um halb neun Uhr morgens, als Newman zusammen mit Frederick Bowles Oxford für immer verließ, um über Leamington nach Old Oscott zu reisen. Über drei Jahrzehnte sollte er nicht mehr an den Schauplatz seiner großen

---

[412] LD XI, 87f., Anm. 2.
[413] LD XI, 109.
[414] LD XI, 126.
[415] LD XI, 113.
[416] A, 273f.

AUFBRUCH UND ÜBERGÄNGE (1843 - 1850)

Glaubenskämpfe und Glaubenserfahrungen, die ihn in aller Welt bekannt machten, zurückkehren.

Zu sechst richteten sich Newman und seine Freunde aus Littlemore in ihrer neuen kirchlichen Behausung in Old Oscott ein. Newman nannte das neue Domizil Maryvale, wie es bis heute heißt (Mariental). Die nächsten Jahre bis 1852 widmete er sich zusammen mit den Seinen vor allem zwei Hauptaufgaben: den richtigen Platz in der neuen Kirchengemeinschaft zu finden, und das hieß für Newman, den Platz, an den Gott sie berufen würde, um seiner Kirche nützlich zu sein. Gleichzeitig war er unermüdlich dafür tätig, verunsicherten Mitchristen, die innerhalb der Anglikanischen Kirche nach der richtigen Entscheidung suchten, durch seine Hilfestellung in Briefen und Gesprächen in besonnener Weise zum Ziel der Konversion zu helfen.

Sorgfalt mit Konversion und Konvertiten

Die teilweise über viele Jahre erfolgende pastorale Begleitung von zweifelnden, suchenden oder zur Konversion bereiten Anglikanern war für Newman eine außerordentlich wichtige Aufgabe. Er sah darin die konsequente Fortsetzung seiner Solidarität mit den Mitgliedern der apostolischen oder Oxford-Bewegung. So, wie er selbst letzten Endes keine Alternative auf dem Weg zur Erlangung des Heils gesehen hatte als den Übertritt in die Römisch-Katholische Kirche, so glaubte er auch von engagierten Mitgliedern der Oxford-Bewegung, insbesondere von seinen engsten Freunden, die seine Gedankengänge mitgetragen und mitvollzogen hatten, dieselbe Konsequenz erwarten zu können. Wie wir sahen, war ein Teil von ihnen schon vor ihm konvertiert, wie Ambrose St. John, der ehemalige Kaplan seines Schülers und engen Freundes aus Oriel-Tagen Henry Wilberforce, jetzt Pfarrer von East Farleigh in Kent. Andere wie Frederick Bowles und Richard Stanton waren zusammen mit ihm in die Katholische Kirche übergetreten. Zu denen, auf die Newman wartete und von denen er wußte, daß sie Gründe genug zur Konversion hatten, gehörte eben Henry Wilberforce, der sich jedoch erst 1850 mit seiner ganzen Familie in die Kirche von Rom aufnehmen ließ.[417]

Auch seinem älteren Freund aus der Zeit der Fellows im Common Room von Oriel, Edward B. Pusey, versuchte Newman die Konsequenzen aus der unhaltbaren Position der Via Media nahezulegen. Doch Pusey erschien die Argumentation nicht einleuchtend und seine Überzeugung blieb unerschüttert. Der Orientalist unter den Vertretern der Oxford-Bewegung, der sich seinerzeit aus Demut für unwürdig gehalten hatte, seinem scheidenden Freund Newman ein Portrait zu hinterlassen, weil er selbst schon zu oft Gottes Antlitz beleidigt habe, war von der Legitimität der anglikanischen Position überzeugt und hatte nie Zweifel geäußert. So blieb für Newman nur die Alternative, die er an seinem Geburtstag 1846 von Littlemore aus dem Freund darstellte. Der Brief spiegelt auch den Schmerz über die unfaire Behandlung der Konvertiten in der öffentlichen Meinung von Oxford. „Möge niemand von uns hernach durch ein so strenges Gericht gerichtet werden, wie es jetzt allgemein über die Konvertiten geübt wird. ... Ich wollte, ich könnte etwas sagen, das weniger kalt klingt als dies, aber ich wage es wirklich nicht. Ich könnte es nicht, ohne etwas zu sagen, das unhöflich klingt. Ach, ich habe keine Alternative zwischen Schweigen und etwas zu sagen, was Schmerzen bereitet. Möge der Tag kommen, an dem es nicht mehr so ist. Dann werden alte und glücklichere Zeiten anbrechen. Bis dann stets von ganzem Herzen Dein J. H. N."[418] Über Jahrzehnte bis zum Anfang der 60er Jahre blieb die Distanz zwischen beiden in der Ehrfurcht und im Schmerz angesichts der Glaubensdifferenzen, die sie trennten.

Es gab jedoch auch eine Vielzahl von Männern und Frauen, die Newmans geistlichen Rat und Beistand auf dem Weg ihrer eigenen Konversion suchten. Zu ihnen zählten Elizabeth Bowden (1805 - 1896), die Frau seines verstorbenen Freundes John William Bowden, und auch ihre Kinder. Mrs.

---

[417] Vier der Söhne von William Wilberforce (1759 - 1833), dem bekannten englischen Parlamentarier, der 1807 die Abschaffung des Sklavenhandels durchsetzte und 1833 die der Sklaverei, wurden durch den Einfluß Newmans bzw. der Oxford-Bewegung katholisch: Robert Isaac (1802 - 1857) 1854 in Paris, William (1798 - 1879), Parlamentarier wie sein Vater, konvertierte 1863; Henry William (1807 - 1873), Newmans besonderer Freund, anglikanischer Pfarrer, konvertierte 1850. Sein Sohn Arthur wurde Dominikaner und seine Tocher Caroline Franziskanerin.
[418] LD XI, 124.

Bowden hatte Newman die Phasen ihres Gewissensprozesses jeweils genau beschrieben; deshalb zögerte Newman nicht, ihr konkrete Ratschläge zu geben. In der Phase aufkommender letzter Zweifel schlug er ihr z. B. vor, daß sie sich jetzt einen bestimmten Zeitraum festlege, in dem sie die Entwicklung ihrer eigenen Glaubensüberzeugungen genau beobachten solle. Danach hielt er, - der sonst Leuten zu Besonnenheit und Abwarten riet und sie ausschließlich auf ihr eigenes Gewissensurteil verwies -, es für angebracht, Elizabeth Bowden den Rat zu geben, sich so bald wie möglich sich in die Kirche aufnehmen zu lassen. Einerseits: „Ich kann nichts anderes wünschen, als daß Sie in Ihren Entscheidungen langsam vorangehen, wenn ich für Sie zu wählen hätte, in diesen sehr hohen Dingen, die Sie im Augenblick bedrängen." Anderseits, so berichtet Newman aus der Erfahrung nach seiner Konversion, „scheine ich von Tag zu Tag eine größere Nähe zu Ihm zu gewinnen, der sich herabläßt unter erfahrbaren Gestalten bei den Menschen auf Erden zu wohnen. Aber was hätte ich darum gegeben, zur Zeit, da das Handeln anstand, vor einem Jahr, einen klareren Blick gehabt zu haben. Ich hielt mich ans Gebet und hielt Ausschau nach einem Zeichen., wenn es möglich wäre... Ich war mir selbst überlassen, d. h. der normalen Führung durch Seine Gnade ... und Er hat mir jenes Vertrauen, das er mir vorher versagte, geschenkt, nachdem ich gehandelt hatte." Newman informiert seine Adressatin in pastoralem Gespräch auch über „Versuchungen in der letzten Minute": „Der Augenblick, bevor man handelt, kann, wie man sich leicht vorstellen kann, besonders trübe sein, der Geist kann verwirrt sein, kein Grund zum Handeln mag im Geiste auftauchen, - und die furchterregende Größe des Schrittes selbst ohne klare Erfassung seiner Konsequenzen mag auf uns lasten. Manche Personen mögen lieber in einer solchen Krise für sich allein sein - andere finden Trost in der Gegenwart von andern." Schließlich erkennt Newman, nachdem er viele Möglichkeiten, die sich dem konsequenten Handeln in den Weg stellen können, erläutert hat: „Ich bin viel weiter gegangen als ich beabsichtigte, da ich begann. Nehmen Sie nicht an, ich würde mir vorstellen, Sie seien viel weiter als Sie wirklich sind... Lassen Sie mich nicht aufdringlich erscheinen, wenn ich hinzufüge, daß ich jederzeit zu Ihren Diensten bin ..."[419] Umgekehrt rät Newman derselben Frau, daß sie ihren Sohn John Edward Bowden in keiner Weise

---

[419] LD XI, 140 - 142.

zur Konversion drängen soll, sondern abwarten und ihm genügend Zeit lassen, bis er selber entsprechende Wünsche äußert. Newmans differenzierter Umgang in der pastoralen Beratung von Konvertiten wird an den genannten Beispielen nur andeutungsweise deutlich. Zu zahlreich sind die Briefe und zu verschieden seine Stellungnahmen und Ratschläge. Sie reichen bis hin zur Ablehnung einer Stellungnahme, weil ein Korrespondent ihm über einen dritten berichtet, zu dessen Situation er Hilfe erbittet; Newman weigert sich, auf indirektem Wege in solch einer persönlichen Angelegenheit zu raten. Er war überzeugt, daß

> „die Gründe, die jemand für seine Konversion angibt, nicht in einer Formel zum Ausdruck gebracht werden können, sondern hinreichend Zeit und Überlegung brauchen." Das nahm er auch für seine eigene Argumentationslinie in Anspruch, wenn er aufgefordert wurde, seine Konversionsgründe knapper zu fassen als im Essay über die Entwicklung der christlichen Lehre: „Wenn ich sie in einer Formel hätte ausdrücken können, könnten man sie nicht wirklich besser verstehen oder begreifen. - In der Tat zu zeigen, daß dies ein allgemeines Prinzip ist, ist der Hauptgegenstand des Essays. Katholizismus ist eine tiefe Sache - man kann ihn nicht in einer Teetasse zu sich nehmen." - Es geht Newman dabei auch um die Würde der Konvertiten und ihrer Beweggründe. „Die Leute sollen nicht sagen: 'Wir haben jetzt seine Gründe (gesagt) bekommen und wissen jetzt, was sie wert sind. Nein, ihr habt sie nicht bekommen, ihr könnt sie nicht bekommen, außer auf Kosten einer Portion Mühe, unter der ich selber gestanden habe. Ihr könnt sie nicht für Geld kaufen ... In moralische Beweise muß man hineinwachsen, man kann sie nicht auswendig lernen."[420]

Man kann mit Gründen, die jemand für seine Konversion angibt, nicht so umgehen wie mit x-beliebigen logischen Argumenten. Man muß bereit sein, sich selber mit Herz und Verstand darauf einzulassen und sich damit persönlich auseinanderzusetzen. Das war es, was Newman selber durchlitten hatte und was er deshalb als Postulat auch zum Schutz der persönlichen Sphäre der Konversionsgeschichte jedes anderen forderte.

---

[420] LD XI, 109f.

Wer den Konversionsvorgang mit solcher Sorgfalt umgibt und ihn so hoch einschätzt, wird dementsprechend dem Konvertiten einen hohen Stellenwert als Glaubenszeuge geben. „Der Anblick eines Konvertiten ist das stichhaltigste und zugleich leiseste und bezwingendste aller Argumente", schreibt Newman an die Konvertitin Marquise de Salvo im August 1846. „Wenn die Leute davon nicht überzeugt oder zumindest betroffen werden, werden es Worte nicht schaffen. Es mag den Weg zu Worten bahnen, Worte mögen hinterher das passende sein; aber wenn das nicht etwas bewirkt, bewirken Worte noch weniger. Wir können die Leute nicht zum Glauben schlagen und zwingen. Es ist gesagt worden, daß unser Erlöser nicht schreit und nicht lärmt und seine Stimme nicht erschallen läßt; er zog die Herzen, wo sie gezogen werden sollten. Ich würde einem Menschen sagen: Achten Sie auf den Augenblick, nehmen Sie die Gelegenheiten wahr, lassen Sie sie nicht verlorengehen! Aber mehr kann man nicht tun, man kann sie nicht machen. ... Zu beten, auf Gelegenheiten aufmerksam zu sein, ist alles, was wir in vielen Fällen zu tun haben."[421] Der Konvertit ist für Newman die Verkörperung des Ernstfalls von Religion. An ihm wird sichtbar und greifbar, daß „Wissen nichts ist im Vergleich zum Tun", wie eine von Newmans Maximen lautet.[422] In diesem Sinne scheut er sich nicht, seine eigene Sendung als Konvertit wahrzunehmen, wie er in dem zitierten Brief schreibt: „Ich spüre mehr und mehr, was mich selbst angeht - und ich denke dasselbe trifft auch für andere zu: - Die Tatsache, daß ich wurde, was ich bin, ist eine Predigt, - meine Gegenwart ist eine Mahnung."

Noch Jahre später setzte sich Newman damit auseinander, daß viele Leute zur Zeit seiner Konversion eine große Bewegung erwartet hatten, einen Zustrom von Anglikanern zur Kirche von Rom: die alteingesessenen englischen Katholiken, aber auch Katholiken in Frankreich und in anderen Teilen der Welt, ganz besonders in Rom. Auch die Konvertiten selbst warteten auf viele andere, von denen sie wußten, daß sie ihres bisherigen Glaubens unsicher geworden waren und sich auf dem Weg befanden zwischen den Fronten. Für Newman selbst war die Konversion aus seinen eigenen gründlichen, mitunter schmerzlichen, aber schließlich doch

---

[421] LD XI, 224. G. Biemer, Religionspraxis oder Religionsbegriff? In: E.Paul - A. Stock, Glauben ermöglichen. FS Günter Stachel, Mainz 1987, 77 - 93.
[422] DP I, 31.

erfreulichen Erfahrungen Anlaß, seinen Erwartungen keinen Überschwang zu geben. In seinem Tagebuch schrieb er 1863 in der Rückschau, er sei davor zurückgeschreckt, „aus gebildeten Menschen übereilte Konvertiten zu machen, aus Furcht, sie könnten 'die Kosten nicht berechnet haben' (Lk 14, 28) und könnten nach ihrem Eintritt in die Kirche Schwierigkeiten bekommen."[423]

Natürlich gibt es verschiedene Temperamente und Newmans besonnenes, abwägendes Vorgehen ist nicht jedermanns Art. Zu den vorwiegend emotional gestimmten Persönlichkeiten unter den Konvertiten zählte der einen Monat nach Newman konvertierte Pfarrer von Elton in Huntingdonshire, Frederick William Faber (1814 - 1863), ein Dichter und Schriftsteller. Schon zu seiner Oxforder Studentenzeit gehörte er zu den Bewunderern Newmans und wird sich später um die Aufnahme in Newmans Oratorium bewerben. Er war voll Schwung mit einer Schar Jugendlicher aus seiner Pfarrei zur Katholischen Kirche übergetreten. Newman sagte von ihm, er „mache Konvertiten" im Vorübergehen „rechts und links des Weges. Er bekehrt beinahe durch Berühren."[424]

Studienaufenthalt in Rom, Noviziat als Oratorianer

Maryvale war ein vorläufiger Ort für Newman und seine Freunde, auch wenn er sich dabei schon des „alles überragenden Privilegs (bewußt war), eine Kapelle unter demselben Dach zu haben, unter dem ich lebe und Christus darin".[425] Ein halbes Dutzend Jahre sollte es dauern, bis sie eine fest institutionalisierte Lebensform und einen endgültigen Platz in der Katholischen Kirche hatten. Schon recht früh hatte Wiseman als passende Lebensgemeinschaft die der Oratorianer vorgeschlagen. Und Newman hatte die Idee aufgegriffen, aber für unrealisierbar gehalten: „Ich wollte, wir könnten alle gute Oratorianer werden, aber ich vermute, es ist

---

[423] SB, 335.
[424] LD XI, 83.
[425] LD XI, 131.

unmöglich."⁴²⁶ - Bischof Wiseman war es auch, der vorschlug, sie sollten nach Rom gehen, um dort die römische Theologie und Theologen direkt vor Ort kennenzulernen. Newman nahm den Rat an und bereitete sich vor, einige Zeit - , vom September 1846 bis zum Dezember 1847 - , auf dem Kontinent zu verbringen. Es wurde eine Phase wichtiger Erfahrungen und Kontakte. - Am 7. September reiste er mit Ambrose St. John von Brighton nach Dieppe, von dort mit der Postkutsche nach Rouen und weiter mit der Bahn nach Paris. Während ihres zweitägigen Aufenthaltes wurden sie in Paris vom Klerus mit Herzlichkeit und Hochachtung empfangen. In Langres, wohin John D. Dalgairns Verbindungen hatte, lernten sie die unkomplizierte fröhliche Lebensart der französischen Priester kennen. „Der Klerus ist eine heitere, einfache, herzliche Gesellschaft, einige von ihnen ganz rührend freundlich und warmherzig zu mir ... Zugleich ist ihr Zeremoniell höchst erheiternd ... St. John hat vergeblich gefragt, wie oft wir uns beim Verabschieden verbeugen sollten." Newman hatte mit ihrer Etikette seine Schwierigkeiten, wie er humorvoll beschreibt: „Ich, der ich kaum je eine förmliche Verbeugung in meinem Leben gemacht habe, kann kaum meine Fassung bewahren, wenn ich meinen Ellbogen abwinkle, die Hand in die Hüfte stemme und mit dem Fuß einen Halbkreis beschreibe, wobei das untere Rückenteil das Zentrum und mein Kopf den Kreisumfang darstellt."⁴²⁷

Nach vier Ruhetagen in Langres fuhren sie über Besançon und Lausanne nach Brigg. Sie überquerten die Alpen über den Simplon, wobei sie einen Teil des Weges zu Fuß zurücklegten. Nach einer Nachtreise erreichten sie Mailand. Die Stadt wurde für Newman zur großen inneren Glaubensbegegnung mit dem Genius der geliebten Kirchenväter Ambrosius und Augustinus und Athanasius; aber auch mit der Gestalt des hl. Karl Borromeo, der dort als Bischof im 16. Jahrhundert die Reformdekrete des Trienter Konzils bis zur Erschöpfung seiner physischen Kräfte in pastorale Praxis umgesetzt hatte. „Es ist eine große Sache, dort zu sein, wo die Ursprünge, die Wiege des Christentums, sozusagen (heute) noch existiert. Hier ist eine Kirche, die nur acht Jahre nach dem Jahr gebaut wurde, an dem Konstantin genau von diesem Ort aus das

---

[426] LD XI, 105.
[427] LD XI, 246.

Toleranzedikt zugunsten der Christenheit veröffentlichte."[428] „Ich war noch nie in einer Stadt, die mich mehr bewegt hat - noch nicht einmal Rom ... Wir werden hier, nehme ich an, drei Wochen oder einen Monat bleiben - wie leid es mir tun wird, gehen zu müssen", schrieb er an seinen Freund Henry Wilberforce. Ihm gegenüber erwähnt er auch die Erinnerung an seine eigene religiöse Bekehrung im Jahre 1816: „In die Kirche St. Ambrosius zu gehen, wo der Leib des Heiligen liegt - und bei den Reliquien dessen zu knien, der so machtvoll gewesen ist - und von dem ich mehr gehört und gelesen habe als von jedem anderen Heiligen, seitdem ich ein Junge war. Genau in diesem Monat sind es 30 Jahre her, wie ich sagen darf, seit Gott mich religiös gemacht hat. Und der heilige Ambrosius in der (Kirchen-) Geschichte von Milner war eine der ersten Personen meiner Verehrung. Und der heilige Augustinus auch - und hier ist er bekehrt worden! Und hierher kam die heilige Monika, um ihn zu suchen. Hierher kam auch der heilige Athanasius in seiner Verbannung, um den Kaiser zu treffen. ..."[429] - In Mailand nahmen Newman und sein Freund Italienischunterricht, was ihn zu der Bemerkung in seinem Tagebuch führte: „Mit dem Erlernen einer Sprache ist es wie mit dem Erlernen der Heiligkeit usw. Wie schlecht muß unsere Aussprache für die Engel sein! Und beim Erlernen einer Sprache ist man auch den einen Tag besser, einen anderen schlechter."[430]

Mit der Postkutsche erreichten sie am 28. Oktober die Ewige Stadt, gingen am folgenden Tag in die Peterskirche und erlebten dort Papst Pius IX. (1846 - 1878) bei der Eucharistiefeier an der Confessio. Zwischen anderen Einträgen macht Newman in Rom anfangs Kassensturz über die Ausgaben der bisherigen Reise; denn er mußte alles, was er unternahm, selber finanzieren. Von jetzt an wohnte er mit Ambrose St. John im Collegio di Propaganda (della Fede) und mußte die dort übliche Klerikerkleidung anschaffen.[431] Im Speisesaal hatte er ähnliche Schwierigkeiten, seine Scheu anderen gegenüber zu überwinden, wie einst in Oriel. Vorlesungen besuchten die beiden an der päpstlichen Università Gregoriana. Newman

---

[428] LD XI, 264.
[429] LD XI, 252f.
[430] LD XI, 264.
[431] „Unsere Kleider werden uns eine riesige Summe kosten, was sehr tödlich ist": LD XI, 268.

schlief dabei hie und da im Hörsaal ein, was St. John fröhlich in einem seiner Briefe an die Freunde zu Hause berichtete. In der Tat bedauerte Newman, daß weder Aristoteles noch Thomas von Aquin in Rom die Bedeutung hatten, die ihnen zukommen müßte. Außerdem vermißte er wirkliche theologische Gespräche und überhaupt eine überzeugende Theologie ebenso wie eine gute Philosophie. Er war über das Bildungsniveau an den Hochschulen Roms enttäuscht.

Englisch war keine der kommunikativen Sprachen im katholischen Rom des 19. Jahrhunderts. Dennoch wurde Newman darüber informiert, daß sein „Essay über die Entwicklung der christlichen Lehre" Aufruhr verursacht habe, und zwar bei amerikanischen Bischöfen. Von da an war er darum besorgt, daß eine gute französische Übersetzung erscheine. Dazu verfaßte er ein Vorwort, in dem er auch seine Retractations erwähnte, denn er hatte entdeckt, daß der bekannteste Dogmatiker an der Gregoriana, Giovanni Perrone (1794 - 1876) in einem seiner Lehrbücher schrieb: „Newman nennt den römischen Pontifex den Teufel", eine Bemerkung, die auch, nachdem sie sich gegenseitig kennengelernt hatten, in späteren Ausgaben bis zum Ende des 19. Jahrhunderts stehen stehen blieb.[432]

Immerhin fand Newman in dem Jesuiten Perrone einen Gesprächspartner, mit dem er sich über sein Konzept der Entwicklung der christlichen Lehre auseinandersetzen wollte. Zu diesem Zweck schrieb er eine zusammenfassende Darstellung seiner Entwicklungsidee in lateinischer Sprache unter dem Titel „De Catholici Dogmatis Evolutione" (Über die Entwicklung des Katholischen Dogmas).[433] In dieser präzisen lateinischen Zusammenfassung in Thesen nahm Newman eine alte, wichtige Unterscheidung aus seinen Vorlesungen über das „Prophetische Amt der Kirche" (von 1837) wieder auf. Was dort als bischöfliche Tradition und prophetische Überlieferung bezeichnet worden war, heißt nun in seinem lateinischen Essay objektives und subjektives Wort Gottes. Newmans Thesen liefen darauf hinaus, daß eine statische, unveränderliche Überlieferung, die durch die apostolische Sukzession der Bischöfe

---

[432] LD XI, 275.
[433] T. Lynch, The Newman-Perrone Paper on Development, in: Gregorianum 14, 1935, 402 - 447. Vgl. die neue Ausgabe von James Gaffney, Hrg., Roman Catholic Writings on Doctrinal Development by John Henry Newman, Kansas City 1997, mit Übersetzung und Kommentar.

garantiert wird und eine dynamische und veränderliche Überlieferung, die sich im Glaubensleben des Gottesvolkes und im Gottesdienst zeige, beide miteinander im Spannungsprozeß des Glaubens verbunden seien, der Leben heißt. Wie weit Perrone von diesen Gedankengängen beeinflußt worden war, als er zwei Jahre später, 1848, auf Anordnung des Papstes die ersten Schritte zur Dogmatisierung der Lehre von der „ohne Erbsünde empfangenen Gottesmutter Maria" mit einer Umfrage bei den Bischöfen des Erdkreises begann, wissen wir nicht. Jedoch ist aus einer seiner schriftlichen Anmerkungen in Newmans lateinischem Thesen-Essay ersichtlich, daß ihm eben dieser Gedanke auch schon aus der theologischen Konzeption von Johann Adam Möhler bekannt war. Er weist dabei Newman ausdrücklich auf Möhler hin: „Über diesen subjektiven Sinn (von Tradition) hat Möhler sehr klar in seiner Symbolik geschrieben."[434] Aus dem Dialog der Gelehrten wurde eine über viele Jahre während gegenseitige Anerkennung und Hochschätzung. Als Perrone 1847 ein Buch über die Definierbarkeit des Glaubens an die ohne Erbsünde empfangene Gottesmutter Maria veröffentlichte, widmete er Newman ein Exemplar mit dem lateinischen Eintrag: „Dem sehr gelehrten Newman: Sehr ergeben der Verfasser."

Newman, der eine Zeitlang nach seiner Konversion entschlossen gewesen war, sich einem weltlichen Beruf zuzuwenden, ließ sich am 30. Mai 1847 von Kardinal Giacomo Fransoni (1775 - 1856), dem Präfekten der Propaganda-Kongregation, in der Kapelle des Collegio zum Priester weihen. Dafür hatte er - wie übrigens vorher schon vor den niederen Weihen, die er in Oscott erhalten hatte, - theologische Prüfungen abzulegen. Es ist schwer vorstellbar bei einem Menschen seiner profunden theologischen Gelehrtheit, daß die kirchlichen Instanzen ihm diesen für junge Theologiestudenten allgemein üblichen Weg vorschrieben. Seine Ehrfurcht oder Demut verbot es Newman vielleicht, über diese Examina Bemerkungen niederzuschreiben. In den Vorbereitungsexerzitien zu den Weihen ging Newman in strenger Analyse mit sich ins Gericht. Er kritisierte an sich seine Liebe zum Mittelmaß. „Ich liebe die Ruhe, die Sicherheit, das Leben mit Freunden, mit Büchern, ein Leben ohne

---

[434] G. Biemer, Leben als das Kennzeichen der wahren Kirche Jesu Christ. In: H. Wagner, Hrg., Johann Adam Möhler (1796-1838) Kirchenvater der Moderne, Paderborn 1996, 71 - 98; 78.

Verpflichtungen."[435] Er habe eine Vorliebe für feste Orte, für regelmäßige Arbeiten und Zeiten. Selbst in geistlichen Dingen mache ihm die Vielzahl der Abwechslungen zu schaffen. Zwar habe er Freude an der Heiligen Messe, an Besuchen des Allerheiligsten, am Rosenkranz, an Litaneien usw., aber sobald sie quantitativ gehäuft aufträten, würden sie seinen Geist zerstreuen statt ihn zu sammeln. Er sei eben in der Betrachtung göttlicher Dinge immer langsam gewesen, „gleichsam wie einer, dem beim Gehen die Füße zusammengebunden sind. Eine Art Fessel ist über mich geworfen, so daß ich wie durch ein physisches Gesetz beim Predigen und beim Sprechen nicht feurig sein kann, noch glühend beim Betrachten oder Beten." Die in Latein geschriebenen Selbstanalysen der Exerzitientage zeigen aber keinesfalls nur sein Naturell, das im Vergleich zum südländischen Temperament seiner katholischen Umgebung eben ganz anderer Art war. Vielmehr kommt darin auch die Folge seiner jahrzehntelangen tiefgreifenden geistlichen Lebensgestaltung zum Vorschein, die aus Selbstkontrolle und Zucht, aus Besonnenheit und Konzentration des Lebens vor Gott erwachsen war. - Er machte sich auch seine reale Lebenslage umfassend bewußt: Daß er nicht mehr jung sei, daß er durch seine Konversion viele Freunde verloren habe, daß er das Gefühl habe, „zu nichts zu gebrauchen zu sein, eben ein nutzloses Holz".[436] Diese Analyse seiner selbst und seiner Situation vor Gott und den Menschen ist nur dann richtig zu verstehen, wenn man die Spannung wahrnimmt, in der er sich sieht zwischen seinem Iststand und seinem Vertrauen auf die anstehenden Pläne der göttlichen Vorsehung. Eben dies kommt in einem Brief an John D. Dalgairns zum Ausdruck, in dem er in Anbetracht seines gesamten Lebens von dem Gefühl spricht, „daß man mir noch nicht gerecht geworden ist. Aber ich muß all das Ihm überlassen, der weiß, was tun mit mir."[437]

---

[435] SB, 315.
[436] Zu seinen Exerzitienaufzeichnungen vgl. SB, 315 - 318. Auch über die mögliche Gültigkeit seiner anglikanischen Weihen machte sich Newman Gedanken und war erst beruhigt, als er herausfand, daß die Erteilung der Priesterweihe in der Kirche von Rom bei geweihten Anglikanern sub conditione gespendet würde (unter der Bedingung, daß die anglikanischen Weihe nicht doch gültig wären). Vgl dazu Raymund Schuster, Das kirchliche Amt bei John Henry Newman, Frankfurt 1995, 212 - 215.
[437] LD XII, 32.

Nachdem sie zu Priestern geweiht waren, begaben sich Newman und Ambrose St. John zum Noviziat der Oratorianer nach Santa Croce in Gerusalemme. Auch die Mitkonvertiten aus Littlemore, die mit ihnen zusammen ein Oratorium gründen wollten, stießen nun zu ihnen, um so gemeinsam das Noviziat dort abzuhalten: J. D. Dalgairns, Frederick S. Bowles, Robert Coffin, William Penny, Richard Stanton. Sie bewohnten einen Teil eines Hauses für sich mit hellen hohen und weiten Räumen. Das Noviziat erwies sich als eine Zeit, die sie ihrem Ziel, den für sie eigenen Ort in der neuen Kirche zu finden, einen entscheidenden Schritt näherbrachte. - Zuvor hatte sich Newman über die Ordensideale von Jesuiten, Redemptoristen und Dominikanern informiert und sie gegen einander abgewogen. Die Zielvorstellung des hl. Philipp Neri (1515 - 1595) sagte ihm am meisten zu. Der hl. Philipp erinnerte ihn in seiner Humanität und Gebildetheit an John Keble. Das Zusammenleben der Oratorianer war für Newman wie das gemeinsame Leben der Fellows in Oxford. Darum hatte er sich schließlich in Absprache mit seinen jungen Freunden für die Wahl der Priestergemeinschaft des Oratoriums entschieden. Da jedes Oratorium seinen eigenen Lebensstil ausprägen darf, machten sich die Novizen zur Bereicherung ihrer Erfahrung auf die Reise nach Neapel, um eine Alternative zum römischen Oratorium kennenzulernen. Für Newman war die Zeit des Noviziats voller Muße und Freizeit. Er benützte den Spielraum, um die Geschehnisse der Oxford-Bewegung, die hinter ihm lagen, auf lockere Weise in einem amüsanten Roman aufzuarbeiten. Darin findet sich das studentische Milieu des Oxfords der 30er und 40er Jahre, durchflutet von den religiösen Hauptströmungen und mit deutlicher Kontur der Vorurteile, die gegenüber den Konvertiten herrschten. In der zentralen Figur des Charles Reding erkennen informierte Leser eine Reihe von Newmans eigenen Charakterzügen. Das Buch erschien im Februar 1848; es war über mehrere Auflagen anonym und erregte die Gemüter, weil es treffendes Insiderwissen, Kritik und Ironie mit einem unbekannten Autor verband.[438]

Rom war zu jener Zeit, im Sommer und Herbst 1847, in einem Zustand großer politischer Aufregungen; nationale Wachcorps hielten die

---

[438] „Loss and Gain", so der Titel des Romans, wurde erstmals in der 6. Auflage 1874 mit Newmans Namen veröffentlicht. Eine deutsche Übersetzung besorgte Gerhard Schündelen, der Pfarrer von Spellen, im Jahre 1868.

aufständischen Mengen in Schach; die Gefängnisse waren überfüllt, so berichtet Newman nach Hause. Die jungen englischen Oratorianer arbeiteten jedoch fernab davon unter Newmans Leitung an der Anpassung des italienischen Oratorianerstatuts an englische Verhältnisse. Versehen mit dem päpstlichen Breve zur Errichtung von Oratorien in England, womit Newman namentlich beauftragt wurde, traten er und St. John Anfang Dezember 1847 die Heimreise an. Von den genannten politischen Unruhen, die damals im Vormärz Europa erschütterten und die sich auch im Kirchenstaat auswirkten, hatte Newman eine sehr eschatologische Auffassung. Freunden berichtete er davon, daß man im Sommer eine Konspiration gegen Pius IX. aufgedeckt habe und dahinter die Einflüsse fremder Staatsmächte vermutete. Einige tausend Aufständische seien von der Adriatischen Küste nach Rom herübergezogen. Auf der Heimreise sah er die Situation so, daß sich der Papst in einer politischen Krise befinde, in der ihm jederzeit etwas zustoßen könne. Wie schon in Tract 1 fand Newman die Nähe zum drohenden Martyrium für einen Exponenten der Kirche folgerichtig; gleichwohl waren seine Gefühle immerhin zwischen missionarischer Konsequenz und persönlicher Sympathie gespalten. Kirchengeschichtlich gesehen sei ja das Schicksal vieler Päpste so gewesen: 'Wenn sie persönlich leiden, siegt ihre Sache.' Aber persönlich würde ihn das doch sehr treffen, meinte er, wenn diesem Papst etwas passieren würde.[439]

Die Heimreise führte Newman und Ambrose St. John über Loretto und Foligno, Bologna und Padua zu den Alpen und über den Brenner nach Innsbruck. Am Samstag, dem 18. Dezember 1847 kamen sie nach durchreister Nacht an einem „bitterkalten" Tag in München an. „Wir aßen zu Nacht mit Döllinger, hielten die Messe in der königlichen Kapelle am Sonntagmorgen und reisten nachmittags um drei Uhr ab. - ... Wir hatten ein nützliches Gespräch mit Döllinger."[440] Ignaz von Döllinger (1799 - 1890)[441] war einer der bekanntesten Kirchenhistoriker seiner Zeit und hatte Newmans Laufbahn mit großem Interesse verfolgt. Vier Jahre später, im

---

[439] LD X, 137; vgl. 100.
[440] LD XII, 133 - 135.
[441] Vgl. zu Johann Josef Ignaz Döllinger die Arbeiten von Victor Conzemius: Hätte sich Ignaz von Döllinger „guten Gewissens" bekehren können? In: NSt XVI, Frankfurt 1998, 75 - 94; ders., Lord Acton, Ignaz Döllinger und John Henry Newman - Lebenssituationen und Kirchenkonflikte, in: NSt XII, Sigmaringendorf 1988, 83 - 102.

Mai 1851, erwiderte er Newmans Besuch mit Sir John Acton in Birmingham. Ihre gegenseitige Hochschätzung führte jahrzehntelang zu freundschaftlichen Kontakten. Von München reisten die beiden Oratorianer nach Frankfurt. Köln erreichten sie mit der Bahn, „da der Rhein unglücklicherweise zugefroren ist, (und) kein Dampfer geht".

Die Gründung der englischen Oratorien

Am Heiligen Abend 1847 kamen Newman und St. John in London an; am Weihnachtstag feierte Newman die Heilige Messe in Mrs. Bowdens Privatkapelle, wobei ihm sein Patensohn, der elfjährige Charles B. Bowden, der später selber Oratorianer wurde, ministrierte. - „Wir sind Tag und Nacht durchgerast, um an Weihnachten hierher zu kommen, und nach alldem mußten wir doch im Café Hatchetts miteinander zu Nacht essen", schrieb Newman von London aus an Richard Stanton nach Maryvale. Kurz darauf, zu Silvester, kamen sie zu Hause an. Am folgenden Fest Mariä Lichtmeß, dem 2. Februar 1848, eröffnete Newman feierlich das erste Oratorium auf englischem Boden mit fünf Priestern, drei Brüdern und einem Novizen. Wenige Tage darauf nahm er auch Frederick William Faber in Cottonhall, genannt St. Wilfrid's (Nord-Staffordshire), mit dessen jungen konvertierten Männern dort in die Gemeinschaft des Oratoriums auf. Es war derselbe Monat, in dem Newmans Konvertitenroman „Loss and Gain" (Verlust und Gewinn) erschien. Die Absicht des Verfassers, Argumente in der Verleumdungskampagne gegen die Konvertiten ins Spiel zu bringen, wurde heftig kritisiert. Aber das Werk fand reißenden Absatz und wurde ins Italienische und Deutsche übersetzt.

Die Anfangsschwierigkeiten, mit denen Newman und seine ersten Oratorianer insbesondere zu ringen hatten, waren dreierlei: Die Klärung der spezifischen Aufgabe, die sie in der Katholischen Kirche Englands wahrnehmen sollten, die Klärung der Beziehung unter den so verschiedenen Mitgliedern und die Lösung der Frage nach dem endgültigen Ort für das Oratorium. - Nach Bischof Wisemans Vorstellung hätte zu ihren Aufgaben als Oratorianer vor allem die theologische und publizistische, die unterweisende Tätigkeit gehören sollen. Nun fanden sie, daß Wiseman aus den Midlands als Apostolischer Vikar nach London gezogen war. Von dort lud er Newman und die Seinen zu einer Serie von Fastenpredigten im Frühjahr 1848 in die Hauptstadt ein. Newman äußerte Bedenken wegen der zu kurzen Vorbereitungszeit und der diffusen Situation in den Londoner Gemeinden. Wiseman blieb gleichwohl bei seinem Wunsch, und das Unternehmen wurde, was die Besucherzahlen anbetrifft, in der Tat ein Mißerfolg.

Schwierigkeiten ergaben sich auch mit dem im Herbst 1848 für den Bezirk der englischen Midlands neu geweihten Bischof Bernard Ullathorne (1806 - 1889), einem Benediktiner. Er verbot den Oratorianern die Weiterführung einer Buchreihe über „Das Leben der Heiligen". Die Serie war von Frederick William Faber begonnen worden, noch bevor dieser sich dem Oratorium angeschlossen hatte. Newman hatte sich bereit erklärt, dieses Unternehmen in Zukunft als Sache der Oratorianer mit zu unterstützen. Zwar enthielten die Biographien in den italienischen Vorlagen, aus denen übersetzt wurde, mirakulöse Details und lösten bei manchen alteingesessenen Katholiken Unbehagen aus und bei Anglikanern Spott. Aber Newman sah mehr auf den spezifischen Wert der Heiligkeit, der durch die Personen verkörpert wurde. Im Entwurf zu einem Vorwort schrieb er denn auch, von jedem Heiligen gehe göttlicher Einfluß aus und die Kraft, „verborgene Elemente der göttlichen Gnade im Leser zu erwecken". Die Lebensgeschichten der Heiligen seien eines der besonderen Instrumente Gottes, um an die englische Bevölkerung in dieser Zeit den Ruf zur Umkehr zu richten.[442] Bei diesem Stand der Dinge traf Newman die Mißbilligung, die der neue Bischof zum Ausdruck gebracht hatte, ohne mit ihm vorher darüber gesprochen zu haben, als besondere Härte. Grund genug, über diese Art von Umgangsstil enttäuscht zu sein. In der ihm eigenen Auffassung von Gehorsam ließ Newman sogleich alle in Vorbereitung befindlichen Arbeiten einstellen und die Abonnenten der Reihe benachrichtigen.[443]

---

[442] LD XII, 359f.
[443] Bis dahin war bereits eine Reihe von Heiligenbiographien erschienen, die auch weitere Auflagen erlebten. Noch 1900 wurde mit einer Einleitung von Arthur Wollaston Hutton daraus eine 6bändige Ausgabe veranstaltet: „The Lives of the English Saints, Written by Various Hands at the Suggestion of John Henry Newman, Afterwards Cardinal, S. T. Freemantle, 6 Bände, London 1900. Als Titelblatt des ersten Bandes findet sich eine Gravur der Newmanstatue, die an der Straße beim Oratorium in Brompton in London

In der Zwischenzeit war es möglich geworden, dem Wortlaut des päpstlichen Breves entsprechend, in Birmingham ein Haus zu erwerben, in dem die Oratorianer mit der Großstadtseelsorge beginnen könnten. In seinem Breve vom 26. November 1847 betonte der Papst: „Es war immer unsere feste und freudige Erwartung, daß die Zeit kommen würde, wenn wir im Blick auf die Ausbreitung und Konsolidierung der katholischen Religion im mächtigen und aufwärtsstrebenden Königreich von England eine Gesellschaft von Menschen einstiften und autorisieren könnten, die - herausragend in Gelehrsamkeit und Heiligkeit - selbst Engländer wären ... Unter den vielen ausgezeichneten Männern, die in den letzten Jahren ... zum Glauben der Katholischen Kirche zurückgekehrt sind, ist John Henry Newman in der Wertschätzung vor allen herausragend in Bezug auf seine Gelehrtheit und Tugend ... und somit genau die Persönlichkeit, die bewirken kann, was wir so glühend wünschen ... Mit unserer apostolischen Autorität errichten wir ... die Kongregation des Oratoriums des hl. Philipp Neri in England .. Mit unserer Autorität ernennen wir John Henry Newman zum Superior dieses Hauses, des Oratoriums in Maryvale und des noch zu errichtenden in der Stadt Birmingham." Der Papst beschreibt die Mission der englischen Oratorianer mit einer eigenen Sendung: „Zu tun, was sie für das Beste halten, um die Sache der Religion in den größeren Städten zu fördern, unter den höheren Rängen, den Gelehrten und allgemein den höher Gebildeten."[444] Im Herbst 1848 gaben die Oratorianer von Maryvale ihr Haus auf und zogen nach St. Wilfrid in Cotton Hall. Dort lebten bis zur Fertigstellung ihres Hauses in der Alcester Street in Birmingham während der Wintermonate 1848/49 mit F. W. Faber und seinen Leuten auf engem Raum zusammen.[445] Zu Mariä Lichtmeß, am

---

aufgestellt ist. Bei der Biographie des hl. Wilfrid, des Bischofs von York (S. 215 - 449), findet sich ein Kupferstichportrait von F. W. Faber.

[444] OP, 421 - 429.

[445] Frederick William Faber (1814 - 1863) war Fellow am University College in Oxford gewesen. Als anglikanischer Priester hatte er 1844 eine Heiligenbiographie des hl. Wilfrid veröffentlicht, die wegen ihrer katholischen Tendenz großes Aufsehen erregte. Von Newman bzw. der Oxford-Bewegung beeinflußt, konvertierte Faber wenige Wochen nach Newman im November 1845, wie gesagt mit einer Schar Jugendlicher, die zusammen zunächst die religiöse Gemeinschaft der „Brothers of the Will of God" bildeten Als solche traten sie 1848 in Newmans neu errichtetes Oratorium ein. Bereits 1849 jedoch begaben sich Faber und seine Leute in das neue Oratorium in London, dessen Superior er wurde. Er war erfolgreich in der Großstadtseelsorge und ist vor allem als geistlicher Schriftsteller durch Hymnen und Erbauungsliteratur bekannt geworden.

2. Februar 1849, konnten sie das neue Haus in einer ehemaligen Ginbrauerei in Alcester Street eröffnen. Die letzten Tage vor der Eröffnung waren hektisch wie Newman beschreibt. „Es ist eine fürchterliche Sache, am Ende meiner Tage so ein neues Leben zu beginnen", schreibt er an Henry Wilberforce: „Wie wünsche ich, ich hätte die Energie in mir, die ich hatte, als ich die Tracts for the Times begann. Jetzt bin ich nach meinen eigenen Gefühlen kaum mehr als ein unnützes Holz, so steif, so hölzern."[446] Zwei Tage vor der Eröffnung schreibt er: „Wir öffnen die Kapelle am (Fest) der Reinigung (Mariä, d. h. Mariä Lichtmeß, GB); aber es ist ein Wunder, wie die Dinge in erträglicher Weise so weit gebracht werden sollen. Wir haben gerade eine Enttäuschung mit unseren Bänken erlebt - und noch ist nichts fertig ..."[447] Am Tag vor der Eröffnung sieht sich Newman genötigt, dem Father Rector R. A. Coffin mitteilen zu lassen, „mit meinen herzlichen Grüßen, daß wir nicht genug Geld haben, um die kleinen Rechnungen zu bezahlen, von denen er spricht". Am gleichen Tag erinnert Newman in einem Brief an Bischof Ullathorne noch einmal an die Vereinbarung, wonach sie die Kollekten in ihrer neuen Kapelle selber behalten dürften. Vielfältige Sorgen und Aufgaben, die sich um Gottesdienste und Sakramentenspendung, um Katechese und pastorale Dienste drehen, wie sie eine Pfarrei mit sich bringt, beanspruchten von jetzt an Newman und seine Oratorianer. Dabei begannen sie so arm, wie es der Klerus ist, der im Arbeiterviertel einer Großstadt allein von der dort eingehenden Kollekte lebt.

Weitreichende Folgen hatte die Klärung von Beziehungsproblemen, die sich im Kreis der so verschieden zusammengesetzten Oratorianer auftaten. Verwunderlich waren sie nicht; denn die beiden führenden Köpfe, Newman und Faber, hatten ganz verschiedene Lebenskonzepte, und dem entsprachen die jungen Leute, die jeder um sich geschart hatte. So kam es, daß sich die jüngeren Männer in Cotton Hall bei Fr. Wilfrid, wie Faber mit Oratorianername genannt wurde, über Newmans mangelnde Zuwendung beklagten und über seine Bevorzugung anderer, eben derer aus seiner eigenen Herkunftsgeschichte. Am meisten kritisierten sie nach Fabers

---

[446] LD XIII, 16.
[447] LD XIII, 18.

Angaben, daß sich Ambrose St. John als unverträglich erweise. Newman stellte sich offen der Auseinandersetzug, obgleich sie großteils brieflich ausgetragen wurde. Die Differenz lag nach seiner Auffassung in der Verschiedenheit der Lebensgefühle der unterschiedlichen Generationen. Darüber hinaus war er der Ansicht, daß sie jetzt zu viele geworden waren; denn nach seiner Auffassung von einer Oratorianergemeinschaft sollte ein Primärbezug aller zu allen möglich sein. Deshalb solle eine Höchstzahl von zwölf Mitgliedern nicht überschritten werden. Die Oratorianerregel sah vor, sich in der Rekreation (Freizeit) gemeinsam untereinander auszutauschen. Nach einem entsprechenden Meinungsbildungsprozess fanden beide Gruppen den Ausweg in der Gründung eines zweiten Oratoriums im Stadtviertel Strand von London in der King William Street Ende Mai 1849. Damit erfüllte sich auch Fabers Wunsch, dem päpstlichen Breve entsprechend unter den „höheren Rängen und ... höher Gebildeten" pastoralen Dienst aufzunehmen.

Charakteristisch für Beziehungsklärungen, wie sie Newman in Selbstbeherrschung und brüderlicher Nächstenliebe vornahm, ist der Dialog mit Antony Hutchison, einem Konvertiten aus Cambridge, der zur Gruppe von Faber gehörte. In einer Streitfrage über Geldausgaben hatte sich dieser dem Leiter von St. Wilfrid, Fr. R. A. Coffin, gegenüber in scharfem Ton geäußert. Newman griff in den Streit ein, aber in brüderlich schlichtendem Ton. Darauf antwortete ihm Hutchison: „Es tut mir leid, oder vielmehr, ich weiß, daß ein Gutteil Bitterkeit in (meinem Brief, GB) war." Newman antwortet ihm darauf „Mit vielem Dank für Ihre sehr freundliche Antwort". Das Einlenken und Eingeständnis Hutchisons nimmt Newman zum Anlaß, die Brüderlichkeit zu stärken und dem ihm bisher fremden Mitbruder im Oratorium seine eigene Verhaltenssituation offenzulegen: „Sie müssen mir entgegenkommen und mit mir Geduld haben, mein lieber Fr. Antony; denn ich bin ein scheuer Mensch, und was das ist, wissen nur scheue Personen. Aber ich will versuchen, in meinem Verhalten nach außen mich schneller zu bewegen als es meine Natur ist."[448] Hutchison hatte offensichtlich darüber geklagt, daß Newman mit Faber über ihn zu verfügen schien, was Newman nun korrigierte. Schließlich aber ging er doch mit Faber in die Neugründung nach London.

---

[448] LD XIII, 28.

- Bei all diesen verschiedenen Querelen behielt Newman immer die innere geistliche Zuversicht und die äußere Übersicht. Aus dieser Haltung schrieb er an Faber: „Seien Sie guten Mutes, mein lieber Fr. Wilfrid, und vertrauen Sie! Und glauben Sie, daß alles gut wird, wenn wir nur ruhig und überlegt sind in dem, was wir tun."[449]

Zur Eröffnung des Londoner Hauses kam Newman selbst und hielt eine programmatische Predigt im Eröffnungsgottesdienst über „Die Aussichten des katholischen Seelsorgers".[450] Newman schildert die aussichtslose Anfangssituation der Oratorianer inmitten einer Großstadt, die der Katholischen Kirche feindlich gegenüber steht. Er gibt eine Art soziologischer Analyse der Verhältnisse, an denen die Patres bei der Verkündigung des Evangeliums anknüpfen müßten.

„In dieser riesigen Stadt, inmitten einer Bevölkerung von Einzelwesen, so verstreut, daß jedes einsam ist, so verschiedenartig, daß jedes unabhängig ist vom anderen, unter einer Bevölkerung, die gleich dem Ozean vor jedem Versuch einer Beeinflussung und Einwirkung zurückweicht und sich davor verschließt - mitten unter dieser bloßen Ansammlung von Einzelwesen ..., wo keiner seinen unmittelbaren Nachbarn kennt, wo allerorts tausend kleine Welten sich auftun und jeder seiner eigenen Beschäftigung nachgeht, ohne von den übrigen gestört zu werden -: Wie können wir, wie kann da eine Handvoll Männer je ein Werk vollbringen, das des Herrn würdig ist, der uns gerufen hat, und das der Aufgabe würdig ist, der unser Leben geweiht ist. 'Rufe laut, schone dich nicht', sagt der Prophet; er soll es nur sagen! (Jes 58, 1). Da ist kein Grund zur Schonung. Welcher Ruf, es sei denn die Trompete Gottes am Letzten Tag wäre laut genug, das allgegenwärtige Getöse des Lärms und Betriebes, das wie eine Ausdünstung unmittelbar vom Boden aus den Verkehrsstraßen entlang sich erhebt, zu durchdringen und die dichte Volksmenge auf beiden Seiten in den Gassen und Gäßchen des Häusermeers zu erreichen, die nur denen bekannt sind, die darin wohnen? Nur ein Narr versucht das Unmögliche. Bleibt an Eurem Platz, und man

---

[449] LD XIII, 35.
[450] DP XI, 271 - 294.

hat Achtung vor Euch! Betreut Eure Schafe in der Wüste, und Ihr geltet als verständige Leute. Baut auf den alten Fundamenten, und Ihr habt festen Grund! Aber unternehmt nichts Neues und macht keine Experimente; überstürzt Euch nicht überfordert nicht Eure Kräfte!"

Und Newman verschärft den Blick auf den Situationsdruck, indem er darauf verweist, daß unter Engländern nur das als annehmbar und wahr gilt, was Erfolg hat. Gerade dies aber, Macht, Reichtum, Erfolg, sind die Faktoren, die nicht auf Seiten der Oratorianer zu sein scheinen. - Der grandiosen Herausforderung stellt Newman die Erfahrung der Kirche aus ihrer Geschichte entgegen. Er zeigt, daß es eine sich geradezu wiederholende Gesetzmäßigkeit dieser Situation bei der Verkündigung des Evangeliums von Anfang an gab. So war es bei Petrus in Rom, bei Gregor von Nazianz in Konstantinopel, bei Ignatius von Loyola angesichts der siegreichen Reformation in Europa. Und wir könnten hinzufügen: bei Carl Sonnenschein in Berlin, bei Martin Luther King in den USA, bei Mutter Teresa in Kalkutta usw. Die Herausforderung durch die „Welt" und die Ablehnung durch die „Welt" sei für einen katholischen Christen nichts besonderes, meint Newman, sondern die normale, in der Geschichte immer wiederkehrende Ausgangslage. Deshalb ist die Situation der Aussichtslosigkeit gegenüber der Übermacht der Welt für Christen im Dienst des Evangeliums keine Ausnahme oder aussichtslose Sache, sondern - und nun wendet Newman die Situationsschilderung zu Beginn seiner Predigt ins Gegenteil um - das Normale.

„Es liegt nichts speziell Mutiges, keine persönliche Hochherzigkeit darin, daß ein Katholik sich nichts besonderes aus der Welt macht und ihr zu predigen beginnt, obwohl sie ihr Gesicht von ihm abwendet. Er kennt die Beschaffenheit und Art der Welt; es ist jedoch eine uralte Weise, wie er mit ihr umgeht; er handelt nur im Sinne seiner Berufung. Er wäre kein Katholik, wenn er anders handeln würde. Er weiß, wessen Schiff er bestiegen hat: das kleine Schiff des Petrus." Und dieses Schiff wird nach der Verheißung Jesu nicht kentern, wenn es durch die Fluten der Zeit, durch die Sündengeschichte der Menschheit unterwegs ist. „Wäre es anders, verließen den Katholiken die Zuversicht in seinen dunkelsten Tagen und im feindlichsten

Gebiet, dann würde er das außer acht lassen, was man ein Hauptmerkmal der Kirche nennt: Sie ist katholisch, weil sie ein Universalmittel gegen eine Universalkrankheit zu bieten hat. Diese Krankheit ist die Sünde; alle haben gesündigt, alle bedürfen der Heilung in Christus; allen muß diese Heilung verkündet und zugänglich gemacht werden." - Wenn die Kirche vor unüberwindlichen Schwierigkeiten steht und dies eben die Situation ist, in der sich ihr Seelsorger vorfindet: „Das alles beweist nur mit einer zwingenden Schärfe, die einem naturwissenschaftlichen Beweis gleichkommt, daß sie nicht von der Erde stammt, daß sie ihren Halt nicht an der Erde hat, daß sie keine Menschendienerin ist ...". Hingegen ist es ihre Sendung, den Dienst an der Versöhnung der Menschen ohne Unterschied und Vorbehalt zu tun: „Das ist auch charakteristisch für den Katholizismus. Weder der Ranghöchste noch der Niedrigste, weder der Gebildetste, noch der Ungebildetste ist dem Einfluß der Kirche entzogen. In ihr finden sich Beispiele für alle Rangstufen ihrer Kinder. Sie ist der Trost der Einsamen, die Zuchtmeisterin der Wohlhabenden, die Führerin der Haltlosen. Sie hat ein mütterliches Auge für die Unschuldigen, eine starke Hand für die Ungezügelten, eine majestätische Stimme für die Stolzen. ..."

Ihre göttliche Herkunft und Sendung ist der Grund dafür, daß sie nicht umzubringen ist. Selbst, wenn sie über Jahrhunderte durch die Staatsgewalt unterdrückt worden war, folgert Newman nun im Blick auf die Situation in England: „Siehe, die edle Gestalt der alten Kirche erhebt sich plötzlich (wieder), so frisch und so kraftvoll, als sei ihr Wachstum nie unterbrochen worden. Sie ist die gleiche wie vor dreihundert Jahren ... Ihr wißt, sie ist dieselbe geblieben. Das ist eben der Vorwurf, den man gegen sie erhebt, daß sie sich nicht ändert. Zeit und Ort schaden ihr nicht, denn ihr Ursprung liegt dort, wo es weder Zeit noch Ort gibt." - Indem Newman so gegen jede Abhängigkeit der Kirche von weltlichen Mächten Stellung nimmt und ihren göttlichen Ursprung herausstellt, knüpft er an seine eigenen Gedankengänge aus der Zeit der Traktarianer an. Mit einem Appell an die Anhänger der Oxford-Bewegung als die besonderen Adressaten der Seelsorge und Missionierungsarbeit gibt Newman seiner Eröffnungspredigt eines Oratoriums in London den Schlußakzent. Er beschwört die ehemaligen Reformgenossen, den Weg konsequent weiterzugehen: „Wie könnte ich meine Ausführungen gebührend zu Ende bringen, ohne mich an sie zu wenden? Es gibt solche, meine ich, die ähnlich wie wir in der Vergangenheit allmählich, Schritt für Schritt, vorangeführt wurden, bis sie mit uns an der Schwelle der Kirche standen. Gleich uns haben sie empfunden, daß die katholische Religion etwas anderes ist als alles in der Welt. ... Sie empfanden, daß sie noch etwas zu lernen hätten, ihr Weg war ihnen nicht klar, und so suchten sie Gottes Willen zu erfahren." Newman vergleicht die Situation mit der des heiligen Paulus, der seinen ehemaligen Mitgläubigen zuruft: „Eure Religion führt zu der unsrigen, und die unsrige steht als Tatsache vor euren Augen. Weshalb auf etwas warten, was bereits schon da ist, als wäre es erst im Kommen?" - „O, meine lieben Brüder! Sollte hier jemand zugegen sein, auf den diese Ausführungen mehr oder weniger zutreffen, tut uns nicht Unrecht, indem Ihr glaubt, daß wir es aus irgendeinem Parteiinteresse für uns selbst auf Eure Konversion abgesehen hätten. ... Wer aber kann den Gedanken ertragen, daß fromme und religiöse Herzen, die den Einstrom der Gnade Gottes so reichlich erfahren haben, denen eine Konversion so anstünde, die die Bestimmung zum Himmel haben, wieder zurückfallen könnten in die Welt...?" Am Ende des Appells an seine Freunde aus der Oxford-Bewegung und ebenso am Ende seiner Situationsbeschreibung des modernen Großstadtseelsorgers legt Newman sein Glaubensbekenntnis ab und stellt seine Glaubenserfahrung als Tatsache in den Raum: „Ich bin der Führung Gottes gefolgt, und er hat mich nicht enttäuscht. Ich habe mich seiner Hand anvertraut, und er hat mir gegeben, was ich gesucht habe. Und wie er bislang bei mir gewesen ist, so möge er und mögen seine gebenedeite Mutter und alle guten Engel und Heiligen mit mir sein bis zu meinem Ende!" -

Aus einer Predigt zur Eröffnung eines Oratoriums hatte Newman eine grundsätzliche Erklärung über die Aufgabe der Verkündigung des Evangeliums in der modernen Großstadt gemacht. Was als Niederlassung einer Priestergemeinschaft in einem Stadtteil Londons vorgesehen war, wurde für ihn zur Ansage der Offensive des Evangeliums in der Hauptstadt

Britanniens und hatte seine ebenbürtigen Vergleiche in den Anfängen der Evangelisierung von Konstantinopel und Rom. Der Oxforder Gelehrte, der innerhalb der Anglikanischen Kirche schon immer kosmopolitische und christozentrische Züge in seiner Kirche eingefordert hatte, war mit eben solchen Perspektiven nun für die Katholische Kirche erstmals öffentlich aufgetreten, in der er diese Ausmaße real repräsentiert sah. Im Herbst, am Fest des heiligen Karl Borromeo, am 4. Nov. 1849, gab Newman die Predigt zusammen mit anderen, die er als Katholik insbesondere in seiner Birminghamer Pfarrei gehalten hatte, als „Vorträge vor gemischten Gemeinden" (Discourses to Mixed Congregations) heraus und widmete sie Bischof Nicholas Wiseman.

Newman und seine Mitbrüder im Oratorium in Birmingham hatten die Herzen der armen Leute in der Umgebung der Alcester Street alsbald erobert. Das zeigte sich an den Reaktionen in der Pfarrgemeinde, als er und Ambrose St. John im September 1849 nach Bilston zur Aushilfe gingen. Dort wütete die Cholera, und der Pfarrer war durch die anfallenden Krankenbesuche überfordert. Newman hatte zwar selbst gerade eine schwere Erkältung hinter sich gebracht, ging aber trotzdem. Es habe Tränen, Ängste und Gebete um glückliche Heimkehr der beiden in der Gemeinde gegeben, so berichtet ein Zeitgenosse in einem Brief an Newman. In der Tat stand die pastorale Werbung um die neuen Hörerinnen und Hörer in der Anfangssituation Newman deutlich vor Augen. Aus einer der ersten Predigten, die er dort hielt, ist das erkenntlich. Er sprach über „Das Heil des Hörers als Motiv des Predigers" und schloß seine Predigt mit der Einladung: „Wir bitten nicht einfach um euer Vertrauen, meine Brüder, denn ihr habt uns ja noch nicht kennengelernt."[451] Aber um zweierlei bat Newman sie im Sinne seines eigenen Denkstils: „Wir bitten euch nur einfach darum, erstens daran zu denken, daß ihr eine Seele habt, die gerettet werden muß. Und zweitens darum, selbst zu urteilen, ob die Religion, wenn schon Gott eine eigene Religion zur Rettung der Seelen geoffenbart hat, eine andere sein kann als der Glaube, den wir verkündigen."

---

[451] DP XI, 9 - 31.

Gewisse Schwierigkeiten von Anglikanern mit dem katholischen Glauben

Im Sommer 1850 griff Newman den pastoralen Gedanken auf, mit dem er die Eröffnungspredigt des Londoner Oratoriums geschlossen hatte. Er hielt dort vom Mai bis zum Juli „zwölf Vorlesungen, die an die Anhänger der religiösen Bewegung von 1833 gerichtet" waren, über „Bestimmte Schwierigkeiten, die von Anglikanern in der katholischen Lehre empfunden werden".[452] - Es sei die erste Pflicht der Katholiken, so schrieb er im Vorwort zu den noch im selben Jahr veröffentlichten Texten über deren pastorale Absicht, „jenen Unterkunft zu gewähren, die vor ihren Toren stehen. Später, wenn dies getan ist, wird Zeit dafür sein, ausfindig zu machen, wie die Dinge auf dem weiten Feld der Philosophie und Religion liegen und in welche neue Position die Kontroverse geraten ist ...". Nicht die Kennzeichen der Kirche sollten erneut diskutiert werden, sondern jene Gemeinsamkeiten, die er als Mitglied der religiösen Bewegung von Oxford mit seinen Hörern teile, die ihn zum Schritt der Konversion geführt hatten und die konsequenterweise auch seine ehemaligen Mitstreiter zu diesem Schritt führen müßten. - Newman ging von der engen Verbundenheit der Anglikanischen Kirche mit dem englischen Staat aus. Er stellte noch einmal als das Grundprinzip der Apostolischen Bewegung von 1833 das Anliegen heraus, den göttlichen Ursprung, die Unabhängigkeit und Eigenständigkeit der Kirche einzuklagen. Es sei doch ihr gemeinsames Ziel gewesen, die Freiheit der Kirche gegen staatliche Bevormundung in einer staatlich institutionalisierten christlichen Glaubensgemeinschaft (Established Church) durchzusetzen. Er greift noch einmal seine eigene Argumentation als Anglikaner aus jener Predigt vom 19. Dezember 1841 auf, in der er „Gründe für das Verbleiben in unserem religiösen Bekenntnis" dargestellt hatte.[453] Wenn er dort darauf bestanden habe, daß im Grunde jeder fromme religiöse Mensch von Gott Gnade erhalte und sich auch bewußt sein dürfe, daß er diese Gnade jeweils noch nicht in vollem Maße ausgenützt habe, ja daß den Christen heilige Riten und Sakramente einschließlich der realen Gegenwart Jesu Christi gewährt seien, so wolle er an diesen Grundlagen

---

[452] Lectures on certain Difficulties Felt by Anglicans in submitting to the Catholic Church, London 1850. (Vgl. Diff I).
[453] DP IX, 374 - 399.

der subjektiven Gewißheit innerhalb der Anglikanischen Kirche nicht rütteln. Allerdings sei unverkennbar, daß all dies unter dem Vorzeichen bestehender Zweifel an der Legitimität der anglikanischen Position gesagt worden sei. So greift Newman das, was positiv und bleibend als Heilsgabe innerhalb der Anglikanischen Kirche ihm und anderen zuteil geworden war, auf. Er zeigt zugleich die darin liegende Vorläufigkeit im Vergleich für den, der zur einen wahren Kirche Jesu Christi gefunden hat. In ergreifender Rhetorik fragt er seine Hörer:

> „Warum sollte ich in eurem Gedächtnis in Abrede stellen, was in meinem so erfreulich ist? Kann nicht auch ich auf viele vergangene Jahre zurückschauen, viele Ereignisse, in denen ich selbst erfahren habe, worauf euer Vertrauen ruht? Kann ich das glückliche Leben vergessen, das ich all meinen Lebtag hindurch geführt habe, mit keinen Sorgen, keinen nennenswerten Nöten, ohne Verlassenheitsgefühl oder fiebrige Gedanken oder Düsterkeit des Geistes oder Zweifel an Gottes Liebe zu mir und an seiner Vorsehung über mir? *Kann ich den Tag vergessen, ich kann ihn niemals vergessen - als ich mich in meiner Jugend erstmals in jener alten Kirche der heiligen Frideswide, der Patronin von Oxford, an den Dienst für Gott gebunden habe?* Oder wie ich völlig überwältigt süße Tränen vergossen habe, als ich bedachte, was ich geworden war, obgleich ich die Weihe nicht als sakramentalen Ritus betrachtete, ja noch nicht einmal der Taufe irgendwelche übernatürliche Kraft zuschrieb? Kann ich aus meinem Gedächtnis jene hellen oder dunklen glücklichen Sonntagmorgenden auswischen oder es auch nur wünschen, da ich Jahr für Jahr euren Kommunionritus in meiner eigenen Pfarrkirche von St. Marien gefeiert habe ...?"

Nach der intensiven Bekundung seines Einfühlungsvermögens will Newman seine Hörer jedoch nicht im unklaren darüber lassen, daß „Gnade um der Verdienste Christi willen überall auf der Erde gegeben wird; daß es keine Ecke gibt, selbst im Heidentum, wo sie nicht gegenwärtig ist, gegenwärtig in jedem Herzen des Menschen, so daß sie für sein ewiges Heil wirklich genügt".[454] Sie, die Zuhörer aus der Oxford-Bewegung aber

---

[454] Diff I, 81 - 83.

sollten jetzt den einmal eingeschlagenen Weg der Suche nach der wahren Kirche zu Ende gehen. Er beschwor die logische Folgerichtigkeit der Gedankengänge in den neunzig Traktaten. Darin sei zwingend deutlich geworden, daß nur *die Kirche die wahre Kirche Jesu Christi sein könne, die mit der Kirche des Altertums identisch ist.*

„Wenn also, wie ich vertraue, daß es der Fall ist, Gott vor euren Augen die Seiten des Altertums nicht umsonst aufgeschlagen hat, sondern sie euren Herzen eingeprägt hat, wenn er in euren Geist die Wahrnehmung der Wahrheit gelegt hat, die, wenn sie einmal gegeben wurde, kaum mehr verloren werden kann, einmal besessen, immer wieder erkannt werden kann, wenn ihr durch seine Gnade in irgendeinem Maße die Gunst der übernatürlichen Gabe des Glaubens erhalten habt, dann, meine Brüder, denke ich zu gut von euch, erhoffe ich zu viel von euch, als daß ich mir vorstellen könnte, ihr könntet so besonderen und so fordernden Überzeugungen untreu sein. Nein, ihr steht unter einer Bestimmung, der Bestimmung der Wahrheit. Die Wahrheit ist euer Meister, nicht ihr seid der Meister der Wahrheit; ihr müßt dahin gehen, wohin sie euch führt. Ihr habt kein Vertrauen in die Staatskirche und ihre Sakramente und Riten. Ihr müßt sie verlassen ... aber wohin? Das ist die Frage, die zu stellen daraus folgt ...", so beendet Newman seine vierte Vorlesung, die hier als Beispiel für die rhetorische und inhaltliche Spannung in seiner Darstellung angeführt wurde.[455]

Bei all dem blieb Newman unpolemisch und irenisch, auch wenn er hie und da von seiner besonderen Fähigkeit der Ironie und des analogen Vergleichs Gebrauch machte. So betonte er ausdrücklich und dankbar, was ihm die Kirche von England an Gnaden vermittelt habe und was sie somit ihren Mitgliedern zu vermitteln vermag. Nur - und darauf insistierte er unmißverständlich - Leute, denen die Erkenntnis der substantiösen Mängel in der Überlieferung der Offenbarungswahrheit durch die Anglikanische Kirche soweit aufgegangen waren wie den Traktarianern, könnten nicht einfach mehr zur Tagesordnung übergehen, sondern müßten vor ihrem

---

[455] Vgl. Walter Jost, Rhetorical Thought in John Henry Newman, University of South Carolina Press 1989.

Gewissen Verantwortung dafür übernehmen und Konsequenzen daraus ziehen. Noch einmal erinnerte Newman an die Tatsache, daß die Botschaft der Kirche und die Perspektive des Staates verschieden sein und bleiben müssen. „Die Welt glaubt an die weltlichen Ziele als das größte Gut. Sie wünscht, daß die Gesellschaft schlechthin und ganz und gar weltlich regiert wird. Angenommen, sie könnte eine kleine Insel im Ozean gewinnen, oder einen Fußbreit an der Küste, wenn sie den Tee um Sixpence pro Pfund billiger machen würde, oder ihrer Flagge bei den Eskimos oder Taihitianern Achtung verschaffen könnte auf Kosten von hundert Menschenleben und hundert Seelen, würde sie das für ein sehr gutes Geschäft halten." Die Kirche hat einen ganz anderen, unirdischen Maßstab:

> „Sie hat ein und nur ein Ziel - die Reinheit des Herzens ... Sie betrachtet diese Welt und alles in ihr als bloßen Schatten, als Staub und Asche im Vergleich zum Wert einer einzigen Seele. Sie ist der Auffassung, daß es besser wäre, wenn Sonne und Mond vom Himmel fallen, daß die Erde vergeht und daß all die vielen Millionen, die darauf sind, in äußerster Todesnot an Hunger sterben, soweit es zeitliche Leiden sind, als daß nur eine Seele - ich will nicht sagen, verlorengehen würde, sondern - eine einzige läßliche Sünde begehen würde, willentlich eine Unwahrheit sagen würde, selbst, wenn sie niemandem wehtut, oder einen Pfennig stehlen würde ohne Entschuldigungsgrund. Sie betrachtet das Handeln dieser Welt und das Handeln der Seele, in ihren jeweiligen Bereichen betrachtet, als schlechthin unvergleichbar. Sie würde lieber die Seele eines einzigen wilden Banditen in Calabrien oder eines quengelnden Bettlers in Palermo retten als hundert Eisenbahngleise von der Länge und Breite Italiens legen ... So ist die Kirche ...![456]

Und wie erlebten die Zuhörer die Vorlesungsreihe? Richard H. Hutton (1826 - 1897), ein theologischer Journalist, der dabei war, berichtet: „Ich werde den Eindruck nie vergessen, den seine Stimme und seine Art, die ich bei diesen Vorlesungen zum ersten Mal erlebte, auf mich machte. Niemals schien eine Stimme geeigneter dazu zu sein, zu überzeugen ohne

---

[456] Diff I, 235 u. 240.

zu verwirren. Einfach, liebenswürdig, völlig frei von jeglichem Diktat, jedoch reich in all den Kadenzen, die dem Ausdruck des Pathos, des Verwunderns und der Erregung von Heiterkeit eigen sind. Da gab es gleichwohl nichts, was jemand im eigentlichen Sinne als verdächtigend bezeichnen könnte ... Wie er seine wachsende Desillusionierung über die Kirche von England beschrieb und mit der Verwandlung verglich, die in Märchen stattfindet, wenn das Zauberschloß verschwindet, der Bann gebrochen wird ..., hätte niemand daran zweifeln können, daß er in vollkommener Wahrhaftigkeit die Veränderung beschrieb, die in seinem eigenen Geist stattgefunden hat ..."[457] - Papst Pius IX. ehrte Newman danach im August 1850 mit der Verleihung des Grades eines Doctor theologiae.

Der Beginn der Vorlesungsreihe über die Schwierigkeiten von Anglikanern fiel zeitgleich zusammen mit einem folgenreichen Exempel über die Verflochtenheit von Staat und Kirche in der Kirche von England. Im Mai 1850 fällte der Rechtsausschuß des Staatsrates (Privy Council)[458] ein Urteil gegen den Bischof von Exeter. Dieser hatte sich geweigert, dem Pfarrer George C. Gorham (1787 - 1857)[459] eine Pfarrei zu übertragen, weil er nicht an die Taufe als Sakrament und an deren sakramentale Wirkung glaube. Die Vertreter der Hochkirche, nicht zu reden von den Anhängern der Oxford-Bewegung, hielten diese Einstellung für häretisch. Gleichwohl entschied die staatliche Instanz, daß George Gorham eine Pfarrgemeinde leiten dürfe, und in der Folge fand sich auch ein Bischof, der ihm eine Pfarrei übertrug. Der Fall Gorham hatte eine Flut von polemischen Publikationen zur Folge, in denen aufgebrachte Christen das Für und Wider erörterten. Intensiviert durch Newmans Vorlesungszyklus fanden eine größere Zahl von Anglikanern in jenem Jahr den Weg zur

---

[457] R. H. Hutton, Cardinal Newman, London 1891, 207f.
[458] Das Judicial Committee of the Privy Council ist eine Appellationsinstanz, die 1833 geschaffen wurde, um die ausgedehnten Rechtsangelegenheiten im königlichen Staatsrat zu regeln. Von diesem Rechtskomitee des Staatsrates wurden auch Angelegenheiten kirchlicher Jurisdiktion geregelt.
[459] George C. Gorham wurde 1847 vom Lordkanzler auf eine Pfarrei in der Diözese Exeter präsentiert, aber vom zuständigen Bischof H. Phillpotts nach einem Gespräch als nicht orthodox abgelehnt. Nach einem Gerichtsverfahren, das den Bischof bestätigte, appellierte Gorham an das Privy Council, das ihm Rechtgläubigkeit bescheinigte. Trotz der fortbestehenden Weigerung des Bischofs wurde Gorham dann durch Erzbischof J. B. Sumner als Pfarrer von Bramford Speke investiert.

Konversion in die römisch-katholische Kirche, darunter so prominente Leute wie Henry Edward Manning, Henry Wilberforce, James Hope-Scott und viele andere.

Wiederherstellung der römisch-katholischen Hierarchie

Die verwirrenden Ereignisse wurden von einer anderen Neuigkeit durchkreuzt, einem Hirtenbrief Nicholas Wisemans, den er „Aus dem Flaminianischen Tor" betitelte, einem Stadttor Roms, das nach Norden führte. Einige Passagen gaben dem Hirtenbrief den Klang einer politischmilitärischen Initiative. Was war der Anlaß? Wiseman war zur Wiederherstellung der englischen Bistümer und Hierarchie nach Rom gekommen und wurde von Pius IX. zum Erzbischof und Kardinal „von Westminster" ernannt. Darum sandte er, sozusagen aus dem Glanz der Ewigen Stadt, am 7. Oktober 1850 einen Hirtenbrief, in dem er erstmals seine neuen Würdenamen gebrauchte:

> „Nicholas durch göttliches Erbarmen Kardinalpriester der Heiligen Römischen Kirche unter dem Titel von St. Potentiana, Erzbischof von Westminster und Apostolischer Administrator der Diözese Southwark an die vielgeliebten Christen, den Säkular- und Regularklerus und die Gläubigen der besagten Erzdiözese und Diözese: Heil und Segen im Herrn! Wenn wir Euch an diesem Tag unter einem neuen Titel begrüßen, so doch nicht, Vielgeliebte, mit veränderter Zuneigung ... Denn jetzt fühlen wir Euch wahrlich durch neue und stärkere Bande der Liebe eng verbunden, jetzt umarmen wir Euch in unserem Herrn Jesus Christus mit zärtlicheren Gefühlen väterlicher Liebe ..."[460] Wiseman betont, daß „gerade der größte aller Segen unserem Land gewährt wurde durch die Wiederherstellung der wahren katholischen hierarchischen Regierung in Gemeinschaft mit dem Sitz des Petrus

---

[460] Der Hirtenbrief „Out of the Flaminian Gate of Rom" ist im Anhang von Brian Fothergill, Nicholas Wiseman, London 1963, 293 - 297, abgedruckt. Vgl. dazu R. J. Schiefen, Nicholas Wiseman and the Transformation of English Catholicism, Shepherdstown/USA 1984, 189ff.

..." Durch das Dekret des Papstes sei er „auf den erzbischöflichen Sitz von Westminster erhoben worden, so daß wir jetzt und für die Zeit, bis der Heilige Stuhl es anders vorzusehen gedenkt, die Grafschaften von Middlesex, Hertford und Essex regieren und regieren werden und dazu diejenigen von Surrey, Sussex, Kent, Berkshire und Hampshire und die dazu gehörigen Inseln als Administrator mit ordentlicher Jurisdiktion". Außerdem sei er „am heutigen Tag durch die Hände des obersten Hirten und Pontifex mit dem Zeichen der metropolitanen Jurisdiktion bekleidet worden. Das große Werk ist also vollständig; was Ihr lange ersehnt und wofür Ihr gebetet habt, ist gewährt. Euer geliebtes Land hat einen Platz unter den edlen Kirchen, die auf normale Weise errichtet, eine glänzende Körperschaft der katholischen Gemeinschaft bilden. Das katholische England ist zu seiner Stellung am himmlischen Firmament zurückgekehrt, von wo sein Licht lange verschwunden war, und beginnt aufs neue seinen Lauf ... um das Zentrum der Einheit, die Quelle der Jurisdiktion und des Lichtes und der Kraft..." Das Hirtenschreiben endet mit der Anordnung allenthalben in den Kirchen am folgenden Sonntag öffentlich Dank zu sagen. -

Verlesen von den Kanzeln, klang dieser triumphal formulierte Hirtenbrief mit Begriffen wie „regieren" und dem Namen von Grafschaften und Inseln wie eine politische Kundgebung. Heftige Proteste von Presse und Bevölkerung einschließlich des Premierministers waren die Folge dieses psychologisch eher unklugen Manifestes. Die Konvertiten, zu denen die Oratorianer ja an prominenter Stelle zählten, kamen ins Zwielicht der öffentlichen Ungunst. Newman, der von ganz anderem politischem Takt und Feingefühl war, hatte seine eigene Meinung in der Sache und schrieb nach Rom an George Talbot: „Ich glaube, unser schreiendster Bedarf ist der Mangel an Theologie. Der Papst seinerzeit sandte den hl. Theodor, den hl. Adrian und andere nach England ..." George Talbot antwortete zwielichtig, der Papst habe mit großem Interesse vernommen, „was Sie sagten, auch über den hl. Theodor und den hl. Adrian. 'Leider', sagte er, 'habe ich keine Heiligen, um sie nach England zu schicken'. Und, wie Sie wohl wissen, gibt es tatsächlich nur wenige, wenn überhaupt, profunde Theologen in Rom selbst ..."[461]

Ein Manifest für die Laien

In dieser kirchenpolitisch gespannten Lage erhielt Newman den Vorschlag des konvertierten Journalisten und Herausgebers des „Rambler" John Moore Capes (1812 - 1889), fähige katholische Laien unter den Konvertiten, z. B. konvertierte anglikanische Theologen, die mitunter als verheiratete ehemalige Pfarrer das Priesteramt nicht mehr ausüben konnten, in größeren Städten zu Vorträgen über die Katholische Kirche zu engagieren. Damit könne die herrschende Desinformation über den Katholizismus und die Antipathie angesichts der Restauration der Hierarchie auf Gesprächspodien aufgearbeitet werden. Newman war von der Idee sogleich angetan. „Im Gegensatz zu Bischof Bernard Ullathorne, der einen Horror vor Laien hat, bin ich sicher, daß sie heutzutage zur Stärke der Kirche gemacht werden können. Seltsam genug, ich habe gerade in dieser Zeit bis gestern abend, Vorlesungen gehalten für unser Oratorium Parvum (Kleines Oratorium), auf das er gewiß höchst eifersüchtig schauen wird."[462]

---

[461] LD XIV, 35f. Am 23. Oktober informierte Newman G. Talbot, den etwas problematischen Berater Pius' IX., über die Auswirkung von Wisemans Hirtenbrief: „Die ganze Öffentlichkeit steht gegen ihn auf und auch die Presse, ohne Ausnahme einer Zeitung, wie ich glaube. Die erste Frage, die entsteht: Sollte Seine Eminenz nicht eine Weile in Florenz warten, bis die erste Aufwallung vorüber ist? ... Verlassen Sie sich darauf, wir werden ein hartes Spiel zu spielen haben, und es genügt nicht, es dem Zufall zu überlassen..." (LD XIV, 110f).

[462] LD XIV, 252. - Newman meint mit dem „Kleinen Oratorium" eine gerade gegründete Laiengemeinschaft aus jungen Männern, die sich „Brüder des Oratoriums" nannten, und die sich im Anschluß an die Oratorianer Glaubensschulung, Musik, Malerei u. a. befaßten und befassen sollten. Seine eigenen Gedanken finden sich in dem Memorandum: „Remarks on the Oratorian Vocation" vom Jahr 1856, in: O, 299 - 313; hier 309f.

Bei dieser Lage der Dinge ist es nicht überraschend, daß Newman selbst beschloß, eine Vortragsserie zur Aufklärung der Situation über „Die gegenwärtige Lage der Katholiken in England" zu halten (On the Present Position of Catholics in England). Vom Juni bis Anfang September 1851 bot er seine Vorträge in der Getreidebörse an, dem größten Raum, der in Birmingham verfügbar war. Er richtete sie, wie es im Titel heißt, „an die Brüder des Oratoriums (Addressed to the Brothers of the Oratory), die Laiengemeinschaft, die sich um die Oratorianer herum aus der Bevölkerung Birminghams gebildet hatte. Aber wie sollte Newman über die einflußlose Minderheit der Katholiken innerhalb des traditionsreichen, durch die Staatskirche dominierten Milieus von Birmingham und darüber hinaus sprechen? Wie konnte er einem Publikum mit so verschiedenen Ausgangslagen etwas Sympathisches über die Katholiken sagen? Wie konnte er gleichzeitig die herrschende Benachteiligung durch eine voreingenommene Majorität durchkreuzen? Um darzustellen, was der nationale Protestantismus innerhalb der Anglikanischen Kirche an grotesken Vorurteilen und Vorstellungen über die Katholische Kirche hegte, setzte Newman die rhetorische Waffe der Ironie ein, eine seiner ganz besonderen Begabungen. Newman hielt selbst die neun Vorlesungen, die er dann als Monographie veröffentlichte, für sein bestgeschriebenes Buch. Es zeigt bis heute, wie er herrschende Spannungen aufgreifen und seinen literarischen Fähigkeiten freien Lauf lassen konnte. Wie Charles Dickens ließ er das Komische, Groteske und Satirische sich mit seiner Feder austoben. Newman gehöre zu den großen Schriftstellern der Satire, und diese Vorlesungen seien das am meisten unterschätzte Werk der englischen Literatur, meint einer der besten Kenner von Newmans Leben und Werk.[463] Inhaltlich beschrieb Newman die im Volk verbreitete Sicht der Katholischen Kirche und die hartnäckige Tradierung solch karikierender Vorurteile. Er machte sich einen Spaß daraus, die logischen Widersprüche und die herrschende Unkenntnis über Katholiken und Katholizismus anzuprangern. Aus späterem Rückblick und gar aus heutiger Sicht, erscheint manchem Leser die Darstellung Newmans überzogen, nicht so, wenn man das zeitgenössische Kesseltreiben der

---

[463] Ian Ker, in: I. Ker - A. G. Hill, Newman after a Hundred Years, Oxford 1990, 18 u. 20; vgl. ebd. A. O. J. Kockshut, The Literary and Historical Significance of the Present Position of Catholics, 111 - 128.

englischen Presse einschließlich der Times zur Kenntnis nimmt und dann merkt, daß Newman für die in die Enge getriebenen Katholiken einen Befreiungsschlag führte. Die Hörer seien so mitgegangen, daß man das Lachen noch Straßenzüge weiter gehört habe, berichten Zeitgenossen.

„Ein Urteil, das man sich im voraus über eine bestimmte Frage .. bildet, ist ein Vorurteil", erklärte Newman lapidar im Sinne einer Definition; dabei behalte bei vielen Leuten die Herkunft unbelehrbar die Macht über die Zukunft. Eine Gemeinschaft und ihre Mitglieder, die aus einer solchen Einstellung heraus lebten, mache ihre eigenen Traditionen unfehlbar und damit unwiderlegbar. Beweise man ihnen z. B. mit Sachargumenten aus der Geschichte und Logik genau, daß ihre Vorurteile in einem ganz konkreten Fall falsch sind, so seien sie für den Augenblick verblüfft und still. Aber dann würden sie auf der Gefühlsebene nachsetzen: „Was für kluge Burschen diese Katholiken doch sind! ... So gehen die Jesuiten vor, immer gebildet, differenziert und belesen; ein Protestant hat bei ihnen keine Chance." So scheinen sie nachzugeben, um aber gleichzeitig bei der Bestärkung ihres Vorurteils zu bleiben.[464] -

In dem überall diskutierten praktischen Fall der vielen Konvertiten und ihrer Beurteilung illustriert Newman lustvoll die Skala der Vorurteile: Zuerst werde geleugnet, daß es überhaupt Konvertiten gibt. Sodann werde behauptet, daß sie aus falschen Motiven konvertiert seien oder doch voreilig gehandelt hätten. Außerdem wird gesagt, daß sie bald wieder zurückkommen würden. Wenn sich das alles als nicht haltbar erweist, so entstehe die Behauptung, die Konversion habe sich jedenfalls auf den einzelnen charakterlich ungünstig ausgewirkt, ja sie seien schließlich beim Unglauben gelandet. Am Ende, wenn alle Stufen der Vorurteilsskala durchlaufen sind, werde gesagt: Sie waren schon immer katholisch gewesen. Eben, um dem Vorurteil treu zu bleiben, vergesse man, daß sie Protestanten waren.[465]

---

[464] PresPos, 227 u. 241.
[465] Vgl. ebd., 243 - 245.

Newman wandte sich, wie gesagt, in seinen Vorträgen immer wieder in ganz besonderer Weise an den Kreis seiner „Brüder des Oratoriums". Ihnen machte er Mut und sie rief er in erster Linie in der abschließenden Vorlesung zu einem eindeutigen Kampf und Zeugnis für die Wahrheit des Evangeliums in der Öffentlichkeit Englands auf.

„Laßt es genug sein, daß Ihr ein reines Gewissen habt und Gott auf Eurer Seite ist! Eure Kraft liegt in Eurem Gott und in Eurem Gewissen; deshalb liegt sie nicht in Eurer Zahl ... 'Es gibt eine Zeit zum Schweigen und eine Zeit zum Reden'; die Zeit zum Reden ist gekommen ... - Verbergt Eure Talente nicht in der Serviette und stellt Euer Licht nicht unter den Leuchter. Ich wünsche mir Laien, nicht arrogant, nicht vorlaut, nicht streitsüchtig, sondern Menschen, die ihre Religion kennen, die sich auf sie einlassen, die ihren eigenen Standpunkt kennen, die wissen, welcher Meinung sie sind und welcher nicht; die ihr Glaubensbekenntnis so gut kennen, daß sie darüber Rechenschaft ablegen können, die über so viel geschichtliches Wissen verfügen, daß sie ihre Religion zu verteidigen wissen. Ich wünsche mir intelligente, gut gebildete Laien. Ich leugne nicht, daß Sie bereits solche sind, doch ich beabsichtige, in meinen Forderungen streng, und wie manche sogar sagen würden, übertrieben zu sein. Ich wünsche mir, daß Sie ihr Wissen vergrößern, Ihren Verstand heranbilden, daß Sie lernen, Einsicht in das Verhältnis von Wahrheit zu Wahrheit zu gewinnen und die Dinge zu sehen, wie sie sind. Ich wünsche mir, daß Sie verstehen, wie Glaube und Vernunft sich zueinander verhalten, was die Grundsätze und Prinzipien des Katholizismus sind. Ich habe nicht die Befürchtung, Sie wären auf Grund der Vertrautheit mit diesen Themen schlechtere Katholiken; vorausgesetzt, Sie hegen einen lebendigen Sinn für Gott droben und sind sich immer bewußt, daß Sie Seelen haben, die gerichtet und gerettet werden sollen. Zu allen Zeiten waren die Laien der Maßstab für den katholischen Geist; sie retteten die Irische Kirche vor dreihundert Jahren und betrogen die Kirche in England ... - Sie sollten in der Lage sein, dem, was Sie fühlen und meinen, Ausdruck zu geben. Sie sollten die Phantasien und Irrtümer Ihrer Gegner anderen so offenlegen können, daß sie sie verstehen. Und Sie sollten ebenso die gegen die Kirche gerichteten Anklagen erklären können, nicht etwa, um blind ergebene Frömmler zufriedenzustellen, sondern Menschen mit Verstand, welcher Ansicht sie auch immer sein mögen. - Und eine unmittelbare Auswirkung Ihrer Fähigkeit, all dies leisten zu können, wird sein, daß Sie jenes rechte Weltvertrauen gewinnen werden, das Sie so nötig brauchen. Sie werden sich auf sich selbst verlassen; Sie werden ruhig, Sie werden geduldig sein. Unwissenheit ist die Wurzel allen Kleinmuts. Wer um das Gesetz moralischer Konflikte, um die Widersprüchlichkeit der Falschheit, um die Folgen der Verwirrung, um das Ende aller Dinge und um die Gegenwart des (ewigen) Richters weiß, der wird notwendigerweise 'philosophisch', durchhaltefähig und großmütig werden."[466]

Das war das erste Manifest für die Laienbewegung in der Katholischen Kirche. Newmans Appell an die Gläubigen, sich einen Glaubenssinn zu erwerben, fand erst ein Jahrhundert später im Laiendekret des II. Vatikanischen Konzils seine kirchenoffizielle Anerkennung und lehramtliche Legitimierung.

Doch die „Vorträge über die gegenwärtige Situation der Katholiken in Egland" im Jahre 1851 hatten noch ein verwickeltes Nachspiel, das Newman in äußerste Bedrängnis brachte. Im letzten Absatz seines Vortragszyklus sagte er: „Nach allem und trotz aller Unvollkommenheiten, die dem Tun jedes sterblichen Menschen anhangen, und trotz der unterschiedlichen Urteile, die solche Unvollkommenheiten größer machen als sie sind, vertraue ich darauf, daß in dem, was ich gesagt habe, ein Wesenskern von Wahrheit enthalten ist, der bleiben wird und da und dort seine Wirkung entfalten wird. Das Gute wird nie getan, außer auf Kosten derer, die es tun. Die Wahrheit wird nie stark gemacht, außer durch das Opfer ihrer Verfechter. Wenn sie sich keine andere Strafe zuziehen, decken sie zumindest die ihnen eigenen Unvollkommenheiten auf. Denn es würde überhaupt nichts getan, wenn ein Mensch warten würde, bis er es so gut tun könnte, daß niemand einen Fehler daran findet."[467] Bei diesen Worten war sich Newman wohl bereits existentiell bewußt, wovon er

---

[466] PresPos, 390f.
[467] PresPos, 402f.

sprach; denn inzwischen war ein Verleumdungsprozeß gegen ihn anhängig gemacht worden. In der fünften seiner neun Vorlesungen hatte Newman einen vom Orden ausgeschlossenen Dominikaner, Giacinto Achilli (1802 - 1860), als einen unglaubwürdigen Zeugen in Sachen Katholische Kirche angeprangert. Der Italiener, der von der „Evangelischen Allianz", einer anti-römischen Organisation in England, zu Vorträgen herumgereicht wurde, berichtete über die Verderbnisse der Kirche Roms und über seine Leiden, die er unter deren Inquisition habe erdulden müssen. In Wirklichkeit war er wegen mehrerer Sittlichkeitsvergehen in Italien aus seinem Orden nach einem entsprechenden Verfahren ausgeschlossen worden. All das hatte Kardinal Wiseman in einem Artikel in der „Dublin Review" veröffentlicht. Newman verließ sich auf die Zuverlässigkeit der Wiseman'schen Aussagen. Newman mußte darauf zurückgreifen, als Achilli, von seinen Gastgebern veranlaßt, einen Eid ablegte, die gegen ihn vorgebrachten Beschuldigungen seien gegenstandslos. Der gegen Newman nun eingeleitete Verleumdungsprozeß veranlaßte ihn, Wiseman um dessen Unterlagen für seine farbige Beschuldigung Achillis zu bitten. Wiseman aber konnte die dringend gewünschten Quellen nicht finden. Für eineinhalb Jahre lebte Newman in der Angst, durch diesen Prozeß und seinen Verlauf, durch den voreingenommenen Richter und die Vorverurteilung in der Öffentlichkeit, bei einer Gefängnisstrafe zu enden. Mit Hilfe von Freunden ließ Newman Zeugen aus Italien herbeiholen, deren Unterbringung er selbst finanzieren mußte. Zwar war es schwierig, die gedemütigten Opfer von Achillis Seitensprüngen aufzufinden und sie zur Zeugenaussage zu motivieren, ganz besonders, sie vor einer bedrohenden englischen Öffentlichkeit abzuschirmen. Dennoch gelang es mit Hilfe von Maria Rosina Giberne, die Hauptzeugin bis vor das Gericht und zur Aussage zu bringen. Im nachherein ist es schwer verständlich, wieso der leitende Richter Newman gleichwohl verurteilte, nur weil er Beschuldigungen vorgebracht hatte, die er nicht selbst persönlich bezeugen konnte und für deren Zitat der Autor Wiseman die Unterlagen zu spät wiederfand. Am Ende wurde er zwar mit einer eher symbolischen Geldstrafe von 100 Britischen Pfund belegt, aber die Tatsache der Verurteilung hinterließ in der breiten englischen Öffentlichkeit einen Makel an Newmans Namen. Anders sahen es die Katholiken sowohl Englands als auch anderer Länder. Der einseitig geführte Gerichtsprozeß wurde von Katholiken in Europa und Übersee mit großer Sympathie für

Newman verfolgt. Und man sammelte Geld für den prominenten Konvertiten zur Deckung der Unkosten des Gerichtsverfahrens, die sich auf 12000 Pfund beliefen.

Am Ende hatte Newman einen Geldüberschuß, den er zum Bau der Katholischen Universitätskirche von Dublin benützte, die noch heute in Stephen's Green steht. Eine Teilspende, die ihm über einen holländischen Journalisten angekündigt worden war, ließ er dem Freiburger Erzbischof Hermann von Vicari senden mit dem guten Wunsch, er solle sich im „Badischen Kirchenstreit" des Kulturkampfes einen guten Rechtsbeistand sichern. Der Erzbischof war damals neben anderen Schikanen vom protestantischen Großherzog in Karlsruhe eine Woche lang in seinem Haus am Münsterplatz unter Hausarrest gefangen gesetzt worden.[468]

Im Vordergrund der Aktivitäten Newmans war während dieser Zeit in den Jahren 1851/52 der Neubau des Oratoriums in der Hagley Road des Stadtteils Edgbaston in Birmingham gestanden, der seit Mai 1851 in Gang war. Ein Jahr später, im April 1852, konnte er mit seinen Mitbrüdern in das endgültige Domizil des Birminghamer Oratoriums übersiedeln, das bis heute besteht. Im November des folgenden Jahres 1853 eröffneten die Oratorianer auch die dort neu gebaute Kirche. So hatten Newman und die Seinen nach vielfachen Umzügen zwischen Oxford und Littlemore, Maryvale und Rom und nach einem ersten Provisorium in Alcester Street die endgültige äußere Bleibe gefunden: „Il Nido" (das kleine Nest), wie es in der Oratorianersprache heißt. Der Aufbruch zu dem langen Weg in Richtung des Verheißenen Landes der wahren Kirche war nun an sein Ziel gelangt und der Pilgrim zur Ruhe gekommen. Newman empfand diesen Ort immer als seine Heimat und schätzte ihn sehr. Während er Zeit seines Lebens in seiner Glaubensgewißheit, die wahre Kirche Jesu Christi gefunden zu haben, unerschüttert blieb, hatten sich allerdings mit der Achilli-Affäre bereits kommende Enttäuschungen und Leiden im Umgang mit Vertretern dieser Kirche angedeutet.

---

[468] Vgl. LD XV, 519, Anm. 2.- Der heutige Erzbischof von Freiburg, Dr. Oskar Saier, erinnerte dankbar an diese Begebenheit, als er 1978 die Teilnehmer einer internationalen Newmankonferenz in seiner Akademie begrüßte (NSt XI 11).

Bildung als Beitrag zum Wiederaufbau der Katholischen Kirche (1851 - 1865)

> „Von Anfang an ist Bildung in diesem weiten Sinn des Wortes meine Grundrichtung gewesen".[469]

Projekt einer Katholischen Universität in Irland

Im Juli 1851 kam der Erzbischof von Armagh, Paul Cullen (1803 - 1878), nach Birmingham und suchte Newman für einen Plan von großer Tragweite zu gewinnen. Als der langjährige Leiter des Irischen Studienkollegs für Priesterkandidaten in Rom war er dort Newman 1847 erstmals begegnet. Zwei Jahre danach war er Bischof von Armagh und damit Primas der Katholischen Kirche von Irland geworden. Von nun an hatte er sich mit der schwierigen Situation zu befassen, der Katholiken ausgesetzt waren, die auf den britischen Inseln eine akademische Bildung suchten. In Oxford und Cambridge konnte man nur studieren bzw. Examen ablegen, wenn man die Neununddreißig Artikel der Anglikanischen Kirche unterzeichnete. In Irland hatte die britische Regierung unter Premierminister Robert Peel zwar 1846 interkonfessionelle Studienhäuser eingerichtet (Queens Colleges). Aber eben diese neuen Zugangsmöglichkeiten für die katholische Jugend des Landes zur Universität hatten nicht den Beifall der irischen Bischöfe gefunden. Sie suchten vielmehr die vermögenden Schichten der irischen Laien, die ihren Söhnen ein Studium ermöglichen konnten, davon zu überzeugen, daß dieses Angebot des Staates an die irische Elite eine Gefahr für deren Glauben und Schwierigkeiten für die Kirche mit sich bringe. In diesem Zusammenhang plante Cullen, eine eigene Katholische Universität für die britischen Inseln nach dem Beispiel der Katholischen Universität von Leuven in Belgien zu errichten. Er versuchte, möglichst viele irische Bischöfe für seinen Plan zu gewinnen. Newman sollte Rektor werden;

---

[469] SB, 336.

BILDUNG ALS BEITRAG ZUM WIEDERAUFBAU DER KATHOLISCHEN KIRCHE
(1851 - 1865)

denn sein Name stand auf Grund seiner Oxforder Herkunft für solide Gelehrsamkeit und war zudem ein Aushängeschild, um auch die Söhne katholischer Familien aus England für die neue Universität zu motivieren. Als erstes sollte Newman in Dublin mit einer Vortragsreihe den Gedanken gegen gemischt konfessionelle Bildungs- und Erziehungsanstalten in die Öffentlichkeit tragen.[470]

Newman war nach einer Bedenkzeit grundsätzlich bereit, sich in den Dienst dieser Aufgabe zu stellen, für die er zweifellos beste Voraussetzungen mitbrachte. Zunächst jedoch war er bis zum Herbst des Jahres 1851 durch seine Vortragsreihe über „Die gegenwärtige Lage der Katholiken" in Birmingham festgehalten. Außerdem nahm der Achilli-Prozeß seine physischen und psychischen Kräfte noch über Monate in Anspruch. In jenem November 1851, als das Universitätskomitee der Irischen Bischofskonferenz ihn ersuchte, sich „zum ersten Präsidenten der Katholischen Universität Irlands" ernennen zu lassen, „lag ein grenzenloses Meer von Sorgen, Unkosten und Streitigkeiten vor mir, so daß ich wirklich Schmerzen hatte".[471] Zudem stand für den Februar 1852 der Umzug in die neu gebauten Oratoriumsgebäude in Edgbaston bevor. Trotz dieser Umstände nahm Newman die Aufgabe ihrer Bedeutsamkeit wegen an und sagte seine Mitarbeit am Universitätsprojekt in Dublin zu.

In der Nacht des 7. Mai 1852 überquerte Newman zu diesem Zweck erstmals die Irische See, um in Dublin Vorlesungen über sein Ideal einer katholischen Universität zu halten. Zwei Tage später, am Montag, dem 10. Mai, begann er in der „Rotunda", einem Versammlungsraum aus dem 18. Jahrhundert an der oberen O'Connell Street. An fünf aufeinander folgenden Montagen entwarf er vor seinem Auditorium eine grundlegende Darstellung vom Wesen einer Universität. Er begnügte sich nicht mit Begründungen aus der aktuell herrschenden Lage, sondern sprach vom universalen Wissen, das sich auf alle Dinge der Wirklichkeit beziehe, vom kommunikativen Verhältnis, das die Wissensbereiche der verschiedenen Universitätsdisziplinen zueinander haben müssen, und von der universitären Bildung, die Studierenden dort zuteil werden sollte. Die erste

---

[470] LD XIV, 313; vgl. Newmans „Memorandum über meine Beziehung zur Katholischen Universität" von 1870: SB, 385 - 455.
[471] SB, 389 und LD XV, 111.

BILDUNG ALS BEITRAG ZUM WIEDERAUFBAU DER KATHOLISCHEN KIRCHE
(1851 - 1865)

Oscott College bei Birmingham: Die Kanzel in der Kapelle, von der Newman am 13. Juli 1852 die Predigt „Der Zweite Frühling" zur ersten Synode der englischen Bischöfe nach der Wiederherstellung der Hierarchie hielt. (Photo: B. Stein)

BILDUNG ALS BEITRAG ZUM WIEDERAUFBAU DER KATHOLISCHEN KIRCHE (1851 - 1865)

Vorlesung veröffentlichte er gleich anschließend in „The Tablet", einer katholischen Wochenzeitschrift. Nach fünf Wochen war er so erschöpft, daß er abbrechen mußte. "Was meine Vorlesungen betrifft", schreibt er Mitte Juni an Dr. Newsham, „so haben sie mich, wer weiß wieviel Gedanken und Angst gekostet. - Immer wieder habe ich aufgehört, ganz außerstande, mit dem Thema weiterzukommen. Und nichts, außer der Fürbitte der Seligen Jungfrau, hat mir Halt gegeben zu meiner Arbeit. Schließlich habe ich die Reihe unterbrochen, bloß, weil ich nicht zu meiner Zufriedenheit weitermachen konnte. Drei Tage lang saß ich an meinem Schreibtisch, beinahe von morgens bis abends, und habe abends als wertlos beiseite gelegt, was ich den ganzen Tag über gearbeitet hatte. Dann gab ich es auf."[472] -

Newman kehrte nach Edgbaston zurück, „in der Hoffnung, daß ich mich stärken werde und wieder neu beginne. Ich schäme mich, so zu sprechen, als würde ich irgendeine große Sache vollbringen", schreibt er an eine Bekannte, „aber in meinem Alter arbeite ich die Dinge nicht mehr so leicht aus, wie ich es einmal tat. Ich sage dies jedoch aus einem hinreichenden Grund: Ich bin sicher, Sie werden für mich in dieser wie in anderen Angelegenheiten ein Memento machen und für mich das Licht der göttlichen Gnade dafür erlangen, daß ich sage, was nützlich und wahr ist und sonst nichts."[473] - Was Newman dabei nicht erwähnt, ist die Tatsache, daß er im selben Monat Juni 1852 die Hauptverhandlung im Achilli-Prozeß vor sich hatte. Obgleich alles bestens vorbereitet war und zugunsten Newmans zu stehen schien, zog sich Achilli durch einen Eid aus der Affäre, und das Gericht verurteilte Newman. Als alles vorüber war, war Newman gefaßter als viele seiner Freunde. „Es gibt keinen Zweifel. Ich habe mich in den Augen eines jeden *moralisch* gerechtfertigt", schreibt er am Tag danach und abgesehen von den Parteigängern Achillis wird es niemand „einen Triumph für ihn, sondern einfach einen Triumph über mich nennen ... Einige werden in der Tat weitergehen und werden es

---

[473] LD XV, 100: Charles Newsham (1792 - 1863) war der Präsident des Ushaw College, Durham, einer der bedeutendsten theologisch-philosophischen Hochschulen Englands auf katholischer Seite. Er hatte Newman zuvor geschrieben: „Die Vorsehung macht von Ihnen für große Ziele Gebrauch ... Ihre wertvollen Schriften werden noch zu Tausenden sprechen, lange, nachdem Ihre Zunge schweigt und Ihre demütige Seele an einem besseren Platz ist ..." (ebd.).

BILDUNG ALS BEITRAG ZUM WIEDERAUFBAU DER KATHOLISCHEN KIRCHE
(1851 - 1865)

einen Beweis für eine Konspiration nennen, was bereits gesagt wurde. Das ist natürlich eine andere Sache und eine ernstere."[474]

Zum Ende des Monats Juni mußte Newman wieder in Irland zurück sein, wo Cullen inzwischen Nachfolger des Erzbischofs von Dublin geworden war, und nun feierlich inthronisiert wurde. Wieder zwei Wochen später, am 13. Juli 1852, war Newman der Festprediger bei der *Ersten Synode der Katholischen Bischöfe Englands* anläßlich der Wiederherstellung der Hierarchie. In der Maria geweihten Kapelle des Oscott College hielt Newman eine Predigt über den „Zweiten Frühling", in der er in poetischer Sprache nach einem Motto des Hohen Liedes das neue Erstarken der Katholischen Kirche Englands deutete.

„Wir sind vertraut mit der Ordnung, der Beständigkeit und der fortwährenden Erneuerung der sichtbaren Welt, die uns umgibt. So hinfällig und vergänglich jeder ihrer Teile ist, so ruhelos und rastlos ihre Grundlagen sind, so unaufhörlich ihr Wandel vor sich geht, sie selbst bleibt bestehen. Sie wird von einem Gesetz der Beständigkeit umschlossen; auf Einheit ist sie gegründet; und obwohl immer im Sterben, ersteht sie immer wieder neu zum Leben. Auflösung führt nur zur Geburt von neuen organischen Formen, und ein Tod ist der Mutterschoß für tausendfaches Leben ... Die Sonne geht unter, um wieder aufzugehen; der Tag wird vom Dunkel der Nacht verschlungen, um aus ihr so jung geboren zu werden, als wäre er nie erloschen. Der Frühling schreitet in den Sommer, und durch den Sommer und Herbst in den Winter, nur, um durch seine eigene letzte Wiederkehr um so sicherer über jenes Grab zu triumphieren, dem er von seiner ersten Stunde an geradezu entgegengeeilt ist ..."[475] Während sonst in der physikalischen Welt Werden, Vergehen und Neuwerden die evolutionäre Gesetzmäßigkeit der Schöpfung ausmacht, sei es mit dem Leben des Menschen und nach dem Gesetz der Geschichte anders: „Der Mensch erhebt sich, um zu fallen, er strebt der

---

[474] LD XV, 105.- Zu den Details vgl. Matthew C. Mirow, Roman Catholicism on Trial in Victorian England: The Libel Case of J.H.Newman and Dr. Achilli, in: The Catholic Lawyer 36, 1996, 401 - 453.
[475] „Der Zweite Frühling" in: „Predigten zu verschiedenen Anlässen" (Sermons on Various Occasions, 1857), DP X, 193 - 215; 193f.

BILDUNG ALS BEITRAG ZUM WIEDERAUFBAU DER KATHOLISCHEN KIRCHE (1851 - 1865)

Auflösung entgegen von dem Augenblick an, da er ins Dasein tritt. Er lebt zwar weiter in seinen Kindern, er lebt weiter in seinem Namen, doch er lebt nicht weiter in seiner eigenen Person ... Der Mensch - nach all den Kundgebungen seines differenzierten Lebens das größte Werk der Hände Gottes unter der Sonne - wird einzig geboren, um zu sterben ... - So ist der Mensch samt all seinen Werken sterblich; sie sterben und haben nicht die Kraft, sich zu erneuern. ... - Die physische Welt geht Jahr für Jahr ihren Gang und beginnt von neuem. Die politische Ordnung der Dinge aber erneuert sich nicht, sie kehrt nicht wieder. Sie besteht weiter, aber sie drängt vorwärts, und es gibt kein Zurück. Dies verstehen die heutigen Menschen so gut, daß bei ihnen die Vergötterung des Fortschritts nur ein anderer Name für das Gute ist. Das Vergangene kehrt nie wieder - es ist auch nie gut. Sollen wir den jetzigen Übeln entfliehen, dann nur durch Fortschritt. Das Vergangene ist veraltet. Das Vergangene ist tot. Ebensowenig wie die Toten für uns leben, die Toten uns nützen könnten, könnte das Vergangene wiederkehren. *Darum* also diese Verwunderung der Nation, darum dieser Aufschrei .. hier und jetzt. Die Vergangenheit *ist* zurückgekehrt, das Tote lebt. Throne werden gestürzt und werden nie wieder errichtet; Staaten leben und sterben, um dann nur noch Stoff für die Geschichte zu sein. Babylon war groß, so auch Tyrus, Ägypten und Ninive, aber sie werden nie wieder groß sein. Die Englische Kirche war einmal, und die Englische Kirche war nicht mehr - und die Englische Kirche ist wieder da. Das ist das Ungeheure, eines Aufschreies wert. Es ist der Einzug eines zweiten Fühlings. Es ist eine Wiederkehr in der sittlichen Welt wie jene, die jährlich in der physischen vor sich geht ..." -

Eindrucksvoll schildert Newman die Silhouette der Bedeutsamkeit der Katholischen Kirche von England im 16. Jahrhundert und ihren Verlust durch die Maßnahmen Heinrichs VIII. und Elisabeth I. Er erinnert die bischöflichen Zuhörer an die bitteren Zeiten der Verfolgung der Katholiken, Hirten und Herde, über die Jahrhunderte auf den Britischen Inseln, an die bis in unsere Gegenwart bekannten Verstecke (hiding places) für Priester, die heimlich eingeschleust worden waren, um die Heilige Messe mit den wenigen Getreuen zu feiern. Doch Newmans Perspektive

BILDUNG ALS BEITRAG ZUM WIEDERAUFBAU DER KATHOLISCHEN KIRCHE
(1851 - 1865)

ist weder romantisch noch triumphalistisch, sondern heilsgeschichtlich. Er sieht die Vorgänge als Zeichen für die „dauernde Lebenskraft" der Wahrheit, die stärker bleibt, weil sich in ihr göttliches Leben durchsetzt, das zu seiner Zeit auch aus der Verborgenheit neu aufblüht. Deshalb ruft er die Synodenväter auch zu der Bereitschaft auf - so, wie es die großen Heiligen in der Missionierungsgeschichte Englands durch Mut und Leiden taten - Zeugen, d.h. Märtyrer, für dieses Wirken Gottes zu werden. Sein Blick in die nahe Zukunft zeigt ihn gefaßt, auf Kampf und Auseinandersetzung zugehen zu müssen:

> „Ja, meine Väter und Brüder, nicht nur Lehrer, nicht nur Prediger werden wir haben, sondern auch Märtyrer werden Gott den Boden immer wieder von neuem weihen. Wir wissen nicht, was uns bevorsteht, ehe wir unser Eigentum zurückgewinnen. Wir mühen uns um ein großes, freudenvolles Werk, aber dem Maß der Gnade Gottes entspricht auch die Wut seiner Feinde. Sie haben uns willkommen geheißen, wie der Löwe seine Beute begrüßt. Mag sein, daß sie sich mit der Zeit an unseren Anblick gewöhnen, mag aber auch sein, daß sie noch mehr gereizt werden. Die Kirche von England wieder errichten ist ein zu großes Werk, als das es im Winkel getan werden könnte. Wir haben Grund zu erwarten, daß eine solche Wohltat uns nicht ohne Kreuz geschenkt wird. Es ist nicht Gottes Art, große Segnungen ohne das vorausgehende Opfer großer Leiden herabfließen zu lassen. Wenn die Wahrheit sich in einem größeren Umfang unter diesem Volk verbreiten soll, wie können wir erträumen, wie können wir erhoffen, daß dann nicht Prüfung und Trübsal ihren Vormarsch begleiten werden? ...
>
> Eines nur weiß ich - dem Ausmaß unserer Not wird auch das Maß unserer Kraft angemessen sein. Des einen bin ich gewiß: Je mehr der Feind gegen uns wütet, desto mehr werden die Heiligen im Himmel für uns eintreten. Je schrecklicher unsere Prüfungen von Seiten der Welt sind, umso näher werden uns unsere Mutter Maria, unsere guten Patrone und Schutzengel sein. Je böswilliger die Anschläge der Menschen gegen uns sind, desto lauter wird der Bittruf aus dem Herzen der ganzen Kirche zu Gott für uns emporsteigen. Wir werden nicht als Waisen zurückgelassen werden; wir werden die Kraft des Trösters in uns haben, der der

BILDUNG ALS BEITRAG ZUM WIEDERAUFBAU DER KATHOLISCHEN KIRCHE (1851 - 1865)

Kirche und jedem ihrer Mitglieder verheißen ist. - Meine Väter, meine Brüder im Priestertum: Es kommt mir von Herzen, wenn ich mit voller Überzeugung erkläre, daß keiner unter Euch hier anwesend ist, der, wäre es Gottes Wille, nicht bereit wäre, ein Märtyrer zu werden um Seinetwillen. Ich behaupte nicht, daß es Euer Wunsch ist; ich behaupte nicht, daß der Wille nicht von Natur aus darum betet, dieser Kelch möge vorübergehen. Ich spreche nicht von dem, was Ihr aus Eurer eigenen Kraft zu tun vermögt, aber in der Kraft Gottes, in der Kraft des Heiligen Geistes, im Panzer der Gerechtigkeit, kraft der Tröstungen und kraft des Friedens der Kirche, mit dem Segen der Apostel Petrus und Paulus und im Namen Christi könnt Ihr vollbringen, was die Natur nicht zu tun vermag ..."[476]

Bis in den Spätherbst 1852 hinein arbeitete Newman an seinen Vorträgen über das Wesen der Universität, ergänzte seine Dubliner Vorlesungen und veröffentlichte das ganze als „Vorträge über Umfang und Art der Universitätsbildung"[477] In der letzten Phase der Fertigstellung des Manuskriptes berichtet Newman in einem Freundesbrief über seinen schlechten gesundheitlichen Zustand. „Wissen Sie, daß ich letztes Jahr besorgniserregend krank war? Dr. Babington hat mich wieder auf die Reihe gebracht, wie er es so oft im Lauf der letzten fünfundzwanzig Jahre tat. Aber jetzt, obgleich er sagt, daß es sich gebessert habe, hat er mir feierlich versichert, daß ich mein Leben verkürze und nicht mehr lange leben werde, wenn ich nicht alle Arbeit aufgebe. Er hat sich bei mir nie getäuscht. Und ich habe das Gefühl, daß er auch hier recht hat. Aber wie aus der Arbeit herauskommen? Diese Vorlesungen haben mich auf eine

---

[476] DP X, 210 u. 212f.
[477] Discourses on the Scope and Nature of University Education. In seiner Widmung vom 21. Nov. 1852 nimmt Newman auf die Gebete und Spenden anläßlich des Achilli-Prozesses Bezug: „In dankbarer unsterblicher Erinnerung an seine vielen Freunde und Wohltäter, die lebenden und die toten, zu Hause und im Ausland, in Großbritannien, Irland, Frankreich, in Belgien, Deutschland, Polen, Italien und Malta, in Nordamerika und anderen Ländern, die durch ihre entschlossenen Gebete und Taten der Buße und die durch ihre großzügigen und hartnäckigen Bemühungen und durch ihre tatkräftigen Almosen den Ansturm einer großen Besorgnis durchbrochen haben, unter deren Druck sie verfaßt und an deren Vorabend sie beendet wurden, werden diese Vorträge, die Unserer Lieben Frau und dem heiligen Philipp (Neri) gewidmet sind ..., mit Hochachtung und Herzlichkeit gewidmet vom Verfasser."

harte Probe gestellt, niemand weiß, wie sehr, - aber jetzt sind sie fast vorbei."⁴⁷⁸

Universität, das Universum des Wissens

Jedenfalls hat Newman mit seinen Vorlesungen über die geistigen Konturen einer Universität von Anfang an einen weiten, eben universalen Rahmen abgesteckt und damit über die ihm unmittelbar gestellte Aufgabe hinausgegriffen. Es wurde rasch deutlich, daß er nicht nur zur Situation sprach, sondern grundsätzlich. Er selbst hatte in jahrzehntelanger Erfahrung den Umbruch erlebt von der auf philosophische Weise alles Wissen umfassenden Universität der zurückliegenden Jahrhunderte zu dem Beginn der Spezialisierung in eine erste Vielfalt von Wissenszweigen mit den verschiedenen naturwissenschaftlichen Fakultäten in Oxford. In der Ausarbeitung zu Hause verdoppelten seine Vorträge ihren Umfang um fast die Hälfte. Als er sie veröffentlichte, war deutlich, daß er damit auf eine umfassende Theorie universitärer Bildung zielte. Sechs Jahre später, als er weitere Publikationen in Form von Vorlesungen, Vorträgen und Zeitschriftenartikeln zu diesem Thema hinzufügte und alles zusammen als seine „Idee der Universität" veröffentlichte, war daraus eine umfassende Konzeption philosophischer Reflexion der Wirklichkeit geworden, die sowohl auf die philosophischen Grundlagen des Denkens und Wissens als auch auf die notwendige Wissenskommunikation unter den verschiedenen Wissenschaftsbereichen der Gegenwart ausgelegt war.⁴⁷⁹ - Bei seiner

---

⁴⁷⁸ LD XV, 185.

⁴⁷⁹ Zuerst veröffentlichte Newman „Discourses on the Scope and Nature of University Education" (Dublin 1852) und hernach „Lectures and Essays on University Subjects (London 1859). Bei unsrer folgenden Darstellung einiger Grundzüge von Newmans „Idee einer Universität" wird auf seine Ausgabe beider Veeröffentlichungen in einem Band, zu dem er erstmals den Titel „Idea of a University" verwendet (London 1873), Bezug genommen. Vgl. die kritische Ausgabe von I. T. Ker, Hrg., J. H. Newman, The Idea of a University, defined and illustrated: I. In Nine Discourses Delivered to the Catholics of Dublin; II. In Occasional Lectures and Essays Addressed to the Members of the Catholic University, Oxford 1876. Wichtige Beiträge, wie etwa sein glänzender Aufsatz „What is a University?" entstammen einer dritten Monographie: „The Office and Work of Universities" (London 1856) und finden sich in Bd. III der „Historical Sketches", London 1881. Zu den wichtigsten Publikationen über Newmans Universität

ersten bereits erwähnten Vorlesung in der Dubliner Rotunda ging Newman davon aus, daß über die Frage, was denn Bildung sei, gerade zu seiner Zeit schon unaufhörlich diskutiert werde. Er selbst vertrete die Auffassung, eine Universität sei nur dann, was ihr Name sagt, „eine Institution für das Gesamtgebiet des Wissens", wenn dabei auch etwas „über das Höchste Wesen . vorgetragen und gelehrt wird". Denn, wenn die Rede von Gott und damit die Theologie aus dem Kanon der wissenschaftlichen Disziplinen ausgeschlossen würde, dann stehe dahinter die Annahme, man könne über ihn „nichts Gewisses aussagen, jedenfalls nichts, was Anspruch darauf erheben könnte, als wesentliche Vermehrung des in der Welt vorhandenen Wissensstoffes betrachtet zu werden. Stellt sich aber anderseits heraus, daß doch etwas Bedeutsames über Gott bekannt ist, sei es aus der Betrachtung der Vernunft, sei es durch die Offenbarung, dann bekennt sich unsere Bildungsinstitution zwar zu jedweder Wissenschaft, läßt aber die bedeutsamste unter ihnen aus."[480] Später kommt Newman auf diesen Zusammenhang zurück, wenn er von der Grundannahme ausgeht, daß so, wie die Wirklichkeit eine ganze ist, auch „alles Wissen ein Ganzes bildet. Denn das Universum ist in all seinen Weiten und Tiefen so fest ineinandergefügt, daß wir nicht Teil von Teil, noch Prozeß von Prozeß trennen können, es sei denn durch eine gedankliche Abstraktion".[481] Die Verbundenheit der Wirklichkeitsbereiche untereinander bedingt aber, daß Wissenserwerb in einem Bereich auch Auswirkungen auf alle anderen haben kann, und insbesondere sei dies im Bezug auf das Wissen vom Schöpfer des Universums anzunehmen. Newman expliziert seine plausible Eingangsthese über die Bedeutsamkeit der Theologie. „Ich sage also: Wenn die verschiedenen Wissenszweige, die den Lehrgegenstand einer Universität ausmachen, derart zusammenhängen, daß keiner vernachlässigt werden kann, ohne damit die Vollkommenheit der übrigen zu schädigen, und wenn die Theologie ein Wissenszweig von weiter Verbreitung, von philosophischer Struktur, von unendlicher Bedeutung und von höchstem Einfluß ist, zu welch anderer Schlußfolgerung können wir auf Grund dieser beiden Prämissen gelangen als zu der, daß der Ausschluß der Theologie von den öffentlichen Schulen nichts geringeres bedeutet als eine

---

und universitäres Bildungskonzept: A. D. Culler, The Imperial Intellect. A Study of Newman's Educational Ideal, New Haven 1955.
[480] U, 31.
[481] U, 53.

Bildung als Beitrag zum Wiederaufbau der Katholischen Kirche (1851 - 1865)

Minderung der Vollständigkeit und damit eine Schädigung der Vertrauenswürdigkeit und der Wahrheit all dessen, was tatsächlich in ihnen gelehrt wird?[482] Aufgrund seiner Erfahrungen mit den Bestrebungen des säkularisierenden Relativismus verweist Newman zuspitzend darauf, daß die durch die Orientierung am Absoluten und damit ideologiekritisch vertretene „Wahrheit der Religion nicht nur ein Teil, sondern eine Bedingung der allgemeinen Bildung" sein müsse.[483] - Würde die Theologie an der Universität fehlen, stünden alle übrigen Fächer in der Gefahr, ungehindert auf den Bereich des Göttlichen und Absoluten überzugreifen, indem sie selbst ihre Interessen entgrenzen und möglicherweise verabsolutieren würden, ohne daß ihnen am Ort der Forschung und Lehre selbst Konfrontation angeboten wird. Hier bringt Newman prophylaktische Hinweise auf die Gefahr künftiger Ideologien, deren Proprium gerade darin besteht, Wahrheit mit Interesse zu vermischen. Newman verdeutlicht durch Exempel: So habe z. B. der Volkswirtschaftler das Recht, alle Regeln über Erwerb und richtige Verwendung des Wohlstandes zu begründen und auszudenken und die Forschungen in seinem Bereich gemäß seinen Methoden zu verfolgen. „Er hat (aber) kein Recht zu bestimmen, daß der Wohlstand unter allen Umständen erstrebt werden muß, oder daß er der Weg zur Tugend und der Kaufpreis des Glücks ist. Wohlgemerkt, das hieße, die Grenzen seiner Wissenschaft zu überschreiten, ganz abgesehen von der Frage, ob er mit seiner Behauptung recht oder unrecht hat; denn es handelt sich dabei ja nur um eine Hypothese."[484] Ähnlich in der Medizin: Ein Arzt könne empfehlen, aus Gesundheitsgründen die Arbeit einer bestimmten Art in der Stadt aufzugeben und sich aufs Land zurückzuziehen. Es liege aber nicht in seiner Fachkompetenz, darüber zu urteilen, ob nicht dringlichere Anliegen im Leben eines Patienten existieren, die den Erhalt der Gesundheit zu einer untergeordneten Größe machen: „Er würde über sein Ziel hinausschießen, wollte er sich anmaßen zu behaupten, daß die körperliche Gesundheit das höchste Gut sei und niemand tugendhaft sein könne, dessen körperliche Verfassung sich nicht in guter Ordnung befindet."[485] Newmans Anliegen

---

[482] U, 68.
[483] U, 68f.
[484] U, 84.
[485] U, 84.

ist es also zu zeigen, daß Theologie bzw. Religion in einer umfassenden Bildungsinstitution der Gefahr entgegentritt, daß irgendein Wissens- bzw. Bildungsbereich universal gültige Ansprüche stellt und die Menschen damit ihren Zwecken zu unterwerfen sucht. Damit vertritt er die Überzeugung, daß durch die Unterordnung aller Wissenschaftszweige unter den Primat der Wahrheit die notwendige Offenheit des Menschen für die Freiheit garantiert wird und seine Befähigung und Verpflichtung zu verantwortlichem Handeln ermöglicht. Auf dieser Basis entwickelt Newman sein Postulat der „freien Bildung" an die Universität.

„Freie Bildung"

Aus dem inneren Zusammenhang alles Wissens und aus der Einwirkung aller Wissenschaften aufeinander ergibt sich für Newman ein spezifisches Konzept von Bildung. Er beschreibt es als eine Geistesverfassung, die er betont als „freie Bildung" bezeichnet, weil diese unabhängig ist von anderen Dimensionen menschlichen Handelns - etwa des politischen, ökonomischen, technischen usw. - und ihre Bedeutung in sich selbst trägt. Ohne Zweckgebundenheit und ohne Rücksicht auf biographische, wirtschaftliche, medizinische oder andere nützliche Konsequenzen, die man daraus ziehen kann und darf, *stellt Bildung einen in sich selbst gültigen Wert* dar. Seinem frühen Ideal, als Jünger der Wissenschaft zu leben und zu sterben, wie er es einst in Oriel College formuliert hatte, blieb er damit treu. In diesem Zusammenhang verweist Newman auf den großen Philosophen der Antike, von dem er auch dies erlernt habe:

„Solange die Welt besteht, werden die Lehren des Aristoteles über diese Dinge Geltung haben; denn er ist das Orakel der Natur und der Wahrheit. Solange wir Menschen sind, können wir gar nicht anders, als in einem weiten Ausmaß Aristoteles-Jünger sein; denn der große Meister gibt uns nichts geringeres als die Analyse der Gedanken, Empfindungen, Anschauungen und Überzeugungen des Menschengeschlechts. Er hat den Sinn unserer eigenen Worte und Ideen erschlossen, noch bevor wir geboren waren. *In vielen Dingen heißt richtig denken, wie Aristoteles denken.* Wir sind seine Jünger, ob wir wollen oder nicht, und obgleich wir es vielleicht gar nicht wissen."[486] Im Gefolge von Aristoteles ist universitäre Bildung deshalb für Newman „der erworbene Zustand geistiger Erhellung und Gewöhnung, ein persönlicher Besitz, eine Ausstattung des Innern ... Sie besagt wesentlich eine Einwirkung auf die geistige Seite unserer Natur und auf die Formung des Charakters. Sie hat etwas Beständiges und Persönliches eigener Prägung an sich... Wenn wir also von der Mitteilung des Wissens als von Bildung reden, so meinen wir damit eigentlich, daß diese Bildung einen Zustand oder eine Verfassung des Geistes darstellt."[487]

Der Gebildete ist befähigt, den Stellenwert all dessen, was ihm im Universum der Wirklichkeit begegnet, zu erkennen. Newman setzt sich damit in Gegensatz zu einer Auffassung von Bildung, die in erster Linie oder ausschließlich nach dem Nutzen fragt. Nach seiner Auffassung soll Universität nicht nur auf die Qualifikationen der Studierenden zu bestimmten Berufen ausgerichtet werden, sondern sie soll sie als Menschen umfassend und ganzheitlich bilden. Sein Bildungskonzept wird in seinen Vorlesungen in verschiedenen Perspektiven sichtbar:

a. Teilhabe am universalen Wissen.

Bezogen auf die eine Wirklichkeit dieser Welt als Schöpfung Gottes, sind „alle Zweige des Wissens untereinander verbunden, weil der Gegenstand des Wissens, nämlich die Taten und das Werk des Schöpfers, aufs engste unter sich verbunden sind... Sie ergänzen und berichtigen einander und halten sich im Gleichgewicht."[488] Da alle Wissenschaften untereinander in Beziehung zu und in gegenseitiger Abhängigkeit von einander stehen, gibt es nach Newman „keine Wissenschaft, die, als Teil eines Ganzen gesehen, nicht eine andere Geschichte erzählt als die, die sie vorbringt, wenn sie für sich allein genommen wird".[489] Er illustriert dies an der Kombination von

---

[486] U, 122f.
[487] U, 123.
[488] U, 94.
[489] U, 114f.

Farben. Die verschiedenen Wirkungen, die sich aus der Unterschiedlichkeit ihrer Auswahl und Nebeneinanderreihung ergeben, zeigen, wie der „Grundzug und die Bedeutung eines Wissensbereiches sich je nach dem Kontext, in dem er dem Studierenden vorgestellt wird, verändert". Wenn sich folglich sein „Studium lediglich auf ein einziges Fach beschränkt, so führt dies zu einer Verengung seines Gesichtskreises". Nicht, also ob Newman erwarten würde, daß die Studentinnen und Studenten alle Fächer an der Universität studieren könnten; vielmehr „werden sie allein schon dadurch gewinnen, daß sie mit und unter denjenigen leben, die den gesamten Umkreis des Wissens darstellen ... So wird eine geistige Atmosphäre geschaffen, deren reine, klare Luft auch der Studierende atmet, wenn er selbst sich auch nur mit einigen wenigen aus der großen Zahl der Wissenschaften näher vertraut machen kann".[490]

b. Prozeß der Aneignung von Wissen

„Wenn ich von Wissen rede, meine ich etwas Verstandesmäßiges, welches das, was die Sinne darbieten, erfaßt und begreift, welches mehr sieht als die Sinne ihm zutragen, und (welches) die Dinge untersucht und prüft. Es denkt nach über das, was es sieht - und während es sieht - und verbindet dies mit einer Idee." Im Vergleich zu dieser aktiven Wirklichkeitserfassung verdiene rein passives Empfinden, wie es in der animalischen Welt üblich sei, nicht den Namen von Erkenntnis und Wissen.[491] Oberflächliches Kennenlernen gibt zwar eine Ahnung von hundert Dingen aber keine umfassende Einsicht. Auch Fertigkeiten und Kenntnisse allein machen noch nicht den gebildeten Menschen aus. „Bildung ist ein anspruchsvolles Wort; es besagt die Bereitschaft zum Wissen und die Mitteilung des Wissens im Verhältnis zu dieser Bereitschaft. Wir benötigen zum Erkennen ebenso dringend die geistigen wie zum Sehen die körperlichen Augen. Wir bedürfen geistiger Objekte und geistiger Organe. Wir werden sie nicht erlangen, ohne uns darum zu bemühen."[492] Der Erwerb geistiger Organe, eines geschulten Verstandes,

---

[490] U, 115f.
[491] U, 125.
[492] U, 152.

stellt den eigentlichen Gewinn des Bildungsprozesses dar. Erkenntnis, die auf diese Weise gewonnen wird, „ist nicht nur ein äußerlicher oder zufälliger Vorteil, der heute uns und morgen einem anderen gehört, der aus einem Buch gewonnen und leicht wieder vergessen werden kann, den wir nach Belieben gebrauchen oder mitteilen, den wir gelegentlich borgen, in der Hand umhertragen oder auf den Markt bringen können", echte Erkenntnis ist vielmehr „ein persönlicher Besitz, eine innere Ausstattung".[493] Darum soll es an der Universität gehen. Lehren und Lernen geschieht durch Methoden, körperliche Übungen, Geschäftsverfahren, und führt zu Fähigkeiten und Fertigkeiten. Aber

> „Bildung ... ist ein höheres Wort. Sie besagt wesentlich eine Einwirkung auf die geistige Seite unserer Natur und die Formung des Charakters; sie hat etwas Beständiges und Persönliches an sich. ... Wenn wir also von der Mitteilung des Wissens als von Bildung reden, so meinen wir damit eigentlich, daß diese Bildung einen Zustand oder eine Verfassung des Geistes darstellt. Da nun die Formung des Geistes sicherlich wert ist, um ihrer selbst willen erstrebt zu werden, so gelangen wir damit zu der ... Schlußfolgerung, ... daß es eine Bildung gibt, die auch dann schon wünschenswert erscheint, wenn sich aus ihr nichts weiteres ergibt, als daß sie ein Schatz an sich ist und genug Belohnung für Jahre der Mühe und Arbeit".[494]

c. Weitung des Geistes.

„Sie besteht nicht nur darin, daß der Geist rein passiv eine Anzahl gewisser unbekannter Ideen in sich aufnimmt, sondern darin, daß er sich gleichzeitig an und unter den neuen, auf ihn eindringenden Ideen kraftvoll betätigt. Sie ist das Wirken einer formschaffenden Kraft, die den von uns erworbenen Wissensstoff in sinnvoller Weise sichtet und ordnet. Sie ist der Vorgang, der die Gegenstände unserer Erkenntnis zu unserem persönlichen Eigentum macht oder, um ein vertrautes Bild zu gebrauchen, sie ist eine Verdauung dessen, was wir aufnehmen (und) der Substanz unseres

---

[493] U, 126.
[494] U, 126.

bisherigen Gedankengutes (einverleiben). Ohne dieses ist mit keiner Weitung des Geistes zu rechnen. Es gibt keine Weitung, wenn die Eindrücke bzw. Ideen, da sie vor den Geist kommen, nicht miteinander verglichen und systematisch geordnet werden. Erst dann fühlen wir, daß unser Geist wächst und sich weitet, wenn wir nicht bloß lernen, sondern das neu Gelernte mit dem, was wir schon wußten, in Beziehung setzen. Nicht die bloße Vermehrung von Einzelkenntnissen bringt unserem Geist Erhellung sondern die Weiterführung und Vorwärtsbewegung jenes Zentrums unseres Geistes, zu dem die ganze ständig sich mehrende Menge unserer Erkenntnisse ... als ihrem Schwerpunkt hin streben. Daher ist nur der ein wahrhaft großer Geist - und wird auch, wie Aristoteles oder der heilige Thomas (von Aquin), wie Newton oder Goethe (...), allgemein von den Menschen anerkannt - der alles, Altes und Neues, Vergangenes und Gegenwärtiges, Naheliegendes und Entferntes in einem großen Zusammenhang erschaut und umfaßt und einen Einblick in die gegenseitige Einwirkung all dessen aufeinander hat. ... Er besitzt ein Wissen nicht nur von den Dingen selbst, sondern auch von ihren wechselseitigen, tatsächlichen Beziehungen, ein Wissen, das nicht nur als erworbene Kenntnis sondern als Geistesbildung (Philosophie) anzusehen ist."[495] - Die hier von Newman auf den Begriff gebrachte Theorie der Weitung des Geistes hat er selber an der Praxis der Glaubensgemeinschaft Kirche im Zusammenhang mit seinem „Essay über die Entwicklung der christlichen Lehre" beschrieben. Je mehr Perspektiven die Christen gewannen und je mehr die Kirche in ihren Konzilien das, was sie im Kampf gegen Fehleinschätzungen (Häresien) lernte, in Beziehung setzte zu dem, was sie bereits wußte, um so reicher wurde und wird die Erkenntnis des ursprünglichen Evangeliums. Der Geist der Kirche weitet den Horizont. Personifiziert sah Newman diesen Prozess im Geist Marias, die nach dem Lukasevangelium die Geschehnisse und Worte der Heilsvorgänge in ihrem Herzen hin und her bewegte.[496] So zeigt sich zwischen Newmans Theorie der Entwicklung der christlichen Lehre (von 1843 und 1845) und seiner Theorie der universitären Bildung (von 1852) ein struktualer Zusammenhang.

---

[495] U, 143.
[496] G, 233 - 260.

d. Zwischenpersonale Kommunikation

Newmans Forderung: „Eine Universität ist der üblichen Bezeichnung nach eine Alma Mater, die jedes ihrer Kinder kennt, keine Fabrik, keine Werkstatt und keine Tretmühle" bleibt eine große Herausforderung an Hochschulen und Schulen künftiger Generationen.[497] Eine lebendige Beschreibung seiner Vorstellungen gibt Newman in dem zwei Jahre nach den Dubliner Vorlesungen veröffentlichten Essay „Was ist eine Universität?"[498] Sie ist eine „Schule universalen Lernens, zu der Studierende von überall her kommen, wo eine Generation die andere formt und in der jeweiligen Generation die Persönlichkeiten ... aufeinander einwirken und auf diese Einwirkung reagieren". Dieser lebendige Austausch sei wichtiger und wirkungsvoller als Bücher, die Newman zwar keineswegs unterschätzt, aber im Vergleich zur „mündlichen Tradition", wie er sie von Edward Hawkins kennengelernt hatte, eher unterordnet.

> „Wenn wir in einem Bereich des Wissens, der differenziert und kompliziert ist, genau und in vollem Maße ausgebildet werden wollen, müssen wir den lebendigen Menschen befragen und seiner lebenden Stimme zuhören... Kein Buch kann die Unzahl kleiner Fragen, die über ein ausgedehntes Stoffgebiet gestellt werden können, erfassen oder gerade die Schwierigkeiten, die von jedem Leser der Reihe nach in verschiedener Weise aufgespürt werden, zutreffend darstellen." Oder auch: „Kein Buch kann die besondere Atmosphäre und die exakten Einzelheiten seiner Thematik mit jener Schnelligkeit und Sicherheit bieten, die aus der aufmerksamen Einfühlung von Geist zu Geist erfolgt: durch die Augen, den Blick, die Betonung und das Verhalten, in beiläufigen Ausdrücken, die aus dem Augenblick hingeworfen werden und in ungekünstelten Wendungen vertrauten Gespräches" entstehen. Zu dieser kommunikativen Qualität im Bildungsvorgang, bei der Person auf Person resonant ist, sieht Newman als Theologe die deutliche Parallele zum Glaubenlernen. „Das religiöse Lehren selbst liefert uns eine Illustration", insofern, als „sein großes Instrument bzw. Organ jeweils das gewesen ist, was die Natur in

---

[497] U, 152.
[498] HS III, 8 - 17.

jeglicher Erziehung und Bildung vorschreibt: die persönliche Anwesenheit eines Lehrers, oder in theologischer Sprache, die mündliche Überlieferung. Und es ist die lebendige Stimme, die atmende Gestalt, das ausdrucksvolle Gesicht, welches predigt, welches katechesiert."[499]

Newman findet für seine Vision universitärer Bildung einen technischen Vergleich aus der gerade entstehenden Prozedur der Fotografie. Die Studierenden müssen „eine geistige Daguerreotypie entdecken ., die den Ursprung des Gedankens und die Form, die Umrisse und die Züge der Wahrheit so vollständig und genau aufnehmen muß, wie das optische Instrument das sinnliche Objekt wiedergibt."[500] Nach Newmans Bildungskonzept geht die Wahrheit dem Studierenden dort auf, wo in der Teilhabe an der Tradition der Menschheitsgeschichte eigene individuelle Einsicht oder „Erleuchtung" stattfindet. Der springende Punkt seiner Darlegung kommt in den Worten zum Ausdruck: „Sie müssen das Leben von denen aufschnappen, in denen es bereits lebt" und in dem Vorgang, bei dem „der besondere Geist und die feinen Besonderheiten" der Wahrheit in „der Einfühlsamkeit von Geist zu Geist" (sympathy of mind with mind) vermittelt werden. - Dieses Prinzip seiner Bildungstheorie, das wir als interpersonale Kommunikation bezeichnen können, hat Newman wenige Jahre zuvor in seinen „Vorlesungen über die gegenwärtige Lage der Katholiken in England" bereits als Praxis dargestellt. Er erklärte dort:

„Es ist unmöglich zu lernen, was der katholische Geist ist, wenn man nicht in lebendigen Kontakt mit Katholiken eintritt, mit ihrer Tadition. Jemand, der wissen möchte, wer sie sind, muß mit ihnen leben." Wenn er die Erfahrung aus eigenem Erleben gemacht hat, „hat er die Worte gehört, die Taten gesehen, das Verhalten beobachtet, die Atmosphäre eingeatmet und so die wahre Idee des Volkes aufgefaßt; in anderen Worten - ihre Tradition kennengelernt. Das ist es, was Katholiken unter Tradition verstehen und weshalb sie sich so sehr nach ihr richten. Sie beweist dem Betreffenden unsere Lehren nicht, aber sie wird ihm in einer Weise, wie es ihm kein anderer Vermittler sagen kann,

---

[499] HS III, 14.
[500] HS III, 8f.

erzählen, was unsere Lehren sind ..." Tradition ist nicht nur Erschließung von Inhalten, sagte Newman: „Sie ist mehr: unser denkendes, unser sprechendes, handelndes Selbst; unsere Prinzipien, unsere Urteile, unsere Verfahrensweise ... Man kann kein Foto (Daguerreotypie) vom Verstand, von der Zuneigung und vom Willen haben ... Wenn Sie die reale Sache von dem haben wollen, was die Menschen sind, was sie denken, was sie tun, schließen Sie Ihre Bücher, besorgen Sie sich eine Fahrkarte für den ersten Zug, fahren Sie über den Kanal, tauchen Sie in sie ein, trinken Sie sie!"[501]

War es in seinen Birminghamer Vorlesungen die Tradition des katholischen Geistes, die er auf dem Kontinent als lebendige Realität glaubte empfehlen zu können, so sind es analog in seinem Essay über die Universität Sprachen oder Kunst, die am Ort der lebendigen Praxis und Tradition zu erlernen seien: „Sie müssen den Französisch- oder Deutsch-Studenten nachahmen, der sich nicht mit seiner Grammatik zufrieden gibt, sondern nach Paris geht oder nach Dresden. Sie müssen sich ein Beispiel an dem jungen Künstler nehmen, der danach strebt, die großen Meister in Florenz und Rom zu besuchen."[502]

e. Ausformung einer philosophischen Haltung.

In seinem Vorwort zur „Idee einer Universität" erklärt Newman „freie Bildung" als eine „echte Kultivierung des Geistes", die „den Geist formal prägt". „Nach meiner festen Überzeugung besteht der erste Schritt auf dem Weg der Verstandesbildung darin, dem Geist eines Jungen (oder Mädchens, GB) den Begriff der Wissenschaft, der Methode und Ordnung, des Prinzips und der Systematik einzuprägen."[503] Mit Grammatik, Mathematik, Geschichte und Dichtung könnten die Grundlagen für Freie Bildung erworben werden. Sie sei nicht das Ergebnis reicher

---

[501] PresPos, 325f.
[502] HS III, 8f. - Die theologische Version dieses interpersonalen Prinzips von Bildung und Erziehung hat Newman bereits als 31jähriger in seiner Universitätspredigt „Persönlicher Einfluß als Mittel zur Verbreitung der Wahrheit" am 22. Jan. 1832 konzipiert.
[503] U, 7 u. 9.

Informationen aller Art noch des profunden Wissens in einem Wissenschaftszweig, sondern sei eine architektonische Wissenschaft, eine Erste Philosophie, die sich auf die grundlegenden Ursachen und Prinzipien aller Dinge bezieht und die man als *Befähigung des Verstandes zum richtigen Denken* bezeichnen kann.

> Man „lernt die großen Umrißlinien allen Wissens erfassen, die Prinzipien, auf denen es beruht, die Stufenfolge seiner Teile ..., wie man sie sonst niemals erfassen könnte. Eben darum wird diese Bildung 'frei' genannt. Dabei wird eine Geistesverfassung geformt, die das ganze Leben hindurch anhält: Freiheit, Unvoreingenommenheit, Gelassenheit, Maßhalten und Weisheit sind die charakteristischen Merkmale; mit einem Wort: Das, was ich ... als *philosophische Verfassung des Geistes* zu bezeichnen wagte. Hier möchte ich sie also die besondere Frucht der Bildung nennen, die an einer Universität gelehrt wird im Gegensatz zu anderen Unterrichtsstätten und Lehrmethoden. Dies ist das Hauptziel einer Universität und des Umgangs mit ihren Studierenden".[504]

Schlicht gesagt, das Universitätsstudium soll „den Verstand dazu erziehen, in allen Dingen richtig zu denken, nach der Wahrheit zu streben und sie zu ergreifen".[505] Die philosophische Haltung (philosophical habit) ist somit eine elementare Ausstattung, die Newman den Studierenden der Katholischen Universität vermitteln möchte. „Dieses erleuchtete Denken und diese wahre Bildung auch nur zu einem Teil zu besitzen, ist das höchste, was die Natur auf dem Weg der Verstandestätigkeit zu erstreben vermag ... Der Verstand, der zum vollkommenen Gebrauch seiner Kräfte geschult worden ist, der erkennt und denkt, indem er erkennt, der gelernt hat, die zähe Masse der Tatsachen und Ereignisse mit der Spannkraft seines Denkens zu durchdringen, ein solcher Geist kann gar nicht voreingenommen sein, kann nicht ausschließend denken, kann sich weder überstürzen noch in Verlegenheit geraten. Er kann nicht anders als geduldig, gesammelt und von erhabener Ruhe zu sein, weil er in jedem Anfang das Ende, in jedem Ende den Ursprung, in jeder Ausnahme das

---

[504] U, 116.
[505] U, 136.

BILDUNG ALS BEITRAG ZUM WIEDERAUFBAU DER KATHOLISCHEN KIRCHE (1851 - 1865)

Gesetz und in jeder Verzögerung das Ziel erkennt; weil er immer weiß, wo er steht und wie sein Weg von einem Punkt zum anderen führt."[506]

Den Menschen, der dieses Ideal an Bildung erworben hat, also mit einem philosophischen Habitus ausgestattet ist, nennt Newman den *Gentleman*. Er hat für den Umgang mit der Wirklichkeit in all ihren Dimensionen die nötige Qualifikation, um spielend mit allen Problemen umgehen zu können. „Daher kommt es fast einer Definition des Gentleman gleich", so leitet Newman seine berühmt gewordene Definition ein, „wenn man sagt:

> Er ist der Mensch, der niemals Unannehmlichkeiten bereitet. - ... Seine Tätigkeit besteht vor allem darin, ganz einfach die Schwierigkeiten wegzuräumen, die der freien und ungestörten Wirksamkeit seiner Umgebung hindernd im Wege stehen ... Ebenso vermeidet der wahre Gentleman sorgfältig alles, was einen Mißton oder eine Verstimmung in die Seelen hineintragen könnte, mit denen er zusammenleben muß: Jedes Aufeinanderplatzen der Meinungen, jeden Zusammenstoß der Empfindungen, jede zwangsmäßige Behinderung, jede Verdächtigung, allen Trübsinn und Ärger. Sein Hauptanliegen besteht darin, es jedermann behaglich und heimisch zu machen. Er hat Augen für jeden einzelnen in seiner Gesellschaft. Er ist zartfühlend gegen die Schüchternen, freundlich gegen die Zurückhaltenden und taktvoll gegen Leute mit absonderlichem Wesen. Stets bleibt er sich bewußt, mit wem er spricht. Er hütet sich vor unpassenden Anspielungen und Gesprächsthemen, die jemand reizen könnten. Er tritt in der Unterhaltung selten hervor und ist niemals ermüdend. Er macht kein Aufhebens von seinen Gunstbezeigungen und scheint zu empfangen, wenn er gibt. Er spricht von sich nur, wenn er dazu gezwungen ist. Er verteidigt sich nie durch ein bloßes Umdrehen des Spießes. Er hat kein Ohr für Klatsch und Nachrede. Er hütet sich sorgsam, seinen Gegnern bestimmte Beweggründe zu unterstellen, und legt alles zum besten aus. Er ist niemals kleinlich und gewöhnlich in seinen Streitgesprächen, nützt nie einen anderen zu seinem Vorteil aus, verwechselt niemals Beleidigungen und verletzende Worte mit

---

[506] U, 146.

Beweisen und macht keine üblen Andeutungen, wo er sich nicht frei auszusprechen wagt. In weitschauender Klugheit befolgt er den Grundsatz des alten Weisen, daß wir uns stets so gegen unseren Feind betragen sollen, als ob er eines Tages unser Freund werden sollte. Er hat zuviel gesunden Menschenverstand, als daß er sich über Beleidigungen aufregte. Er hat bei seiner vielfältigen Beschäftigung gar keine Zeit, Kränkungen nachzutragen, und ist zu träge und gleichgültig, Groll zu hegen. Auf Grund seiner philosophischen Prinzipien ist er geduldig, nachsichtig und gelassen. Er unterwirft sich dem Schmerz, weil er unvermeidlich, dem Verlust, weil er unersetzlich, und dem Tode, weil er sein unabwendbares Schicksal ist. Läßt er sich in eine Kontroverse ein, gleich welcher Art, so bewahrt ihn sein gebildeter Verstand vor der Unbeholfenheit und Unhöflichkeit anderer ..., die im Beweisgang den wesentlichen Punkt verfehlen, ihre Kraft an Belanglosigkeiten verschwenden, ihre Gegner mißverstehen und schließlich die Frage verwickelter zurücklassen, als man sie vorgefunden hatte. Er mag mit seinen Anschauungen im Recht oder im Irrtum sein, jedenfalls denkt er zu klar, um ungerecht zu werden. Seine Worte sind so schlicht wie zwingend und so kurz wie entschieden. Nirgends werden wir größere Aufrichtigkeit, Rücksichtnahme und Nachsicht finden. Er sucht seine Gegner zu verstehen und trägt ihren Fehlern Rechnung. Er kennt die Schwächen der menschlichen Vernunft so gut wie ihre Stärke, ihren Wirkungsbereich und ihre Grenzen. Ist er ungläubig, so erweist er sich als zu tiefgründig und weitherzig, um die Religion lächerlich zu machen oder gegen sie zu arbeiten. Er ist zu klug, um in seinem Unglauben zum Dogmatiker oder Fanatiker zu werden. Er hat Achtung vor Frömmigkeit und Religiosität. Ja, er setzt sich für Institutionen ein, die er an sich nicht bejaht, nur deswegen, weil er sie als ehrwürdig, schön oder nützlich anerkennt. Er ehrt die Diener der Religion und begnügt sich damit, ihre Mysterien abzulehnen, ohne sie dabei anzugreifen oder zu verdächtigen. Er ist ein Freund religiöser Toleranz, nicht nur, weil seine Weltanschauung ihn gelehrt hat, alle Glaubensformen mit unparteiischem Auge zu betrachten, sondern auch aus der Zartheit und Feinheit des Empfindens heraus, die eine Begleiterscheinung der Kultiviertheit darstellen ... Gerade infolge der Exaktheit und Tätigkeit seiner logischen Kräfte ist er fähig, sich in die Empfindungswelt des religiösen Menschen überhaupt hineinzuversetzen. Er kann daher leicht den Anschein erwecken, als bekenne er sich wirklich und von Herzen zu einer ganzen Reihe theologischer Wahrheiten, die in seinem Kopf lediglich als ebensoviele Schlußfolgerungen existieren."[507]

f. Erwerb von Tugenden.
Kultivierung des Verstandes soll nicht mit sittlicher Bildung verwechselt werden. Zwar bringt Freie Bildung bestimmte Verhaltensformen mit sich, wie an der Beschreibung des Gentleman ersichtlich ist, aber der Erwerb einer philosophischen Haltung ist nicht dasselbe wie der Habitus verantwortlichen Handelns. „Ich bin der Ansicht, daß Wissen seinen Sinn und Zweck in sich selbst enthält. Ich bleibe dabei, daß es ebenso falsch ist, sie (die Freie Bildung, GB) mit Tugend oder Religion zu belasten wie (mit der direkten Beziehung) zur praktischen Betätigung. Es ist nicht ihre unmittelbare Aufgabe, die Seele gegen Versuchungen zu festigen oder sie im Kummer zu trösten, ebensowenig wie es ihre Aufgabe ist, den Webstuhl in Bewegung zu setzen oder die Lokomotive zu lenken. Mag sie (die Bildung, GB) auch noch so sehr das Mittel oder die Bedingung des materiellen und moralischen Fortschritts sein, so macht sie dennoch an und für sich genommen, ebenso wenig unsere Herzen besser wie sie zur Besserung unserer zeitlichen Verhältnisse beiträgt ... Bildung ist eines und Tugend ist ein anderes. Gesunder Menschenverstand ist nicht Gewissen, Veredlung des Geistes ist nicht Demut, Weitung des Gesichtskreises und richtiges Denken sind nicht Glauben. Philosophie, wenn sie auch noch so erleuchtet und noch so tief ist, verleiht keine Herrschaft über die Leidenschaften, keine einflußreichen Beweggründe und keine Leben schaffenden Prinzipien. *Die Freie Bildung macht nicht den Christen und nicht den Katholiken sondern den Gentleman.* Es ist gut, ein Gentleman zu sein; es gut, einen gebildeten Geist, einen verfeinerten Geschmack, einen lauteren, ausgewogenen und gelassenen Sinn, eine vornehme und edle

---

[507] U, 205 - 207.

Haltung in der Lebensführung zu besitzen. Alle diese Eigenschaften gehen naturgemäß mit einem reichen Wissen Hand in Hand; sie sind die Ziele einer Universität. Ich verteidige sie, ich werde sie erläutern und unbedingt fordern ...", aber sie sind keine moralischen Tugenden.[508]

Um seine spezifische Differenzierung seinen Hörern zu verdeutlichen, macht Newman wieder, wie bei den Vorträgen über die gegenwärtige Lage der Katholiken ein Jahr zuvor, von seiner Fähigkeit zur Ironie Gebrauch. Er erzählt die Geschichte von Rasselas und dem Philosophen aus Samuel Johnsons „Der Prinz von Abessinien", um zu illustrieren, was es heißt, eine Qualifikation des Verstandes fälschlicherweise für eine Tugend zu halten.[509] Der Philosoph, der Rasselas unterweist, konnte zwar menschliche Grundhaltungen darstellen, hat aber dann beim Praxistest selber versagt. „Er redete ... mit großem Nachdruck über die Beherrschung der Leidenschaften ... Er teilte mit, was von Zeit zu Zeit immer wieder an Regeln zur Besiegung der Leidenschaften aufgestellt worden sei, und schilderte das Glück solcher Menschen, die (- bei Befolgung solcher Regeln -, GB) die Versicherung hätten, daß der Mensch nicht mehr der Sklave seiner Furcht und der Narr seiner Hoffnung sei. ..." Als Rasselas den Philosophen einige Tage später niedergeschlagen in seinem Zimmer fand, in tiefer Trauer darüber, daß seine Tochter gestorben war, brachte er nun die neu erlernten Kenntnisse zur Anwendung und sagte zu ihm: „Mein Herr, das Sterben ist ein Vorgang, durch den sich der Weise niemals überraschen läßt. Und wir wissen, daß der Tod uns immer nahe ist; man soll daher immer mit ihm rechnen." Doch die erlernte Regel schien dem Philosophen für seinen Fall nicht zuzutreffen; er antwortete: „Junger Mann, Sie reden wie jemand, der nie den Schmerz der Trennung gefühlt hat." Darauf Rasselas: „Habt Ihr denn ... die Lehre ganz vergessen, die Ihr so nachdrücklich eingeschärft habt?" „Welchen Trost", sagte der Trauernde, „können Vernunft und Wahrheit mir bieten? Was vermögen sie jetzt, als mir zu sagen, daß meine Tochter nicht mehr lebendig wird?"[510] - Bereits in einer seiner ersten Predigtpublikationen hatte Newman auf den

---

[508] U, 131.
[509] In seinem Beitrag „The Tamworth Reading Room", einer Brieffolge in der Times von 1841, hatte Newman, wie wir zeigen konnten, diese Geschichte bereits verwendet: U, 128f.
[510] U, 128f.

Bildung als Beitrag zum Wiederaufbau der Katholischen Kirche (1851 - 1865)

für ihn elementaren Unterschied aufmerksam gemacht: „Wissen ist nichts im Vergleich zum Tun. Aber schon aus der Erkenntnis, daß das Wissen allein nichts bedeutet, machen wir etwas. wir legen ihm Wert bei, und so täuschen wir uns selbst ... Manch einer bekennt sich als armer Sünder; aber anstatt die Demut durch Übung zu lernen, rühmt er sich im gleichen Atemzug dieses seines Bekennens."[511]

Newmans Anliegen ist es, an der Universität gleiche Möglichkeiten für die ethische bzw. moralische Bildung zu schaffen wie für die Bildung des Verstandes. Um seinen Dubliner Zuhörern den Unterschied zwischen beiden Dimensionen der menschlichen Befähigung durch Erwerb von Wissen oder Erwerb von Tugenden bildhaft klar zu machen, gebraucht er einen starken Vergleich: „Schneide erst einmal den Granit mit dem Rasiermesser und vertäue ein Schiff mit einem Faden aus Seide. Dann darfst Du auch hoffen, mit so feinen und scharfen Instrumenten wie der menschlichen Bildung und der menschlichen Vernunft gegen jene Riesen, die Leidenschaften und den Stolz des Menschen, den Kampf bestehen zu können."[512]

g. Religiöse Bildung.

Verstand Newman die Freie Bildung als Verfeinerung des Geistes, so die Religiosität als Hingabe des Menschen an das Geheimnis Gottes. Dem religiösen Menschen eröffnet sich eine neue Dimension; sein Leben wird von einem anderen Zusammenhang bestimmt als das des (nur) Gebildeten, sagt Newman. So konnten der Kirchenvater Basilius der Große und der Christenverfolger Julian der Abtrünnige ihre Bildung in den selben Schulen Athens erhalten und doch zu einer ganz entgegengesetzten Einstellung in der Religiosität bzw. dem christlichen Glauben gegenüber kommen. Die religiöse Wirklichkeit bedarf ihrer eigenen Reflexionsinstanz. Mit dem Postulat, der Theologie als wissenschaftlicher Reflexion des Glaubens einen Platz im Fächerkanon der Universität einzuräumen, hatte Newman seine Dubliner Vorträge begonnen. Später behandelte er ausdrücklich das Verhältnis zwischen Kirche und

---

[511] DP I, 31f.
[512] U, 132.

Wissenschaften. Die drei großen Themenbereiche, mit denen der menschliche Verstand sich beschäftige, seien Gott, die Natur und der Mensch selbst. Dabei hätten sich im Verhältnis von Mensch und Gott, d. h. zwischen dem Denken der Vernunft und der Reflexion der Offenbarung, Widersprüche, ja Zusammenstöße ereignet, wie beispielsweise der Name und Fall von Galileo Galilei in Erinnerung rufe.[513] Als gläubiger Gelehrter ging Newman von der Tatsache aus, die Wissenschaften von der Natur, vom Menschen und von der Offenbarung könnten sich in dem, was sie letztenendes als Wahrheit auszusagen haben, nicht widersprechen, weil sie denselben göttlichen Urheber hätten. Es bedürfe lediglich der Anerkennung der Grenzen für die Naturwissenschaft einerseits und die Theologie anderseits und der Beachtung der jeweils gültigen und voneinander verschiedenen Methoden: Der Induktion als dem spezifischen Weg der Physik, der Deduktion als dem spezifischen Weg der Theologie, sei jeweils gegenseitig freie Forschung zu garantieren. Solch verschieden angelegte Wissenschaften sollten den Spielraum bis zu jenem Punkt der Forschungsergebnisse ausnützen, an dem ihre Konvergenz, ja ihre gegenseitige Ergänzung sichtbar werde. Aus diesem Vertrauen in die Wahrheit ergibt sich für Newman: Wenn eine naturwissenschaftliche oder historische Erkenntnis in Widerspruch zu den Glaubenslehren zu stehen scheint, dann „wird sich am Ende herausstellen, daß dieser Punkt entweder nicht bewiesen ist oder gar keinen Widerspruch enthält oder aber keinem wirklichen Offenbarungsinhalt, sondern etwas anderem widerspricht, das mit Offenbarung verwechselt wurde."[514] - Zwar hätten Naturwissenschaftler Glaubensaussagen zu respektieren, um Ärgernis zu vermeiden, aber sie müßten nicht auf religiöse Meinungen, volkstümliche Überlieferungen oder selbst theologische Ansichten Rücksicht nehmen, die außerhalb ihres Forschungsbereiches liegen. Akademische Freiheit, so sicher und günstig sie für die Theologie sei, sei jedenfalls für wissenschaftlichen Fortschritt und für die Überprüfung intellektueller Schwierigkeiten absolut notwendig. Solche Freiheit unterbinden hieße, das Studium der Naturwissenschaften und der Geschichte unmöglich machen. Dabei „mag der Irrtum eine Zeitlang in Blüte stehen, aber am Ende wird die Wahrheit siegen. Die einzige positive Wirkung des Irrtums besteht

---

[513] U, 213f.
[514] U, 278.

schließlich in der Förderung der Wahrheit."[515] Unter Umständen seien Irrtümer fruchtbarer als manche Wahrheiten. In diesem Zusammenhang fordert Newman: „Große Geister bedürfen der Ellbogenfreiheit, natürlich nicht in der Sphäre des Glaubens, wohl aber in der des Denkens. Freilich gilt das auch für kleinere, ja für alle Geister. Es gibt zahlreiche Menschen auf der Welt, die man mit sehr gutem Recht als Genies bezeichnet. Die Natur hat sie mit *einer* besonderen Gabe oder Fähigkeit ausgestattet; weil sie leidenschaftlich davon erregt und gebieterisch davon beherrscht werden, sind sie blind für alles andere. Sie sind voller Begeisterung für ihr eigenes Fach... Sobald man aber von ihnen verlangt, daß sie hinsichtlich der Spekulationen, Forschungen und Schlüsse ihrer spezifischen Wissenschaft sich nicht nur der Kirche im allgemeinen unterwerfen und ihre Dogmen anerkennen, sondern auch alles das berücksichtigen sollen, was von Geistlichen über religiöse Dinge gesagt oder von der Menge geglaubt wird, dann wird die Flamme in ihnen einfach erstickt und ihnen jede Möglichkeit, etwas zu leisten, genommen."[516]

So gebe es beispielsweise für die Literaturwissenschaft Spannungen zur Theologie und Kirche; denn Literatur sei wie der Mensch. „Es ist ein offensichtlicher Widerspruch, eine sündelose Literatur des sündigen Menschen schaffen zu wollen."[517] Den Studenten müsse aber der Zugang zur gesamten Literatur offenstehen; denn eine Universität sei kein Kloster und kein Priesterseminar, sondern eine Stätte, „an der die Menschen aus der Welt für die Welt befähigt und ausgerüstet werden sollen." Würde man für den Studenten eine scheinbar christliche Vorauswahl treffen, so „würde man ihm die Meister der menschlichen Gedanken, die ihn gewissermaßen gebildet hätten, wegen ihrer beiläufig anhaftenden moralischen Mängel vorenthalten. Man hätte ihm jene verschlossen, die mit ihren Gedanken unser Herz ergreifen, deren Worte Aussprüche der Weisheit sind, deren Namen mit ihrem Klang die Welt erfüllen, die Meister ihrer Muttersprache, den Stolz und Ruhm ihrer Landsleute, Homer, Ariost, Cervantes, Shakespeare, nur weil der Alte Adam in ihnen stark lebendig war."[518] An dieser Stelle vertraute Newman offensichtlich auf Bewährung

---

[515] U, 287.
[516] U, 286.
[517] U, 222.
[518] U, 224.

statt auf Bewahrung, d.h. auf die ethische Qualifikation, die den Studierenden durch ihre religiöse Bildung zuteil wird. Er vertrat den Grundsatz: Man muß die Welt zur Universität machen und nicht aus der Universität die Welt.

Idee und geschichtliche Wirklichkeit der Universität[519]

Mit seiner Theorie einer Universität, an der die verschiedenen Wissenschaftsbereiche ihr methodisches Eigenrecht haben und gleichwohl über die so gewonnenen Wahrheiten hinaus der einen Wahrheit in der einen Wirklichkeit verpflichtet seien, die Gott zum Schöpfer hat, stellte Newman nicht nur einen hohen Anspruch auf, sondern zeigte auch sein über alle Ghettos hinausweisendes Vertrauen, daß „die Wahrheit stärker" sei. Es ist leicht vorstellbar, daß er mit diesen Überlegungen die Erwartungen mancher irischer Bischöfe an eine Katholische Universität überforderte. Wie soll da das spezifisch Christliche im Umgang mit der „bösen Welt" im Sinne des Johannesevangeliums gewahrt bleiben? Für Newman lag die Antwort eben nicht in der Filterung der Wirklichkeit durch die Lehrer, sondern in der Vermittlung einer Haltung, die die Studierenden selbst zur Unterscheidung der Geister und zur Entscheidung für das Gute und die Suche nach der Wahrheit qualifiziert. Darum war seine praktische Konzeption der universitären Landschaft auch auf drei lokale Brennpunkte ausgelegt: die Kollegiengebäude für Vorlesungen, Übungen und Forschung, die Studentenwohnheime unter der Leitung von Tutoren für die Vermittlung eines Lebensstils aus sittlicher Verantwortung und die Universitätskirche als Impulszentrum mit gemeinsamen Gottesdiensten, religiöser Begegnung und Bildung. Newman beschloß seine Dubliner Vorträge in dem von ihm Ende 1852 publizierten Band mit dem Hinweis auf das Heiligenideal, in dem er kultuviertes Christsein verkörpert sehe, den Gründer der Oratorien, Philipp Neri, der sein eigenes Vorbild war und den er als Vorbild für die Hochschullehrer und

---

[519] Fergal McGrath, Newman's University - Idea and Reality, London 1951; ders., The Consecration of Learning. Lectures on Newman's Idea of a University, Dublin 1962.

BILDUNG ALS BEITRAG ZUM WIEDERAUFBAU DER KATHOLISCHEN KIRCHE
(1851 - 1865)

Studierenden charakterisierte. Es gehe dabei darum, daß sie alle „mit den Waffen schlichter Demut und ungeheuchelter Liebe" ausgerüstet würden. Schließlich bot sich Newman selbst als Helfer, Zeuge und Weggenosse für die anstehende Arbeit des Aufbaus einer solchen Universität an: „Ich bin nur fähig, mein Zeugnis abzulegen, meine Vorschläge zu machen und meinen Gefühlen Ausdruck zu verleihen, wie ich es tatsächlich in diesen Vorträgen getan habe. Ich vermag auch ein gewisses Licht auf allgemeine Fragen, auf die Wahl von Wissensgebieten, auf die Bedeutung von Grundsätzen, auf das Ziel gewisser Maßnahmen zu werfen, wozu die Denkarbeit und die Erfahrung meiner Vergangenheit mich befähigen. Ich muß aber um Ihr Verständnis, Ihre Freundlichkeit und Ihr Vertrauen bitten ... Bei alledem darf sich schließlich keiner von uns verwundern, wenn vielleicht die Hand des Herrn über Leben und Tod schwer auf mir ruhen und mich unfähig machen sollte zur Erfüllung von Erwartungen, die Sie in allzu großer Güte gehegt haben, und von Hoffnungen, bei denen ich vielleicht zu zuversichtlich war."[520]

Wie weit die zuständigen Mitglieder des Dubliner Universitätskomitees, das ausschließlich aus Bischöfen bestand, Newmans Buch lasen, steht dahin. Das darauf folgende Jahr 1853 ging jedenfalls ohne weitere Initiativen von irischer Seite zur Konkretisierung des Universitätsvorhabens ins Land. Newman reiste im Herbst, zwischen Oktober und November, mehrmals bis Liverpool, um dort im Catholic Institute eine Vorlesungsreihe über die Geschichte der Türken zu halten.[521] Seine Hoffnung, in dieser Stadt auch ein Oratorium gründen zu können, verwirklichte sich nicht. Es war ein schlechtes Jahr für ihn persönlich und insgesamt. Klimatisch katastrophal, beeinträchtigte es auch Newmans Gesundheit in hohem Maße. Dabei wirkte sich das vergebliche Warten auf

---

[520] U, 230. - Eine herausragende zeitgenössische Studie bietet Jaroslav Pelikan, The Idea of the University - A Reexamination, New Haven - London 1992: Der bedeutende amerikanische Historiker von Yale University stimmt mit Newman darin überein, daß auch im 21. Jahrhundert Aristoteles der Meister für richtiges Denken bleibt, daß im Ansturm des Utilitarismus eine Universitätskonzeption gefunden werden muß, die diesen durchkreuzt und überwindet. „Die Tatsache bleibt, daß die bedeutendste Abhandlung über die Idee der Universität, die jemals in irgendeiner Sprache geschrieben worden ist, mit ... Newmans patristischer intellektueller Bildung (E. Gilson) gezeugt und geboren wurde" (S. 9).

[521] Vgl. HS I, 1 - 238. - Vgl. dazu Johannes Sobotta, Ein Beitrag von J. H. Newman zu historischen Beziehungen von Türken und Christen, in: „Im Gedächtnis der Kirche neu erwachen", FS Gabriel Adrianyi, 2000.

Nachrichten aus Irland zweifellos auch belastend auf seinen psychischen Zustand aus. - Trotz der erfolgreichen Gestaltung der Eingangsphase zeigte sich nun, daß Newman ohne jegliche Einflußmöglichkeit auf die Realisierung der Universität war. Es wurde auch offenkundig, daß eine Reihe irischer Bischöfe anderer Ansicht waren als Paul Cullen, und dieser selbst wurde Newman gegenüber, so scheint es, umso mißtrauischer, je mehr er dessen unklerikale Konzeption der Universität erkannte und das Wohlwollen wahrnahm, das er bei jungen irischen Laien gewann.

In dieser Situation wandte sich Newman im Januar 1854 an Kardinal Wiseman, um die Sachlage zu schildern und zu erklären, daß er infolge des Machtkampfes innerhalb des irischen Episkopats noch immer keine definitive Position habe, aufgrund deren er z.B. Professoren berufen oder Bedienstete anstellen konnte. Vorgesehen war, daß er Generalvikar der irischen Bischöfe an der Universität werden sollte, aber darauf konnten sie sich nicht einigen.[522] Schließlich war Newman seit drei Jahren Rektor einer nicht existierenden katholischen Universität. Wiseman, der seit Oktober 1853 den Winter in Rom verbrachte, erschien es daraufhin sinnvoll, bei einer von mehreren Audienzen, die er bei Pius IX. hatte, den Vorschlag zu machen, Newman solle zum Bischof geweiht werden; damit könnte er im Dubliner Universitätskomitee Sitz und Stimme bekommen und bei allen Mitarbeitern in der künftigen Universität die mit diesem Rang verbundene Autorität haben. Der Papst habe sofort zugestimmt, so schrieb Wiseman an Newman. Er schilderte die Situation in allen Details, um ihn von der Realität des päpstlichen Votums zu unterrichten. „Seine Heiligkeit" wird ein Breve zur Universitätsgründung entwerfen lassen und darin Erzbischof Cullen zum Kanzler ernennen. „Und, lächelnd ließ er (Pius IX.) seine Hände von beiden Seiten des Nackens zur Brust herabgleiten mit den Worten: 'Und wir werden Newman das Brustkreuz (la crocetta) schicken, wir werden ihn Bischof von Porphyrium oder irgendeinem Ort machen'. Dies sagte er in seiner liebevollsten Art. ... Ich glaube, es werde Ihnen Freude bereiten, die eigenen Worte des Papstes (in italienisch, GB) zu haben ...- Seit dem Achilli-Urteil habe ich immer das Empfinden, daß ein Zeichen der Ehrung und Anerkennung und ein Ausdruck der Sympathie vonseiten der Kirche erforderlich sei; und dies

---

[522] LD, XVI 4 - 6

BILDUNG ALS BEITRAG ZUM WIEDERAUFBAU DER KATHOLISCHEN KIRCHE
(1851 - 1865)

scheint mir der geeignete Weg zu sein, um dies zu erweisen." So der Wortlaut von Wisemans Brief, dessen eigener Bedarf an Wiedergutmachung gewiß bei dieser Initiative nicht in Abrede gestellt werden kann.[523] Newman wurde von allen Seiten zu dieser Bischofsdesignierung beglückwünscht, obgleich er sie nicht an die Öffentlichkeit gegeben hatte. Das besorgte sein Heimatbischof Bernard Ullathorne, der auch die bischöfliche Anrede „Lord" gebrauchte, als er ihm in aller Öffentlichkeit gratulierte und auch als er ihn brieflich anfragte, zu welchem Datum er die Bischofsweihe wünsche. Der Herzog von Norfolk schickte ihm eine massive Goldkette, andere sandten das Brustkreuz. Nur einer hielt sich im Chor der Gratulanten deutlich zurück: Cullen. Er hatte postwendend nach Rom geschrieben, um die ihm drohende Bischofsernennung abzuwenden. Er argumentierte, wie schädlich eine solche Ernennung für das universitäre Unternehmen sei, und nannte dafür die im irisch-englischen Gefälle mögliche Eifersucht und die für einen bischöflichen Rektor notwendig werdenden höheren Gehaltsbezüge, die sein armes Land nicht aufbringen könne. Newman selbst hat zu Lebzeiten nie erfahren, weshalb die Ankündigung Wisemans im Sande verlief. Cullens Briefe verschwanden für ein Jahrhundert unerreichbar im Vatikanischen Archiv. „Weder Dr. Cullen noch Dr. Grant (der Bischof von Southwark, GB) noch Dr. Ullathorne noch irgend jemand anders sagte je ein einziges Wort zu der Frage; noch machten sie irgend eine zufällige Bemerkung, durch die ich mir hätte eine Vorstellung bilden können, warum diese Erhebung, die der Papst, der Kardinal und der Erzbischof als so nutzbringend für die Universität betrachteten oder wenigstens als eine so abgemachte Sache, die so öffentlich bekannt gegeben worden war, plötzlich und stillschweigend aufgegeben wurde."[524]

Im Verlauf des Jahres 1854 fielen dann doch die wichtigen Entscheidungen für die Gründung der Katholischen Universität in Dublin. Am 20. März wurde ein päpstliches Breve veröffentlicht, in dem die irischen Bischöfe aufgefordert werden, unter dem Vorsitz von Erzbischof Cullen innerhalb von drei Monaten die Katholische Universität zu

---

[523] LD, XVI 31 - 32; SB, 430.
[524] SB, 434f. - Ausfindig gemacht hat die Korrespondenz zwischen Cullen und Tobias Kirby, dem Rektor des irischen Kolleg in Rom, übeer den die Briefe an Alessandro Barnabò von der Kongregation für die Glaubensverbreitung lief, V. F. Blehl SJ: Newman and the Missing Miter, in: Thought, 35, 1960, 111 - 123

gründen. Daß dies die vierte päpstliche Verlautbarung zur Sache innerhalb von wenigen Jahren war, unterstreicht das Interesse des Apostolischen Stuhls an der Errichtung einer Hochschule auf den Britischen Inseln. Newman wurde darin lobend erwähnt, aber doch so, daß man deutlich sehen konnte, der Einfluß Cullens hatte sich durchgesetzt. Newman bemerkte, daß die Universität im lateinischen Text wechselweise als Lyzeum und sogar als Gymnasium bezeichnet wurde und daß als Ziel einer Universität betont wurde, „die Jugend (sei) zur Frömmigkeit und Tugend heranzubilden und . in Literatur und Wissenschaft in Übereinstimmung mit der Lehre der Kirche zu unterrichten."[525] Immerhin wurden die Universitätsstatuten im synodalen Treffen der Bischöfe im Mai verabschiedet und Newman am 4. Juni 1854 in der Kathedrale von Dublin mit der Ablegung des Glaubensbekenntnisses und eines Eides feierlich in sein Amt als Rektor eingeführt. Pünktlich zum Amtsbeginn erschienen die ersten beiden Nummern von Newmans Catholic University Gazette[526], in der er wöchentlich Beiträge über grundsätzliche und aktuelle Probleme des universitären Lebens veröffentlichte, die zumeist von ihm selbst stammten. Im November konnte Newman das erste Studiensemester der Universität eröffnen. Er hatte eine glänzende Professorenschaft zusammen bekommen, und eine kleine Schar von Studenten hatte sich immatrikuliert. Zur Eröffnung der Philosophischen Fakultät hielt Newman die Einführungsvorlesung; so auch im folgenden Jahr zur Eröffnung der Medizinischen und hernach der Naturwissenschaftlichen Fakultät.

Obwohl Erzbischof Cullen die Einführung mit einer „sehr berührenden Ansprache an mich" beschloß,[527] stand die Zusammenarbeit zwischen beiden und überhaupt die Aussicht auf eine erfolgreiche Gestaltung der Universität unter einem schlechten Stern. Zu verschieden waren die Vorstellungen von dem, was eine Universität sein sollte. Cullen war von der Erfahrung katholischer theologisch-philosophischer Hochschulen inspiriert, wie er sie in Priesterseminaren Irlands und in Rom erlebt hatte.

---

[525] SB, 439.
[526] Die Catholic University Gazette, von Newman im Juni 1854 gegründet, wurde von ihm bis zum Dezember selbst herausgegeben, hernach bis Ende August 1855 von Robert Ornsby (1820 - 1889), der Professor für klassische Philologie an der Katholischen Universität war. Newmans Hauptbeiträge sind im Teil II der Idea of a University und andere im Bd. II der Historical Sketches in Buchform wiedergedruckt worden.
[527] LD XVI, 143.

BILDUNG ALS BEITRAG ZUM WIEDERAUFBAU DER KATHOLISCHEN KIRCHE (1851 - 1865)

Newman ging vom Oxforder Modell aus; seine Konzeption war aristotelischer Art. Ihm ging es um Sachkompetenz und "Freie Bildung". Deshalb fanden sich unter den 32 Professoren, die er berufen hatte, 27 Laien und, zum Verdruß mancher Bischöfe, nur 5 Priester. Auch war er im Vergleich zu den Oxforder Jahren, was die Lebensgestaltung der Studenten anbetraf, offener und weitherziger geworden: Es gab Clubräume für die Mußezeiten der Studierenden und Spielmöglichkeiten, wie Billard, zur Erholung. - Bald entstanden zwischen Newman und Cullen über Sachdifferenzen hinaus auch unerträgliche Beziehungsschwierigkeiten. Cullen ließ Newmans briefliche Anfragen oft monatelang unbeantwortet. Obgleich er die Bitte ausgesprochen hatte, bei der Auswahl des Prorektors (Vice-Rector) Mitsprache zu haben, wurde der Posten ohne Rücksprache mit ihm besetzt. Auch der Platz, an dem die Universität in der Stadt sein sollte, wurde ohne Einvernehmen mit ihm ausgewählt. -

Vom Jesuitenprovinzial John Curtis (1794 - 1885) erhielt Newman im Februar 1854 eine ernüchternde Analyse über die potentiellen Besucher der Universität. Newman erinnert sich im Rückblick an dessen Einschätzung auf Grund seiner 30jährigen Erfahrung, „daß es . in Irland die Klasse von Jugendlichen nicht gebe, die zur Universität kommen würden, daß die Mittelklasse zu arm sei; daß die Gebildetenschicht für ihre Söhne einen (akademischen) Grad wünsche und sie (deshalb) ans Trinity College (in Dublin) schicke; und die obere Klasse, deren Zahl gering sei, ihre Söhne an englische Universitäten sende".[528] In diesem Zusammenhang erinnert sich Newman auch an eine Reihe von Bischöfen, die die päpstliche Initiative, welche Cullen so sehr förderte, nicht unterstützten. Newman kämpfte gegen verschiedene Widerwärtigkeiten. „In meinem Alter wünscht man sich Frieden - und wie froh werde ich sein, wenn das alles vorüber ist", schrieb er an eine Bekannte im November 1855.[529] Zweifellos spielte dabei seine zwangsläufig unstete Lebensweise eine wichtige Rolle, wie sich schon an wenigen Beispielen zeigen läßt: Im März 1854 befand er sich zur Predigt bei der Eröffnung des Londoner Oratoriums in England, im April war er bei der Bischofsweihe von David Moriarty, dem ihm befreundeten Bischof von Kerry in Dublin. Im Mai

---

[528] SB, 440.
[529] LD XVII, 68.

BILDUNG ALS BEITRAG ZUM WIEDERAUFBAU DER KATHOLISCHEN KIRCHE
(1851 - 1865)

predigte er zur Eröffnung der Kirche des Schwesternkonvents von Stone in Staffordshire und kehrte unmittelbar danach nach Dublin zurück Am 26. Mai war er zur Feier des Festes von St. Philipp im Oratorium in Birmingham, am 4. Juni zur Einführung als Rektor in Dublin, im Juli in Birmingham, wo damals das Land für das Landhaus und den Friedhof der Oratorianer in Rednal in den Lickey Hills gekauft wurde, im September war er in Dalkey bei Dublin ... - Doch war Newman bei alledem keineswegs traurig oder unleidig. John Hungerford Pollen, der junge Architekt, der die Universitätskirche in Stephen's Green errichtete, berichtet, wie sehr Newmans Fröhlichkeit ansteckend gewirkt habe. Unvergeßliche Gespräche habe er mit ihm auf Spaziergängen geführt. Im Zoo, einem der Lieblingsaufenthalte Newmans in Dublin, habe er mit Hingabe die Verhaltensweise exotischer Tiere beobachtet und sich darüber mit ihm unterhalten. Wenn Newman zu Hause war in Harcourt Street 6, wo er die obere Etage bewohnte, habe viel Fröhlichkeit geherrscht, so wird berichtet, ein fröhliches Treiben, ein Kommen und Gehen von Besuchern in dem Hause, in dem heute eine Buchhandlung und ein Zentrum für Gälische Sprache besteht.

Am 1. Mai 1856 konnte die Universitätskirche in Stephen's Green feierlich eröffnet werden. Nach der Altar- und Kirchweihe am frühen Morgen „versammelten sich um elf Uhr der Rektor der Universität, der Hochwürdigste Dr. Newman, die Professoren, Dozenten und andere Amtsträger der Universität in akademischen Roben am Eingang der Kirche, um Seine Gnaden, den Erzbischof von Dublin, zu empfangen und ihn in die Kirche zu geleiten, gefolgt von der Prozession der Studenten und der Professoren, Dekane und anderer Mitglieder der Universität. Als sich die Prozession dem Altar näherte und in zwei Reihen nach jeder Seite des Ganges aufteilte ..., intonierte der Chor das Ecce Sacerdos...". Außer dem Erzbischof von Dublin nahmen weitere sechs Bischöfe aus Irland und eine Vielzahl von Würdenträgern des irischen Klerus, der Oberbürgermeister von Dublin und katholischer Adel und eine große Menge von Laien an dem Ereignis teil, so berichtete die Universitätszeitung.[530] Von nun an hatte Newman einen Ort, an dem er eines seiner großen Lebensthemen - das Verhältnis von Glaube und Vernunft - wie er es in den Oxforder

---

[530] The Catholic University Gazette vom 5. Juni 1856.

BILDUNG ALS BEITRAG ZUM WIEDERAUFBAU DER KATHOLISCHEN KIRCHE
(1851 - 1865)

Universitätspredigten entfaltet hatte, dem akademischen Publikum von Dublin darstellen konnte. In der Predigt vom 27. Aug. 1856 über den „Verstand, das Werkzeug religiöser Einübung" stellte er als das umfassende Ziel einer katholischen Universität heraus, daß hier die Trennung von Wissenschaft, Sittlichkeit und Religiosität, die sonst in der Welt als Folge der Sünde üblich sei, überwunden werde. Damit gibt er eine knappe Zusammenfassung seiner Universitätskonzeption, wie er sie von Anfang an in seinen Vorträgen von 1852 umrissen hatte.

„Der menschliche Geist kann, wie Ihr wißt, meine Brüder, unter zwei Gesichtspunkten betrachtet werden: als intellektuell und als moralisch. Als intellektuell erfaßt er die Wahrheit, als moralisch erfaßt er die Pflicht. Die Vervollkommnung des Intellekts nennt man Denkvermögen und Talent; die Vervollkommnung unserer sittlichen Natur ist die Tugend. Es ist unser großes Unglück hier und unsere Prüfung, daß, so wie die Dinge in der Welt nun einmal liegen, beide voneinander getrennt und unabhängig sind; daß da, wo Geisteskraft ist, keine Tugend zu sein braucht, und daß dort, wo Rechtschaffenheit, Güte und sittliche Größe sind, kein Talent zu sein braucht. Im Anfang war es nicht so..." Doch in der Welt, wie sie ist, „findet sich im einen Menschen oder Kreis von Menschen die ... wohlbekannte Herrschaft der Leidenschaft oder Begierde, in einem anderen die betonte Herrschaft roher Kraft und materieller Mittel, in einem anderen die Herrschaft des Verstandes und in anderen (wären ihrer doch viele!) die erhabenere Herrschaft der Tugend. Das ist der Stand der Dinge, der sich uns bietet, wenn wir einen Blick in die weite Welt werfen. Und jedermann trägt, wenn er in die Jahre der Unterscheidung kommt und zu denken beginnt, all diese verschiedenen Kräfte, die in der eigenen Brust im Kampf miteinander liegen, in sich: Begierde, Leidenschaft, weltlichen Ehrgeiz, Verstand und Gewissen; dabei versucht eine jede von ihnen von ihm Besitz zu ergreifen... - Es ist etwas sehr Ernstes um diese Lage der Dinge; und was sie noch verschlimmert, ist der Umstand, daß diese verschiedenen Fähigkeiten und Kräfte so lange voneinander getrennt waren, jedes für sich so lange gepflegt und entwickelt wurden, daß man die Unmöglichkeit für erwiesen sieht, sie wieder zu vereinen. Weil einige der Pflicht folgen, andere den Vergnügen, andere dem

Ruhm, andere dem Verstand, glaubt man für gewöhnlich, daß diese Dinge sich gegenseitig ausschließen: Daß die Pflicht nicht angenehm sein könne, die Tugend nicht vernünftig, die Güte nicht groß, die Gewissenhaftigkeit nicht mutig..." -

Newman verweist auf die Erfahrungen im Lebenslauf seiner Zuhörer und knüpft daran an:

„Schon in der ersten Jugend beginnt es: Sobald der Geist zu erwachen beginnt, blickt er in die falsche Richtung und stürzt sich auf das Böse. Das ist der erste falsche Schritt bei jungen Menschen. Und ihr nächster Mißbrauch des Verstandes besteht darin, daß sie das Böse in Worte fassen; das ist ihr zweiter falscher Schritt. Sie ersinnen Bilder und unterhalten Gedanken, die unterbleiben müßten. Und indem sie sie aussprechen, prägen sie sich ihren Eindruck selbst und anderen ein. ... Ein schlechtes Gespräch ruft das andere hervor; und so wächst von Kindheit an unter ihnen jener schlechte Ton in der Unterhaltung, der auf das Böse anspielt und es zuraunt, der Witze macht, über die Sünde spottet, der entzündbaren Phantasie Nahrung liefert... - Schlechte Gesellschaft erzeugt Unlust zum Guten..." Hinter den falschen Verwirklichungen von Neugierde und Suchen einerseits und der zweifelhaften Erfüllung der Sehnsucht andererseits sieht Newman einen Teufelskreis, den es zu durchbrechen gilt. „Junge Menschen wissen sich im Besitz von bestimmten Fähigkeiten, die nach Betätigung verlangen, von Bestrebungen, die ein Ziel haben müssen, wofür sie gewöhnlich in religiösen Kreisen keine Betätigung oder kein Ziel finden. Dieser Mangel ist ... für sie der Anlaß zur Sünde. Es ist eine Tatsache, daß sie nicht nur sittliche, sondern auch vernünftige Wesen sind. Aber immer schon, seit dem (Sünden-) Fall des Menschen, ist die Religion hier und die Philosophie dort. Beide haben ihre eigenen, jedoch getrennten Einflußgebiete. Verstandesmenschen vermissen in religiösen Häusern etwas, und religiöse Menschen vermissen in den Schulen der Wissenschaft etwas. - Hier nun liegt wohl das Ziel ... der Katholischen Kirche bei der Gründung von Universitäten. Es besteht darin, Dinge wieder zu vereinen, die durch Gott im Anfang verbunden waren, vom Menschen aber getrennt wurden. ... - *Ich*

BILDUNG ALS BEITRAG ZUM WIEDERAUFBAU DER KATHOLISCHEN KIRCHE (1851 - 1865)

wünsche, daß der Verstand mit äußerster Freiheit sich behaupte und die Religion sich gleicher Freiheit erfreue; aber was ich mir ausbedingen möchte, ist, daß man sie an ein und demselben Ort findet, und daß sie in ein und derselben Person verwirklicht werden. ... Ich wünsche, daß dieselben Orte und Menschen zugleich Orakel der Philosophie und Wohnstätte der Frömmigkeit sind. Ich bin nicht mit dem zufrieden, womit so viele zufrieden sind, zwei unabhängige Bereiche zu haben, einen intellektuellen und einen religiösen, die durch eine Art Arbeitsteilung zu gleicher Zeit Seite an Seite gehen und nur durch Zufall zusammengeführt werden. Es stellt mich nicht zufrieden, wenn die Religion hier ist und die Wissenschaft dort, und wenn junge Menschen den ganzen Tag über mit der Wissenschaft zugang sind und sich abends der Religion zuwenden. Es rührt nicht an das Übel, auf das diese Hinweise zielen, wenn junge Menschen an einem Ort essen, trinken und schlafen und an einem anderen denken. Ich möchte, daß der intellektuelle Bereich und der sittliche unter dem selben Dach zu Hause sind. Frömmigkeit ist nicht eine Art Abschied gegenüber den Wissenschaften, und Wissenschaft ist nicht so etwas wie die Feder am Hut, wenn ich so sagen darf, eine Verzierung der Frömmigkeit und ein Gegenstück zu ihr. Ich möchte, daß der denkende Laie religiös sei und der fromme Geistliche ein denkender Mensch."

Diese und andere seiner Predigten in der Universitätskirche von Dublin, ergänzt durch weitere Ansprachen, veröffentlichte Newman am 2. Juli 1857, dem Tag, da Henry Edward Manning, inzwischen Propst im Domkapitel von Westminster, London, mit der von ihm gegründeten Priestergemeinschaft der „Oblaten des Heiligen Carl Borromeo" in Bayswater ihre neue Kirche eröffnete. Newman widmete Manning seine „Predigten zu verschiedenen Anlässen" als „eine Art Denkmal unserer Freundschaft, die nun schon an die dreißig Jahre zwischen uns besteht".[531]

---

[531] „Manning eröffnet seine Kirche am 2. Juli. Ich denke, es wäre eine gute Sache, wenn Du und sonst jemand (wen kennt er am besten?) hingingen und mich vertreten würden. Aber ich dränge nicht. Er schreibt, es sei sein Wunsch, daß ich und die Patres kommen würden", so Newman am 25. Juni 1857 von Dublin aus an Ambrose St. John (LD

BILDUNG ALS BEITRAG ZUM WIEDERAUFBAU DER KATHOLISCHEN KIRCHE (1851 - 1865)

Der Predigtband war noch nicht im Druck erschienen, als Newman die irischen Bischöfe von seiner Absicht informierte, unter den gegebenen Umständen die Leitung der Katholischen Universität aufzugeben. Die Spannung, in der er sich befand, zeigt sich besonders deutlich in den finanziellen Engpässen, die zum Teil aus seiner Abhängigkeit von den Bischöfen und der mangelnden Entscheidungsbefugnis resultierte. Signifikant ist der Brief an John McHale, den Erzbischof von Tuam, den Gegenspieler Cullens: „Ich weiß, wie zahlreich die Termine Eurer Gnaden sind, und weiß nicht, wie ich ohne Entschuldigung Ihre Zeit in Anspruch nehmen darf. Ich hoffe, ich werde es nur für wenige Minuten tun. Würden Sie mir also erlauben zu sagen, daß ich mich Ihrer Freundlichkeit sehr verpflichtet fühlte, wenn Euer Gnaden mir den Scheck zurücksenden würden, den ich bereits von zwei Vertrauensleuten des Universitätsfonds unterzeichnet, Ihnen am letzten Freitag zugesandt habe. Heute, am 1. Mai, ist der festgesetzte Tag für die Bezahlung einer großen Zahl von Rechnungen, die für die Universität fällig sind. Und ohne den genannten Scheck sind wir außerstande, unsere Gläubiger zufriedenzustellen ..."[532] Einem vertrauten Freund schildert er seine Situation: „Ich war noch nie so mit Sorgen umgeben wie jetzt ... Eine davon ist, daß mich die (Universitäts-) Kirche nahezu über sechstausend Pfund gekostet hat, und ich fürchte, ich werde ernsthaft in Verlegenheit kommen. Mein eigenes Haus hier ist mit dreihundert Pfund verschuldet. Wie ich klarkommen soll, weiß ich nicht. Niemand hilft mir im geringsten. Außer (Erzbischof) Dr. Dixon (von Armagh) und (Bischof) Dr. Moriarty (von Kerry) scheint niemand ein gutes Wort für mich übrig zu haben ... In Birmingham bin ich nötiger, als ich zum Ausdruck bringen kann. Im Alter von 56 Jahren ... darf ich verlangen, daß ich zu dem Haus zurückkehre, zu welchem der Heilige Vater mich durch sein Breve auf Lebenszeit gesandt hat. Sechs

---

XVIII, 62). Newman selbst mußte zur Konsekration des Prorektors der Universität, Patrick L. Leahy (1806 - 1875), der Erzbischof von Cashel wurde. Daß Newmans Widmung, „obgleich formal, eine Andeutung von Vertrautheit hat; jedoch wenn man sie mit seinen übrigen Widmungen vergleicht, man nicht anders kann, als einen gewissen Hauch von Zurückhaltung zu bemerken, als ob der Verfasser Angst gehabt habe, mehr zum Ausdruck zu bringen, als er wirklich meinte", ist die Analyse von Henry Tristram (1881 - 1955), Newman and His Friends, London 1933, 150. In diesem Band kommentiert ein kompetenter Nachfolger Newmans im Vorsteheramt der Oratorianer von Birmingham die Dutzenden von Widmungstexten, die Newman seinen Büchern vorangestellt hat.

[532] LD XVII, 230 vom 1. Mai 1856.

BILDUNG ALS BEITRAG ZUM WIEDERAUFBAU DER KATHOLISCHEN KIRCHE (1851 - 1865)

Jahre lang werde ich mich der Universität gewidmet haben."[533] Anderseits war Newman sich der Tatsache bewußt: „Ich habe das Boot vom Stapel gelassen, und der Weiterlauf ist eine Sache von Wind, Ebbe und Flut und Zeit. Die Leute werden versuchen, mich hier zu halten, weil der Wechsel eines Rektors eine üble und schwierige Sache ist ... Wenn die größeren Holyhead-Schiffe eingesetzt werden, was in wenigen Monaten so sein wird, wird die Überfahrt weniger furchterregend sein. - Wäre nicht diese Dubliner Verpflichtung, wäre ich ohne ein Kreuz - so daß ich eine gewisse Angst vor ihrer Beendigung habe, damit nicht eine schlimmere Prüfung kommt. - Meine einzige Befürchtung ist, daß ich zu glücklich bin und zu gerne lebe, um es freiwillig zu verlassen", so beschreibt Newman seine Situation bei einem Zwischenaufenthalt zu Hause in seinem Oratorium und angesichts der guten Nachricht von alten Freunden, die sich in die Kirche aufnehmen ließen.[534]

Am 3. April 1857 schickte Newman Briefe an verschiedene irische Bischöfe, in denen er seinen Rücktritt vom Rektorat für den November desselben Jahres ankündigte. „Ich habe mehr Gründe für diesen Schritt als man leichthin auf Papier aufzählen kann. Mein Alter ist beträchtlich, Leute meines Alters um mich herum sterben oder fallen aus. Ich kann nicht sagen, wieviel Zeit mir noch für irgendein Werk übrig bleibt, und ich mag die Aussicht nicht, hinweggerafft zu werden, ohne meine letzten Jahre meiner Gemeinschaft in Birmingham gewidmet zu haben... Ich schlage vor, im kommenden November zurückzutreten, wenn ich mehr als sechs Jahre dem Werk der Universität gewidmet haben werde...[535] An Erzbischof Cullen schrieb er: „Jetzt nähert sich die Zeit des Rücktritts von dem hohen Amt, das mir die Bischöfe von Irland anzuvertrauen geruhten. Ich habe den Gegenstand Euer Gnaden genau diesen Monat vor einem Jahr genannt und bitte jetzt um Erlaubnis, den Tag nennen zu dürfen. Ich nenne den nächsten Tag des hl. Laurentius, den 14. November... Meine dringendsten Gründe für diesen Schritt sind: die Ermüdung, die ich von den häufigen Reisen zwischen Dublin und Birmingham spüre, die Pflicht des Rektors, sich zum Besten der Universität mehr in der Öffentlichkeit zu zeigen als meine Kraft erlaubt, und die Notwendigkeit, meiner

---

[533] An Henry Wilberforce am 25. Okt. 1856: LD XVII, 419.
[534] An Elizabeth Bowden am 13. Sept. 1856: LD XVII, 378.
[535] LD XVIII, 7f.

BILDUNG ALS BEITRAG ZUM WIEDERAUFBAU DER KATHOLISCHEN KIRCHE (1851 - 1865)

Gemeinschaft zu dienen..."[536] Im Juli schrieben Cullen und zwei weitere Bischöfe an die Oratorianer in Birmingham, sie möchten Newman mit seinem bekannten Namen doch weiter für das Rektorat an der Universität in Dublin freigeben. Die Patres des Oratoriums antworteten freundlich, aber entschieden mit Nein. So kam es zu Newmans Ablösung von der Katholischen Universität in Dublin. Allerdings war zunächst für das Wintersemester 1857/58 noch kein Nachfolger ernannt, so daß Newman vertretungsweise das Amt weiter versah. Er gründete sogar im Januar 1858 noch die Universitätszeitschrift „Atlantis", in deren erster Nummer er einen Beitrag über „Die Sendung des Benediktinischen Ordens" veröffentlichte.[537] Als Newman am 12. Nov. 1858 endgültig sein Rektorat an der Katholischen Universität aufgeben konnte, hatte er in deren Dienst den St. George's Channel zwischen England und Irland sechsundfünfzigmal überquert.[538] Endlich war er wieder für seine Aufgaben als Vorsteher des Oratoriums in Birmingham frei.

Die Katholische Universität in Dublin existierte unter Newmans Nachfolger noch bis 1882 und wurde dann als University College der neu gegründeten Royal University of Dublin eingegliedert.

Wie sehr sich Newman selbst im turbulenten Jahr der Universitätseröffnung der epochalen Probleme der Kirche seiner Zeit bewußt blieb und an ihnen arbeitete, soll abschließend zu diesem Abschnitt an einer seiner Vorlesungen von 1854 über „Eine Form heutigen Unglaubens" gezeigt werden, die er in The Catholic University Gazette im Dezember des Jahres in Druck gab. Er geht von der „offenen Entwicklung des Unglaubens in Deutschland" und „seiner wachsenden Dreistigkeit in England" aus und sagt, daß zwar „im Zeitalter des Intellekts Unglaube in einer gewissen Gestalt unvermeidbar ist."[539] Er betont aber auch den

---

[536] LD XVIII, 5.
[537] Als wissenschaftlich-kritische Zeitschrift wurde die Atlantis von Newman 1858 gegründet und von dem Naturwissenschaftler William K. Sullivan (1820 - 1890) herausgegeben. Sie diente vor allem der Auseinandersetzung mit dem Rationalismus und erschien zunächst halbjährlich, danach unregelmäßig bis 1870. Newmans Beiträge wurden später erneut in Buchform von ihm publiziert in HS II und TTE.
[538] Vgl. SB 453. Zusammenfassend finden sich alle Dokumente und die Daten im posthum von den Oratorianern in Birmingham herausgegebenen Band: Cardinal Newman, My Campaign in Irland. Catholic University Reports and Other Papers, Aberdeen 1896.
[539] J. H. Newman, The Idea of a University defined and illustrated, ed. with introduction and notes by I. T. Ker, Oxford 1976, 310.

BILDUNG ALS BEITRAG ZUM WIEDERAUFBAU DER KATHOLISCHEN KIRCHE (1851 - 1865)

großen Vorteil einer solchen freien Situation; denn wenn „der Unglaube seine Stimme erhebt ... kann auch der Glaube seine Meinung sagen .. In einem solchen Zeitalter ist es möglich, eine Universität zu gründen, die entschiedener katholisch ist, als man sie im Mittelalter hätte errichten können, weil die Wahrheit gerade angesichts des Unglaubens, der sich so schamlos brüstet, sich sorgfältig verwurzeln, ihr Bekenntnis streng definieren und ihre Farben eindeutig entfalten kann".[540] Die offensive Reaktion der Christen scheint für Newman in einem Zeitalter offenen Unglaubens eine notwendige Konsequenz. Christen müssen in einer solchen Gesellschaft herausfordernder Richtungen der Philosophie und der Naturwissenschaften ihre Einstellung unter Beweis stellen. Denn die moderne Wissenschaft hegt die Erwartung, daß die Ergebnisse ihres Denkens und Forschens eines Tages die Unhaltbarkeit der christlichen Botschaft beweisen, ihre Tradition und ihren Inhalt als falsch erweisen und schließlich wissenschaftlich demonstrieren kann, daß es außer der materiellen Welt nichts gibt. „Sie sind von der Annahme voreingenommen, daß die letzten Wahrheiten, die im Mesmerismus verkörpert werden, mit Sicherheit alle Wunder des Evangeliums klären werden; oder daß das Niebuhrisieren[541] der Evangelien oder der Kirchenväter ein einfaches Mittel ist, das gesamte katholische System der Lächerlichkeit preiszugeben. Und sie stellen sich vor, daß das ewige unveränderliche Wort Gottes vor dem durchdringenden Verstand des Menschen den Mut aufgeben und zunichte gemacht werde."[542] In der Tat vertraue die neue Richtung der Philosophen darauf, daß die Naturwissenschaften sich mit „berührbaren Tatsachen, praktischen Ergebnissen, ständig wachsenden Entdeckungen und laufenden Neuigkeiten befassen, die die Neugierde nähren, die Aufmerksamkeit wachhalten und die Erwartung reizen, so daß sie - so nehmen sie an - nur gerechte Voraussetzungen und keine günstigen Umstände brauchen, um jene alte Wahrheit, die sich niemals verändert und die nur vorsichtig voranschreitet, im Wettlauf um Popularität und Macht hinter sich zu

---

[540] Ebd., 311.
[541] Gemeint ist die u.a. von Barthold Georg Niebuhr (1776 - 1831) entwickelte historisch-kritische Methode in ihrer Anwendung auf die Auslegung der Heiligen Schrift. Vgl. G. Biemer, B. G. Niebuhr und J. H. Newman, in: Card. Newman Studien Bd. VI, Nürnberg 1964, 39 - 54. Vgl. ders., Niebuhriser? L'historiographie selon Newman, in: C. Lepelley - P. Veyriras, eds., Newman et l'Histoire, Lyon 1992, 147 - 168.
[542] The Idea, a.a.O., 323.

lassen. Und darum schauen sie nach dem Tag aus, an dem sie die Religion erledigt haben werden, nicht indem sie ihre Schulen schließen, sondern indem sie sie leeren; nicht indem sie deren Grundsätze bestreiten, sondern indem sie den höheren Wert und die Überzeugungskraft ihrer eigenen erweisen".[543]

Oratorien in Birmingham und London: Ein Fortsetzungskonflikt und seine Lösung.

Newmans Arbeitskraft und seine Phantasie waren während der Aufbauphase der Katholischen Universität in Dublin zunächst beeinträchtigt durch den Achilli-Prozeß. Später, von 1855 an, zehrte ein Konflikt mit dem Londoner Oratorium an seinen psychischen Kräften. Von Anfang an war ihm bewußt gewesen, daß die Aufgabe, Vorsteher der Oratorianer in England zu sein, insbesondere während der ersten Jahre bis zur Konsolidierung der Verhältnisse fast unvereinbar war mit der Aufgabe, auf der anderen Seite der Irischen See das Amt des Gründungsrektors einer Universität wahrzunehmen. Sein Herz schlug jedenfalls für das Anliegen, in England bzw. auf den Britischen Inseln Oratorien zu errichten. Das ergibt sich u. a. aus der Bitte in einem Schreiben von Erzbischof Cullen an seinen Freund Kardinal Barnabò von der Kongregation für die Glaubensverbreitung, „die Pater Newman schon konzedierten Vollmachten .. zumindest auf die Diözese Dublin auszudehnen ..., daß unter der Leitung einer so begabten und heiligen Persönlichkeit, wie es Pater Newman ist, die gleichen Vorteile in Irland entstehen ...", wie sie durch die Errichtung von Oratorien in England entstanden sind.[544] Auch bei seinen Vorlesungen in Liverpool über die Geschichte der Türken war, wie gesagt, für Newman die Möglichkeit, ein Oratorium zu gründen von motivierender Bedeutung.[545] Auf diesem Hintergrund muß Newman die Nachricht von einem anstehenden Konflikt mit den Mitbrüdern des

---

[543] Ebd., 326.
[544] Brief vom 19. Dez. 1855: LD XVII, 109 Anm.1.
[545] LD XVII, 141.

Londoner Oratoriums sehr getroffen haben. Sie hatten im Oktober 1855 ohne sein Wissen in Rom die Eigenständigkeit für ihr Haus und eine Veränderung der Regel beantragt. Da er selbst einst die Anpassung der Oratorianer-Regel an die englischen Verhältnisse in Rom mit ausgehandelt hatte, beunruhigte ihn diese Nachricht umsomehr. Newman wandte sich an Kardinal Wiseman, der zunächst zögerte, aber dann versuchte im Kontakt mit F. W. Faber, dem Vorsteher des Londoner Oratoriums, „diesen edlen verwundeten Geist zu heilen und zu beruhigen", wie er Newman nannte. Als Newman ein in Latein gehaltenes Schreiben an Kardinal Barnabò auf dem Dienstweg über Wisemans Schreibtisch nach Rom sandte, unterstrich letzterer nochmals, daß er den Brief befürworte, um „diesen sehr würdigen Priester zu beruhigen".[546] In der Antwort von Rom wurde Newman darüber informiert, daß man einer Modifikation der englischen Oratorianer-Regel bereits stattgegeben habe: Die vom Londoner Oratorium erbetene Beichtvollmacht für Schwestern sei bereits erteilt worden. Nun beschloß Newman zusammen mit Ambrose St. John persönlich nach Rom zu reisen, um die Angelegenheit vor Ort zu klären. „Es macht keine Freude, bei diesem Wetter eilig nach Rom und zurück zu reisen", schrieb er an Elizabeth Bowden, „aber ich bin verpflichtet, es im Dienst des Oratoriums zu tun. Ich werde im Februar zurück sein. Fr. St. John und ich gehen. Wir werden über Genua, Turin, Mailand, Brescia, Verona, Vicenza usw. nach Florenz reisen. Die Bahn macht das heutzutage leicht ... Ich werde am 26. Dezember abreisen und werde es dem Kardinal (Wiseman) sagen, wenn ich durch London komme. Er ist darauf vorbereitet, daß jemand aus dem Birminghamer Haus nach Rom geht, jedoch nicht, daß ich gehe..."[547] - Sie wollten also auf dem Hinweg einige der Oratorien in Oberitalien besuchen, um sich dort über die Interpretation der Regel und die praktizierten Lebensformen zu informieren. Dabei machten sie die Erfahrung, daß, wohin sie kamen, die Londoner Oratorianer bereits eine Information voraus versandt hatten mit der Behauptung, Newman beabsichtige, in England für sich ein Generalat, d. h. eine Allzuständigkeit über alle englischen Oratorien für sich in Anspruch zu nehmen. Dies war ein Ansinnen, das jedem Oratorianer unsympathisch erscheinen mußte; denn es verstieß gegen die Grundauffassung, daß die einzelnen Häuser im

---

[546] LD XVII, 67 u. 75.
[547] LD XVII, 100.

Rahmen der Oratorianer-Regel ihre Unabhängigkeit und Eigenständigkeit entfalten können.[548] Doch Newmans persönlicher Eindruck auf die Mitbrüder entkräftete solche Verdächtigungen, und in den Antwortbriefen aus den italienischen Oratorien konnten die Männer vom Brompton Oratory in London lesen, welch spirituelle Ausstrahlung Newman hatte und welch geistige Autorität von ihm ausging.

Am 12. Januar 1856 kamen Newman und Ambrose St. John nach Rom. Newman zog am Stadtrand die Schuhe aus; barfuß wollte er trotz winterlicher Temperaturen als bittender Büßer die Ewige Stadt betreten, um sein Anliegen Gott und den Menschen vorzutragen. Alessandro Barnabò (1801 - 1874), erst Sekretär und noch vom selben Jahr 1856 an Kardinalpräfekt der Kongregation für die Ausbreitung des Glaubens, konnte das Problem aber relativ einfach aufklären und lösen: Da Newman seinerzeit im Jahr 1847 mit dem päpstlichen Breve auch allein die Vollmacht erhalten hatte, in England Oratorien zu gründen, sei er damit auch zuständig, einem Oratorium gegebenenfalls die Selbständigkeit zuzusprechen. Der Konflikt zwischen den beiden Oratorien von London und Birmingham könne also aus der ihm verliehenen Vollmacht von Newman selbst geregelt werden. Die Audienzen von Newman und Ambrose St. John bei Pius IX. und die Gespräche bei Barnabò verliefen in großer Freundlichkeit und Harmonie. Daß gleichwohl hinterher Leute von F.W. Faber so lange in Rom insistieren konnten, bis sie im Oktober desselben Jahres 1856 doch eine Bestätigung ihrer Selbständigkeit durch ein päpstliches Breve erhielten, steht auf einem anderen Blatt und trug zum zeitweiligen Mißtrauen Newmans römischen Behörden gegenüber bei.[549]

Newman berichtete fast täglich über die Vorgänge in Rom an die Mitbrüder in Birmingham, besonders über die Anliegen, die sie dem Papst vortrugen. Am 25. Januar schrieb er: „Wir hatten gerade eine lange und höchst zufriedenstellende Unterredung mit dem Papst. Und ich kann nur sagen, es ist gut, daß wir hierher gekommen sind. Er wußte alles über uns ... und wünschte offensichtlich, (die Sache) von unserer Seite zu hören, nachdem er die andere gehört hatte. Ich nehme an, er hat seine Informationen vom Bischof (Wiseman, GB), aber der größere Teil kam

---

[548] Vgl. LD XVII, 129f.
[549] LD XVII, 398 Anm. 2.

vom Londoner Haus ... Die Adresse eines Briefes in der Handschrift von P. Stanton (vom Londoner Oratorium, GB) war auf dem Tisch des Papstes, an Msgr. Barnabò adressiert ... - Der Papst verwies uns in der freundlichsten Weise darauf, daß wir selbst nach uns sehen; wir waren eine Dreiviertelstunde bis eine Stunde bei ihm. Er begann, indem er sagte, ich sei dünn und hätte viel Buße getan, und Pater Ambrose sei älter geworden ... Er sprach ausführlich über verschiedene Dinge so, als wolle er es uns leicht machen, wie wir nachher fanden. ... -"[550] Pius IX. las in ihrer Gegenwart den Brief des Londoner Oratoriums, hielt inne und ließ sich die Streitfrage erläutern. Daß die Patres im Londoner Haus um die Beichtfakultät für Nonnen nachgesucht hatten, müsse, so Newman und St. John, nicht auch Konsequenzen für die Birminghamer Kommunität mit ihrem ganz anderen Umfeld haben. Das fand in seiner Logik offensichtlich die Zustimmung des Papstes. „Alles, was wir wünschen, ist, daß jedes Oratorium seine eigene Arbeit tun soll", antwortete der Papst und erbat sich eine Bedenkzeit: „Ich werde darüber nachdenken." Zu der Bitte um Genehmigung eines weiblichen Kreises von „Schwestern des kleinen Oratoriums" - in Ergänzung zu dem Kreis von Männern, der sich um das Oratorium bereits gebildet hatte, - habe der Papst geantwortet: „Ich finde das gut ... In diesem Zeitalter tun Frauen mehr als Männer."[551] - In einem summarischen Rückblick berichtet Newman: „Der Papst war wohlauf und fröhlich - und es schien ihm viel Freude zu machen, daß er uns zum Lachen brachte. ... Er ist in wunderbarer Laune; er behandelte uns, als wären wir die einzigen Menschen auf der Welt, um die er sich zu kümmern hätte."[552] Nach etwas mehr als drei Wochen kehrten Newman und St. John am 8. Februar zurück. Auf der Durchreise durch London schrieb er an Kardinal Wiseman: „Eure Eminenz wird erfreut sein zu erfahren, daß meine Mission ganz und gar erfolgreich war. Bevor ich aufbrach, sagte ich unseren Patres, daß ich es mir zur Regel machen werde, kein einziges Wort der Klage oder Rüge über das Londoner Haus vorzubringen. Meine Angelegenheit sei lediglich, etwas für das Birminghamer Haus zu tun. Ich bin froh sagen zu können, daß ich in beidem Erfolg hatte: Für uns selbst und indem ich sie (vom Londoner Oratorium, GB) nicht ins Gespräch

---

[550] LX XVII, 135f.
[551] LD XVII, 137f.
[552] LD XVII, 152.

BILDUNG ALS BEITRAG ZUM WIEDERAUFBAU DER KATHOLISCHEN KIRCHE (1851 - 1865)

brachte, außer daß ich den Segen des Papstes für sie bringe, um den ich für sie bat.... Wir sind in weniger als vier Tagen von Rom bis London gekommen, und ich hoffe, (noch) heute Nacht nach Birmingham hinüber zu kommen."[553] - Newman hielt das Ergebnis der römischen Gespräche seiner Gewohnheit gemäß in mehreren Memoranden fest: „ Ich verstehe, daß unser Verhalten als (Oratorianer-) Kongregation so sein sollte: Nie ohne gute Gründe zu handeln, und zwar Gründe, die man darstellen kann, auf Grund solcher aber selbständig zu handeln. Unsere Linie zu verfolgen, und, sofern wir Einwände gegen unsere Überlegungen voraussehen, auch entsprechende Antworten dafür bereitzuhalten. Unsere Augen offenzuhalten und darauf zu achten, wie die Dinge in Rom aufgenommen werden, aber nicht von uns aus Erklärungen zu liefern. Uns auf unsere eigene Kraft zu verlassen und sicher zu sein, daß. wenn wir wirklich unsere Arbeit machen, uns Rom niemals hart ankommen wird, selbst wenn wir informell, unklug oder auf Gutglauben hin handeln, und noch viel weniger, wenn wir es fertigbringen, diese Fehler zu vermeiden. - Darüber hinaus, daß wir nicht wachsam darauf achten können, wie die Dinge, von denen ich spreche, (in Rom) aufgefaßt werden, ohne daß wir reguläre Kommunikationskanäle mit Rom haben. ..."[554]

Newman hatte einige Zeit ins Land gehen lassen, bevor er sich in einem umfassenden Schreiben an die Generalkongregation seiner eigenen Oratorianermitbrüder in Birmingham wandte und die Kontroverse, „die zwischen mir dem und dem Londoner Oratorium ausgetragen wurde (und) die jetzt zu Ende gekommen ist", seinen Hausgenossen darstellte. Er nannte die Ausgangssituation im Verhalten der Londoner Oratorianer „eine Konspiration gegen das Oratorium von Birmingham mit Hilfe der Kongregation zur Glaubensverbreitung" in Rom, schilderte die deshalb erfolgte Romreise und deren Resultat. Er schlägt vor, daß die beiden Oratorien in Zukunft „Freunde auf Distanz" sein sollen, und spricht sich damit für eine getrennte Selbständigkeit beider Häuser aus. Er plädiert also für eine reguläre Legitimierung des faktisch schon bestehenden Zustandes.[555]

---

[553] LD XVII, 144f.
[554] LD XVII, 151.
[555] LD XVII, 266 - 270.

BILDUNG ALS BEITRAG ZUM WIEDERAUFBAU DER KATHOLISCHEN KIRCHE (1851 - 1865)

Den Hintergrund für Newmans programmatischen Bericht im eigenen Hause bildete die auf zwei Ebenen verlaufene Korrespondenz mit dem Londoner Oratorium. Im November 1855 hatte er sich über dessen Sekretär Richard Stanton an die ganze Kommunität gewandt und sie über ihre Applikation nach Rom, die dann auch für das Birminghamer Oratorium Konsequenzen hatte, zur Rede gestellt. F. W. Faber war darüber so beleidigt, daß er Newman ein halbes Jahr lang nicht schrieb und erst in einem Brief vom 8. Mai 1856 seine Verstimmung erklärte. Er versicherte Newman „Ich kann noch nicht vergessen, daß ich alles, was ich in diesem Leben am meisten schätze, Ihnen verdanke, und wenn ich gerettet werde, Ihnen mein Heil schulde ...". Dennoch: „Ich habe das Gefühl, als wäre in Ihrem Geist eine lange Aufreihung von Eifersucht, Zweifel und Mißverständnissen, die zu beseitigen für mich hoffnungslos ist...". Und Faber lädt die Sachproblematik emotional auf, indem er Newman mit dem Vorwurf unversöhnlich zu handeln unter Druck setzt: „Ist es denn für Sie so unmöglich, uns zu vergeben, wieder unser Vater zu sein und den Skandal der Häuser, die sich gegenseitig nicht besuchen, zu beenden? Was genau ist es denn in unserem Benehmen, das Sie so sehr in Wut versetzt hat? Was können wir tun, um es wieder gut zu machen? Ist es derart, daß es einen Bruch unter den Söhnen St. Philipp's rechtfertigt? Wir sind gewiß Ihre Söhne ... - Hat unser Benehmen das Maß dessen, was Ihre Liebe und Geduld ertragen kann oder sollte, überschritten? ..." Newman antwortete postwendend: „Ich darf Ihnen nicht erlauben, die Sache zu übertreiben oder sich einzubilden, daß es eine Entfremdung zwischen den Mitgliedern Ihrer und meiner Gemeinschaft gibt." Aber er gibt auch deutlich die Ursache der „großen Konfusion" zu erkennen, daß der Wechsel von der offiziellen zur informellen Ebene, von der sachlichen zur persönlichen in Fabers Brief „die Verantwortlichkeit aufweicht".[556] - F. W. Fabers Überschwang der Gefühle, der auch in seiner geistlichen Dichtung, seinen Kirchenliedern, seiner Vorliebe für die Formen südländischer bzw. italienisierender Frömmigkeit zum Ausdruck kommt, fand durchaus sein Publikum, war aber gewiß der ernsthaften und genauen Lebensführung, Glaubensreflexion und Frömmigkeitspraxis Newmans entgegengesetzt. Vier Jahre später schreibt Newman einem seiner engsten Freunde, daß er und seine Gemeinschaft „viel unter ihm (F.W.Faber) gelitten haben... Er

---

[556] LD XVII, 234 - 236.

hat tausend attraktive Punkte, aber er ist ein ruheloser Geist... -". Einerseits weiß Newman: Faber „tut in seiner wichtigen Position so viel Gutes, daß es ein großer Skandal wäre, wenn sein Name angetastet würde." Anderseits ist er überzeugt: „Es wäre nichts von einer Entfremdung beobachtet worden, es hätte überhaupt keinen Skandal gegeben, hätte er nicht darüber geredet."[557]

Jahre später, als Faber 1863 auf den Tod krank geworden war, besuchte ihn Newman am 20. Juli. Noch einmal bekundet Faber, der aus der jüngeren Schar der Oxfordbewegung gekommen war, daß eine Predigt Newmans zum Wendepunkt seines Lebens geworden sei, daß er für ihn einer der Menschen sei, die er am meisten auf dieser Welt geschätzt habe. Für Newman steht dem gegenüber die Kenntnis einer Reihe von Intrigen, die von Faber zum Schaden des Birminghamer Oratoriums ausgegangen waren. Dennoch: Am 30. September 1863 nahm Newman an der Beerdigung des ersten Vorstehers vom Londoner Oratorium teil.[558]

Das Projekt einer englischen Bibelübersetzung

Newmans „irischer Feldzug", wie er im nachherein seine Tätigkeit an der Katholischen Universität nannte, war noch nicht beendet gewesen, wohl aber hatte er seinen Abschied vorgesehen, als er am 27. August 1857 eine Anfrage von Kardinal Wiseman erhielt. Sie enthielt ein Anliegen, das im Zusammenhang mit der zweiten Provinzialsynode der Diözese Westminster (im Juli 1855) formuliert worden war, aber erst jetzt - nach der römischen Approbation der Synode - spruchreif wurde. „...Ich ersuche Sie in meinem eigenen Namen und dem meiner bischöflichen Mitbrüder, diesen Ausdruck des Vertrauens zu akzeptieren, das der englische Episkopat in Sie setzt, und das lange überlegte und gewünschte Werk, den englischen Katholiken ... eine genaue, in der eigenen Sprache verfaßte und mit Anmerkungen versehene Übersetzung der Bibel zu übernehmen."[559] -

---

[557] LD XIX, 427f.
[558] LD XVII, 559 - 561 u. LD XX, 563.
[559] LD XVIII, 122.

BILDUNG ALS BEITRAG ZUM WIEDERAUFBAU DER KATHOLISCHEN KIRCHE (1851 - 1865)

Newmans Arbeitszimmer im Oratorium in Birmingham in der zeitgenössischen Gestalt.

Newman beschaffte sich die Synodendekrete, um sich genauer über die anstehende Aufgabe zu informieren. Nach kurzer Bedenkzeit antwortete er in ebenso feierlichem Ton, wie Wiseman ihn angefragt hatte: „Eine größere Ehre hätte mir nach meinem Empfinden wohl nicht zuteil werden können als sie mir Eure Eminenz erwiesen haben, da Sie mir mitteilten, ich sei für das Amt, eine mit Anmerkung versehene englische Übersetzung der Bibel zu schaffen, auserwählt worden. Ich bitte Eure Eminenz und durch Sie die Bischöfe, meine von Herzen kommende und sehr demütige Anerkennung entgegenzunehmen ... Wenn ich die mir auferlegte Arbeit ohne Zögern .. annehme, so geschieht es nicht, als ob ich nicht spürte, daß diese Schwierigkeit so groß ist wie ihre Ehre ..."[560] Alsbald schaute sich Newman nach Möglichkeiten um, die Arbeit zu finanzieren und ließ sich von der Bischofskonferenz das Recht des Copyright übertragen. Danach folgte eine längere Korrespondenzpause. Newman sammelte einen qualifizierten Mitarbeiterstab zur Übersetzung des umfangreichen Textes und kaufte die notwendigen Unterlagen.

Über ein Jahr später, Anfang Dezember 1858, erhielt Newman einen Brief zugesandt, der von Bischof Patrick Nelson Lynch (1817 - 1882) von Charleston, USA, stammte und in dem dieser über eine Resolution des neunten Privinzialkonzils in Baltimore informierte, wonach Erzbischof Francis Patrick Kenrick (1797 - 1863) von Baltimore bereits eine Übersetzung des Neuen und von Teilen des Alten Testaments geschaffen habe. Newman wurde eingeladen, mit dem Erzbischof von Baltimore zu kooperieren und eine gemeinsame Version der englischen Bibel herauszubringen. Newman antwortete, daß er sich in einer Pattsituation befinde; denn einerseits sah er die sehr weitgehende Vorarbeit und die Verdienste sowie das Ansehen des Erzbischofs von Baltimore, andererseits stand er im Wort gegenüber dem englischen Episkopat und wartete auf deren Reaktion. Er hatte den Brief von Wiseman ohne Kommentar erhalten, wohl, um ihn zu beantworten. Zunächst wartete Newman nun auf die Reaktion der englischen Bischöfe, seinen Auftraggebern, auf die neue Sachlage. „Wenn ich es recht sehe, sandte er (Wiseman, GB) keine einzige Zeile mit den amerikanischen Briefen, sondern einfach die Briefe. Ich sah klar voraus, daß ich endlosen Ärger haben würde mit den Verlegern, mit

---

[560] LD XVIII, 129.

der amerikanischen Hierarchie, mit der Propaganda usw., usw., wenn ich das auf mich nähme. So wartete ich, bis ich etwas mehr darüber hörte, aber ich habe niemals etwas gehört bis heute," schrieb er sechs Jahre später.[561]

Eine weitere große Chance für die Katholische Kirche in England, Newmans besondere Fähigkeiten zu nützen, war durch dilatorische Verhaltens- und Handlungsweise vertan worden. Aufs ganze der katholischen Jahrzehnte in Newmans Leben gesehen, war dies weniger eine Ausnahme als vielmehr typisch. Jedesmal mußte Newman von seiner Lebenszeit, seiner Energie, seinem Ansehen etwas darangeben. So auch jetzt, wo er die investierten Vorarbeiten und Gelder als verloren betrachten mußte.[562]

Die Bedeutsamkeit der Laien in Sachen der Glaubenslehre

„Die Jahre sind jetzt kostbar, weil sie so rar sind wie Juwelen" hatte Newman in seiner Dubliner Zeit geschrieben.[563] - In der folgenden Zeit drängte sich ihm in wachsendem Maße die Einsicht auf, daß Leute wie Frederick William Faber oder William George Ward nicht Unrecht hatten, wenn sie hinter vorgehaltener Hand sagte, es sei „merkwürdig, daß Father Newman in keiner seiner Unternehmungen Erfolg habe".[564] Allerdings war die Beurteilung der Gründe dafür zwischen ihnen und ihm völlig verschieden. Auch die nächste Aufgabe, die man an Newman herantrug und die er im Gehorsam zu seinem Ortsbischof übernahm, sollte mit einer Frustration für ihn und alle Beteiligten enden.

Eine der führenden katholischen Zeitschriften ihrer Zeit in England war „The Rambler" (Der Wanderer), der 1848 von dem konvertierten anglikanischen Priester John Moore Capes (1812 - 1889) gegründet

---

[561] LD XVIII, 531 - 534.
[562] Immerhin erschien in der Juli-Nr. des Rambler von 1859 Newmans Studie über „Die Geschichte des Textes der Rheims- und Douay-Version der Heiligen Schrift. Vgl. TTE, 403 - 445.
[563] LD XVII, 378.
[564] LD XVII, 559.

worden war und ein Jahrzehnt später von zwei hochgebildeten Männern übernommen wurde. Richard Simpson (1820 - 1876), ebenfalls ein konvertierter anglikanischer Geistlicher, und Sir John Acton (1834 - 1902), ein Schüler des Münchener Kirchenhistorikers Johann Ignaz von Döllinger, publizierten im Rambler des Jahrgangs 1858 zeitgenössische Themen für gebildete Katholiken in England, wobei literarische, politische, auch kirchenpolitische und theologische Inhalte zur Sprache kamen. Als Sprachrohr selbstbewußter und in gewissem Maß auch kritischer Laien, an dem sich Oxforder Konvertiten intensiv engagierten, wurde die Zeitschrift von den katholischen Bischöfen sorgsam und zum Teil mit Argwohn betrachtet. So erregte ein Artikel im ersten Heft des Jahrgangs 1859 Anstoß, den der staatliche Schulinspektor Scot Nasmyth Stokes (1821 - 1891) verfaßt hatte. Stokes war Konvertit, seit 1847 Sekretär des katholischen Poor Schools Committee und von 1853 an Regierungsschulinspektor. Auf Grund seiner soliden Fachkenntnisse und genauen Beurteilung der Sachlage riet er den Katholiken zur Zusammenarbeit mit der Regierungskommission für Grundschulbildung. Er wußte allerdings nicht, daß die Bischöfe gerade das Gegenteil beschlossen hatten. Der Ärger über seinen Beitrag führte in bischöflichen Kreisen zu der Forderung, das Blatt unter Zensur zu stellen oder den Herausgeber Simpson zum Rücktritt zu bewegen. Bischof Ullathorne von Birmingham, der wußte, daß Newman Richard Simpson persönlich kannte und die Öffentlichkeitsarbeit und den Bildungswert solcher Zeitschriften im Bereich der Katholischen Kirche schätzte, bat ihn um Vermittlung. Es war kein schwieriger Auftrag. Simpson, der Newmans geistige und geistliche Autorität anerkannte, fühlte sich motiviert, selbst zum Bischof zu gehen. In einer persönlichen Unterredung ordnete er sich dem Wunsch der Bischöfe unter, trat von seiner Herausgeberschaft zurück, plädierte aber zugleich für den Erhalt der Zeitschrift. Es war vor allem Kardinal Wiseman, der bekundete, ein bloßer Wechsel des bisherigen Herausgebers zugunsten eines der anderen beiden Eigentümer der Zeitschrift, Sir John Acton oder Capes, werde der Forderung nach einer Änderung der Geistesrichtung nicht genügen. Da sich Newman für den Erhalt der Zeitschrift eingesetzt hatte, sah er sich angesichts der Erwartungen des Kardinals in Zugzwang. Am 21. März 1859 schrieb er an Wiseman: „Ich habe heute die Herausgeberschaft des Rambler übernommen. Seit dem 26. Februar habe ich die größte Schwierigkeit gehabt, herauszufinden, wie ich

BILDUNG ALS BEITRAG ZUM WIEDERAUFBAU DER KATHOLISCHEN KIRCHE (1851 - 1865)

dem entgehen könnte. An jenem Tag hat mir unser Bischof den Brief Ihrer Eminenz vorgelesen, in dem Sie Ihre Auffassung darstellten, daß ich trotz meiner Überredung Herrn Simpsons die Herausgeberschaft aufzugeben, der wirklichen Schwierigkeit aus dem Wege ginge, wenn ich sie in die Hände von Sir John Acton geben würde."[565] Newman betont, daß er es nur zögernd tue, war er doch gleichzeitig noch immer der Herausgeber der „Antlantis" in Dublin. Aber er tat es nicht zuletzt deshalb, weil er diese Zeitschrift als Medium öffentlicher Meinungsbildung unter katholischen Laien erhalten wollte. In der ersten von ihm redigierten Nummer betont er trotz seiner Kenntnis bestimmter Erwartungen auf Seiten der Hierarchie, daß er die bewährten Prinzipien der Zeitschrift nicht ändern werde. Das Ziel der neuen Führung sei, „wie es immer gewesen ist, Treue zur Kirche mit Differenziertheit und Redlichkeit in der Behandlung ihrer Gegner zu verbinden, Freiheit des Gedankens mit unbedingtem Glauben zu vereinbaren, was unhaltbar und der Wirklichkeit nicht entspricht, offen zu mißbilligen, ohne die zartfühlende Rücksichtnahme, die dem Schwachen gebührt, zu vergessen, noch die Ehrfurcht, die zu recht für das Heilige gefordert wird; mutig eine männliche Recherche der Gegenstände von öffentlichem Interesse anzugehen, mit einem tiefen Sinn für die Vorrechte der kirchlichen Autorität."[566]

Da der Artikel von S. N. Stokes über das Verhältnis der Katholischen Schulen zur staatlichen Behörde noch in der Diskussion stand, als Newman mit der Mai-Nummer das erste Heft des Rambler unter seiner Herausgeberschaft veröffentlichte, griff er auch selbst die Problematik auf. Er verwies darauf, daß die Bischöfe unbeschadet ihrer eigenen Kompetenz und Rechte, durchaus auch „die Meinung der Laien in all jenen Fragen erfahren wollen, die diese in besonderer Weise betreffen; wo doch die Gläubigen sogar dort konsultiert werden, wo die Unfehlbarkeit eines Dogmas vorbereitet wird".[567] Damit bezog sich Newman auf die päpstliche Umfrage unter den Bischöfen des Erdkreises bei der Vorbereitung des Glaubenssatzes von der ohne Erbsünde empfangenen Gottesmutter Maria (1848 für die Verkündigung des Dogmas von 1854). „Mit Sicherheit war

---

[565] LD XIX, 86, vgl. 55.
[566] LD XIX, 88.
[567] Zit. in J. H. Newman, On Consulting the Faithful in Matters of Doctrine, mit einer Einführung herausgegeben von J. Coulson, London 1961, 14.

BILDUNG ALS BEITRAG ZUM WIEDERAUFBAU DER KATHOLISCHEN KIRCHE (1851 - 1865)

der Wunsch, daß sich die Laienschaft in der großen Frage der Bildung um sie (d. h. die Bischöfe) scharten, nicht Mangel an Respekt vor ihnen ... Wir sind zu sehr vom Elend jeglicher Spaltung zwischen den Leitern der Kirche und der gebildeten Laienschaft überzeugt ..., als daß wir bewußt irgendeine Handlung begehen würden, die zu einem so düsteren Unglück tendiert ..."[568]

Newman hatte sich also nicht damit begnügt zu sagen, daß Bischöfe die Laien in der Kirche als Experten auf ihren Fachgebieten hören und zur Kenntnis nehmen sollten, sondern hatte die Bedeutsamkeit ihres Glaubens als Glaubenszeugnis für das Walten des kirchlichen Lehramts herausgestellt. Es war gewissermaßen ein Schluß vom Zentralen auf das Periphere: Wenn der Papst schon den Glauben der Laien in Sachen der Marienverehrung zur Kenntnis nimmt, sollte dann nicht umso mehr in Sachen der Schulpolitik ein verdienter und im staatlichen Leben angesehener Schulexperte mit seinem Rat willkommen sein! Die Reaktion erfolgte prompt durch den Dogmatikprofessor John Gillow (1814 - 1877) vom Ushaw College, der Newman einfachhin der Häresie beschuldigte. Aber auch Bischöfe wie Bernard Ullathorne zeigten sich betroffen. Er besuchte Newman umgehend im Oratorium, um ihm seinen Unmut zu bekunden. Die theologische Ausrichtung des Rambler habe sich nicht geändert: „Unsere Laien sind friedfertige Leute, und die Kirche ist der Friede. Sie sind tief gläubig und hören es nicht gern, wenn jemand Zweifel äußert", so Ullathorne zu Newman. Der hielt die Begegnung in einer kurzen Aufzeichnung fest: „Ich erwiderte, daß er die eine Seite sähe, ich eine andere; daß die Bischöfe u. a. nicht die wirkliche Lage der Laien sähen, wie sie z. B. in Irland bestehe - wie beunruhigt und doch belehrbar (sie seien, GB). Er sagte so etwas wie 'Wer sind die Laien?' Ich antwortete, daß die Kirche ohne sie lächerlich aussehen würde - nicht in diesen Worten." Newman verwies darauf, daß der Papst eine katholische Universität für die Britischen Inseln in Irland doch wohl in diesem Sinne zur Förderung der Bildung der Laien intendiert habe: „Ich wäre nie dahin gegangen, außer um im wesentlichen dieselbe Arbeit zu tun, die ich mir im Rambler vorgenommen hatte." Auf weitere Einwände des Bischofs: „Ich sagte, nichts würde mich mehr freuen, als die Herausgeberschaft

---

[568] Ebd.

BILDUNG ALS BEITRAG ZUM WIEDERAUFBAU DER KATHOLISCHEN KIRCHE
(1851 - 1865)

Newmans Bibliothek im Oratorium in Birmingham in der heutigen Gestalt.

aufzugeben. Er gab mir den Rat, das nach der Juli-Nummer zu tun ... Ich versprach, so zu handeln."[569] Newman gehorchte, wie er es zeitlebens seinen Vorgesetzten gegenüber getan hatte, ohne Wenn und Aber. Herausgeber wurde wieder Richard S. Simpson. Und die Probleme der Bischöfe mit dem Rambler dauerten an. Ebenso Newmans Einsatz für die Laien. Auf die Verurteilung des Rambler gab Newman seine Gehorsamserklärung gegenüber seinem Bischof ab: „Ich fühlte und fühle, daß aus dem Widerstand gegen die ernannten Hirten der Erde nichts Gutes kommen kann. Sie sind die Wächter der Lehre, sie diejenigen, die Rechenschaft über die Seelen abzulegen haben, sie die, die verantwortlich sind, wenn die Kirche leidet ...", schrieb er an seinen Bischof, betonte jedoch zu gleicher Zeit, an welchem Punkte er mit Simpson und dem Rambler übereinstimme: „Ich kann nicht leugnen, daß es an der Wurzel meines Schmerzes über das, was er unternahm, eine gewisse Sympathie mit seinen Absichten gab ... Ich fühlte, daß in einem gewissen Maße Herr Simpsons Unzufriedenheit mit der gegenwärtigen Weise, in der mit Gegenständen der Kontroverse umgegangen wird, auch meine eigene war; und ich wünschte zugleich das, was meinem Herzen und Verstand so nahe war, dem Urteil der Kirche zu unterwerfen ..."[570] In noch weiterem Abstand von sechs Jahren schaut Newman im Brief an die Schwester eines seiner Mitbrüder im Oratorium zurück: „Ein hoher Prälat sagte mir vor Jahren, als ich sagte, daß die Laien Bildung, Leitung, Feingefühl, Rücksichtnahme usw., usw. benötigen: 'Sie kennen sie nicht, Dr. Newman, unsere Laien sind eine friedliche Körperschaft - sie sind friedfertig.' Ich verstand, daß er meinte: 'Sie sind mächtig unwissend und ungebildet - und wir brauchen sie nicht zu befragen oder sie überhaupt in Betracht zu ziehen.' Wiederholen Sie das nicht! Und in Rom behandelt man sie nach der Tradition des Mittelalters ... Nun gut, nur die Tatsachen werden sie langsam die Tatsache dessen erkennen lassen, was eine Laienschaft im 19. Jahrhundert sein muß ..."[571]

Doch kehren wir von der längerfristigen Auswirkung der Rambler-Affäre noch einmal zu Newmans Situation angesichts der Rücktrittsforderung an ihn als Herausgeber zurück. Die Verdächtigung, er habe eine häretische

---

[569] LD XIX, 140 - 141.
[570] LD XX, 378.
[571] LD XXI, 457.

BILDUNG ALS BEITRAG ZUM WIEDERAUFBAU DER KATHOLISCHEN KIRCHE (1851 - 1865)

Position in seiner Lehre über die Bedeutsamkeit der Laien für die Kirche insgesamt vertreten, brachte Newman nämlich erst dazu, in der letzten ihm verbleibenden Juli-Nummer, die er noch redaktionell zu verantworten hatte, die theologischen Beweisgründe aus der Kirchengeschichte offenzulegen, die seiner Überzeugung, und zwar seiner Glaubensüberzeugung, zugrunde lagen. „Ich für meinen Teil habe mich daran gewöhnt, großes Gewicht auf den Glaubenssinn der Gläubigen (consensus fidelium) zu legen."[572] Es war die Geschichte der Arianer im 4. Jahrhundert, bei der er gelernt hatte, daß zu jener Zeit „die göttliche Tradition, die der unfehlbaren Kirche anvertraut war, weit mehr durch die Gläubigen als durch den Episkopat verkündet und erhalten wurde."[573] Schon sechs Jahre vor dem Artikel im Rambler hatte Newman in seinen Vorlesungen in Liverpool über das Verhältnis von Christen und Muslimen in Kleinasien gerade die Rolle der Laien für die Kirche des Altertums idealtypisch beschrieben: „In jenem frühesten Zeitalter war es einfach der lebendige Geist der Myriaden von Gläubigen, von denen niemand zum Ruhm der Bekanntheit gelangte, die von den Jüngern unseres Herrn den einmal überlieferten Apostolischen Glauben empfingen und mit ihm so gut umgingen, ihn so weit verbreiteten und ihn Generation um Generation so treu überlieferten, - die ihn mit solcher Schärfe der Kontur und Ausgefaltetheit im Detail festhielten, - daß sie selbst Ungebildete dazu befähigten, instinktgeleitet zwischen Wahrheit und Irrtum zu unterscheiden, um selbst den Schatten von Häresie spontan zurückzuweisen."[574] Auf diesem Hintergrund verfaßte Newman jenen aufsehenerregenden Artikel „Über die Befragung der Gläubigen in Sachen der Glaubenslehre", der in der Juli-Nummer des Rambler erschien und der den theologiegeschichtlichen Nachweis über die Funktion des Glaubenssinnes der Laien in der Kirche führte und zur Diskussion stellte.

Welchen Inhalt hat der Artikel „Über die Befragung der Gläubigen in Sachen der Lehre"? Erstens: Die Laien als Volk Gottes sind qualifizierte Zeugen für den überlieferten Glauben. „Weil die Gemeinschaft der

---

[572] P, 263.
[573] P, 271f. - Vgl. dazu G. Biemer, Die Gläubigen in Dingen der Lehre befragen? J. H. Newmans Auffassung von der Bedeutung der Laien für die Glaubensüberlieferung, in: Münchener Theologische Zeitschrift 43, 1992, 437 - 448.
[574] HS I, 209.

BILDUNG ALS BEITRAG ZUM WIEDERAUFBAU DER KATHOLISCHEN KIRCHE
(1851 - 1865)

Gläubigen einer der Zeugen für die Tatsache der Überlieferung offenbarter Wahrheiten ist und weil ihr Konsens in der ganzen Christenheit die Stimme der unfehlbaren Kirche ist", darf auf dieses Zeugnis bei der Definition von Glaubenslehre nicht verzichtet werden.

„Ich kann, denke ich, mit Recht sagen, daß die apostolische Tradition, die der ganzen Kirche in ihren verschiedenen Organen und Ämtern auf die Art eines Ganzen anvertraut ist, zu verschiedenen Zeiten auf verschiedene Weise hervortritt: bald durch den Mund der Bischöfe, bald durch die Kirchenlehre, bald durch das Volk, bald durch die Liturgie, die Riten, Zeremonien und die Gewohnheiten; auch durch Ereignisse, Kontroversen, Bewegungen, und all die anderen Erscheinungen, die man unter dem Namen Geschichte zusammenfaßt. Daraus folgt, daß keiner dieser Kanäle der Tradition geringschätzig behandelt werden darf. Dabei gebe ich gleichzeitig durchaus zu, daß die Gabe der Beurteilung, Unterscheidung, Definition, Verkündigung und Einschärfung irgendeines Teiles der Tradition einzig und allein der lehrenden Kirche (ecclesia docens) obliegt. Der eine wird mehr die eine Seite der Kirchenlehre betonen, der andere eine andere; ich für meinen Teil habe mich daran gewöhnt, großes Gewicht auf den Consensus fidelium zu legen ..."[575] -

Hier wird der Newman der Realisierung (Verwirklichung) wieder deutlich sichtbar, der in seiner Predigt über „Erkenntnis des göttlichen Willens ohne Gehorsam" (vom 2. September 1832) gesagt hatte: „Wissen ist nichts im Vergleich zum Tun", und damit an seine Predigt vom 22. Januar desselben Jahres über „Persönlicher Einfluß als Mittel zur Verbreitung der Wahrheit" logisch angeschlossen hatte. Er setzt in seinem Vertrauen auf die geistgewirkte Überlieferung des Evangeliums auf dessen Verkörperung in lebendigen Zeugen. -

Ein zweiter wichtiger Beitrag in diesem Artikel von 1859 ist Newmans Beschreibung des übereinstimmenden Glaubenssinns der Gläubigen (consensus communis fidelium). Er ist das Zeugnis für die Tatsache der apostolischen Lehre, die hier und heute als lebendig ausgewiesen wird. Als

---

[575] P, 262f.

BILDUNG ALS BEITRAG ZUM WIEDERAUFBAU DER KATHOLISCHEN KIRCHE
(1851 - 1865)

solches Faktum bringt der Glaubenssinn unter den Gläubigen aber auch „eine Art Instinkt oder Vernunft im ... mystischen Leib Christi" hervor; und hier greift Newman noch einmal auf den großen Theologen der katholischen Tübinger Schule Johann Adam Möhler zurück, auf den ihn seinerzeit in Rom Giovanni Perrone aufmeerksam gemacht hatte. Newman zitiert wörtlich dessen Beschreibung des Glaubenssinnes der Gläubigen: „Der göttliche Geist, welchem die Leitung und Belebung der Kirche anvertraut ist, wird in seiner Vereinigung mit dem menschlichen (Geist) ein vorzüglicher christlicher Takt, der ... ihn aller Wahrheit entgegenleitet.... Dieses gemeinsame Gefühl, dieses Gewissen der Kirche ist die Tradition im subjektiven Sinne des Wortes. Welches ist also die Tradition, wenn man sie unter diesem Blickpunkt betrachtet? Sie ist der christliche Sinn in der Kirche und wird durch die Kirche überliefert."[576] Aber nicht nur auf den aus Wissen und Tun, Geist und Leben, Wort und Mystik entstehenden christlichen Sinn setzt Newman. Eine weitere Schicht, die er eigens hervorhebt, ist die „Führung durch den Heiligen Geist", wie sie sein Landsmann Kardinal John Fisher von Rochester im 16. Jahrhundert vertrat. Besonders bedeutsam aber ist für Newman die quasi immunmedizinische Funktion des Glaubenssinnes: das „Gefühl der Eifersucht gegen den Irrtum, der sofort als ein Ärgernis empfunden wird". - Newman spricht also der katholischen Laienschaft, die ihren Glauben aus der Praxis kennt und aus Kenntnis praktiziert, eine offenbarungserhaltende Funktion für die Kirche zu. Unter der Führung des Heiligen Geistes und als Antwort auf das eigene Beten um Erleuchtung in der Wahrheit entsteht ein Sensorium, das befähigt, von der apostolischen Wahrheit mit dem eigenen Glauben Zeugnis zu geben und sich gewissermaßen instinktiv gegen Glaubensirrtümer zur Wehr zu setzen.

Ein dritter und erheblicher Teil von Newmans Artikel über die Laien ist dem Quellennachweis gewidmet, der sich eindeutig - und einseitig - auf das 4. Jahrhundert konzentriert, „das zwar das Zeitalter der Kirchenlehrer

---

[576] P, 270. Die deutsche Übersetzung in den Ausgewählten Werken dieses Bandes ist an diesen Stellen übert die französische Vorlage, die Newman in seinem Artikel zitiert, hinaus von uns ergänzt durch den ursprünglichen Text von Möhlers Symbolik. Wir haben uns hier auf die Rückübersetzung der tatsächlichen Version beschränkt.

ist, geschmückt durch die Heiligen Athanasius, Hilarius und Augustinus ..., (in dem jedoch gleichwohl) die der unfehlbaren Kirche anvertraute göttliche Tradition weit mehr durch die Gläubigen als durch den Episkopat verkündet und aufrecht erhalten wurde." Newman klärt, daß natürlich auch eine Zahl der Bischöfe und Priester die wahre Lehre vertraten und sich als Führer der Laienschaft erwiesen, noch stellt er in Abrede, daß große Teile der Laienschaft unwissend waren. „Aber ich behaupte, daß in dieser Zeit der ungeheuersten Verwirrung das erhabene Dogma von der Göttlichkeit unseres Heilands weit mehr von der belehrten Kirche (ecclesia docta) als von der lehrenden Kirche (ecclesia docens) verkündigt, bekräftigt, behauptet und (menschlich gesprochen) bewahrt wurde; daß die Gesamtheit des Episkopats als Körperschaft ihrem Amte untreu war, während die Laienschaft als ganzes ihrer Taufgnade treu blieb ... Ich sehe also in der Geschichte des Arianismus ein Musterbeispiel von einem Zustand der Kirche, in dem wir, um die Überlieferung der Apostel kennenzulernen, auf die Gläubigen zurückgreifen müssen."[577] Im Anschluß an seine vielfältigen Quellenangaben relativiert Newman, daß dies nun nicht beispielhaft für die ganze Kirchengeschichte oder gar die Gegenwart sei: „Ich glaube keinesfalls, daß solche Zeiten, wie die der Arianer, je wiederkommen werden"; denn „nie waren die Bischöfe der Christenheit dem Heiligen Stuhl so ergeben, so echt religiös, so ernst in der Erfüllung ihrer besonderen Pflichten, so wenig zu Neuerungen geneigt... (wie heute, GB)".

In seiner abschließenden Zusammenfassung läßt Newman keinen Zweifel über den Stellenwert, den er dem Lehramt einerseits und dem Glaubenszeugnis der Laien anderseits zuerkennt. „Obgleich die Laien in Sachen des Glaubens ein Spiegelbild oder Echo des Klerus sein mögen, so ist doch in der conspiratio von Hirten und Gläubigen etwas, was in den Hirten allein nicht vorhanden ist." Dieses Etwas illustriert Newman an der Vorbereitung zur Dogmatisierung des Glaubenssatzes von der ohne Erbschuld empfangenen Gottesmutter Maria (1854). „Papst Pius IX. hat uns bei seiner Art und Weise des Dogmatisierens ein verpflichtendes Modell gegeben, wie die Gefühle der Laienschaft zu berücksichtigen sind,

---

[577] P, 271f.

BILDUNG ALS BEITRAG ZUM WIEDERAUFBAU DER KATHOLISCHEN KIRCHE (1851 - 1865)

trotz aller Fülle von Beweisen, die die Bischöfe bereits erbracht hatten."[578] - Newman tritt also ganz eindeutig für eine Konsultierung und damit passive Beteiligung des Gottesvolkes an Glaubensdefinitionen ein, weil aus dem Zusammenwirken von Hirten und Laien leichter eine Be-Geisterung (conspiratio) folgt: „Ich glaube sicher, daß die lehrende Kirche glücklicher daran ist, wenn sie solch begeisterte Anhänger um sich hat ..., als wenn sie die Gläubigen vom Nachdenken über ihre göttlichen Lehren und vom Mitfühlen ihrer göttlichen Betrachtungen abhält."[579] Newman geht es nicht um Lehrautorität des Gottesvolkes, wenn damit die klassische Auffassung vom Lehramt der Kirche gemeint ist. Es geht ihm vielmehr um die Autorität des verwirklichten Glaubens, die als Zeugnis aus der Glaubenspraxis bzw. als Glaubenszeugnis des praktisch gewordenen Glaubens, Hoffens und Liebens in den Prozeß der Offenbarungs-überlieferung durch das Lehramt eingebracht werden muß. Newmans Forderung beruht auf der Autorität des Glaubenszeugnisses der Praxis, die sich logischerweise nach seiner Auffassung der Autorität ein- und unterzuordnen hat, die vom einzigen Herrn des Glaubens im Lehramt der Kirche präsentiert wird. Das prophetische Element in der Tradierung des Glaubens, daß er einst in seinen „Vorlesungen über das prophetische Amt der Kirche" (1837) in Spannung zum bischöflichen herausgestellt hatte und das er als subjektives Wort Gottes in der gesamten Dynamik der „Entwicklung der christlichen Lehre" in die Zuordnung zum objektiven Wort Gottes gestellt sah (1847), war nun als sein besonderes und epochales Anliegen deutlich geworden. Es war die Qualifikation der Laien für den großen Auftrag, den die Kirche im anstehenden Umbruch, auf den nach Newmans Auffassung alle Zeichen hinwiesen, in Angriff nehmen sollte. „Von Anfang an ist Bildung in diesem weiten Sinn des Wortes stets meine Grundrichtung gewesen", schreibt Newman Anfang der 60er Jahre in einer Selbstvergewisserung während seiner schwierigsten Lebensphase.[580]

Ein Jahrhundert später wurde im II. Vatikanischen Konzil feierlich als katholische Lehre formuliert, was Newmans Anliegen war: „Die Gesamtheit der Gläubigen, welche die Salbung vom Heiligen haben, kann im Glauben nicht irren. Und diese ihre besondere Eigenschaft macht sie

---

[578] P, 290, korrigiert nach dem Urtext.
[579] P, 292.
[580] SB, 336.

BILDUNG ALS BEITRAG ZUM WIEDERAUFBAU DER KATHOLISCHEN KIRCHE (1851 - 1865)

durch den übernatürlichen Glaubenssinn des ganzen Volkes kund ..."[581] Zu Newmans Zeit stieß diese in der Kirche über Jahrhunderte lebendige, aber noch undefinierte Auffassung auf den Widerstand führender Kirchenmänner, die sich auf dem Weg sahen, die unfehlbare Verantwortung für die Überlieferung des Glaubens allein im Papst zu zentralisieren (I. Vatikanisches Konzil). Newman sah beide Bereiche der Kirche, Lehramt und Laien, lehrende und hörende Kirche in ihrer Verwiesenheit aufeinander, in ihrer Verbundenheit miteinander und in der Befähigung beider zu Initiativen einer lebendigen Glaubensüberlieferung. Die Stunde, das alles zu erklären, sollte für ihn kommen, als in England die Unfehlbarkeitserklärung des I. Vatikanischen Konzils angegriffen wurde und einen Sturm der Entrüstung hervorrief. Zunächst jedoch wurde er erneut von dem Dogmatikprofessor J. Gillow von Ushaw der Häresie bezichtigt und von Bischof Thomas Joseph Brown (1798 - 1880) von Newport bei der Kongregation für die Glaubensverbreitung in Rom als häresieverdächtig angezeigt.

Als Newman von diesem Vorgang berichtet wurde, sandte er an Kardinal Wiseman, der sich gerade in Rom aufhielt, einen Brief. Darin signalisierte er die Bereitschaft, jede seiner Aussagen zu erklären, und bekundete erneut seinen Glauben an alle Dogmen der Kirche. Unerklärlicherweise legte Wiseman diesen Brief bei seinem Besuch der Congregatio pro propaganda fide nicht vor. Newman hatte am 19. Januar 1860 dem Kardinal geschrieben: „Unser Bischof (Ullathorne) sagt mir, daß mein Name in Rom im Zusammenhang mit einem Artikel im Rambler genannt worden ist, der durch einen englischen Bischof in aller Form bei der Kongregation für Propaganda (Glaubensverbreitung) eingebracht wurde, weil er ungesunde Lehre enthalte ... Ich bin von der Propaganda noch nicht gefragt worden, ob ich der Autor des Artikels sei oder in anderer Weise dafür verantwortlich. Und obgleich ich bereit bin, die Frage zu beantworten, wenn sie mir gestellt wird, betrachte ich es nicht als meine Pflicht, die Information freiwillig zu geben bis Eure Eminenz es mir rät."[582] Die detaillierten Fragen nach den kritischen Aussetzungen, die Rom an dem genannten Artikel hatte, müssen bei der Kongregation

---

[581] II. Vatikanisches Konzil, Konstitution über die Kirche „Lumen gentium" Nr. 12.
[582] LD XIX, 289.

eingegangen sein, zumindest gibt es einen Eintrag, der im dortigen Archiv erhalten ist. Entsprechend war auch eine Liste der Aussetzungen Ende Januar an Wiseman versandt worden; sie wurde aber niemals von ihm Newman zugesandt. Im April schrieb H. E. Manning, inzwischen Dompropst von Westminster, aus Rom an Newman, daß Wiseman vor seiner Rückkehr nach England die Sache zu einem akzeptablen Ende bringen werde. Von da an hörte Newman nichts mehr darüber, weder von Wiseman noch von der Kongregation in Rom. Dort allerdings blieb er unter dem Verdacht, auf seinen angeblichen Irrtümern unbußfertig zu verharren, und er selbst konnte dagegen jahrelang nichts tun, weil er von der Situation nicht wußte.

Die Zeitschrift „Rambler" wurde hernach von Sir John Acton weitergeführt, und als er durch kritische Artikel über Pius V. und die weltliche Macht des Papstes erneut in die Schußlinie der Bischöfe geriet, erschien im Mai 1862 die letzte Nummer. John Acton wandelte die Zeitschrift in eine „Home and Foreign Review" um. Mit dem neuen Namen und einem leicht geänderten Konzept glaubte er, auch Bezieher vom Kontinent dazugewinnen zu können. Durch das päpstliche Breve von 1863, das im Grunde gegen einen Kongreß katholischer Historiker in München unter der Leitung seines Lehrers J. Ignaz von Döllinger gerichtet war, erkannte Acton, daß seine Vorstellungen mit denen des kirchlichen Lehramts unvereinbar waren. In seinem Artikel über den „Konflikt mit Rom", den er in der April-Nummer 1864 veröffentlichte, machte er deutlich, daß die im päpstlichen Breve beanspruchte Zensurkompetenz der Kirche mit seiner Auffassung von Freiheit für Forschung und Lehre in Geschichts- und Naturwissenschaft kollidierte. Er hatte nicht das Naturell, dafür auf die Barrikaden zu gehen, sondern wanderte als „treuer Sohn seiner Kirche" in die innere Emigration. Er gab seine Zeitschrift auf und zog sich in ein privates Leben ausgedehnter Archivstudien zurück.[583]

---

[583] Hugh Tulloch, Acton, London 1988; - V. Conzemius, Hrg., Ignaz von Döllinger - Lord Acton. Briefwechsel, 3 Bde., München 1963 - 1971.

BILDUNG ALS BEITRAG ZUM WIEDERAUFBAU DER KATHOLISCHEN KIRCHE (1851 - 1865)

Unter der Wolke des Verdachts

Newman „unter der Wolke" des Verdachts von Häresie und Unbotmäßigkeit, das war ein Zustand, der sich über acht Jahre seines Lebens erstreckte und dessen Aufklärung erst 1867 in Rom erfolgte. Aber selbst danach war noch nicht die volle Rehabilitierung seines Ansehens erreicht, geschweige denn die Anerkennung seiner tatsächlichen Verdienste für die Katholische Kirche und den christlichen Glauben in der Öffentlichkeit seiner Zeit. Das Bild von der Wolke wird erstmals auf Newman in einem Brief des Englandberaters Pius' IX., Msgr. George Talbot (1816 - 1886) angewendet. Diesem hatte Bischof Ullathorne ein Schreiben Newmans übersandt, aus dem seine Unterstützung der öffentlichen Kritik an theologischen Mängeln im Rambler bzw. der Home and Foreign Review hervorgeht. In seiner Antwort zeigt Talbot Verständnis für die bischöfliche Intention Ullathornes, „die Aufmerksamkeit des Heiligen Vaters und Kardinal Barnabòs auf die Sache zu lenken. Ich hoffe, daß dies das Mittel sein wird, um die Wolke, die seit einigen Jahren über Dr. Newman hängt, zu beseitigen."[584] Newman spürte die Einsamkeit, die um ihn herum bei einem Teil der Kirchenoberen bis hin zu Rom eingetreten war, sehr deutlich, auch ohne genaue Kenntnis ihrer Ursachen. Jedenfalls läßt sich aus einer Predigt vom Spätherbst 1859 heraushören, was seine eigene existentielle Wirklichkeit spiegelt: „Das Lob des treuen Glaubens in der Verborgenheit". Beim Totengottesdienst für den Erbauer von Oscott College (New Oscott) Henry Weedall (1788 - 1859) führte Newman darin unter anderem aus:

> „Das ist der heilige Knecht Gottes in jenem Zustand, der sein besonderer Lohn und sein gewöhnliches Los ist. Es gibt gewiß auch jene, die um des Wohles ihrer Brüder willen und nach dem Willen Gottes von außerordentlichen Prüfungen heimgesucht werden und ihr Leben mitten in Wirrnis und Wechselfällen fristen. Wieder andere gibt es, die wunderbar aus sündiger Verirrung

---

[584] Brief vom 15. Nov. 1862: LD XX, 325. Entsprechend teilte der Bischof dem Vorsteher des Oratoriums zum Neujahrstag 1863 mit, er habe Talbot gebeten gehabt, dem Papst und betreffenden Kardinälen die entscheidenden Sätze aus Newmans Brief vorzulesen, und Talbot habe geantwortet, er habe dieses getan und glaube, daß nun „der Rest, der von welcher Wolke auch immer herumgegangen sein könnte, beseitigt sei". (LD XX, 383).

Bildung als Beitrag zum Wiederaufbau der Katholischen Kirche (1851 - 1865)

errettet werden und nach innen und nach außen viel Kampf zu bestehen haben, bis sie an den himmlischen Strom gelangen und in jene Haine, die seine Ufer zieren. Und die Geschichte spricht fürwahr weit mehr vom Martyrium und Bekennertum oder von Suchen und Bekehrung, von Sünde und Reue als von dem ruhigen Kurs des Christenlebens. Aber die Geschichte zeigt nur die Oberfläche von dem, was sich im himmlischen Reich wirklich abspielt. Würden wir uns lebhaft vor Augen führen, was die höchste Seligkeit im Dienste Gottes ist, und was zugleich tatsächlich der gewöhnliche Anteil des Guten, dann fänden wir, daß es in Dingen besteht, die ihrer Natur nach, geschichtlich gesehen, gar kein Aufsehen erregen können: Daß es in einem Leben besteht, das der großen Ereignisse entbehrt, aber reich ist an Unscheinbarem; in einem Leben der Pflichterfüllung, glücklicher Unberühmtheit und inneren Friedens, gütigen Verschenkens der Güter an andere, die mit ihnen tagaus, tagein in Berührung kommen, des Wachsens und Blühens und Früchtetragens im Hause Gottes und in einem seligen Sterben im Beisein der Brüder. Dies war, wie auch die Geschichte bestätigt, immerfort der Alltag manch eines Seelsorgers des Christentums, manch eines Missionars, manch eines Mönches, manch einer frommen Frau, manch eines Familienvaters, manch einer Familienmutter, manch eines Gelehrten in der heiligen oder profanen Literatur. Jeder war der Mittelpunkt seines eigenen Kreises und der Lehrer seines eigenen Volkes, sonst aber mehr oder weniger unbekannt vor der großen Welt ... Ich sage, daß der Diener Gottes einem Baume gleicht, nicht nur in dessen Schönheit, Fruchtbarkeit und Ruhe, sondern auch in dessen Stetigkeit ... Wie ein Baum ist er auf seinen Ort beschränkt, und seine Pflichten liegen zu Hause. Zu Hause schätzt man ihn; er ist der Segen und Stolz seiner Nachbarschaft und seines Bekanntenkreises. Darüberhinaus freilich ist sein Name wenig bekannt und noch weniger besitzt er Ruhm in der weiten Welt."[585]

---

[585] DP X, 287 - 289.

BILDUNG ALS BEITRAG ZUM WIEDERAUFBAU DER KATHOLISCHEN KIRCHE (1851 - 1865)

Im Dezember des Jahres 1859 fühlte sich Newman zum Rückblick auf sein so schwierig gewordenes Leben gedrängt. Er notiert in einem Tagebuch. „Ich schreibe auf den Knien und vor Gottes Angesicht. Möge Er mir gnädig sein. Wie die Jahre dahingehen, habe ich immer weniger fühlbare Andacht und innerliches Leben. Ich möchte wissen, ob es bei allen Menschen so ist ... Die gleiche Gnade reicht in der Jugend viel weiter, weil sie auf weniger Widerstand stößt."[586] Newman greift auf das Urdatum seiner Berufung und Gottesgewißheit zurück. „Ich weiß sehr gut und bekenne es dankerfüllt vor Dir, o mein Herr, daß Deine wunderbare Gnade mich ganz und gar verwandelt hat, als ich im Alter von fünfzehn Jahren mehr wie ein Teufel als ein leichtfertiger Junge war und (daß sie mir) geschenkt hat, was ich mit Deiner fortdauernden Hilfe nie mehr verloren habe. Damals hast du mein Herz verwandelt und zum Teil meine ganze geistige Verfassung ..." - Newman erkennt im Rückblick, daß Gott seinen Wunsch, den er als 30jähriger in einem Gebet formuliert hat, Wirklichkeit werden ließ:

> „Versag den Reichtum mir,
> entrück' mich weit der Macht
> und der Verlockung des Ruhms;
> Hoffnung gedeiht in der Not,
> die Liebe in Schwachheit,
> der Glaube in der Schmach der Welt."[587]

Jetzt sei die Zeit gekommen, in der er die Versuchung erlebt, angesichts seines Leben zu verzagen. „Was ich fühle, haben offenbar Deine Diener von den ältesten Zeiten an auch vor mir empfunden. Ijob, Mose und Habakuk empfanden vor Jahrtausenden wie ich. Und mit ihren unsterblichen Worten kann ich meine Sache vor Dich bringen. O mein Gott, nicht als eine Sache des Gefühls, nicht als eine Sache literarischer Darstellung schreibe ich dies nieder. O befreie mich von dieser schrecklichen Verzagtheit; denn sie ist die Wurzel all meiner Übel. In der Jugend war ich kühn, weil ich unwissend war. - Nun habe ich meine Kühnheit verloren, weil meine Erfahrung gewachsen ist. Jetzt bin ich imstande, mehr als vorher, die Kosten des Tapferseins um Deiner Sache

---

[586] Zitiert aus seinem Tagebuch 1859 - 1879: SB, 323ff.
[587] SB, 324.

BILDUNG ALS BEITRAG ZUM WIEDERAUFBAU DER KATHOLISCHEN KIRCHE (1851 - 1865)

willen zu berechnen, und darum schrecke ich vor Opfern zurück."[588] - Newman schaut auf die Zeit der eineinhalb Jahrzehnte in der Katholischen Kirche: Was er tat, wurde nicht akzeptiert. Er fand keine Anerkennung und scheint nicht gebraucht zu werden.

Nach dem Fest der Erscheinung des Herrn im Januar 1860 beschreibt er seine Situation noch konkreter: „Weil ich leeres Geschwätz nicht weitererzählt, den Großen nicht geschmeichelt und mich nicht zu dieser oder jener Partei bekannt habe, bin ich eine Null. Ich habe keinen Freund in Rom, und in England habe ich nur gearbeitet, um mißdeutet, verleumdet und verhöhnt zu werden. Ich habe in Irland gearbeitet, und immer wieder wurde mir die Tür vor der Nase zugeschlagen. Anscheinend war vieles ein Fehlschlag, und, was ich gut gemacht habe, wurde nicht verstanden. Ich glaube aber nicht, daß ich das irgendwie in Verbitterung sage. - Nicht verstanden - das ist es. Ich sah bei den Katholiken große Mängel, denen abgeholfen werden sollte, besonders, was Bildung und Erziehung angeht. Natürlich erkannten die, die unter diesen Mängeln lebten, ihren Zustand nicht ... und sie empfanden auch gar keine Dankbarkeit noch Hochschätzung für jemanden, der etwas tat, um Abhilfe zu schaffen, hielten ihn vielmehr für unstet oder für verschroben ... Diese Erfahrung hat mich natürlich in mich selbst zurückgeschreckt, oder besser: mich auf den Gedanken gebracht, daß ich mich mehr Gott zuwenden sollte ... Sie hat mich empfinden gelehrt, daß mein großer Trost im Allerheiligsten Sakrament wohnt, und daß, während ich Ihn habe, der in der Kirche fortlebt, die einzelnen Glieder dieser Krche, meine Vorgesetzten, keinen Anspruch haben auf meine Bewunderung und nichts bieten, um mein inneres Vertrauen zu begründen, - wenn sie auch auf meinen Gehorsam ein Recht haben. - Soweit war alles gut und nicht weiter schlimm. Aber es geschah, daß sich gleichzeitig mit dieser Zurücksetzung durch diejenigen, für die ich mich abmühte, bei den Protestanten ein Bezug zu mir her entstand. Gerade die Bücher und Arbeiten von mir, welche die Katholiken nicht verstanden, haben bei den Protestanten Verständnis gefunden. Damit trifft nun noch zusammen, daß die Dinge, die ich vor Jahren als Protestant geschrieben habe, und deren Wert oder Überzeugungskraft damals von den Protestanten nicht erkannt worden war, gerade jetzt unter Protestanten

---

[588] SB, 324f.

BILDUNG ALS BEITRAG ZUM WIEDERAUFBAU DER KATHOLISCHEN KIRCHE (1851 - 1865)

Frucht tragen ... So stehe ich jetzt ganz gewiß in der Versuchung, nach dem Lob der Protestanten auszuschauen, wenn nicht gar mich darum zu bemühen ...

Ich bin versucht, rückwärts zu schauen. Nicht so, o Herr, mit Deiner Gnade nicht so! ... Das ist mein Leben lang mein Gebet gewesen, und Du hast es erhört, daß ich in dieser Welt zur Seite gesetzt werde. Nun laß mich also noch einmal so beten: O Herr, segne, was ich schreibe, und gib ihm Gedeihen. Laß es viel Gutes wirken, laß es viel Erfolg haben, aber laß mir dafür zu meinen Lebzeiten kein Lob zuteil werden. Laß mich weiterleben - oder laß mich sterben, - so wie ich bisher gelebt habe. Lange, bevor ich den heiligen Philipp kannte, wünschte ich nesciri (unbekannt zu sein, GB) ... Laß die Verachtung, die mich trifft, der Zukunft meines Oratoriums keinen Schaden tun. - Lehre mich, wie ich mich in den Jahren, die mir noch bleiben, am besten zu Deiner Ehre nützlich machen kann; denn mein augenscheinlicher Mißerfolg entmutigt mich sehr. Mein Gott, es ist mir, als hätte ich all die Jahre vergeudet, seit ich katholisch geworden bin. Was ich als Protestant schrieb, hatte viel größere Kraft, Macht, Bedeutung und Erfolg als meine katholischen Werke ..."[589]

Ein Gymnasium der Oratorianer

Zwar gab es katholische Gymnasien bei den Benediktinern in Downside und bei den Jesuiten in Stonyhurst, doch waren diese infolge des Zustroms der Söhne aus den vielen Konvertitenfamilien alsbald völlig belegt. Außerdem könnte die Konkurrenz eines neuen Gymnasiums zur Hebung des Bildungsniveaus beitragen, meinte Newman; und dies war eines seiner Hauptinteressen. Darum gründete er nach zahlreichen Vorüberlegungen und auf vielfältigen Wunsch beim Oratorium eine Schule. Am 2. Mai 1859 begann The Oratory School; zunächst mit 16 Schülern - 1860 kamen bereits 25 hinzu, und weitere 22 im folgenden Jahrgang. Im März 1861 wurde folgerichtig entschieden, ein eigenes Schulgebäude zu errichten. Außer Oratorianern als Lehrer, wie Nicholas Darnell (1817 - 1892), dem

---

[589] SB, 327f.

BILDUNG ALS BEITRAG ZUM WIEDERAUFBAU DER KATHOLISCHEN KIRCHE (1851 - 1865)

ersten Leiter der Oratoriumschule, gelang es Newman, auch besonders qualifizierte Lehrer zu verpflichten, wie etwa für kurze Zeit den Dichter Gerard Manley Hopkins (1844 - 1889). Bereits vom dritten Jahrgang (1861) an, war Henry Duke of Norfolk, der spätere Präsident der katholischen Laien Englands, unter den Zöglingen, 1880 Hilaire Joseph Belloc (1870 - 1953), einer der bedeutendsten englischen Schriftsteller der Moderne.[590] Die Schule war nie besonders groß, aber sie bewährte sich so sehr, daß sie bis vor wenigen Jahren florierte und erst jetzt mit ihrem Gebäude in ein größeres Schulprojekt der City of Birmingham integriert wurde.

Das Jahr 1861 brachte Newmans prekäre gesundheitliche Situation zutage. Die Sorgen, die er durchgestanden hatte, und die Erfahrung, daß er trotz seiner vielfältigen überragenden Geistesgaben und geistlichen Vorzüge in dieser Kirche anscheinend nicht gebraucht wurde, begannen seine Gesichtszüge zu zeichnen. Emily Bowles (1818 - 1904), eine Journalistin, die Zwillingsschwester des Oratorianers Frederic Bowles, die schon zwei Jahre vor ihm (1843) konvertiert war und viel mit Newman korrespondierte, beschreibt die auffällig veränderte Erscheinung Newmans bei ihrem Besuch in jenem Jahr.[591] „Ich werde das Leuchten, das sein verbrauchtes Gesicht erhellte, als er mich an der Türe empfing, niemals vergessen, noch könnte ich es je beschreiben; er trug mehrere Pakete bei sich ... Als die Unruhe des Ankommens, die nötigen Begleitumstände etc. vorüber waren und wir uns im Gastzimmer im Gespräch befanden, sah ich zum ersten Mal eine große Veränderung an Father Newman. Er war nicht nur für seine Jahre unverhältnismäßig gealtert, sondern sein großes kräftiges Gesicht war von Furchen durchzogen, die nicht die Jahre hineingezeichnet hatten. Es war zu offensichtlich, daß es Furchen großen Schmerzes waren, Züge der Enttäuschung und geduldigen Leidens beim Scheitern so vieler Hoffnungen. Wenn er sprach, wurde sein Ausdruck jeweils milder. Wenn er jedoch still wurde - und sein Gespräch wurde häufig von kurzen Momenten der Zerstreuung unterbrochen - zeigte sich

---

[590] Vgl. Willy G. Mohnen, Voruniversitäre Erziehung bei John Henry Newman, dargestellt am Beispiel der Oratory School, Diss. paed., Aachen 1978, Anhang 1: Schüler der Oratory School von 1859 - 1890.
[591] Vgl. Joyce Sugg, Ever Yours Affly. John Henry Newman and His Female Circle, Leominster 1996, 63 - 72 u. a.

BILDUNG ALS BEITRAG ZUM WIEDERAUFBAU DER KATHOLISCHEN KIRCHE (1851 - 1865)

sogar ein Anblick schrecklicher Müdigkeit, einer dauernden Geistesdepression nicht unähnlich."[592]

Einen Anlaß zu Kummer gab Newman in jener Zeit ein Vorfall an der neuen Schule, der ihre Existenz hätte in Frage stellen können. Seine häufige Abwesenheit während des dritten Jahres der Schule (1861) hatte möglicherweise dazu beigetragen, daß Nicholas Darnell, der Leiter der Oratory School, sich immer stärker als ihr Alleinherrscher gebärdete. Darnell war 1847 konvertiert und hatte sich im Jahr darauf den Leuten um Faber angeschlossen, war aber im Birminghamer Oratorium geblieben und hatte sich als verdienter Mitstreiter Newmans im Achilli-Prozeß engagiert. Wegen seiner Herkunft aus Englands berühmter ältester Privatschule, dem Winchester College (gegründet 1387) war er von Anfang an von Newman als Direktor der neu eröffneten Schule vorgesehen, die er im Auftrag der Oratorianer leiten sollte. Im Winter 1861/62 kam es aufgrund seiner anfordernden und unnachgiebigen Art jedoch zu einer Kraftprobe in der Zusammenarbeit mit Mrs. Frances Wootten, der Leiterin des Internats. Darnell hielt ihren Erziehungsstil für ein Element der Verweichlichung an den Schülern. Newman beurteilte das anders, ließ jedoch den Konvent der Oratorianer zunächst darüber entscheiden, ob die Leitung der Oratory School wie bisher in seinen und der Oratorianer Händen verbleiben oder aber völlig der Leitung von Darnell unterstellt werden sollte. Der Konvent entschied sich für die bisherige Praxis. Darnell blieb kompromißlos, zog die Konsequenzen und trat aus dem Oratorium aus. Seinem großen Einfluß auf das Lehrerkollegium folgend, verließen die Lehrer mit ihm die Schule. Zu Beginn der Weihnachtsferien 1862 hatte Newman somit eine schwere Krise zu lösen. Innerhalb weniger Wochen gelang es ihm jedoch bis zum Ende der Weihnachtsferien, die Schule wieder zu öffnen. Fr. Ambrose St. John wurde der neue Direktor. Thomas Arnold (1823 - 1900), der wenige Jahre vorher von ihm als Professor für Literatur an die Katholische Universität Dublin berufen worden war, konnte nun als Lehrer für diese Fachgebiete verpflichtet werden; er brachte zugleich einen bekannten Namen mit, da sein Vater gleichen Vornamens Schulleiter der berühmten Internatsschule von Rugby war. Newman selbst übernahm von da an häufiger Dienste im Zusammenhang mit der Schule. Er hielt Prüfungen ab

---

[592] Trevor II 1962, 236.

BILDUNG ALS BEITRAG ZUM WIEDERAUFBAU DER KATHOLISCHEN KIRCHE (1851 - 1865)

und bearbeitete Partien klassischer Autoren für die Aufführung lateinischer Theaterstücke in Erinnerung an seine eigene Schulzeit bei George Nicholas in Ealing. - Er hielt auch persönlichen Kontakt mit den Schülern. Ein ehemaliger Schüler jener Jahre erinnert sich: „In meiner Zeit ging jede Klasse monatlich hinauf in das Zimmer Father Newmans und wurde von ihm mündlich über die geleistete Arbeit des vorhergehenden Monats geprüft. Das war trotz der Freundlichkeit und edlen Art des Fathers, der einer der sorgsamsten und sympathischsten Prüfer war, eine Feuerprobe für die, die nervös oder faul waren. Der Father legte großen Wert auf auswendig Gelerntes und bestand auf völliger Genauigkeit und Geistesgegenwärtigkeit beim Wiederholen ... Am Ende jedes Semesters ging jeder Junge zum Father für das sogenannte (Charakter-) Zeugnis, d. h. der Father sprach mit ihm privat über seinen Fortschritt und sein Verhalten während des vergangenen Semesters." -

Damals erzählte man sich eine Geschichte, „daß in den frühen Tagen der Schule der Father gleichzeitig einen Brief von A. bekam, der einen Jungen an der Schule hatte, mit der Klage, daß die Ferien zu lang seien, und einen Brief von B., der ebenfalls einen Sohn an der Schule hatte und klagte, daß die Ferien zu kurz seien. Und Newman schnitt in aller Stille die Unterschriften weg und sandte den Brief von B. an A. und von A. an B., woraufhin er nie mehr etwas hörte, weder vom einen noch vom anderen."[593]

In der „dunklen Nacht" der Läuterung

Die Gründung einer Schule, die katholischen Jugendlichen den Zugang zu entsprechenden Universitäten ermöglichen sollte, füllte natürlich Newmans geistige Kapazität nicht aus und gab ihm auch nicht das Gefühl, in dieser Kirche für das gebraucht zu werden, wozu er sich berufen fühlte und was er ihr gerne gegeben hätte. So begann er mit der Niederschrift von

---

[593] Die Erinnerungen stammen von William John Sparrow, Schuljahrgang 1863, zitiert in: Wilfrid Meynell, John Henry Newman, The Founder of Modern Anglicanism and Cardinal of the Roman Church, London 1890, 70f.

BILDUNG ALS BEITRAG ZUM WIEDERAUFBAU DER KATHOLISCHEN KIRCHE (1851 - 1865)

theologischen und philosophischen Themen, deren Ausarbeitung er für dringlich hielt; aber er publizierte einige Jahre nichts. Im Januar 1860 begann er, angeregt durch die Korrespondenz mit Richard Hurrell Froudes Bruder William, der als Naturwissenschaftler an der Vernünftigkeit des Glaubens zweifelte, über sein altes Lieblingsthema „Glaube und Gewißheit" Aufzeichnungen zu machen. Im April 1861 fing er eine Abhandlung über die Inspiration der Heiligen Schrift an.[594] Auf Weisung seines Arztes machte Newman mehrere Reisen in England im Sommer und Herbst 1861 und auf den Kontinent nach Paris, Trier, Mainz, Aachen 1863. Bei seiner Rückkehr findet er einen Brief seines anglikanischen Freundes John Keble vor, den ersten nach siebzehn Jahren. Im Jahr zuvor war er in einem öffentlichen Brief dem Gerücht entgegengetreten, er trage sich mit dem Gedanken, in die Anglikanische Kirche zurückzukehren.

In sein Tagebuch schrieb er zu Beginn des Jahres 1863:

> „Heute morgen beim Aufwachen überfiel mich die Empfindung, nur den Platz zu versperren, so stark, daß ich mich nicht dazu bringen konnte, unter meine Dusche zu gehen. Ich sagte mir, was nützt es denn, seine Kraft zu erhalten oder zu verlieren, wenn nichts dabei herauskommt. Wozu für nichts leben? In jüngster Zeit habe ich allerlei unternommen, um mir das Leben zu erleichtern, aber mit dem wirklichen und aufrichtigen Ziel, mich in guter Gesundheit zu erhalten. Im Juni vor einem Jahr (1861) fand ich mich plötzlich unwohl. Bis heute habe ich nicht herausbekommen, was damals mit mir los war ... - Nun kam es heute morgen, als ich zu Bett lag, über mich: Wozu ist das alles gut? Was ist denn daraus entstanden? Wofür lebe ich denn? Was tue ich denn eigentlich für irgendein religiöses Ziel? Ach, dies ist ständig in meinen Gedanken, schon seit Jahren, aber die Umstände haben mir das in letzter Zeit wieder mehr als üblich aufgedrängt ... Wie war doch mein Leben einsam und vergrämt, seit ich katholisch geworden bin. Hier ist der Gegensatz: Als Protestant empfand ich

---

[594] Vgl. J. Derek Holmes - Robert Murray, Hrg., John Henry Newman on the Inspiration of Scripture, London u. a. 1967. H. M. de Achàval - J. Derek Holmes, Hrg., The Theological Papers of John Henry Newman on Faith and Certainty, Oxford 1976, und J. Derek Holmes, Hrg., The Theological Papers of John Henry Newman on Biblical Inspiration and on Infallibility, Oxford 1979.

Bildung als Beitrag zum Wiederaufbau der Katholischen Kirche (1851 - 1865)

> meine Religion kümmerlich, aber nicht mein Leben; und nun, als Katholik, ist mein Leben kümmerlich, aber nicht meine Religion ... Heute bin ich mir meines düsteren Aussehens so bewußt, daß ich kaum noch jemand sehen mag. Es fing an, als ich meine Blicke Rom zuwandte; und seit ich das große Opfer brachte, zu dem Gott mich rief, hat er mich auf tausenderlei Arten belohnt; ach, in wie vielem! Aber er hat meinen Weg mit fast unaufhörlicher Abtötung gezeichnet. In der Tat, wenig Erfolge hat mir sein gebenedeiter Wille im Leben gewährt. Ich zweifle daran, ob ich auf ein erfreuliches Ereignis in dieser Welt hinweisen kann, außer meinem Stipendium am Trinity College und meinem Fellow-Amt am Oriel. - Doch seit ich Katholik geworden bin, habe ich, so scheint es mir, persönlich nur Mißerfolg gehabt ..."[595] -

Die Art und Weise, wie er seine eigene Rolle in der neuen Glaubensgemeinschaft gesehen hat und worin seine Fähigkeiten und damit wohl auch seine Aufgabe nach Gottes Willen hätte bestehen können, beschreibt Newman in diesem Zusammenhang: „Die Lage und Verfassung der katholischen Gemeinschaft bessern zu wollen durch eine sorgfältige Überwachung ihrer argumentativen Basis und ihrer Stellung zu der Philosophie und dem Charakter der Zeit, durch die Mitteilung richtigerer Ansichten, durch die Weitung und Verfeinerung ihres Geistes, mit einem Wort, durch Bildung, ist in ihren Augen mehr als zuviel oder ein Hobby, ist eine Beleidigung. Es deutet ja darauf hin, daß sie in gewichtigen Punkten Mängel aufweisen. Von Anfang an ist Bildung in diesem weiten Sinne des Wortes stets mein Grundanliegen gewesen. Und neben der Enttäuschung, die daraus entstand, daß damit Konversionen verhältnismäßig in den Hintergrund traten ..., hat diese Grundlinie zudem noch die leitenden Kreise hier und in Rom ernstlich verdrossen."[596]

Newman setzte auf die Auferbauung des Leibes Christi und wollte in dem Zeitalter wachsender Glaubensauseinandersetzungen die Laien für die Aufgabe der Mitverantwortung des Glaubens und seiner Bezeugung qualifizieren. Er sah die von außen kommende Gefahr des Rationalismus und Relativismus. Letzteren nannte er religiösen Liberalismus, - worauf er

---

[595] SB, 329 - 331.
[596] SB, 335f.

seine Zeitgenossen in der wahren Kirche Jesu Christi vorbereiten wollte. Dieser seiner positiven und prospektiven Sicht des Heilsdienstes der Kirche stand die bewahrende und zum Teil bevormundende Sicht maßgeblicher Kreise in der Kirche seiner Zeit entgegen. „Bei der Propaganda", d. h. der Kongregation für die Glaubensverbreitung in Rom, „sind Konversionen und sonst nichts der Beweis dafür, daß man etwas tut", lautet Newmans Eintrag im selben Zusammenhang."Überall unter Katholiken bedeutet Konvertiten machen etwas tun und keine machen, 'nichts tun'. Noch mehr: In den Augen der Propaganda, des Kardinals (Wiseman) und der Katholiken im allgemeinen müssen es glänzende Konversionen großer Männer, vornehmer Männer, Gelehrter sein, nicht einfach Arme ... Aber ich bin anders: - Meine Ziele, meine Art zu wirken, meine Fähigkeiten gehen nach einer anderen Richtung ... Nicht Konversionen sind mir das erste, sondern die Erbauung (die Stärkung) der Katholiken. So sehr habe ich mir letzteres zum Ziel gesetzt, daß die Welt bis heute bei der Behauptung verharrt, ich empfähle Protestanten nicht, katholisch zu werden. Wenn ich als meine wahre Meinung geltend mache, daß ich davor zurückschrecke, aus gebildeten Menschen übereilte Konvertiten zu machen aus Furcht, sie ... könnten nach ihrem Eintritt in die Kirche Schwierigkeiten bekommen, so gebe ich damit nur zu verstehen, daß die Kirche ebenso für Konvertiten bereitet werden muß wie Konvertiten für die Kirche. Wie kann man das in Rom verstehen? Was weiß man dort von der Verfassung der englischen Katholiken, vom Geist englischer Protestanten? Was weiß man vom Antagonismus zwischen Protestantismus und Katholizismus in England? Der Kardinal (Wiseman) könnte wohl einiges wissen, wäre er nicht so einseitig, so schwerfällig, sich in den Geist anderer hineinzudenken, so übereilt, so apologetisch und unphilosophisch in seiner Geisteshaltung, so begierig, sich bei den römischen Autoritäten beliebt zu machen ..."[597]

Newman war sich durch sein heilsgeschichtliches Denken des Stellenwertes durchaus bewußt, den die Epoche für die Entfaltung der Kirche in der künftigen Gesellschaft hatte. Er war durch sein positives und offensives Denken und Handeln führenden Köpfen innerhalb des englischen und römischen Katholizismus voraus, vor allem soweit sie

---

[597] SB, 334f.

apologetisch und kontrovers-theologisch dachten. Zu leiden hatte er darunter, daß er die Mängel einer solchen Haltung und Einstellung klar erkannt hatte und ihm zugleich alle Hände gebunden waren, sie zu überwinden. „*Ich* möchte tatsächlich gerne den Versuch machen, die großen Tagesfragen des Unglaubens und anderes mehr zu widerlegen, aber die Propaganda (-Kongregation, GB) und der Episkopat, die selbst nichts tun, betrachten jeden, der es versucht, mit dem größten Mißtrauen. Sie geben für das, was man recht macht, keine Anerkennung, stürzen sich dagegen mit Strenge auf jeden Punkt, an dem man einen Fehler gemacht haben mag."[598] So wurde das religiöse Genie durch das Mittelmaß seiner frommen Vorgesetzten in die Untätigkeit eingesperrt und über Jahre in die „dunkle Nacht" der Läuterung getrieben; vier Jahre lang - 1860 - 1863 - veröffentlichte er nichts.

Die zitierten Texte aus seinem (geistlichen) Tagebuch appellieren beim Leser an eine sorgfältige spirituelle Verstehensfähigkeit. Newman hat nicht etwa aus Wehleidigkeit oder übergroßer Sensibilität geschrieben. Es handelt sich um Dokumente, die das innerste Ringen eines Menschen bekunden, der in der religiösen Praxis über Jahrzehnte erprobt war und der von sich sagen durfte, daß ihm der lebendige Sinn für die ständige Gegenwart Gottes seit seiner Jugendzeit nie verlorengegangen sei. Auch hinterließ er diese Aufzeichnungen bei seinen häufigeren Durchforstungen, bei denen er viele Texte vernichtete, lediglich um seinen Mitbrüdern im Oratorium, insbesondere Ambrose St. John, Argumentationshilfen zur Verteidigung der Priestergemeinschaft und ihres Vorstehers zu geben.

Das Jahr 1863, das für ihn so arm an Aussichten und Hoffnungen begonnen hatte, sollte mit einer für ihn außergewöhnlichen Provokation enden. Zwar hatte er in diesem Jahr nichts publiziert, aber doch in verschiedener Weise Aufzeichnungen gemacht, wie wir gesehen haben, und zudem umfangreiche Briefe zu wichtigen Themen von Theologie, Kirche und Politik geschrieben: zur Problematik der Einheit der Kirche, zur Mariologie, zur Sklaverei, zu kirchlichem Gehorsam, zur Berufung in Gottes Dienst u.a.. Es war das Jahr, in dem er mit einer Reihe von alten Freunden aus der Zeit in der Anglikanischen Kirche wieder in Kontakt kam: mit William J. Copeland, seinem letzten Kaplan von St. Mary's, mit

---

[598] SB, 336.

BILDUNG ALS BEITRAG ZUM WIEDERAUFBAU DER KATHOLISCHEN KIRCHE (1851 - 1865)

Frederic Rogers, mit John Keble, mit Richard William Church, mit Isaac Williams. -

Im Dezember 1863 erschien in der weit verbreiteten Zeitschrift „MacMillan's Magazine" über das Buch von James Anthony Froude „Geschichte von England" eine Rezension, die von Charles Kingsley (1819 - 1875), Professor für Geschichte an der Universität Cambridge, verfaßt war. In dieser Rezension stand relativ unvermittelt die Aussage: „Wahrheit um ihrer selbst willen ist nie eine Tugend des römischen Klerus gewesen. Father Newman belehrt uns, daß sie das auch nicht zu sein brauche und im allgemeinen nicht einmal sein solle, daß die List die Waffe ist, welche der Himmel den Heiligen gibt ..."[599] Es war ein anglikanischer Freund, der ihn auf diesen Angriff aufmerksam machte, ihn aber abwiegelte: „Es ist Dein seltsames Los, aber ein großes Zeichen von Gottes Liebe, daß Du verborgen und mißverstanden sein sollst, jetzt (so gut) wie Du es (damals) warst, als Du hier (lebtest)."[600] Diese heilsbiographische Interpretation seiner Lage kam von einem Freund, dem Newman von Anfang an bescheinigt hatte, daß er tief im Glauben stehe; heißt doch glauben „Fest stehen in dem, was man erhofft; überzeugt sein von Dingen, die man nicht sieht" (Hebr 11, 1). Es war Edward Bouverie Pusey, der so an Newman geschrieben hatte. Aber dieses Mal glaubte Newman, er dürfe die Sache nicht auf sich beruhen lassen, sondern müsse das „Mißverständnis" aufklären.

---

[599] A, 3.
[600] LD XXI, 411, Anm. 2.

Die Verteidigung der Wahrheit seines Lebens (1864 - 1867)

„Ich beginne damit, eine Empfindung auszudrücken, die meine Gedanken immer dann begleitet, wenn sie auf den Gegenstand der Geistes- und Moralwissenschaften gerichtet sind, und die ich gern hier ebenso auf die Religionsbeweise beziehen möchte ... Auf diesen Gebieten des Forschens und Suchens ist Ichbezogenheit (egotism) echte Bescheidenheit. Bei religiösem Suchen kann jeder nur für sich selbst sprechen, und für sich selber hat er auch ein Recht zu sprechen."[601]

Apologia Pro Vita Sua

Die Herausforderung durch Charles Kingsley beantwortete Newman mit der Rückfrage, womit er denn seine ungeheuerlichen Behauptungen beweisen wolle. Die von Kingsley herangezogenen Textstellen aus Predigten konnte Newman eindeutig als unverstanden, aus dem Kontext gerissen oder als böswillig interpretieren ausweisen. Daraufhin zeigte sich Kingsley weitschweifig und großmütig. Er sei bereit, Newmans eigene Erklärung seiner Sätze als Beweis zu akzeptieren; schließlich wisse niemand besser, was Newman gemeint habe, als er selber. Aber kein Wort der Entschuldigung oder Rücknahme der ungeheuerlichen Anschuldigung. Newman wollte den in der Öffentlichkeit latent vorhandenen Verdacht, er habe sich zu irgendeiner Phase seines Lebens aus unredlichen Motiven entschieden, bei dieser Gelegenheit ein für alle mal ausräumen. Wir übernehmen hier Newmans eigene Zusammenfassung und Kurzwiedergabe der Korrespondenz mit Kingsley.[602]

---

[601] Z 270
[602] Aus C. S. Dessain, John Henry Newman - Anwalt redlichen Glaubens, Freiburg - Basel - Wien 1981, 223. Newman hat dieses berühmt gewordene Meisterstück ironischer Literatur bei seiner späteren Auflage der Apologia Pro Vita Sua nicht mehr veröffentlicht, ein Umstand, den ihm z. B. Theodor Haecker als Kennzeichen seiner

DIE VERTEIDIGUNG DER WAHRHEIT SEINES LEBENS
(1864 - 1867)

„Mr. Kingsley beginnt mit dem Ausruf: 'O, die Rechtsverdrehungen, der massenhafte Betrug, die abscheuliche Heuchelei, die das Gewissen tötende Tyrannei Roms! Für all das brauchen wir nicht weit nach einem Beweis zu suchen. Als Zeuge dient uns Father Newman, und ein lebendes Exemplar ist so viel wert wie hundert tote. Er, ein Priester, der über Priester schreibt, teilt uns mit, daß Lügen niemals von Schaden ist.'- „Ich unterbreche ihn: 'Sie nehmen sich da außerordentliche Freiheiten in meinem Namen heraus. Wenn ich mich so geäußert haben sollte, dann sagen sie mir bitte, wann und wo?'

Mr. Kingsley erwidert: 'Sie sagten dies, hochwürdiger Herr, in einer Predigt, die Sie noch als Protestant in Ihrer Pfarrei St. Mary gehalten und 1844 publiziert haben. Und ich könnte Ihnen ein heilsames Privatissimum halten über die Wirkung, die diese Predigt damals auf meine Meinung über sie gehabt hat.' - Ich antwortete: 'Aha - ... also doch nicht, wie es scheint, als Priester, der über Priester spricht. Aber lassen Sie uns die Stelle hören!' - Mr. Kingsley lenkt ein: 'Wissen Sie, ich liebe Ihre Art zu sprechen. Aus Ihrer Art glaube ich mit Freude entnehmen zu können, daß Sie nicht meinten, was Sie sagten.' - Ich entgegne: 'Es nicht meinen? Ich bleibe dabei, daß ich es nie gesagt habe, weder als Protestant noch als Katholik.' - Mr. Kingsley erwidert: 'Ich verzichte auf den Punkt.' - Ich protestiere: 'Sie verzichten auf den entscheidenden Punkt? Entweder ich habe es gesagt oder ich habe es nicht gesagt. Sie erheben eine ungeheurliche Anklage gegen mich, direkt, eindeutig und öffentlich. Sie sind verpflichtet, deren Berechtigung genauso direkt, eindeutig und öffentlich zu beweisen oder aber zuzugeben, daß Sie dazu nicht in der Lage sind.' - 'Gut', sagt Mr. Kingsley, 'wenn Sie so sicher sind, daß Sie es nicht gesagt haben, nehme ich es auf Ihr Wort hin an. Ich versichere Ihnen das.' - 'Mein Wort? Mir verschlägt es die Sprache. Bisher hatte ich angenommen, daß es gerade mein Wort war, dem der Prozeß gemacht werden sollte.'"

Als Newman diese Korrespondenz in einer Broschüre veröffentlichte, war allen deutlich: Kingsley hatte sozusagen die erste Runde verloren. Er

---

christlichen Vollkommenheit bzw. Heiligmäßigkeit anrechnet, da er „eine der vernichtendsten Satiren, die die europäische Literaturgeschichte kennt", nicht in die Endfassung der Apologia aufgenommen habe Vgl. meine Studie: „Theodor Haecker: Ein prominenter Konvertit im Bannkreis John Henry Newmans, in: NSt XVI, Frankfurt a. M. 1998, 121, A. 50

DIE VERTEIDIGUNG DER WAHRHEIT SEINES LEBENS
(1864 - 1867)

verfaßte daraufhin ein Pamphlet, in dem es ihm darum ging zu zeigen, daß man Newman einfach nicht trauen könne, weil sein Leben in Widersprüchlichkeiten verlaufe und unehrlich gewesen sei: Er habe schon in seiner anglikanischen Zeit insgeheim eine katholische Bewegung angeführt; er rechtfertige sich durch „ökonomischen" Umgang mit der Wahrheit, die schlaue Dialektik und durch „schlangenhafte" List, der man nicht beikomme, weil sie in Anwendung „römischer" Moralprinzipien alles für erlaubt halte, was ihr ins Konzept paßt. Seine Broschüre trug den Titel: „Was also meint Dr. Newman?"[603]

Im nachhinein erinnerte sich Newman daran, daß er mitunter schon vor und jedenfalls nach seiner Konversion solchen Vorwürfen begegnet war und sich insgeheim damit befaßt hatte, sie irgendwann zu widerlegen. Aber „ich dachte nie daran, daß ich ein solches Buch zu schreiben hätte. Jahrelang sagte ich mir: Wenn jemand mit Rang und Name mich richtig angreifen würde, würde ich die Herausforderung annehmen. Aber ich habe mir nie vorgestellt, daß es sich um mehr als einen gelegentlichen Schlagabtausch handeln könnte ... - Aber ganz gewiß, als am Palmsonntag Mr. Kingsley's Pamphlet erschien, das besagte, es enthalte die Beschuldigungen, die gegen meine Ehrlichkeit vorlägen im Detail, hieß es: jetzt oder niemals. Und ich war verpflichtet, mich sogleich an die Arbeit zu machen. Ich war nie von einer Arbeit so absorbiert und wäre zusammengebrochen, wenn nicht die guten Gebete meiner Freunde gewesen wären."[604]

Newman beurteilte seine Situation so, daß er auf alle, die ihn nicht kannten, unglaubwürdig wirken mußte. Ganz gleich, wie er jetzt ein zweites Mal gegen die Beschuldigungen Kingsleys argumentieren würde, es würde ihm alles als Taktik ausgelegt werden. „Ich sagte mir: Ich muß den wahren Schlüssel zu *meinem ganzen Leben* geben; ich muß zeigen, was ich bin, damit man sieht, was ich nicht bin, und damit das Phantom, das an meiner Stelle umgeht, vernichtet wird. Ich will, daß man mich als lebendigen Menschen kennenlernt und nicht als ein Schreckbild, das sich in meine Kleider hüllt. Falsche Vorstellungen werden durch Beweise

---

[603] „What, than does Dr. Newman mean? A Reply to the pamphlet lately published by Dr. Newman", erschienen am 20. März 1864, dem Palmsonntag des Jahres.
[604] LD XXI, 134.

DIE VERTEIDIGUNG DER WAHRHEIT SEINES LEBENS
(1864 - 1867)

vielleicht widerlegt, aber vertrieben werden sie allein durch wahre Vorstellungen. Ich will nicht meine Gegner besiegen, sondern meine Richter. ... Ich will, soweit das möglich ist, die Geschichte meines Geistes schreiben. Ich will meinen Ausgangspunkt feststellen, will zeigen, auf welch äußeren Anlaß oder Zufall meine Überzeugungen zurückzuführen sind, wie weit und wie sie sich innerlich entwickelten, wie sie gefestigt, verbessert und miteinander verknüpft wurden, wie sie in Widerstreit gerieten und sich änderten. Ferner, wie ich mich gegen sie verhielt, wie, wie weit und wie lange ich sie mit den kirchlichen Verpflichtungen, die ich eingegangen war, und mit der Stellung, die ich innehatte, für vereinbar hielt. Ich muß zeigen - das allein entspricht der Wahrheit -, daß ich zu den Lehren, die ich verteidigte, und so viele Jahre lang verteidigt habe, menschlich gesprochen teils durch die Anregung protestantischer Freunde, teils durch die Lektüre von Büchern und teils durch eigene Geistesarbeit gekommen bin. Ich muß also Rechenschaft geben über die Tatsache, die vielen so seltsam erscheint, daß ich einer Kirche wegen, von der ich mich einstmals voll Abscheu abgewandt hatte, 'Verwandtschaft und Vaterhaus' verließ. Als ob wahrlich eine Religion, die so viele Zeitalter hindurch, unter so vielen Völkern, inmitten so vieler Wechselfälle des gesellschaftlichen Lebens, bei den verschiedensten Klassen und Ständen der Menschen und nach so vielen politischen und bürgerlichen Revolutionen in Blüte gestanden hatte, nicht die Vernunft zu unterwerfen und das Herz zu besiegen vermöchte, ohne dabei Lug und Trug und scholastische Spitzfindigkeiten zu Hilfe zu nehmen! - Was ich mir im Verlauf einer halben Stunde vorgenommen hatte, wurde nach zehn Tagen zum festen Entschluß. Bei der Ausführung meines Vorhabens beggenete ich jedoch manchen Schwierigkeiten..."[605]

In den 31 Großfolianten der „Briefe und Tagebücher" Newmans, die das Oratorium von Birmingham seit 1961 herausgibt, sind gewiß viele aufregende Phasen dokumentiert. Zu den spannendsten gehört jedoch die Entstehungszeit der „Apologia Pro Vita Sua" im Band XXI. Vom Ostermontag, dem 28. März 1864 an bis zum Juni des Jahres beantwortet Newman fast keine anderen Briefe mehr oder doch nur äußerst knapp, wie an Sir John Acton, dem er erst nach fast einer Woche antwortet: „Ich

---

[605] Vorwort: A, 16f.

DIE VERTEIDIGUNG DER WAHRHEIT SEINES LEBENS
(1864 - 1867)

J.H. Newman bei der Lektüre von J. Seeley's „Ecce Homo". Photographie, 1865. (The Birmingham Oratory).

Die Verteidigung der Wahrheit seines Lebens
(1864 - 1867)

schreibe vom Morgen bis in die Nacht - und gegen die Zeit, was nicht erfreulich ist. Dies ist der Grund, daß ich Ihnen nicht vorher gedankt habe und weshalb ich jetzt nicht länger schreibe."[606] Aber er schrieb von sich aus eine ganze Reihe von Briefen mit dem Vermerk „vertraulich" an alte Freunde aus seiner Zeit in der Anglikanischen Kirche. Nun erwies es sich als besonders wertvoll, ja providentiell, daß eine Reihe von ihnen im Jahr zuvor nach langen Jahren erstmals wieder Kontakt mit ihm aufgenommen hatten. Jetzt bat er sie, ihm Unterlagen aus den Tagen gemeinsamer Unternehmungen zu sammeln, Briefe zur Verfügung zu stellen, seine Darstellungen zu beurteilen, Druckfahnen mitzulesen: Die Gestalt Richard Hurrell Froudes, die er voll Liebe minutiös beschrieb, das Erscheinungsbild John Kebles, das er nachzeichnete, die Persönlichkeiten von Edward Hawkins und Richard Whately über deren Einfluß auf seine theologische Position er Rechenschaft gab; die Geschichte um Tract 90, die Krisenstimmung von 1843 ...- William J. Copeland bat er um Hilfe, Frederic Rogers, Richard William Church, William Froude u. a. John Keble schrieb ihm spontan, er solle sich doch über solchen „Unrat wie Kingsleys Pamphlet nicht ernsthaft Sorgen bereiten": „Wir - wenn ich so sagen darf - möchten, lieber J. H. N., - die ganze Christenheit möchte, daß Du Deinen Stand gegen den Unglauben dieser Zeit einnimmst, der uns alle so schnell einzuwickeln scheint ... Wenn ich von kleinstem Nutzen für Dich sein kann, wird es mich freuen." - Newman antwortete ihm: „Wenn Du Teile meiner Veröffentlichungen siehst, wirst Du Dich wundern, wie ich mich jemals dazu brachte, es zu schreiben. Nun, ich konnte es nur unter einem sehr starken Impuls. Ich glaube nicht, daß ich es schreiben könnte, wenn ich einen Monat zögerte. Doch habe ich seit Jahren gewünscht, daß ich die Pflicht hätte, es zu schreiben. Ich weiß nicht, was die Leute von mir denken werden, oder was die Wirkung davon sein wird - aber ich habe den Wunsch, die Wahrheit zu sagen und die Sache dann Gottes Händen zu überlassen. - Sei nicht enttäuscht, daß es so wenig ist, was ich Dir über Hurrell mit diesem Brief sende. Ich habe versucht, ihn in kühner Weise in einem früheren Teil zu zeichnen. William Copeland und Rogers haben den gesehen. ..."[607]

---

[606] LD XXI, 94.
[607] LD XXI, 103.

DIE VERTEIDIGUNG DER WAHRHEIT SEINES LEBENS
(1864 - 1867)

Von der zweiten Aprilhälfte (21.4.) bis fast Mitte Juni (12.6.) schrieb Newman Tag für Tag von morgens bis abends, oft sechzehn Stunden am Tag, und nahm sich kaum Zeit für die Mahlzeiten. „Ich schreibe diesen Brief während des Essens." - „Ich schreibe gegen die Zeit." - „Meine Hand ist müde." - „Meine Finger sind fast zwanzig Meilen am Tag gelaufen." - „Der Stoff wuchs mir unter der Hand...."[608]

Er mußte die verschiedenen Arbeitsprozesse bis zur Fertigstellung des Endmanuskripts selbst durchführen. Niemand konnte es für ihn übernehmen: Gedächtnisarbeit zur Erstellung der Fakten, Sammeln der Briefe, Entwerfen erster Textskizzen, Schreiben, Verbessern, Reinschrift anfertigen, Druckfahnen korrigieren. Jeden Donnerstag war eine Fortsetzung fällig. Er hatte sich vom Verleger überzeugen lassen, daß nur auf diese Weise ein großes Publikum erreicht werden könne, wenn eine rasche Folge von gut lesbaren Texten veröffentlicht würde. Ein neues Buch würden nur wenige lesen, und er hätte es auch nicht so schnell auf den Markt bringen können, wie es der Angriff Kingsleys und die danach entstandene Spannung in der Öffentlichkeit erforderlich machte.

Als ihm Richard William Church schrieb, er solle sich Zeit lassen, um die Quellen auch ausgiebig auszuwerten, antwortete er auf den gut gemeinten Rat: „Wie Du sagst, es ist fast eine Absurdität von mir, nicht mehr Zeit in Anspruch zu nehmen. Aber ich schreibe keine Geschichte der (Oxford-, GB) Bewegung und arbeite meine Thesen auch nicht argumentativ aus …Ich wünsche von Dir nur, daß du die Dinge feststellst, wie sie geschehen sind, und ich zweifle nicht, daß Deine allgemeinen Eindrücke genügen werden. Der hauptsächliche Teil, für den ich Dich wollte, ist der langweiligste von allen: die Reihe von Gesichtspunkten, unter denen ich (Tract, GB) Nr. 90 geschrieben habe. Ich verteidige ihn nicht direkt, ich erkläre nur meine Ansicht über ihn … Ich habe nicht die geringste Absicht, in dem, was ich schreibe, eine bestimmte Akzentuierung vorzunehmen, außer daß ich nicht unehrlich gehandelt habe. Und ich will die Phasen meiner Veränderung darstellen und die Hindernisse, die mich davon abgehalten haben, schneller vorzugehen. Ich denke, daß Argumentieren als solches nicht darin vorkommen wird, obgleich ich die allgemeinen Gründe meiner Veränderung darstellen muß. Deine Bemerkung, zu mir zu

---

[608] LD XI, 103 u. 95 u. 97 u. 105.

DIE VERTEIDIGUNG DER WAHRHEIT SEINES LEBENS
(1864 - 1867)

kommen, ist ganz besonders freundlich. Aber ich könnte es jetzt nicht wünschen, selbst, wenn Du könntest. Ich bin von morgens bis nachts an der Arbeit. Ich danke Gott, daß meine Gesundheit nicht gelitten hat. Was ich produziere, wird wenig sein - aber zum Teil schreibe ich es viele Male neu."[609]

Am 20. Mai, einem Freitag, arbeitete Newman Tag und Nacht hindurch, zweiundzwanzig Stunden ununterbrochen, wie er in seinem Tagebuch festhält. Und doch ist damit nur die äußere Anstrengung registriert. Wie sehr ihn die Arbeit belastete, zeigt sich an der inneren Spannung, mit der ihn der Rückblick in seine Lebensgeschichte in Bann hielt. So bekennt er einem Freund über die Abfassung des Kapitels, das die Zeit seiner Jugend, seiner Studien- und Fellowjahre bis 1833 enthält: „Ich kam nicht voran vor Weinen vom Anfang bis zum Schluß ..". Und er fügt hinzu: „Es wäre eine große Freundlichkeit, wenn Du in Bezug auf die Jahre 1833/34 meine Druckfahnen durchschauen würdest und jede Angabe, von der Du denkst, sie sei (geschichtlich oder, ich würde hinzufügen, biographisch) nicht wahr, ankreuzen würdest. - Ich habe nicht die Absicht, irgend ein hartes Wort gegen Mr. Kingsley zu sagen. Das ist alles, was ich jetzt tun kann, wenn ich zu streng gewesen bin. Ich bin jetzt dran und muß es durchstehen."[610] Einem anderen schreibt er: „Ich war niemals unter solcher Anstrengung des Gehirns und solcher Pein des Herzens und ich habe beide Bedrängnisse zusammen. Sprich ein paar gute Gebete für mich. Ich habe ohne Unterbrechung der Sonntage seit Ostermontag fünf Wochen geschrieben und habe mindestens noch drei Wochen derselben Arbeit vor mir. Mir kamen beständig die Tränen … Ich bin sicher, kühlen Blutes oder einen Monat später könnte ich nicht sagen, was ich sage. Und die dritte große Sorge und Angst, daß ich nicht gut sage, was zu sagen so wichtig ist … Ich schreibe dies während der Essenszeit."[611]

Zum ersten Mal gerann das unruhige und scheinbar so bruchstückhafte Leben des John Henry Newman unter seiner eigenen Feder zu einem Ganzen. Was aus der Sicht verschiedener Gruppierungen von Menschen in Kirche und Gesellschaft so widersprüchlich, zerrissen, ja „unehrlich"

---

[609] LD XXI, 102.
[610] LD XXI, 99.
[611] LD XXI, 107: am 2. Mai 1864 an James Hope Scott.

DIE VERTEIDIGUNG DER WAHRHEIT SEINES LEBENS
(1864 - 1867)

ausschaute, wurde nun als eine konsequente Dynamik erkennbar, die einen roten Faden hatte und konsquent aus einem einzigen Prizip gespeist wurde: aus der Sehnsucht nach der Wahrheit, von der er einst in seiner Jugendzeit aufgeschrieben hatte, daß er „sie umarme, wo immer ich sie fände".[612] Jetzt, da es darum ging, die verschiedenen Entscheidungen seines Lebens aufzuhellen und zu erklären, mußte und konnte er vor aller Welt offenlegen, daß es ihm immer nur um die Einlösung dieses konkreten Vertrauens auf die Kraft der Wahrheit gegangen war, die er als Vorsehung Gottes kennengelernt hatte. Die Niederlage bei einem Examen, der Übereifer im Kampf für eine besondere Studienordnung, das öffentliche Auftreten für Reformimpulse in der Kirche, seine Beiträge zur Führung einer kirchenpolitischen Bewegung in Oxford, sein Ausstieg aus den kirchlichen Ämtern und der Rückzug aus dem öffentlichen Leben in das stille Zwiegespräch mit Gott, dessen wahre Kirche er suchte: Das alles wurde jetzt als kompromißloser und in stetigem Gehorsam zur Vorsehung Gottes zurückgelegter Weg erkennbar. Dies war der rote Faden, der die verschiedenen Aufbrüche, die scheinbar allzu verschlungenen Pfade seit seiner Jugendzeit untereinander verband: „Heiligkeit vor dem Frieden - Wachstum der einzige Beweis für Leben!"[613] So entstand eine Biographie, die die Lebensbewegung des Beschriebenen aus der radikalen Zuordnung zu dem „Freundlichen Licht" erkennen ließ, das ihn im Dunkel führte und das allein den Weg zur Heimat weisen konnte und weisen würde, auch wenn dieser Weg jeweils nur schrittweise vor seinen Füßen sichtbar geworden war.

Newmans Apologia wurde zu einer Autobiographie, die sich wie eine Reise ausnimmt, die zuerst von zu Hause in die Fremde zu führen scheint, aber in Wahrheit dahin führt, wo er schließlich sagen kann, daß er nach stürmischer See den Hafen erreicht, sein Daheim gefunden hat. Auf dem Weg hatte er viele Begegnungen: Menschen, die ihm wichtige Botschaften für die Gestaltung seines Lebens und Hilfen zur Suche und zum Finden der Wahrheit mitgaben. Manche waren aus seinem Leben wieder verschwunden, er hatte sie zurücklassen müssen, um dem inneren Licht, seinem Gewissen, zu folgen, das für ihn stets der Kompaß war. Aber in

---

[612] SB, 261.
[613] A, 24.

DIE VERTEIDIGUNG DER WAHRHEIT SEINES LEBENS
(1864 - 1867)

diesen Wochen der Rückschau und Rechenschaftsgabe sah er alle, die ihm begegnet waren, als einzelne, die einen wichtigen Stellenwert auf seinem Lebensweg hatten. Er konnte sie im Glanze des Lichtes sehen und in ihrer Einmaligkeit und Schönheit, die jedem Menschen von Gott her zukommt. Als die Betroffenen ihren Part in seiner Lebensgeschichte lasen, waren sie zum Teil erstaunt und gerührt über die Rolle, in der er sie erlebt hatte. So erkannten sich John Keble, Edward Bouverie Pusey, Frederic Rogers, Richard William Church, Isaac Williams und die vielen anderen an einem Ort in der Geschichte der Kirche ihres Jahrhunderts, den sie durch den Zusammenhang mit Newmans Glaubensgeschichte und Lebensverteidigung einnahmen. Selbst Edward Hawkins, mit dem er sich über die spirituelle Auffassung des Tutorates gestritten hatte, war positiv betroffen von der Art und Weise, wie er im Leben Newmans vorkam. Er schrieb: „Ich habe mit tiefstem Interesse Ihre Apologia gelesen, zumindest die ersten sechs Teile; und ich kann es nicht lassen, Sie mit einer Zeile zu behelligen, um meine große Freude zu zeigen, daß sie derart freundliche Gefühle mir und anderen unter Ihren alten Freunden gegenüber zum Ausdruck gebracht haben."[614]

Gerade, weil es Newman um Wahrheit und Wahrhaftigkeit ging, hatte er nicht vor, die Anglikanische Kirche als solche anzugreifen oder abzuwerten. Hatte sie doch durch ihren Anteil an Katholizität ihm den entscheidenden Zugang zu den Kirchenvätern und damit zur „wahren Herde Jesu Christi" ermöglicht. So schrieb er an Richard William Church: „Nimm nicht an, daß ich ein unfreundliches Wort über die Kirche von England sage, zumindest meinen Absichten nach. Meine Freunde sagen mir zwar, daß ich insgesamt ungünstig gegenüber dem Anglikanismus geschrieben hätte - das mag ihren Merkmalen entsprechend so sein; denn ich habe den Wunsch, einfach die Tatsachen festzustellen. Und ich kann wahrlich sagen und werde es nie verbergen, daß ich überhaupt nicht den Wunsch hege, irgend etwas gegen die Staatskirche zu tun, so lange sie eine Körperschaft ist, die die dogmatische Wahrheit predigt, wie ich denke, daß sie es heutzutage tut."[615]

---

[614] LD XXI, 119.
[615] Vom 2. Mai 1864: LD XXI, 106.

DIE VERTEIDIGUNG DER WAHRHEIT SEINES LEBENS
(1864 - 1867)

Es macht den Charme und die Faszination dieser Glaubensbiographie aus, daß ihr Verfasser immer wieder zeigen muß, wie sehr Lebensentscheidungen, zu denen er sich aus seinem Gewissen heraus verpflichtet sieht, in die Einsamkeit führen. Er bricht aus dem herrschenden Trend aus und wird Wegbereiter einer neuen kleinen Gruppe. Weder im Rahmen der Universität, von der er Hochbegabung bescheinigt bekam, noch im Rahmen der Staatskirche, deren Botschaft er sowohl historisch wie systematisch außergewöhnlich gut kannte und einzigartig attraktiv vorzutragen wußte, gehört er zur Mehrheit, zu den Erfolgreichen, zu denen, die Karriere machten und die Funktionsstellen besetzen. Vielmehr führten ihn seine Einsichten unter Gottes Führung und Fügung auf die Schattenseiten des Lebens, zu Verzicht und Unbekanntheit. Er wußte darum und litt darunter, aber er blieb bei alledem ausgewogen und heiter. Er hielt sich an die Wege, die durch tiefe Schluchten führen und fürchtete kein Unheil, wie es im Psalmwort heißt (Ps 23).

Newmans Lebensweg als Spurensuche der Wahrheit mit dem eigenen Leben war stets mit der Offenbarungszusage der Wahrheit in der Kirche verbunden. Dabei war er sich des aufkommenden Individualismus als einer Gefahr zur Verfehlung dieser Wahrheit bewußt. „Wir leben in einer neuen Ära", hatte er im März 1829 an seine Mutter geschrieben, „einer, in welcher es ein Vorwärts zu alle umfassender Bildung gibt. Bisher waren die Menschen in Bezug auf die religiöse Wahrheit voneinander abhängig und besonders vom Klerus; heutzutage versucht jedermann, für sich selbst zu urteilen …" Damals sah Newman die damit verbundene Gefährdung für die prägende Kraft des Evangeliums durch die Kirche in der Gesellschaft: „Es ist keine Antwort zu sagen, daß die Majestät der Wahrheit triumphieren wird; denn die Natur des Menschen ist verderbt. Also selbst wenn sie triumphieren würde, wird dies nur am Ende sein und der Zwischenzustand kann über Jahrhunderte andauern. Gleichwohl denke ich doch, daß es eine Verheißung der Erhaltung an die Kirche gibt, und … da gibt es solche Mittel himmlischer Gnade, daß ich nicht zweifle, sie wird auch in den unreligiösesten und atheistischsten Zeiten überleben."[616] Angesichts dieser Gefahr eines liberalen Rationalismus für die Entfaltung des Evangeliums in der Gesellschaft ist Newmans Lebensgeschichte, wie

---

[616] LD II, 129f.

DIE VERTEIDIGUNG DER WAHRHEIT SEINES LEBENS
(1864 - 1867)

er sie in der Apologia Pro Vita Sua nach bestem Wissen und Gewissen ausfaltete, hochbedeutsam. Eine Frucht der lebenslang praktizierten Bereitschaft, sich für die Wahrheit Gottes zur Verfügung zu stellen, ist das von ihm aufgezeichnete Gebet um wahrhaftige Zeugenschaft.

„Mein teurer Herr, komm und lehre auch mich! Zwar wurde ich das Wort der Wahrheit, das Du einst Deinen Aposteln übergeben hast und das von Geschlecht zu Geschlecht weitergereicht wurde, schon von Kindheit an gelehrt; Deine unfehlbare Kirche ist mir Bürgin dafür. Aber ich brauche Dich und Deine Belehrung Tag für Tag, je nach den täglichen Anliegen und Nöten. Ich brauche Dich, daß Du mir jenen wahrhaft heiligen Sinn für die geoffenbarten Wahrheiten gibst, der mich befähigt, wenn ich einen Teil derselben erkannt habe, die andern im voraus anzunehmen und anzuerkennen. Ich brauche jenes Verständnis für die Wahrheiten über Dich selbst, das mich auf alle Deine anderen Wahrheiten vorbereitet - oder das mich wenigstens vor verkehrten Vermutungen und falscher Deutung bewahrt. Ich brauche die Einsicht des Geistes, den Geist der heiligen Väter und der Kirche, damit ich über bestimmte Punkte nicht bloß sage, was sie sagen, sondern auch denke, was sie denken. In allem behüte mich vor einer Originalität des Denkens, die nicht wahr ist, wenn sie mich von Dir entfernt! Gib mir die Fähigkeit, in allen Geistesfragen zwischen Wahrem und Falschem zu unterscheiden."[617]

Die Freiheit der Theologie und die Unfehlbarkeit des Lehramts

Das autobiographische Denken ist „ein komplexes Wechselspiel von gegenwärtig erinnerter Vergangenheit und gegenwärtig antizipierter Zukunft... Jede Eintragung (in seiner „Apologia",GB) stellte das Leben Newmans in ein neues Licht. Die Orte, die Newman benennt: Schule - Alton - Oxford - das Zimmer im Oriel College - Maryvale - Rom, sie stehen für jeweils neue Lebensaufgaben und Lebenschancen, in denen sich

---

[617] BG, 173.

DIE VERTEIDIGUNG DER WAHRHEIT SEINES LEBENS
(1864 - 1867)

sein Leben neu ordnet und eine Neubewertung unausweichlich ist ... (und es ist zu merken), daß Newman parallel zur Niederschrift dieser Entwicklung an Selbstsicherheit gewinnt, je mehr er von seiner Geschichte erinnert, bewältigt und veröffentlicht hat. ... Newman hat sich in der Apologia von dem auf Vernichtung zielenden Vorwurf Kingleys, er sei ein Mann ohne Wahrhaftigkeit, gleichsam freigeschrieben."[618] Wie er als getreuer Zeuge für die aus dem breiten Strom der Überlieferung kommende katholische Wahrheit gegen extreme Gruppierungen innerhalb der Kirche Stellung bezieht, zeigt Newman im fünften und letzten Kapitel seiner „Geschichte meiner religiösen Überzeugungen", wie der ursprüngliche Titel und spätere Untertitel der Apologia lautet. Jetzt ging es ihm um die „Position meines Geistes seit 1845" und dabei beschäftigen ihn vor allem zwei thematische Schwerpunkte von zukunftsträchtiger Bedeutung: zunehmender Unglaube in der Gesellschaft und beginnende Diskussion über die Unfehlbarkeit der Kirche.

Newman geht von der Wahrnehmung aus, daß sein Glaube an Gott zur Auffassung der Mehrheit in der Gesellschaft seiner Zeit in Kontrast steht:

„Ich gehe also von der Existenz eines Gottes aus, (die mir, wie gesagt, so fest steht wie die Gewißheit meiner eigenen Existenz, obwohl ich bei dem Versuch, den Gründen für diese Gewißheit nach Maß und Zahl eine logische Form zu geben, die mir genügt, auf Schwierigkeiten stoße). Sehe ich von mir aus auf die Welt der Menchen, so bietet sich mir ein Anblick, der mich mit unsäglicher Trauer erfüllt. Die Welt scheint einfach die große Wahrheit Lügen zu strafen, von der mein ganzes Wesen erfüllt ist. Und die Wirkung auf mich ist notwendigerweise nicht weniger verwirrend, als wenn dieselbe Welt meine eigene Existenz leugnete. Wenn ich in einen Spiegel schaute und darin mein Gesicht nicht sähe, so hätte ich ungefähr dasselbe Gefühl, das mich jetzt überkommt, wenn ich die lebendige, geschäftige Welt betrachte und das Spiegelbild ihres Schöpfers nicht in ihr finde. ... Wäre es nicht diese Stimme, die so deutlich in meinem Gewissen und in meinem Herzen spricht, ich würde bei der Betrachtung der Welt zum

---

[618] L. Kuld, Glaube in Lebensgeschichten, Stuttgart u. a. 1997, 170 u. 175. Vgl. J. H. Buckley, Newman's Autobiography, in: Ker - Hill, 108 u. 110.

DIE VERTEIDIGUNG DER WAHRHEIT SEINES LEBENS
(1864 - 1867)

Atheisten, Pantheisten oder Polytheisten. Ich rede hier nur von mir selbst; es liegt mir fern, die wirkliche Kraft der Beweisgründe für die Existenz Gottes zu leugnen, die aus der allgemeinen Tatsache der menschlichen Gesellschaft und aus dem Gang der Geschichte genommen werden; aber sie erwärmen und erleuchten mich nicht ..." Newman skizziert den Gang der Menschheitsgeschichte und verweist auf „die Enttäuschungen des Lebens, die Niederlage des Guten, den Triumph des Bösen, körperliche Leiden und geistige Drangsale, die Vorherrschaft und Gewalt der Sünde, den überhandnehmenden Aberglauben, die Verkommenheit, die schauerliche Irreligiosität, die keine Hoffnung läßt, kurz, den Zustand des ganzen Menschengeschlechtes ...: Was soll man angesichts dieser herzerschütternden und vernunftverwirrenden Tatsache sagen? Ich weiß nur eine Antwort: Entweder es gibt keinen Schöpfer, oder die lebende menschliche Gesellschaft ist in Wahrheit aus seinen Augen verstoßen. Wenn ich einen Jungen sähe von edler Gestalt und guten Geistesanlagen, mit allen Anzeichen einer vornehmen Natur, ohne Mittel in die Welt hinausgestoßen, außerstande zu sagen, woher er kommt, welches sein Geburtsort oder seine Familie ist, so würde ich den Schluß ziehen, daß irgend ein Geheimnis sich an seine Geschichte knüpft und daß er ein Wesen ist, dessen sich seine Eltern aus diesem oder jenem Grunde schämen. Nur so wäre es mir möglich, den Gegensatz zwischen dem, was er sein könnte und dem, was er ist, zu erklären. So ... muß das Menschengeschlecht von der Wurzel her in irgendein furchtbares Unheil verstrickt sein. Es hat die Verbindung mit den Absichten seines Schöpfers verloren. Das ist eine Tatsache, so sicher wie die Tatsache seiner Existenz. Und darum ist die Lehre von dem, was Theologen Erbschuld nennen, in meinen Augen fast ebenso gewiß wie die Existenz der Welt und die Existenz Gottes."[619]

An diesen Situationsbefund der Menschheitsgeschichte und der gegenwärtigen Menschheit schließt sich Newmans zweiter Themenkreis in diesem Kapitel an: die Notwendigkeit und Beschaffenheit der Kirche.

---

[619] A, 278 - 280.

DIE VERTEIDIGUNG DER WAHRHEIT SEINES LEBENS
(1864 - 1867)

Wenn Gott den Menschen nicht im Skeptizismus enden lassen wolle, so Newmans Gedankengang, dann müsse man annehmen, er habe angesichts der real eben so rätselhaft verlaufenden Menschheitsgeschichte eine Vorsorge getroffen, eine institutionell verankerte Autorität vorgegeben, der er die Wahrheit über die Zielbestimmung des Menschen und der Menschheit anvertraut habe. Newman stellt also das Postulat auf, daß die mit Unfehlbarkeit ausgestattete Institution Kirche logisch notwendig ist, wenn der Umgang des Menschen mit der Wahrheit, der Gerechtigkeit und dem Sinn seines Lebens so unverantwortlich geschieht, wie es allenthalben der Fall ist. Übrigens konnten und können soweit auch die anglikanischen Leser Newmans Argumentation zustimmen; denn Unfehlbarkeit im Sinne einer Unverderbbarkeit (incorruptibility) der Kirche gehört mit zu ihren Glaubensauffassungen.[620]

> „So komme ich auf die Unfehlbarkeit der Kirche zu sprechen als einer Einrichtung, die der Schöpfer in seinem Erbarmen getroffen hat, um die Religion in der Welt zu erhalten, die Freiheit des Denkens, die an sich unleugbar eine der vornehmsten Gaben der Natur ist, einzuschränken und sie vor ihrem eigenen selbstmörderischen Übermut zu retten ... Ich behaupte also: eine Macht, die in religiösen Fragen Unfehlbarkeit besitzt, ist in der Ordnung menschlicher Angelegenheiten ein wirksames Werkzeug, um die maßlose Energie des aggressiven, boshaften und unzuverlässigen Verstandes in harte Zucht zu nehmen und in seine Grenzen zurückzudrängen ... Sie (d. h. die Kirche) lehrt nicht, daß die menschliche Natur unheilbar sei ...; auch nicht, daß sie zunichte gemacht und ins Gegenteil verändert werden müsse, sondern befreit, gereinigt und erneuert; sie lehrt nicht, daß die Natur eine bloße Masse hoffnungsloser Übel, sondern Trägerin großer Verheißungen sei ... Sodann aber weiß und lehrt sie auch, daß eine Erneuerung ... nicht durch bloße Einwirkung von außen, durch Predigt und Belehrung ... zu erreichen ist, sondern nur mit Hilfe einer inneren geistigen Kraft oder Gnade, die unmittelbar

---

[620] Zu den verschiedenen Ansichten klassischer anglikanischer Theologen, die darin übereinkommen, daß die ungetrennte Christenheit das Prädikat der Unfehlbarkeit beanspruchen konnte und daß für eine Zweigkirche, wie die anglikanische, daraus zumindest der Anspruch auf Unvergänglichkeit (indefectible) herzuleiten ist, vgl. G. Biemer, Überlieferung und Offenbarung, Freiburg u. a. 1961, 28 - 30.

DIE VERTEIDIGUNG DER WAHRHEIT SEINES LEBENS
(1864 - 1867)

von oben mitgeteilt wird und die sie hier unten vermittelt. Sie hat den Auftrag, die menschliche Natur von ihrem Elend zu heilen."[621] Es sei daran erinnert, daß Newman bereits 1845 in seinem „Essay über die Entwicklung der christlichen Lehre" von der „Wahrscheinlichkeit einer sich entfaltenden Autorität im Christentum" ausgeht, die die Wurzel der Unfehlbarkeit der Kirche überhaupt darstellt, aus der wiederum die Konkretisierung des unfehlbaren Lehramtes der Kirche erwächst.[622] So gesehen, werden Newmans eigene Überlegungen zur Zuständigkeit und Tragweite dieses Amtes wenige Jahre vor der formellen Dogmatisierung im I. Vatikanischen Konzil (1869/1870) umso authentischer und seine seine Glaubenshaltung dazu umso mehr glaubwürdig. Inhaltlich geht es Newman um die Zuständigkeit des kirchlichen Lehramtes, selbst festzulegen, was zur Offenbarung gehört, die der Kirche anvertraut ist, und somit auch die Grenzen und Bezüge zu anderen Ansprüchen von Wahrheiten in Gesellschaft und Wissenschaft zu bestimmen. Die Kirche erhebt „den Anspruch, mit Sicherheit jeden Teil der göttlichen Botschaft, die der Herr seinen Aposteln übergeben hat, seinem wahren Sinn nach zu erschließen. Sie erhebt den Anspruch, ihre eigenen Grenzen zu kennen und bestimmen zu können, was sie unbedingt entscheiden kann und was nicht. Sie erhebt überdies den Anspruch, auf nicht unmittelbare religiöse Angelegenheiten insofern einen Einfluß zu haben, als sie feststellen kann, ob diese sich mittelbar auf die Religion beziehen, und entsprechend ihrem endgültigen Urteil zu erklären, ob solche Behauptungen im Einzelfall mit der geoffenbarten Wahrheit vereinbar sind oder nicht. Sie erhebt kraft ihrer Lehrautorität den Anspruch, zu entscheiden, ob diese oder jene Lehren, mögen sie in ihren Bereich gehören oder nicht, nach ihrem Geiste oder in ihren Folgen den Glaubensinhalten unzuträglich sind oder nicht und sie dementsprechend zu billigen oder abzulehnen ... Sie erhebt den Anspruch, unter Umständen Stillschweigen aufzuerlegen über Lehrfragen und Kontroversen, die sie kraft ihres Spruches als gefährlich, ungehörig oder unzeitgemäß erklärt. ... Das ist, konkret betrachtet, die Unfehlbarkeit, die der Katholischen Kirche übertragen ist mit allen Zeichen ihrer hohen Vollmacht. Sie ist ... eine erhabene, ungeheure Machtbefugnis, auf die

---

[621] A, 283 - 286.
[622] Vgl. E, 71ff. u. 502f.

DIE VERTEIDIGUNG DER WAHRHEIT SEINES LEBENS
(1864 - 1867)

Erde gesandt, um einem riesenhaften Übel entgegenzutreten und es zu meistern."[623] In diesen Konturen beschreibt Newman die Zuständigkeit der Kirche für die Glaubensverteidigung sechs Jahre vor der Definition der Unfehlbarkeit ihres Lehramtes. Damit bestimmt er eine theologisch vertretbare, weil dogmengeschichtlich bereits vorhandene Position in der Mitte zwischen zwei extremen Standpunkten. Den einen sieht er im religiösen Rationalismus, den er als Liberalismus bezeichnet; durch ihn wird dogmatische Verbindlichkeit für Glaubensaussagen in der Kirche so weit relativiert, daß der Sachverstand des Zeitgeistes oder die Einsicht des einzelnen zum Maß der Glaubensauslgegung werden. In dieser Perpektive der Opportunität sieht Newman den Ernst der Selbstoffenbarung Gottes aufgegeben und die Sendung der Kirche gestört. Die andere extreme Position erschien ihm durch jene Leute repräsentiert, die im Vorfeld der kommenden I. Vatikanischen Konzils meinten, alles, was der Papst sage, sei unfehlbar und diese Meinung sei dogmatisierbar. Vor ihnen warnt Newman ebenfalls, weil durch sie, „die kirchliche Obrigkeit zufällig von einer gewalttätigen, maßlosen Partei unterstützt wird, die Meinungen zu Dogmen erhebt und der es vor allem darum zu tun ist, jede andere (theologische) Schule unmöglich zu machen."[624]

Wie fremd und jeglichem Zeitgeschmack entgegenstehend die Sendung und die daraus folgende Aufgabe der Kirche zu sein hat, skizziert Newman an zwei bewußt kontrastierenden und somit provozierenden Beispielen, für deren Wahrheitsgehalt er aber kompromißlos einsteht:

„Die Katholische Kirche hält es für besser, wenn Sonne und Mond vom Himmel fallen, wenn die Erde untergeht und all die vielen Millionen Geschöpfe auf ihr in schrecklicher Todesnot Hungers sterben, -soweit das nur zeitliche Trübsal bedeutet -, als daß eine einzige Seele, ich will nicht sagen verlorengehe, sondern sich nur eine einzige läßliche Sünde zuschulden kommen läßt, eine freiwillige Unwahrheit sagt oder einen einzigen elenden Pfennig ohne Entschuldigung stiehlt." Angesichts konkreter Auswirkung von riesigen Naturkatastrophen auf die Betroffenen als ihre Opfer, verschlägt es einem beim Lesen der prinzipiell formulierten Aussagen manchem die Sprache. Aber im Grunde ist Newmans Satz nur

---

[623] A, 288f.
[624] A, 299.

DIE VERTEIDIGUNG DER WAHRHEIT SEINES LEBENS
(1864 - 1867)

eine Fortschreibung des Paulinischen Grundsatzes, wonach die Leiden dieser Zeit in keinem Verhältnis stehen zu der Herrlichkeit Gottes, die an denen offenbar werden soll, die in der Spur Jesu Christi begnadet sind und glauben (Röm 8, 18).[625] Diese Inkommensurabilität - d.h. die auf Grund der unendlichen Verschiedenheit zwischen Himmel und Erde herrschende Unvergleichbarkeit - hat die Kirche als eine Kontrastbotschaft auch im sozialen bzw. anthropologischen Bereich rücksichtslos geltend zu machen. Im Blick auf das bereits zugeschärfte Bewußtsein des ökonomischen Gefälles zu den Ländern der sogenannten Dritten Welt hat dieser Kontrast zumindest innerkirchlich bereits Plausibilität gewonnen. Newmans exemplarische Beschreibung dafür lautet in seiner Sprache so: „Eine nachlässige, zerlumpte, schmutzige Bettlerin, die Märchen erzählt, hat mehr Aussicht auf den Himmel, wenn sie nur sanftmütig, keusch, beherrscht, heiter und religiös ist, als ein vollendeter Staatsmann, Rechtsgelehrter oder Adeliger, wenn dieser auch noch so gerecht, aufrichtig, edel, ehrenhaft und gewissenhaft ist, es sei denn, er habe auch - (so, wie sie, GB) - Anteil am Besitz der göttlichen Gnade des Christentums."[626]

Nachdem Newman so zunächst den faktischen Mängelzustand der menschlichen Gesellschaft und seine prinzipielle Unbehebbarkeit aus eigenen Kräften beschrieben hatte, nachdem er zweitens die Kompetenz einzig der römisch-katholischen Kirche für die von Gott selbst vermittelte Heilbarkeit und Heilung in der Aussichtslosigkeit der Menschheitsgeschichte ausgefaltet hatte - und somit noch einmal bekräftigt, weshalb er gerade zu dieser „einen wahren Herde des Erlösers" konvertiert war -, wandte er sich schließlich einem dritten Themenkreis zu, der nach seinem Dafürhalten im Argen liegt: dem Verhältnis von Glaube und Wissenschaft. Hatte er bisher die Kompetenz des Lehramts der Kirche zur Sicherung der Offenbarungsüberlieferung ausgefaltet, so zeigte Newman im folgenden, daß es ihm als genauso wichtig erscheint, den *Spielraum der Freiheit zu beanspruchen, den das Lehramt der Kirche für die Forschung* in den Wissenschaften zu gewähren habe. Es geht Newman nicht nur um die Zuständigkeit der naturwissenschaftlichen und der

---

[625] A, 285.
[626] A, 287.

DIE VERTEIDIGUNG DER WAHRHEIT SEINES LEBENS
(1864 - 1867)

historischen Forschung in ihren eigenen Bereichen. Er fordert den Spielraum der Freiheit dabei auch und gerade für die Theologie, für deren Pluralität in verschiedenen theologischen Schulen, wie sie in der Geschichte der Kirche bereits im Mittelalter üblich gewesen sind. Diese Vielfalt dürfe nicht einer Zentralisierung geopfert werden, so Newman. Ohne die Freiheit in der theologischen Forschung komme sich jeder Theologe überwacht vor und würde sich nicht getrauen, seine Einsichten zu äußern. Gerade das jedoch sei für die Findung der jeweils notwendigen Auslegung der Offenbarung durch das Lehramt unumgänglich wichtig. Wiederum sieht Newman eine doppelte Frontstellung und Aufgabe. Einerseits gibt es die Vertreter einer liberalen, d. h. rationalistischen Auffassung von Religion. durch sie wird Abneigung, Widerwillen und Kritik gegen manche Äußerungen des Lehramts formuliert. „In vielen Männern (und Frauen, GB) der Wissenschaft und Literatur herrscht auch eine gewisse Gereiztheit, die aus einem persönlichen Erlebnis her kommt. Zu beweisen, daß das Christentum und die (Heilige, GB) Schrift keinen Glauben verdienen, ist für sie Partei- oder Ehrensache, Ausübung eines Sports oder Genugtuung für ihre Reizbarkeit und ihren Ärger über die Schärfe und Engherzigkeit der Verteidiger der Religion."[627] Ihnen gegenüber gilt es als wahr anzuerkennen, was in ihren kritischen, polemischen Äußerungen enthalten ist; zugleich aber auch deutlich die „maßlose Verwirrung, welche die neuen Erkenntnisse und Spekulationen unter ihren elementarsten religiösen Begriffen angerichtet haben", eindeutig zu markieren. - In Sachen der Theologie sei es hingegen wichtig, einzusehen, daß Lehre und Leitung der Kirche der vom Geist gegebenen Begabung und Ideenfülle der Theologen bedarf. „Nicht der Heilige Stuhl, sondern große Männer sind in der theologischen Forschung vorangegangen und haben dem katholischen Geist in theologischen Fragen eine Führerschaft gesichert", meint Newman und hält Zeiten der Dürre und Unfruchtbarkeit von Theologie und Glauben für die Folge unzureichender Entfaltungsmöglichkeiten für theologische Schulen auf dem Erdenrund. Im Mittelalter habe es genug Diskussionsraum gegeben, insofern die an einer Stelle aufgestellten Hypothesen erst an anderer Stelle auf dem gleichen universitären Niveau aufgegriffen und bekämpft worden seien. Und „erst nach langer Zeit" der Diskussion habe die oberste Lehrinstanz eingegriffen

---

[627] A, 300f.

und aus dem Vorrat der inzwischen erarbeiteten Perspektiven die endgültige Entscheidung gefällt. Wäre es anders, dann hätte auch ein begabter Theologe unter Umständen nicht mehr den Mut, angesichts der sogleich drohenden Beurteilung und Verurteilung den Mund aufzutun: „Wenn er wüßte, daß eine höchste, entscheidende Autorität jedes seiner Worte überwachen und zu jedem Satz und zu jeder Äußerung ihre Zustimmung oder ihr Mißfallen äußern würde, dann würde er in der Tat wie die persischen Soldaten unter der Peitsche kämpfen, und man könnte mit Recht sagen, die Freiheit seines Geistes sei durch die unfehlbare Autorität erdrückt worden. Aber das ist nicht der Fall ...“[628]

Newman verweist in diesem letzten Teil seiner Apologia Pro Vita Sua noch einmal auf seine Vision, wie Theologie fruchtbare Vorschläge für das Heutigwerden der Offenbarung zustande bringen könne und einzubringen habe. Der Nachklang seiner Dubliner Vorträge, in denen schon die Unterscheidung zwischen Bildung und Gnade und zwischen dem ungerechtfertigten Staatsmann oder Adligen und der religiösen und begnadeten Bettlerin zum Vorschein kam, wird hier noch einmal deutlich. Die Respektierung der Forschung eines jeden einzelnen bedeutsamen Theologen und das Kräftespiel der wissenschaftlichen Auseinandersetzung zwischen den theologischen Schulen solle nicht beargwöhnt sondern gefördert werden, damit die Wahrheit auf dem Weg der Freiheit und Verantwortung zutage kommen könne. „Jeder menschliche Schriftsteller ist gerechter Kritik unterworfen. Aber zwingt man ihn, seine Akten zu schließen, gut, so verliert man vielleicht dadurch ein Werk, das im ganzen trotz gelegentlicher Irrtümer - direkt oder indirekt, je nach Art des Themas - eine der besten Verteidigungen der Offenbarung gewesen wäre, die der Welt jemals gegeben wurden." Darauf hatte Newman in seinen Dubliner Vorlesungen aufmerksam gemacht. Nun verwies er auf die Bedeutsamkeit örtlicher Schulen der Theologie rings um den Erdball: „Sie mäßigen die Neigung, welche die lokalen Einflüsse Italiens auf den Heiligen Stuhl ausüben könnten. Es versteht sich von selbst, daß Rom einen italienischen Grundzug hat, wie die gallikanische Kirche einen französischen. Und es geschieht ohne Beeinträchtigung des Eifers und der Hingabe, mit denen wir uns dem Heiligen Stuhl unterwerfen, wenn wir dies offen zugeben. Die

---

[628] A, 307.

DIE VERTEIDIGUNG DER WAHRHEIT SEINES LEBENS
(1864 - 1867)

Katholizität ist nach meinem Empfinden, wie schon gesagt, mehr als ein bloßes Merkmal der Kirche, sie ist nach dem Willen Gottes auch ein Schutz für sie."[629] Mit seiner „Apologia Pro Vita Sua" zeigte Newman der englischen Öffentlichkeit, daß er gegenüber der „Kirche von England" und ihren Vertretern auch nicht einen Rest von Groll hegte. Er begegnete ihr mit Großzügigkeit und Dankbarkeit dafür, daß sie ihm zum Weg zur wahren Kirche Jesu Christi geworden war.

So brachte Newman in der englischen Öffentlichkeit ein neues Bild des katholischen Priesters zum Vorschein, der alles andere als geistig eng und ferngesteuert war, vielmehr die Kultiviertheit besten Oxforder Denkstils mit römisch-katholischem Glauben verband. „Ich wage zu sagen", schrieb der Anglikaner Richard H. Hutton über die Apologia, daß sie „mehr getan hat, um das englische Mißtrauen gegenüber den Römisch-Katholischen niederzureißen und eine herzliche, gute Gemeinschaft zwischen ihnen und den Mitgliedern anderer Kirchen zu schaffen als die übrige religiöse Literatur unserer Zeit zusammengenommen."[630] Die meisten Zeitschriften widmeten Newmans Buch Rezensionen, in denen es uneingeschränkt gelobt wurde. „Dr. Newman ist einer der feinsten Meister der Sprache; seine logischen Kräfte sind fast ohnegleichen und auf die eine oder andere Weise hat er die Richtung des englischen Denkens vielleicht mehr beeinflußt als irgendein anderer seiner Zeitgenossen", schrieb die Saturday Review am 25. Juni 1864[631] Für Newman war es sein Comeback in die Öffentlichkeit der englischen Gesellschaft nach Jahrzehnten der Vergessenheit und teilweisen Mißachtung. Dementsprechend reagierten auch seine Freunde: „Leg Deine Feder nicht mehr aus der Hand, jetzt, da Du sie mit solcher Kraft und unter Bewunderung von *allen* wieder aufgenommen hast",[632] schrieb ihm James Hope-Scott (1812 - 1873), ein Konvertit, der sein juristischer Berater in der Phase der Universitätsgründung in Dublin war. Ganze Gruppen von katholischen Priestern aus verschiedenen Diözesen Englands sandten Newman

---

[629] A, 308. - Daß dies erst das vorletzte Wort Newmans zur Sache ist, zeigt er hernach in seinem Vorwort zur 3. Auflage der „Vorlesungen über das prophetische Amt der Kirche" von 1877.
[630] Richard H. Hutton, Cardinal Newman, London, 2. Aufl. 1891, 230.
[631] Vgl. die Einleitung in der kritischen Ausgabe der Apologia Pro Vita Sua, edited, with an Introduction and Notes by Martin J. Svaglic, Oxford 1967, 2. Aufl. 1990.
[632] LD XXI, 107, Anm. 1.

DIE VERTEIDIGUNG DER WAHRHEIT SEINES LEBENS
(1864 - 1867)

Dankadressen; denn schließlich hatte er ja auch ihre Ehre gegenüber dem Angriff von Kingsley verteidigt. Die Times vom 16. Juni betonte, daß „jeder redliche Leser Dr. Newman von irgendwelchen unehrenhaften Absichten gegenüber der Kirche von England während seiner Mitgliedschaft in ihr freisprechen werde." Andere betonten die Lauterkeit seines Lebenslaufs und das Opfer, das er für seine Glaubensüberzeugung gebracht hat. Bischof Ullathorne bot ihm unter dem Eindruck seiner Apologia an, daß er ihn zum Leiter einer Seelsorgestelle in Oxford machen wolle.[633] Andere, wie Henry Edward Manning, Herbert Vaughan, der spätere Kardinal, William George Ward u.a. fühlten sich in ihren theologischen Auffassungen angegriffen, und das zu Recht.

Das Buch bekam, schon wegen seines brillanten Stiles, einen Stellenwert in der Wirkungsgeschichte der englischen Literatur als Klassiker des Viktorianischen Zeitalters. Bereits kurze Zeit darauf wurden die zunächst als Flugschriften erschienenen Kapitel zu einer Monographie zusammengefaßt unter dem Titel „Geschichte meiner religiösen Überzeugungen", der, wie gesagt, später zum Untertitel der „Apologia Pro Vita Sua" wurde. Fast jedes Jahr erschien in der Folgezeit eine Neuauflage dieses Buches.[634] „Wenige Bücher haben ihren Zweck auf so triumphale Weise erreicht wie dieses bemerkenswerte Werk", heißt es im Dictionary of National Biography, „seine einfache Strahlkraft bewirkte selbst bei seinen theologischen Gegnern Überzeugung, während es die Hochschätzung des Autors in der Öffentlichkeit revolutionierte."

Glaubensgeschichtlich wurde die Apologia bald mit den Bekenntnissen (Confessiones) des heiligen Augustinus verglichen. Unzählige Menschen haben seither bekannt, daß diese Autobiographie der Newmanschen Glaubensgeschichte auch ihren eigenen Weg zur Bekehrung gebahnt oder doch beeinflußt habe, sei es eine Bekehrung zu tieferem Glauben an Gott, sei es die Konversion zur Römisch-Katholischen Kirche. Die Wirkungsgeschichte der Rechtfertigung des Lebens zwischen Gott und der Welt, wie sie Newman beschrieben hat, gehört heute auch zu den Klassikern der Spiritualität in der Weltliteratur.

---

[633] LD XXI, 231.
[634] Vgl. Blehl, Nr A 1 a - t; er zählt bis 1889 19 Auflagen

DIE VERTEIDIGUNG DER WAHRHEIT SEINES LEBENS
(1864 - 1867)

Der Traum vom seligen Sterben

Ein literarisches Zeugnis ganz anderer Art brachte Newman im Juni des Jahres 1865 an die Öffentlichkeit. Es war wie ein eruptives Werk aus ihm aufgetaucht. In zwei Folgen veröffentlichte er es zunächst anonym in der Zeitschrift „The Month"[635] (Der Monat) und im Jahr darauf als kleine Monographie: „Der Traum des Gerontius" (The Dream of Gerontius). Einem Freund, der Newman zu weiteren Fortsetzungen ermutigen wollte, schreibt er: „Ich versichere Ihnen, daß ich nichts mehr über den Gerontius zu produzieren habe. Am 17. Januar dieses Jahres kam mir in den Kopf, es zu schreiben. Ich kann wirklich nicht sagen wie; und ich schrieb, so lange, bis es fertig war, auf kleine Papierstücke. Und ich könnte durch Wollen ebenso wenig mehr schreiben als daß ich fliegen könnte."[636] Das dramatische Gedicht, das die vollkommensten Verse aus Newmans poetischer Literatur enthält, die er geschrieben hat, handelt vom Sterben des Menschen. Es schildert die Zwischenphasen beim Heimgang der Seele aus dieser Welt und bei der Begegnung mit ihrem Schutzengel. Im Dialog mit dem Engel gelangt die Seele selbst angesichts der Nähe Gottes zu dem Gespür und der Einsicht, daß sie noch der Läuterung bedarf.

Unter den herausragenden Stellen ist das abschließende Glaubensbekenntnis des von dieser Welt Scheidenden, das unter den Schatz der englischen Kirchenlieder aufgenommen wurde:

> „Fest ich glaub und ohne Wanken,
> Gott ist Drei und Gott ist Eins;
> und sodann bekenn ich gläubig,
> daß Gott Sohn ward wahrer Mensch;
> ich vertraue voller Hoffnung,
> auf das Kreuz des Menschen Sohns.
> so, wie er den Tod erlitten,
> töt ich auch die Sünd in mir.
> Einzig seiner Gnad ich danke

---

[635] Die Zeitschrift, die Newman seit ihrer Gründung durch Fanny Marguerite Taylor (1832 - 1900) mit seiner Beratung unterstützte und die vom Juli 1865 an von dem Jesuiten Henry James Coleridge (1827 - 1893) herausgegeben wurde, brachte vor allem Beiträge zu allgemein verständlichen Fragen der Literatur, Kultur, Bildung und Erziehung, auch der Theologie.
[636] LD XXII, 72.

DIE VERTEIDIGUNG DER WAHRHEIT SEINES LEBENS
(1864 - 1867)

> Licht und Leben, jede Kraft;
> und zu höchst und einzig lieb ich
> ihn, der heilig, ihn, der stark ..."[637]

In welch poetischer Sprache Newman dogmatische Glaubensaussagen zu formulieren vermag, zeigt sich an seiner Darstellung der physischen Pein der körperlosen Seele:

> „Hast du nicht schon gehört, daß, wer verlor
> Hand oder Fuß, oft schrie noch, daß ihn schmerzt
> Hand oder Fuß, als wären sie noch da?
> So ist's mit dir, der mehr als Hand und Fuß
> verlor: das ganze körperhafte Sein.
> So bleibt es bis zu jenem Freudentag
> der Auferstehung, wo zurückerhältst
> du das Verlorene, neu und ganz verklärt.
> Doch wie schon jetzt den Herrn im Himmel schaun
> die Heiligen, darf ich nicht sagen dir.
> Laß so genügen dir an dem, was an
> Empfindung dir gewährt, bleibst du auch blind,
> bis du zur Klarheit seliger Schau gelangst."

Mit vielfältigen Strophen singen Engelchöre zum Lobpreis Gottes:

> „Preis sei dem Heil'gen in der Höh
> und Tiefe ewiglich
> in Wort und Handeln wunderbar
> und unerschütterlich! ..."

Der Geleitengel der Seele erklärt:

> „Sie singen von der Pein, die deiner harrt,
> nach der du so begierig hast gefragt:
> Erfüllen wird dich mit solch heft'gem Schmerz
> des Mensch geword'nen Gottes Angesicht.

---

[637] Die Originalfassung des „The Dream of Gerontius" in: VV 323 - 370. Die Übersetzung von Paul Pattloch in: Der Traum des Gerontius von John Henry Newman, Aschaffenburg, 2. Aufl. 1960, 6f. (zweisprachige Ausgabe). Die folgenden Stellen S. 45 f. u. 59f.

DIE VERTEIDIGUNG DER WAHRHEIT SEINES LEBENS
(1864 - 1867)

> Und doch wird die Erinn'rung daran sein
> ein lindernd Mittel, das die Wunde heilt ...
>
> Ihn zu ersehen, wenn du Ihn nicht siehst;
> in Scham versinkend, denkst du dich Ihm nah, -
> und besteht die wahrste, tiefste Läuterung ..."

Im Schlußgesang der Seele heißt es:

> „Trag mich hinweg, und in der tiefsten Nacht
> laß mich nun sein.
> In stiller Hoffnung haltend dort die Wacht
> für mich allein.
> Dort, regungslos, voll Glück in tiefstem Schmerz
> und unverzagt,
> sing ich mein ewig Klaglied himmelwärts,
> bis Rettung tagt ..."

Newmans dramatisches Gedicht über des Menschen Hinübergang zur Läuterung fand gute Aufnahme und hohes Lob in vielen Rezensionen. Richard William Church schrieb im „Guardian", es erinnere an Dantes Divina Commedia. Newman bemerkte in seinem Antwortbrief, seine Worte seien mehr „die Bemerkungen eines Freundes als eines Kritikers - und da ich nicht anders kann als freundliche Freunde mehr zu lieben als unparteiische Kritiker, fühle ich mich von einer Darstellung, die eine so delikate Zuneigung atmet, äußerst berührt ... Eine Sache machte mich erröten - wenn ein alter Mann noch erröten kann - das über den Bogen Dantes," den Newman mit mächtigem Arm gespannt habe.[638] Größte Publizität erhielt Newmans Gedicht vom sterbenden Menschen zweifellos durch seine Vertonung als Oratorium von Edward Elgar im Jahre 1900.[639]

Wie sehr sich Newmans Leben durch die Möglichkeit verändert hatte, vor der Öffentlichkeit seiner englischen Mitbürger der verschiedensten weltanschaulichen Einstellungen über sich Rechenschaft abzulegen, und wie sehr es ihn beeindruckte, daß die Menschen positiv auf ihn reagierten

---

[638] LD XXIV, 42.
[639] Vgl. Percy N. Young, Elgar (1857 - 1934), Newman and the Dream of Gerontius in Tradition of English Catholicism (Scolar Press, Aldershot-Brookfield 1995. CD: Chondus Records, Colchester 1988).

DIE VERTEIDIGUNG DER WAHRHEIT SEINES LEBENS
(1864 - 1867)

und ihn und seinen Lebensweg akzeptierten, gerade auch, wenn sie anderer Meinung waren und andere Wege gingen, das zeigte sich nun in Newmans veränderter Selbsteinschätzung. Der Umschwung der öffentlichen Meinung zu seinen Gunsten zeigt in der Auswirkung auf Newmans Person ein prominentes Beispiel für die soziologische Theorie, daß die Identität eines Menschen eben nicht nur aus dem intensiven Gefühl der Übereinstimmung mit sich selbst entspringt, sondern auch eine soziale Dimension hat, die aus der Übereinstimmung mit den Erwartungen anderer folgt. Die Kraft und der Mut, nun wieder mit eigenen Schriften an die Öffentlichkeit zu gehen, waren zurückgekehrt. „Aus lauter Wohlwollen schreiben Freunde und Gönner günstige Rezensionen meines kleinen Buches, und aus Dankbarkeit bin ich verpflichtet zu lesen, was sie großmütig über mich sagen. ... Bis zur Apologia hielt man mich für passé und vergessen. Die Kontroverse, aus der sie entstand ... und der „Traum des Gerontius" haben mich in den Vordergrund gerückt, und nun müßte ich wirklich schwer zufriedenzustellen sein und sehr undankbar ihnen gegenüber und gegen Gott, wenn ich diese Meinung, die sie von mir haben, nicht gebührend schätzen würde," schreibt Newman in seinem Tagebuch: „Eine Reaktion hat eingesetzt, und niemand weiß, wo ihre Grenzen sein werden."[640]

Im Sommer 1865 schenkten ihm seine alten anglikanischen Freunde und Mitfellows aus Oriel College Richard William Church, der spätere Dekan der St. Pauls-Kathedrale in London, und Frederic Rogers (Lord Blachford), der spätere Unterstaatssekretär im Kolonialministerium, im Andenken an alte Zeiten eine Geige. Der Musikladen hatte ihm drei Instrumente zur Auswahl gesandt - „und ich wählte zitternd aus Furcht, ich sei kaum in der Lage, eine gute Wahl zu treffen. Und danach waren meine Finger in einem solchen Zustand, weil die Saiten eingeschnitten hatten, daß ich bis zum letzten Samstag Pflaster über den Kuppen kleben hatte", schreibt Newman wohlgelaunt in seinem Dankesbrief. „Aber am Samstag machte ich eine gute Runde durch Beethovens Quartette ... - und hielt sie für hervorragender denn je - so daß ich gezwungen war, das Instrument abzusetzen und buchstäblich aufschrie vor Entzücken. Was jedoch mehr zur Sache ist: Ich konnte feststellen, daß ich eine ganz wunderbare Geige

---

[640] SB, 342.

Die Verteidigung der Wahrheit seines Lebens
(1864 - 1867)

bekommen habe, - wie ich nie zuvor eine hatte. Denk Dir nur, daß ich eine solche erst (jetzt) bekommen habe, da ich zwischen 60 und 70 Jahre alt bin; - und angefangen zu lernen habe ich, als ich zehn war. - Immerhin glaube ich wirklich, daß sie zu meiner Arbeitskraft und zur Verlängerung meines Lebens beitragen wird. Ich habe nie mehr geschrieben als wenn ich Geige spielte. Ich schlafe immer besser nach Musik. Es muß da einen elektrischen Strom geben, der von den Saiten durch die Finger in das Gehirn und das Rückenmark hinunter geht. Vielleicht ist Denken Musik."[641]

Pläne für ein Oratorium in Oxford

Newman, den großen Oxforder Konvertiten, schließlich als Vorsteher einer katholischen Priestergemeinschaft nach Oxford zurückkehren zu sehen und ihn damit als Mittelpunkt katholischen Geisteslebens am Ort seines ursprünglichen Wirkens zu erleben, wen hätte diese Aussicht unter allen, die der katholischen Kirche in England weiteren Aufschwung wünschten, nicht fasziniert? Verständlich ist natürlich, daß diese Möglichkeit unter Anglikanern mit gemischten Gefühlen betrachtet wurde. Aber auch unter den Katholiken gab es solche, die befürchteten, Newman werde dorthin zurückkehren. Sie hatten Grund zur Annahme, Newmans Faszination werde katholische Jugendliche geradezu zum Studium ins anglikanische Oxford locken und die Bedenken ihrer Eltern, die bisher durch die Hierarchie untermauert wurden, zerstreuen. Anderseits war die Tatsache nicht zu übersehen, daß seit dem Jahre 1854 die Pflicht zur Unterzeichnung der Anglikanischen XXXIX Artikel aufgehoben worden war und somit wohlhabende katholische Familien ihre Söhne in wachsender Zahl zum Studium an eine der berühmten Universitäten sandten. Newman selbst hatte von da an Sympathie mit dem Plan, in Oxford ein katholisches College oder Studentenwohnheim („Hall") zu errichten. Er distanzierte sich lediglich von dem Plan, eine Gedächtniskirche für die Oxforder Konvertiten zu bauen; denn darin sah er

---

[641] Brief an R. W. Church vom 11. Juli 1865: LD XXII, 9.

DIE VERTEIDIGUNG DER WAHRHEIT SEINES LEBENS
(1864 - 1867)

ein polemisches Unternehmen, das die Anglikanische Kirche provozieren mußte und ihren anglo-katholischen Flügel schwächen würde.

Im August 1864 wurde Newman ein Grundstück von fünf Ar in Oxford angeboten. Fast zur gleichen Zeit - am 23. August - stattete Bischof Ullathorne einen Besuch im Oratorium in Edgbaston ab. Newman erwähnte das Oxforder Angebot und der Bischof sagte: „'Ich werde Ihnen die (pastorale) Sendung übertragen.' Das überraschte mich ganz und gar; denn, als ich Land für ein Oratorium kaufte, dachte ich niemals, daß ich oder wir dorthin gehen sollten - denn wie konnte ich dort hingehen und (gleichzeitig) hier sein?"[642] Einen Monat später teilte Newman dem Bischof mit, daß er in dessen Sinn ein Grundstück erworben habe. Aber nun zeigte sich der Bischof plötzlich besorgt. Im Dezember fand eine außerordentliche Bischofskonferenz in London statt, bei der erörtert wurde, ob Katholiken an „protestantischen" Universitäten studieren dürften. Dabei waren sich die Bischöfe einig, „daß es kein College oder Studentenwohnheim für Katholiken an der Oxforder Universität geben dürfe" und „daß Katholiken davor gewarnt werden müßten, dahin zu gehen, weil es für ihren Glauben gefährlich sei."[643] Bischof Ullathorne, der seine eigene Meinung in der Sache hatte, riet Newman gleichwohl, an dem Oxford-Plan festzuhalten, und fragte ihn, was er vom Stand der Dinge halte. „Nun, ich dachte dies: Während Seine Lordschaft mit mir darüber verhandelte, daß ich eine pastorale Sendung nach Oxford übernehmen solle, hätten gewisse unbekannte Personen sich eingemischt und den Gang der Verhandlung angehalten. Es hätte keine Zusammenkunft der Bischöfe am 13. Dezember gegeben, wenn er mir nicht die Sendung übertragen hätte. Dies habe mir einen großen Dämpfer verabreicht. Ich sei alt; ich könne meiner Gesundheit nicht sicher sein ... Dann komme zu alldem hinzu dieser geheimnisvolle Einfluß, der jede Sache beunruhige, die Zukunft unsicher mache. Wie könnte ich sagen, daß, wenn ich die Kirche halb gebaut habe, es nicht eine neue Unterbrechung gebe? ..."[644] Der „geheimnisvolle Einfluß", von dem Newman sprach: Ullathorne sagte es ihm auf den Kopf zu, daß er damit Henry E. Manning vom Domkapitel von Westminster und William George Ward, den Herausgeber der

---

[642] LD XXI, 206 u. 231
[643] Newmans „Memorandum: The Bishop's Meeting" vom 19.12.1864: LD XXI, 346f.
[644] LD XXI, 348.

DIE VERTEIDIGUNG DER WAHRHEIT SEINES LEBENS
(1864 - 1867)

katholischen Zeitschrift „Dublin Review" meine. In der Tat hatten sich beide in der genannten Zeitschrift gegen das Studium von Katholiken an der Oxforder Universität eingesetzt und übrigens bei ihrer Aufzählung katholischer Gymnasien in England die Oratorianerschule von Birmingham ausgelassen. Als Ende Dezember desselben Jahres von der Kongregation für Glaubensverbreitung eine deutliche Abmahnung gegen den Besuch „protestantischer" Universitäten kam, verkaufte Newman das Land wieder, das er in Oxford erworben hatte.

Doch, der Bischof von Birmingham, zu dessen Diözese die Universitätsstadt Oxford gehörte, wollte noch nicht aufgeben und bat deshalb im darauffolgenden August 1865 Newman erneut darum, die katholische Pastoral in Oxford zu übernehmen und dort eine Kirche zu bauen.[645] Nach einiger Zeit des Überlegens teilte Newman am 8. Juni 1866 Bischof Ullathorne mit, daß ihm die Oratorianer für die große Mühe danken, die er unternommen hat, um die Schwierigkeiten auszuräumen, die für eine Übernahme der Pastoral in Oxford im Wege gestanden waren. „Dementsprechend und weil wir keine Zweifel haben, daß der Heilige Vater die Vereinbarungen bestätigen wird, die Sie freundlicherweise ihm vorzulegen übernommen haben, nehmen wir die Oxford-Pastoral aus Ihren Händen an und erkennen dankbar das Vertrauen, das Sie in uns setzen."[646] Dieses Mal kam zum letzten Monat des Jahres die Erlaubnis von Rom zur Errichtung eines Oratoriums in Oxford. Die Freude in den Kreisen der gebildeten katholischen Laien Englands war entsprechend groß. Daß dem Brief eine „geheime Instruktion" angefügt war, enthielt der Bischof allerdings dem Vorsteher des Birminghamer Oratoriums vor.[647]

Im folgenden März 1867 wandte sich Ullathorne in einem besorgten Brief an Newman, er habe Nachricht von Rom, daß es dort eine Lobby gebe, die das Gerücht verbreitet habe, Newman bilde in seiner Oratory School Jugendliche zum Studium für Oxford heran. Es seien vor allem der Englandberater Pius' IX., Msgr. George Talbot, sowie Herbert Vaughan, der spätere Erzbischof Westminster, ebenso Jesuitenpatres aus der Redaktion der römischen Zeitschrift „Civiltà Cattolica" und andere. Sie

---

[645] LD XXII, 188 - 192.
[646] Brief vm 8. 6.1866: LD XXII, 248.
[647] LD XXII, 331, Anm. 2.

DIE VERTEIDIGUNG DER WAHRHEIT SEINES LEBENS
(1864 - 1867)

seien in Verbindung mit H. E. Manning, der nach dem Tod Kardinal Wisemans, der seit 1865 Erzbischof von London geworden war, und Thomas Grant, dem Bischof von Southwark; die beiden letzteren hätten in diesem Sinne über ihn an Kardinal Barnabò geschrieben. Ullathorne riet Newman: „Wenn ich an Ihrem Platz wäre, würde ich ohne Verzögerung nach Rom gehen, wie es selbst die Heiligen in so vielen Fällen tun mußten, und dort den Anschuldigungen entgegentreten, die gemacht worden sind. Ich nehme aufrichtig Anteil an dieser Prüfung ..."[648] Diese Anschuldigungen gegen Newman waren für Leute, die ihn nur einigermaßen fair zu beurteilen vorhatten, unhaltbar. Selbst der erwähnte Bischof T. J. Brown aus Newport, der ihn einst wegen seines Rambler-Artikels in Rom angezeigt hatte, setzte sich jetzt, da er gerade im Vatikan weilte, für ihn ein.[649] - Doch endgültig wurde „die Katze aus dem Sack gelassen", so Newman, als am 6. April 1867 die katholische Wochenzeitschrift „Weekly Register" durch einen pseudonymen Artikel die Nachricht veröffentlichte, der Papst habe die Entscheidung getroffen, daß Newman von Oxford fernzuhalten sei.[650] Daraufhin gab auch Ullathorne zu, daß es zusätzlich zu der Erlaubnis der Kongregation für die Glaubensverbreitung vom Dezember des Vorjahres eine „geheime Anordnung" von Rom gegeben habe, wonach zwar die Oratorianer, nicht aber Newman selbst, in Oxford ihren Wohnsitz aufschlagen und Seelsorge ausüben dürften. Ullathorne hatte geglaubt, dieses Verbot durch entsprechende Verhandlungen noch rückgängig machen zu können.

Dieser Vorgang versetzte die englische Laienschaft in Aufregung. In einer öffentlichen Erklärung stellten sie sich hinter Newman. „Uns, die Unterzeichneten, haben einige anonyme Angriffe, die sich gegen Sie richteten, zutiefst geschmerzt. Diese mögen von geringer Bedeutung an sich sein, aber wir spüren, daß jeder Schlag, der Sie trifft, der Katholischen Kirche dieses Landes eine Wunde zufügt", lautete eine öffentliche Erklärung der katholischen Laien, die in The Tablet am 13. April 1867 veröffentlicht wurde: „Wir hoffen deshalb, daß Sie es nicht als anmaßend empfinden, wenn wir unsere Dankbarkeit zum Ausdruck bringen für alles, was wir Ihnen schulden, und Ihnen versichern, wie herzlich wir die

---

[648] LD XXIII, 111.
[649] Vgl. LD XXIII, 111 u. 121f.
[650] LD XXIII, 139

DIE VERTEIDIGUNG DER WAHRHEIT SEINES LEBENS
(1864 - 1867)

Dienste, die Gott durch Sie unserer heiligen Religion erwiesen hat, schätzen."[651] Die Erklärung, die auch im „Weekly Register" veröffentlicht wurde, trug hunderte von Unterschriften, darunter auch Leute des Adels und zahlreiche Parlamentsmitglieder. Newman richtete sein Dankesschreiben an William Monsell (1812 - 1894), einen irischen Politiker und Angehörigen des Britischen Parlaments: „Die Angriffe von Gegnern sind nie schwer zu ertragen, wenn die Person, die deren Gegenstand ist, sich selbst bewußt ist, daß sie unverdient sind. Aber im gegenwärtigen Fall habe ich tatsächlich geringen Grund zu Schmerz oder Bedauern über das, was sich ereignete, da dies sofort das warmherzige Gefühl so vieler lieber Freunde hervorgerufen hat, die mich gut kennen, und so vieler anderer, deren gute Meinung gerade aus dem Grunde umso unparteiischer ist, als ich Ihnen nicht persönlich bekannt bin. Hundertmal lieber erhalte ich die wohlwollende Sympathie solcher Menschen, ob Freunde, ob mir Fremde, als daß ich der unwahren Darstellung, die Anlaß für deren Bekundung gewesen sind, entgangen wäre."[652]

Newman betrachtete die journalistischen Enthüllungen als Glück im Unglück. Seine Mitbrüder vom Oratorium hatten den Seelsorgedienst in Oxford schon aufgenommen. Auch er selbst wollte innerhalb der nächsten Wochen vom zweiten Sonntag nach Ostern an dort beginnen. In einem als „vertraulich" gekennzeichneten Brief vom 11. April meint Newman: „Ich hatte ganz recht mit meinem tiefen Verdacht gegen Kardinal Barnabò, und ich hätte das Breve auch nicht akzeptiert und die Tätigkeiten begonnen, hätte es nicht eine starke Meinungsäußerung unserer Patres und anderer zu deren Gunsten gegeben. Jedoch, als die Zeit dahinging, schöpfte ich erneut Verdacht, und folglich haben wir erstens nicht mit dem Bau der Kirche begonnen. Zweitens wurde vereinbart, daß wir von der Pfarrei am zweiten Sonntag nach Ostern Besitz nehmen würden - und ich hatte meine Predigt für diesen Tag schon fertig. ... Als Folge des Briefes im Weekly Register habe ich mich von dem Sendungsauftrag zurückgezogen und werde nichts mit Oxford zu tun haben..." Erst, wenn die Kongregation für die Glaubensverbreitung ihm erlauben würde, „frei nach meinem eigenen

---

[651] LD XXIII, 138f., Anm. 3.
[652] LD XXIII, 145; vgl. dort auch die Liste der repräsentativsten Namen: 145 - 147.

DIE VERTEIDIGUNG DER WAHRHEIT SEINES LEBENS
(1864 - 1867)

Willen dort in Oxford zu sein" und „sich festlegt, keine geheimen Anordnungen zu treffen", wäre er bereit zu gehen.[653]

In einem Brief, den G. Talbot an H. E. Manning schrieb, läßt sich der Tenor der römischen Anschuldigung gegen Newman plastisch fassen: „Es ist völlig richtig, daß in Rom eine Wolke über Dr. Newman hängt, seitdem der Bischof (Joseph Brown, GB) von Newport ihn wegen Häresie in seinem Artikel für den Rambler angezeigt hat. Keine seiner Schriften hat bisher diese Wolke beseitigt. Jede hat eine Kontroverse hervorgerufen, und deren Geist ist in Rom niemals gutgeheißen worden. Nun, da eine Gruppe von Laien ... die Kühnheit hat zu sagen, ein Schlag, der Newman treffe, sei eine Wunde, die der Katholischen Kirche Englands zugefügt würde, wird dem Heiligen Stuhl und Euer Gnaden und allen, die sich seinem Oxford-Plan widersetzten, in dessen Verfolg er in aller Stille junge Männer ermutigte, zu der Universität zu gehen ..., eine Schmähung angetan." Talbot beschuldigte die katholischen Laien Englands, ihre Kompetenz für die Sache der Kirche zu überschreiten: „Was ist der Bereich der Laien? Zu jagen, zu schießen, sich zu unterhalten? Diese Dinge verstehen sie, aber sich in kirchliche Angelegenheiten einzumischen, haben sie überhaupt kein Recht. Und die Affäre mit Newman ist eine rein kirchliche Angelegenheit. ... Dr. Newman ist der gefährlichste Mann in England, und Sie werden sehen, daß er die Laien gegen Euer Gnaden benützen wird. Haben Sie keine Angst vor ihm ..."[654] Auch Bischof Ullathorne wird von Talbot als „Ursache des ganzen Unglücks" entsprechend eingestuft.

Bischof Ullathorne, der in seiner eigenen Blauäugigkeit enttäuscht war vom Verhalten Roms, hatte Newman geraten, sich selbst dahin zu begeben und zu rechtfertigen. Das tat Newman nicht. Statt dessen sandte er seine Mitbrüder Ambrose St. John und Henry Bittleston. Beide sandten ausführliche Berichte zur Information Newmans und der Mitbrüder im Oratorium in Birmingham. Bittleston schildert eine entscheidende Situation im Gespräch mit Kardinal Barnabò von der Kongregation. Diesem hatten sie eine Kopie von Newmans Brief vorgelegt, den er sieben Jahre zuvor, am 19. Januar 1860 Kardinal Wiseman mit nach Rom

---

[653] LD XXIII, 141.
[654] Brief von G. Talbot vom 25.4.1867 aus dem Vatikan, in: E. S. Purcell, Life of Cardinal Manning, Bd. II, London 1896, 317f.

gegeben hatte. In diesem Brief hatte Newman seine Bereitschaft bekundet, auf alle Fragen, die sich an seinen Artikel im Rambler richten würden, antworten zu wollen. „Dein Brief an den verstorbenen Kardinal Wiseman traf ihn wie ein Blitzschlag. Warum, sagte er, war Kardinal Wiseman in der Propaganda, und wir haben nie von diesem (Brief) gehört? Er sagte, das mache Dich ganz rein (moralisch, nehme ich an). Aber über Wiseman schien er nicht zu wissen, was er sagen sollte. Alles, was er sagen konnte, war: Nun, jetzt ist er tot, möge er in Frieden ruhen. Er sagte noch, Ambrose müsse den Brief mit zum Papst nehmen. Er müsse hingehen und ihn Msgr. Talbot zeigen."[655] Ambrose St. John schreibt in seinem Bericht als nächstes seine Verblüffung, daß George Talbot Newmans Brief von 1860 an die Kongregation gekannt habe: „Zu meinem Erstaunen erzählte mir Talbot gestern kühl, er habe den Brief gesehen, aber er habe das vergessen oder nicht mehr gewußt, und erklärte: 'Der arme Newman, als man eine Erklärung von ihm forderte, bat er nur, nicht nach Rom kommen zu müssen'; und es paßte gut dazu, daß er mir den Rat gab, Deinen Brief an Wiseman dem Papst nicht zu zeigen."[656] Ganz anders habe Kardinal Barnabò gesprochen, so ergänzt Ambrose St. John die Aussagen von Bittleston: Er „war aufrichtig, warmherzig; sagte, er mag Dich; daß Du ein Heiliger seist; Heilige würden verfolgt wie (Vinzenz) Palotti, Leute würden von Deinen Namen Gebrauch machen und vorgeben, unter Deinem Schutz zu stehen; dies sei so, weil Du ein so liebenswürdiges Herz hättest. 'Der gute alte Mann. Er ist wirklich ein sehr gutherziger Mensch.' - Er sagte zu mir: 'Ich kenne beide Männer, Manning und Newman, ich kenne Manning am besten, aber ich liebe Newman'; er sagte nicht am besten, aber der Gegensatz brachte mich dazu, zu denken, daß er Deine bescheidene Art, für Dich zu leben und Deine Arbeit zu tun, mag. ..."[657]

Was auch immer und von welcher Seite gesagt wurde, die Vorbehalte gegen Newmans Anwesenheit in Oxford waren bei einer Reihe führender Katholiken in England, unter ihnen Erzbischof H. E. Manning von London, auch nach dem journalistischen Eclat nicht auszuräumen. Am 18. August sah sich Newman genötigt, sich noch einmal in aller Form seinem Bischof gegenüber von einem Engagement für irgendeine Art von

---

[655] LD XXIII, 226, Anm. 1.
[656] LD XXIII, 225.
[657] LD XXIII, 226.

DIE VERTEIDIGUNG DER WAHRHEIT SEINES LEBENS
(1864 - 1867)

Pastoration in Oxford zu distanzieren. „Ich denke nicht, daß Sie sich in irgendeiner Weise überrascht fühlen, wenn ich schließlich meinem Entschluß gemäß handle, den ich bereits an genau jenem Tag faßte, als ich von der Einschränkung hörte, die gegen meine Gegenwart in Oxford erlassen worden war, an dem ich seitdem immer festhielt und den ich nur deshalb nicht bekannt gab, weil mir Freunde hier und anderswo davon abrieten. Niemand rät mir mehr ab, und folglich bitte ich Sie jetzt um die Erlaubnis, mein Engagement an dem Unternehmen der Seelsorge in Oxford auf Grund dessen aufzugeben, daß mir von der (Kongregation für die) Propaganda die Freiheit, diesen Pflichten mit Wirksamkeit nachzukommen, nicht erlaubt wird." Im Nachsatz weist Newman darauf hin, daß er diese Auffassung bereits in einem Brief vom April des Jahres geäußert habe; aber seine Freunde hätten ihn zurückgehalten, damit er nicht einem spontanen Einfall folgte.[658]

Erst 126 Jahre später, im Spätsommer 1993, wurde in der früheren Jesuitenpfarrei St. Aloysius in Oxford ein Oratorium errichtet. Die Patres kommen aus dem Haus Newmans von Birmingham und bieten im heutigen Oxford einen repräsentativen Schwerpunkt katholischen Lebens und traditioneller Liturgie.

Manning und Newman

Im gleichen Monat August, in dem Newman endgültig auf seine pastorale Gegenwart in Oxford verzichtet hatte, schrieb ihm Erzbischof Manning von London, er habe bereits anläßlich der Enthüllung im „Weekly Register" und im Zusammenhang mit den zahlreichen Sympathiekundgebungen der katholischen Laienschaft schreiben wollen. „Aber ich habe es dann unterlassen, vielleicht ohne hinreichenden Grund". Er schreibe ihm aber jetzt, „um Ihnen zu versichern, daß, was immer Sie schmerzt, mir eine Quelle wirklichen Bedauerns ist." Genauer muß man sagen, daß diese zitierten Sätze aus einem Brief vom 17. April 1867 stammen, von dem der Erzbischof in seinem Augustbrief sagen wird: „Ich

---

[658] LD XXIII, 312.

DIE VERTEIDIGUNG DER WAHRHEIT SEINES LEBENS
(1864 - 1867)

habe ihn nicht abgeschickt, zum Teil deswegen, weil ich wußte, daß der Bischof von Birmingham Ihnen bereits, was ich in der Sache geschrieben hatte, mitgeteilt hatte, und teils, weil ich zweifelte, ob es von Ihnen akzeptiert würde ..." Aber jetzt „fühlte ich deutlich, daß die Trennung einer alten Freundschaft sowohl schmerzlich als übel ist, und daß der Gebrauch, der öffentlich sowohl von Katholiken wie von Protestanten von unserer angenommenen unterschiedlichen Auffassung gemacht wird, dem entgegensteht, was wir für kostbarer halten als eine private Freundschaft. Ich würde mich daher wirklich glücklich schätzen, mit Ihnen ganz offen in die völlige Erklärung all meiner Handlungen und Gedanken Ihnen gegenüber einzutreten."[659] - Tatsächlich zählte H. E. Manning schon in den Oxforder Tagen zum weiteren Freundeskreis Newmans, auch wenn er nicht als Sympathisant oder gar Mitarbeiter in der Oxford-Bewegung tätig war. Jedenfalls sandte ihm Newman - wie übrigens Frederic William Faber - an jenem entscheidenden Tag seines Lebens, dem 8. Oktober 1845, als einem der achtzehn naheststehenden Menschen die Nachricht, daß er Pater Dominic „bitte, mich in das, wovon ich glaube, daß es die eine wahre Herde ist, aufzunehmen".[660] Manning hatte Newman zu Ernennung als Rektor von Dublin im Juni 1854 seine Glückwünsche gesandt, ebenso hatte Newman zur Eröffnung der neuen Pfarrkirche in London-Bayswater Manning mit der Widmung seiner „Predigten zu verschiedenen Anlässen" im Juli 1857 gratuliert und damit „eine Art Denkmal unserer Freundschaft, die nun schon seit 30 Jahren zwischen uns währt", errichten wollen, wie bereits erwähnt wurde. Doch nun war es zumindest seit Newmans Laienartikel im Rambler (1859) kritisch geworden, zumal Manning vermutete, Newman sei mit den Herausgebern und deren Veröffentlichungen einverstanden und sympathisiere mit deren kritischer Einstellung. Im Jahre 1865 hielt Manning am Fest des hl. Edmund von Canterbury eine Predigt über den katholischen Geist, in der er dem liberalen Katholizismus, wie er ihn in der Fortsetzung des Rambler, der „Home and Foreign Review" repräsentiert sah, deutliche Merkmale entgegensetzte. Die fünf Charakteristika des katholischen Geistes seien, so Manning: liebende Unterwerfung unter die Kirche, Verehrung der Heiligen, Hochachtung gegenüber Theologen, furchtsamer Umgang mit

---

[659] Brief vom 7. Aug. 1867: LD XXIII, 289.
[660] LD XI, 8.

DIE VERTEIDIGUNG DER WAHRHEIT SEINES LEBENS
(1864 - 1867)

Neuigkeiten, mißtrauische Einstellung gegen sich selbst. Newman hat diesen „katholischen Geist" nach Mannings Auffassung nicht besessen. Manning war sich mit George Talbot, Rom, über die Gefahr einig, die von Leuten aus dem Umfeld der „Home and Foreign Review" ausgehe und die sich zusammen mit der „alten Schule von Katholiken um Newman herum sammelten." So kommt Manning im Brief an Talbot zu dem Schluß: „Ob er (d.h. Newman, GB) es weiß oder nicht, er ist das Zentrum derer geworden, die niedrige Ansichten über den Heiligen Stuhl haben, die antirömisch sind, kalt und in Bezug auf die zeitliche Macht (des Papstes) stumm, - um nicht mehr zu sagen, - national, englisch, katholischer Frömmigkeit gegenüber kritisch ... Ich sehe viel Gefahr eines englischen Katholizismus, von dem Newman der oberste Typ ist. Es ist der alte anglikanische, patristische, literarische Oxfordton, der in die Kirche hinein verpflanzt ist. Er geht in Richtung der Mißbilligung von Überschwang, von fremder Frömmigkeit, von ultramontaner Einstellung, antinationaler Sympathien. Es ist mit einem Wort, ein weltlicher Katholizismus, und er wird die Weltlichen auf seiner Seite haben und wird viele täuschen....Ich weiß, daß die Anglikaner die Apologia für ein Plädoyer dafür betrachten, zu bleiben, wo sie sind."[661] Manning hielt Newman demnach für einen liberalen Katholiken, dem die nötige Romtreue fehlte. Talbot war in seinem Urteil über Newman noch barscher. Nach seiner Meinung fehlte Newman der wahre katholische Geist: Weil er „nahezu immer, seit er katholisch geworden war, von einer Gruppe zweitrangiger Männer umgeben war, die ihn als Idol behandelten, denke ich nicht, daß er je den katholischen Instinkt erworben hat."[662] - Nicht datierbar ist die Szene, die der von Manning selbst gewählte Biograph J. E. C. Bodley aus einem Gespräch mit dem Erzbischof von London berichtet: Auf eine positive Bemerkung, die er über Newmans Orthodoxie gemacht hatte. habe Manning geantwortet: „'Ich entnehme dem, daß Sie unter dem Eindruck stehen, Newman sei ein guter Katholik'. Ich antwortete, daß ich das soweit glaubte. Er setzte dagegen: 'Entweder sind sie unwissend über die katholische Lehre oder über die Werke von Dr. Newman' ... Nachdem er mich gefragt hatte, welche von Newmans Büchern ich gelesen hätte, fuhr

---

[661] Brief vom 25. Febr. 1866 an Msgr. George Talbot: E. S. Purcell, Life of Cardinal Manning, Archbishop of Westminster, Bd. II, London 1896, 322f.
[662] Purcell, ebd., II, 323.

Die Verteidigung der Wahrheit seines Lebens
(1864 - 1867)

er fort, an seinen spitzen Fingern in seiner üblichen Art zehn verschiedene Häresien aufzuzählen, die sich in den meist verbreiteten Werken Newmans fänden.' Bodley reagierte überrascht ... Jahre später jedoch brachte ihn der Anspruch der Modernisten auf Newman als einen Vorläufer auf den Gedanken, daß Manning vielleicht doch nicht so weit vom Schuß war, wie er zuerst gedacht hatte ... - Manning scheint in Newman den Geist der Oxford-Bewegung gesehen zu haben, der einen Mantel tridentinischer Definitionen überzogen hatte, den er auf dem Weg über die Kirchenväter und seine Lehre von der Entwicklung bekommen hätte."[663]

Das Jahr 1867 stellt jedenfalls den Höhepunkt in der Austragung der persönlichen Meinungsverschiedenheiten und unterschiedlichen Auffassungen über Kirche, Theologie und Bildungsprozess zwischen Manning und Newman dar. Newman beantwortete den zitierten Brief Mannings vom 7. Aug. 1867 drei Tage später von Rednal aus, dem Exerzitienhaus der Oratorianer in den Lickey Hills: „Mein lieber Erzbischof ... Sie denken ganz richtig, daß das Gefühl, das ich in meinem geheimen Herzen nicht loswerden kann, obgleich ich das nicht öffentlich zum Ausdruck bringe, gegenüber jemandem, dessen Freundschaft so lange ein Trost für mich war, nichts mit dem Umstand zu tun hat, daß Sie in kirchlichen Dingen eine Linie einschlagen, die nach meinem Urteil nicht zu billigen ist ... Ich sage dann ganz offen und als eine Pflicht der Freundschaft, daß es ein quälendes Mißtrauen ist, das ich nun seit vier Jahren der Klugheit gehorchend nicht aus meinem Geist verabschieden kann ... Was nicht mich, sondern Sie selbst betrifft, so kann keine Erklärung, (der Art, GB) wie Sie sie gerade anbieten, bei einer solchen Zusammenkunft an die Wurzel der Schwierigkeit gehen, die ich angedeutet habe. Ich würde mich tatsächlich freuen, wenn die Angelegenheit so leicht

---

[663] So schildert einer der besten Manning-Biographen der Gegenwart die Zusammenhänge. Nach seinen Forschungsergebnissen ist im Vergleich zu der bisherigen tendentiösnegativen Biographie durch Purcell das Manning-Bild revidiert worden: James Pereiro, Cardinal Manning. An Intellectual Biography, Oxford 1998, 233f. Als zuverlässig darf auch die Sozialbiographie Mannings vom Lehrer von Pereiro gelten: Vincent Alan McClelland, Cardinal Manning, His Public Life and Influence 1865 - 1892, London 1962. Den Versuch, Newmans Vorsprung in positiven Biographien dadurch aufzuholen, daß man seine Arbeiten und Verdienste im Vergleich etwas schmälert oder verdächtigt, z. B. die Bedeutsamkeit seiner „Pfarr- und Volkspredigten" mit der Bemerkung, daß sie ja bekannt seien, den Predigten Mannings hintansetzt, wie das David Newsome tut: The Convert Cardinals. John Henry Newman and Henry Edward Manning, London 1993, kann allerdings nicht als Methode akzeptiert werden, die den beiden großen Persönlichkeiten gerecht wird.

in Ordnung zu bringen wäre. Nur im Verlauf der Zeit können neue Taten die alten umkehren. Zur Wiederherstellung von Vertrauen gibt es keinen Abkürzungsweg, wenn das Vertrauen ernstlich beschädigt worden ist. Mir wäre der Tag höchst willkommen, an dem nach entsprechender Vorbereitung, wie ich sie vorgeschlagen habe, eine freie Aussprache dazu dienen könnte, jenes Vertrauen, das dann bereits neu grundgelegt sein wird, zu besiegeln und zu befestigen ..."[664] Nur vier Tage später bestätigt Manning: „Ich fühle mit Ihnen, daß die Wurzel der Schwierigkeit ein gegenseitiges Mißtrauen ist: und wie Sie sagen, ist es schwer zu heilen."[665]

In der Anlage fand Newman einen Brief des Erzbischofs an den gemeinsamen Freund Frederick Oakeley (1802 - 1880), der ein früher Mitstreiter in der Oxford-Bewegung war und seiner Verteidigung des Tract XC wegen einst suspendiert worden war. Dieser, sein Leben lang ein treuer Freund Newmans, war seit einiger Zeit Mitglied im Domkapitel Mannings in London. Er hatte sich als Vermittler angeboten, und Manning akzeptierte das Angebot: „Was immer daraus werden wird, Sie werden den Lohn der Friedensstifter erhalten." Manning schildert seine Anliegen nun also über einen Mittelsmann: Daß seine Stellungnahme für den Erhalt des Kirchenstaates, sein Einstehen für die „zeitliche Macht des Papstes" in Artikeln des Rambler angegriffen worden sei und ebenso seine ablehnende Haltung zum Studium von Katholiken in Oxford. Manning war der Ansicht, daß die Autoren dieser Artikel und ihr Inhalt Newmans Billigung hatten. Und diese „öffentlichen Tatsachen haben während der letzten fünf Jahre die Auffassung hervorgebracht, daß wir in gegnerischer Position zueinander stünden."[666] Auch Newman antwortet nun über Oakeley mit der Bitte um die Weitergabe an den Erzbischof: Er habe beim Durchlesen des zitierten Rambler-Artikels von 1861 sich nicht erinnern könne, ihn vorher gelesen zu haben: „Ich habe nicht im Traum (eine Ahnung), wer der Verfasser ist." Und Newman fügt seitenweise Exzerpte aus seinen Briefen an die Herausgeber an, aus denen er - entgegen der Annahme Mannings - gerade seine kritische Stellungnahme zu Inhalten der Zeitschrift deutlich machen kann. Er zieht den Schluß: Der Erzbischof „hat jene Dinge, bei denen er denkt, ich sei zu ihm unfreundlich gewesen,

---

[664] LD XXIII, 290f.
[665] LD XXIII, 305.
[666] LD XXIII, 305 - 307.

DIE VERTEIDIGUNG DER WAHRHEIT SEINES LEBENS
(1864 - 1867)

mißverstanden ..."[667] - Während in den folgenden Briefen Manning davon ausgeht, es sei in der Öffentlichkeit der Eindruck einer Gegnerschaft zwischen ihnen beiden entstanden, beharrt Newman darauf, herauszufinden, worin denn Mannings eigener Anteil an dem Zwist bestehe, der ihn ja immerhin dreimal umsonst den Anlauf zu einer Seelsorgestelle in Oxford machen ließ. Ende August faßte Manning seine Erkenntnis zusammen: „Es ist eine Genugtuung für mich, von Ihnen die Versicherung zu haben, daß Sie nicht an dem ersten Akt beteiligt waren, der zu der Auffassung geführt hat, wir seien in der Position von Gegnern zueinander. ... Ich zweifle, ob man unter Ihren Freunden viele findet, die ehrlicher und warmherziger den Wunsch gehegt haben, Sie blühen und Ihre Macht und Mittel im Dienste der Kirche ausbreiten zu sehen, als ich."[668] Newman versprach, siebenmal die Heilige Messe in der schwierigen Angelegenheit nach der Intention Mannings zu feiern, und der Erzbischof bedankte sich.

In einer privaten Notiz stellt Newman fest, daß Manning noch immer bei der Vermutung, er sei mit den liberalen Herausgebern des Rambler in den betreffenden Attacken eines Sinnes gewesen, verblieben ist: „Er sagt noch nicht einmal jetzt, daß er es nicht glaubt." Und er kommt zu dem Schluß, Manning habe „anders als ein Freund gehandelt: Erstens, indem er (das Gerücht) glaubte, ohne mir die Frage zu stellen (...), ob ich verantwortlich (der führende Geist) für das war, was im Rambler erschien, und zudem, indem er mir nicht sagte, was ich nun herausfinde, daß er seit drei Jahren gegen mich handelt". Mit letzterer Einsicht bringt er die über Oakeley gelaufene Korrespondenz auf den Punkt, daß Manning die Zulassung von katholischen Jugendlichen zum Studium in Oxford aus prinzipiellen Gründen abgelehnt hatte, dies aber nicht direkt und offen Newman gegenüber gesagt habe. „Ich bin in der Tat froh, dies herausgelockt zu haben. Ich wollte, Sie hätten mir dies schon vor drei Jahren gesagt. Ich wollte, Sie hätten es mich nicht einfach nur erraten lassen ..."[669]

Trotz ihres so verschiedenen Naturells, trotz des relativ redlichen Versuchs beider, sich näherzukommen, behielt Newman mit seiner, sei es

---

[667] LD XXIII, 308 - 312.
[668] 29. Okt. 1867: LD XXIII, 328.
[669] LD XXIII, 329f.

DIE VERTEIDIGUNG DER WAHRHEIT SEINES LEBENS
(1864 - 1867)

pessimistischen, sei es klarsichtigen Voraussage recht: „Ich scheue vor einer Korrespondenz zurück, die nur verlorene Zeit sein wird."[670] Zum öffentlichen Austrag kam die Sache mit der Rambler-Affäre dann doch noch zwei Jahre später, als Manning 1869 in einem Pamphlet mit der rhetorischen Frage konfrontiert wurde, ob er nichts von den Intrigen wisse, mit denen man einen der „Meister des Geistes in dieser Epoche" schon so lange Zeit hindurch zur Untätigkeit verdammt habe - einfach dadurch, daß man sein Entschuldigungsschreiben an die römischen Behörden bischöflicherseits hintangehalten habe.[671] Manning beteuerte Bischof Ullathorne gegenüber, daß er von einem solchen Versäumnis nichts wisse, und auf eine entsprechende Anfrage von Bischof Ullathorne an Newman schrieb dieser heftig: „Ich weiß nichts und hatte niemals noch habe ich oder kann ich haben den leisesten Verdacht, daß Dr. Manning jemals zu irgendeiner Zeit irgendeinen Brief von mir, der an Kardinal Wiseman geschrieben war..., zurückgehalten hat."[672] Manning antwortete Newman: „Der Bischof von Birmingham hat mir den Brief, den Sie über den Gegenstand meines Schreibens ihm geschickt haben, zugesandt. Das Pamphlet von Mr. Ffoulkes hat dieses Gute bewirkt, daß wir Licht einlassen in die Mißverständnisse dieser letzten Jahre ..." Im weiteren Verlauf des Briefes versucht Manning, von Newman eine Schrift zu erhalten, auf die E. S. Ffoulkes in seinem Pamphlet hinweist, oder doch den Namen von deren Autor. Manning schließt wie gewohnt, indem er Newman seiner Freundschaft versichert, auch wenn sie in letzter Zeit „auf unglückliche Weise von Wolken überschattet" gewesen sei. Newmans Antwort kam unverzüglich und unmißverständlich: „Ich kann nur wiederholen, was ich Ihnen sagte, als Sie das letzte Mal von mir hörten. Ich weiß nicht, ob ich auf meinem Kopf oder auf meinen Versen stehe,

---

[670] LD XXIII, 289 v. 9. Aug. 1867.
[671] Für seine Flugschrift „The Church's Creed or the Crown's Creed? A Letter to Archbishop Manning" wurde Edmund Salusbury Ffoulkes (1819 - 1894) von Manning exkommuniziert mit der Auflage, sein Pamphlet zurückzuziehen. Immerhin veröffentlichte eine englische Zeitung die Anfrage von Ffoulkes an Manning, ob er nicht etwas von den Intrigen gegen Newman wisse. Newman gehöre doch von seinem Genius und seinem Einfluß her auf ein Podest wie St. Bernhard von Clairvaux. „Wir sollten aus Charakteren, die hervorzubringen es Jahrhunderte braucht, das meiste machen, solange wir können": vgl. LD XXIV, 359.
[672] LD XXIV, 359.

DIE VERTEIDIGUNG DER WAHRHEIT SEINES LEBENS
(1864 - 1867)

wenn ich in aktiven Beziehungen mit Ihnen bin. Trotz meiner freundschaftlichen Gefühle ist das das Urteil meines Verstandes."[673]

Manning und Newman fanden sich gegenseitig „sehr schwierig". Leuten wie Manning gegenüber war Newman in der Tat in einer schwierigen Lage. Er vertraute auf die Durchsetzungskraft der Wahrheit Gottes. Er unterschätzte die Gefahren des Bösen in der Welt nicht, sondern kämpfte kompromißlos gegen jede Art von Relativismus in der Religion. Aber er sah die Welt der Menschen als den Ort, an dem sich die Wahrheit im Kampf gegen das Böse durchzusetzen habe und durchsetzen konnte. „Die Wahrheit kann ihre eigene Schlacht schlagen."[674] „Was ich einem jeden einschärfen möchte, in welchem besonderen Fach er auch immer seine Forschungen anstellen mag", hatte Newman in seinen Dubliner Vorlesungen gesagt, „das ist ein unerschütterlicher Glaube an die alles beherrschende Macht der Wahrheit. Der Irrtum mag eine zeitlang in Blüte stehen, aber am Ende wird die Wahrheit siegen."[675] Und die Vielfalt der Wahrheiten hat jene innere Kraft der Dynamik, sie zueinander zu führen: Es ist so, „daß jede Wahrheit mit jeder anderen Wahrheit innerlich vereinbar sein muß; daß daher alle Wahrheiten, von welcher Art auch immer, ein großes Corpus der Wahrheit bilden, kraft der inneren Vereinbarkeit zwischen einer Wahrheit und einer anderen."[676] -

Wenn er die Überzeugung vertritt, die Wahrheit sei kraftvoll genug, daß sie für sich selber kämpfen kann, dann ist damit für Newman das unfehlbare Lehramt der Kirche nicht etwa weniger wichtig, sondern geradezu das logisch - eben in der Logik der Heilsgeschichte - notwendige Werkzeug angesichts der immer neuen Einsichten jeder Menschheitsepoche in die (Wahrheit der) Offenbarung: „Wenn Entwicklung sein muß, dann hat, insofern die Offenbarung ein Geschenk des Himmels ist, der, welcher sie eigentlich gegeben hat, sie nicht gegeben, wenn er sie nicht auch vor Verfälschung und Verderbnis in all jenen Entfaltungen gesichert hat, die ihr notwendigerweise von Natur aus

---

[673] LD XXIV, 362f.
[674] LD XXII 44: „ ... Truth defends itself, and falsehood refutes itself"
[675] U, 287.
[676] HS III, 194.

DIE VERTEIDIGUNG DER WAHRHEIT SEINES LEBENS
(1864 - 1867)

zukommen."[677] Angesichts des bevorstehenden I. Vatikanischen Konzils, zu dem Manning 1869 nach Rom reiste, würde sich gerade die Differenz in der Auffassung einer Kirche, die sich letzten Endes auf das unfehlbare Lehramt stützt, aber insgesamt dem Denken und Kämpfen für die Wahrheit aus dem Heiligen Geist vertraut, also Newmans Auffassung in Spannung zu Mannings Konzeption zeigen. Mannings Kirchenbegriff war gewissermaßen deduktiv und pyramidal von der Spitze aus konzipiert. Newman hatte das einem Freund gegenüber im Frühjahr 1867 so formuliert: „Manning gehört zu *einer* Religion, ich zu einer anderen."[678] Für Newman war es die Vielfalt der im Dienste der Offenbarungswahrheit stehenden Glaubenszeugen, die Gott durch seinen Geist für die Gestaltung, Erhaltung und Verbreitung seiner Kirche mit allem Risiko einsetzte; daher seine lebenslange Verehrung des heiligen Athanasius. „Das ist der Lauf der Dinge: Wir fördern die Wahrheit durch das Opfer unserer selbst."[679] Manning gehörte zu jener Richtung der Kirchenführer, die ihre Mitchristen durch Bewahrung vor dem Bösen statt Bewährung in der Auseinandersetzung schützen wollen.

Wie kompliziert der Unterschied zwischen Theorie und Praxis war, hatte Newman für sich in einem Memorandum festgehalten, in dem er sich mit dem Vorwurf auseinandersetzte, er ignoriere den Willen der Bischöfe und bereite Katholiken für das Studium in Oxford vor. Andererseits: Wie hätte er sich nicht über den Erfolg der ehemaligen Schüler der Oratory School bei ihrem Studium - auch, wenn es in Oxford oder Cambridge war - freuen sollen? Wie hätte er diese Freude den Studierenden selbst und ihren Eltern gegenüber nicht äußern sollen? Aber damit schien er sich gegenüber den oberhirtlichen Richtlinien ungehorsam zu verhalten, die gegen „konfessionell gemischte Erziehung" und Bildung erlassen worden waren. Auch Bischof Ullathorne hatte im Oktober 1867 pflichtgemäß einen Hirtenbrief gegen den Besuch „protestantischer Universitäten" in allen Kirchen verlesen lassen. Diese Auffassung vertraten die katholischen Bischöfe Englands noch über den Tod Mannings hinaus (bis ins Jahr 1895). Somit war es jungen begabten Katholiken über vier Jahrzehnte nach Wegfall der Unterzeichnungspflicht der XXXIX Anglikanischen Artikel

---

[677] E, 86.
[678] LD XXIII, 143.
[679] A, 63.

Die Verteidigung der Wahrheit seines Lebens
(1864 - 1867)

von ihren Bischöfen nicht erlaubt, sich an den besten und traditionsreichsten Universitäten ihres Landes eine akademische Bildung anzueignen.

Als in der Wirkungsgeschichte des I. Vatikanischen Konzils die Unfehlbarkeitslehre in England heftig in Mißkredit geraten war und erst durch Newmans „Brief an den Herzog von Norfolk" plausibel gemacht wurde und aus der Schußlinie geriet, machte Manning von diesem Vorteil für die Katholische Kirche einen positiven Gebrauch und verteidigte seinen Birminghamer Mitbruder sogar gegen Initiativen des Vatikans. In einem Brief vom 9. Februar 1875 an Kardinal Franchi sagt Manning: „Ich bitte Eure Eminenz aufs wärmste, keine öffentlichen Schritte im Bezug auf Pater Newmans Flugschrift zu unternehmen, und zwar aus folgenden Gründen: Das Herz Pater Newmans ist so gerade und katholisch, wie es immer war. Seine Flugschrift hat den mächtigsten Einfluß auf Nichtkatholiken in diesem Lande. Sie macht einen heilsamen Eindruck besonders auf verschiedene Katholiken mit einer schwierigen Art und unzufriedenen Ideen. Der zuvor genannte Pater hat bisher noch nie so offen die Vorrechte und unfehlbare Autorität des römischen Pontifex verteidigt, obwohl er diese Wahrheit immer geglaubt und gepredigt hat. Die Substanz der jüngsten Broschüre ist heilsam, aber es ist unmöglich, gewisse Sätze und eine gewisse Art des Denkens, die nicht in Übereinstimmung mit der akzeptierten Weise des Ausdrucks ist, zu übersehen."[680]

Im Oktober 1867 finden wir auch einen charakteristischen Eintrag in Newmans privatem Tagebuch. „Was auf den vorangehenden Seiten steht, habe ich gleichsam meiner Seele zum Trost geschrieben. Wäre dies der einzige Grund zum Schreiben, so schriebe ich jetzt nicht; denn jetzt leide ich keine innere Not, von der ich mich schreibend erlösen sollte. Ich will mich unter das Bild des Patriarchen Ijob stellen, ohne die Absicht, mich mit ihm zu vergleichen. Erst widerstand er kraftvoll den Vorwürfen seiner

---

[680] Zitiert in der zuvor genannten Manningbiographie von James Pereiro, Cardinal Manning, Oxford 1998, 235. Daß die Verdächtigung von Newmans Orthodoxie auch heute noch nicht ausgeräumt ist, zeigt dieser Verfasser mit seiner eigenen Bemerkung zu Mannings Briefexzerpt: „Manning hat jedoch nicht weiter in diesem Brief definiert, wie 'geradlinig und katholisch' Newmans Herz immer gewesen war."- Vgl. den italienischen Originalwortlaut des Manningbriefes an Alessandro Cardinal Franchi vom 9. Februar 1875 in: LD XXVII, 401 - 402 (Anhang 1)

DIE VERTEIDIGUNG DER WAHRHEIT SEINES LEBENS
(1864 - 1867)

Freunde, dann folgt eine längere Beteuerung seiner Unschuld, und dann lesen wir: 'Die Worte Ijobs sind zu Ende.' Meine Worte sind auch zu Ende -: Ich habe zu Kardinal Barnabò gesagt: 'Viderit Deus', Gott habe ich meine Sache anheim gestellt." Obgleich Newman in den folgenden Sätzen noch einmal auf sein zerstörtes Vertrauen gegenüber seinen Vorgesetzten zu sprechen kommt, ist er in der Gemütsverfassung großer Dankbarkeit: „... ich habe mein Auskommen, ich habe keine Sorgen, bin gesund und wohl, ich bin ohne seelisches oder körperliches Leid. Ich genieße das Leben nur zu sehr. Die Last der Jahre fällt wie Schnee auf mich, sanft, wenn auch sicher, aber noch fühle ich es nicht. Ich bin von lieben Freunden umgeben, mein Ruf ist durch meine Apologia wieder hergestellt. Was könnte ich mir anderes wünschen als mehr Dankbarkeit und Liebe für den Geber all dieser guten Gaben. Es gibt keine andere Lebenslage, die ich der meinen vorziehen würde; ich würde in meiner Lage mit niemandem tauschen, den ich kenne ... Ich brauche um nichts zu bitten als um Verzeihung und Gnade und um einen glückseligen Tod."[681]

Ein Vorschlag zur Wiedervereinigung der Christen: kritische Stellungnahme

Newmans Auffassung über die anzustrebende Einheit der christlichen Gemeinschaften in der einen wahren Kirche Jesu Christi richtet sich gegen Kompromisse und ist nur differenziert zu verstehen. Er hielt die Wiedervereinigung der Christenheit nicht für ein Ziel, das als Ergebnis menschlicher Machbarkeit zu erreichen ist. Vielmehr solle es durch die Annäherung der Gewissen der Individuen an die eine Wahrheit des Evangeliums mit der Gnade Gottes erstrebt werden. Die Liebe der Christen zueinander soll nach Newmans Auffassung über die Verschiedenheit der Wahrheitserfassung zur Lösung der Gegensätze helfen. Als Ambrose Phillipps de Lisle (1809 - 1878), der praktisch sein ganzes Leben hindurch für die Vereinigung der Anglikanischen und Römisch-katholischen Kirche arbeitete, im Jahre 1857 die „Gesellschaft zur Förderung der Einheit des

---

[681] Aufzeichnungen vom 30. Okt. 1867: SB, 339 - 342.

DIE VERTEIDIGUNG DER WAHRHEIT SEINES LEBENS
(1864 - 1867)

Christentums" gründete, lehnte Newman die Einladung, in diese Vereinigung einzutreten, ab. Aber als sie offiziell gerügt wurden, schrieb er: „Ich selbst sah es nicht als meine Sache an, zu der Gesellschaft der Vereinigung zu gehören - aber ich denke, ihre Mitglieder sind grausam behandelt worden." Phillipps de Lisle ist der Ansicht, daß die offizielle Ablehnung der ökumenischen Vereinigung, die Ablehnung von Newmans Oratorium in Oxford und die Grundtendenz der neuen Enzyklika „Quanta cura" vom 8. Dezember 1864, der der „Syllabus errorum" angefügt war, einem „unaussprechlichen Despotismus" entspringen, „der alle freie Handlung selbst zur Verteidigung des Glaubens zerschlägt .."[682] Newmans Antwort darauf: „Was die Enzyklika anbetrifft, so heißt es, - ohne daß ich ihre Lehre würdige, - lediglich eine Tatsache feststellen, wenn man sagt, daß sie ein schwerer Schlag und eine große Entmutigung für uns in England darstellt. Früher oder später wird es eine Reaktion geben müssen - und wir müssen Gott bitten, daß er sie zu seiner guten Zeit herbeiführe - und uns in der Zwischenzeit Geduld gebe."

Im Monat Februar 1865 hatte E. B. Pusey, mit dem Newman nach einer Korrespondenzpause von nahezu zwei Jahrzehnten erst seit kurzer Zeit wieder in Briefwechsel stand, nach der Bedeutung des Titels „Königin des Fegfeuers" für Maria gefragt. Er habe ihn in Schriften Frederic William Fabers gefunden: „Wie weit ist es akzeptierte Meinung, daß die selige Jungfrau 'Königin des Fegfeuers' ist, und was heißt es? Ich sehe, daß Faber davon als einer festen Tatsache spricht...: Der Mondschein von Marias Thron, der das Land der Pein erleuchtet ..." Newman antwortet: „Die selige Jungfrau ist das große Vorbild des Gebets, besonders des fürbittenden." Sie sei im gegenwärtigen Zeitalter - wie alle Heiligen - insbesondere Zeugin gegen alle Theorien des praktischen Atheismus, der alles nur „in festgefügten Gesetzmäßigkeiten" erfassen wolle. „Wenn sie die Fürsprecherin ist, und (zwar) die wirkungsvolle Fürsprecherin, dann ist sie dies in Bezug auf die Erde, in Bezug auf das Fegfeuer, in Bezug auf das ganze geschaffene Universum. Aber was mehr als dieser allgemeine Blick ist, halte ich für eine Sache der Frömmigkeit. Geistliche Bücher nennen vieles im Detail. ... Ich kenne Fabers Schriften nicht, und deshalb kann ich über die Stelle, auf die Du Dich beziehst, nichts sagen, aber sie haben eine

---

[682] LD XXI, 415: Brief von A. Phillipps de Lisle vom 11.02.1865 und Newmans Antwort ebd.

DIE VERTEIDIGUNG DER WAHRHEIT SEINES LEBENS
(1864 - 1867)

große Verbreitung hier und in Amerika. Ich glaube, daß urteilsfähige Leute sie für unfertig und jugendlich, vielleicht für extravagant halten. Er war ein Dichter ..."[683] Offenkundig arbeitete Pusey an einem mariologischen Thema und wollte den Unterschied zwischen der anglikanischen und römisch-katholischen Auffassung herausarbeiten. Im September veröffentlichte er seine Studie als Friedensschrift und Impuls zur Wiedervereinigung. Er richtete sie als „Eirenikon an den Verfasser des 'Christlichen Jahres'", (d. h. John Keble) und gab ihr den Obertitel: „Die Kirche von England, ein Teil der einen heiligen katholischen Kirche Christi und ein Mittel, um die sichtbare Einheit wieder herzustellen".[684] Er wollte damit auf ein Buch Henry Edward Mannings antworten, das dieser über „Das Wirken des Heiligen Geistes in der Kirche von England" als „Brief an den Hochwürdigen E. B. Pusey" (1864) geschrieben hatte und in dem er die Anglikanische Kirche als Ursache alles Unglaubens in England bezeichnet hatte.[685] Pusey empfand dies als eine Herausforderung, die er aufnahm, obgleich er sehr viel lieber einem friedlichen Lebensabend nachgegangen wäre, wie er in den Einleitungssätzen an Keble schreibt: „Du weißt, wie lang es mein Wunsch gewesen ist, von aller Kontroverse Abschied zu nehmen und meinen Lebensabend der Entfaltung einiger tiefer Wahrheiten von Gottes heiligem Wort zu widmen." Aber nun habe der Angriff auf dieses Gotteswort eine Stellungnahme herausgefordert. Anfang September bot Pusey in einem Brief Newman sein neues Buch an: „Ich habe Dir in all diesen traurigen Jahren nichts geschickt, das irgenwie Kontroverse enthielt." Doch jetzt wolle er ihm zumindest eine rein historisch durchgeführte These in der Auseinandersetzung mit ultramontanen Meinungen aus der Zeitschrift „Dublin Review" senden. Newman kann seinerseits dasselbe versichern: „Ich glaube nicht, daß ich während der letzten vierzehn Jahre irgend etwas an Kontroversem geschrieben habe. Und ich glaube, ich habe auch niemals auf kontroverse Anmerkungen zu dem, was ich geschrieben hatte, geantwortet. Ich habe gewiß ohne ein Wort die verschiedenen Bücher, die in Beantwortung

---

[683] LD XXI, 401f.
[684] The Church of England a Portion of Christ's One Holy Catholic Church, and a means of Restoring Visible Unity. An Eirenicon, in a Letter to the Author of „The Christian Year", Oxford 1865. Dieser Autor ist John Keble.
[685] H. E. Manning, The Worship of the Holy Spirit in the Church of England. A Letter to the Rev. E. B. Pusey, London 1864; vgl. H. P. Liddon, Life of Edward Bouverie Pusey, Bd. IV, London 1897, 97, Anm. 1.

DIE VERTEIDIGUNG DER WAHRHEIT SEINES LEBENS
(1864 - 1867)

J.H. Newman: Photographie aus dem Studio von Robert White Thrupp, Birmingham, etwa 1868 (The Birmingham Oratory).

DIE VERTEIDIGUNG DER WAHRHEIT SEINES LEBENS
(1864 - 1867)

meines 'Essay über die Entwicklung der christlichen Lehre' geschrieben worden sind, durchgehen lassen und das nach dem Prinzip, *daß die Wahrheit sich selbst verteidigt und die Unwahrheit sich selbst widerlegt* ... Und ich habe Crabbes Vers zu meinem Zweck zitiert (...):

> 'Ich überlasse meine Sache der Zeit, die alle Zweifel löst, indem sie die Wahrheit, ihre glorreiche Tochter, ans Licht bringt'".

Anderseits kann Newman versichern: „Irgendwie macht mir aufrichtige Kontroverse mehr Freude als solche unkontroversen Werke, die notwendigerweise auf Annahmen beruhen, die mich schmerzen."[686]

Als sie sich diese Briefe schrieben, wußten beide noch nicht, daß sie eine Woche später zufällig am gleichen Tag - am 12. September 1865 - ihrem alten Freund John Keble in dessen Pfarrhaus in Hursley einen Besuch abstatten würden. Pusey war dort schon häufiger zu Gast gewesen. Newman jedoch hatte die beiden seit seiner Oxforder Zeit, also seit über zwei Jahrzehnten, nicht mehr gesehen. Er berichtet über diese denkwürdige Zusammenkunft ausführlich in einem Brief: „Ich hatte die Landschaft vergessen und war auf solche Schönheit in der Gestalt der Wälder nicht vorbereitet. Keble war an der Tür; er erkannte mich nicht und ich ihn auch nicht. Wie geheimnisvoll dieser erste Anblick von Freunden ist! Denn, als ich ihn dann aufmerksam betrachtete, war es das alte Gesicht und die alte Art, aber zuerst waren Wirkung und Eindruck anders". Pusey, der im Zimmer saß, hatte keine Ahnung von Newmans Kommen. „Keble ging voraus und bereitete ihn vor; und dann nahm er mich mit in das Zimmer, wo Pusey war. Ich ging schnell hinein, und es ist seltsam, wie Aktivsein den Schmerz bewältigt. Pusey, der passiv war, wich offensichtlich in die Ecke des Raumes zurück, wie ich es auch getan hätte, wenn er schnell auf mich zugekommen wäre. Er konnte nicht anders als mich genau und lange anzuschauen. - Ach, dachte ich, du denkst, wie alt ich geworden bin. Und da sehe ich mich in dir, obgleich ich denke, daß du dich stärker verändert hast als ich. Tatsächlich hat mich sein verändertes Aussehen erschreckt (...); - es schmerzte und betrübte mich. Ich hätte ihn überall wiedererkannt - sein Gesicht hat sich nicht verändert. Aber es ist,

---

[686] LD XXII, 44.

DIE VERTEIDIGUNG DER WAHRHEIT SEINES LEBENS
(1864 - 1867)

als ob man ihn durch ein gewaltiges Vergrößerungsglas sähe. Ich erinnere mich an ihn klein und kurz, mit einem runden Kopf - kleinen Gesichtszügen - flachsfarbenem lockigem Haar - flüchtig zusammengehalten, von seinen Schultern herabfließend - mit schnellem Schritt. Das war er als junger Mann ... Sein Kopf und seine Gesichtszüge sind halb so groß - seine Brust ist sehr breit - er hat, glaube ich, einen Bauch. Seine Stimme ist dieselbe; wären meine Augen geschlossen, hätte ich nicht das Gefühl gehabt, daß irgendwelche Zeit vergangenen ist. -

Als wir drei zusammen an einem Tisch saßen, hatte ich Gedanken so schmerzlich, wie ich mich sonst keiner erinnern kann, obgleich es kein akuter, sondern ein bedrückender Schmerz war. Da waren drei alte Männer, die in der Blüte ihres Lebens kraftvoll zusammengearbeitet hatten. Das ist es, was aus ihnen geworden ist; - arme menschliche Natur! Nach zwanzig Jahren kommen sie an einem Tisch zusammen, aber ohne irgendeinen gemeinsamen Grund oder frei ausgesprochenen Gedanken; und, obgleich freundlich, doch vorsichtig und in ihrer Art zu sprechen gegensätzlich; und jeder von ihnen mit gebrochenen Aussichten. - Pusey ist ganz voll von seinem Buch gegen Manning, das gerade herausgekommen ist, und erfüllt von seinem Vortrag über die Beziehungen zwischen Naturwissenschaft und Bibel, den er auf dem Kirchenkongreß zu Norwich halten soll. Er ist voller Polemik und Hoffnung. - Keble ist davon so verschieden wie nur möglich. Er ist so wonnig wie immer."[687]

An Keble hatte Newman schon zwei Jahre zuvor im herzlichen Ton alter Freundschaft geschrieben, als er nach der langen Unterbrechung einen Brief von ihm erhalten hatte: „Ich habe niemals nur einen Augenblick an Deiner Zuneigung zu mir gezweifelt. Niemals war ich über Dein Schweigen verletzt. ... Du bist immer bei mir als ein Gedanke in Ehrfurcht und Liebe; und es gibt nichts, das ich mehr liebe als Dich, und Isaac (Williams) und William Copeland und viele andere, die ich nennen könnte, außer Ihm, den ich am meisten von allen und über alles lieben sollte. Möge Er selbst, der überfließende Ersatz für alle Verluste, mir seine Gegenwart gewähren - und dann wird mir nichts fehlen, und ich werde nichts wünschen. Er allein kann den Verlust jener alten vertrauten Gesichter, die

---

[687] LD XXII, 51f. -

mir beständig nachgehen, ersetzen."⁶⁸⁸ Nach Kebles Tod, im Frühjahr 1866, hielt Newman fest: „Wie seltsam es ist! Er scheint die ganze Lehre angenommen zu haben, außer der Notwendigkeit mit dem Heiligen Stuhl in Gemeinschaft zu sein. ... Es scheint mir keine Schwierigkeit anzunehmen, daß seine Person in Bezug auf die notwendige Gemeinschaft mit Rom in gutem Glauben lebte (sie nicht nötig zu haben, GB); bis er das sieht (...), ist er gebunden, zu bleiben, was er war. Und solcher Art hat er es immer gesagt."⁶⁸⁹

Newman und die Lehre über Maria, die Mutter Jesu

Als Newman wenige Wochen nach dem Treffen in Hursley, Anfang Dezember 1865, in der Zurückgezogenheit von Rednal den Wünschen einiger Freunde entsprach und auf Puseys Eirenikon eine Antwort verfaßte, kannte er das Thema selbst - Maria, Mutter Jesu und Mutter Gottes - bereits aus einer langen Glaubensgeschichte. Nicht nur, daß er einst seit dem 2. Februar 1828 über eineinhalb Jahrzehnte Pfarrer der Oxforder Kirche zu „St. Marien der Jungfrau" war. Er hatte auch mehrfach in seinen Predigten die Bedeutsamkeit Marias im Heilsplan Gottes und für die Glaubensgeschichte der Christen dargestellt. In seiner ersten Marienpredigt vom 25.März 1831 schuf Newman Verständnis für die Verehrung Marias in der anglikanischen Kirche mit der Begründung aus der Heiligen Schrift, aus dem Magnifikat des Lukas-Evangeliums:

„Warum sollen wir denn die Ehre nicht erweisen, die der Jungfrau als Lohn verheißen wurde? Warum ehren wir den Herrn (Sohn) nicht in ehrfurchtsvollem Nennen seiner Mutter ...? Es ist tatsächlich so: Wir ehren Maria nicht so, wie wir sollten ... - Wenn der Heilige Geist sie als die Gebenedeite erklärt hat, kann es da mit unserer Verpflichtung Ihm (Jesus) gegenüber vereinbar sein, sie nicht zu beneiden? - ..." Doch Newman zieht auch Folgerungen aus eigenen Überlegungen. „Werden jene, die

---

[688] Brief vom 15. Aug. 1863 als Antwort auf Kebles neue Initiative zur Korrespondenz aus der Pfarrei Hursley bei Winchester: LD XX, 501 - 503.
[689] Brief an Henry James Coleridge: LD XXII, 209.

DIE VERTEIDIGUNG DER WAHRHEIT SEINES LEBENS
(1864 - 1867)

Kinder Gottes werden, weil sie Kinder christlicher Eltern sind, je aufhören, sich für diese Wohltat dankbar zu zeigen, die sie durch Gottes Vorsehung in den Himmel bringt? Wenn diese Erinnerungen an die Erde im Himmel fortbestehen, wie können wir uns dann vorstellen, daß Er (Jesus) seine Mutter nicht stets mit unaussprechlichen Gefühlen betrachtet? Wie können wir seinen Charakter je verstehen, wie auf seine Gesinnung eingehen, wie im Geiste mit ihm vereinigt sein, wenn wir die Erinnerung an seine Taten und seine Leiden nicht liebend in uns aufnehmen, und während wir ihm nachfolgen, liebevoll die Reste sammeln, die er uns hinterlassen hat? Wir mögen nun über die gebenedeite Jungfrau nicht viel wissen, so schließen wir doch viel aus dem, was uns über sie gesagt wird, und anerkennen sie um ihres gnadenvollen Sohnes willen ..." In einer abschließenden Zusammenfassung seiner Predigt prägt Newman diesen Gedanken noch einmal ein: „Wie können wir uns die richtig vorstellen, die die Einzige war, der Christus auf Erden diente, seine einzige natürliche Vorgesetzte? Wenn wir uns ein Urteil über die Ehrfurcht ihres Sohnes ihr gegenüber bilden, so wird uns klar, wie wir ihr Gedächtnis geziemend begehen können."[690]

Wie schon erwähnt, hatte Newman einst am Fest „Mariä Reinigung" (2. Februar 1843), dem Jahrestag seiner Amtseinführung in seiner Pfarrkirche, auch seine letzte Universitätspredigt gehalten zu dem Schrifttext: „Aber Maria bewahrte alle diese Dinge und bewegte sie in ihrem Herzen" (Lk 2, 19). In jener Predigt hatte er zum ersten Mal „die Theorie der Entwicklung in der religiösen Lehre" entfaltet und den Grundsatz aufgestellt: „So ist St. Maria unser Modell des Glaubens in beidem, in der Annahme und im Bedenken der göttlichen Wahrheit."[691] In seinen „Predigten vor Katholiken und Andersgläubigen" von 1849 gehörte für Newman zu den zentralen theologischen Inhalten des Christentums auch die „Herrlichkeit Marias um ihres Sohnes willen". Von dem Grundsatz ausgehend: „Die großen Wahrheiten der Offenbarung hängen alle miteinander zusammen und bilden ein Ganzes", will Newman „diesen Gedanken auf die Privilegien anwenden, mit denen die Kirche die gebenedeite Mutter Gottes

---

[690] Diese erste Marienpredigt Newmans wurde im Urtext und in Übersetzung zum ersten Mal veröffentlicht von Lutgart Govaert, Kardinal Newmans Mariologie und sein persönlicher Werdegang, Salzburg - München, 1975, 136 - 147.
[691] OUS, 313.

DIE VERTEIDIGUNG DER WAHRHEIT SEINES LEBENS
(1864 - 1867)

umkleidet."[692] Gerade in dem, was der Glaube über Maria sagt, zeigt sich „die harmonische Folgerichtigkeit der geoffenbarten Wahrheit und die Bedeutung der einen Lehre für die andere: Maria ist erhöht um Jesu willen. Es war angemessen, daß sie als Geschöpf, wenngleich das erste unter den Geschöpfen, eine dienende Aufgabe haben sollte. Gleich anderen ist auch sie in die Welt gekommen, ein Werk zu tun; sie hatte eine Mission zu erfüllen. Ihre Gnade und ihre Herrlichkeit sind ihr nicht für sie selbst gegeben, sondern um ihres Schöpfers willen. Sie war mit der Obhut der Menschwerdung betraut: Das ist das Amt, das für sie bestimmt war: 'Eine Jungfrau wird empfangen und einen Sohn gebären und seinen Namen wird man Immanuel nennen' (Jes. 7, 14). ... Jede Kirche, die ihr geweiht ist, jeder Altar, der zu ihrer Verehrung errichtet wird, jedes Bild, das sie darstellt, jede Litanei, die zu ihrem Lobpreis gebetet wird, jedes Gegrüßet seist du, Maria, das ihr Andenken weiterträgt: Das alles hat uns lediglich daran zu erinnern, daß da einer ist, der, obwohl von Ewigkeit her der Höchstgebenedeite, um der Sünder willen durch Maria, die Jungfrau, Mensch wurde." - Maria ist also der Mensch, in dem der Schöpfungsplan Gottes einmal gelungen ist, allerdings lediglich auf Grund der durch Jesus Christus, ihren Sohn, erwirkten Erlösung. „Maria ist in der Reinheit von Leib und Seele ein Beispiel, ja mehr als ein Beispiel für den Zustand, in dem der Mensch vor seinem Sündenfall war und in dem er geblieben wäre, wenn er zu seiner ganzen Vollendung aufgestiegen wäre. Es wäre schlimm, ja, es wäre ein Sieg des Teufels gewesen, wäre das ganze Menschengeschlecht so dahingegangen, ohne daß es wenigstens ein Beispiel dafür gegeben hätte, das zeigen konnte, welche Absicht der Schöpfer mit ihm in seinem ursprünglichen Zustand gehabt hatte." Auf Grund der Verdienste Jesu Christi „war sie von Anfang an in Heiligkeit gekleidet, für die Beharrlichkeit bestimmt, leuchtend und herrlich in den Augen Gottes und immerfort in verdienstvollen Werken tätig, die sich bis zu ihrem letzten Atemhauch fortsetzten. Für sie gilt in emphatischer Weise das Wort von dem 'Pfad der Gerechten, der dem lichten Morgenglanz gleicht, der immer heller wird, bis es Tag geworden ist' (Spr 4, 18)." - So, wie Maria in gewisser Weise Instrument der Geschichte des Heils an vorderster Stelle geworden ist. Auf solche Weise sollte der Prediger, der

---

[692] Dieses und die folgenden Zitate sind aus der Marienpredigt in Discourses to Mixed Congregations"; dtsch.: DP XI, 386 -428.

DIE VERTEIDIGUNG DER WAHRHEIT SEINES LEBENS
(1864 - 1867)

Lehrer, der Christ als Glaubenszeuge an seinem Platz dem Evangelium dienen. Da genügt es nicht, die Offenbarungswahrheit zu kennen, sondern man muß sich mit dem eigenen Leben für dieses Zeugnis zur Verfügung zu stellen. Diesen Lieblingsgedanken bringt Newman auch in diesen Marianischen Predigten zum Ausdruck. „Gewiß können nur jene die Wahrheit recht verkünden, die sie persönlich empfinden; nur jene leiten sie in der Fülle von Gott an die Menschen weiter, denen sie bei der Weitergabe zu eigen geworden ist ... Die Wahrheit erfaßt zuerst den Geist des Redenden und wird da aufgenommen und geformt; dann bricht sie dort hervor in gewissem Sinne als aus ihrem Quell und Mutterschoß. Das göttliche Wort wird in ihnen (den Verkündern) gezeugt, und die Frucht trägt ihre Züge und spricht von ihnen ... Während sie das Empfangene weitergeben, künden sie mit Nachdruck, was sie selber empfinden und wissen ... So war es die ganze Geschichte der Kirche hindurch." -

Maria war also für Newman die große Repräsentantin der Heilsgeschichte. So hatte er ihren theologischen Stellenwert bei den Kirchenvätern kennengelernt. Mit diesen Voraussetzungen antwortete er auf Puseys Buch in einem „Brief an den Hochwürdigen Dr. theol. Edward Bouverie Pusey aus Anlaß seines kürzlich (erschienenen) Eirenikon".[693] Pusey ging es in seinem Buch darum, an zahlreichen theologischen Brennpunkten die Verschiedenheiten bzw. Übereinstimmungen zwischen der Kirche von England und der Kirche von Rom zu zeigen. Er hatte die Unfehlbarkeit der Kirche bzw. des Papstes, die Lehre von Maria, der Jungfrau und Gottesmutter, das Fegfeuer, den Ablaß und andere Ansatzpunkte gewählt, um die Hindernisse einerseits und die Möglichkeiten anderseits für eine Wiedervereinigung der Christenheit zu demonstrieren. Puseys Hypothese war einfach: Wenn die Römisch-katholische Kirche bei dem Stand ihrer Lehre im Konzil von Trient (1545 - 1563) verbleibt und wenn die Anglikanische Kirche ihre XXXIX Religionsartikel aus dem selben Jahrhundert tridentinisch auslegt, dann ist ein Weg zur Verständigung und Wiedervereinigung geschaffen und begehbar. Das war im Grunde schon der Versuch, den Newman in seinem XC. Traktat unternommen hatte, als er das in der Anglikanischen Kirche vorhandene katholische Glaubensgut zum entscheidenden Reformpotential seiner Kirche machen wollte.

---

[693] A Letter to the Rev. E. B. Pusey, D.D. on his Recent Eirenicon, London 1866.

DIE VERTEIDIGUNG DER WAHRHEIT SEINES LEBENS
(1864 - 1867)

Übrigens hat Pusey in eben dieser Zeit den Tract XC unter Newmans Zustimmung mit seinem eigenen Vorwort als Anglikaner neu veröffentlicht.[694]

Newman hob in seiner Antwort zunächst den Stellenwert des Eirenokon für die Beziehung zwischen den beiden Kirchen hervor; es stelle nicht nur die Meinung Puseys dar, sondern bringe die Auffassung vieler gesprächsbereiter Anglikaner zum Ausdruck.

„Jeder, der angesichts der vielen und lang anhaltenden Spaltungen die Einigung der Christenheit wünscht, kann nach Deinem letzten Buch nur Freude empfinden. Du, mein lieber Pusey, gelangst nämlich darin zu bestimmten Vorschlägen, um dieses große Ziel zu erreichen, und vermagst auch die grundlegenden Bedingungen aufzuweisen, unter denen man zu seiner Förderung mitarbeiten könnte. Es ist nicht nötig, mit den Einzelheiten Deines Planes oder mit den darin niedergelegten Grundsätzen übereinzustimmen, um die wichtige Tatsache zu begrüßen, daß Du auf Grund Deiner persönlichen Kenntnis der anglikanischen Gemeinschaft und auf Grund Deiner Erfahrungen mit deren Zusammensetzung und Tendenzen die Zeit für gekommen hältst, daß Du und Deine Freunde, ohne eine Unklugheit zu begehen, die Möglichkeit eines solchen Unternehmens ins Auge fassen könnt ... Dabei bist Du nicht nur eine Einzelpersönlichkeit. Von Deiner frühen Jugend an hast Du Dich der Staatskirche geweiht, und nach 40- bis 50jähriger ununterbrochener Tätigkeit in ihrem Dienste erstrecken sich Deine Wurzeln und Deine Zweige in jeden Teil ihres weiten Gebietes. Mehr als jeder andere ihrer Zeitgenossen bist Du der Repräsentant und der unermüdlich Handelnde gewesen, durch den ein großes Werk zustande gekommen ist. Und weit mehr, als dies gewöhnlich der Fall ist, hast Du Dein ganzes Leben hindurch das Vertrauen Deiner Mitbrüder genossen und auch verdient. Du kannst daher nicht bloß für Dich selbst sprechen ..."[695]

Newman ging es zunächst vor allem um die Begründung einer *theologischen Methode*, deren Argumentationszug dann für die

---

[694] Tract XC. On Certain Passages in the XXXIX Articles. By the Rev. J. H. Newman, B. D. 1841. With a Historical Preface by the Rev. E. B. Pusey, D. D., and Catholic Subscription to the XXXIX Articles considered in Reference to Tract XC, by the Rev. John Keble, M. A. ... Oxford - London - Cambridge 1866.
[695] P, 3.

DIE VERTEIDIGUNG DER WAHRHEIT SEINES LEBENS
(1864 - 1867)

J.H. Newman: Carte-de-Visite Photographie von J.H. Whitlock (The Birmingham Oratory).

Beweisführung legitimiert. Während Pusey seine theologischen Quellen einfach chronologisch aufgelistet und Theologen von Rang und Autoren von geringerer Bedeutung, Vertreter aus dem Mittelalter ebenso wie moderne aufgeführt hatte, stellte Newman die Forderung auf, die Quellen müßten theologisch gewichtet werden. Auch meinte er, Pusey habe zwischen Zeugnissen für die rechte Lehre und Zitaten aus der Frömmigkeitsgeschichte nicht hinreichend unterschieden. Newman war sich sicher, daß er mit der Anknüpfung an die Heilige Schrift und an das Zeugnis der Kirchenväter jene maßgeblichen Quellen aufgriff, die auch unter Anglikanern akzeptiert wurden. Dabei konnte er sozusagen nebenbei die diskutierte Frage nach der Bedeutung von Schrift und Tradition einem Lösungsvorschlag zuführen. Er zeigte, wie die Schrift und die mündliche Überlieferung sowohl in der Katholischen Kirche wie bei den Anglikanern als wesentliche Quellen des Glaubens, sei es theologisch in der Theorie, sei es faktisch in der Praxis, anerkannt werden. „Sie geben zu, daß es eine zweifache Regel (des Glaubens) gibt: die Heilige Schrift und die Überlieferung; und das ist alles, was auch die Katholiken sagen. Wie also unterscheiden sich hier die Anglikaner von Rom? Ich glaube, die Verschiedenheit besteht nur in Worten, und ich werde, was das anbelangt, das Werk eines Eirenikon tun, wenn ich diese bloß verbalen Verschiedenheiten klarlege. Die Katholiken und die Anglikaner (ich sage nicht, die Protestanten) verbinden in der Kontroverse darüber, ob der ganze Glaube in der Heiligen Schrift enthalten sei oder nicht, mit dem Wort „Beweis" verschiedene Bedeutungen. Wir vertreten die Meinung, nicht jeder Glaubensartikel sei so darin enthalten, daß er daraus logisch bewiesen werden könne, unabhängig von der Lehre und Autorität der Tradition. Und die Anglikaner meinen, jeder Glaubensartikel sei so darin enthalten, daß er von dort her bewiesen werden könne, unter der Voraussetzung, daß Erläuterungen und Ergänzungen aus der Tradition hinzugefügt werden. Und in diesem letzteren Sinne, denke ich, sprechen auch die Väter in den von ihnen aus ihren Werken angeführten Stellen. Ich wenigstens bin sicher, daß der heiligen Athanasius häufig Schriftstellen als Beweis für Punkte der Kontroverse anführt, die niemand als Beweis ansehen würde, wenn nicht die apostolische Tradition mit einbezogen würde ..."[696]

In *Bezug auf den Inhalt* konzentrierte sich Newman in seiner Antwort auf die zentralen Aussagen der Lehre über Maria, die Mutter Jesu. Die Darstellung von Maria nach katholischer Glaubenslehre und Frömmigkeit unterteilte er in vier Themenkreise: *Maria, die zweite Eva; Marias Heiligkeit und Erbsündelosigkeit; Maria, die Mutter Gottes; Maria, die Fürbitterin der Christen.* Auf der Grundlage dieser Teile konnte er dann in einem zweiten Durchgang auch gegen anglikanische Mißdeutungen und römisch-katholische Übertreibungen Stellung nehmen. Dabei konnte Newman zeigen, daß jene überschwänglichen Formen der Marienfrömmigkeit, die Konvertiten neuerdings aus südländischer Praxis in die katholische Kirche Englands eingeführt hatten und die auch bei Anglikanern auf Kritik stießen, keineswegs repräsentativ waren für die katholische Lehre über Maria.

Der ganze Brief ist eine Illustration für Newmans Aussage in der Einleitung: „Die Väter haben mich katholisch gemacht, und ich werde die Leiter nicht zurückstoßen, auf der ich in die Kirche hineingestiegen bin. Sie ist für jenen Zweck heute noch eine ebenso nützliche Leiter, wie sie es vor zwanzig Jahren war ..."[697] Und dazu gehört seine wichtige These, mit der er zwischen Lehre und Frömmigkeitspraxis differenziert: „Ich gebe voll und ganz zu, daß die fromme Verehrung der Allerseligsten Jungfrau bei den Katholiken mit den Jahrhunderten zugenommen hat; doch ich gebe nicht zu, daß die Lehre, die sich auf sie bezieht, einen Zuwachs erfuhr, denn ich glaube, sie ist in der Substanz von Anfang an ein und dieselbe gewesen."[698] Bei der Darlegung der Lehre von *Maria als der Zweiten Eva* ist Newman daran gelegen, die Zeitbrücken aus den apostolischen Ursprüngen über die Kirchenväter Justinus, Tertullian, vor allem Irenaeus, Cyrillus von Jerusalem bis zu Fulgentius von Ruspe in Afrika (gest. 533) zu schlagen und über die ersten sechs Jahrhunderte, über die Räume der Kirche in Ost und West, in Europa und Afrika. „Wie Eva durch die Rede eines (gefallenen) Engels verführt wurde, so daß sie durch Übertretung

---

[696] P, 10.
[697] P, 19.
[698] P, 20.

eines Gebotes sich Gott entzog, so empfing auch Maria die Frohe Botschaft durch die Rede eines Engels und trug durch ihren Gehorsam gegen sein Wort Gott in sich. Und wenn die eine Gott nicht gehorcht hatte, wurde die andere dahin gedrängt, Gott zu gehorchen, damit die Jungfrau Maria die Fürsprecherin der Jungfrau Eva werden konnte. Und da durch eine Jungfrau das Menschengeschlecht dem Tod überliefert worden war, so wurde es auch durch eine Jungfrau gerettet ...", so zitiert Newman Irenaeus von Lyon und verweist auf dessen indirektes Zitat aus dem Römerbrief des heiligen Paulus.[699] - Die wesentliche Aussage über Maria wurde im Konzil von Ephesus 431 formuliert: Sie ist die *Mutter Gottes* (theotokos = Gottesgebärerin). Dazu sagt Newman: „Alles, was ich von der Grundlehre des Altertums über die Allerseligste Jungfrau sagen wollte, habe ich jetzt gesagt. Doch habe ich nach alldem die höchste Anschauung über ihre Vorzüge, wie die Kirchenväter sie uns gelehrt haben, kaum gestreift. Vielleicht hat es Dich, mein lieber Freund, als so ausgezeichneten Kenner der alten Kontroversen und Konzilien überrascht, daß ich von ihr noch nicht als der Theotokos (Gott-Gebärende, GB) gesprochen habe. Doch ich wollte zuerst zeigen, auf welch breiter Basis ihre Würde sich gründet, ganz unabhängig von diesem wunderbaren Titel. Und schließlich war ich nicht geneigt, mich über das Gewicht eines Wortes auszulassen, das eher für ein andächtiges Nachdenken geeignet ist als für einen polemischen Disput. Doch würde ich Dir besser überhaupt nicht schreiben, als darüber ganz zu schweigen. ..."[700] - Bei seinen Überlegungen über *Maria als Fürbitterin der Christenheit* geht Newman davon aus, daß „die Fürbitte ein erstes Prinzip des Lebens der Kirche ist" und „daß die Lebenskraft jener Fürbitte als einer helfenden Macht (nach Gottes Willen) die Heiligkeit ist ... Ich halte es daher für unmöglich, daß jene, die an die Kirche als an die eine große organische Gemeinschaft im Himmel und auf Erden glauben, in der jedes heilige Geschöpf Gottes seinen Platz hat, und deren Leben das Gebet ist, daß also jene, wenn sie einmal die Heiligkeit und Würde der Allerseligsten Jungfrau erkannt haben, nicht sofort sehen, daß ihr Amt im Himmel ununterbrochene Fürbitte für die kämpfende Kirche ist und unsere eigentliche Beziehung zu ihr die eines Schutzbefohlenen zu seiner Schützerin sein muß, und daß ... die Waffe der

---

[699] P, 26f.; vgl. Röm 5, 12.
[700] P, 45.

DIE VERTEIDIGUNG DER WAHRHEIT SEINES LEBENS
(1864 - 1867)

zweiten Eva, der Mutter Gottes, das Gebet ist ..."[701] - Im Zusammenhang mit der Marienverehrung, ihren Übertreibungen und ihren Mißverständnissen kommt Newman auf eines seiner zentralen Lieblingsthemen zu sprechen: das Prinzip des Lebens als Kennzeichen wahrer Religiosität:

> „Leben in dieser Welt ist Bewegung, und es schließt einen ständigen Wandlungsprozeß in sich. Lebendige Wesen wachsen in ihre Vollkommenheit, in ihren Zerfall und in ihren Tod hinein. Keine Regel der Kunst wird genügen, um die Wirkung dieses Naturgesetzes aufzuhalten, weder in der materiellen Welt noch im menschlichen Geist. Wir können wohl auftretenden Unordnungen durch äußere Bekämpfung und durch Heilmittel entgegenwirken; doch wir können den Prozeß selbst, aus dem sie hervorgehen, nicht ausrotten. Das Leben hat das gleiche Recht, zu vergehen wie zu erstarken. Das ist besonders der Fall bei großen Ideen. Man kann sie unterdrücken, man kann ihnen die Bewegungsfreiheit versagen, oder man kann sich dadurch quälen, daß man sich ständig in sie einmischt. Oder man kann ihnen freien Lauf und freie Ausdehnung gewähren und, statt jeder Übertreibung vorzubeugen, sich damit zufrieden geben, solche Übertreibungen klarzulegen und sie zu hemmen, wenn sie eingetreten sind. Doch man hat nur die eine Alternative; und was mich selbst betrifft, so ziehe ich es, wenn irgend möglich, vor, zuerst großzügig und dann erst gerecht zu sein, volle Gedankenfreiheit zu gewähren und erst dann, wenn sie mißbraucht worden ist, sie zur Rechenschaft zu ziehen. Wenn das, was ich gesagt habe, von wirksamen Ideen im allgemeinen wahr ist, dann ist dies im bezug auf die Angelegenheiten der Religion noch viel mehr der Fall."[702]

Wiederum hatte sich Newman einen Weg der Mitte zwischen minimalisierenden Tendenzen protestantischer Mariologie innerhalb der Anglikanischen Kirche und dem Weg eines gefühlsmäßigen oder intellektuellen Extremismus auf katholischer Seite in der Kirche von Rom gebahnt. Als er am 7. Dezember, „dem Fest des hl Ambrosius", seinen

---
[701] P, 51f.
[702] P, 56.

DIE VERTEIDIGUNG DER WAHRHEIT SEINES LEBENS
(1864 - 1867)

„Brief an Pusey" beendete, da war er zu einem Buch ausgewachsen. Und er schrieb zum Schluß im Vorblick auf die anstehende Weihnachtszeit: „Mögen die heiligen Vorgänge dieser Zeit uns alle in Einheit zusammenbringen! Mögen sie alle Bitterkeit auf Eurer (also Puseys) wie auch auf unserer Seite hinwegnehmen. Mögen sie alle eifersüchtige, sauertöpfische, stolze und eingebildete Gegnerschaft auf unserer Seite ersticken! Mögen sie alle bekrittelnde, mäkelnde, gekünstelte Beweisführung auf Eurer Seite zunichte machen! Möge jene strahlende Liebe Frau, die Allerseligste Jungfrau ... wirksam für die Bekehrung ihrer Feinde eintreten!"[703]

Einen Tag nach Abschluß des Manuskripts, am Fest der „ohne Erbsünde empfangenen Jungfrau und Gottesmutter Maria" schrieb Newman an Pusey: „Du mußt Dir keine Sorgen machen, wenn ich nun einen Brief zu Deinem Eirenicon veröffentlichen werde. Ich möchte es als ein solches akzeptieren und werde in diesem Geiste schreiben ... Wenn ich etwas sage, was der Art nach ein Einwand ist, dann deswegen, weil, wenn ich nicht vollkommen ehrlich bin, ich nicht nur nichts Gutes tue, sondern auch niemanden mitreiße. Aber ich gebe mir die größtmögliche Mühe, nichts zu sagen, was mir hernach leid täte." Pusey antwortete ihm umgehend, indem er eine frühere Formulierung Newmans zitierte: „Wie Du von mir gesagt hast: 'In Deinen Händen bin ich sicher ...'"[704]

Pusey war von Newmans Antwort so berührt, daß er sie zum Anlaß nahm, ein zweites Eirenikon zu schreiben, dieses Mal an Newman selbst.[705] Es beginnt es mit den Worten: „Mein teuerster Freund, laß mich zuerst für die Liebe danken, die Du in Deinem 'Brief' gezeigt hast, eine Liebe, die die Freude meiner Jugend war und jetzt meine alten Tage erfreut. ... Ich verweile in der Tat bei den sonnigen Erinnerungen an jene hellen Tage der frühen oder mittleren Lebensphase, als wir miteinander dieselbe Schlacht schlugen (denn gegen den Unglauben kämpfen wir noch immer dieselbe

---

[703] P, 82.
[704] LD XXII, 119.
[705] E. B. Pusey, First Letter to the Very Rev. John Henry Newman, D.D., in Explanation Chiefly in Regard to the Reverential Love due to the Ever-Blessed Theotokos, and the Doctrine of Her Immaculate Conception; with an Analysis of Cardinal Turrecremata's Work on the Immaculate Conception, Oxford - London 1869. Die zitierten Passagen sind den Seiten 3ff und 419ff des 520 Seiten umfassenden „Ersten Briefes" entnommen.

Die Verteidigung der Wahrheit seines Lebens
(1864 - 1867)

Schlacht), als nicht nur unsere Herzen und unsere Gefühle eins waren (wie sie es jetzt sind), sondern auch unsere Gedanken. Aber ich möchte nicht Deinen Namen gebrauchen, um im mindesten Dich jetzt mit irgendetwas zu identifizieren, was ich denke oder sage ..." Pusey antwortete dann nicht nur auf Stellungnahmen Newmans zu seiner bisherigen Thematik, sondern spezialisierte sich auf die Lehre von der „unbefleckten Empfängnis Marias" gegen die er seinerseits eine alle Jahrhunderte umfassende Kette von Zeugen ins Feld führte. Am Ende zitierte er ein Mariengedicht aus der geistlichen Poesie ihres gemeinsamen Freundes John Keble und schloß mit grundlegenden Gedanken zur Ökumene der Christenheit: „Es war erfreulich und traurig zugleich, auf diese Weise öffentlich an Dich, mein teuerster Freund, zu schreiben. Ich hätte Dir lieber über andere Themen geschrieben als die, die mich nun beschäftigt haben: Über meine Hoffnungen für die Zukunft, über Ziele, durch die man Einheit erreichen könnte, über (Glaubens-)Artikel, die verfaßt werden könnten, die die römische Kirche als hinreichend akzeptieren könnte und die - würde unser Volk sie zu einem so großen Ziel wie die Wiedervereinigung der Christenheit als genügend erachten - der praktische englische Geist ständig vor Augen haben würde und mit dem Gebet zu Gott und mit seiner Gnade umfassen. Aber es ist eine delikate Materie auf eurer Seite (ach, daß ich diese Begriffe gebrauchen muß) wie auf der unsrigen. Denn es gibt in der römischen Gemeinschaft solche, die den Wunsch haben, die Unterschiede zu übertreiben, die 'Erklärungen' mit dem Begriff 'Zugeständnisse' beschreiben, die denken, es sei jenseits ihrer Größe in Verhandlungen mit denen einzutreten, die sie als Rebellen einstufen. - Ich denke nicht, daß es nötig ist, daß wir unsere verschiedenen (Glaubens-)Systeme auf eine Prokrustes-Größe ausdehnen oder zusammenziehen. Der Glaube ist einer; und über das, was 'des Glaubens' ist, müssen wir uns einig sein. Ich denke, daß wir - nicht durch Zugeständnisse von eurer Seite, sondern durch beiderseitige Erklärung dessen, was ... wirklich „Glaube" beinhaltet, einig sein können ... -. 'Bei Gott sind alle Dinge möglich'. Die Wunder seiner bisherigen Beweise der Barmherzigkeit sind Ernstfälle für noch größere Wunder nachher. Das erste Brechen des Eises ist kein so sicheres Zeichen des kommenden Tauwetters wie die von Gott uns eingegossene Liebe ein Zeichen für noch größere Gaben seiner Liebe ist." - Auch einen dritten

Die Verteidigung der Wahrheit seines Lebens
(1864 - 1867)

Band des Eirenikon schrieb Pusey, um die Ökumene voranzubringen.[706] Ein Teil seiner Eirenika wurde sogar ins Französische übersetzt und in der katholischen Kirche Frankreichs offen und ernsthaft diskutiert. - Allerdings wurden die großen Hoffnungen Puseys durch die Unfehlbarkeitsdefinition im I. Vatikanischen Konzil (1869 - 1870) heftig enttäuscht.

Es war Winter geworden. Im im Dezember 1866, starb das Pony, das einstmals James Hope-Scott, Newmans juristischer Berater zur Zeit der Achilli-Affäre, 1852 den Oratorianern geschenkt hatte. Ungezählte Male hatten sie es für den Weg zu ihrem Landhaus nach Rednal hinaus eingespannt. Newman setzte ihm in einem Brief an den Sponsor und Freund in London ein literarisches Denkmal. „Charly, das tugendhafte Pony ..., ist schließlich gestorben. Es hat seine aktiven und nützlichen Gewohnheiten bis zum letzten Sommer ausgeübt. - Bene meritus, sed non emeritus. Dann wurde es hoffnungslos steif, lahm und elend. Sein Geist war klar bis zuletzt - und ohne seine Zuneigung zu den Menschen zu verlieren, begann es eine lebhafte, aber leider nicht lange Freundschaft mit einem unverschämten Kerl von Esel, der es ob seiner Steifheit erniedrigte, neckte und von einer Seite der Weide bis zur anderen hetzte. Es liegt unter zwei Weidenbäumen, die durch ihren Wuchs und ihre Schönheit ein lebendes Denkmal sein werden ..., während sich sein Geist im Fegfeuer der Vierfüßler befindet. Friede seinen Mahnen! Ich nehme an, daß ich für ein Pferd den heidnischen Ausspruch gebrauchen darf ..."[707]

---

[706] E. B. Pusey, Is Healthful Reunion Impossible? Second Letter to the Very Rev. J. H. Newman. Eirenikon, part III, Oxford 1870.
[707] LD XXII, 323

"DAMIT ER EUCH ERHÖHT, WENN DIE ZEIT GEKOMMEN IST" (1877-1890)

Über das Verhältnis von Glaube, Vernunft und Gewißheit (1866 - 1870)

> „Ich spreche da von Gewißheit, nicht als von einer mechanischen oder zwangsläufigen Wirkung von Prämisse und Schlußfolgerung auf den Verstand, sondern als von einem freien Akt des Geistes, der dem Urteil folgt, daß diese und diese Argumente und Folgerungen solch eine absolute Annahme verdienen."[708]

Die Mitte seiner Lebensthemen: Glaube und Vernunft

Für einen Menschen wie Newman hieß glauben, sein ganzes Leben aus dem Verhältnis zu Gott gestalten. Deshalb traf er seine Lebensentscheidungen aus dem „Feststehen im Unsichtbaren" (Hebr 11, 1). Über die Elemente dieses Standpunkt-Nehmens in der unsichtbaren Welt Gottes dachte er nicht nur nach, er kannte sie auch aus der Erfahrung seiner eigenen Glaubenspraxis und entfaltete sie in seinen Predigten und Schriften. Wie verschieden Akte der Vernunft des Menschen beschaffen waren im Vergleich zum Glauben, was die Vernunft zu erkennen vermag im Universum der Dinge und wie der Glaube darüber hinaus reicht, wie die Vernunft mit Beweisen arbeitet und der Glaube sich scheinbar mit Annahmen zufrieden gibt: Das alles waren Analysen und Vergleiche, die Newman schon als junger Pfarrer in seinen Predigten vor der Universität Oxford zwischen 1826 und 1843 angestellt hatte. Im Glauben greife der Mensch über das Erkennbare hinaus auf das Unsichtbare und Unbeweisbare zu und vertraue dabei auf das Zeugnis anderer. Gleichwohl sei das Glauben nicht so verschieden von der Leistung der Vernunft, daß es unvernünftig werde, wie umgekehrt die Vernunft eben auch von

---

[708] LD XXVII, 9-10.

ÜBER DAS VERHÄLTNIS VON GLAUBE, VERNUNFT UND GEWIßHEIT
(1866 - 1870)

Annahmen ausgehe und darin so verfahre wie der Glaube, erläuterte Newman in einer dieser Predigten, die er im Januar 1839 hielt.

„Die schlußfolgernde Vernunft nimmt nämlich in Wirklichkeit nichts wahr, sondern ist eine Fähigkeit, von Gegenständen, die wir wahrnehmen, fortzuschreiten zu solchen, die wir nicht wahrnehmen. Sie versichert uns des Daseins dieser Dinge auf Grund der Voraussetzung anderer Dinge, von denen man weiß, daß sie bestehen, d. h. mit anderen Worten: von Dingen, die als wahr *angenommen* werden. Das versteht man gemeinhin unter Vernunft ... Man sieht z. B. ihre Tätigkeit gewöhnlich als einen Prozeß an, der natürlich notwendigerweise ein gedankliches Fortschreiten von einer Idee zur anderen sein muß, also eine Betätigung des Geistes ... Die Vernunft vergleicht, unterscheidet, urteilt, entscheidet. Aus all diesen Ausdrücken ergibt sich, daß sie keine einfache Zustimmung zur Wirklichkeit bestimmter äußerer Tatsachen, sondern ein Forschen nach Gründen, eine Zustimmung auf Gründe hin ist. Sie hat also das Vermögen, auf gegebene Gründe hin ein Wissen zu erwerben, und ihre Tätigkeit besteht darin, ein Ding auf Grund eines anderen zu behaupten und zu bestimmen. Wenn also ihre Tätigkeit richtig geleitet ist, führt sie zur Erkenntnis; wenn sie falsch geleitet ist, zum Scheinwissen, zur bloßen Meinung, zum Irrtum. -

Wenn nun das die Vernunft ist, dann versteht man unter einem Akt oder Prozeß des Glaubens allgemein zweifellos einen Gebrauch der Vernunft ... Er ist die Annahme von Dingen, die von den Sinnen nicht vermittelt werden, als wirklich seiend, und zwar auf gewisse vorausliegende Gründe hin. Er ist ein Werkzeug mittelbarer Erkenntnis von Gegenständen, die außer uns selbst liegen. Dabei vollzieht sich der Vorgang in folgender Weise: Ich halte diese Lehre für wahr, weil man mich so gelehrt hat; oder weil Höherstehende es mir sagten; oder weil gute Menschen so denken ...; oder weil ich etwas gesehen habe, was ich für ein Wunder hielt; oder wegen all dieser oder eines Teiles dieser Gründe zusammen. Irgendein

ÜBER DAS VERHÄLTNIS VON GLAUBE, VERNUNFT UND GEWIßHEIT
(1866 - 1870)

J.H. Newman: Carte-de-Visite Photographie, etwa Anfang der 70er Jahre.
(Aus dem Privatbesitz von Weihbischof Ernst Tewes)

ÜBER DAS VERHÄLTNIS VON GLAUBE, VERNUNFT UND GEWIßHEIT
(1866 - 1870)

derartiger Verstandesakt ist der Akt des Glaubens, seiner Natur nach betrachtet."[709]

Newman zählt in der zitierten Predigt eine Reihe von Elementen auf, die der Vorgang des (folgernden) Denkens und der Vorgang des Glaubens gemeinsam haben: daß man von Voraussetzungen bzw. Annahmen ausgeht, wenn man den Sinneswahrnehmungen vertrauen muß, um überhaupt einen Ausgangspunkt des Handelns oder Denkens zu haben, „daß die Menschen in praktischen Dingen meist gar keine schlechten Denker sind, wenn ihr Geist wirklich lebendig dabei ist", daß sie einen „instinktiven Sinn für die Richtung haben ..., wie sie handeln müssen, um mit dem Trieb der Selbsterhaltung oder Selbsterhöhung in Einklang zu bleiben", daß „sie schlecht argumentieren mögen, aber richtig folgern", daß man Fachleuten auf ihrem Gebiet einen „außergewöhnlichen Scharfsinn" zutrauen darf, wohingegen Unkundige aus den vorhandenen Wahrscheinlichkeiten nicht zu einer solch intuitiv gewonnenen und jedenfalls erfolgreichen Aktion gekommen wären. Analog fordert Newman für den Bereich des Glaubens: daß es nicht weniger begründet ist, „jene instinktive Ahnung der Allgegenwart Gottes" gelten zu lassen.- .Der Glaube muß in den Augen der Welt auch immer als unvernünftig und verächtlich erscheinen, bis der Ausgang ihn bestätigt. Der geistige Akt z. B., mit dem ein ungelehrter Mensch das Evangelium auf das Wort seines Lehrers hin zu seinem Heil im Glauben annimmt, ist analog der Betätigung des Scharfsinns bei einem großen Staatsmann oder General; denn die übernatürliche Gnade tut für die ungebildete Vernunft das, was die Genialität für jenen tut."[710] - Schon im Zusammenhang mit seinen Oxforder Predigten sieht Newman auch die Parallele zwischen einer großen Idee, einem großen Projekt, das Politiker, Naturwissenschaftler oder Erzieher intuitiv konzipieren, an dem sie festhalten und dessen Berechtigung und praktische Bewährung oder logische Begründung oft erst im nachherein möglich wird. Im vorhinein besteht das Risiko.Dem entspricht für Newman auch das Wagnis des Glaubens und die sittliche Legitimation, es einzugehen. - Man könnte im Sinne Newmans sagen: Wer betet, erfährt etwas von der tragenden Kraft Gottes. Denn dabei wird die

---

[709] Die Natur des Glaubens im Verhältnis zur Vernunft: G 157f.
[710] G, 165.

ÜBER DAS VERHÄLTNIS VON GLAUBE, VERNUNFT UND GEWIßHEIT
(1866 - 1870)

denkerische Annahme in Wirklichkeit umgesetzt, daß der Stimme des Gewissens ein lebendiges Gegenüber entspricht, das sich im eigenen Gewissen spiegelt. Oder, wer dem Sinn für Ver-Antwortung (Sense of duty) in seinem Leben entspricht, antwortet auf jenes Gegenüber, das in eindringlicher Weise sein Wort im Geist des Individuums ausspricht, das Gute zu tun. Die Berechtigung, auf solche Wahrnehmungen sein Handeln zu gründen, hat der Mensch genauso gut, wie er auf die Annahme baut, daß die Sinneswahrnehmung der Außenwelt nicht trügt, daß Wasser ihn trägt, daß Naturereignisse sich wiederholen können, usw. Newmans eigener Lebenslauf bietet für ihn selbst und für andere eindringliche „Beweise", wie ein Mensch in seinem Leben bestätigt wird, der von der Annahme ausgeht, daß Gottes Vorsehung wirkt und ihre Wahrheit stärker ist.

In den ersten Jahren nach seiner Konversion zur Katholischen Kirche schien die Thematik Glaube und Vernunft zunächst weit im Hintergrund. Doch erkennen wir bereits im Zusammenhang mit seinen Vorträgen über Wesen und Tragweite universitärer Bildung in Dublin, daß die Beziehung zwischen Glaube und Wissenschaft, insbesondere Naturwissenschaft, für ihn eine bedeutsame Rolle behielt. In vielen seiner Briefe ist die Auseinandersetzung mit Einwänden aus historisch-kritischer Seite oder von naturwissenschaftlicher Seite gegen Glaubensaussagen nachlesbar. „Es ist ein Thema, das mich zwanzig oder dreißig Jahre lang gereizt hat", schreibt er im Rückblick 1870. „Ich fühlte, daß ich etwas darüber zu sagen hatte, aber wann immer ich es versuchte, verschwand die Vision, die ich gesehen hatte, verlor sie sich in einem Dickicht, rollte sich wie ein Igel zusammen oder wechselte die Farbe wie ein Chamäleon. Ich habe eine Reihe von Anfängen, vielleicht ein Dutzend, die zu nichts führten, jeder vom anderen verschieden, und aus verschiedenen Jahren."[711]

---

[711] Brief an Aubrey de Vere (1814 - 1902), den irischen Dichter und Konvertit, der von Newman zum Professor für politische und Sozialwissenschaften an der katholischen Universität in Dublin ernannt worden war, vom 31.8.1870: LD XV, 199.

ÜBER DAS VERHÄLTNIS VON GLAUBE, VERNUNFT UND GEWIßHEIT
(1866 - 1870)

Impulse aus ehrlichem Nichtglauben

Es war eine Reihe von Briefen von William Froude (1810 - 1879), dem Bruder von Newmans verstorbenem Freund Richard Hurrell, anfangs der 60er Jahre an Newman geschrieben, die den Anstoß gaben, eine umfassende Begründung des Glaubensaktes vor der Vernunft darzustellen. William Froude war Newman persönlich eng verbunden und sah sich gleichwohl außerstande, sich zum christlichen Glauben zu bekennen. Er sagt lapidar: „Ich denke, daß niemand, der sich je des Privilegs herzlichen Austausches mit Ihnen erfreute, der Erfahrung akuten Schmerzes entgeht, wenn er zu dem Gefühl kommt, daß er sich praktisch von Ihnen getrennt hat, auf welchem Wege auch immer die Trennung entstanden sein mag."[712] William Froude war von Haus aus Mathematiker und hatte zuerst als Eisenbahningenieur gearbeitet, später wurde er einer der bekanntesten Ingenieure der englischen Marine. Er bekannte sich dazu, nicht an Gott glauben zu können. „So verschieden meine Meinungen von denen sind, die Sie mich lehren würden, scheint es mir so, als ob es bei all diesen Unterschieden ... *eine* Quelle der Nichtübereinstimmung zwischen uns gibt ..., die gerade im Prinzip des Denkens und Schließens und genau in der Natur von Gedanken und Schlußfolgerungen liegt ..." Froude nennt die entscheidende Quelle ihrer Differenz noch genauer: „Stärker als irgend etwas anderes glaube ich dies: daß mein Verstand in Bezug auf keinen Gegenstand, welcher es auch sei - gewiß nicht im Bereich der ordentlichen Tatsachen, mit denen sich unsere tägliche Erfahrung befaßt, - gewiß nicht im Bereich der Geschichte oder Politik und noch weniger in dem der Theologie (...) zu einer Schlußfolgerung von absoluter Gewißheit gelangen kann. Daß, obgleich natürlich einige Schlußfolgerungen mehr Gewißheit haben als andere, es in ihnen allen ein Element der Ungewißheit gibt."

Newman blieb beeindruckt von Froudes Einwänden und antwortete ihm, daß er schon seit einiger Zeit überlege, ob er nicht die Thematik *Gewißheit und Zweifel* ausführlich darstellen solle. „Es ist ein Anlaß großer Trauer für mich, wenn ich auf mein Leben zurückblicke, zu sehen, wieviel Zeit vergeudet wurde und wieviel ich getan haben könnte, wenn ich nur *ein* Thema verfolgt hätte. Hätte nicht jedes Jahr seine eigenen Pflichten mit

---

[712] Brief vom 29.12.1859: LD XIX, 268 - 272.

Über das Verhältnis von Glaube, Vernunft und Gewißheit
(1866 - 1870)

sich gebracht, dann hätte ich mich schon lang dem Thema zugewandt, von dem ich vor langer Zeit gesprochen habe. Aber es ist keines, das man nur halbherzig in Angriff nehmen könnte; und jetzt, wie viele Jahre habe ich noch?"[713] Zwar, so fährt Newman fort, könne man nach seiner Ansicht ebenso gut oder schlecht die Wahrheit des Christentums wissenschaftlich begründen wie die Bewegung der Erde um die Sonne. Aber „der wissenschaftliche Beweis des Christentums ist nicht die volkstümliche, praktische, persönliche Plausibilität, auf Grund deren ein bestimmtes Individuum daran glaubt .. Ich würde mich darin von Ihnen unterscheiden, wenn ich Sie verstehe, daß ich denke, es gibt einen allgemeinverständlichen und persönlichen Weg, im Christentum zur Gewißheit zu gelangen, und zwar so logisch wie derjenige, auf dem man durch wissenschaftliche Methoden bei nichtreligiösen Themen dahin gelangt." Newman spricht von einer individuell-persönlichen „Gewißheit so zwingend wie ein wissenschaftlicher Beweis".

Um jene Zeit hatte Newman, ermutigt durch den Erfolg seiner Dubliner Vorträge über Glaube und Theologie im wissenschaftlichen Dialog, bereits begonnen, ein „Philosophisches Notizbuch" zu führen, dessen Einträge sich über die Jahre von 1859 bis 1864 erstrecken, mit Zusätzen bis 1874.[714] Zwei Jahre vor seinem Tod, 1888, gab Newman der Manuskriptsammlung den Titel „Diskursive Befragungen über metaphysische Gegenstände".[715] Er skizzierte darin Gedanken und Erkenntnisse ganz verschiedener philosophischer und religionsphilosophischer Themen: die Abstraktionsfähigkeit des Geistes, Elemente des Gedankens, Beweise des Theismus (des Glaubens an die Existenz Gottes), Analogien, Einwände gegen Wunder, Materie und Geist u. a. Anfangs hatte er vor, ein „Opus Magnum" (Großes Werk) über Religionsphilosophie zu schreiben. Doch dann plante er eine überschaubare Studie, in der er zwei wesentliche Problemkreise erhellen wollte: 1., daß wir glauben können, was wir nicht verstehen können; und 2., daß wir glauben können, was wir nicht absolut

---

[713] Brief vom 18. Jan. 1860: LD XIX, 284f.
[714] John Henry Newman, The Philosophical Notebook, Bd. 1, hrg. von Edward J. Sillem, Louvain 1969; Bd. 2 hrg. E. J. Sillem und A. J. Boekraad, Louvain 1970. Den ausführlichen Kommentar zum Kapitel „Beweis des Theismus", dem 3. Kapitel in Newmans „Notizbuch": A. J. Boekraad - H. Tristram, The Argument from Concience to the Existence of God According to J. H. Newman, Louvain 1961.
[715] Discursive Enquiries on Metaphysical Subjects (24. Sept. 1888).

ÜBER DAS VERHÄLTNIS VON GLAUBE, VERNUNFT UND GEWIßHEIT
(1866 - 1870)

beweisen könnnen. Daraus wurde sein Essay der Zustimmungslehre. Dieser „Essay" hatte eine aufwendige Vorgeschichte und gelang ihm nicht so schnell wie die meisten seiner anderen Bücher.

Der Weg zur Grammatik der Glaubenszustimmung

Das Stichwort „Gewißheit" in Angelegenheiten des Glaubens begleitete Newman in jenen Wochen, als er den August 1866 aus gesundheitlichen Gründen und auf ärztlichen Rat hin in der Schweiz verbrachte. In seinen Briefen an die Mitbrüder zu Hause taucht neben der Mitteilung alltäglicher Dinge auch sein Grundanliegen auf, um das seine Gedanken kreisen. „Wir hatten einen ganz herrlichen Spaziergang heute morgen. Die Gegend ist voller Spazierwege, aber leider ist das Wetter traurig", schreibt er aus Champéry, wohin er, begleitet von Ambrose St. John, gereist war. „... Die Fahrpreise hier sind billig - Brot, Butter, Honig und Sahne gut. Sie wollen uns keinen Käse geben, obwohl dies der Stolz des Landes ist - der Wein und Cognac schlecht. Ich bin dem Wasser gegenüber sehr mißtrauisch, ob es nicht Kalk enthält. Das Fleisch erträglich - das Mittagessen leider um ein Uhr. Ein hübsches sauberes Haus, ungefähr vierzig unaufdringliche Insassen, die meisten davon Frauen und Kinder. Die Kirche ist ganz nahe bei, wir feierten dort heute morgen die Messe. Ambrose wandert fabelhaft, hat kein Asthma. - Ich habe einiges über Gewißheit gearbeitet - der Quantität nach wenig genug - aber (wenn nicht die ganze Theorie eine Täuschung ist, worüber ich mir nicht sicher bin) qualitativ gut. Ich kann daran bleiben, wenn ich mich hinlege oder beim Reisen. Es ist Analysearbeit, nicht aus vielen Worten."[716] Im nachherein, als sein Buch erschienen war, erinnert er sich an jene Wochen als die Zeit, da ihm der Durchbruch gelungen war: „Vor vier Jahren, als ich oben in Glion über dem Genfer See war, kam mir ein Gedanke als Schlüssel, als das 'Sesam öffne dich' der ganzen Sache. Und ich schrieb ihn sofort nieder und verfolgte ihn auf dem Weg um den Luzerner See herum. Als ich dann heim kam, begann ich ernsthaft und bin langsam damit

---

[716] Brief an William Neville vom 12. Aug. 1866: XXII, 273f.

ÜBER DAS VERHÄLTNIS VON GLAUBE, VERNUNFT UND GEWIßHEIT (1866 - 1870)

durchgekommen."[717] Worin bestand seine Erleuchtung? Newman hatte erkannt, daß für das Verständnis und die Darstellung des Glaubensaktes die Zustimmung, die der Mensch gibt, der springende Punkt ist.

Es war zwei Jahre später, als Newman das nervenaufreibende Hin und Her bis zum Scheitern des Projekts eines Oxforder Oratoriums hinter sich hatte. Damals zog er sich im März 1868, wie schon so oft, in das Landhaus der Oratorianer in Rednal zurück, um nun am Manuskript seines Buches über die Zustimmung zu arbeiten. In den folgenden Monaten notiert er eine der wichtigsten Unterscheidungen seiner Arbeit, die aufs neue seine Präferenz für die Erfassung der Wirklichkeit des Lebens beim Denken zeigt. War ihm zwei Jahre zuvor in der Schweiz aufgegangen, daß er zwischen Erfassung und Zustimmung unterscheiden müsse, so war es jetzt die Unterscheidung zwischen *begrifflicher* und *wirklicher* Erfassung und Zustimmung, die für seine Beschreibung des Glaubensaktes in ganz einzigartiger Weise charakteristisch wurde. Begriffliche Zustimmung zu Gottes Wort gibt, wer es abstrakt aufnimmt oder ästhetisch oder, weil es ihm Nutzen bringt; denn dann wird es nicht in seiner Wirklichkeit erfaßt, also in religiösem Sinn. „Für den Frommen und den geistlichen Menschen spricht das göttliche Wort von Dingen, nicht bloß von Begriffen."[718] Wirkliche Zustimmung komme zustande, wenn sich jemand von der lebendigen Wirklichkeit Gottes in seiner Existenz betreffen läßt und „von Herzen" zustimmt. Nur die letztere Art der Zustimmung bringe lebendigen Glauben mit sich, der das Leben des Menschen beeinflußt und verändert. So ließe sich mit Newmans Ansatz plausibel erklären, daß jemand Theologie studieren kann und mit der Begrifflichkeit des christlichen Glaubens gekonnt umgehen kann, ohne notwendigerweise die mit den Begriffen gemeinte Wirklichkeit zu erfassen, geschweige ihr „von Herzen" zuzustimmen. -

Newmans vorläufige Gedankenführung im Sommer 1868 lautete so: „Die Erfassung, die eine Bedingung der Zustimmung zu einem Satz ist, ist zweierlei Art: Erfassung seiner Bedeutung und (Erfassung) seines Gegenstands. Erstere ist hauptsächlich ein reiner Verstandesakt, die letztere ein Akt gegenwärtiger oder vergangener Erfahrung und (ein Akt)

---

[717] Brief vom 31.08.1870 an Aubrey de Vere, LD XXV, 199.
[718] Z 55

ÜBER DAS VERHÄLTNIS VON GLAUBE, VERNUNFT UND GEWIßHEIT
(1866 - 1870)

des Gedächtnisses, das zur Erfahrung verhilft. Und demzufolge, soweit die Erfassung der ersten oder der zweiten Art ist, ist die Zustimmung (entweder, GB) matt oder engergiegeladen."[719] Herauszuarbeiten, wie unverbildetes Denken vor sich geht, wenn der Mensch in seinen alltäglichen Geschäften mit den Realitäten umgeht und dies zu unterscheiden von der Weise logischer Schlußfolgerungen, das war Newmans Bemühen in jenen Monaten. Was er in der Endfassung als wirklichkeitshaltiges Erfassen (real apprehension) bezeichnet, nannte er zuerst imaginative Erfassung, also die „bildhafte" Wahrnehmung, weil sie sich auf Dinge und nicht auf Begriffe von Dingen bezieht. Und er notierte: „Wenn mit Einbildungsfähigkeit (imagination) nicht nur die Kraft der Erfindung (gemeint ist), sondern die Kraft, die auf das Gedächtnis einwirkt und dem Geist das vergegenwärtigt, was abwesend ist, kann diese Art der Erfassung zu recht ... als einbildsam (imaginative) bezeichnet werden."[720] Überblicken wir sein Bemühen, so können wir sagen: Newman arbeitet in Parallele zur wissenschaftlichen Denkweise schlußfolgernder Logik des Verstandes gewissermaßen an einer Theorie des alltäglichen und praktischen Folgerns, das von Sachverhalten und Dingen ausgeht und diesen Wirklichkeitsbezug beibehält; das für den einzelnen Menschen und seine Lebensvollzüge unentbehrlich ist, aber keine allgemein gültigen Resultate aufweisen braucht. Diese Denkweise nennt er schließlich „real", d. h. wirklich(keitshaltig), während er die erstere als „notional", d. h. begrifflich, einstuft.[721] Auf dem Weg, den tatsächlichen Vorgang des

---

[719] Zit. in: John Coulson, Religion and Imagination 'in Aid of a Grammar of Assent', Oxford 1981, 83.
[720] Vgl. ebd., 83.
[721] Bei seiner Übersetzung der Grammar of Assent, die er als „Philosophie des Glaubens" in die deutsche Literatur einführt (München 1921), hat Theodor Haecker (1879 - 1945), ein geistiger Widerstandskämpfer gegen den Nationalsozialismus, auf die Bedeutsamkeit dieser Unterscheidung von den zwei Wahrnehmungsweisen und dementsprechend zwei Zustimmungsweisen bei Newman aufmerksam gemacht. „Die Einbildungskraft ist also hier zu verstehen als das wesentliche Medium realer Erfassung und ... als wesentliches Bestandstück der menschlichen Erkenntnis überhaupt in ihrer Vollkommenheit ist die reale Erfassung nach Ansicht Newmans die Wahrnehmung (perception), die äußere oder innere, die uns das Ding selbst oder doch eine Seite, einen echten Teil, ein echtes Bestandstück des Dinges selbst in vollkommener und palpabler Form gibt." Im Unterschied zur begrifflichen Sprache, Wahrnehmung und Zustimmung geht es bei der imaginativen bzw. realen jeweils um Erfassung von Dingen selbst, auch, wenn dies noch so vorläufig oder teilhaft ist, so „daß selbst mit dem 'unähnlichsten' Bild trotzdem noch das Ding mitgegeben und mitangeschaut wird; es gibt auf dem Weg des Bildes - der Einbildungskraft - keine absolute und vollständige Loslösung von der Realität und Wirklichkeit, wenngleich es

ÜBER DAS VERHÄLTNIS VON GLAUBE, VERNUNFT UND GEWIßHEIT
(1866 - 1870)

Glaubensvollzugs durch die „einfachen Menschen" als Erfassungsweise des Evangeliums zu beschreiben, hatte Newman die entscheidende Spur gefunden. Er fand sich hier in Kontinuität mit jenen Prinzipien seines Denkens, die er bereits zu Beginn der 40er Jahre formuliert hatte: „Das Leben ist nicht lange genug für eine Religion aus Schlußfolgerungen. Wir werden nie über die Anfänge hinauskommen, wenn wir mit Beweisen beginnen wollen ... Das Leben ist zum Handeln da .. und um zu handeln, muß man von Voraussetzungen ausgehen, und diese Voraussetzung ist der Glaube."[722]

Im Juli 1868 findet Newman, daß ihn die Arbeit fast zur Verzweiflung treibt, weil ein Problem das andere hervorbringe und eine alle umfassende Struktur und Lösung nicht abzusehen sei. Er arbeitet in völlig origineller Weise am Phänomen des Glaubensaktes, ohne auf bisherige Beschreibungen zurückzugreifen. Ja, er hatte seit Jahren vermieden, Bücher zu lesen, die sich mit dem Thema befassen, um seinen eigenen Ansatz und Gedankengang dadurch nicht beeinflussen zu lassen. Immerhin hatte er in den Sommermonaten den ersten Teil ausgearbeitet, der über „Zustimmung" handelt und für den er bereits zwei Jahre zuvor eine grundlegende Skizze am Genfer See angefertigt hatte. „Ich habe mein erstes Buch geschrieben, es handelt von der Zustimmung; dann würde Gewißheit kommen (Buch zwei) - dann Beweis (drei). Ich bin wirklich ratlos, was ich empfehlen soll -; wenn ich eines sage, führt es zu anderen Fragen, und jene zu wieder anderen, bis man nicht mehr sagen kann, worin die letzte Lösung der Sache besteht. Bezüglich dessen, was ich getan habe, kann ich nicht sagen, ob es eine Binsenwahrheit ist, ein Paradox oder reiner Trug. ..."

Im selben Brief an Henry Wilberforce fragt sich Newman nach dem Zustandekommen der *Gewißheit*, die er in dem Folgerungs- und Urteilsvermögen des Menschen beheimatet sieht, das Aristoteles die Phronesis nannte. Er argumentierte gegen die übliche Auffassung, daß „die Phronesis eine höhere Art der Logik ist, - während sogar mathematische Schlußfolgerungen ... durch einen Akt der Phronesis geglaubt werden müssen ... Wie kann ich sicher sein, daß meine logische Wachsamkeit

---

[722] eine bewußte und unbewußte, dichterische oder auch schwachsinnige Entfernung von ihnen gibt ..." (S. 434).
DA, 295.

ÜBER DAS VERHÄLTNIS VON GLAUBE, VERNUNFT UND GEWIßHEIT
(1866 - 1870)

nicht hier oder dort versagt hat?" Auf der Suche nach der Begründung von Gewißheit, unterscheidet Newman zwischen logischer Folgerichtigkeit und dem persönlichen Zustand. Er hatte ihn einmal so beschrieben: „Gewißheit ist eine reflexe Geistestätigkeit; sie besteht darin, zu wissen, daß man weiß."[723] Wenn Gewißheit in der reflexen Bewußtheit des Wissens besteht, - „ich weiß, daß ich weiß, daß ich weiß" - , woher kann dann die Verunsicherung durch Zweifel kommen? Sind es Einwände, Gegenargumente, die sich des Geistes bemächtigen? Newmans Gedankengang gibt auch dem Zweifel die Qualität der Zustimmung von dem, der ihn hegt. Und umgekehrt: „Ein Einwand ist kein Zweifel - zehntausend Einwände machen so wenig einen Zweifel aus wie zehntausend Ponies kein Pferd sind; obgleich mir natürlich meine Phronesis sagt, daß eine bestimmte Anzahl von Einwänden auf meine Entscheidung einwirken sollte ..."[724] - Am Ende des Jahres 1868 gesteht er, daß ihm seine Arbeit so vorkomme, „wie ein Tunnelbau durch einen Berg. Ich habe sie angefangen und sie ist für meine Arbeitskraft fast zu viel; sie ist halb theologisch, halb philosophisch ... Vielleicht wird der Tunnel einbrechen, wenn ich reichlich weit mit meiner Arbeit bin. - Wenn ich sie getan habe ..., dann werde ich sagen: Jetzt läßt Du Herr (Deinen Diener in Frieden, GB) scheiden."[725]

Im April 1869 begann die Drucklegung der ersten Kapitel des Werkes, es wurde jedoch erst ein Jahr später, im März 1870, fertig. In den Monaten dazwischen hatte Newman in Charles Meynell (1828 - 1882), dem Philosophieprofessor des Oscott College einen hilfreichen, kritischen Gesprächspartner gefunden, der mögliche Einwände aus dem Lager der katholischen Religionsphilosophie im voraus mit bedenken half. Vom Juli des Jahres an sandte Newman die ankommenden Druckfahnen vom einen Ende der Stadt Birmingham hinaus in die ländliche Umgebung des Priesterseminars bei Sutton Coldfield zur theologisch-philosophischen Hochschule. Von Anfang an konnte er Meynell sagen: „Ich danke Ihnen sehr für Ihre Kritik, die für mich sehr nützlich sein wird." Und Meynell antwortete: „Ich möchte zuerst das erfreuliche Gefühl zum Ausdruck bringen, das ich hatte, als ich fand, daß Ihre Philosophie nicht so empirisch

---

[723] A, 251.
[724] Brief vom 27.07.1868: LD XXIV, 104 - 107.
[725] An James Hope-Scott, 7.12.1868: LD XXIV, 184.

ÜBER DAS VERHÄLTNIS VON GLAUBE, VERNUNFT UND GEWIßHEIT (1866 - 1870)

ist, wie ich angenommen oder vielmehr befürchtet hatte." Meynell sah eher eine Tendenz zum Idealismus darin. Seine Besorgnis war mehr prophylaktischer Art: „Ich denke nicht, daß es in dem, was Sie bisher geschrieben haben, irgend etwas gibt, das möglicherweise unter die Zensur fallen würde." Aber in manchen Partien könnten andere von Newmans Gedankengang einen ungeschützten Gebrauch machen und über die sorgfältig eingehaltene Grenze von Newmans Materiebegriff hinausgehen. Dann sei schon deshalb Gefahr im Verzug, weil es ohne materielle Substanz auch keine Trans-Substantiation geben könne, die das eucharistische Grunddogma aus dem Hochmittelalter betreffe.[726] Newman ist so angetan von seinem Gesprächspartner, daß er ihm mehr unterbreiten möchte: „Um die Sache auf den Punkt zu bringen, schlage ich vor, Ihnen meine Kapitel über Erfassung und Zustimmung zur Lehre des Höchsten Wesens zu senden. Wenn Sie in diesem Kapitel Prinzipien finden, die nicht erlaubt werden können, res finita est (ist die Sache beendet) ..." Die ausführlichen Stellungnahmen von Meynell lesen sich wie ein erläuternder Kommentar zu Newmans erkenntnistheoretischem Hauptwerk. Darum dankte er ihm auch im nachherein für die aufmerksame Durchsicht der Druckfahnen und die bereichernden Rückfragen und Beispiele.

Grammar of Assent: Eine Elementarlehre des Glaubensaktes

Als dann das „Essay zur Hilfe für eine Zustimmungsgrammatik" (Essay in Aid of a Grammar of Assent) am 15. März 1870 in den Buchläden erschien, wurde die gesamte Auflage bereits am ersten Tag ausverkauft.[727] Angesichts so breit gestreuter Erwartungen warnte Newman Freunde und Bekannte. „Diejenigen, denen man sagt, wieviel Mühe es mich gekostet hat, werden sich wundern, wenn sie es sehen, daß es nicht mehr wert ist, als sie finden. Aber ich habe mir gesagt, bei solch schwierigen Themen, über die die Auffassungen so sehr verschieden sind, ist das Zeugnis auch nur eines Geistes als Tat oder Bekundung etwas wert. Auf einer Seite darin

---

[726] LD XXIV, 294, 306 - 310 u. a.
[727] Die gültige kritische Ausgabe: John Henry Newman, An Essay in Aid of a Grammar of Assent, edited with Introduction and Notes by Ian T. Ker, Oxford 1985.

ÜBER DAS VERHÄLTNIS VON GLAUBE, VERNUNFT UND GEWIßHEIT
(1866 - 1870)

habe ich gesagt, daß in solchen Themen 'Selbstbezogenheit (egotism) die wahre Bescheidenheit ist', weil sie nicht dogmatisch festlegt ..."[728] Das Buch würde jeden enttäuschen, meinte er, und hatte dabei die Schwierigkeit der Leser vor Augen, mit einem solch originell verfaßten philosophischen Entwurf zurecht zu kommen. Anderseits sah er durchaus den wahren Stellenwert des Essay, wenn er schrieb: „Ich habe fünf konstruktive Werke in meinem Leben geschaffen, und dieses fiel mir am schwersten, obgleich mir alle schwer fielen: Mein prophetisches Amt (der Kirche), das in Brüche ging, mein Essay über Rechtfertigung, das ganz gut Bestand hat - und drei katholische: Entwicklung der Lehre, Universitäre Bildung und das letzte, das ich ein Essay zur Hilfe für eine Zustimmungsgrammatik genannt habe".[729]

Nimmt man das Buch selbst zur Hand, so kann es einem durchaus in Aufbau und Gedankenführung als äußerst merkwürdig erscheinen. Es hat keine Einleitung. Der Einstieg ist somit schwierig. Unversehens findet sich der Leser in Gedankengängen, die dann allerdings von intensiver Plausibilität sind. So leuchtet das Beispiel von selbst ein, daß ein Junge auf Grund seiner französischen Sprachkenntnisse, die er sich in der Schule erworben hat, einen Text über okonomische Sachverhalte durchaus grammatikalisch einwandfrei übersetzen kann, ohne die inhaltliche Tragweite der Aussagen und Probleme dabei erfaßt zu haben. Und schon wird eine der zentralen Differenzierungen Newmans zwischen begrifflichem (notional) und wirklichkeitshaltigem (real) Erfassen und Zustimmen anschaulich begreifbar. - Tatsächlich hat Newman sein Werk in zwei große Teile disponiert.

Im ersten Teil wird der Zusammenhang von *Erfassung und Zustimmung* bedacht. Dabei kommen die bereits genannten Erläuterungen über abstrakte oder bildhafte Formen des Denkens zum Tragen. An einer zentralen Stelle, auf die hin seine Überlegungen zulaufen, erklärt Newman deutlich Sinn und Zweck seines Werkes: „Worauf ich direkt ziele, ist zu erklären, wie wir ein Bild von Gott gewinnen und dem Satz, daß er existiert, eine reale Zustimmung geben. Um das zu tun, muß ich natürlich zunächst von einem ersten Prinzip ausgehen. Und dieses erste Prinzip, das

---

[728] LD XXV, 29.
[729] LD XXV, 34.

ÜBER DAS VERHÄLTNIS VON GLAUBE, VERNUNFT UND GEWIßHEIT
(1866 - 1870)

ich annehme - und zwar ohne den Versuch, es zu beweisen, - ist ..., daß wir von Natur aus ein Gewissen haben."[730] Die persönliche Erfahrung der lebendigen Stimme seines Gewissens mache jedem einzelnen Menschen den eigenen unersetzbaren Zugang zur Verpflichtungsinstanz seines Lebens erfahrbar. „Die Aufgabe, die die Sinne in Bezug auf die Schöpfung unmittelbar erfüllen", indem wir hören, sehen, betasten und riechen, daß uns eine vielgestaltige Welt umgibt, „diese Aufgabe fällt bezüglich des Schöpfers mittelbar ... dem Sinn für sittliche Verpflichtung" zu. Newman beschreibt die Erfahrung des Menschen, selbst ein Wesen zu sein, das die Fähigkeit oder Instanz der Ver-Ant-Wortung in sich trägt, den „Verpflichtungssinn" (sense of duty). Das lebendig wahrzunehmen, bringe auch ein lebendiges Gottesverhältnis hervor: die Vorstellung, das Bild des fordernden und lenkenden Herrschers für das eigene Leben, des Richters, der das Gute fordert und fördert, das Böse richtet und bestraft:

> „Das Gefühl des Gewissens ist ... ein bestimmtes, scharfes Empfindungsvermögen, lustvoll oder peinvoll - Selbstbestätigung und Hoffnung oder Reue und Furcht - und begleitet gewisse unserer Handlungen, die wir daraufhin recht oder unrecht nennen. Dieses Gefühl des Gewissens ist ein doppeltes: Es ist ein Sinn für das Sittliche (moral sense) und ein Sinn für Pflicht (sense of duty), ein Urteil der Vernunft und ein herrischer Befehl ... So hat das Gewissen sowohl ein kritisches als auch ein richterliches Amt. Und obwohl seine Winke in der Brust der Millionen menschlicher Wesen, denen es gegeben ist, nicht in allen Fällen richtig sind, so sagt das nicht notwendig etwas gegen die Macht seines Zeugnisses und seiner Billigung: seines Zeugnisses, daß es Recht und Unrecht gibt, und seiner Billigung dieses Zeugnisses, die die Gefühle, die rechtes oder unrechtes Handeln begleiten, mit sich bringt."

Newman geht es in der Folge nicht um den sittlichen Aspekt des Gewissens, so wichtig dieser in einem anderen Zusammenhang sein mag, sondern um den Verantwortungssinn, dessen Funktion so geschieht, daß der Mensch dabei über sich selbst hinaus verwiesen wird „zu etwas jenseits seiner Selbst", worin er „undeutlich eine Billigung seiner Entscheidungen erkennt, die

---

[730] Z, 73.

ÜBER DAS VERHÄLTNIS VON GLAUBE, VERNUNFT UND GEWIßHEIT (1866 - 1870)

> höher ist als er selbst und bewiesen in jenem scharfen Sinn für Verpflichtung und Verantwortung, der sie trägt. Daher kommt es, daß wir gewohnt sind, vom Gewissen zu sprechen als von einer Stimme .. oder dem Echo einer Stimme, herrisch und nötigend wie kein anderer Befehl im ganzen Bereich unserer Erfahrung". In einer Zusammenfassung seiner Gewissensphänomenologie sagt Newman: „So ist also das Phänomen des Gewissens als das eines Befehls dazu geeignet, der Einbildungskraft das Bild eines höchsten Herrschers einzuprägen, eines Richters, heilig, gerecht, mächtig, allsehend, vergeltend. Es ist das schöpferische Prinzip der Religion, wie der Sinn für das Sittliche das Prinzip der Ethik ist."[731]

Hat Newman bisher gezeigt, daß es für das Gottesbild der natürlichen Religion zwei Erfassungsmöglichkeiten gibt, eine dem Begriffe nach, gewissermaßen theoretische, und eine existentielle, gewissermaßen wirklichkeitsbezogene, so geht es ihm in der Folge darum, die beiden Erfassungs- und Zustimmungsweisen auch für das Gottesbild der Offenbarung aufzuweisen . „Ich wende mich nun der Lehre von der Heiligen Dreifaltigkeit zu in der Absicht, in gleicher Weise zu erforschen, wie weit sie zur Theologie gehört", und insofern als Begrifflichkeit eine begriffliche Zustimmung hervorruft, „und wie weit zum Glauben und zur Frömmigkeit des Individuums" und folglich an die Imaginationskraft appelliert, um eine wirklichkeitshaltige Zustimmung hervorzurufen.[732] Bezugstext ist für Newman das sogenannte Athanasianische Credo, ein im 5. Jahrhundert formuliertes Glaubensbekenntnis (Quicumque), das in neun verschiedenen Aussagen das Verhältnis von Vater, Sohn und Heiligem Geist untereinander in verstehbare kurze Formeln brachte. In der begrifflichen Formulierung bietet „dieses systematisierte Ganze den Gegenstand begrifflicher Zustimmung", aber „seine Sätze sind, jeder für sich genommen, Gegenstände einer realen (Zustimmung)".[733] Dabei weist Newman auf die Beziehung der einzelnen Aussagen über die Trinität zur Heiligen Schrift hin. Diesen Bezug versteht er nach dem Bild der Wachstumsphasen des Menschen: Wie die Kindheit in das Jugend- und

---

[731] Z, 77.
[732] Z, 86.
[733] Z, 94.

ÜBER DAS VERHÄLTNIS VON GLAUBE, VERNUNFT UND GEWIßHEIT
(1866 - 1870)

Erwchsenenalter mündet und wie Kindheit und Mannesalter in das Greisenalter münden, so stehen die Aussagen der Heiligen Schrift im Bezug zu ihrer ausgewachsenen Form in der begrifflichen Sprache der Dogmen bzw. der Theologie. „Wenn das Neue Testament eingestandenermaßen so real in seinem Unterricht ist, so lichtvoll, so packend, so bezwingend, so voll von Bildern, so sparsam mit großen Begriffen, woher kommt das, wenn nicht daher, daß es mit seinen Hinweisen auf die Gegenstände unserer höchsten Anbetung" uns zu einer realen Zustimmung Anlaß geben will!" Newman faßt seine Beschreibung der Glaubenszustimmung für den Bereich der offenbarten Religion zunächst so zusammen: „Religion hat es mit dem Realen zu tun, und das Reale ist das Besondere. Theologie hat es mit dem Begrifflichen zu tun, und das Begriffliche ist das Allgemeine und Systematische. Darum hat es die Theologie mit dem Dogma von der Heiligen Dreieinigkeit als einem Ganzen zu tun, zusammengesetzt aus vielen Sätzen. Die Religion hingegen hat es mit jedem dieser getrennten Sätze zu tun ... und lebt und gedeiht in ihrer Anschauung. In ihnen findet sie (die Religion) die Motive von Andacht und gläubigem Gehorsam, während die Theologie anderseits sie kraft ihrer Funktion formt und schützt, sie nicht nur je einzeln für sich zu betrachten, sondern als ein System der Wahrheit."[734]

Folgerung und Gewißheit: Individualität und Identität

Wir haben an ausgewählten, markanten Stellen das Anliegen Newman im ersten Teil der Grammar of Assent kennengelernt. Er zeigt, wie eine lebendige Glaubenszustimmung zu Gott aus der Erfahrung und Erfassung der Gewissensbekundung in der Stimme des Gewissens zustande kommt und das (theologische) Dogma von der Trinität durch die Rückführung auf die entsprechenden Schriftaussagen die imaginative Basis zum realen Glaubensvollzug erreicht. -

Im zweiten Teil seines Buches geht es Newman um sein zentrales Thema der Gewißheit. Dies behandelt er unter dem Titel „Zustimmung und

---

[734] Z, 98.

ÜBER DAS VERHÄLTNIS VON GLAUBE, VERNUNFT UND GEWIßHEIT
(1866 - 1870)

Folgerung". Jeder Mensch sei mit der geistigen Fähigkeit ausgestattet, konkrete Folgerungen zu ziehen und daraufhin Entscheidungen zu fällen. Wie sein Geist ihm ganz persönlich und individuell zu eigen ist, so auch die Folgerungen und die darauf beruhenden Entscheidungen, mit denen er sein alltägliches Leben gestaltet. Newman nennt diese Fähigkeit den Illative Sense (Folgerungssinn). Aber der von ihm selbst erfundene, kompliziert klingende Begriff bezeichnet gar nichts anderes als eine ganz alltäglich angewandte Fähigkeit jedes Menschen. Sie bestehe darin, in jedweder Situation unter den gegebenen Umständen das herauszufinden, was richtig und dem gemäß zu tun ist. In seinem Alltag formuliere der Mensch keine ausgefalteten Gedankenschlüsse; zumeist entstünden die Gründe seines Handelns durch Abwägen von Wahrscheinlichkeiten. Eben dies sei die Betätigung des Folgerungssinnes.

Der Folgerungssinn im konkreten spielt für Newman auch die wesentliche Rolle in der Selbstbegründung der eigenen Persönlichkeit des Menschen. Dabei setzt er sich selbst als gegeben voraus und zeigt, daß der Folgerungssinn die ganz persönlich gestaltete und mit der eigenen Biographie verwurzelte Fähigkeit der Urteilskraft darstellt.

„Ich bin, was ich bin, oder ich bin nichts. Ich kann über mein Sein nicht denken, reflektieren oder urteilen, ohne gerade von dem Punkt auszugehen, den ich im Folgerungsprozeß anziele. All meine Ideen sind etwas Hingenommenes (assumptions), und ich bewege mich immer im Kreis. Ich kann nicht umhin, mir selbst zu genügen, denn ich kann mich nicht zu etwas anderem machen. Und mich ändern heißt, mich vernichten. wenn ich nicht von mir selbst Gebrauch mache, habe ich kein anderes Selbst zu gebrauchen. Meine einzige Aufgabe ist, zu ermitteln, was ich bin, um es in Gebrauch zu setzen. .. Was ich zu ermitteln habe, sind die Gesetze, unter denen ich lebe. Die erste elementare Lektion meiner Pflicht ist, mich den Gesetzen meiner Natur zu unterwerfen ... Wahrheiten wie diese ... werden durch alles illustriert, was wir sonst in der Natur beobachten. Jedes Wesen genügt im wahren Sinne sich selber ... -

Was ist die Eigenart unserer Natur im Gegensatz zu niederen Lebewesen, die uns umgeben? Sie besteht darin, daß der Mensch ein in seiner Vollkommenheit ... fortschreitendes Wesen ist. ...

ÜBER DAS VERHÄLTNIS VON GLAUBE, VERNUNFT UND GEWIßHEIT
(1866 - 1870)

Andere Wesen sind vom ersten Augenblick ihrer Existenz an vollendet .... Der Mensch aber beginnt mit nichts 'Verwirklichtem'". der Lebensverlauf des Menschen vom Kind zum Jugendlichen, zum Erwachsenen, zum alten Menschen kann in dieser Perspektive als Abnehmen des Möglichen und als Zunahme von Verwirklichtem begriffen werden: Beim Kind ist noch gewissermaßen alles möglich und offen, beim alten Menschen nur noch wenig möglich und das meiste seiner Lebenschance in Verwirklichung übersetzt. Der Mensch „schreitet so stufenweise vor zu der Fülle seiner ursprünglichen Bestimmung. Auch ist dieser Fortschritt kein mechanischer und kein notwendiger; er ist den persönlichen Bemühungen eines jeden Individuum der Gattung überlassen. Jeder von uns hat das Vorrecht, seine fragmentarische und rudimentäre Natur zu vervollständigen und aus den lebendigen Elementen heraus, mit denen sein Geist das Dasein begann, seine eigene Vollkommenheit zu entwickeln. Es ist seine Gabe, der Schöpfer seiner eigenen Zulänglichkeit und, eindringlich gesagt, selbst geschaffen zu sein."[735] Um die Aufgabe seiner Selbstgestaltung erfüllen zu können, hat der Mensch von Natur aus jene Kraft, „zu beurteilen und zu schließen", die Newman, wie gesagt, „wenn sie zu ihrer Vollkommenheit gelangt ist, den Folgerungssinn (Illative Sense)" nennt. „Er bezeichnet die Fähigkeit, die den Geist bei den Angelegenheiten der Lebensführung leitet." Er ist „das autoritative Orakel, das unseren Pfad zu bestimmen hat ... Er ist in den Geist des Individuums gelegt, das somit sein eigenes Gesetz ist, sein eigener Lehrer und sein eigener Richter in diesen speziellen Fällen der Pflicht, die ihm persönlich eigen sind. Er kommt aus einer erworbenen Geisteshaltung, wenn er auch seinen ersten Ursprung in der Natur selbst hat. Und er wird geformt und zur Reife gebracht durch Praxis und Erfahrung". Newman nennt diesen Folgerungssinn für die Beurteilung von Sachverhalten, die zur Entscheidung und zum Handeln im konkreten Leben bedeutsam sind, das regulierende Prinzip der Phronesis, (nach Aristoteles): „Eine lebendige, gegenwärtige Autorität ... (als) unmittelbarer

---

[735] Z, 243 - 245.

ÜBER DAS VERHÄLTNIS VON GLAUBE, VERNUNFT UND GEWIßHEIT
(1866 - 1870)

Führer in Sachen von persönlichem, sozialem oder politischem Charakter. Beim Kauf und Verkauf, bei Kontrakten, beim Umgang mit anderen, beim Geben und Nehmen, beim Denken, Sprechen, Tun und Arbeiten, bei Mühe, bei Gefahr, ..."[736] -

In diesem Zusammenhang verweist Newman darauf, daß das Individuum auf diese Weise auch die eigene Zuständigkeit seines Geistes beurteilt, z. B. ob und inwieweit bestehende Wahrscheinlichkeiten, die in gehäufter Weise für einen bestimmten Sachverhalt sprechen, ausreichend sind, um mit persönlicher Gewißheit (certitude) ein Entscheidung zu tragen. Da also der Folgerungssinn in konkreten Sachverhalten (Illative sense) nicht nur eine naturgegebene Fähigkeit des Geistes ist, sondern auch Ergebnis der persönlichen Praxis im eigenen Lebenslauf, bezeugt er auch die Geübtheit eines Menschen im Umgang mit guten oder bösen Prinzipien, religiösen oder areligiösen Werten, analog der körperlichen Geschmeidigkeit eines Sportlers im Vergleich zu einem Ungeübten. Folglich werden, wie Newman sagt, ein Verbrecher und ein Heiliger mit ihrem Folgerungssinn ganz verschiedene Dinge für möglich halten. Was Newman schon in den 40er Jahren als asketischen Ratschlag formulierte, finden wir in seiner „Zustimmungsgrammatik" in systematischem Zusammenhang. Damals hatte er empfohlen: „Sie müssen warten, bis sich das Auge der Seele in Ihnen gebildet hat. Religiöse Wahrheit erlangt man nicht durch Denken, sondern durch innere Wahrnehmung. Denken kann jeder, aber nur der disziplinierte, gebildete, geformte Geist kann wahrnehmen. Nichts ist also wichtiger .. als Gewohnheiten der Selbstbeherrschung ... (Gefühle) müssen gezügelt und gelenkt, in Prinzipien und Gewohnheiten oder Charaktergrundlagen umgewandelt werden ..."[737] Für den Christen wird der Folgerungssinn durch die Botschaft des Evangeliums, durch die Zustimmung im Glauben, durch den Empfang der Taufe und der anderen Sakramente, durch das Leben aus dem Glauben zubereitet. An einem der Höhepunkte seines Buches beschreibt Newman den Vorgang der Evangelisierung durch die in der Glaubenszustimmung zustande kommende konkrete Begegnung des Christen mit Jesus Christus selbst.

---

[736] Z, 247 - 250.
[737] Brief vom 8.3.1843 an Mary Holmes: Mozley II 1891, 409 - 410

ÜBER DAS VERHÄLTNIS VON GLAUBE, VERNUNFT UND GEWIßHEIT
(1866 - 1870)

„Er hat, wie man sieht, durch seine Prediger (und Katecheten, GB) das Bild oder die Idee seiner selbst dem Geiste seiner Anhänger individuell eingeprägt." Die bild-hafte Verkündigung, wie sie in den Evangelien des Neuen Testamentes ihre Grundlage hat, betont Newman ausdrücklich als die Möglichkeit zu wirklichkeitshaltiger Erfassung von Jesus Christus und Glaubenszustimmung zu Gott durch ihn: „Dieses Bild, erfaßt und verehrt im Geist der Individuen, wird zu einem gemeinschaftsbildenden Prinzip und zu einem realen Bund für jene Anhänger untereinander, die somit zur Gemeinschaft vereint sind, dadurch, daß sie in jenem Bild (Jesu Christi) geeint sind. Außerdem ist dieses Bild ... auch das ursprüngliche Werkzeug ihrer Bekehrung (gewesen). Es ist das Bild ..., das sowohl den Glauben schafft, wie es ihn auch belohnt. Sehen wir in diesem zentralen Bild die lebensspendende Idee für die christliche Gemeinschaft wie auch für die Individuen in ihr", dann werde auch deutlich, worin die Gründe für die Ausbreitung des Christentums über beinahe zwei Jahrtausende zu suchen seien. „Es war der Gedanke an Christus, nicht eine verfaßte Körperschaft oder eine Lehre, der jenen Eifer entflammte," den Außenstehende, denen die wirklichkeitshaltige Erfassung von Jesus Christus fehlt, nur unzureichend verstehen können.[738] So mündet Newmans Analyse des Phänomens der Glaubenszustimmung in den Aufweis, daß die ganze Ausbreitung des Evangeliums in diesem Zusammenhang ihre Grundlage hat. Er holt damit einen seiner zentralen Gedanken über die Bedeutsamkeit des lebendigen Glaubenszeugnisses ein, den er in der fünften Oxforder Universitätspredigt, wie wir sahen, so formuliert hatte: Die Wahrheit des Evangeliums „hat sich in der Welt nicht als System, nicht durch Bücher, nicht durch Argumente, auch nicht durch weltliche Macht erhalten, sondern durch den persönlichen Einfluß (derer) ..., die zugleich Lehrer und Vorbilder der Wahrheit sind."[739]

Im Rückblick auf das Gesamtwerk der „Zustimmungsgrammatik" ist Newmans Verfahrensweise deutlich: Auf der Schöpfungsebene ist es der Dialog Gottes mit dem Menschen in der Betätigung des Gewissens, der im Sinn für Verantwortung lebendige Glaubenszustimmung ermöglicht und mit der Erfassung der Zustimmung Gewißheit. Auf der Erlösungsebene

---

[738] Z 325 - 326
[739] G 74

ÜBER DAS VERHÄLTNIS VON GLAUBE, VERNUNFT UND GEWIßHEIT
(1866 - 1870)

läßt sich Gott in seinem Sohn Jesus Christus bildhaft und damit wirklichkeitsbezogen vom Erlösung suchenden Menschen durch Jesus Christus erfassen. Glaube wird als jener Zustimmungsvorgang dargestellt, in dem Jesus Christus durch Verkündigung und Sakrament, durch die Glaubensgemeinschaft der Kirche und ihre Geschichte auf den einzelnen Menschen einwirkt und seinen Folgerungssinn durch jene Prinzipien bereichert und prägt, auf Grund deren er sein Leben in der Nachfolge Christi gestalten kann.

Newman ging es darum, für die denkenden Christen eine logisch nachvollziehbare Rechtfertigung ihres Glaubens in der Zeit der anbrechenden Vorherrschaft wissenschaftlichen Denkens zu schaffen. Er wollte die Grundlagen für die Glaubensgewißheit aufzeigen und ihre Legitimation vor der wissenschaftlichem Vernunft erläutern:

> „Wenn unsere Handlungen, eine nach der anderen, und unsere tägliche Lebensführung gleichmäßig auf ein unsichtbares Wesen ausgerichtet werden sollen, dann brauchen wir etwas Höheres als ein bloßes Abwägen von Argumenten, um unseren Geist zu festigen und zu kontrollieren. Aufopferung von Vermögen, von Namen oder Stellung, Glaube und Hoffnung, Selbstüberwindung, Gemeinschaft mit der Welt des Geistlichen setzen einen realen Halt an den Gegenständen der Offenbarung voraus und eine anhaltende Intuition in Bezug auf sie, die mit einem anderen Namen Gewißheit heißt. - In diesem Ergebnis können wir in der Tat - philosophisch betrachtet - den Hauptunterschied zwischen einem Christentum dem Namen nach und einem lebendigen Christentum zusammenfassen. (Sogenannte) vernünftige, kluge Leute - d. h. die sich für solche halten - Leute, die den eigentlichen Sinn des 'Gott über alles lieben' nicht begreifen, sind mit den Wahrheiten der Religion, mit einem solchen Maß der Wahrscheinlichkeiten zufrieden, wie es ihnen in ihren weltlichen Geschäften dient. Aber jene, die entschlossen ihr Alles auf die Hoffnung der künftigen Welt setzen, halten es für vernünftig und finden es notwendig, ehe sie den neuen Weg einschlagen, einige klare und unveränderliche Punkte zu haben, mit denen sie anfangen. Sie fordern ..., sicheren Grund unter ihren Füßen zu haben. Sie sehen sich nach mehr um als nach menschlichen

ÜBER DAS VERHÄLTNIS VON GLAUBE, VERNUNFT UND GEWIẞHEIT
(1866 - 1870)

Überlegungen und Folgerungen; nach nichts Geringerem als dem 'starken Trost jener unwandelbaren Dinge', wie der Apostel sagt, 'in denen es Gott unmöglich ist, zu lügen: seinem Ratschluß und seinem Eid (Hebr 6, 18).'[740] In diesen Sätzen kann man die Zusammenfassung der Intention Newmans in diesem originellen Werk sehen

Zur Wirkungsgeschichte der Zustimmungslehre

Nach vollbrachtem Werk schrieb Newman im Oktober 1870 über das seiner Ansicht nach letzte seiner großen Bücher in seinen Tagebuchnotizen: „Das Buch ist das Ereignis eines sehr alten Wunsches und einer lang andauernden Mühe. Ich weiß nicht, was es wert ist, aber ich bin jetzt glücklicher, das Werk endlich vollbracht zu haben und aus der Hand zu bekommen. Ein Autor - oder wenigstens ich - kann über seine Bücher, ehe sie geschrieben sind, ebensowenig etwas voraussagen, wie Väter voraussagen können, ob ihre Kinder Jungen oder Mädchen, dunkel oder blond, sanft oder eigensinnig, gescheit oder dumm sein werden. Das Buch zu schreiben, habe ich seit 20 Jahren verlangt. Und nun, da es geschrieben ist, erkenne ich es nicht ganz als das, was es meiner Absicht nach hätte werden sollen, obwohl ich annehme, daß es doch so ist. Ich habe mehr Versuche gemacht es zu schreiben, als ich aufzählen kann."[741]

Wie sehr Newman seine Zustimmungslehre im Gesamtzusammenhang seiner Lebenserfahrung konzipiert und seine eigene Glaubensgewißheit aus dem fünfzehnten Lebensjahr als Erfahrungshintergrund dabei integriert hatte, zeigt die Erklärung, die er wenige Jahre später in seinem

---

[740] Z, 166.
[741] SB, 349. - Newman zählt an dieser Stelle 18 verschiedene Manuskripte auf, die Versuche aus vielen Jahren enthalten, vom 17. Jan. 1846 bis zum 11. Aug. 1865. „Sie waren Versuche, in ein Labyrinth hineinzukommen oder den schwachen Punkt bei der Verteidigung einer Festung zu finden. Ich konnte nicht vorwärts kommen und fand mich immer wieder am alten Platz, aufs äußerste enttäuscht. Trotzdem hatte ich das Gefühl, ich müsse aussprechen, was mein Geist schon sah, konnte jedoch nicht erkennen, ob es etwas wert war. Ich behaupte nicht, es sei viel wert, nun, da es ans Tageslicht gekommen ist, aber es war mir, als wollte ich nicht sterben, bevor ich es ausgesprochen hatte." - Vgl. LD XXV, 35.

ÜBER DAS VERHÄLTNIS VON GLAUBE, VERNUNFT UND GEWIßHEIT
(1866 - 1870)

Autobiographischen Memoir vom Juni 1874 über den Zusammenhang von Gewißheitserfahrung und Gewißheitsreflexion gibt. Die in der dritten Person abgefaßte Darstellung setzt Glaubenszustimmung und Glaubensgewißheit aus der evangelikalen Phase seiner Jugendzeit in Beziehung zur späteren Entwicklung: „Er (Newman, GB) pflegte in späteren Jahren seine Geisteshaltung ... gegenüber der evangelikalen Lehre seiner Jugendjahre als eine Illustration dessen anzusehen, was er in seinem 'Essay über die Zustimmung' über die Vereinbarkeit der unvergänglichen echten Gewißheit mit dem Nachlassen bloßen Fürwahrhaltens geschrieben hatte, das wir einstmals in unserem Leben für Gewißheit hielten. Er sagt dort: 'Wir können natürlich einer Anzahl von Sätzen zusammen zustimmen, d. h. wir können eine Anzahl von Zustimmungsakten auf einmal machen. Aber wenn wir das tun, laufen wir Gefahr, Akte des Geistes, die an Art und Umständen sehr verschieden voneinander sind, auf eine einzige Ebene zu bringen und als gleichwertig zu behandeln ... Nun ist aber eine Religion nicht ein Satz, sondern ein System, ein Ritus, ein Glaubensbekenntnis, eine Weltanschauung, ein Pflichtenkreis, alles in einem. Und eine Religion annehmen bedeutet weder eine einfache Zustimmung zu ihr noch eine komplexe, weder eine begriffliche Zustimmung noch eine reale, weder eine Überzeugung noch ein Vorurteil, weder einen bloßen Akt des Bekennens, noch ein Akt des Glaubenschenkens, noch der Meinung, noch der Spekulation; sie ist vielmehr die Zusammenfassung der verschiedenen Arten von Zustimmung ...'[742]

Als ihn Charles Appleton (1841-1879), der Herausgeber der wissenschaftlichen Monatszeitschrift „Academy", bat, er solle den wesentlichen Inhalt seines neuen Buches in einem Artikel in dieser Zeitschrift darstellen, meinte Newman, das Thema habe nicht weniger als „336 Seiten meines 'Essay in Aid of a Grammar of Assent' in Anspruch genommen und ich bin sicher, es könnte nicht in zufriedenstellender Weise in engeren Grenzen zusammengepreßt werden". Dann aber beschreibt Newman gleichwohl, um was es ihm geht, in zwei komplexen Sätzen, einer Art Kurzformel der Grammar of Assent: „Ich spreche da von Gewißheit, nicht als von einer mechanischen oder zwangsläufigen

---

[742] SB, 97f u. Z, 169f.

ÜBER DAS VERHÄLTNIS VON GLAUBE, VERNUNFT UND GEWIẞHEIT
(1866 - 1870)

> I there speak of certitude as not a mechanical or compulsory effect, upon the intellect, of premiss and conclusion, but as a free act of the mind, following upon a judgment that such and such arguments and conclusions are deserving of such an absolute acceptance. And I maintain there, that these preliminaries of assent are, almost in every case, of the nature of probabilities, influencing the judgment to carry out

J. H. Newman. Manuskript des Briefes über Gewißheit aus Wahrscheinlichkeiten vom 12. Januar 1874 an C. Appleton. (Privatbesitz GB).

ÜBER DAS VERHÄLTNIS VON GLAUBE, VERNUNFT UND GEWIßHEIT
(1866 - 1870)

Wirkung von Prämisse und Schlußfolgerung auf die Vernunft, sondern als von einem freien Akt des Geistes, der dem Urteil folgt, daß diese und diese Argumente und Folgerungen solch eine absolute Annahme verdienen. Und ich behaupte da, daß diese Voraussetzungen der Zustimmung fast in jedem Fall von der Art von Wahrscheinlichkeiten sind, die, nicht getrennt voneinander, sondern auf Grund ihrer Häufung, das Urteil dahingehend beeinflussen, daß es den Akt der Gewißheit vollzieht."[743]

Mark Pattison von Lincoln College, Oxford, dessen Name wir bereits bei Newman in Littlemore kennengelernt haben, der sich später von der Traktarianer-Tradition entfernt hatte und der schließlich dem Christentum skeptisch gegenüberstand, fühlte sich durch Newmans Essay über die Zustimmungslehre an die Denkatmosphäre des Oriel Common Room der 30er Jahre erinnert. Er bedankte sich für die Übersendung eines Autorenexemplars, das er zum Anlaß nahm, eine Rezension in der „Academy" zu schreiben. An Newman direkt schrieb er: „Ich habe das Buch jetzt gelesen und kann wirklich sagen, daß außer dem literarischen und intellektuellen Interesse es stark den religiösen Sinn anspricht in einer Art und Weise, wie ich es von keinem anderen Buch seit langer Zeit erfahren habe. In buchstäblichem Sinn brachte es die alte Zeit zurück, als ich im Common Room von Oriel zum ersten Mal mit Ideen bekannt gemacht wurde und mit Männern, die sie artikulieren konnten - eine Einführung, die ich Ihnen verdankte ..."[744]

Wie sich aus der Korrespondenz Newmans im Jahre 1870 zeigt, war die Wirkungsgeschichte der „Grammar of Assent" eigentlich überschattet von den kirchenpolitischen Vorgängen, die sich in der Diskussion um die Unfehlbarkeitserklärung des I. Vatikanischen Konzils niederschlugen. Die eigentliche Wirkung des Buches weist weit über Newmans eigene Zeit hinaus und seine Bedeutung ist selbst in der christlichen Religionsphilosophie bis heute nur in Anfängen beachtet worden. Newmans Entwurf steht wie ein erratischer Block in der Landschaft der Religionsphilosophie. Aldous Huxley sah darin eine der scharfsinnigsten

---

[743] LD XXVII, 9f.
[744] LD XXV, 152.

ÜBER DAS VERHÄLTNIS VON GLAUBE, VERNUNFT UND GEWIßHEIT
(1866 - 1870)

Psychologien des Denkens in der elegantesten Darstellungsweise dieser Thematik.[745]

Der anglo-amerikanische Philosoph James M. Cameron nennt Newman „den größten Geist, den die (Oxford)-Bewegung hatte, die faszinierendste Persönlichkeit und einen genialen Schriftsteller, der in der Grammar of Assent vor allem aus der Denkbahn von John Locke und David Hume her kommend, den Skeptizismus zu überwinden suchte, dessen Argumente für ihn dem christlichen Glauben im Weg standen. „Er war mit dem Problem fast seit er zu denken begonnen hatte beschäftigt; schon als Junge schienen skeptische Argumente für ihn schrecklich plausibel. ... Die Grammar scheint zuerst ein sehr fehlerhaftes Buch ..., aber es hat die Leser seit seiner ersten Veröffentlichung schon angesprochen und wird noch immer gelesen ..." Bei seinem Versuch, die Begründung der Gewißheit des Menschen in alltäglichen Dingen und so auch im Glauben zu beschreiben, „bewegt er sich in der richtigen Richtung; und in diesem Gefühl für die richtige Richtung ist er selbst einem so scharfsinnigen Zeitgenossen wie John Stuart Mill überlegen. Er ist nahe bei Wittgensteins 'On Certainty'. ... Newman ist noch im Gewebe des Empirismus befangen. Aber daß er - wie in der Grammar - auch nur halb gesehen hat, daß sein zentrales Problem von der Art jener empirischen Sätze ist, die anzuzweifeln verrückt wäre, heißt, daß er in dieser besonderen Tradition weiter gegangen ist als die meisten Denker. Und dazu ... müssen wir seinen frühen Gedanken anfügen ..., daß die Probleme des Glaubens nicht auf der Ebene der Spekulation gelöst werden, sondern durch Entscheidung und Engagement".[746]

---

[745] A. Huxley, Proper Studies. The Proper Study of Mankind is Man. London 1957.
[746] J. M. Cameron, John Henry Newman and the Tractarian Movement, in: Nineteenth Century Religious Thought in the West, hrsg. von N. Smart - J. Clayton u. a., Bd. 2, Cambridge 1985, 79 - 109; hier: 88 u. 99 - 102. Vgl. ders., The Night Battle, London 1962, 219 - 243. - Ludwig Wittgenstein, On Certainty, Oxford 1969. Vgl. Heikki Kirjavainen, Certainty, Assent and Belief. An Introduction to the Theological and Semantical Analysis of Some Epistemic and Doxastic Notions Especially in the Light of Jaakko Hintikka's Epistemic Logic and Cardinal John Henry Newman's Discussion on Certitude, Helsinki 1978.

Das Gewissen des Christen und das unfehlbare Lehramt der Kirche Jesu Christi (1869 - 1877)

> „Spräche der Papst gegen das Gewissen im wahren Sinne des Wortes, dann würde er Selbstmord begehen"[747]

Nach der Veröffentlichung der Enzyklika „Quanta Cura" von 1864, in deren Anhang sich ein Syllabus errorum befand, - eine Zusammenstellung von häufigeren Lebens- und Glaubensauffassungen, denen die Kirche widersprach, - begannen erste Vorbereitungen für das I. Vatikanische Konzil. Es ging um die Aufarbeitung der christlichen Lehre in der Verkündigungssituation der Kirche angesichts der Herausforderungen der Moderne.[748] Eine Versammlung der gesamten Bischöfe der Weltkirche als der Repräsentanten des Lehramts der Kirche schien umso mehr geraten, als das letzte Konzil schon über dreihundert Jahre zurücklag, ein Umstand, der in der Kirchengeschichte sonst geradezu unbekannt war (Konzil von Trient 1545 - 1563).

Im Rahmen der konkreteren Vorbereitungen ließ Papst Pius IX. im Frühjahr 1868 durch Kardinal Prespero Caterini Bischof Ullathorne von Birmingham anfragen, ob nicht auch Newman als Konsultor in eine der Vorbereitungskommissionen zu berufen sei. In solchem Fall müsse er sich vor Jahresende in Rom einfinden. Nach seiner Gewohnheit legte Newman schriftlich in einem privaten Memorandum Rechenschaft über die Gründe ab, die dafür und dagegen sprachen. Er sah die Chance, durch seine Mitarbeit den Ruf seines Oratoriums zu verbessern und zu bestätigen. Aber die Gegengründe überwogen: seine angegriffene Gesundheit, seine gleichzeitige Arbeit an der Fertigstellung des Essays über die Zustimmungslehre, seine schlechten Erfahrungen mit Synodalkomitees - wie etwa in Birmingham 1852 - die ihm noch immer in schlechten Träumen nachgingen. „Ich bin nie mit kirchlichen Vorgesetzten auf vertraute Weise umgegangen. Es kommt aus meiner Scheu und einer Art nervöser dauernder Erinnerung, daß ich ihnen zu gehorchen habe, was

---

[747] P, 165.
[748] Vgl. K. Schatz, Vaticanum I 1869 - 1870, 3 Bde., Paderborn u. a. 1992 - 1994.

mich davon abhält, mit ihnen locker umzugehen, ohne Anstrengung meine Ansicht zu sagen und mit ihnen deutlich und ruhig zu argumentieren", notiert Newman und fügt als weiteren Punkt hinzu: „Ich hatte nie Erfolg mit Ausschüssen oder Komitees. Ich habe mich immer deplaziert gefunden und meine Worte unwirklich." Zusammenfassend kommt er zu dem Ergebnis: „Es gibt einige Dinge, die ich tun kann und andere, die ich nicht tun kann. Würde ich die Einladung annehmen, würde ich meine Unabhängigkeit verlieren und nichts gewinnen."[749]

Als Bischof Thomas J. Brown von Newport im Herbst 1869 Newman mehrfach drängte, er solle doch mit einem der englischen Bischöfe nach Rom gehen und sich schließlich selbst anbot, ihn als Konzilstheologen zu engagieren, obgleich er selber als Bischof aus Altersgründen von der Teilnahme befreit sei, zerstreute Newman die Bedenken des Bischofs, daß er „zu sehr Grund dazu habe, sich unterbewertet (und) von einigen oder allen Bischöfen in England vernachlässigt zu fühlen ... Es kam mir überhaupt nicht in den Sinn zu denken, es gäbe von irgend jemand die geringste Unachtsamkeit, auf Grund deren ich keine Gelegenheit erhielt, nach Rom zu gehen ... Es gibt nichts, was ich dort tun könnte, was andere nicht auch können - nichts, das ich nicht auch zu Hause ... für das Konzil tun kann."[750] Als Bischof Brown weiterhin keine Ruhe gab und ihn noch einmal aufforderte, erinnerte ihn Newman schließlich direkt an jenen Grund, der möglicherweise dem Bischof ein schlechtes Gewissen bescherte: „Es gab einen englischen Bischof vor genau zehn Jahren, der ohne eine Wort an mich - das alles geregelt hätte - und trotz der heiligen Weisung von Matthäus 18, 15 eine meiner Schriften bei den Autoritäten in Rom denunzierte. Er ist es, der gegen mich dort ein solches Vorurteil verursachte, daß ich mich durch jene positiven Beweggründe hinreichend gerechtfertigt fühle, die dieses Mal dazu geführt haben, daß ich ruhig an meinem Platze zu Hause bleibe."[751]

Newman konnte davon ausgehen, daß seine Beziehungen zu den vatikanischen Behörden, auch wenn sie inzwischen bereinigt waren, gleichwohl unter den Folgen der vergangenen Verdächtigungen

---

[749] LD XXIV, 162.
[750] LD XXIV, 337.
[751] LD XXIV, 361f.

Das Gewissen des Christen und das unfehlbare Lehramt der Kirche Jesu Christi (1869 - 1877)

beeinträchtigt waren. Zudem konnte er sich auf seine Selbsteinschätzung verlassen, besser für sich allein als mit anderen in Gremien zusammen zu arbeiten; das hatte sich schon bei Beginn der Oxford-Bewegung bei Abfassung der Tracts gezeigt. Vor allem aber überblickte er natürlich die bestehende Kontroverse über die päpstliche Unfehlbarkeit. Er hätte sich in einer schwierigen Position befunden, hätte er sozusagen unter den Augen des Papstes den extremen Forderungen mancher Eiferer nach der Definition einer persönlichen Unfehlbarkeit des Inhabers des Petrusamtes mit Argumenten entgegentreten müssen. In England waren die Vorkämpfer für die päpstliche Infallibilität waren vor allem Henry Edward Manning, William George Ward, Herbert Vaughan, Leute aus dem Londoner Oratorium und andere mehr. Ihr Sprachrohr war die „Dublin Review". Die Führer der englischen Ultramontanen - d. h. derer, die ihr Katholischsein als Identifizierung mit dem „Jenseits der Alpen" befindlichen Stuhl des heiligen Petrus bzw. dessen Inhaber verstanden - hielten es geradezu für angemessen, daß Englands Katholiken auf Grund ihrer Herkunftsgeschichte ihre Kirchlichkeit als *römische* Kirchlichkeit ausprägten. Wie Manning sich ausgedrückt hatte, sollte es nicht „ein zahmer, verwässerter, furchtsamer oder verweltlichter Katholizismus sein", den man in England anstreben wollte, sondern sie sollten „aufrechte, männliche und entschiedene Katholiken (sein), römischer als Rom und ultramontaner als der Papst selbst".[752] George Talbot gehörte zu Beginn des Konzils nicht mehr zu den Widersachern Newmans in Rom; er hatte auf Grund seiner beginnenden Geisteskrankheit in eine Heilanstalt eingeliefert werden müssen.

Mit dem Redakteur der theologischen Zeitschrift „Dublin Review", William George Ward, einem ehemals glühenden Verehrer Newmans in der Oxforder Phase und jetzt seinem ebenso entschiedenen Gegner, war seit 1866 eine Kontroverse im Gang. Ward hatte in seiner jüngst veröffentlichten Aufsatzsammlung „Autorität der Lehrentscheidungen, die keine Glaubensdefinitionen sind", eine Position eingenommen, die die Katholiken den verschiedenen Stufungen päpstlicher Äußerungen gegenüber gewissermaßen unterschiedslos in ihrem Gewissen zu

---

[752] H. E. Manning, Miscellanies, London 1877 - 1888, Bd. I, 65f., 71. Vgl. James Derek Holmes, More Roman than Rome. English Catholicism in the 19th Century. London 1978, 225.

DAS GEWISSEN DES CHRISTEN UND DAS UNFEHLBARE LEHRAMT DER KIRCHE JESU CHRISTI (1869 - 1877)

verpflichten trachtete.[753] Nicht Newman, aber einer der Birminghamer Oratorianer, Ignatius Henry Dudley Ryder (1837 - 1907), später Newmans Nachfolger in der Leitung des Oratoriums, nahm kritisch gegen die extreme Position von Ward in seinem Buch „Idealismus in der Theologie" Stellung.[754] Die auf diese Weise vorgetragenen kritischen Abstriche gegenüber einem undifferenzierten und personalisierten Verständnis der Unfehlbarkeitslehre wurde natürlich von deren Vorkämpfern nicht allein Ryder als dem Autor des Buches, sondern den Oratorianern von Birmingham insgesamt und Newman insbesondere zur Last gelegt.

John Stanislas Flanagan (1821 - 1905), der fast zwei Jahrzehnte dem Oratorium angehört hatte und inzwischen Pfarrer in Adare in Irland war, sah sich durch die Kontroverse zwischen Ward und Ryder beunruhigt und schrieb an letzteren. Damit löste er eine Stellungnahme Newmans in einem kurzen Essay vom 15. Februar 1868 aus, eine der klarsten und reifsten Stellungnahmen Newmans zum Thema Entwicklung und Lehramt. Newman unterscheidet zunächst zwischen theologischen Meinungen und der im Dogma definierten Lehre der Kirche und bekräftigt seine Ansicht, „daß in einem volkstümlichen Buch theologische Meinungen herausgehalten werden sollen", weshalb er auch in seiner Apologia Pro Vita Sua die Unfehlbarkeit des Papstes nicht als Teil der katholischen Lehre bezeichne, obgleich „ich selbst (sie) ... immer als Gegenstand theologischer Meinung gehalten habe".[755] Er habe auch keine Schwierigkeit mit der Diskussion solcher theologischer Meinungen, solange die gegenseitige Freiheit respektiert und ein Gegneer nicht vorverurteilt werde. „Ich kann tyrannische Mehrheiten nicht ertragen und bin Minderheiten gegenüber behutsam; aber ich wünsche auch nicht, daß sich Minderheiten auf die Zehenspitzen stellen und Mehrheiten in Verwirrung bringen." Zu Sache geht Newman vom Verstehens- und Wissensbegriff der aristotelischen Philosophie aus, um zu zeigen, daß ein gelehrter Aristoteliker die Qualifikation besitzt (Instinkt), alle anfallenden

---

[753] W. G. Ward, The Authority of Doctrinal Decisions, 1866, eine Sammlung von Artikeln, die der Verfasser in der Dublin Review veröffentlicht hatte, um seine Auffassung von eineer persönlichen päpstlichen Unfehlbarkeit vorzutragen.
[754] I. H. D. Ryder, Idealism in Theology, 1867.
[755] J. H. Newman, Letter to Flanagan, 1868, in: The Theological Papers of John Henry Newman on Biblical Inspiration and on Infallibility, selected, edited and introduced by J. Derek Holmes, Oxford 1979, 154 - 160; 155.

DAS GEWISSEN DES CHRISTEN UND DAS UNFEHLBARE LEHRAMT DER KIRCHE JESU CHRISTI (1869 - 1877)

Fragen und Probleme der Gegenwart nach Art des Aristoteles zu beantworten. „In einer Hinsicht weiß er mehr als Aristoteles; denn in neuen Notwendigkeiten der Zeit nach Aristoteles kann und tut er antworten, was Aristoteles geantwortet hätte, und lediglich mangels Gelegenheit nicht tat." Dieses Modell überträgt Newman auf die Situation des Glaubensgutes und der Lehrer des Glaubens in der Kirche. An dieser Stelle nimmt er noch einmal die von den Vätern erlernte Definition der Summe des christlichen Glaubens als „einer großen Philosophie" auf. „Was also ist mit dem Glaubensgut gemeint? Ist es eine Liste von Glaubensartikeln, die man aufzählen kann? Nein, es ist eine große Philosophie, in der alle Einzelteile miteinander verbunden sind und in einem gewissen Sinne gegenseitig korrelativ, so daß man von jemandem, der einen Teil richtig kennt, sagen kann, daß er sie alle kennt, wie man Herkules an (seinem) Fuß" erkennt.[756]

Auch der Kirche wurde mit dem Apostolischen Glaubensbekenntnis eine große Philosophie übergeben, die sie von Generation zu Generation weiterreicht. Mit dem Credo „wurde der Kirche die Gabe verliehen, seine wahre und volle Bedeutung zu kennen". Und diese Gabe wohnt im „Geist der Kirche". Wie man diesen Geist der Kirche näherhin zu bestimmen habe? Es kann nicht der Verstand sein, da die Kirche keine Person ist, was die Apostel hingegen waren. „Die Theorie seiner Unfehlbarkeit (d. h. des Papstes, GB) wird diese Frage erhellen und dazu dienen, sie zu beantworten ... Ich verstehe also, daß das Glaubensgut in einem solchen Sinne der Kirche anvertraut ist bzw. dem Papst, daß, wenn der Papst auf dem Stuhl des heiligen Petrus sitzt oder wenn ein Konzil von (Konzils-) Vätern und -lehrern um ihn versammelt ist, es ihrem Geist mit jener Fülle und Genauigkeit unter der Einwirkung der übernatürlichen Gnade gegenwärtig werden kann (soweit und zu solchem Teil, wie es die Gelegenheit erfordert), wie es für gewöhnlich, nicht gelegentlich, im Geiste der Apostel vorhanden war.[757] Der Unterschied zwischen den inspirierten Aposteln, die jederzeit und auf jede Frage des Glaubens in voller Kompetenz antworten konnten, und der unfehlbaren Kirche, der die Gegenwart des Offenbarungsgutes nur allmählich im Verlaufe der Zeit und

---

[756] Ebd., 158.
[757] Ebd., 159.

unter zeitweiser Erleuchtung für anstehende Themen zuteil wird, ist damit plausibel entfaltet. Wie der Aristoteliker lediglich in einer Hinsicht mehr weiß als Aristoteles, nämlich in Bezug auf neue Fragestellungen, auf die er aus der aristotelischen Philosophie eine Antwort gibt, so verhält es sich auch mit der unfehlbaren Kirche der Gegenwart im Verhältnis zu der Inspiration der Apostel. Sie hätten theoretisch gesprochen alle Frage beantworten können, die die Kirche im Verlauf ihrer Zeit zu beantworten hat. Sie hätten diese Antworten sogar unmittelbar geben können, die die Kirche nur nach Maßgabe ihres göttlichen Führers zu bestimmter Zeit und Gelegenheit definiert. Insofern ist es richtig zu sagen, daß die Kirche heute faktisch mehr weiß als die Apostel wußten; „denn, was der Apostel in seiner eigenen Person ist, das ist die Kirche in ihrer ganzen Entwicklung über die Jahrhunderte nach Art eines einzigen, lebendigen, gegenwärtigen Schatzes vom 'Verstand'(mind) des Geistes (Spirit) Christi".[758] In Bezug auf den theologischen Umgang mit der Entwicklungslehre und der Lehre von der Unfehlbarkeit sagt Newman bei dieser Gelegenheit: „Theologen, die im nachhinein die Zusammenhänge zwischen neuen Glaubenssätzen und dem gesamten Glaubensgut herauszufinden suchen, erkennen die neuen dogmatischen Formulierungen als Herleitungen aus dem Glaubensbekenntnis ... Aber in Wahrheit sind sie bereits ursprüngliche Bestandteile desselben. Sie sind dem Geist der Apostel *auf einmal* mitgeteilt und werden durch den Geist der Konzilsväter unter jeweils zeitlicher Erleuchtung durch Gottes Gnade ans Licht gebracht."

Zur Zeit des I. Vatikanischen Konzils

Am 8. Dezember 1869 wurde das I. Vatikanische Konzil feierlich in Gegenwart des Papstes Pius IX. in der Petersbasilika eröffnet. Die jahrelangen Vorarbeiten hatten zur Approbation von 46 Schemata durch die Zentralkommission geführt. Tatsächlich aber wurde das Konzil nach der 4. Sitzung am 18. Juli 1870 unterbrochen, da inzwischen der französisch-preußische Krieg ausgebrochen war. In der Folge wurde es

---

[758] Ebd., 157f.

DAS GEWISSEN DES CHRISTEN UND DAS UNFEHLBARE LEHRAMT DER KIRCHE JESU CHRISTI (1869 - 1877)

weder neu aufgenommen noch ordentlich beendet. Von den zahlreichen Themen, die zur Behandlung in der Kirche des 19. Jahrhunderts anstanden, wurden lediglich der Themenkreis über Gott den Schöpfer, die Offenbarung und den Glauben sowie im Rahmen der Lehre über die Kirche der Primat des Bischofs von Rom und seine unfehlbare Lehrbefugnis behandelt.[759] Newman wurde über die Vorgänge im Konzil zu Rom durch die Tagespresse informiert, erhielt jedoch auch Briefe einiger Bischöfe. Er erkannte, wie sehr gerade manche von ihnen durch die aufgeheizte Stimmung beunruhigt waren, die im Drängen auf die Vorwegbehandlung der Definition über die Unfehlbarkeit des Papstes entstanden war. Die deutschen Bischöfe hatten ja bereits in einem gemeinsamen Hirtenwort im voraus zum Konzil davon gesprochen, daß eine solche Glaubenserklärung unter den herrschenden Zeitumständen inopportun sei. Félix Dupanloup, der Bischof von Orléans, war ebenfalls dieser Auffassung. Auch Newmans alter Vertrauter und Berater in seinen Dubliner Universitätsjahren, Bischof David Moriarty aus Kerry (1814 - 1877) war in Sorge. Er hatte Newman auf seiner Durchreise nach Rom in Birmingham konsultieren wollen, ihn aber nicht angetroffen. Newman schrieb ihm deshalb Ende Januar 1870: „Die Befürchtung über eine unbekannte (dogmatische) Definition ... beunruhigt insgeheim viele. Welche Häresie verlangt eine Entscheidung? Was haben wir getan, daß wir nicht in Ruhe gelassen werden? Bislang waren Glaubensentscheidungen ernste Notwendigkeiten, nicht fromme Ergüsse. ... Nehmen die Männer, die ein solches Projekt verfolgen, überhaupt irgendeine Rücksicht auf die

---

[759] Vgl. DH, 3000 - 3075. Zu dieser zeitgeschichtlich einseitigen Hervorhebung des Primats brachte das II. Vatikanische Konzil in der dogmatischen Konstitution über die Kirche „Lumen Gentium" die entsprechende Ergänzung, wenn darauf hingewiesen wird, daß die Bischöfe in kollegialer Gemeinschaft mit dem Bischof von Rom, unbeschadet seines Primats, ihr Amt ausüben: „Wie nach der Bestimmung des Herrn der hl. Petrus und die übrigen Apostel ein apostolisches Kollegium bilden, so sind in gleicher Weise der Römische Bischof, der Nachfolger des Petrus, und die Bischöfe, die Nachfolger der Apostel, untereinander verbunden." Zeichen dieser Verbundenheit sind insbesondere die gemeinsamen Ökumenischen Konzilien während der Jahrhunderte. „Das Kollegium bzw. die Körperschaft der Bischöfe hat aber nur Autorität, wenn es zusammen mit dem römischen Bischof, dem Nachfolger des Petrus, als seinem Haupt verstanden wird, und unbeschadet der bleibenden Vollmacht seines Primats gegenüber allen Hirten und Gläubigen ..." (DH, 4146). Die durch das Vaticanum I profilierte Position des Bischofs von Rom ist also durch das Vaticanum II keineswegs zurückgenommen, sondern bestätigt worden, wenn auch die den Bischöfen dabei zustehende kollegiale Position damals außer acht blieb und erst im II. Vaticanum ihren mit der Apostolischen Vollmacht verbundenen Ausdruck erhielt.

DAS GEWISSEN DES CHRISTEN UND DAS UNFEHLBARE LEHRAMT DER KIRCHE JESU CHRISTI (1869 - 1877)

Seelen ihrer Glaubensbrüder? Die Frösche sagten zu den Jungen, die Steine nach ihnen warfen: 'Für euch ist es Spaß, aber für uns der Tod'. Wo ist der Arius oder Nestorius, deren Häresie es der Heiligen Kirche gebietet zu sprechen? ... Aus dem, was Sie Fr. St. John sagten, weiß ich, daß dies im wesentlichen (auch) Ihre Gefühle sind, und ich bete ernsthaft darum, daß ihnen gemäß alles gut enden wird."[760]

Schon im Zusammenhang mit den vielfältigen Publikationen der Zeitungen im Vorfeld des Konzils hatte Newman besorgte Anfragen erhalten. So hatte er bereits im September 1869 nach dem Gespräch mit einem maßgeblichen Laien seiner Zeit eine Skizze über seine eigene Stellung und Fragestellung in Sachen der Unfehlbarkeit gemacht, bei der er auch von der Problematik des Papstes Honorius' I. (625 - 638) ausgeht, der eine offenkundig falsche Meinung in der Lehre über Jesus Christus geäußert hatte.[761] Solche Tatsachen müßten im voraus aufgearbeitet werden, notiert Newman und hält fest: „Warum, wenn ich an die Unfehlbarkeit des Papstes glaube, will ich nicht, daß sie definiert wird? Ist Wahrheit nicht ein Gewinn? Ich antworte: Weil sie nicht so definiert werden kann, daß nicht mehr Fragen aufgeworfen werden als beantwortet ..."[762] Während sich Newman mit seiner eigenen Besorgtheit um Klärung bemüht, versucht er in seiner Korrespondenz, die Adressaten zu beruhigen, ohne ihnen die bestehenden Sachverhalte zu verschleiern. An Magdalene Helbert, die auf der Suche nach der wahren Kirche Jesu Christi war und später konvertierte, schrieb er eine Woche nach seiner privaten Notiz über die kirchengeschichtlichen Fälle der Päpste Vigilius und Honorius: „Für mich, wenn ich die Geschichte als solche nehme, würde ich sagen, daß sie sehr stark gegen die Unfehlbarkeit des Papstes spricht, obgleich ich nicht meine, daß sie sie wirklich widerlegt ... Ich denke, daß die Unfehlbarkeit ein Punkt ist, der durch ein ökumenisches Konzil definiert werden *kann,* aber bis sie definiert ist, halte ich an ihr als einer (theologischen, GB) Meinung fest. Ich denke nicht, daß die Geschichte wirklich beweist, daß er ex cathedra *fehlbar* ist, aber ich denke, daß es Tatsachen gibt, die für sich genommen so ausschauen wie seine Fehlbarkeit." Doch stehe dies nicht zur Debatte für die Frage nach dem, was eine Konvertitin wissen und

---

[760] LD XXV, 17.
[761] Vgl. A. Thanner, Papst Honorius I., St. Ottilien 1989.
[762] LD XXIV, 333, Anm. 2.

DAS GEWISSEN DES CHRISTEN UND DAS UNFEHLBARE LEHRAMT DER KIRCHE JESU CHRISTI (1869 - 1877)

glauben solle. „Wozu Sie gerufen sind, ist, an die Unfehlbarkeit der *Kirche* zu glauben. Wenn die Kirche im bevorstehenden Konzil etwas über die päpstliche Unfehlbarkeit sagt, dann wird es so genau formuliert sein, mit solchen Vorsichtsmaßregeln, Bedingungen und Eingrenzungen usw., daß es so wenig wie möglich dem hinzufügt, was *jetzt* geglaubt wird ... (Die Definition) wird nicht das sein, was sich Protestanten darunter vorstellen, eine Erklärung, daß, 'was immer der Papst sagt, unfehlbar ist'. Sie wird nicht Handlungen, wie die des (Papstes) Honorius unfehlbar machen. Honorius ist der, der den Patriarchen des Ostens zwei dogmatische Briefe geschrieben hat, die nachfolgende Päpste und Konzilien für häretisch erklärt haben. Sehr wohl also: Wenn der Papst beim kommenden Konzil als 'unfehlbar ex cathedra' erklärt wird, dann werden dogmatische Briefe zu Patriarchen des Ostens nicht genügen, um als eine Handlung 'ex cathedra' zu gelten. Sie sehen, wie eng die Fälle einer ex-cathedra-Entscheidung eingeschränkt sein werden."[763]

An Freunde konnte er durchaus auch die ganze Tragweite der anstehenden Veränderung mitteilen. An die Frau seines Freundes William Froude schreibt er im November 1869: „Ich habe immer die Unfehlbarkeit des Papstes als eine (theologische, GB) Meinung gehalten ... Ich bin (jedoch) gegen die Definition, weil sie eine lange Kontroverse eröffnen wird. Diese Frage wird zu einer Änderung unserer grundlegenden Konstitution der Kirche führen. Unsere *eine* Lehre, in der alle anderen Lehren enthalten sind, lautet: Dem Wort der Kirche ist zu glauben! Bis jetzt heißt 'Entscheidung der Kirche' die des Papstes und der Bischöfe; jetzt ist vorgeschlagen, dies abzuändern in 'das Wort des Papstes'. Es ist eine Änderung im grundsätzlichen Dogma. Bis jetzt mag ich persönlich der Meinung sein, daß der Papst für sich selbst unfehlbar ist, aber ich war niemals gefordert, danach zu handeln - niemand war das - und was ist die Folge? Daß der Papst nicht danach handeln kann. Bisher hat der Papst immer um größerer Vorsicht willen mit den Bischöfen gehandelt - er ist nicht so weit gegangen wie er gehen könnte, wenn wir annehmen, daß er unfehlbar ist. Aber: definiert seine Unfehlbarkeit, und er wird allein handeln. Nun gut - Gott wird ihn leiten ..."[764]

---

[763] LD XXIV, 339.
[764] LD XXIV, 377.

DAS GEWISSEN DES CHRISTEN UND DAS UNFEHLBARE LEHRAMT DER KIRCHE JESU CHRISTI (1869 - 1877)

Als das Konzil begonnen hatte, erzeugten die Initiativen der Befürworter der Unfehlbarkeit alsbald eine besondere Dynamik, die das Geschehen charakterisierte. Bernard Ullathorne, der Erzbischof von Birmingham, berichtete Newman von der sehr gut unterrichteten französischen Presse im Unterschied zur englischen und von den Aktivitäten „auf der Seite, die man die Ultras nennen könnte, was natürlicherweise zu Bemühungen einer Gegenorganisation führte". Er selbst gehörte zu den Gemäßigten, die keine Petition unterschrieben. Das Konzil sei eine Gelegenheit für Rom, sein Wissen und seine Erfahrung der Weltkirche auszuweiten. Newman nahm die Gelegenheit seiner Antwort an seinen Heimatbischof im Konzil wahr, um die Befürchtungen und Besorgnisse mitzuteilen, die er selbst und insbesondere viele der ihm vertrauten katholischen Mitchristen hatten. „Ich danke Eurer Lordschaft sehr herzlich für den höchst interssanten und zeitgemäßen Brief. Solche Briefe, wenn sie herumgereicht werden dürften, könnten viel dazu beitragen, den vielen Geistern, die zur Zeit bekümmert sind, wenn sie nach Rom schauen, wieder Sicherheit zu geben. Rom sollte ein Name sein, um zu allen Zeiten die Herzen aufzuheitern, und die eigentliche Aufgabe eines Konzils ist es, wenn eine große Häresie oder ein anderes Übel droht, die Gläubigen mit Hoffnung und Vertrauen zu inspirieren; aber nun haben wir die größte (Kirchen-)Versammlung, die es je gab und dies in Rom,. und sie erfüllt uns ... mit wenig anderem als Furcht und Schrecken. - Was mich persönlich angeht, so erwarte ich, Gott sei Dank, keinerlei Kummer; aber ich kann nicht anders, als mit den verschiedenen Seelen, die leiden, mitzuleiden. Und ich sehe besorgt die Aussicht, Entscheidungen verteidigen zu müssen, die für mein privates Urteil nicht schwierig sein mögen, aber höchst schwierig, wenn man sie angesichts historischer Tatsachen logisch verteidigen soll. - Was haben wir getan, daß wir so behandelt werden, wie die Gläubigen noch nie vorher behandelt wurden? Wann war eine Definition der Glaubenslehre je ein Schwelgen in Ergebenheit und nicht eine ernste schmerzliche Notwendigkeit? Warum sollte einer aggressiven, unverschämten Partei erlaubt sein, 'das Herz des Gerechten traurig zu machen, dem der Herr keinen Kummer bereitet hat'? ... Angesichts dieser Gedanken frage ich mich beständig, ob ich meine Gefühle nicht veröffentlichen soll. Aber alles, was ich tue, ist, zu jenen großen frühen Kirchenvätern zu beten, deren Fürbitte die Sache entscheiden mag, Augustinus und die übrigen, um eine so große Not abzuwenden. Wenn es Gottes Wille ist, daß die

DAS GEWISSEN DES CHRISTEN UND DAS UNFEHLBARE LEHRAMT DER KIRCHE JESU CHRISTI (1869 - 1877)

Unfehlbarkeit des Papstes definiert werden sollte, dann ist es sein gesegneter Wille ... und ich werde das Gefühl haben, nur meinen Kopf seiner anbetungswürdigen unerforschlichen Vorsehung zu beugen. Sie haben dieses Thema selber nicht berührt, aber ich denke, Sie erlauben mir, meinen Gefühlen Ausdruck zu geben, die ich zumeist für mich behalte."[765] Ullathorne zeigte diesen Brief offenkundig im engsten Freundeskreis von Bischöfen. Von dort geriet er allerdings unversehens in die römische Presse, danach wurden Ausschnitte in Münchener Zeitungen veröffentlicht, und schließlich kam eine teilweise entstellte Version in die englische Presse. Am selben Tag, an dem sein Essay über die Zustimmungsgrammatik in den Buchläden erschien und bereits ausverkauft wurde, am 15. März 1870, sah sich Newman gezwungen, einer englischen Zeitung zu schreiben, sein Brief sei nur ungenau wiedergegeben worden. Er konnte nicht wissen, daß die Bischöfe in Rom ihrerseits Abschriften und Kopien von Abschriften gemacht hatten.[766] Aber Newman stand gleichzeitig zu seinen inhaltlichen Aussagen über die ungebührliche Eile, mit der ein so einschneidendes Dogma wie das der päpstlichen Unfehlbarkeit auf den Weg gebracht werde. Später, als er das längere Hin und Her mit der örtlichen Presse über „einen der leidenschaftlichsten und vertraulichsten Briefe, die ich je in meinem Leben geschrieben habe", ausgestanden hatte, konnte er im Rückblick abschließend sagen: „Ich bin froh, daß ich es getan habe; außerdem tut es mir nicht leid, daß ohne meine Verantwortung ... die allgemeine Richtung dessen, was ich geschrieben habe, veröffentlicht worden ist.[767] An seinen bischöflichen Freund David Moriarty schrieb er in jenem März 1870: „Wenn es Gottes Wille ist, daß eine gewisse Definition zugunsten der Unfehlbarkeit des Papstes getroffen wird, dann werde ich mich sofort unterwerfen - aber bis genau zu jenem Moment werde ich aus ganzem Herzen und mit allem Ernst dagegen beten." Moriarty antwortete: „Seltsam zu sagen, daß, wenn diese Definition je zustande kommt, Sie viel dazu beigetragen haben. Ihre Abhandlung über die Entwicklung hat den Schlüssel ergeben. Ein Kardinal sagte letzthin: 'Wir müssen die ersten

---

[765] Brief vom 28. Jan 1870: LD XXV, 18 - 20; die Auszüge aus Ullathornes Brief dort in den Fußnoten.
[766] Vgl. Ullathornes Brief vom 18. März: LD XXV, 54, Anm. 1.
[767] LD XXV, 20 u. 69.

zehn Jahrhunderte aufgeben, aber die Unfehlbarkeit ist eine offensichtliche Entwicklung des Supremats'. Natürlich war Entwicklung immer in der Kirche am Werk, aber Sie haben sie zum Vorschein gebracht und auf ein Podest gehoben."[768]

Die kirchenpolitischen und dogmengeschichtlichen Bedenken, die Newman gegen das Zustandekommen des Dogmas hatte, ergeben sich auch aus seinem als vertraulich bezeichneten Brief an Fr. Robert Witty, SJ in Rom vom 12. April. „Also nun, meine These ist die: Ihr geht zu schnell voran in Rom; und darauf werde ich insistieren. ... Wir sind für die päpstliche Unfehlbarkeit noch nicht reif." Zu den bedenklichen Vorgehensweisen zählt Newman beispielsweise: „Da sagt Erzbischof Manning (glaube ich) zu Herrn Odo Russel, daß die Definition (des Dogmas, GB) sicher durchgezogen werde, wenn die Opposition nicht 500 Bischöfen die Kehle durchschneiden könne, und daß dies außerdem schon lange beabsichtigt war! Lange beabsichtigt und gleichwohl geheimgehalten! Ist dies die Weise, wie die Gläubigen jemals zuvor behandelt worden sind? Heißt dies in irgend einer Weise, 'nach der Tradition' zu gehen? ... - Was wir benötigen, ist zuallererst - und es ist eine Arbeit von Jahren - eine sorgfältige Betrachtung der Konzilsakten, der Handlungen der Päpste, der Sammlung der päpstlichen Bullen. Wir müssen die Lehre durch die Tatsachen überprüfen, um zu sehen, welche Bedeutung sie haben kann, was sie nicht bedeuten kann und was sie bedeuten muß. Wir müssen ihre künftige Funktion an der Vergangenheit erproben. ... Außenstehenden wie mir scheint es, als ob eine ernste dogmatische Frage lediglich wie ein Vorgang in der kirchlichen Politik behandelt würde."[769]

Pater Henry James Coleridge SJ, ein Freund Newmans, war durch seinen Ordensbruder Dr. Whitty in Rom über deren Briefwechsel informiert worden; ihm erläuterte Newman auf Grund ihrer freundschaftlichen Beziehung Details über seine Einschätzung der konziliären Lage mit den Infallibilisten. „Natürlich wäre eine Flugschrift viel besser gewesen als solch ein Brief, aber mir war deutlich von einer Veröffentlichung

---

[768] LD XXV, 57 - 58, Anm. 2.
[769] Schreiben vom 12. April 1870: LD XXV, 92 - 96. Witty war als irischer Jesuit in enger Verbindung mit den irischen Bischöfen in Rom und antwortete Newman, daß man „das Gewicht Ihrer Autorität in der Frage selbst sehr tiefgehend fühlt".

Das Gewissen des Christen und das unfehlbare Lehramt der Kirche Jesu Christi (1869 - 1877)

abgeraten worden. Und dann fragte ich mich: Kann irgend etwas, was ich sage, einen einzigen Bischof bewegen, und wenn nicht, wozu ist es dann gut zu schreiben? Und das ist die große Anschuldigung, die ich gegen die unmittelbaren Autoren der (Unfehlbarkeits-) Bewegung vorbringe: daß „sie uns keiner Zeit gegeben haben. Warum müssen wir alle so plötzlich unter Zeitdruck gesetzt werden, zu schreiben oder nicht zu schreiben? Warum braucht es einen Handstreich, um die Sache zu regeln, bevor wir wissen, wo wir sind? Was kann jemand wie ich tun, außer aufschreien, brüllen, heftige Bewegungen machen, wie Sie sie machen würden, wenn Sie eine Eisenbahnlokomotive einen unglücklichen Streckenarbeiter überfahren sehen würden? Welche Zeit blieb da für Wissenschaftlichkeit?"[770] - Und zwei Tage später, am 15. April, dem Karfreitag des Jahres 1870, antwortete Newman dem Dominikanerpater Reginald Buckler (1840 - 1927), der ihn über seinen unfreiwillig veröffentlichten Brief an Bischof Ullathorne gefragt hatte: „Es war einer der vertraulichsten Briefe, die ich je in meinem Leben geschrieben habe. Und ich schrieb ihn als eine absolute Pflicht. Ich habe keinen Anspruch als Theologe, aber ich habe einen Anspruch zu sprechen als einer, der fast siebzig Jahre alt ist und in verschiedenen Arten kirchlicher Angelegenheiten Erfahrung hat. Meine Regel ist, bevor die Kirche entscheidet, meinem besten Licht entsprechend zu handeln, so als ob ich unfehlbar wäre, aber mich Gottes Unfehlbarkeit zu unterwerfen und zu akzeptieren, wenn Gott gesprochen hat ... Wie anders gingen die Dinge im Fall der Unbefleckten Empfängnis! Schritt für Schritt ging es auf sie zu. Die Kirche wartete geduldig, bis alles reif war; kein Konzil war notwendig; die theologische Meinung wuchs, wie es war, spontan zu einem Dogma. Aber jetzt ist es so, als ob bestimmte Teile (den übrigen, GB) Katholiken zuvor kommen wollten ... Öffnen Sie irgend ein theologisches Buch und sehen Sie, welch andere Ansicht (über das Vorgehen, GB) uns dort vorgestellt wird. Wenden Sie sich dem ersten Konzil in Apg 15 zu, und Sie werden finden, daß vor der Regelung eine magna conquisitio (große Befragung, GB) stattfand. Langsames Vorgehen im Entscheiden, Rücksichtnahme auf die schwächeren Brüder (und

---

[770] Brief vom 13. April 1870: LD XXV, 98f.

DAS GEWISSEN DES CHRISTEN UND DAS UNFEHLBARE LEHRAMT DER KIRCHE JESU CHRISTI (1869 - 1877)

Schwestern, GB) sind erste Prinzipien bei der Ausübung kirchlicher Autorität."[771]

Am 18. Juli 1870 wurde die Definition der Unfehlbarkeit des Papstes von der Mehrheit der Bischöfe in Rom als Glaubenssatz befürwortet. Eine große Minderheit zum Teil profilierter Bischöfe war vorher abgereist, um nicht dagegen stimmen zu müssen. Als Newman den Text des Dogmas zu lesen bekam, war er beruhigt. Die Einschränkungen, die er für notwendig gehalten hatte, waren in der Formulierung tatsächlich berücksichtigt. Nach dem Wortlaut des Dogmas können die zur Erhaltung und Entfaltung des Glaubens notwendigen Entscheidungen vom Papst nur dann als unfehlbar gelten, wenn er „ex cathedra" spricht, d. h. seine Vollmacht als Hirte und Lehrer der katholischen Kirche erkennbar in Anspruch nimmt; wenn er zweitens in dieser höchsten apostolischen Autorität über Inhalte der Glaubens-. oder Sittenlehre sich äußert, und drittens in einer Weise, in der er die Gesamtkirche damit verpflichten will. Wörtlich heißt der Glaubenssatz in der Übersetzung: „Wenn der Römische Bischof ex cathedra spricht, d. h. wenn er in Ausübung seines Amtes als Hirte und Lehrer aller Christen kraft seiner höchsten apostolischen Autorität entscheidet, daß eine Glaubens- oder Sittenlehre von der gesamten Kirche festzuhalten ist, dann besitzt er mittels des ihm im seligen Petrus verheißenen göttlichen Beistands jene Unfehlbarkeit, mit der der göttliche Erlöser seine Kirche bei der Definition der Glaubens- oder Sittenlehre ausgestattet sehen wollte; und daher sind solche Definitionen des Römischen Bischofs aus sich, nicht aber auf Grund der Zustimmung der Kirche unabänderlich."[772]

---

[771] LD XXV, 100f. Wie konzentriert Newman bei der Sache blieb und sich nicht von jedermann herausfordern oder ablenken ließ, wenn er dies befürchten mußte, zeigt die kurzgefaßte Antwort an den Anglikaner J. F. Lloyd in derselben Karwoche: „Sie haben mich keineswegs beleidigt. Ich habe all ihre Briefe nicht beantwortet, weil meine Zeit nicht mir selbst gehört ... Ich wußte, daß Sie mich nicht bekehren würden, und ich sah keine vernünftige Hoffnung, Sie zu bekehren. Ich glaube, was Sie glauben, aber ich glaube mehr. Ich freue mich, daß Sie aus ganzem Herzen und der Seele unserem Herrn Jesus Christus als Erlöser der Welt glauben. ... Ich wünschte, Sie würden die ganze Botschaft Gottes glauben (Apg 20, 27). Aber in dieser schlimmen Zeit, da es so viele Ungläubige gibt, freue ich mich zu denken, daß Sie keiner von ihnen sind. Gott segne Sie - aber ich habe keine Zeit, mich auf eine Kontroverse mit Ihnen einzulassen ..." (LD XXV, 99).

[772] Dogmatische Konstitution „Pastor Aeternus" vom I. Vatikanischen Konzil: DH 3074.

DAS GEWISSEN DES CHRISTEN UND DAS UNFEHLBARE LEHRAMT DER KIRCHE JESU CHRISTI (1869 - 1877)

Nach ersten Angaben sollte das Konzil im Oktober des Jahres 1870 fortgesetzt werden. Newman ging deshalb davon aus, daß der Stellenwert der Definition noch nicht ersichtlich sei, da er sich erst aus dem Gesamt der nach Konzilsabschluß vorliegenden Dekrete ergeben würde. Außerdem sah er eine Unsicherheit in der Tatsache, daß eine beträchtliche Minorität von Bischöfen, die vorzeitig abgereist waren, ihre Einstellung zu diesem Glaubenssatz noch nicht geäußert hatten. Im Verlauf des Herbstes 1870 wurde dann immer deutlicher, daß das Dogma auch von einer wachsenden Zahl der Bischöfe aus der Minorität angenommen wurde. Von da an sah Newman keinen Grund mehr, dies nicht auch selbst zu tun. In diesem Sinne schreibt er an den Pariser Erzbischof George Darbois: „Die Lehre von der Unfehlbarkeit ist nunmehr hinreichend veröffentlicht worden. Persönlich hatte ich nie einen Schatten von Zweifel, daß es gerade das Wesen der Religion ist, vor Irrtum zu schützen, denn eine Offenbarung, die sich entstellen ließe, wäre überhaupt keine Offenbarung. Ich tendierte immer zu der Auffassung, daß ein allgemeines Konzil der lehrende Repräsentant des Glaubensbekenntnisses ist, genau so, wie die Richter Englands die legalen Ausleger der Statuten unseres Reiches sind. Ein allgemeines Konzil mag durch unglückliche Umstände beeinträchtigt und durch die Einwirkung einer ungläubigen Regierung auf einen schwachen oder den Zeitgeist hörigen Episkopat gehindert sein. Es ist deshalb besser, daß der persönliche Auftrag von Christus an Petrus, die Völker zu lehren und die christliche Struktur der Gesellschaft zu bewahren, seinem unbezweifelten Nachfolger anvertraut wird."[773]

Als die Unfehlbarkeitsdefinition allgemein bekannt worden war, wandten sich - wie es Newman vorausgesehen hatte - viele Leute in Zuschriften an ihn, um Hilfe in ihren Glaubensschwierigkeiten zu finden. Die Ehefrau eines konvertierten ehemaligen anglikanischen Geistlichen, die selbst Konvertitin war, beschrieb ihm ihre Glaubensnot. „Extreme Infalibilisten, von denen wir hier ausschließlich umgeben sind", verweigerten ihr und ihrem Mann wegen ihrer Probleme mit dem neuen Dogma die Sakramente und „betrachteten sie als Verräter und Apostaten". Newman betonte, daß „die Kirche schon seit 300 Jahren nach dem gehandelt hat, was jetzt definiert wurde", und verwies darauf, daß nach allgemeinen Konzilien

---

[773] LD XXV, 259.

DAS GEWISSEN DES CHRISTEN UND DAS UNFEHLBARE LEHRAMT DER KIRCHE JESU CHRISTI (1869 - 1877)

häufig Unruhen und beginnende Schismen verzeichnet wurden, die Zeit jedoch zur Klärung beitragen wird. Er gibt auch den ganz konkreten Ratschlag: „Gehen Sie zu einem Beichtvater, der nicht darauf besteht, daß Sie an die Unfehlbarkeit des Papstes glauben. Begeben Sie sich in der Zwischenzeit nicht in Opposition zur Lehre (von der Unfehlbarkeit) und sprechen Sie nicht mit den schrecklichen Leuten ..." Newman setzte offenbar in pastoraler Klugheit auf die wachsende Glaubenseinsicht, wenn die gefühlsmäßige Aufregung, die von manchen Verfechtern der Infallibilität verursacht worden war, sich gelegt hatte. Frau Perceval antwortete ihm in einer Weise, die seine Erwartungen bestätigte: „Es war in der Tat ein Trost, solche Worte der Wahrheit und Nüchternheit zu lesen nach all den heftigen und fanatischen Denunziationen, die während der vergangenen Wochen in unseren Ohren geklungen haben." Sie versprach, Newmans Rat zu folgen und schloß ihren Brief mit der Bitte: „Wir haben alles um des Glaubens willen verloren, beten sie, daß wir nicht auch diesen verlieren!"[774]

Im Zuge der nationalstaatlichen Bewegungen des 19. Jahrhunderts marschierten am 20. September 1870 die Truppen des italienischen Königs Victor Emanuel in den Kirchenstaat ein, besetzten ihn und verleibten ihn dem neuen Nationalstaat Italien ein. Völkerrechtlich reagierten die Päpste auf diesen Übergriff in der Folgezeit dadurch, daß sie sich als „Gefangene im Vatikan" erklärten bis zur Regelung in den Lateranverträgen von 1929. Newman sah dieses Ereignis in heilsgeschichtlichem Zusammenhang, so, wie er schon in seinem ersten Tract (1833) zu Beginn der Oxford-Bewegung formulierte, es sei den Bischöfen als Zeugen des Glaubens in dieser Zeit „kein gesegneteres Ende ihrer Laufbahn zu wünschen, als daß sie ihrer Güter beraubt würden und das Martyrium erlitten ..." Veranlaßt durch die revolutionären Umtriebe, die seit 1848 hie und da den Kirchenstaat durchzogen, hatten die englischen Bischöfe einen Hirtenbrief verfaßt, in dem sie anordneten, am Rosenkranzfest 1866 über den Heiligen Vater in Rom zu predigen und für ihn zu beten. In seiner Predigt „Der Papst und die Revolution" ging es Newman nicht um die Bedrohung der weltlichen Macht des Papsttums, sondern um den theologischen

---

[774] LD XXV, 185, Anm. 1 - 3.

DAS GEWISSEN DES CHRISTEN UND DAS UNFEHLBARE LEHRAMT DER KIRCHE JESU CHRISTI (1869 - 1877)

Hintergrund der Bedrängnis.[775] Im Unterschied zu Gruppen und Strömungen innerhalb der Kirche, die darauf drängten, man solle die weltliche Macht des Papstes und damit die Existenz des Kirchenstaates zu einem Glaubenssatz erheben, war Newman von der Unhaltbarkeit eines solchen Gedankens überzeugt. Er brandmarkte zwar das Unrecht, das dem Papst in Rom zugefügt wurde, und war der Ansicht, in gewisser Form werde wohl seine weltliche Macht erhalten bleiben. Aber er verwies darauf, daß gerade Beten auch die Absicht beinhalte, die vorgetragene Bitte soweit offen zu halten, als sie von Gottes Möglichkeiten und im Spiegel seiner Vorsehung ihre Verwirklichung erhalten würde. So gesehen, müsse man auch als Beter ins Auge fassen, daß Päpste ohne irdischen Herrschaftsbereich die Kirche in unabhängiger Weise leiten könnten. Würden doch auch die Bischöfe, nachdem sie schon lange ihre weltliche Macht verloren haben, ihr Amt in der Kirche segensreich bis zum gegenwärtigen Zeitpunkt ausüben. „Solcher Art ist das christliche Gebet; es schließt Hoffnung und Befürchtung mit ein. Wir haben keine Gewißheit, daß unsere Gebete Erhörung finden, und keine Gewißheit, daß sie sie nicht finden. Hätten wir die Gewißheit, daß sie sie nicht finden, dann würden wir uns der Resignation überlassen und nicht dem Gebet. Hätten wir die Gewißheit, daß wir erhört werden, dann würden wir nicht zum Bittgebet greifen, sondern zu Preis und Dank. Wenn wir also in dem Anliegen beten, das die weltliche Macht des Papstes betrifft, haben wir beide Seiten der Alternative vor Augen: daß er sie behalten und daß er sie verlieren kann; und so bereiten wir uns auf beides vor." - Zu dieser Meinung konnte er vier Jahre später im Herbst 1870 nur hinzufügen, daß der Verlust des Kirchenstaates kein Glaubensproblem sei. Heilsgeschichtlich gesehen meinte er: „Vielleicht ist es für die menschliche Natur zuviel, wenn ein Mann geistlich unfehlbar und zugleich weltlicher Herrscher sein soll - und das Papsttum konnte nicht den Gipfel in kirchlichen Angelegenheiten erklimmen ohne weltlichen Fall." So gesehen, ergibt sich für Newman als Zusammenhang: „Die Definition im Juli hat die Entthronung im September schon enthalten."[776]

---

[775] DP X, 326 - 365.
[776] LD XXV, 297 und 245.

DAS GEWISSEN DES CHRISTEN UND DAS UNFEHLBARE LEHRAMT DER KIRCHE JESU CHRISTI (1869 - 1877)

Nicht selten hat es im Leben des katholischen Newman Gerüchte gegeben, er werde die Kirche Roms wieder verlassen. So auch nach der Definition der päpstlichen Unfehlbarkeit. Im Sommer 1870 wurde er von einem befreundeten älteren Anglikaner, Henry Thomas Ellacombe, der ebenfalls aus Oriel College kam, direkt darauf angesprochen, daß die Zeitungen die Frage stellen: „Was wird Dr. Newman tun?"[777] angesichts der neuen Situation in Rom. Und Ellacombe fragte weiter: „Warum können Sie sich nicht dazu entschließen, zu uns zurückzukehren? Welch ein Segen das für viele wäre, und ich glaube auch, für Sie selbst ..." Newman antwortete ihm voll Freude darüber, daß sie überhaupt wieder in Kontakt kamen: „Sie können sicher sein, daß Sie ganz recht haben, wenn Sie sagen, es ist eine Freude für mich, von Ihnen zu hören. Ich freue mich darüber, obgleich Sie mir in einer Weise schreiben, die für mich schmerzlich wäre, wüßte ich nicht, wie besonders freundlich Sie es meinen, und gäbe es in Ihrem Brief nicht etwas, was mich, so ernst es ist, zum Lächeln bringt. ... Ich will Sie nicht verletzen, mein lieber Ellacombe, indem ich über ihren Brief lächle, denn ich bin auch nicht verletzt über Ihre (Aufforderung) 'Entschließen Sie sich zu rückzukehren!'. Nun, ich könnte mich genauso leicht entschließen, ein Anhänger Garibaldis oder ein Siamesischer Zwilling zu werden. Seien Sie versichert, es gibt genauso viele Chancen, daß ich wieder Anglikaner werde wie (daß ich) der irische Riese oder der Clubkönig (werde)".[778]

In München hatte sich mit der Annahme der Unfehlbarkeitserklärung durch die Mehrheit der Bischöfe die Lage des großen Konzilskritikers Ignaz von Döllinger in tragischer Weise zugespitzt. Noch während des Konzils glaubte er, Newman zu einem gemeinsamen „Trompetensignal" aufrufen zu sollen, wie es dieser als Motto zur Zeit der Oxford-Bewegung gegeben hatte[779]. Doch Newman war 1869/70 in einer ganz anderen Situation als bei der Oxford-Bewegung. Damals war seine Absicht, die anglikanische Kirche durch eine Reform auf ihren apostolischen Ursprung zurückführen und sie von ihrer staatlichen Abhängigkeit zu befreien. Beim

---

[777] Vgl. zur „Geschichte von Newmans Reaktion auf das Konzil": John R. Page, What will Dr. Newman do?, Collegeville, Minnesota 1994, S.13
[778] LD XXV, 194f.
[779] Band I der gesammelt herausgegebenen „Tracts for the Times, by Members of the University of Oxford", London 1840, trägt auf dem Deckblatt das Zitat von 1 Kor 14, 8: „Wenn die Trompete unklare Töne hervorbringt, wer wird dann zu den Waffen greifen?"

DAS GEWISSEN DES CHRISTEN UND DAS UNFEHLBARE LEHRAMT DER KIRCHE JESU CHRISTI (1869 - 1877)

Vatikanischen Konzil ging es ihm darum, die für ihn unbezweifelbar wahre Kirche Jesu Christi vor übereilten Handlungen unter dem Druck extremer Gruppierungen zu bewahren. Bei dieser Bemühung um Mäßigung extremer Kräfte glaubte Newman, auf die Kraft des Geistes Gottes und die Fürsprache der Kirchenväter vertrauen zu sollen. Und wie er am Ergebnis des formulierten Dogmas erkennen konnte, waren seine Befürchtungen in der Tat ausgeräumt. Newman war zutiefst Theologe und nicht nur Historiker. Döllinger hingegen verstand sich ganz und gar als ein Mann der Kirchengeschichte, der vor allem die Auseinandersetzungen im machtpolitischen Gefälle der kirchlichen Strukturen sah. Mit großem Scharfsinn sah die Tragweite der Situation wie Döllinger sein langjähriger Fachkollege und inzwischen Rottenburger Bischof Karl Josef von Hefele (1809 - 1893).[780] „Döllinger, so lange, lange und so früh schon, wo noch andere schliefen, der Vorkämpfer für die katholische Kirche und ihre Interessen, der erste unter den deutschen Theologen, der Ajax des Ultramontanismus, soll suspendiert oder gar exkommuniziert werden und das von einem Erzbischof, der nicht den tausendsten Teil der Verdienste Döllingers hat? Das ist schrecklich", schrieb Hefele an seinen ehemaligen Kollegen einen Monat vor der Exkommunikation und bereitete Döllinger eine schlaflose Nacht. Dann allerdings kam als Reaktion Döllingers: „Wenn auch wir das Schauspiel der Unterwerfung aufführten, müßte die Welt glauben, daß der Wahrheitssinn im katholischen Klerus völlig ausgestorben, das Priestertum nur ein Gewerbe sei."[781] Als Newman gebeten wurde, mit einer öffentlichen Stellungnahme für Döllinger einzutreten, betonte er, daß ihm der geistliche Impuls dazu fehle: „Wenn ich geschrieben habe, habe ich schreiben müssen; - ich konnte nicht auf Aufforderung hin schreiben -... Ich stimme Döllinger nicht zu, weder in Bezug auf die Wahrheit der Lehre noch in Bezug auf die Gültigkeit ihrer Definition. Der geringste Grund, den ich dafür annehmen würde, wäre der, daß es seine Pflicht ist zu glauben, um ganz sicher zu gehen. Aber warum ist er in der Lage, eine so entschiedene Linie zu vertreten?" Newman billigt Döllinger zu, daß er möglicherweise eine große Anzahl von Leuten mit Ansehen und Autorität hinter sich haben könnte. „Er geht nicht

---

[780] Hubert Wolf, Hrg., Zwischen Wahrheit und Gehorsam. Karl Josef von Hefele (1809 - 1893) Ostfildern 1994.
[781] Zit. von Victor Conzemius, Hätte sich Ignaz von Döllinger guten Gewissens bekehren können?, in: NSt XVI 1998, 75 - 94; 76.

einfachhin nach seinem Privaturteil, sondern folgt der Tradition Deutschlands" in seiner Stellungnahme zum Unfehlbarkeitsdogma. Newman konnte sich für eine kurze Zeit vorstellen, daß Döllinger eine breite Tradition des deutschen Katholizismus repräsentiere. „Es mag eine falsche Tradition sein - das ist eine andere Sache; aber es ist eine Sympathie, die Kraft gibt. Um zu sprechen, muß man die Sympathie der vielen haben oder die Unterstützung von Leuten mit Autorität."[782] - Am 17. April 1871 wurde Döllinger vom Münchener Erzbischof exkommuniziert. Den Spielraum, mit Döllinger zu verhandeln, sei es um den endgültigen Bruch zu vermeiden oder zumindest um Zeit zu gewinnen, nützte der Erzbischof nicht. Newmans Kommentar stuft den Vorgang als weiteres Beispiel in der Reihe unglücklicher Handlungen der Kirche ein. Aber er findet es aus seiner Perspektive entlastend, daß „Dr. Döllingers Zensur nicht direkt von Rom kam. Es gibt so viel Schmerzliches, das dort geschehen ist, daß es als eine große Erleichterung erscheint, daß die Verantwortung für diese Handlung anderswohin fällt. Je länger ich lebe, umso deutlicher sehe ich, daß es nur eine Kirche gibt, und das ist die römische Communio ... Und wie dort große Sünden im zehnten und fünfzehnten Jahrhundert begangen worden sind, so mag es dort auch sehr bedauernswerte Handlungen und den Vorwurf (darüber, GB) in einer späteren Epoche geben".[783]

Schon Ende 1871 konnte Newman absehen, daß es sich bei den Altkatholiken „unter dem Schutz der Regierung" um nicht mehr als eine kleine Gruppe handelte. „Aber was Döllinger zu tun gehofft hatte, war, eine Reform innerhalb der Kirche zustande zu bringen, nicht eine Sekte zu schaffen."[784] Für Newman war danach das entscheidende Kriterium zur Beurteilung von Döllingers Position und Handlung, ob sie sich auf den Dienst an der Vermittlung des wahren Glaubens in positiver oder negativer Weise auswirken, ob also dadurch die Gefahr der Verbreitung des Unglaubens in der Gesellschaft verstärkt wird. Diese Gefahr erkannte er in der Tat in der Wirkungsgeschichte der schismatischen Gruppe der Altkatholiken, mit deren Existenz er Döllingers Haltung und Position verbunden sah. Newman behielt aber seine persönliche Sympathie für

---

[782] LD XXV, 318f.
[783] LD XXV, 341.
[784] Brief vom 28.12.1871: LD XXV, 454f.

Ignaz von Döllinger auch nach dessen polemischen Ausbrüchen über den „Brief an den Herzog von Norfolk", in dem Newman „die offensten Unwahrheiten" vertreten habe und sein Charakter „nur auf Kosten ... seiner Ignoranz" zu retten sei. 1879 hatte Newman die Absicht, als neu kreierter Kardinal auf der Rückreise von Rom Döllinger in München zu besuchen. Der Arzt mußte es ihm aus gesundheitlichen Gründen verbieten. Döllingers Erklärung bei der Kardinalsernennung Newmans durch Leo XIII. löste zunächst eine schmerzliche Irritation aus: Daß der Papst „Newman zu einem Kardinal macht, einen Mann, der so unendlich über dem römischen Prälatenvolk steht, ist nur begreiflich, wenn die wahren Ansichten des Mannes in Rom unbekannt sind. Hätte Newman in französisch, italienisch oder latein geschrieben, wären seine Bücher seit langem auf dem Index". In seiner ersten Stellungnahme sagte Newman: „Dr. Döllingers Erklärung hat mich sehr geschmerzt, weil sie eine Reizbarkeit und einen Mangel an Wohlwollen mir gegenüber aufzeigt, den ich von ihm nicht erwartet hätte." Seinem Neffen Henry William Mozley gegenüber schrieb er zwei Monate später allerdings: „Was die Aussage Döllingers anbetrifft, der Papst habe nicht gewußt, was er tut, so ist sie ein guter Scherz."[785] Beide Männer starben, ohne sich noch einmal begegnet zu sein oder Kontakt zueinander aufgenommen zu haben, im selben Jahr 1890.

Erneuerte Kontakte und Abschiede für immer: Verwandte und Freunde

Newmans Kontakte mit seinen Geschwistern waren im Verlauf der Jahrzehnte von ganz verschiedener Art und Dauer. Mit seiner Schwester *Jemima* (1808 - 1879) und ihrem Mann John Mozley (1805 - 1872) war Newman über all die Jahre in einer mehr oder weniger intensiven Korrespondenz geblieben. Mit Jemima tauscht der Bruder zum Teil Monat für Monat persönliche Nachrichten aus. „Ich hatte meine Violine während der ganzen Zeit nicht mehr an meiner Schulter", schreibt er über die

---

[785] LD XXIX, 132 u. 161.

DAS GEWISSEN DES CHRISTEN UND DAS UNFEHLBARE LEHRAMT DER KIRCHE JESU CHRISTI (1869 - 1877)

Arbeitszeit an der Grammar of Assent während des Jahres 1869. Es war eine Zeitspanne, in der „all meine Krankheiten mich offensichtlich ganz verlassen haben; und ich hatte seit einigen Jahren keine Erkältung oder Husten. Mir macht nichts Sorge, außer das Alter, - und ich wurde merklich älter. Jetzt bilde ich mir ein, daß ich mir eine Lähmung zuziehen könnte, wenn ich rücksichtslos wäre und zu viel arbeiten würde", meint er zu Beginn des Jahres 1870 und zählt eine Reihe von Zeitgenossen auf, die sich übernahmen.[786] Auf den Geburtstagsbrief seiner Schwester im Februar meint er: „Geburtstage sind jetzt wie Schläge, die von einer Glocke fallen. Es geht mir so wunderbar gut, daß man sich vorstellt, es könnten die Stromschnellen vor dem (Wasser-)Fall sein." In diesem Geburtstagsbrief hatte Jemima auch die Einladung ihrer beiden Schwägerinnen übersandt, die ganz in ihrer Nähe bei Derby wohnten; Newman stellte seinen Besuch in Aussicht.[787] Zuvor lädt Newman Jemimas Söhne zu den jährlich im Mai stattfindenden Theateraufführungen von lateinischen Schriftstellern nach Rednal, dem Landhaus der Oratorianer ein. „Ich habe einiges von Terentius und Plautus expurgiert und drucken lassen, und wenn einige Eurer Jungen - wenn sie jetzt noch so genannt werden - zu Hause wären, würde ich sie gerne dazu bewegen, sich die Vorstellung anzusehen. Das eine Stück, das wir dieses Jahr mit verändertem Namen aufführen ..., ist eines, in dem ich 1814 in Ealing eine Frauenrolle spielte ..."[788] Offenkundig machten seine Neffen von der Einladung keinen Gebrauch, denn bei den Tagesnotizen zur Aufführung des antiken Stückes tauchen sie unter den Gästenamen nicht auf. Umgekehrt antwortet Newman auf die Einladung seiner Schwester in der ersten Junihälfte 1870 entschuldigend: Er habe schon eine mehrtägige Reise zu Freunden im Süden Englands vor, und „Du, die auch so ungern reist, kannst verstehen, welche Mühe es für mich ist, umherzureisen. Wenn ich diese eine Reise unternommen habe, kann ich im Augenblick nicht an eine weitere denken, obgleich ich sehr gern zu dir kommen und einige Duette mit Dir spielen würde ..."[789] Im folgenden Sommer reiste Newman Mitte Juni in das nicht weit von Birmingham entfernte Derby. Später schildert er seine Eindrücke: „Mein

---

[786] LD XXV, 12.
[787] LD XXV, 36.
[788] LD XXV, 129.
[789] LD XXV, 146. Jemima war es, die schon von Jugend an Newmans Violinspiel auf dem Klavier begleitete.

DAS GEWISSEN DES CHRISTEN UND DAS UNFEHLBARE LEHRAMT DER KIRCHE JESU CHRISTI (1869 - 1877)

Besuch in Derby war sehr erfreulich. Jedermann empfing mich mit großer Freundlichkeit. ... Ich war zwei Tage in Derby und zwei in Barrow (wo die Schwägerinnen wohnten, GB). Das Wetter war sehr schlecht. Sie waren sehr begierig, etwas über Katholiken zu erfahren. Was ihre Konversion (zur katholischen Kirche, GB) anbetrifft, so besteht in Bezug auf meine Verwandten und Freunde, d. h. alle Anglikaner, menschlich gesprochen keine Chance. Die Definition der päpstlichen Unfehlbarkeit scheint die Sache ein für allemal geklärt zu haben. Es hatte eine große Sehnsucht nach Einheit gegeben. Jetzt ist das offenkundig alles zu Ende. Sie scheinen zu denken, daß es so ist, wie wenn ein Kind weint, weil es den Mond haben will; eine Sache, die es nicht gibt."[790] In Barrow wurde zumindest die alte Bekanntschaft mit Anne Mozley wieder aufgefrischt, und Newman sandte im nachherein ein Exemplar seiner „Predigten zu verschiedenen Gelegenheiten" „in Erinnerung an den Juni 1871 und Eure Gastfreundschaft zu mir vom 15. - 17."[791] Anne Mozley bedankte sich herzlich: „Während wir noch bei der Freude und dem Interesse an Deinem entzückenden Besuch verweilten, war es eine beglückende Überraschung, heute morgen Deinen Gruß und das beiliegende Buch zu bekommen. ... Ich habe die beiden Predigten über den heiligen Paulus mit all den Gefühlen alter Zeiten gelesen, als jeder neue Predigtband ein Ereignis war. Ich habe außerdem hie und da treffende und wunderbare Abschnitte angelesen ...". Anne wurde später diejenige von seinen Verwandten, der Newman die Herausgabe seiner Briefe aus anglikanischer Zeit zu einer Art Biographie anvertraute.

Newmans Schwester *Harriett*, hatte bereits in der Endphase der anglikanischen Jahre in Littlemore den Kontakt mit ihm abgebrochen. Sie hatte befürchtet, daß sein Einfluß ihren Gemahl Thomas Mozley zur römisch-katholischen Kirche bringen könnte. Bereits im Alter von 48 Jahren starb sie, während Newman mit den Gründungsschwierigkeiten mit der irischen Universität befaßt war, 1852 in einem Londoner Krankenhaus.

Mit seinem Bruder *Francis,* der inzwischen Professor für Latein an der Universität in London geworden war, verband ihn nur ein spärlicher

---

[790] Brief an M. R. Giberne vom 16. Aug. 1871: LD XXV, 383.
[791] Sermons on Various Occasions, 1. Aufl. 1857; Zitat aus dem Begleitbrief: LD XXV, 347.

DAS GEWISSEN DES CHRISTEN UND DAS UNFEHLBARE LEHRAMT DER KIRCHE JESU CHRISTI (1869 - 1877)

Briefwechsel. Mitunter kam Francis zu Besuch ins Oratorium und sie unternahmen gemeinsame Spaziergänge. Oder es handelte sich um notwendige Finanzierungshilfen für ihren Bruder Charles, die sie miteinander zu regeln hatten. Nach einem seiner Besuche im Oktober 1876 schreibt Newman an Maria Rosina Giberne, die ihn aus den frühen Familienkontakten sehr gut kannte: „Der arme Frank war hier, sehr edel, sanft und nett - aber ich fürchte, er betrachtet unseren Herrn (Jesus Christus, GB) mehr als einen guten Menschen und hat keinerlei Skrupel, seine Worte und Handlungen zu kritisieren. Es ist eine Art geistliche Epidemie, die in der einen oder anderen Form auch ins Ausland dringt."[792] Newman sah keine Möglichkeit gegenüber Pressemeldungen Stellung zu nehmen, daß sein Bruder für Euthanasie eintrete und schließlich Unitarier geworden sei, also den christlichen Glauben an den Dreieinen Gott aufgegeben habe.

Das Jahr 1873 machte Newman in besonderer Weise das Alter und die Hinfälligkeit des menschlichen Lebens bewußt. Innerhalb weniger Monate verlor er drei seiner besten Freunde.

Im Januar starb der Jurist Serjeant *Edward W. Bellasis* (1800 - 1873). Sie hatten sich 1839 auf dem Höhepunkt der Oxford-Bewegung kennengelernt. In seinen Erinnerungen berichtete Bellasis: „Ich begann die British Critic und einige von Newmans Predigten zu lesen und war von letzteren so eingenommen, daß Eliza und ich von der Isle of Wight, wo wir waren, über Oxford nach Hause fuhren, um den Verfasser zu Gesicht zu bekommen. Und am 22. April gingen wir zu dem Nachmittagsgottesdienst in St. Mary's, als Mr. Newman den Gottesdienst hielt und predigte. Seine Predigt handelte von Korachs Rebellion, die er mit moderner Abweichung verglich ... Ich begann zu denken, daß Religion, da sie mit übernatürlichen Dingen zu tun hatte, uns von einer Autorität gegeben werden muß und nicht aus unseren eigenen Phantasien und Überlegungen kommen könnte ..."[793] Bellasis war ihm 1850 in die römisch-katholische Kirche gefolgt und hatte im Jahr darauf die Verteidigung im Prozeß gegen G. Achilli übernommen. „Einen der besten Menschen, die ich kannte", hatte ihn

---

[792] LD XXVIII, 127.
[793] E. Bellasis, Memorials of Mr. Serjeant Bellasis, London 1895, 44f.

DAS GEWISSEN DES CHRISTEN UND DAS UNFEHLBARE LEHRAMT DER KIRCHE JESU CHRISTI (1869 - 1877)

J.H. Newman: Schwarze und weiße Kreide auf weißem Papier, von Jane Fortescue, Lady Coleridge, Mitte der 70er Jahre. (The Franciscan Sisters of St. Mary of the Angels)

Das Gewissen des Christen und das unfehlbare Lehramt der Kirche Jesu Christi (1869 - 1877)

Newman einmal genannt.[794] „Ich fühlte tief, daß ich einen meiner besten, beständigsten und liebsten Freunde verloren habe - und doch ist es ein großer Trost, über Worte hinaus, zu denken, daß ich einen solchen Freund, der mich gewiß weiterhin liebt, bei Gott habe." Die Söhne Richard Garnett und Henry Lewis Bellasis traten im Verlauf der Jahre zwischen 1875 und 1877 ins Oratorium von Birmingham ein und übernahmen in der Folgezeit führende Aufgaben.

Anfang 1873 machte Newman einen Abschiedsbesuch in Woodchester bei seinem langjährigen und persönlichen Freund *Henry Wilberforce*, der dann am 23. des Monats starb. Seit seiner Tutorentätigkeit in Oriel war Newman mit ihm befreundet. Ihm hatte er ausführlich über seine Gotteserfahrung bei der Krankheit in Sizilien berichtet. Ungezählte Briefe zeugen von der außergewöhnlichen Freundschaft beider, die es Newman ermöglichte, ihm über alle möglichen Vorkommnisse seines Lebens zu schreiben, um seine Meinung zu erfahren. Newman hatte ihn bei seiner Konversion im Jahre 1850 geistlich begleitet und ihn als Herausgeber des „Standard" und hernach des „Weekly Register" hochgeschätzt und ermutigt.[795] Newmans Freundschaft bezog sich auch auf seine Frau, Mary Sargent, der er angesichts des Sterbens seines Freundes schrieb: „Was müssen Sie fühlen! Aber Gott stützt Ehemänner und Ehefrauen in solchen extremen Belastungen, und Er wird Sie nicht verlassen. Ich beabsichtige, täglich die Heilige Messe für den lieben Henry zu feiern, bis ich eine andere Nachricht erhalte, und dann werde ich für Sie und Ihre Kinder die Heilige Messe feiern. Gott ist gut in allem, was er tut ..."[796]

Newman war kaum von der Beerdigung von Henry Wilberforce zurückgekehrt, als er die Nachricht vom Tod eines anderen Oxforder Freundes und Konvertiten erhielt: *James Hope-Scott (1812 - 1873)*. Auch er war Jurist und mit Serjeant Bellasis eng befreundet gewesen. Newman, zur Beerdigung eingeladen, hielt den Totengottesdienst in der Jesuitenkirche in der Farm-Street in London. In seiner Predigt sprach er über ein Thema, das in seiner spirituellen Dimension an die Zeiten der

---

[794] LD XXVI, 241.
[795] Der Catholic Standard, gegründet 1849, wurde von 1854 - 1863 von Henry W. Wilberforce herausgegeben, der ihn dann mit der katholischen Wochenzeitschrift Weekly Register vereinigte.
[796] LD XXVI, 295.

DAS GEWISSEN DES CHRISTEN UND DAS UNFEHLBARE LEHRAMT DER KIRCHE JESU CHRISTI (1869 - 1877)

Traktarianer-Bewegung erinnerte: „In der Welt, doch nicht von der Welt". Newman betonte, daß er bei dieser Gelegenheit nur ein paar kurze Worte sagen könne. „Ein paar kurze Worte, das ist alles, was nötig ist, um die einzelnen Gedanken, die einzelnen Erinnerungen und die einzelnen Herzensempfindungen in eins zusammenzufassen, die in uns beim Anblick der hier in unserer Mitte aufgebahrten irdischen Überreste unseres teuren Freundes, der großen Seele, die wir verloren haben erwachen..., um einen Austausch zu ermöglichen und Mitgefühl zu wecken von Herz zu Herz, um vor einander in etwa den Empfindungen Ausdruck zu geben, die wir insgesamt, alle und jedes, in uns hegen."[797] Newman betont, daß er den Anspruch der unmittelbaren Angehörigen über seine eigene Zugangsweise als Freund stellt. „Ich weiß nur, was er mir gewesen ist. Ich weiß nur, was sein Verlust für mich bedeutet. Ich weiß nur, daß er einer von denen ist, deren Hinscheiden aus dieser Welt mir den Himmel verdunkelt hat." Er schildert ihn mit seinen „hohen natürlichen Gaben", mit erhabener Ironie und scharfem Witz, aber zugleich mit der Schlichtheit, Ernsthaftigkeit und Liebenswürdigkeit seiner jungen Persönlichkeit. Er rühmt seine Geistesbildung und seinen erfolgreichen Berufsaufstieg. Er erinnert an seine beeindruckende Rolle als Anwalt und nennt seinen Mut in der Rede vor dem House of Lords, wo er für die Reform der anglikanischen Kirche eingetreten war. Aus einer zweiten Perspektive zeigt Newman, daß Hope-Scotts „Gelassenheit gegenüber den Ehren des Lebens so ausgeprägt war, wie seine Fähigkeiten, sie zu erringen. Er war ungewöhnlich frei von Ehrgeiz. Und Newman verallgemeinert: „Wozu sind uns Talente überhaupt gegeben, so könnte man fragen, wenn nicht, um sie zu nützen? Was sind große Gaben, wenn nicht das Gegenüber zu großen Werken? Wir sind nicht geboren für uns selbst, sondern für unsere Verwandten, Nachbarn, für unser Land. Es ist pure Selbstsucht, Trägheit, verkehrte Lauheit, Unmännlichkeit, nicht aber Tugend noch eine Empfehlung, unser Talent in die Tasche zu stecken und es Gott in dem Zustand, in dem wir es empfangen hatten, zurückzugeben." - In einer dritten Perspektive deutet Newman das Leben seines Freundes aus dem Licht Gottes: „Gott wacht über jene, die seine Liebe auf ungewöhnliche Weise besitzen, mit ungewöhnlicher Eifersucht; und wenn ihnen die Welt zulächelt, schickt er ihnen umso mehr Kreuz und Leid ... - Er hatte in vergangenen Jahren die

---

[797] DP X, 306 - 325; 306f.

DAS GEWISSEN DES CHRISTEN UND DAS UNFEHLBARE LEHRAMT DER KIRCHE JESU CHRISTI (1869 - 1877)

trostvolle Nähe anderer verloren und mußte nun andere trostlos zurücklassen." Er habe bis zum Schluß „Dein Wille geschehe" gesagt, ein Gebet, das er als ausgeprägtes Motto in lateinischer Sprache durch die Jahrzehnte seines Lebenslaufes gesprochen habe. „Auch wir müssen es ihnen nachsprechen", so schließt Newman: „Wir wollen uns darüber im klaren sein, daß Gott jene, die er liebt, hinwegnimmt, einen nach dem andern, zu dem für seinen ewigen Gewinn geeignetsten Zeitpunkt. Was können wir nüchternen Ernstes anderes wollen als eben den Willen Gottes? ... Glückliche Seele, die Du durch beständige Bereitschaft zum Tode, durch die lange Bußzeit der Krankheit, des Leidens und des Verzuges, die Schuld, die gegen Dich zeugte, bezahlt hast und bereits von der Reinigung der Buße zum Licht und zur Freiheit des Himmels hinübergegangen bist!"

Mancher seiner guten Freunde, die für ihn die große Aufbruchphase von Oxford repräsentierten, waren seit John Kebles Tod 1866 gestorben. Die Welt Newmans wurde leerer und ärmer. Er hielt erneut Einkehr und zog Bilanz. Am Dreifaltigkeitssonntag 1874, dem Tag, an dem er für gewöhnlich seines Oxforder Studienkollegs Trinity gedachte, schrieb er an William J. Copeland, der ebenfalls ein Mann von Trinity war. Copeland, sein letzter Kaplan in Littlemore, den er zufällig 1862 in London wieder getroffen hatte, war es, der ihn wieder in Kontakt zu den alten Freunden John Keble, Richard William Church, Frederick Rogers gebracht hatte. Das war kurz vor der Zeit der Abfassung der Apologia. Nun erinnerte Newman ihn daran, daß er „zwei Pakete Kopien meiner Briefe an Bowden" besitze und fragte ihn, ob er auch die Sammlung „meiner Briefe an Samuel F. Wood habe, die für mich in Littlemore abgeschrieben wurden und die ich nicht finden kann".[798] Am folgenden Tag begann Newman ein ausführliches „autobiographisches Memoir", mit der Aufschrift „Für Pater Ambrose St. John". Daran anschließend skizzierte Newman einige Kriterien, wie er sich seine Biographie wünschte bzw. nicht wünschte: „Ginge es nach meinem eigenen Wunsch, dann dürfte über mich kein Memoir geschrieben werden, es sei denn, eine solche Reihe kurz gefaßter Notizen, die genügen würden, um eine kontinuierliche Aufeinanderfolge meiner Briefe zu erzielen. Ich habe nichts gegen Briefe;

---

[798] LD XXVII, 68. Vgl. J. Pereiro, S.F.Wood and an early Theory of Development in the Oxford Movement. In: Recusant History 21, 1991, 524 - 553

DAS GEWISSEN DES CHRISTEN UND DAS UNFEHLBARE LEHRAMT DER KIRCHE JESU CHRISTI (1869 - 1877)

denn sie sind Tatsachen und gehören zum Guten oder zum Bösen, zu der Person des Schreibers; aber ... eine Lebensbeschreibung ist mehr oder weniger das Produkt der Phantasie, einer Schlußfolgerung aus Tatsachen, etwas mehr oder weniger Theoretisches oder Unmaßgebliches". Dem entgegenzuwirken, beginnt Newman mit seinem autobiographischen Memoir. Ein zweiter, für ihn ebenso wichtiger Grund, der von ihm in diesem Zusammenhang genannt wird, resultiert aus den vielen Mißverständnissen, denen er sich mit seinem Oratorium in der kirchlichen und gesellschaftlichen Öffentlichkeit ausgesetzt sah. Er schreibt also „teils, um Material für ein Memoir zu sammeln, teils, um über die Menschen und Dinge, von denen die Rede ist, vertrautere und umfangreichere Kenntnis zu geben, teils aber auch, wenn es nötig ist, zur Erklärung und Verteidigung dessen, was ich zu bestimmten Zeiten gesagt oder getan habe. Unter diesen Schriften befinden sich einige, die im gesamten von höchstens zwei oder drei Personen in der Welt gelesen werden sollten, obwohl ich eine Bekanntgabe gewisser Ausschnitte daraus nicht absolut verboten haben will ..."[799] So beschreibt Newman in objektiv klingendem Er-Stil seine Kinder- und Jugendzeit, schildert ausführlich seine Oxforder Jahre in Trinity College und die Zeit als Fellow in Oriel bis hin zum Streit über das Tutorat am Vorabend der Oxford-Bewegung. Er konnte nicht ahnen, daß seine Aufzeichnungen von seinem um fast eineinhalb Jahrzehnte jüngeren Freund Ambrose gar nicht benützt werden könnten, daß dieser bereits im Jahr darauf sterben würde.

In seinem privaten Tagebuch bezeugt Newman Ende August 1874 noch einmal: „Ein so niederdrückendes Gefühl, daß ich mein ganzes Leben lang nichts getan habe - und vor allem, daß ich jetzt überhaupt nichts tue."[800] Zwar seien durch die Neuauflage seiner anglikanischen Predigten, die Copeland begonnen hatte herauszugeben, die Anglikaner jetzt mehr an seinen Schriften interessiert als früher. Aber bei den Katholiken brachte er keinen Fuß auf den Boden: „In Bezug auf die großen Kontroversen des Tages, etwa die Frage der Göttlichkeit des Christentums usw., halten sie mich für eine vergangene Größe und denken zumindest ..., daß ich eine falsche Richtung eingeschlagen hätte." So sieht er sich im Spiegel der

---

[799] SB, 23 - 136; 28.
[800] SB, 351 - 354.

DAS GEWISSEN DES CHRISTEN UND DAS UNFEHLBARE LEHRAMT DER KIRCHE JESU CHRISTI (1869 - 1877)

höchst populär gewordenen Jesuiten, die ihm zu intolerant sind und zu mächtig in der Kirche. Oder ist er ihnen gegenüber „undankbar"? - „Ich muß zugeben, im Gegensatz zu ihrer Gewalttätigkeit gegen Rosmini, Ubaghs usw. sind sie über mich nie hergefallen. Aber dann denke ich: Was geht mich das an? Gott wird vorsorgen - er weiß, was das beste ist. Ist er für die Kirche weniger besorgt, weniger imstande, sie zu verteidigen als ich es bin? Warum soll ich mich darüber grämen? Was bin ich denn? Meine Zeit ist vorüber. Ich bin passé. Ich mag zu meiner Zeit etwas geleistet haben. Aber jetzt kann ich nichts mehr tun. Andere sind an der Reihe ... - Für mich genügt es jetzt, mich auf den Tod vorzubereiten, denn, wie es ausschaut, erwartet mich nichts anderes mehr. Es gibt sonst nichts mehr zu tun. - Und Er, der mein ganzes Leben lang so wunderbar bei mir gewesen ist, wird mich auch jetzt nicht verlassen, ich weiß es - wenn ich auch keinen Anspruch auf ihn habe - ... Ich muß den Gedanken an die nächste Generation loslassen und an mich denken."[801]

Die Kontroverse mit dem Premierminister über Papst und Gewissen.

Newman war von dem Gedanken „ganz erschreckt ., daß ich in den letzten fünfzehn Jahren nur zwei Bücher geschrieben habe, die Apologia und den Essay über die Zustimmung - von denen das erstere fast aus dem Stegreif zustande kam"; während er sich fragte: „Was habe ich mit meiner Zeit angefangen, obwohl ich doch niemals müßig gewesen bin?" Zu dieser Zeit hatte William Ewart Gladstone (1809 - 1898), der mehrmalige englische Premierminister, an einer Flugschrift gearbeitet, in der er anprangerte, daß die Loyalität der englischen Katholiken als Staatsbürger ihrer königlichen Majestät durch das neu definierte Unfehlbarkeitsdogma von 1870 prinzipiell in Frage gestellt sei. Anfang November 1874 wurde seine Schrift veröffentlicht: „Die Vatikanischen Dekrete in ihrer Auswirkung auf

---

[801] SB, 351f.

DAS GEWISSEN DES CHRISTEN UND DAS UNFEHLBARE LEHRAMT DER KIRCHE JESU CHRISTI (1869 - 1877)

die zivile Treue. Ein politischer Vorwurf."[802] 150.000 Exemplare wurden innerhalb von zwei Monaten verkauft;, Gladstones Auffassung wurde also im Nu in der britischen Öffentlichkeit verbreitet. Daher wandten sich nun Katholiken von allen Seiten an Newman, er solle Gladstone antworten. Newman sah, daß trotz rasch erfolgter öffentlicher Stellungnahmen, wie die von Erzbischof H. E. Manning in The Times und in The New York Herald Tribune die Wogen der Polemik nicht abebbten.[803]

Wochenlang mühte sich Newman zunächst vergeblich um einen Ansatz zu einer ihm gemäßen Antwort; denn die Angriffe Gladstones richteten sich eigentlich an die Adresse derer, die die Unfehlbarkeitskompetenz des Papstes gewissermaßen unbegrenzt ausgeweitet hatten, so, als ob er mit allem, was er sagt, endgültige Glaubens- und Verhaltensnormen gebe. Zudem schien ihm Gladstones Schrift zu diffus für eine gezielte wirkungsvolle Entgegnung. Doch, als er seine Argumentationslinie gefunden hatte, schrieb er den Text in wenigen Wochen. Ein Stimmungsbild über seine Lage vermittelt sein Brief an Richard William Church, den Dekan der St. Pauls Kathedrale in London, vom 10. Dez. 1874: „Ich schreibe gegen die Zeit, und meine alten Finger bewegen sich nicht so schnell ... Sag' es niemand, denn ich will nicht, daß schon etwas von mir publik wird, aber während es die Zeitungen wiederholen, bin ich am Versuch, Gladstone zu antworten. Aber ich will mich nicht festlegen, bevor ich es wirklich vollbracht habe. Ich hatte so viele drängende Anfragen, die mich aufforderten, es zu tun. ... Ich bedaure tatsächlich, daß er sich so kompromittierte, ich meine, Menschen, die so frei in ihrem Geist sind wie er, als moralische und geistige Sklaven zu beschuldigen. Ich hatte nie gedacht, daß ich gegen Gladstone schreiben würde! Aber er ist ebenso unfair und unwahr wie hart ..."[804] Newman wählte den Titel „Ein Brief an

---

[802] The Vatican Decrees in their Bearing on Civil Allegiance. A Political Expostulation, London 1874.
[803] Manning veröffentlichte seine Stellungnahme bereits zwei Tage nach Erscheinen von Gladstones Schrift in der englischen Presse und bedauerte u. a., daß dies das erste Ereignis sei, das einen Schatten auf ihre 45jährige Freundschaft werfe. Dagegen reagierte Gladstone, der befürchtete, ihm würden durch diese Andeutung einer freundschaftlichen Verbindung zu einem katholischen Kirchenführer im nachherein politische Nachteile entstehen. Schon allein durch diese Verquickung persönlicher und sachpolitischer Interessen kam Mannings Argumentation bei Gladstone nicht gut an. Vgl. E. S. Purcell, Life of Cardinal Manning, London 1896, Bd. II, 477f.
[804] LD XXVII, 169f.

DAS GEWISSEN DES CHRISTEN UND DAS UNFEHLBARE LEHRAMT DER KIRCHE JESU CHRISTI (1869 - 1877)

den Herzog von Norfolk".[805] Tatsächlich war der junge Herzog einer derjenigen gewesen, die Newman mehrfach gebeten hatten, sich öffentlich mit Gladstones Angriff auseinanderzusetzen. Außerdem war er der Repräsentant der katholischen Laien Englands, und Newman kannte ihn auch aus den Jahren seines Schulbesuchs in der Oratory School in Birmingham persönlich.

Einen Tag, nachdem das über 130 Seiten starke Buch veröffentlicht worden war, schrieb Gladstone an Newman, daß er zwar erst die Hälfte gelesen habe, aber es sei „der einfache und einzige Zweck dieser Zeilen, Ihnen für die geniale und edle Weise zu danken, in der Sie mich behandelt haben, und dafür, daß Sie offensichtlich nicht willens waren, an mir Verurteilungen festzumachen, von denen Sie natürlich denken, daß ich sie verdiene ... Ich werde dankbar in Erinnerung behalten, daß Ihr Geist fähig war, selbst bei diesen schmerzlichen Themen etwas von einem goldenen Glanz zu investieren ... Und Sie haben mir ein gutes Beispiel für das gegeben, was Sie ganz sicher starke Selbstbeherrschung gekostet hat." Auch Newman antwortete postwendend und erinnerte daran, daß ihm Gladstone just einen Tag, nachdem er den Vorsitz der Liberalen Partei Englands abgegeben hatte, schrieb. Es sei wohl kein Tag, um eine Kontroverse entgegenzunehmen: „Aber ich konnte nicht anders als das schreiben. Ich war von so vielen verschiedenen Seiten angegangen worden; und mein Gewissen sagte mir, daß ich, der ich in hohem Maße der Grund für so viele gewesen war, Katholiken zu werden, jetzt nicht das Recht hatte, sie im Stich zu lassen, wenn gegen sie Beschuldigungen erhoben werden, die ebenso ernst wie unerwartet sind."[806] Anderseits aber sei er sich durchaus dessen bewußt, daß er mit seinem jüngsten Werk gerade auch gegen jene ultramontanen Kräfte innerhalb seiner eigenen Kirche Stellung nehme, die er für die Aufregungen in der englischen Presse verantwortlich mache: „Ich bin sehr kühn - und darf nicht überrascht sein, wenn ich einige Leute sehr ärgerlich mache. Aber wenn ich schreiben soll, dann will ich sagen, was ich zu sagen habe."[807]

---

[805] A Letter Addressed to the Duke of Norfolk, on Occasion of Mr. Gladstone's Expostulation of 1874, London 1875.
[806] LD XXVII, 193.
[807] LD XXVII, 180. Vgl hier auch die Briefe Gladstones im Original

Das Gewissen des Christen und das unfehlbare Lehramt der Kirche Jesu Christi (1869 - 1877)

So ging Newman eingangs in seiner Antwortschrift u. a. davon aus, daß einige maßgebende englische Katholiken selber daran schuld seien, wenn ein Mann von der religiösen Toleranz und dem menschlichen Format wie der Premier E. W. Gladstone die Definition des Glaubenssatzes von der Unfehlbarkeit des Papstes zum Anlaß für ein Pamphlet genommen habe. Durch manche triumphalistisch klingende Vorankündigungen und nicht weniger durch manche maximale Auslegungen des vatikanischen Dogmas sei eine Atmosphäre der Überhitzung und Feindseligkeit in der englischen Öffentlichkeit entstanden. „Ich gestehe mit tiefem Schmerz", schreibt Newman in der Einleitung, „die Katholiken haben es sich zum großen Teil selbst und niemand anders zuzuschreiben, daß sie sich einem so tief religiösen Geist entfremdet haben. Es gibt, wie man zugeben muß, Leute unter uns, die sich schon seit Jahren so aufgeführt haben, als wäre mit bösen Worten und anmaßenden Taten keine Verantwortung verbunden. Sie legten Wahrheiten in der seltsamsten Art dar, und sie spannten Prinzipien so weit, daß sie beinahe zerrissen. Sie taten alles, was sie vermochten, um das Haus in Brand zu stecken, doch sie überließen es schließlich anderen, die Flammen zu löschen."[808]

Gladstone hatte die Auffassung vertreten, die Verlautbarungen der Römischen Kirche in ihrer gegenwärtigen Praxis widersprächen denen der Kirche in ihrer frühen Geschichte, insbesondere in der Zeit des Altertums und der Kirchenväter. Newman verwies deshalb auf konkrete Beispiele der Praxis von Bischöfen und Päpsten von alters her, durch ihr Zeugnis öffentlich für den Offenbarungsglauben und das Sittengesetz einzutreten, ohne Rücksicht auf die staatlichen Verhältnisse. „Die Geschichte der Kirche ist sicherlich in der Vergangenheit - im Altertum wie im Mittelalter - geradezu die Verkörperung jener Tradition apostolischer Unabhängigkeit und Freimütigkeit des Wortes gewesen, die jetzt in den Augen der Menschen ihr schwerstes Vergehen darstellt." Newman legt weiter dar: Wie die Überlieferung der Offenbarung Gottes dem Schutz der Kirche anvertraut ist und wie deshalb die Kirche auch ein Gegenstand des Glaubens ist, so sei es auch mit dem Amt des Papstes in dieser Kirche; auch das Lehramt des Papstes gehört zu den Glaubensinhalten. „Wir können von einer Institution, die eine in sich geschlossene Existenz hat,

---

[808] Ein Brief an Seine Gnaden den Herzog von Norfolk anläßlich der jüngst erschienenen Beschwerdeschrift Mr. Gladstones, in: P, 111 - 253; 114.

DAS GEWISSEN DES CHRISTEN UND DAS UNFEHLBARE LEHRAMT DER KIRCHE JESU CHRISTI (1869 - 1877)

nicht nur so viel nehmen, wie uns gefällt, und nicht mehr. Wir müssen entweder den Glauben an die Kirche als eine göttliche Institution völlig aufgeben oder sie heute als jene Gemeinschaft anerkennen, deren Haupt der Papst ist. Bei ihm allein und in seiner Umgebung findet man den Anspruch, die Vorrechte und die Pflichten, die er mit dem von Christus eingesetzten Königreich (Gottes, GB) identifiziert. Wir müssen die Dinge so nehmen, wie sie sind. An eine Kirche glauben heißt, an den Papst glauben. So ist dieser Glaube an den Papst und an seine Attribute, der den Protestanten so ungeheuerlich erscheint, mit unserem ganzen Katholischsein so innig verbunden, wie unser Katholizismus mit unserem Christentum verbunden ist."[809]

Newman unterscheidet allerdings dabei sehr wohl zwischen dem von Gott gegebenen Amt und der vom Geist Gottes gestützten Aufgabe der Päpste und ihrer menschlichen Schwäche. Er nennt eine Reihe von Beispielen, wie Päpste, vom Geist Gottes geführt, ihre Aufgabe an der Überlieferung des Evangeliums erfüllt haben. Er verweist aber auch auf die Grenzen und Fehler, die sich in der Leitung der Kirche und des Kirchenstaates finden. „Ich bin weit davon entfernt zu behaupten, die Päpste seien niemals im Unrecht gewesen und man dürfe sich ihnen nie widersetzen oder ihre Exkommunikationen seien immer von Nutzen. Ich bin nicht verpflichtet, die Politik oder die Handlungen bestimmter Päpste zu verteidigen, weder vor noch nach der Empörung gegen ihre Autorität im 16. Jahrhundert. Es liegt für mich kein Grund vor zu behaupten, und ich behaupte es auch nicht, daß sie z. B. zu allen Zeiten unser eigenes (englisches, GB) Volk, unseren angeborenen Charakter, unsere Begabung und unsere Stellung innerhalb Europas verstanden" haben.[810]

In diesem Zusammenhang von Elementen einer zeitgeschichtlichen Analyse der Papstgeschichte gibt Newman einen prophetischen Ausblick. Er ordnet die zeitgenössischen Ereignisse um den Verlust des Kirchenstaates in das große Gefälle der Säkularisationswogen ein, die die abendländische Gesellschaft ausgelöst hat und unter denen die Kirche zu leiden hat. „Ich habe auf den traurigen Zustand hingewiesen, in den der Heilige Stuhl in den letzten Jahren versetzt worden ist, so daß der Papst,

---

[809] P, 134.
[810] P, 140.

DAS GEWISSEN DES CHRISTEN UND DAS UNFEHLBARE LEHRAMT DER KIRCHE JESU CHRISTI (1869 - 1877)

menschlich gesprochen, sich in der Gewalt seiner Feinde befindet und moralisch ein Gefangener in seinem Palast ist. Jener Zustand weltlicher Schwachheit kann nicht immer währen. Früher oder später wird nach göttlicher Barmherzigkeit eine Wende zum besseren eintreten, und der Statthalter Christi wird nicht mehr die Zielscheibe von Beschimpfungen und Beleidigungen sein. Doch eines kann ohne ein fast wunderbares Eingreifen nicht eintreten, nämlich eine Rückkehr zum allumfassenden religiösen Gefühl, zur öffentlichen Auffassung des Mittelalters. Der Papst selbst nennt jene Jahrhunderte 'die Zeiten des Glaubens'. Ein solcher alles durchdringender Glaube kann gewiß einer künftigen Zeit wieder bestimmt sein. Aber soweit wir gegenwärtig darüber urteilen können, müssen bis dahin erst Jahrhunderte vergehen ..."[811]

Daß sowohl die Kirche wie auch der Staat von jedem einzelnen Mitglied Loyalität fordern, wie Gladstone sagt, bestätigt Newman; denn beide erlassen allgemeingültige und verbindliche Gesetze und Vorschriften. Damit diese Verbindlichkeiten real wirksam werden, müsse sich der Einzelne in seinem Gewissen ansprechen lassen. So sei es die persönlich zu verantwortende Stellungnahme der Individuen, durch die die allgemeinen Vorschriften erst Wirksamkeit bekämen. Allgemeine Gesetze würden nicht automatisch beachtet. So müßten auch Katholiken letzten Endes den Gehorsam persönlich, und d. h. von ihrem Gewissen her leisten. Die Beanspruchung des Gewissens ist in diesem Zusammenhang nicht eine Neuheit, sondern eine schon lange in der Geschichte der Institutionen von Kirchen und Staat erwachsene Praxis. „Wie anders hätten denn sonst die einzelnen Katholiken ihre Seelen retten können, als es einen Papst und Gegenpäpste gab, von denen jeder für sich Gehorsamspflicht einforderte?"[812] Mit dieser Frage leitet Newman zu einem der zentralen Kapitel seines Buches über.

---

[811] P, 141f.
[812] P, 160.

DAS GEWISSEN DES CHRISTEN UND DAS UNFEHLBARE LEHRAMT DER KIRCHE JESU CHRISTI (1869 - 1877)

Newmans Lehre vom Gewissen und seinem Verhältnis zum Lehramt der Kirche

Die gegenseitige Verwiesenheit von individuellem Gewissen und päpstlicher Unfehlbarkeit ist für Newman der Ort, an dem nach seiner Meinung die Probleme in der Kontroverse mit Gladstone zu lösen waren. Doch dazu mußte er zunächst eine Erklärung dessen vorweg geben, was er unter Gewissen verstand und was nicht. Seine „Auffassung von Gewissen ist ... sehr verschieden von derjenigen, die in der heutigen Zeit in der Wissenschaft, in der Literatur, in der öffentlichen Meinung verbreitet ist."[813] Newmans Auffassung „gründet auf der Lehre, daß das Gewissen die Stimme Gottes ist; während es heute überall zum guten Ton gehört, es in irgendeiner Weise als eine Schöpfung des Menschen zu betrachten." Für seine Auffassung von Gewissen kann Newman die Solidarität aller christlichen Kirchen und aller religiösen Gemeinschaften in England in Anspruch nehmen; denn auch sie appellieren an das Gewissen. Wenn sie „vom Gewissen reden, dann meinen sie das, was wir meinen, nämlich die Stimme Gottes in der Natur und im Herzen des Menschen zum Unterschied von der Stimme der Offenbarung. Sie sprechen von einem Prinzip, das in uns eingepflanzt wurde, ehe wir noch irgendeine Erziehung erhalten hatten, obwohl Erziehung und Erfahrung für dessen Kräftigung, Wachstum und rechte Ausbildung notwendig sind. Sie betrachten es als ein wesentliches, grundlegendes Element des Geistes ... Sie betrachten es, darin den Katholiken gleich, als den inneren Zeugen sowohl für das Dasein Gottes als auch für seine Weisung." - So hatte sich Newman für seine Argumentation weit über die katholische Kirche hinaus eine Basis geschaffen und konnte sicher sein, daß damit auch die Grundeinstellung des Anglikaners E. W. Gladstone in seine Beweisführung eingebunden war.

Nun erst setzt Newman zu seiner eigenen und eigentlich theologischen Definition des Gewissens an: „Es ist ein Bote von Ihm, der sowohl in der Natur als auch in der Gnade hinter einem Schleier zu uns spricht und uns durch seine Stellvertreter lehrt und regiert. Das Gewissen ist

---

[813] Diese und die folgenden Texte: P, 161ff.

Das Gewissen des Christen und das unfehlbare Lehramt der Kirche Jesu Christi (1869 - 1877)

 der ursprüngliche Statthalter Christi,
 ein Prophet in seinen Mahnungen,
 ein Monarch in seiner Bestimmtheit,
 ein Priester in seinen Segnungen und Bannflüchen.
Selbst, wenn das ewige Priestertum in der Kirche aufhören könnte zu existieren, würde im Gewissen das priesterliche Prinzip fortbestehen und seine Herrschaft ausüben."

Hatte Newman in seinem Essay einer Zustimmungsgrammatik das Gewissen als „Echo der Stimme Gottes" bezeichnet, so war er nun auf eine präzise christologische Interpretation dieser Gottesstimme im Menschen übergegangen. Aber er dachte bei alledem nicht abgehoben von der gesellschaftlichen Realität, sondern war sich scharfsichtig dessen bewußt, daß seine Auffassung als extravagant oder unhaltbar erachtet wurde. „Worte wie diese gelten heute in der großen Welt der Philosophie als eitles, leeres Geschwätz. Mein ganzes Leben hindurch gab es einen entschlossenen Krieg, fast hätte ich gesagt, eine Verschwörung gegen die Rechte des Gewissens, wie ich es dargestellt habe. Literatur und Wissenschaft haben sich in großen Institutionen zusammengetan, um es nieder zu machen. Stolze Bauten sind als Festungen gegen jenen geistigen unsichtbaren Einfluß errichtet worden, der für die Naturwissenschaft zu subtil und für die Literatur zu tiefgründig ist. Lehrstühle an Universitäten hat man zu Sitzen einer feindlichen Tradition gemacht. Zeitungsschreiber haben Tag um Tag den Geist unzähliger Leser mit Theorien angefüllt, die seinen Rechtsanspruch umstoßen sollen. Wie in den Zeiten der (alten) Römer und im Mittelalter seine Oberhoheit mit dem Arm physischer Gewalt angegriffen wurde, so wird jetzt der Geist aktiviert, um die Fundamente einer Macht zu untergraben, die das Schwert nicht zerstören konnte. Man sagt uns, das Gewissen sei nur eine Eigentümlichkeit von primitiven und ungebildeten Menschen. Seine Einsprechungen seien nur Einbildung, sogar der Begriff der Schuld, den jene Einsprechung mit Nachdruck geltend macht, sei einfach irrational. Wie kann es, so fragt man, eine Willensfreiheit geben, wie eine sich daraus ergebende Verantwortung in jenem endlos ewigen Netzwerk von Ursache und Wirkung, in dem wir uns hilflos gefangen finden? Und welche Vergebung haben wir zu fürchten, wenn wir gar keine wirkliche Wahl hatte, das Gute

DAS GEWISSEN DES CHRISTEN UND DAS UNFEHLBARE LEHRAMT DER KIRCHE JESU CHRISTI (1869 - 1877)

oder das Böse zu tun?[814] Noch ist die Infragestellung des Gewissens als „Introjektion der Elterninstanz" von Siegmund Freud nicht erfunden und in der Diskussion, aber Newmans Revue der verschiedenen Institutionen, die das Gewissen als Instanz der Selbstverantwortung des Menschen relativ oder ganz in Abrede stellen, könnte ohne weiteres auch die weiteren tiefenpsychologischen, psychologischen und soziologischen Einwände der nachfolgenden Jahrzehnte aufnehmen und sie mit derselben Phänomenanalyse des menschlichen Verantwortungssinnes konfrontieren und in Frage stellen.

Aber auch jenseits der Wissenschaft, in der Breite des Volkes, dort, wo oft in populistischer Weise von Menschenrechten und selten von Menschenpflichten die Rede ist, sah Newman, daß der Begriff Gewissen eine ganz andere Bedeutung hatte als in seiner Auffassung der Bezogenheit auf Gott. „Wenn die Menschen die Rechte des Gewissens verteidigen, dann meinen sie in keiner Weise damit die Rechte des Schöpfers, noch die Verpflichtung des Geschöpfes ihm gegenüber in Gedanken und Taten. Sie verstehen vielmehr darunter das Recht, zu denken, zu sprechen, zu schreiben und zu handeln, wie es ihrem Gutdünken oder ihrer Laune paßt, ohne dabei irgendwie an Gott zu denken. Sie geben nicht einmal vor, sich nach irgend einer sittlichen Regel zu richten, sondern sie fordern, ... in allen Dingen ihr eigener Herr zu sein, zu treiben, was ihnen gefällt, niemanden um Erlaubnis zu fragen. Sie halten den Priester oder Prediger, den Redner oder Schriftsteller für äußerst unverschämt, der es wagt, ihnen ein Wort darüber zu sagen, daß sie auf ihre eigene Weise ins Verderben rennen ... -

Das Gewissen hat Rechte, weil es Pflichten hat. Doch in diesem Zeitalter besteht bei einem großen Teil des Volkes das eigentliche Recht und die Freiheit des Gewissens darin, sich vom Gewissen zu dispensieren, einen Gesetzgeber und Richter zu ignorieren und von unsichtbaren Verpflichtungen unabhängig zu sein. Man nimmt an, jeder habe einen Freibrief dafür, eine Religion zu haben oder nicht, sich dieser oder jener anzuschließen und sie dann wieder aufzugeben ..., zu prahlen, man stehe über jeder Religion und sei ein unparteiischer Kritiker einer jeden. Das Gewissen ist ein strenger Mahner; aber in diesem Jahrhundert ist es durch

---

[814] P, 162f.

DAS GEWISSEN DES CHRISTEN UND DAS UNFEHLBARE LEHRAMT DER KIRCHE JESU CHRISTI (1869 - 1877)

ein falsches Bild ersetzt worden, von dem die voraufgehenden achtzehn Jahrhunderte niemals gehört hatten und das sie auch nie mit Gewissen hätten verwechseln können, wenn sie davon gehört hätten. Es ist das Recht auf Eigensinn geworden."[815]

An diese gesellschaftskritisch scharfsichtige und prophetische Analyse der Situation setzt Newman mit seinem Konter einer christologischen Gewissensauffassung an. Gewissen als Echo der Stimme Gottes im Menschen mit prophetischen, königlichen und priesterlichen Zügen: Das gebildete und kultivierte Gewissen ist der Grund, auf den sich nach Newmans Auffassung sowohl staatliche wie auch kirchliche und damit auch päpstliche Autorität allein stützen können. Sonst gibt es keinen Grund im einzelnen Menschen und seiner Freiheit, worauf Verantwortung zu gründen wäre. Es wäre ein völliges Mißverständnis von Gottes Schöpfung und seinem Heilsplan der Erlösung, wenn man zwischen dem Gewissen, das in den Bereich der Natur und Schöpfung gehört, und der Kirche, die zur Erlösungs- und Befreiungsinitiative Gottes gehört, einen Gegensatz konstruieren würde. Vielmehr ist die Kirche zum Schutz und zur Überlieferung des Evangeliums Gottes gestiftet und im Dasein erhalten worden, und in ihr dient das kirchliche Lehramt mit seiner Spitzenpersonifikation im Papst dieser Befreiungsinitiative Gottes.

In lapidarer Kurzfassung sagt Newman deshalb: „Spräche der Papst gegen das Gewissen im wahren Sinn des Wortes, dann würde er Selbstmord begehen. Er würde sich den Boden unter den Füßen wegziehen. Seine eigentliche Sendung besteht ja gerade darin, das Sittengesetz zu verkünden und jenes 'Licht' zu schützen und zu stärken, 'das jeden Menschen erleuchtet, der in diese Welt kommt' (Joh 1)." Wenn schon das IV. Laterankonzil von 1215 den Grundsatz prägte: „Was gegen das Gewissen geschieht, führt zur Hölle", wie Newman zitiert, dann ist damit auch gesagt, daß ein katholischer Christ in konkreten Fällen seines Handelns nicht gegen sein Gewissen als die letzte verbindliche Instanz für sein Tun handeln darf. Dies gilt auch und gerade, wenn bestehende Gesetze oder die Gebote Vorgesetzter dagegen sprechen würden. So kommt Newman auch auf die Konfliktfälle des Gewissens zu sprechen. Newman setzt in diesem Zusammenhang auf die Differenz zwischen der Allgemeinverbindlichkeit

---

[815] P, 163f.

DAS GEWISSEN DES CHRISTEN UND DAS UNFEHLBARE LEHRAMT DER KIRCHE JESU CHRISTI (1869 - 1877)

unfehlbarer Aussagen des Lehramts bzw. Papstes und der konkreten und individuellen Verbindlichkeit, für die das Gewissen im Leben der einzelnen zuständig ist, und erläutert diesen Sachverhalt durch den Verweis auf viele Autoritäten der Theologie und des Lehramts in der Geschichte der Kirche. „Da das Gewissen ein praktisches Diktat ist, ist eine Kollision zwischen ihm und dem Papst nur möglich, wenn der Papst Gesetze oder besondere Befehle und dergleichen gibt. Doch ein Papst ist nicht unfehlbar in seinen Gesetzen, ebensowenig in seinen Befehlen und politischen Aktionen, in seiner Verwaltung, in seiner öffentlichen Politik. Man erlaube mir die Bemerkung, daß das Vatikanische Konzil ihn darin gerade so belassen hat, wie es ihn fand." Für den Fall des Konfliktes, wenn die Stimme des Lehramts der Kirche anders lautet als der einzelne mit seinem Gewissen vereinbaren kann, ist für Newman gleichwohl die Entscheidung eindeutig. Wenn das Gewissen „in einem einzelnen Falle als ein heiliger, souveräner Mahner aufgefaßt werden soll, dann müssen seinem Diktat, das gegen die Stimme des Papstes Geltung haben soll, ernsthaftes Nachdenken, Gebet und Anwendung aller erdenklichen Mittel vorangehen, will man in der in Frage stehenden Angelegenheit zu einem richtigen Urteil kommen ... Dem ersten Anschein nach ist es eine strenge Pflicht, schon aus einem Gefühl der Loyalität, zu glauben, der Papst sei im Recht und handle entsprechend ... (Der einzelne) darf nicht eigensinnig dazu entschlossen sein, ein Recht zu beanspruchen, zu denken, zu sagen und zu tun, was ihm gerade beliebt ..." Und in jedem Fall ist eine solche Situation der Gegenläufigkeit von Lehramt und einzelnem Gewissen nach Newmans Auffassung ein einzelner und außergewöhnlicher Fall. Für diesen Fall aber „handelt es sich um die Pflicht, unserem Gewissen unter allen Umständen zu gehorchen."[816]

Mit der ihm eigenen Anschaulichkeit und Prägnanz gibt Newman am Ende seiner phänomenologischen Ausführungen über das Gewissen eine mit tiefsinnigem Humor gewürzte Zusammenfassung; eine der Stellen, an der er zeigt, daß er nach eigenen Worten „britisch bis ins Rückgrat" ist. „Ich füge noch folgende Bemerkung hinzu: Wenn ich genötigt wäre, bei Trinksprüchen nach dem Essen ein Hoch auf die Religion auszubringen - was freilich nicht ganz das Richtige zu sein scheint - dann würde ich

---

[816] P, 168 - 170.

DAS GEWISSEN DES CHRISTEN UND DAS UNFEHLBARE LEHRAMT DER KIRCHE JESU CHRISTI (1869 - 1877)

trinken: Auf den Papst - jedoch: zuerst auf das Gewissen - und dann auf den Papst."[817]

In den folgenden Kapiteln seines „Briefes an den Herzog von Norfolk" legt Newman seine Auffassung vom Stellenwert des Unfehlbarkeitsdogmas dar; er belegt zugleich seine eigene theologische Meinung, daß es sich dabei um eine Vollmacht handle, die ganz in den Dienst an der Offenbarungsüberlieferung eingebunden ist und deren Geltungsbereich klar umgrenzt wurde. Newman zitiert an dieser Stelle den Hrtenbrief der Schweizer Bischöfe: „Es hängt keineswegs von der Laune des Papstes noch von seinem Belieben ab, ob er diese oder jene Lehre zum Gegenstand einer Lehrentscheidung macht. Er ist durch die göttliche Offenbarung und durch die Wahrheiten, die jene Offenbarung enthält, gebunden und begrenzt. Er ist gebunden und begrenzt durch die Glaubensbekenntnisse, die schon in Kraft sind, und durch die vorhergehenden Lehrentscheidungen der Kirche. Er ist gebunden und begrenzt durch das göttliche Gesetz und durch die Verfassung der Kirche. Und endlich ist er gebunden und begrenzt durch jene göttlich geoffenbarte Lehre, die bestätigt, daß es neben der religiösen Gesellschaft eine bürgerliche Gesellschaft, neben der kirchlichen Hierarchie die Gewalt menschlicher Behörden gibt, die auf ihrem Gebiet mit voller Souveränität ausgestattet sind und denen wir im Gewissen Gehorsam und Achtung in allen Dingen schulden, die sittlich erlaubt sind ..."[818] Die schon mit der wirklichen Einsetzung der Kirche durch Jesus Christus selbst gegebene Garantie der Unfehlbarkeit, so Newmans Auffassung, werde wie bisher, so auch in Zukunft verhältnismäßig selten thematisch zum Testfall werden. Dies gelte auch jetzt, da diese Vollmacht für die Lehramtsspitze, den Papst, eigens definiert worden sei. „Die Unfehlbarkeit sowohl der Kirche als auch des Papstes wirkt sich vorzüglich oder ausschließlich auf zweifache Weise aus: in unmittelbaren Feststellungen der Wahrheit und in der Verurteilung des Irrtums. Das erstere geschieht in der Form von Lehrentscheidungen, das letztere brandmarkt Sätze als häretisch ... In jedem Fall hat die Kirche unter der Leitung ihres göttlichen Meisters Vorsorge dafür getroffen, den Glauben und das Gewissen ihrer Kinder so

---

[817] P, 171.
[818] P, 224f. Der Hirtenbrief der Schweizer Bischöfe war mit der Approbation des Papstes veröffentlicht worden. -

wenig wie möglich zu belasten." Newman nennt diesen Grundsatz „das Prinzip des Minimalismus .., das m. E. für eine weise und vorsichtige Theologie so nötig ist", wobei er sich durchaus bereit findet, sich „der Korrektur gelehrterer Theologen, als ich es bin, zu unterwerfen".[819] Tatsächlich findet Newman, daß seine Auffassung durch den offiziellen Kommentar zum Konzilstext, den der Sekretär des Ersten Vaticanum, Bischof Josef Fessler von St. Pölten (1813 - 1872), herausgab, in der Anwendung dieses Minimalismus-Prinzips bestätigt wird.[820] - Am Schluß seines Briefes kam Newman noch einmal auf die Gefahr zu sprechen, die von den Übertreibungen bei der Auslegung des Dogmas durch bestimmte Kreise ultramontaner Katholiken ausging, vom Prinzip des Maximalismus. Sie stören sowohl den gesunden Verstehensprozeß der wahren Lehre Jesu Christi als auch den Herzensfrieden der Gläubigen. „Zum besten einiger Katholiken möchte ich bemerken, während ich *einen* Papst göttlichen Rechtes anerkenne, anerkenne ich keinen zweiten und halte es für eine Anmaßung, zu böswillig, als daß man sich mit Recht dabei aufhalten bräuchte, wenn Einzelpersonen in der Diskussion über religiöse Inhalte ihr eigenes privates Urteil ins Spiel bringen, nicht allein zu dem Zweck, nach eigenem Sinn überreichlich beizutragen, sondern vielmehr, um das private Urteil anderer mit dem Bann zu belegen." Newman schließt mit einem Glaubensbekenntnis: „Ich sage, es gibt nur ein Orakel Gottes, die Heilige Katholische Kirche und den Papst als deren Oberhaupt. Stets habe ich gewünscht, meine Gedanken und alle meine Worte mögen mit ihrer Lehre übereinstimmen ..."[821]

Die Reaktionen auf Newmans Buch „Brief an den Herzog von Norfolk" waren von großer Intensität und großteils von Freude und Dankbarkeit. William Ewart Gladstone, dessen spontane Reaktion wir bereits kennengelernt haben, nahm in seiner darauf folgenden Flugschrift „Vaticanism" noch einmal in umfassender Weise zu Newman Stellung: „Ich muß über diesen sehr bemerkenswerten Mann ein Wort sagen. Nach meiner Meinung ist sein Weggang von der Kirche von England unter uns nie in seinem vollen Ausmaß der schrecklichen Bedeutsamkeit gewürdigt

---

[819] P, 220.
[820] Josef Fessler, Das Vaticanische Concilium, dessen äußere Bedeutung und innerer Verlauf, Wien 1871.
[821] P, 228f.

DAS GEWISSEN DES CHRISTEN UND DAS UNFEHLBARE LEHRAMT DER KIRCHE JESU CHRISTI (1869 - 1877)

worden ... Der Kirchenhistoriker wird vielleicht später diesen Weggang als ein viel größeres Ereignis beurteilen als den teilweisen Abschied von John Wesley (den Vater der Methodistischen Kirche im Jahrhundert vorher, GB) ... Es war sein außerordentlicher und vielleicht beispielloser Fall, daß er in einer kritischen Zeitperiode ... dem religiösen Denken seiner Zeit und seines Landes den kraftvollsten Impuls gegeben hat, den es seit langer Zeit von irgendeinem einzelnen Menschen erhalten hat ... Ja, es mag nicht verwegen sein zu sagen, daß wir das Besitzanrecht auf die bessere Hälfte (seines Lebens, GB) haben. Alles, was er schafft, ist höchst bemerkenswert und muß so sein. Aber hat er die Größe seiner „Geschichte der Arianer" und seiner „Pfarrpredigten", jene unzerstörbaren Klassiker der englischen Theologie, je eingeholt oder überholt?"[822] Newman spürte, als er ihm schrieb, „sehr wohl die äußerste Freundlichkeit der Sprache, die sie in Bezug auf mich gebrauchen".[823] Auch von verschiedenen Bischöfen erhielt Newman zustimmende Reaktionen und Dankesschreiben. David Moriarty, der Bischof von Kerry in Irland, bekundete seinen Dank „für den Gnadenstoß, den Sie der Partei derer gaben, die nur Katholiken sein ließen, wer mit der 'Dublin Review' und dem 'Tablet' übereinstimmt."[824] Selbst der Erzbischof von Dublin, Paul Cullen, inzwischen Kardinal, verwies in einem Hirtenbrief die Gläubigen auf die Schrift Newmans und nannte ihn dabei „den großen, frommen und gelehrten Rektor der Katholischen Universität, den Irland immer verehren wird."[825] Lediglich in Rom war man mit seinem Buch über die Unfehlbarkeit nicht ganz einverstanden. Nicht nur wurden seine historisch-kritischen Bemerkungen über Päpste als anstößig empfunden, insbesondere wurde ein Satz (aus dem 7. Kapitel) über den Syllabus als „höchst unehrerbietig (troppo irreverente)" eingestuft. Newman hatte geschrieben: „Der Felsen von St. Peter erfreut sich auf seinem Gipfel einer reinen und heiteren Atmosphäre. Doch das Gebiet um seinen Fuß ist vielfach von der römischen Malaria heimgesucht. Während der Heilige Vater mit großem Ernst und großer Liebe durch seinen Kardinalstaatssekretär sich an die katholische Welt wandte, gingen in seiner Stadt Kreise von leicht gesinnten Leuten miteinander Wetten ein,

---

[822] W. E. Gladstone, Vaticanism, An Answer to Replies and Reproofs, London 1875, 11-12 u. 16.
[823] LD XXVII, 236.
[824] LD XXVII, 237.
[825] LD XXVII, 220.

DAS GEWISSEN DES CHRISTEN UND DAS UNFEHLBARE LEHRAMT DER KIRCHE JESU CHRISTI (1869 - 1877)

ob der Syllabus in Europa Lärm machen werde oder nicht."[826] Als von Rom eine Rüge oder Zensur von Newmans „Brief an den Herzog von Norfolk" drohte, intervenierte Erzbischof H. E. Manning mit dem Hinweis, daß „das Herz von Father Newman so redlich und katholisch" sei, daß die englische Öffentlichkeit eine Mißbilligung durch Rom nicht verstehen würde, zumal doch seine Antwort auf Gladstones Herausforderung „einen sehr machtvollen Einfluß über die Nichtkatholiken dieses Landes hat".[827] Auch Ullathorne, der Birminghamer Bischof, wurde von Rom angeschrieben und gebeten, auf Newman anläßlich seiner Stellungnahme zur Unfehlbarkeit einen korrigierenden Einfluß auszuüben. Ullathorne schrieb kurz und bündig am 2. Dezember 1875 an die römische Congregatio pro Propaganda Fide zurück, Pater Newman habe oft darüber Klage geführt, daß die römischen Behörden mit ihm nicht offen und direkt, sondern geheim und durch Mittelsmänner verkehren. „... Ich ersuche deshalb eindringlich darum, daß die Heilige Kongregation dem Pater direkt schreibt oder mir wenigstens Briefe schreibt, die so beschaffen sind, daß ich sie ihm mitteilen kann."[828]

Abrundung des Lebens „im Angesichts des Todes"

Wieder hatte Newman erlebt, daß die von der Vorsehung ihm zugedachte Aufgabe wie ein „Ruf" an ihn ergangen war und er so seine eigene Auslegung des neuen Dogmas aus der Tiefe der Überlieferungsgeschichte der Kirche einbringen konnte.[829] Bestätigt sah sich Newman, wie gesagt, von den Arbeiten des St. Pöltener Bischofs Josef Fessler, weshalb er auch

---

[826] P, 196, vgl. Cuthbert Butler, The Life and Times of Bishop Bernard Ullathorne, Bd. II, London 1926, 100 - 106.
[827] Zit. in: J. Pereiro, Cardinal Manning. An Intellectual Biography, Oxford 1998, 234f.; vgl. unsere Ausführungen zu „Newman und Manning" s. o.
[828] LD XXVII, 410: „... quatenus acutae sensibilitati Patris Newman, viri tanti meriti in ecclesiam, consulendum est, valde commendo et enixe deprecor ut e Sacra Congregatione directe Patri scribatur; aut saltem tales mihi scribantur litterae quales ei communicare possim ..."
[829] Zu Newmans Auffassung, nur mit einem besonderen „Ruf" schreiben zu sollen: Vincent F. Blehl, Newman's Personal Endeavour as a Catholic to follow the „Light" and the „Call", in: NSt XII 1988, 27 - 34.

DAS GEWISSEN DES CHRISTEN UND DAS UNFEHLBARE LEHRAMT DER KIRCHE JESU CHRISTI (1869 - 1877)

Ambrose St. John dringlich gebeten hatte, dessen Studie über „Die wahre und falsche Unfehlbarkeit der Päpste" ins Englische zu übertragen.[830] P. Ambrose arbeitete an der Übersetzung zur gleichen Zeit, als Newman den Brief an den Herzog von Norfolk schrieb. Mitunter verwandte er darauf bis zu sechs Stunden täglich. Das war eine starke zusätzliche Belastung; denn er war der Rektor der Oratorianer-Schule, hielt dort Religionsunterricht und übte mit den Schülern lateinische Spiele ein. Zudem war er der Verwalter der Ökonomie des Oratoriums, zu der die Ravenhurst Farm gehörte. Da er außerdem akut unter den Folgen einer Bronchitis litt, hatte er wohl über seine Kräfte gelebt. Ein plötzlicher Zusammenbruch am 24. Mai 1875 während eines Besuches auf der Farm deutete auf einen Schlaganfall. Mit erst 60 Jahren starb Father Ambrose St. John.[831] Für Newman war dies ein unersetzlicher Verlust; denn P. Ambrose war der letzte aus der Reihe derer gewesen, die noch aus in seinen anglikanischen Tagen in Littlemore mit ihm zusammen geblieben waren. An fast allen Unternehmungen der über 30jährigen Wegstrecke eines gemeinsamen Lebens war er beteiligt; dreimal war er in den Angelegenheiten des Oratoriums nach Rom gereist, zweimal davon mit Newman zusammen. Aber auch außerhalb des Oratoriums war die Beliebtheit des gütigen und begabten P. Ambrose groß, wie eine Flut von Kondolenzschreiben Newman und den Mitoratorianern bekundete; was ebenso sehr Trost in ihrer Trauer als auch Anlaß zu Schmerz war. - Beim Requiem in der Kirche des hl. Philipp in Edgbaston sei die Kirche völlig überfüllt gewesen. Einer der Teilnehmer, ein Schüler der Oratorianer-Schule, war der damals 9jährige Denis Sheil (1866 - 1962), der später selbst Mitglied des Oratoriums und noch von Newman selbst als Novize aufgenommen wurde. Da er das hohe Alter von 96 Jahren erreichte, bildete er in seiner hohen hageren Gestalt im Oratorianer-Habit für manchen Newmanforscher von heute, der ihn auf dem Korridor des Oratoriums begegnete, das persönliche Verbindungsglied zu Newman. Er berichtete von jenem Gottesdienst, daß Newman am Ende bei den Exequien, den letzten Segensgebeten vor dem Sarg, von Fr. Ambrose die Fassung verloren und geweint habe. Da sei eine Art knisterndes Geräusch durch die Gemeinde

---

[830] Wien 1871.
[831] LD XXVII, 412 - 421.

gegangen, das er als kleiner Junge zunächst für ein Kichern hielt, bis er merkte, daß die Leute um ihn herum vor Ergriffenheit weinten.

Zwei Monate vorher, am 15. März des selben Jahres 1875, war Henry Edward Manning zum Kardinal ernannt worden, zehn Jahre nach seiner Ernennung zum Erzbischof von Westminster und gewiß auch unter dem Eindruck, den sein Einsatz für die Unfehlbarkeitserklärung beim greisen Pius IX. hinterlassen hatte. Newman gratulierte ihm am Vorabend des Osterfestes: „Mein lieber Lord Cardinal, ich bitte Sie, die Glückwünsche von mir und diesem ganzen Haus zu Ihrer jüngsten Beförderung entgegenzunehmen. Es muß für Sie eine große Belohnung bedeuten, dieses Zeichen des Vertrauens, das der oberste Pontifex in Sie gesetzt hat, zu erhalten. Und es muß eine Quelle wahrer Freude für Ihren Bruder und seine Familie und für Ihren anderen Angehörigen und Freunde sein. - Was die protestantische Welt angeht, so ist es verblüffend, den Kontrast zwischen den Umständen zu beobachten, unter denen Sie mit dieser besonderen Würde bekleidet heimkehren, und den Gefühlen, die in England vor 25 Jahren anläßlich der gleichen Erhebung Ihres Vorgängers Kardinal Wiseman ausgelöst wurden. - Daß die zeitlichen Ehren, die Sie erlangt haben, das Zeichen und das Angeld jener sein mögen, die von Gott droben kommen, ist das aufrichtige Gebet ihres herzlich grüßenden J. H. Newman." Manning war über Ostern noch in Rom und kam erst in der Nacht nach dem Weißen Sonntag wieder nach Hause. Er antwortete Newman: „Ich kam heute morgen um sieben Uhr nach Hause und fand Ihren Brief unter vielen anderen. Aber ich beantworte ihn zuerst, um Ihnen zu versichern, wie sehr ich die Freundlichkeit spüre, die Sie veranlaßte zu schreiben. Empfangen Sie meinen herzlichen Dank und danken Sie auch den Patres, die sich mit Ihnen vereint haben. Sie haben den Punkt berührt, der in den letzten Wochen in meinem Geist gewesen ist. Ich hatte so große Angst, daß etwas das Wohlwollen stören könnte, das behutsamerweise in der öffentlichen Meinung uns zugewachsen war, weshalb ich dem Heiligen Vater schrieb und sagte, daß ich in einem solchen Fall nicht urteilen oder entscheiden könne ..."[832] - Für John Henry Newman, den genialen und sensiblen theologischen Denker der Entwicklungsdynamik des katholischen Glaubens und Kronzeugen des Gewissens als Prinzip der

---

[832] Vgl. beide Briefe: LD XXVII, 254.

DAS GEWISSEN DES CHRISTEN UND DAS UNFEHLBARE LEHRAMT DER KIRCHE JESU CHRISTI (1869 - 1877)

Religion hatte die Kirche Pius' IX. keine solche auszeichnende Position zu vergeben. Man kann sich gewiß fragen, ob sie das überhaupt für einen der großen der damaligen Zeit hatte: für Antonio Rosmini (1797 - 1855), den wachen philosophischen Theologen und Ordensgründer, für Johann Baptist Hirscher (1788 - 1864), den pastoral und sozial denkenden frommen Freiburger Katechetiker und Moraltheologen aus der Tübinger Schule, der (1849) jenes synodale Zusammengehen der Laien mit den Bischöfen vorgeschlagen hatte[833], das im II. Vatikanischen Konzil zum Tragen kam, für Ignaz von Döllinger, den bedeutendsten Kirchenhistoriker seines Jahrhunderts vor seinem Konflikt mit der Papstkirche und andere mehr. Einfache und prachtvolle Pragmatiker, wie Henry Edward Manning und Paul Cullen, kamen da besser zum Zug. Allerdings blieb auf diese Weise die Forderung kreativer Führungseliten in der Kirche für die anstehende Auseinandersetzung mit der Gesellschaft der Moderne und ihrer Wissenschaft ausgeblendet zugunsten steriler Treue zur Überlieferung.

Es ist bezeichnend, daß erst unter Leo XIII. sowohl die für die Theologiegeschichte der nächsten Jahrzehnte grundlegende Enzyklika über Thomas von Aquin „Aeterni Patris" vom August 1879 als auch die für die kirchliche Beurteilung der sozialen Mißstände des 19. und 20. Jahrhunderts impulsgebende Sozialenzyklika „Rerum Novarum" vom Mai 1891 erarbeitet und publiziert wurden. Newmans persönlicher Kommentar zu der Tatsache, daß seine weiterreichenden Fähigkeiten und seine weitschauende Inspiration von den maßgeblichen Leitern der Kirche eher abgelehnt als eingesetzt wurden: „Andere sind an der Reihe. Und wenn es scheint, daß die Dinge grob angefaßt werden, ist es meine Aufgabe, nicht zu kritisieren, sondern Glaube an Gott zu haben. Der 130. (131., GB) Psalm ist der Psalm, der für mich paßt ...: Mein Herz ist nicht stolz ... Ich gehe nicht mit Dingen um, die mir zu wunderbar und zu hoch sind ... Wie ein kleines Kind bei der Mutter, ist meine Seele still in mir. Für mich ist es genug, mich auf den Tod vorzubereiten; denn, so wie es aussieht, erwartet mich sonst nichts mehr, es gibt nichts sonst zu tun."[834]

---

[833] J.B.Hirscher, Die kirchlichen Zustände der Gegenwart, Tübingen 1849
[834] SB, 352.

DAS GEWISSEN DES CHRISTEN UND DAS UNFEHLBARE LEHRAMT DER KIRCHE JESU CHRISTI (1869 - 1877)

Newmans Leben ging seinen stillen Gang zwischen pastoralen Pflichten in der Pfarrei, Prüfungen in der Schule der Oratorianer, Kontakt mit zahlreichen Korrespondenten und Besuchern. In einer Tagebuchaufzeichnung bringt er seine Verwunderung darüber zum Ausdruck, wie ungerecht ihm mitgespielt worden war, obwohl seine Absichten nicht persönlichem Ehrgeiz, sondern der Überwindung kirchlicher Mängel und Mißstände hatten dienen sollen: „Ich fühlte das sehr deutlich. Ich war empört, daß man nach all meinen sorgfältigen und nicht erfolglosen Versuchen, die katholische Sache an meinem Platz und nach Maßgabe meiner Kräfte zu fördern, über mein allererstes Versehen (im 'Rambler'), wenn es überhaupt eines war, herfallen mußte. Dagegen hat man meine früheren Dienste weder freundlich vermerkt, als sie geleistet wurden, noch jetzt als mildernde Umstände gelten lassen ... In der Tat habe ich von Anfang an geahnt, daß ich für mein Tun keinen Dank ernten würde ..."[835]

Doch dann muß man sehen, daß sich Newman auch diesen seinen eigenen Aufzeichnungen gegenüber, die er in seinem Tagebuch als Gespräche seiner Seele mit Gott gehalten hatte, distanzierte und sich von ihnen im nachherein verabschiedete: „Ich bin unzufrieden mit dem ganzen Inhalt dieses Tagebuches. Mehr oder weniger ist es eine einzige Klage von einem Ende bis zum andern. Aber es zeigt, welches meine wahre Geistesverfassung war und mein Kreuz. - O, welch leichtes Kreuz - wenn man bedenkt, was andere für Kreuze haben! ... Ich habe in hohen Kreisen keine Anerkennung gefunden, das ist wahr. Doch welch herzliche und freundliche Briefe habe ich persönlich erhalten! Und wie viele! Und wieviel Anerkennung in der Öffentlichkeit! Wie undankbar bin oder wäre ich, wenn mich solche Briefe und solche Zeugnisse nicht zufriedenstellen könnten."[836]

Aus dem Jahr 1876, aus dem die letztgenannten Aufzeichnungen stammen, gibt es auch eine testamentarische Notiz Newmans vom 23. Juli. „Geschrieben im Angesicht des Todes". Um diese Notiz zu verstehen, ist ein Blick auf eine Eintragung zwölf Jahre zuvor zum selben Thema bedeutsam. Schon im März 1864, kurz bevor er die Antwort von Charles

---

[835] SB, 356.
[836] SB, 356f.

DAS GEWISSEN DES CHRISTEN UND DAS UNFEHLBARE LEHRAMT DER KIRCHE JESU CHRISTI (1869 - 1877)

Kingsley erhielt und seinen Plan zur „Apologia" entwarf, hatte Newman die Erfahrung gemacht, dem Tod nahe zu sein, ohne daß sonst jemand etwas davon ahnte. Man fand die Aufzeichnung darüber unter seinen posthum hinterlassenen Papieren:

„Am 13. März 1864, Passionssonntag, 7 Uhr morgens: Ich schreibe im Angesicht und in der Erwartung des Todes. Vermutlich ahnt dies niemand im Hause, noch sonst jemand außer den Ärzten. - Ich schreibe unverzüglich, denn nach meinem körperlichen und geistigen Empfinden ist es mir jetzt gerade so, als ob mir überhaupt nichts fehle. Aber ich weiß nicht, wie lange dieser vollkommene Besitz meines Wohlbefindens und meiner Kraft dauern wird. -

Ich sterbe im Glauben an die Eine, Heilige Katholische und Apostolische Kirche. Ich hoffe, sterben zu können, wohl vorbereitet und gestärkt durch den Empfang der ihr von unserem Herrn und Heiland Jesus Christus anvertrauten Sakramente und in der Gemeinschaft der Heiligen, die er bei seiner Himmelfahrt eingesetzt hat und die kein Ende haben wird. Ich hoffe zu sterben in der Kirche, die unser Herr auf den hl. Petrus gegründet hat und die bis zu seiner Wiederkunft dauern soll.

Ich übergebe meine Seele und meinen Leib der Allerheiligsten Dreieinigkeit und den Verdiensten und der Gnade unseres Herrn Jesus, dem Mensch gewordenen Gott, der Fürsprache und Liebe seiner teuren Mutter Maria, dem hl. Josef, dem hl. Philipp Neri, meinem Vater, dem Vater eines unwürdigen Sohnes; dem hl. Johannes, dem Evangelisten, dem hl. Johannes, dem Täufer, dem hl. Heinrich, Athanasius und Gregor von Nazianz, dem hl. Chrysostomus und Ambrosius. Auch empfehle ich mich dem hl. Petrus, dem hl. Gregor I., dem hl. Leo und dem großen Apostel Paulus. Ebenso meinem lieben Schutzengel und allen Engeln und Heiligen.

Und ich bete zu Gott, daß er uns alle im Himmel zu Füßen der Heiligen wieder vereine. Nach seinem Vorbild, der so eifrig den Verirrten nachgeht, bitte ich ihn inständig, sich jener zu erbarmen, die außerhalb der wahren Kirche leben, und sie zu ihr zurückzuführen, ehe sie sterben. J. H. N."[837]

Jetzt, im Sommer 1876, ein Jahr nach dem Tod von Ambrose St. John, schrieb Newman für Pater William Neville (1824 - 1905), der als sein persönlicher Sekretär an die Stelle von Ambrose getreten war, Anweisungen für den Fall seines Todes. „Ich wünsche von ganzem Herzen, im Grab von Fr Ambrose St. John begraben zu werden; das ist mein letzter, unwiderruflicher Wille. - Wenn eine Tafel im Kreuzgang angebracht wird, so wie die drei, die schon dort sind, hätte ich gern folgende Inschrift, falls das Latein gut ist und sonst kein Einwand erhoben wird: Johannes Henricus Newman. Ex umbris et imaginibus in veritatem. Die ... A. S. 18.. Requiescat in pace."

Fünf Jahre später, kurz vor seinem 80. Geburtstag, fügte er hinzu: „Vorstehendes bestätigt und bekräftigt und auf neue angeordnet am 13. Februar 1881."[838]

Newman war mit seinen 75 Jahren in einem Alter, in dem er realistischer als zuvor des Endes seines Lebens gewärtig sein mußte und wollte. Er hatte die großen Zusammenhänge seines Lebens in der „Apologia Pro Vita Sua" zur Darstellung gebracht und somit anderen und sich selbst wesentliche Züge vom Sinn und Stellenwert seines Lebens vor Augen geführt. Der Bogen seines Lebens war ausgeschritten und schien sich ohne weitere Ereignisse dem Ende zuzuneigen. „Gott Vorsehung wird walten" (Deus providebit), das war häufig der geistliche Kommentar in seinem Leben gewesen.[839]

---

[837] LD XXVIII, 69-70: BG, 3. Aufl., München 1952, 359-360.
[838] LD XXVIII, 89-90, BG 361.
[839] Vgl. DP III, 127ff.

DAS GEWISSEN DES CHRISTEN UND DAS UNFEHLBARE LEHRAMT DER KIRCHE JESU CHRISTI (1869 - 1877)

Zu den Ämtern der Kirche

Nachdem 1868 Newmans Pfarrpredigten aus seiner anglikanischen Phase von William J. Copeland neu herausgegeben worden waren, plante er von 1870 an eine Gesamtausgabe aller seiner Bücher in gleicher Ausstattung. 1873 waren es bereits 23 Bände, 11 weitere sollten hinzukommen.[840] In diesem Zusammenhang beschloß er 40 Jahre nach dem Erscheinen seiner „Vorlesungen über das prophetische Amt der Kirche", auch dieses Buch - mit einer umfassenden Abhandlung über die Ämter in der katholischen Kirche erweitert - als „Via Media" neu zu publizieren. Worum es sich bei diesem „Vorwort zur 3. Ausgabe" handelt, sagt der Buchtitel der deutschen Übersetzung, die als Monographie erschien: „Die Einheit der Kirche und die Mannigfaltigkeit ihrer Ämter".[841]

Blickt man auf Newmans Leben zurück, so war für ihn das Amt in der Kirche nicht nur wichtig, als er selber in dem 20er Jahren sich für diesen Dienst weihen ließ, sondern auch in der Aufbruchphase, als er die anglikanische Kirche auf ihre apostolischen Fundamente zurückzuführen suchte. Im Tract 1 appellierte er 1833 mit flammenden Worten an seine Mitbrüder, sie sollten sich des Amtes, das sie von den Aposteln her erhalten hätten, neu vergewissern: „Laßt euch nicht nachsagen, daß ihr eine Gabe vernachlässigt habt; denn, wenn ihr den Geist der Apostel (empfangen) habt, dann ist dies gewiß eine große Gabe." Einen Höhepunkt seiner Anfrage an die Bedeutung des Amtes für die Kirche sahen wir 1837 in seinen Vorlesungen über das prophetische bzw. Lehramt. Dabei verwies Newman durchaus auch auf die priesterlich-liturgische Tätigkeit der Kirche wie auf die Leitungsbefugnis der Bischöfe und Pfarrer. Allerdings beklagte er in der letzten Vorlesung seinerzeit, daß die anglikanische Kirche, wie er sie vor seinen Hörern entworfen hatte, „nur ein Traum, ein vergeblicher Versuch" gewesen sei und klagte, daß ihre Leitungsstruktur

---

[840] LD XXV, 21; LD XXVI, 255.
[841] J. H. Newman, Die Einheit der Kirche und die Mannigfaltigkeit ihrer Ämter, übertragen von Karl Heinz Schmidthüs, Freiburg 1947; aus: J. H. Newman, The Via Media of the Anglican Church, Illustrated in Lectures, Letters and Tracts written between 1830 and 1841, London 1877, Preface to the Third Edition, S. XV - XCIV.- Einen „Traktat über die Mißbräuche der Kirche" nennt hingegen Maurice Nédoncelle das „Vorwort" in der gleichnamigen Studie von Richard Bergeron, Les abus de l'Eglise d'après Newman. Etude de la Préface à la troisième édition de la Via Media, Tournai - Montréal 1971, S. 9.

vielmehr einer Staatskirche bzw. Parlamentskirche entspreche, die „vom Atem der Fürsten oder des Volkes abhängig ist".[842] Was Newman so in den 30er Jahren als notwendige Desiderate an seine Kirche einklagte, nämlich ihre Gründung auf apostolischen Fundamenten und ihre darauf beruhende kontinuierliche Überlieferung der Ämterstruktur, das sah er seit seiner Konversion grundsätzlich garantiert und eingelöst in der Kirche von Rom. Eben dies wollte er in einem Vorwort zur 3. Auflage seines Buches über das Amt der Kirche zum Ausdruck bringen. Gleichwohl mußte er zunächst mit einer Einschränkung beginnen: „Es ist von oben bestimmt, daß die heilige Kirche in unseren Tagen meinen Landsleuten gerade *den* Anblick bieten muß, der am meisten mit ihren eingewurzelten Vorurteilen gegen sie übereinstimmt und der am wenigsten für eine Bekehrung zu ihr spricht; und was kann da ein einzelner Schriftsteller tun, diesem Mißgeschick entgegenzuwirken? ... Was auch immer dabei herausspringt, ich muß damit zufrieden sein, getan zu haben, wozu ich mich verpflichtet fühle." Allerdings, so meint Newman, sei die Differenz zwischen der Lehre über das Wesen der Kirche, wie sie von ihr selber etwa in ihren Katechismen vorgetragen wird, und den konkreten Realitäten, die durch ihre Vertreter geboten werden, durchaus verständlich. Denn auf solche Weise werde der Unterschied zwischen ihrer göttlichen und menschlichen Seite sichtbar. Sie habe immer eine göttliche Dimension, der ihre menschlichen Vollzüge nie ganz genügen würden. Newmans zentrale Absicht ist es, die Kirche als Stellvertreterin Jesu Christi, des erhöhten Herrn, darzustellen. Dabei findet er als spezifisch für die Kirche, daß sie eine dreifaltige Struktur habe, entsprechend ihrem Herrn, der „Prophet, Priester und König" ist. Demgemäß hat die Kirche „drei Ämter, die unteilbar, wenn auch verschiedenartig sind, nämlich das Lehramt, das Hirtenamt und das Priesteramt". In seinen folgenden Ausführungen konjugiert Newman nun diese dreifache Struktur immer wieder neu:

> „Das Christentum ist also zugleich Philosophie, gesellschaftliche Macht und Gottesdienst. Als Religion ist es heilig, als Philosophie ist es apostolisch, als gesellschaftliche Macht ist es wie ein Reich, d. h. eins und umfassend (katholisch). Als Religion ist der Mittelpunkt seines Wirkens der Hirte und die Herde, als

---

[842] VM I, 331f.

DAS GEWISSEN DES CHRISTEN UND DAS UNFEHLBARE LEHRAMT DER KIRCHE JESU CHRISTI (1869 - 1877)

> Philosophie sind es die theologischen Schulen, als Herrschaft Papsttum und seine Kurie.
>
> Obwohl es (das Christentum, GB) diese drei Funktionen dem Wesen nach von Anfang an ausgeübt hat, sind sie in ihrem vollen Umfang nacheinander in der Folge von Jahrhunderten entwickelt worden ...
>
> Wahrheit ist der leitende Grundsatz der Theologie und der theologischen Untersuchungen; Frömmigkeit und Erbauung der des Gottesdienstes; der der Herrschaft ist Zweckmäßigkeit. Das Instrument der Theologie ist der Vernunftgebrauch; das des Gottesdienstes unsere emotionale Natur; das der Herrschaft Gebot und Zwang. Darüber hinaus neigt der Vernunftgebrauch auch im Menschen, wie er ist, zum Rationalismus; die Frömmigkeit zum Aberglauben und zur Schwarmgeisterei; die Macht zu Ehrgeiz und Tyrannei.
>
> So schwer die Pflichten sind, die diese drei Ämter mit sich bringen, wenn jedes Amt für sich ausgeübt wird; so ist ihre Erfüllung doch noch viel schwieriger, wenn man sie zusammennimmt."

Unter den drei Dimensionen von Wahrheit (prophetisch), Hingabe (priesterlich) und Zweckmäßigkeit (königlich) soll der Wahrheit insofern der Primat gehören, als ohne sie Frömmigkeit und Leitung in die Irre gehen. „Ich sage also, daß die Theologie das grundlegende und regulierende Prinzip des ganzen Kirchensystems ist. Sie steht in Übereinstimmung mit der Offenbarung, und die Offenbarung ist die wesentliche Ausgangsidee des Christentums. Sie ist das Thema, die formale Ursache, der Ausdruck des prophetischen Amtes, und hat als solches sowohl das Herrscheramt wie auch das Priesteramt geschaffen." Dennoch, so entscheidet Newman letzten Endes, soll im Zweifelsfall oder Streitfall die Zweckmäßigkeit - also das Prinzip des Leitungsamtes - ausschlaggebend sein, weil die Wahrheit als Prinzip des Lehramtes in seiner Schärfe zur Spitzfindigkeit und die Frömmigkeit in ihrer Pervertierung zu Aberglauben neigen könnten. So sehr Newman also theologischen Schulen und Strömungen in der Gesamtkirche einen primären Platz im Dienste der Offenbarungswahrheit einräumt, möchte er

Das Gewissen des Christen und das unfehlbare Lehramt der Kirche Jesu Christi (1869 - 1877)

sie doch in dieser Triade des dreifachen Amtes der Kirche dem Prinzip des Handelns und der Leitung unterstellt wissen. Auch auf dieser obersten Ebene des Glaubens schlägt noch einmal sein grundlegend auf die Praxis hin orientiertes Denken durch: „Leben ist zum Handeln da."[843]

---

[843] A.W. III, 150. Ausführlicher: G. Biemer, Autonomie und Kirchenbindung - Gewissensfreiheit und Lehramt nach J.H.Newman, in: NSt XVI, 174 - 193

„Damit er euch erhöht, wenn die Zeit gekommen ist"[844] (1877 - 1890)

„Die Wolke ist für immer weggenommen."[845]

Der Wandel, der sich in der Einschätzung Newmans innerhalb weniger Monate vollzog, änderte sein Bild in der Kirche und in der Öffentlichkeit Englands grundlegend. Zwischen dem Dezember 1877 und dem März 1879 wurden Newman zwei Ehrungen zuteil, die er zwar zweifellos verdient, aber die er nicht mehr erwartet hatte. Das gilt im Blick auf die neue Wertschätzung, die ihm in der akademischen Welt Oxfords und damit Englands zuteil wurde, aus der er 1845 mit dem freiwilligen Verzicht auf das Fellow-Amt am Oriel College seinen Abschied genommen hatte. Nun, vor Weihnachten 1877, erhielt er von den Fellows von Trinity College das Angebot, ihr Honorary Fellow (Ehren-Fellow) zu werden. Wenige Monate später wurde ihm die Anerkennung durch die katholische Kirche von deren neu gewähltem Papst Leo XIII. zuteil, der ihm mitteilen ließ, er werde ihn ins Kardinalskollegium aufnehmen.

Ehren-Fellow von Trinity College

Das Schreiben des Präsidenten von Trinity College, Oxford, Samuel Taylor Wayte, das in lapidaren Sätzen die Absicht einer großen Ehrung kundtat, erhielt Newman am 15. Dezember 1877. „Ich bin gebeten worden zu sagen, daß es der Wunsch dieses College ist, Sie mit der Stellung eines Ehren-Fellows dieses College zu erfreuen, wenn Sie sie annehmen. - Ich darf erwähnen, daß Sie in diesem Falle der erste wären, bei dem das College von der Vollmacht Gebrauch macht, die ihm 1857 verliehen

---
[844] 1 Petr 5, 6
[845] B, 675: LD XXIX, 58.

worden ist, und daß man zur Zeit nicht erwägt, einen weiteren Ehren-Fellow zu erwählen."[846] Newman antwortete postwendend noch am selben Tag, an dem er den Brief erhalten hatte, in einem als „privat" bezeichneten Schreiben: „Keine Ehre könnte ich persönlicher empfinden, nach nichts, das ich mir wünschen könnte, eifriger ergreifen und es annehmen als das, was Gegenstand Ihres Briefes ist, den ich gerade erhalten habe. Trinity College ist und war immer in meinen alltäglichen Gedanken. Bilder von seinen Gebäuden befinden sich an der Wand neben meinem Bett und bringen mir morgens und abends die Tage meiner Studentenzeit vor Augen und jener guten Freunde, - jetzt fast alle tot, - die ich all die Zeit so sehr mochte. Und meine Liebe zu ihnen hat seit ihrem Tod meine herzliche Treue zum College selbst immer lebendig erhalten."[847] Doch müsse er zuerst einige Bedenken abklären, bevor er die ihm zugedachte Ehre auch offiziell annehmen könne. Unter anderem mußte man nach der Oratorianer-Regel die Mitbrüder fragen, bevor man ein Engagement an einer auswärtigen Institution einging. Auch wandte er sich an seinen Bischof Bernard Ullathorne von Birmingham, um zu hören, ob es Schwierigkeiten gäbe, wenn er sich zum Fellow jenes College ernennen lasse, an dem er einst seine Studienzeit verbracht habe: „Ich habe gerade eine sehr große Ehrung erhalten, vielleicht die größte, die ich je erhalten habe", schrieb er seinem Bischof, „und ich möchte es Ihnen als einem der ersten mitteilen. Mein altes College, Trinity, wo ich als Student im Alter von 16 bis 21 Jahren war, bis ich die Fellow-Stelle in Oriel errang, hat mich zum Ehren-Fellow seiner Gesellschaft gemacht ... Trinity College war der eine und einzige Platz meiner persönlichen Zuneigung in Oxford. Und es noch einmal zu sehen, bevor ich hinweggerafft werde, was ich nie gedacht hätte wiederzusehen, den Ort, wo ich den Kampf des Lebens begonnen habe mit meinem guten Engel an meiner Seite, ist eine Aussicht, die zu ertragen für mich fast zu viel ist."[848] Immerhin, es war ein College jener Universität, an der sich nach dem Willen der katholischen Bischöfe Englands junge Katholiken nicht immatrikulieren durften. Aber der Bischof dachte eindeutig wie Newman: „Ich kann mich ganz in ihre Gefühle versetzen, die durch diese Ehrung wach werden, die Ihnen die

---

[846] LD XXVIII, 279.
[847] LD XXVIII, 279.
[848] LD XXVIII, 283f.

Fellows Ihres alten College zuteil werden lassen. Aber wie ich es sehe, tun sie sich selbst die größte Ehre an, indem sie Ihren Namen aufs neue mit Trinity College verbinden." Er konnte keinen Einwand sehen, den man berechtigterweise gegen Newmans Annahme dieser Ehrung erheben könnte, auch wenn es immer „Leute (gibt), die die unschuldigsten Dinge mißverstehen und mißdeuten." So sah sich Newman frei, der Ehrenpromotion in seinem geliebten Oxford zuzustimmen. Noch vor Weihnachten sandte er das offizielle Schreiben seiner Zustimmung und seines Dankes an den Präsidenten des College. Darin heißt es unter anderem: „Ich nehme aus ganzem Herzen eine Ehre an, die für mich eine ebenso große Überraschung wie Freude darstellt. Es ist in der Tat ein äußerst seltsames Glück, nach langen sechzig und mehr Jahren wieder ein Neuling meines ersten und lieben College zu werden." Dieses Mal war der Brief Newmans nicht mehr privat an den Präsidenten, sondern an ihn und alle Fellows von Trinity gerichtet.[849]

Als dann im Februar des folgenden Jahres 1878 die Zeitungen erste Berichte darüber brachten und sein Besuch zu einem Festbankett im Trinity unmittelbar bevorstand, löste die Erwartung in ihm doch große Aufregung aus. In seinen Tagebuchnotizen vermerkt Newman am 26. Februar 1878: „Ging nach Oxford mit William (Neville), traf die Fellows beim Mittagessen und Dinner in den Räumen des Präsidenten", und am 27. Februar: „Machte einen Besuch bei Pusey und im Keble College und in Oriel; sah (Thomas) Short; Dinner in der Hall."[850] Beim Festessen im Speisesaal des College, der „Hall", hielt Newman eine einfache Tischrede, in der er auch auf seinen alten Tutor, Thomas Short, zu sprechen kam. Kurz vorher hatte er den inzwischen halb erblindeten 87jährigen im selben Zimmer in Trinity besuchen können, in dem er einst als junger Mann von ihm aufgemuntert und angespornt worden war. „Er war mein Sekundant gewesen, als ich in Oriel zur Bewerbung um die Fellow-Stelle antrat." Und Newman erzählte die Geschichte von jener Mahlzeit mit den Lammkoteletten, die Short mit ihm geteilt hatte, als er während der

---

[849] LD XXVIII, 285.
[850] LD XXVIII, 321.

Prüfungstage von Oriel gerade ein Tief hatte und daran war, aufzugeben.[851]

James Bryce, der spätere Botschafter in Washington, war einer der Teilnehmer an der Feier in Trinity. Aus dem Rückblick der Erinnerung schreibt er: „Was uns am meisten beeindruckt hat, war die Mischung von Trauer und Freude, mit der er unter uns war und seine alten Tage in Erinnerung rief. Für uns jüngere Leute gab es da etwas zärtlich-pathetisches, da wir den alten Mann nach so vielen ereignisreichen Jahren wieder in die Aula kommen sahen, wo er als Jugendlicher zu sitzen gewöhnt war ... Und das gealterte, verbrauchte Gesicht mit tiefen Furchen von Denken, Kämpfen und Sorgen. Die Geschichte einer bedeutsamen Periode der Universitäts- und Religionsgeschichte in England schien darin eingeschrieben zu sein."[852] Die Fellows von Trinity „scheinen eine erfreuliche Gruppe von Menschen zu sein und (waren) sehr freundlich zu mir, aber ich nehme an, daß sie weit weg sind von der Kirche", bemerkte Newman einer Bekannten gegenüber, konnte aber gleichzeitig dem Präsidenten versichern: „Was Ihre Fellows anbetrifft, so war ich ihnen gegenüber dankbar, bevor ich sie kennenlernte, aber nachdem ich sie gesehen habe, hat sich meine Dankbarkeit in ein tieferes Gefühl verwandelt."[853] Auch im neu gebauten Keble College „waren die Leute sehr freundlich und führten mich in den großartigen Gebäuden umher, die sie gebaut haben." Er versäumte nicht, Pusey in Christ Church College zu besuchen, „den ich seit 1865 nicht mehr gesehen habe und der viel älter ausschaut".[854] Große Freude löste er bei einem alten Bekannten aus Oriel-Zeiten aus, der mittlerweile Fellow von Balliol geworden war: Edward Woollcombe (1816 - 1880). Obgleich das Balliol College Trinity gerade benachbart ist, schrieb ihm Woollcombe hernach: „Lassen Sie mich Ihnen noch einmal ganz herzlich für die außerordentliche Freundlichkeit Ihres Besuches bei mir danken. Es wird eine Freude sein, an die lange, lange gedacht wird."[855] Mit Woollcombe, der unter anderem fast die gesamte

---

[851] LD XXVIII, 324.
[852] WW II, 430.
[853] LD XXVIII, 331 u. 322.
[854] ebd., 331.
[855] LD XXVIII, 322.

„DAMIT ER EUCH ERHÖHT, WENN DIE ZEIT GEKOMMEN IST" (1877 - 1890)

Ausgabe der Parochial Sermons in seiner Bibliothek hatte,[856] sprach Newman über die Neuherausgabe seines „Essays über die Entwicklung der christlichen Lehre", die er dem Präsidenten von Trinity College widmen wollte. In dieser Widmung heißt es: „Nicht auf Grund eines besonderen Interesses, das .. Sie an diesem Band haben werden oder irgendwelcher Sympathie, die Sie mit seiner Argumentation empfinden werden ..., sondern weil ich Ihnen nichts anderes anzubieten habe als Zeichen für mein Empfinden der freundlichen Ehrung gegenüber, die Sie und (Ihre Fellows) . mir erwiesen haben, als Sie mich noch einmal zum Mitglied eines College machten, das mir seit den Erinnerungen meiner Studienzeit lieb und teuer ist - auch des glücklichen Zusammenkommens wegen, daß die erste Veröffentlichung (dieses Buches, GB) zeitgleich mit meinem Abschied von Oxford war und seine zweite Publikation auf Grund Ihres Aktes zeitgleich mit dem Wiederaufleben meiner Position dort ist ... - nehme ich mir die Freiheit, Ihren Namen auf die ersten Seiten von etwas zu setzen, von dem ich in meinem Alter annehmen muß, daß es der letzte Ausdruck ... von dem, was ich je unternommen habe, sein wird ..."

Im April des Jahres wurden in der Times Reden veröffentlicht, die zu verschiedenen Anlässen in Oxford gehalten worden waren und in denen jeweils Newmans Bedeutung für die Universität hervorgehoben wurde. Der Senior-Proctor Henry George Woods deutete Newmans Rückkehr zu seiner alten Wirkungsstätte „nach den rauhen Stürmen des Lebens als freundlichen Traum". William Ewart Gladstones Rede zur Eröffnung der Bibliothek im Keble College enthielt eine Passage, in der er unter dem Beifall der Festgäste gesagt habe: Der Geschichtsschreiber der Oxford-Bewegung werde berichten müssen, „daß Dr. Newman über einen Zeitraum von einem Jahrzehnt nach 1833 einen großen Einfluß, einen absorbierenden Einfluß auf die größten Geister ... dieser Universität ausgeübt hat, für den es vielleicht keine Parallele in der akademischen Geschichte Europas gibt, es sei denn, daß man bis ins 12. Jahrhundert oder an die Universität von Paris zurückgeht. Wir wissen, daß sein Einfluß getragen war von der außerordentlichen Lauterkeit seines Charakters und von der Heiligkeit seines Lebens."[857]

---

[856] Es sind die z.T. handsignierten Bände II (1835) - V (1842) erhalten. (Privatbesitz GB).
[857] LD XXVIII, 350, Anm. 2, und 351, Anm. 1.

„DAMIT ER EUCH ERHÖHT, WENN DIE ZEIT GEKOMMEN IST" (1877 - 1890)

Im selben Monat, am 25. April 1878, besuchte ein deutscher Kirchenhistoriker und jüngerer Fachkollege von Ignaz von Döllinger, das Oratorium in Birmingham. Franz Xaver Kraus (1840 - 1901) war gerade Professor der Kirchengeschichte an der Theologischen Fakultät der Universität Freiburg im Breisgau geworden. Mit einem Empfehlungsschreiben seines irischen Freundes Sir Rowland Blennerhassett (1839 - 1909) fand er Zutritt zu Newman. In seinem Tagebuch hielt er den Besuch und die Eindrücke ausführlich fest.

„Newman empfing mich sehr liebenswürdig und lud mich ein, den Abend im Oratory in Edgbaston zu essen, was ich denn tat. Leider war unsere Unterhaltung einigermaßen erschwert dadurch, daß er keine fremde Sprache, ich die englische nur sehr unvollkommen beherrsche. Indessen war es mir doch interessant, in einigen Punkten seine Ansichten über die gegenwärtige Lage der Kirche zu hören. So nahm er keinen Anstand, mir nur zu bedauern, daß die Bischöfe den Gläubigen die wahre und zulässige Bedeutung des Unfehlbarkeitsdogmas nicht offen sagten; sie seien, erklärte er, unter dem vorigen Pontificate zu sehr tyrannisiert gewesen, um sich das erlauben zu dürfen. In der Ansprache des Papstes Leo XIII. an die Kardinäle (am 28. März) erblickte er ein Anzeichen, daß dieser Papst sich keine absolute Gewalt und keine von der Kirche getrennte Unfehlbarkeit beischreibe. - Mit innigster Teilnahme erkundigte sich Newman nach Döllinger und Reusch. Ich konnte ihm nur sagen, daß selbst gegenwärtig nur geringe Hoffnung sei, diese trefflichen Männer mit Rom sich wieder vereinigen zu sehen.

Newmans Persönlichkeit machte einen sehr nachhaltigen Eindruck auf mich. Wie ist da alles fertig, alles aufgegangen in Denken und Erfüllung der Pflicht! Diese ehrwürdigen Züge, wie aus Bronze gegossen, so unendlich ernst und doch so mild, dieses herrliche Auge schnitt mir in die Seele und frug mich: Warum gibst du, mein Sohn, dein Herz nicht ganz deinem Gott? Noch heute bin ich erschüttert durch diesen Anblick."[858]

---

[858] Franz Xaver Kraus, Tagebücher, hrg. von Hubert Schiel, Köln 1957, 386f.

„DAMIT ER EUCH ERHÖHT, WENN DIE ZEIT GEKOMMEN IST" (1877 - 1890)

Die Begegnung mit Newman wird zum ernsten Appell an Kraus, der, ebenfalls sich nach religiöser Realisierung und Konsequenz sehnte, aber immer wieder erkannte und bekannte - davon legt sein Tagebuch deutlich Zeugnis ab - wieviel es ihn ablenkte und zerstreute und wie oft er dazu ansetzte, neu anzufangen, sein Leben zu ändern. Auf der selben Seite des Tagebuches spricht Kraus von den großen Bewegungen, die gerade damals über ihn kamen - es war zugleich die Zeit seiner Berufung von Straßburg nach Freiburg -: „Seit dem 4. Mai bin ich wieder hier und habe bereits das Elsaß wieder zu durchreisen begonnen. Aber ich fühle mich sehr ermüdet - körperlich und geistig in Revolution. Die Eindrücke der letzten Woche waren zu stark. Meine religiöse Welt ist tief aufgewühlt. Alles ruft in mir, daß ich nun ein anderer werden muß und daß Gott mich ganz in seinen Dienst verlangt. Die Lektüre von Newmans Apologie hat mich in den letzten Tagen mächtig ergriffen, und mit Beschämung stehe ich, ein Kind, vor dieser Gestalt. Ja, es muß anders werden."[859] - Von Newman gibt es keine Notiz über den Besuch von Kraus, jedoch einen Empfehlungsbrief an den oben genannten Henry George Woods, einen Fellow von Trinity College: „Ich hoffe, Ihre Freundlichkeit nicht auszunützen, wenn ich diesen Brief an Sie einem jungen deutschen katholischen Professor Kraus gebe, der auf Empfehlung eines Londoner Freundes zu mir gekommen ist. Er war ein Freund von Dr. Döllinger unter anderem, obgleich er ihm nicht im Widerstand gegen das Vatikanische Konzil gefolgt ist. Er hat bereits einen Namen als Autor, wie Sie vielleicht besser wissen als ich. - Ich wurde ermutigt, Ihnen zu schreiben durch das, was die heutige Times von Ihrer Freundlichkeit über mich (in einer Rede in Oxford, GB) berichtet ..."[860]

---

[859] Kraus zit. in: H. Fries, Franz Xaver Kraus und John Henry Newman, in: Die Besinnung, 14, Nürnberg 1959, 352 - 369; 355.
[860] LD XXVIII, 350.

„Newman, der Oratorianer": Zwischen den Generationen

Newman war in dieser Zeit in besonderer Weise mit der Ausbildung der Novizen des Oratoriums befaßt. In Vorträgen und Gesprächen führte er sie in die theologischen Grundlagen „über die Glaubenslehre" ein. Fünf Novizen waren in jüngster Zeit in die Kommunität des Oratoriums eingetreten. Bei einer „Ansprache an das Kapitel (der Oratorianer)" aus Anlaß der Feier des 30jährigen Bestehens an Mariä Lichtmeß 1878 stellte Newman die Beziehung zwischen den Generationen in den Mittelpunkt seiner Betrachtungen, besonders den Zusammenhang zwischen der ersten Generation der Gründer, die einst aus Maryvale gekommen waren, und den Neulingen. Dabei betonte Newman: „Wir sind jetzt schließlich zum ersten Mal zu dem gekommen, was man den normalen Zustand der Kongregation (der Oratorianer) nennen könnte."[861] Die Aufeinanderfolge der Generationen sei das Prinzip der Gesetzmäßigkeit für die Existenz eines Oratoriums, meinte Newman. Bei dieser Gelegenheit zeichnete er die Umrisse der Oratorianergemeinschaft, wie er sie vom italienischen Urtyp des heiligen Philipp Neri in die englischen Verhältnisse übertragen hatte, mit den beiden Grundprinzipien: des Zusammenlebens in einem Gehorsam ohne Gelübde, der gerade deshalb um so deutlicher zu beobachten sei, und einer „santa comunità", in der das gemeinsame Streben nach Heiligkeit in einer überschaubaren Zahl und von etwa einem Dutzend Patres zu realisieren sei. Von den 22 Kapitelansprachen, die Newman zwischen 1848 und 1878 an seine Kommunität gehalten hat und die durch eine Anzahl von schriftlichen Memoranda ergänzt ist, stellt die letzte von 1878 zugleich die zeitübergreifende Thematik von „Kontinuität und Wandel" in den Mittelpunkt, getreu den beiden Merkmalen aus seinem „Essay über die Entwicklung der christlichen Lehre", dessen überarbeitete zweite Fassung er, wie gesagt, kürzlich herausgegeben hatte. Daran erinnert jedenfalls, was er über die Konturen der Oratorianer-Gemeinschaft auf Grund ihrer Regel entfaltet. Newman hält zunächst ganz konkret Rückblick auf wesentliche Ereignisse seit der Errichtung des Oratoriums am Vorabend des Festes „Reinigung Marias", am 1. Februar 1848. Er erinnert an die

---

[861] Chapter Address vom 1. Februar 1878, in: NO, 384 - 391. Vgl. dazu die theologisch fundierte Einführung in Newmans Verständnis des anglikanischen und römisch-katholischen Priestertums sowie in seine Auffassung von Oratorium und Oratorianer: Placid Murray, Newman and the Priest, in: NO, 1 - 129.

verschiedenen Orte und an wichtige, zum Teil schon verstorbene Mitglieder. Er spricht auch vom Unterschied zum Londoner Oratorium und von seiner Absicht, seine Gemeinschaft „so effektiv, stark und dauerhaft in ihrer Ausrichtung zu machen, wie ich konnte ... im Wissen darum, wieviel von der Vereinigung der Herzen und des Geistes abhing ..." Nach den konkreten Details kommt Newman zu grundsätzlichen Aussagen:

> „Das ist keine wirkliche Aufeinanderfolge (Sukzession), die nicht eine Fortsetzung dessen ist, was vorher war. Das ist keine Identität (von Gemeinschaft, GB), wenn deren Elemente ganz verschieden und widersprüchlich sind. Aus diesem Grunde habe ich nie ein großes Oratorium gewollt, habe es nie gemocht. Zwölf aktiv tätige Priester waren die Grenze meines Bestrebens. Man kann nicht viele Menschen zu gleicher Zeit lieb haben; man kann nicht viele wirklich zu Freunden haben. Ein Oratorium ist eine Familie und ein Heim, ein häuslicher Kreis, wie das Wort besagt: eingebunden und abgerundet. Eine Familie kann man zählen; nur da finden sich die 'bekannten Gesichter', von denen unsere Regel spricht. Eine große Gruppe kann von ihrer Zahl her nur auseinanderbrechen. Wir werden unfähig, die Pflichten der Berufung eines Oratorianers auszuführen. Wir sollten beispielsweise so weit wie möglich *ein* Gefühl, *ein* Interesse haben. Wir sollten so weit wie möglich alle ernsthaften Meinungskonflikte unterdrücken. Wir sollten unsere eigenen Wahrnehmungen nur langsam einbringen, wir sollten behutsam gegenüber den Gefühlen anderer sein, wir sollten eifersüchtig wachen über das, was in einer großen Gemeinschaft so schwierig zu vermeiden ist, nämlich den Geist und die Existenz von Parteiung. Wir sollten in allen Angelegenheiten der Gemeinschaft danach streben, aus *einem* Geist zu handeln, wenn möglich vermeiden, nach der Mehrheit zu gehen, und den Patres gegenüber, die die Minderheit bilden, behutsam sein ... Nur durch eine Tradition wie diese, nur durch eine beglückende Gabe, durch die all jene Verwundungen des Herzens, die das Gesetz der Todesfälle notwendigerweise mit sich bringt, geheilt werden, nur durch eine solchermaßen gesunde und flexible moralische Konstitution seiner Mitglieder wird unser Oratorium gedeihen."

An die Novizen gewandt, lockert Newman die Szene noch einmal auf: „Die Tradition unserer Autoritäten ist die Kontinuität und

> Stärke unserer Körperschaft. Wir sind von Natur aus zu Hinterfragung und Kritik geneigt; Kritik ist die Kompensation, die Menschen, die unter Gehorsam stehen, sich für die Notwendigkeit des Gehorchens erlauben. So war es, als ich jung war, so ist es in meinem eigenen Fall. Und ich glaube nicht, daß sich die menschliche Natur im Verlauf von fünfzig Jahren geändert hat. Sie werden daran denken in einigen Jahren, meine jungen Freunde, wenn Sie diese Lektion jüngere Männer zu lehren haben ..."[862]

In diesem Sommer 1878 ging Newman nicht auf Besuchsreisen zu Freunden oder Verwandten außer Haus, wie im Jahr zuvor. Er begann Ende August mit der Revision seiner Übersetzungen von Schriften des hl. Athanasius, eines seiner Lieblingsthemen seit 1831. Im Verlauf des Sommers begleitete er in seiner Korrespondenz mit William J. Copeland eine Auswahlausgabe seiner Predigten, die dieser in der liturgienahen Anordnung der Feste und Sonntage des Kirchenjahres für Prediger und Gemeinden herausgab.

Kardinal der Heiligen Römischen Kirche (1879)

Im März 1876 hatte Newman unter den letzten Einträgen seines Tagebuches notiert: „Ich habe früher einmal, als ich mich geringschätzig und unfair behandelt fühlte, in den Briefen an die Kardinäle Wiseman und Barnabò gesagt: 'Dies also ist der Lohn für all mein Wirken so viele Jahre hindurch im Dienste der katholischen Sache' oder so ähnlich dem Sinne nach. - Ich habe noch immer das gleiche Empfinden und werde es immer haben, und doch war es nicht enttäuschter Ehrgeiz, dem ich damals das Wort lieh, sondern Verachtung und Verwunderung über die Ungerechtigkeit, mit der man mich behandelte und über die Erwartung unterwürfigen Verhaltens, die man, falls ich ihre Gunst und die Roms gewinnen wollte, mir gegenüber hegte. - Ich war mir, wenn ich so schrieb, vollkommen dessen bewußt, daß eine solche Sprache wie Enttäuschung

---
[862] NO, 387f.

darüber aussehen würde, daß ich keine Beförderung erhalten hatte und daß dies zugleich die schlechteste Art und Weise wäre, sie zu erlangen. Doch ich hatte ja nicht den Wunsch, eine solche zu erhalten, und gerade mein Bewußtsein, daß ich nie nach Beförderung getrachtet habe und eine solche Enttäuschung auch nicht verspürte und mich auch einfach nicht darum kümmerte, ob man bei mir so etwas vermutete oder nicht, gerade das ließ mich so sprechen ..."[863] Newmans Wunsch stand in dieser Hinsicht jedenfalls in Spannung, wenn nicht in Gegensatz zu der Initiative, die im Sommer 1878 nach der Wahl des neuen Papstes Leo XIII. (1878 - 1903) von den katholischen Laien Englands ausging. Der Repräsentant der katholischen Laienschaft in England, der Herzog von Norfolk und der Vizepräsident der Catholic Union, George Frederick Samuel Marquis von Ripon (1827 - 1909), der spätere Vizekönig von Indien, hatten den Wunsch, daß Newman zum Kardinalat erhoben werde.Damit wandten sie sich an Kardinal H. E. Manning, der diese Initiative seinerseits unterstützte. Schon zuvor hatte sich der Herzog von Norfolk bei seinem Cousin, dem englischen Kurienkardinal, Edward Henry Howard (1829 - 1892), kundig gemacht, als dieser im Juli des Jahres zu Besuch in London weilte. Ihm gaben sie einen Brief an den Kardinalstaatssekretär Lorenzo Nina (1812 - 1885) mit, den Manning nach dem Gespräch mit den beiden Laienvertretern verfaßt hatte. Darin heißt es: „Newman war die treibende Kraft in der geistigen Bewegung, die 1833 die Universität Oxford in Richtung auf den katholischen Glauben hin aufrüttelte. Die Tatsache seiner Konversion zur Kirche hat allein mehr bewirkt, um den Geist der Engländer für die katholische Religion aufzuwecken als die irgendeinen anderen Mannes. Viele sind direkt oder indirekt durch sein Beispiel zur katholischen Kirche gekommen. Seine Bücher hatten vor und nach seiner Konversion in machtvoller Weise zum Wachstum und zur Ausdehung der katholischen Literatur in England und wo immer die englische Sprache gesprochen wird, beigetragen. Die Verehrung seiner Fähigkeiten, seine Gelehrsamkeit und seines von einzigartiger Frömmigkeit und Integrität gekennzeichneten Lebens wird von der nichtkatholischen Bevölkerung dieses Landes fast ebenso geteilt wie von den Mitgliedern der katholischen Kirche. Für den Aufstieg und die Wiedererweckung des katholischen Glaubens in England gibt es niemanden, dessen Name in der Geschichte so

---

[863] SB, 355.

sehr herausragen wird wie der seine. - Gleichwohl hat er dreißig Jahre hindurch gearbeitet ohne ein Zeichen .. des Vertrauens vom Heiligen Stuhl, und dieses offensichtliche Übergehen seiner großen Verdienste ist sowohl von Katholiken wie Nichtkatholiken unter den Gläubigen in England so aufgenommen worden, als enthalte es eine Art unerklärtes Mißtrauen Dr. Newman gegenüber. ... Er ist nun in seinem 78. Lebensjahr, und sein Leben kann nicht mehr lang sein. Die Gelegenheit, da der Heilige Stuhl dieses Zeugnis des Vertrauens für seine einzigartigen Verdienste und Dienste Newmans erweisen könnte, ist deshalb kurzfristig. ... Vor einigen Jahren hat Pius IX. geplant gehabt, daß Newman als Rektor der Katholischen Universität in Irland die Bischofsweihe erhalte. Dieser Plan wurde nicht ausgeführt. Und als er hernach wieder aufgegriffen wurde, hat Dr. Newman seinen festen Entschluß zum Ausdruck gebracht, sich einem solchen Vorschlag zu verweigern. Daher bleibt nur ein Zeichen des Vertrauens des Heiligen Stuhles zu einem so ausgezeichneten Priester. Und es könnte den Katholiken Englands keine größere Genugtuung gegeben werden als durch die Erhebung von Dr. Newman in das heilige Kollegium" (der Kardinäle).[864]

Noch bevor Kardinal Howard nach Rom zurückkehrte und den Brief Mannings und der beiden Laienführer an seinen Adressaten brachte, hatte der Herzog von Norfolk Gelegenheit, Anfang Dezember bei einer päpstlichen Audienz das Anliegen der englischen Katholiken dem Papst persönlich vorzutragen.[865] Leo XIII. sei für diese Bitte sehr offen gewesen. Im nachhinein wurde gekannt, daß er, Vincenzo Gioacchino Pecci, bereits als Nuntius in Belgien seit den Tagen von Pater Domenico Barberi die Geschichte Newmans und der anglokatholischen Bewegung in England verfolgt hatte. Die Motivation Leos XIII. ist aus einem Gespräch mit Lord Selborne (Roundell Palmer, 1812 - 1895) bekannt, das sehr viel später stattgefunden hat; zu ihm hat der Papst gesagt: „Mein Kardinal (il mio cardinale)! Es war nicht leicht, es war nicht leicht. Sie sagten, er sei zu liberal. Aber ich hatte beschlossen, indem ich Newman ehren würde, die

---

[864] E. S. Purcell, Life of Cardinal Manning, Archbishop of Westminster, Bd. II, London 1896, 555-556. Vgl. die Korrespondenz zwischen Manning und Norfolk, in: LD XIX, 423 - 425.
[865] Vgl. den Bericht des Herzogs über seine Audienz, in: WW II, 436 - 438.

„DAMIT ER EUCH ERHÖHT, WENN DIE ZEIT GEKOMMEN IST" (1877 - 1890)

J.H. Newman als Kardinal: Ölgemälde von Walter William Ouless, 1880.
(The Birmingham Oratory)

"DAMIT ER EUCH ERHÖHT, WENN DIE ZEIT GEKOMMEN IST" (1877 - 1890)

Kirche zu ehren. Ich hatte immer eine Verehrung für ihn. Ich bin stolz, daß ich einen solchen Mann ehren konnte.[866]

Im Januar 1879 fragte der Kardinalstaatssekretär Nina bei Kardinal Manning in einem vertraulichen Brief an, ob Newman die Erhebung zum Kardinal annehmen würde. Diese Anfrage wurde von Manning an Bischof Ullathorne übermittelt, der daraufhin Newman zu einem Gespärch einlud. Newman war an dem Tag krank, an dem die Einladung im Oratorium eintraf, und sandte einen seiner Patres nach Oscott, um den angekündigten Brief in Empfang zu nehmen. So war Newman schließlich ganz allein mit der Anfrage. Im nachherein berichtet er einem Bekannten, in welch irritierender Situation er sich plötzlich vorfand: „Die druchdringendste Prüfung ..., vielleicht die größte, die ich in meinem Leben hatte."[867] Und weshalb? Worin bestand die Schwierigkeit? Da Newman nicht Bischof war, keine Diözese leitete, an deren Ort der Weltkirche er als Kardinal hätte bleiben können, enthielt das Angebot dieser einzigartigen Ehrung durch den Papst die Konsequenz, Kurienkardinal in Rom zu werden. Damit würde sich sein Leben in seinem hohen Alter noch einmal grundlegend verändern. In der gegenwärtigen Situation des Oratoriums, wo er für die Leitung der eingetretenen Novizen unentbehrlich war, bei seiner seit Jahren delikaten Gesundheit, bei seinen geringen Kenntnissen der italienischen Sprache, mußte ihm dies eher als eine große Herausforderung und Schwierigkeit erscheinen. Würde er sich mit seinen bald achtzig Jahren noch an das mediterrane Klima gewöhnen können? Konnte er anderseits das Angebot des Papstes ausschlagen? Gewiß, es gab in der Geschichte der Kirche die ganz seltenen Ausnahmen, daß ein Priester, der Kardinal wurde, statt ein Amt an der römischen Kurie zu übernehmen, an Ort und Stelle weiterarbeiten konnte, wo er gewesen war. Aber Newman hielt es für undenkbar, die Anfrage des Papstes mit einer Gegenfrage zu beantworten. Wie konnte er die Generosität des Papstes, den er persönlich noch gar nicht kannte, zum Anlaß nehmen, ihm Vorschläge darüber zu unterbreiten, wie er das Kardinalat in seinem Falle gestalten solle? Diese Gedanken enthalten die schriftlichen Aufzeichnungen, die Newman bei dieser Gelegenheit gemacht hat. Er

---

[866] LD XXIX, 426.
[867] LD XXIX, 29.

formulierte einen lateinischen Antwortbrief, in dem er für die große ihm zugedachte Würde dankte, und richtete ihn an die Adresse von Bischof Ullathorne: „Ich hoffe, daß seine Heiligkeit und seine Eminenz Kardinal Nina mich nicht für einen völlig unhöflichen und gefühllosen Menchen halten wird, den das Lob Vorgesetzter oder ein Sinn für Dankbarkeit oder der Glanz der Würde nicht berührt, wenn ich Ihnen, meinem Bischof, der Sie mich so gut kennen, sage, daß die große Ehre, die der Heilige Vater in seiner wunderbaren Freundlichkeit mir Mittelmäßigem zu verleihen gedenkt, als etwas betrachte, was einfachhin meine Fassung übersteigt, - eine Ehrung, die so überragend und ohnegleichen ist, daß Seine Heiligkeit keine größere zu vergeben hat." Daß die Ehrung „plane supra captum - all together above me", einfachhin über meinem Fassungsvermögen"[868] liegt, begründet Newman damit, daß er alt sei und sich selbst nicht mehr so viel zutraue, daß er nun dreißig Jahre lang in seinem „kleinen Nest", wie er mit Philipp Neri das Oratorium nennt, glücklich und zuhause gewesen sei, „und deshalb Seine Heiligkeit bitten würde, mich nicht vom hl. Philipp, meinem Vater und Schutzpatron, wegzunehmen". Er bittet den Papst, „im Hinblick auf meine schwache Gesundheit, meine nahezu achtzig Jahre, meinen von Jugend auf zurückgezogenen Lebenswandel, meine Unkenntnis fremder Sprachen, meine mangelnde Erfahrung in (öffentlichen) Geschäften, mich dort sterben zu lassen, wo ich so lange gelebt habe. Da ich von jetzt an weiß, daß Seine Heiligkeit so gütig von mir denkt, was kann ich mir mehr wünschen?"

Newman übergab den Brief seinem Bischof, mit dem er auch nach den Regeln der gebotenen Diskretion über die Anfrage aus Rom sprechen konnte. Ullathorne, der in der Zwischenzeit Newmans Genauigkeit des Denkens und die Lauterkeit seiner Gefühle hinreichend kannte, verfaßte nach dem Gespräch ein eigenes Begleitschreiben an Kardinal Manning, in dem er die Situation und Einstellung Newmans genau erläuterte, insbesondere seine Befürchtung, bei der Annahme der Kardinalsernennung nach Rom umziehen zu müssen. Ullathorne schildert, er habe Newman gegenüber diese Befürchtung zu zerstreuen gesucht und erklärt: „Daß, wenn er es mir überlassen würde, ich alles Eurer Eminenz erklären würde, der die entsprechenden Erklärungen Kardinal Nina vortragen würde. Dr.

---

[868] LD XXIX, 18 (lateinische Fassung), 18-19 (englische Version), beide von Newman.

"Newman hat einen viel zu demütigen und feinen Geist, als daß er im Traum daran denken würde, etwas zu sagen, was wie ein Hinweis darauf aussehen könnte, als stehe er mit dem höchsten Pontifex in irgendeiner Art von Beziehung ... Wie ich schon gesagt habe, ist Dr. Newman zutiefst gerührt und bewegt durch dieses große Zeichen, mit dem er von Seiten des Papstes bedacht wird, und ich bin ganz zuversichtlich, daß seiner dankbaren Annahme (des Kardinalates) nichts im Wege steht, außer ... daß er sein Oratorium in einer kritischen Phase seiner Existenz verlassen müßte ... und der Unmöglichkeit, in seinem fortgeschrittenen Alter ein neues Leben zu beginnen. Ich kann mir jedoch selber nicht vorstellen, daß dies die Absicht des Heiligen Vaters ist. ..."[869]

Auf die kurze Antwort Mannings, daß er Newmans Brief an den Kardinalstaatssekretär weitersenden werde, schrieb Ullathorne postwendend, um noch einmal Newmans grundsätzliche Bereitschaft zur Annahme der Kardinalswürde zu betonen. Doch Manning schien sich Ullathornes Absicht nicht aneignen zu können. Auf dem Weg nach Rom, wohin er in der ersten Februarwoche 1879 unterwegs war, schrieb er von Paris aus an den Herzog von Norfolk: „Vor zehn Tagen habe ich einen vertraulichen Brief von Kardinal Nina erhalten, der mich anwies, privat herauszufinden, ob Dr. Newman (die Kardinalswürde. GB) akzeptieren würde, wenn sie ihm angeboten würde. Ich habe den Brief an den Bischof von Birmingham geschickt, und er hat mit Newman Kontakt aufgenommen. Dr. Newman hat das Angebot aus vielen Gründen des Alters, der Gesundheit, der Gewohnheiten usw. usw. abgelehnt und hat einen Brief, in dem er seine Gründe in allen Details schildert, an den Bischof geschickt, damit er nach Rom gesandt würde. Das ist erfolgt."[870] Manning hatte offenkundig auch keinen Grund gesehen, Newmans Angelegenheit in London geheim zu halten; denn am 18. Februar veröffentlichte die Times „die Nachricht, daß der Papst Newman den Kardinalspurpur angeboten habe, und dieser habe ihn abgelehnt".

---

[869] LD XXIX, 20.

[870] LD XXIX, 23.- Manning begründete seine dezidierte Auffassung, daß Newman das Angebot abgelehnt habe auch in einem Brief an Newman selbst. (Vgl. Gilley 398 - 399). Übrigens meldete sich jetzt auch Frank Newman zu Wort: „Bleibe bei Deiner Verweigerung des Kardinalates!" (Ebd.).

Während Newman in der Woche vom 10. - 15. Februar im Exerzitienhaus der Oratorianer in Rednal weilte, um die „Ausgewählten Abhandlungen des heiligen Athanasius in der Kontroverse mit den Arianern" für den Druck in der Gesamtausgabe seiner Werke vorzubereiten, herrschte zwischen London und Birmingham in oberen katholischen Kreisen und in manchen Zeitungen große Aufregung über seine vermeintliche Absage an den Heiligen Stuhl. So schrieb der Bischof von Birmingham direkt an den Kardinalstaatssekretär Nina am 11. Februar, er werde zu diesem Brief veranlaßt, „weil in London ein Bericht verbreitet wird ..., daß diese sakrale Würde (des Kardinalats, GB) Pater Newman angeboten und daß sie von ihm abgelehnt worden sei. Von London sind Briefe gekommen, die den Patres des Oratoriums von Birmingham insgesamt unbekannt sind, in denen festgestellt wird, was ich gerade geschrieben habe. Es ist gewiß nicht Pater Newmans Absicht gewesen, was der Heilige Vater ihm so gütig angeboten hat, abzulehnen ..." Ullathorne weist darauf hin, daß er im Antwortschreiben Newmans seinerseits einen erklärenden Brief an Kardinal Manning beigefügt habe, von letzterem jedoch die Antwort erhalten habe, daß er Newmans Schreiben „ohne Erwähnung meines (Briefes)" nach Rom geschickt habe.[871] Der Jesuitenpater Henry James Coleridge, Herausgeber des Month, erkundigte sich unter Berufung auf den Generalvikar Mannings, Daniel Gilbert, über den wahren Sachverhalt der Newman'schen Antwort. Die Leiterin des Internats der Oratory School gab die Frage an Newman weiter: „Ob es wahr sei, daß Sie endgültig den Kardinalshut abgelehnt haben, der von so vielen englischen Katholiken für Sie als Wiedergutmachung und Anerkennung für das, was Sie für die Kirche getan haben, gewünscht worden war?"[872] Newman war in einer höchst peinlichen Lage. Von Rom her stand er unter dem Gebot der Schweigepflicht und Vertraulichkeit. Zugleich aber mußte er befürchten, daß die Pressestimmen in Rom vernommen werden könnten und damit offenkundig eine falsche Interpretation seines Schreibens liefern würden. Mehrere Freunde und Bekannte richteten zum Teil dringliche Anfragen mit ungläubigem Erstaunen an ihn. Doch er antwortete immer im Konjunktiv, um sein Schweigen in der Sache nicht zu brechen, sie anderseits aber auch nicht hinters Licht zu führen. „Ich hatte immer

---

[871] LD XXIX, 24f.
[872] LD XXIX, 25 und 28f.

gedacht, solche Mitteilungen seien heilig, und es sei höchst ungesittet und (sozusagen) nicht die Art eines Gentleman, zu sagen: 'Ich hatte ein Angebot und ich habe es abgelehnt.' - Aber wie auch immer, was ist von denen zu halten, die statt den Papst selbst seinen eigenen Brief lesen zu lassen (in dem angenommenen Fall) ..., diesen auf halbem Weg abfangen, ihm ihre eigene Interpretation zuteil werden lassen und diese Interpretation in die Welt setzen? Diese Interpretation wurde anderen mitgeteilt, lange, bevor der angenommene Brief nach Rom gelangt sein konnte ..."[873] In diesem Zusammenhang machte Newman eine Notiz für sich selbst: „Wäre mir ein solches Angebot gemacht worden, wie es die Zeitungen feststellen, wäre meine Antwort an den Papst gerichtet. Ihm obliegt damit ihre Interpretation. Aber wenn jemand es auf sich nimmt, (das Antwortschreiben) auf halbem Weg abzufangen und seine eigene Auslegung an die Öffentlichkeit zu geben, so ist das, um das mindeste zu sagen, eine große Unverschämtheit."[874]

Alles sah so aus, als würde Newman noch einmal - und dies bei einem so unvergleichlichen Vorgang in der Bedeutung für sein Leben und Werk - das Opfer von Indiskretionen und Mißverständnissen. Doch dieses Mal gab es Freunde, die die Vorgänge durchschauten und sich in der Angelegenheit tatkräftig einmischten. Kaum hatten der Herzog von Norfolk und der Bischof von Birmingham erfahren, wo die Ursache des Mißverständnisses lag, taten sie alles, um den verfahrenen Zug wieder in die richtige Richtung zu bringen. Von Ullathornes Brief an den Kardinalstaatssekretär war bereits die Rede. Aber auch der Herzog von Norfolk ließ den Brief Mannings nicht auf sich beruhen, sondern schrieb ihm postwendend nach Rom: „Ich hoffe sehr ernstlich, daß Sie in der Lage sind, dieser Angelegenheit von Fr. Newman einen zufriedenstellenden Verlauf zu geben. Es scheint jetzt allgemein bekannt zu werden, daß die Antwort (Newmans, GB), die nach Rom ging, keine klare Ablehnung war, und ich fürchte, man wird sagen, daß das Angebot in einer Weise unterbreitet wurde, daß es unannehmbar war. Wenn die ganze Sache jetzt scheitert, fürchte ich, daß das Ergebnis großer Schaden sein wird. Was ich sehr hoffe, daß der Papst versteht, ist die Tatsache, daß nicht Fr. Newman

---

[873] LD XXIX, 29.
[874] Ebd.

es war noch irgend einer von uns, die wir in dieser Angelegenheit zuerst zu Ihnen gekommmen waren, durch die etwas an die Öffentlichkeit kam, das zu diesem falschen Bericht führte. Ich möchte wissen, wer Ihnen gesagt hat, daß Fr. Newman (das Angebot) ablehnte. Die öffentliche Nachricht mag aus derselben Quelle gekommen sein. ..." Schon zwei Tage nach dem Brief des Herzogs aus Arundel Castle antwortete Kardinal Manning aus Rom: „Ich habe im Augenblick Ihren Brief erhalten und schreibe sogleich. Dies ist zum ersten Mal, daß ich an der einfachen Meinung von Dr. Newmans Brief an Kardinal Nina gezweifelt habe." Auch habe ihm Newman selber einen Brief geschrieben, in dem er seine Ablehnung bekundet habe. „Der Brief an Kardinal Nina bezeichnete viele Gründe, und ich habe niemals an seiner Bedeutung gezweifelt, bis Ihr Brief kam. Ein Mißgeschick scheint über uns zu hängen. ... Ich werde alles tun, was in meiner Macht steht, um das, was mißverstanden worden ist, zu klären ..." Noch am selben Tag konnte Manning einen zweiten Brief an den Herzog senden, in dem es heißt: „Wir erklärten (dem Papst), daß Dr. Newman sich aus Feingefühl zurückgehalten hat, zu sagen, was er meinte. Der Heilige Vater gab mir die Erlaubnis zu schreiben und zu sagen, daß Dr. Newman seine Lebensweise nicht zu verändern und nicht das Oratorium verlassen oder nach Rom zu kommen braucht."[875]

Nach dreieinhalb bangen Wochen kam das offizielle Schreiben des päpstlichen Staatssekretariats vom 15. März 1879 an Newman: „Da der Heilige Vater das Genie und die Gelehrsamkeit hoch schätzt, die Sie auszeichnen, sowie Ihre Frömmigkeit, den Eifer in der Ausübung des heiligen Dienstes, Ihre Ergebenheit und Zuneigung gegenüber dem Heiligen Stuhl und die besonderen Dienste, die Sie seit langer Zeit der Religion erwiesen haben, hat er entschieden, Ihnen einen öffentlichen und feierlichen Beweis seiner Hochachtung und seiner Güte zu geben. Daher würdigt er Sie, Sie zu den Ehren des Heiligen Purpur zu erheben." Das Schreiben, begleitet von einem Brief Mannings mit dessen Gratulation, zeigte gleichwohl die Uninformiertheit des Staatssekretariates über die Details in England, denn es war an den „Hochwürdigsten Pater J. H. Newman, Priester des Oratoriums von London" gerichtet.[876]

---

[875] LD XXIX, 47/48.
[876] LD XXIX, 84.

Newman bedankte sich jetzt bei den Kardinälen Manning und Nina und bei Bischof Ullathorne. Und während er auf die Bekanntgabe des Termins für das nächste Konsistorium in Rom wartete, bei dem er feierlich in den Senat der Kirche Jesu Christi aufgenommen werden sollte, kamen zahllose Glückwunschschreiben im Oratorium an. Jetzt war er in der Lage, sie ohne Umschweife zu beantworten. Nun brachte er zum Ausdruck, was für ihn bei dieser Veränderung seiner Position innerhalb der Kirche das entscheidende war. „Natürlich ist es eine große Freude, all jene verschiedenen Verdachtsmomente über das 'Gesunde' meiner Theologie, die an so vielen Ecken und Enden lauerten, auf einen Schlag und ein für allemal weggewischt zu sehen und bis in ein ungewöhnliches Alter gelebt zu haben, um dessen Zeuge zu werden", schrieb er an den Bruder eines Mitoratorianers.[877] „'Diese Veränderung der Rechten des Erhabenen' (Ps 77, 11)", heißt es im Brief an seinen Freund Richard William Church: „All die Geschichten, die verbreitet wurden darüber, daß ich ein halber Katholik sei, ein liberaler Katholik, unter einer Wolke, nicht vertrauenswürdig, sind nun zu Ende. Der arme (William George) Ward darf mich nicht mehr einen Häretiker nennen, und (zu Henry Wilberforce) nicht mehr sagen, es wäre ihm lieber, 'daß jemand nicht bekehrt würde als daß er durch mich bekehrt würde'. - Es war aus diesem Grund, daß ich das Angebot nicht abzulehnen wagte. Eine gütige Vorsehung gab mir die Chance, mich in meiner Apologia von früheren Verleumdungen zu reinigen, und ich wagte nicht, das zurückzuweisen. Und jetzt gab Er mir ohne ein Zutun meinerseits ein Mittel, mich in Bezug auf andere Verleumdungen, die gegen mich gerichtet waren, ins Recht zu setzen. Wie hätte ich einer so großen liebenden Freundlichkeit gegenüber nachlässig sein dürfen?"[878]

Auch das Domkapitel der Erzdiözese London beglückwünschte Newman, er antwortete: „Wie kann ich ein Lob zurückweisen, das so erfreulich ist? Wie kann ich annehmen, was nach meiner Kenntnis, die ich von mir habe, jenseits dessen ist, was ich von Rechts wegen beanspruchen darf?"[879] Aus Irland kam ein langer Brief, in dem Newmans Verdienste um die katholische Universität aufgegriffen und gewürdigt wurden; dabei formulierte der Verfasser das Eingeständnis, Newman allein wisse, „wie

---

[877] LD XXIX, 86.
[878] LD XXIX, 72.
[879] LD XXIX, 87.

"DAMIT ER EUCH ERHÖHT, WENN DIE ZEIT GEKOMMEN IST" (1877 - 1890)

viel er von uns allen zu leiden hatte .. während jener Jahre, als er bestrebt war, die Erneuerung der Bildung in diesem Lande durchzuführen und er seine Werkzeuge (Mitarbeiter, GB) so unvollkommen fand. Aber wir wußten es nie. Jene Bescheidenheit und jener Edelmut, die ihm alle Herzen gewannen, haben uns wirksam davon abgehalten, uns unserer eigenen Unzulänglichkeiten gewahr zu werden ... ."[880]

Zum Konsistorium der Kardinäle in Rom

Am 16. April 1879 reiste Newman von Birmingham nach London und über Paris, Turin, Pisa und Siena nach Rom, wo er am 24. eintraf. das Wetter war so naßkalt in Italien, daß er mit einer Erkältung dort ankam. „Alle Ereignisse im Leben bilden ein Ganzes der Vorsehung und hängen eines vom andern ab. Man kann nicht sicher sein, daß der Verlust dieser Segnungen nicht die Bedingung für die Bewilligung jener ist", schrieb Newman am folgenden Tag an einen Freund. Seine erste Audienz bei Leo XIII. war am 27 April. Er berichtete seinen Mitbrüdern nach Birmingham ausführlich über die Begegnung. „Der Heilige Vater empfing mich mit der größten Herzlichkeit - er hielt meine Hand in der seinen. Er fragte mich: 'Beabsichtigst Du, weiterhin Vorsteher im Hause von Birmingham zu bleiben?' Ich antwortete: 'Das hängt vom Heiligen Vater ab.' Dann sagte er: 'Gut, dann ist es mein Wunsch, daß Du weiterhin der Vorsteher bleibst', und er fuhr fort, ausführlich darüber zu sprechen und sagte, daß es einen Präzedensfall dafür bei einem der Kardinäle Gregors XVI. gebe. - Er stellte mir verschiedene Fragen:- Ob wir ein gutes Haus hätten? Wie unsere Kirche sei? Wie viele wir seien? Welchen Alters? Als ich sagte, wir hätten einige durch den Tod verloren, legte er mir seine Hand auf den Kopf und sagte: 'Weine nicht'. Er fragte, ob wir einige Laienbrüder hätten. 'Wie es uns mit einem Koch erginge?' Ich sagte, wir hätten eine Witwe, und die Küche sei vom Haus getrennt. Er sagte: 'Gut.' Wo ich meine Theologie erhalten hätte? Am Propaganda (Kolleg)? usw., usw. Als ich

---

[880] LD XXIX, 152. Aus der letzten Bemerkung ist wohl ersichtlich, daß die Konversation in Latein stattfand.

mich verabschiedete, nahm er ein Exemplar meiner vier lateinischen Abhandlungen in der römischen Ausgabe entgegen. - Ich habe seinen Mund wirklich nicht für groß gehalten, bis er lächelte, dann stellten sich die Mundenden auf, aber nicht ungefällig. Er hat einen klaren weißen Teint; seine Augen sind etwas blutunterlaufen - aber das kann auch zufällig an dem Tag gewesen sein. Er spricht sehr langsam und klar und auf eine italienische Art."[881]

Das geheime Konsistorium zur Ernennung der neuen Kardinäle war von Leo XIII. auf den 13. Mai 1879 angesetzt worden. Am Vortag übersandte der Papst, wie es üblich war, den neuen Kardinälen die Einladungskarte (biglietto) durch einen Boten. Newman nahm sie im Hause des Kardinals Edward Henry Howard entgegen, der ihm seine Gemächer dazu zur Verfügung gestellt hatte. Bei diesem feierlichen Akt hatten sich zahlreiche Engländer, die in Rom weilten oder wohnten, eingefunden. Newman hielt bei diesem Empfang eine programmatische Rede (Biglietto-Rede), in der er das zentrale Anliegen seines Lebens im Dienste des Evangeliums zusammenfaßte. Einige Tage vorher hatte er sie mit dem in Rom weilenden und ihm befreundeten Bischof Clifford von Clifton durchgesprochen.[882] Newman ging von der Gegenwartssituation aus und sprach von der Güte und Liebe, die ihm der Heilige Vater mit so einer außergewöhnlichen Ehrung zuteil werden läßt.

> „Es war eine große Überraschung. Eine solche Erhebung war mir nie in den Sinn gekommen, und sie schien aus dem Rahmen all dessen zu fallen, was mir zuvor zuteil wurde. Ich war durch viele Prüfungen gegangen, aber sie waren vorüber; und jetzt, da das Ende aller Dinge fast gekommen war, war ich im Frieden. Und wäre es möglich, daß ich nach all dem dafür so viele Jahre gelebt habe?" Der Schrecken dieser großen Ehrung sei durch die Äußerung des Papstes gemildert worden, „dieser Akt sei eine Anerkennung meines Eifers und guten Dienstes über so viele Jahre in der katholischen Sache; und darüber hinaus habe er die Ansicht, es werde die englischen Katholiken und sogar das protestantische England erfreuen, wenn ich ein Zeichen seiner

---

[881] Brief an Henry Bittleston vom 2. Mai 1879: LD XXIX, 121.
[882] LD XXIX, 123.

Gunst erhalte." Newman fühlt sich dieser hohen Auszeichnung einerseits ganz unwürdig: „Im Verlauf langer Jahre habe ich viele Fehler gemacht. Ich habe nichts von jener hohen Vollkommenheit, die den Schriften der Heiligen anhaftet, nämlich daß in ihnen kein Irrtum zu finden ist. Aber, was ich glaube, daß ich in allem, was ich geschrieben habe, beanspruchen darf, ist dies: Eine ehrliche Absicht, einen Verzicht auf jeden persönlichen Nutzen, die Gesinnung des Gehorsams, die Bereitwilligkeit, mich korrigieren zu lassen, Furcht vor Irrtum, der Wunsch, der Heiligen Kirche zu dienen und durch göttliches Erbarmen ein gewisses Maß an Erfolg. Und ich freue mich sagen zu können, daß ich mich von Anfang an einem großen Übel entgegengestellt habe. Dreißig, vierzig, fünfzig Jahre lang habe ich mich unter vollem Einsatz meiner Kräfte dem Geist des Liberalismus in der Religion widersetzt. Niemals zuvor hatte die Heilige Kirche Streiter gegen ihn so bitter nötig wie jetzt, wo er wie ein Fallstrick als Irrtum wirkt, der die ganze Erde umspannt. Und bei diesem hohen Anlaß, bei dem es für jemand, der sich an meiner Stelle befindet, natürlich ist, auf die Welt und die Heilige Kirche als einen Teil davon und auf deren Zukunft zu blicken, wird man es hoffentlich nicht für fehl am Platze halten, wenn ich den Protest, den ich bereits so häufig gegen diesen Geist erhoben habe, erneuere.

Liberalismus in der Religion ist die Lehre, daß es in der Religion keine positive Wahrheit gibt, sondern daß ein Bekenntnis so gut ist wie das andere. Und dies ist die Lehre, die Tag für Tag an Einfluß und Macht gewinnt. Sie ist mit der Anerkennung irgendeiner Religion als wahr, unvereinbar. Sie lehrt, alles müsse toleriert werden, denn schließlich sei alles eine Sache der persönlichen Ansicht. Geoffenbarte Religion ist nicht eine Wahrheit, sondern ein Gefühl und ein Geschmack, nicht eine objektive Tatsache, sondern wunderbar. Und es ist das Recht jedes einzelnen, sie das sagen zu lassen, was seiner Phantasie gerade einfällt. Frömmigkeit ist nicht notwendigerweise auf Glauben gegründet. Die Leute mögen in die protestantischen Kirchen gehen und in die katholischen, mögen von beiden erlangen, was ihnen gut tut und zu keiner gehören. Sie mögen sich in geistlichen Gedanken und Gefühlen geschwisterlich zusammenschließen, ohne bestimmte

Ansichten über die Lehre überhaupt gemeinsam zu haben oder diese für nötig anzusehen. Da also dann Religion eine so persönliche Eigenheit ist und ein so privater Besitz, muß sie notwendigerweise im Umgang von Mensch zu Mensch unbeachtet bleiben. Wenn jemand jeden Morgen eine neue Religion anzieht, was geht das dich an? Es ist genauso unverschämt, über die Religion eines Menschen nachzudenken wie darüber, woher er sein Einkommen bezieht oder wie er sein Familienleben gestaltet. Religion ist in keiner Weise (mehr) das Band der GesellschaftBisher war die Staatsgewalt christlich. Sogar in Ländern, die von der Kirche getrennt sind, wie mein eigenes, galt zu meiner Jugendzeit noch das Wort: 'Das Christentum ist das Gesetz des Landes.' Jetzt aber verwirft jenes stattliche Rahmenwerk der Gesellschaft, das eine Schöpfung des Christentums ist, das Christentum. Das Diktum, auf das ich mich bezogen haben, ist mit einigen hundert anderen, die darauf folgten, verschwunden oder ist überall am verschwinden. Und wenn der Allmächtige nicht eingreift, wird es zum Ende des Jahrhunderts vergessen sein. Bisher meinte man, allein die Religion mit ihren übernatürlichen Sanktionen sei stark genug, die Unterwerfung der Massen unserer Bevölkerung unter Gesetz und Ordnung sicherzustellen. Nun aber neigen Philisophen und Politiker zu der Auffassung, dieses Problem auch ohne die Hilfe des Christentums zufriedenstellend lösen zu können. An die Stelle der Autorität und Lehre der Kirche würden sie zuallererst eine allumfassende und durch und durch säkulare Bildung setzen, die darauf abzielt, einem jeden einzelnen klar zu machen, daß ordentlich, fleißig und solide zu sein, seinem eigenen Interesse entspricht. Damit diese großen funktionierenden Prinzipien den Platz der Religion einnehmen können, damit die auf diese Weise sorgfältig erzogenen Massen sie benützen können, liefert diese Bildung breite grundlegende sittliche Wahrheiten der Gerichtigkeit, der Güte, der Wahrhaftigkeit und dergleichen. ... Was die Religion anbetrifft, so ist sie ein privater Luxus, den man sich leisten kann, wenn man will, für den man aber natürlich bezahlen muß, und mit dem man andere nicht belästigen darf oder dem man (nicht) nachkommen darf, wenn es ihnen Ärger macht.

> Das allgemeine Erscheinungsbild dieser großen Apostasie ist überall ein und dasselbe; es unterscheidet sich in verschiedenen Ländern nur durch Einzelheiten und Eigentümlichkeiten ... Doch soll man keinen Augenblick meinen, ich hätte etwa Angst vor dieser Situation. Ich bedaure sie zutiefst, weil ich voraussehe, daß sie das Verderben so mancher Seele sein kann. Doch habe ich keine Angst, sie könne dem Wort Gotte, der Heiligen Kirche, unserem Allmächtigen König, dem Löwen aus dem Stamm Juda, dem Getreuen und Wahrhaftigen oder seinem Stellvertreter auf Erden irgend einen ernsthaften Schaden zufügen. Das Christentum befand sich schon zu oft in einer vermeintlich tödlichen Gefahr, als daß wir eine neue Prüfung für es jetzt zu befürchten hätten. Das ist soweit gewiß. Was aber anderseits ungewiß ist und in diesen großen Auseinandersetzungen für gewöhnlich ungewiß ist und was meistens, wenn man Zeuge davon ist, eine große Überraschung darstellt, ist die besondere Art und Weise, mit der die Vorsehung beim Ereignis selbst ihr auserwähltes Erbe rettet und bewahrt. Manchmal wird unser Feind zu einem Freund, manchmal wird er jener besonderen Ansteckungskraft des Bösen, die so bedrohlich war, beraubt, manchmal zerfällt er selber in Stücke; manchmal richtet er gerade nur so viel Schaden an, wie heilsam ist, und wird dann entfernt. Die Kirche aber hat in der Regel nichts anderes zu tun als in Zuversicht und Frieden ihre eigenen, ihr gebührenden Pflichten zu erfüllen, still zu halten und auf Gottes Heil zu schauen. 'Die Stillen werden das Land erben und sich der Fülle des Friedens erfreuen.' (Ps 37, 11)".[883]

Am nächsten Morgen, Dienstag, den 13. Mai, war Newman auf zehn Uhr zur Entgegennahme des Kardinalsbiretts aus den Händen Leos XIII. in den Vatikan gekommen. Trotz seiner von der Erkältung geschwächten Konstitution war Newman, als es darauf ankam, voll der Situation gewachsen. Seine große fragile Gestalt strahlte den Charme seiner geübten asketischen Lebenshaltung aus und verfehlte die Wirkung auf das Publikum nicht, wie sich in den Zeitungsberichten zeigt. Beim Empfang zu Ehren Newmans, den das English College in Rom am nächsten Tag, dem

---

[883] The Biglietto-Speech in Rome, 12th May 1879, in: J. H. Newman, My Campaign in Ireland, Aberdeen 1896, 393 - 400.

Dienstag, 14. Mai, veranstaltete, fand sich unter den Geschenken, die ausgestellt waren, auch erstmals sein Kardinalswappen. Das Wappenbild mit den drei roten Herzen, von denen zwei über einem gewellten Querbalken stehen, und eines darunter, stammte aus der Familie seines Vaters von 1663. Als Motto hatte Newman „Cor ad cor loquitur" gewählt: „Das Herz spricht zum Herzen." Er hielt es für ein Zitat aus der Heiligen Schrift oder aus der „Nachfolge Christi" des Thomas von Kempen; es war ihm entfallen, daß er es aus den Werken des heiligen Franz von Sales entnommen und in einem Aufsatz der Dubliner Universitätszeitung zitiert hatte, wo er über den Ernst und die Beredsamkeit christlicher Prediger sprach und darüber, daß bestimmte intellektuelle Überzeugungen bestimmte Formen der Äußerung brauchen. So sage Franz von Sales: „… Der Mund hat gut reden, aber das Herz spricht zum Herzen, die Sprache klopft nur an den Ohren an."[884]

Am 15. Mai, einem Mittwoch, fand das öffentliche Konsistorium statt, bei dem den neu ernannten Kardinälen der rote Hut überreicht wurde. Mit Newman zusammen waren in das Kardinalkollegium Giuseppe Pecci, ein Bruder Leos XIII., und der Thomasforscher T. M. Zigliara OP aufgenommen worden, sowie der Kirchenhistoriker und Gegenspieler Ignaz von Döllingers, Josef Hergenröther (1824 - 1890) u. a.. Francis Bacchus (1860 - 1937), später Mitglied des Birminghamer Oratoriums, der damals in Rom studierte und im English College wohnte, gibt einen Augenzeugenbericht von der Atmosphäre: „Dr. Newman lächelte ganz fröhlich, als er in der Runde umherging, den Papst und seine Mitkardinäle umarmte, wie es Sitte war. Er schaute am ehrwürdigsten aus unter den Kardinälen, und mir schien, er zog mehr Aufmerksamkeit auf sich als irgendeiner der anderen neu Ernannten. Ich hörte, wie man in allen Arten verschiedener Sprachen auf ihn hinwies."[885] -

Nach altem Brauch erhielt jeder Kardinal in Rom eine Titelkirche; Newman wurde San Georgio in Velabro angeboten: für einen englischen

---

[884] Vgl. Oeuvres de St. Francois de Sales, Paris 1834, III, Sermons I, 29: „Inflammata sint verba ... interiore affectione. De corde plus quam de ore proficiscantur. Quantumvis ore diximus sane cor cordi loquitur, lingua non nisi aures pulsat." Vgl. Idea of a University, ed. with Intruductions and Notes by I. T. Ker, Oxford 1976, 332 u. 654f.; vgl. LD XXIX, 108, Anm. 2.
[885] Trevor II, 571.

Kardinal ein englischer Schutzpatron. Als ihm eine Verwandte ein Gemälde seiner Titelkirche schenkte, bemerkte er dazu: „Gegenwärtig übertrifft es (d. h. das Bild) das Original - und ich wünschte, ich hätte die notwendigen tausend Pfund, um die kleine Basilika in einen Zustand zu versetzen, der dem hl. Patron Englands mehr geziemte."[886] Zur Jahrhundertfeier seines Kardinalats im Jahre 1979 wurde sie gründlich restauriert.[887]

Anfang Juni trat Newman die Heimreise von Rom aus an, mußte jedoch bereits in Leghorn (Livorno) auf Entscheidung des mitreisenden Arztes die Reise für vierzehn Tage unterbrechen. Seine ursprüngliche Absicht, auf dem Heimweg Ignaz von Döllinger in München zu besuchen - was angesichts seiner neuen kirchlichen Position zweifellos eine Geste von kirchenhistorischer Tragweite gewesen wäre - ließ sich, wie gesagt, nicht realisieren. Er nützte den unfreiwilligen Aufenthalt zur Beantwortung von Briefen. Dem englischen Episkopat mit H. E. Manning an der Spitze dankte er für die Glückwünsche: „Ich weiß noch gut, wie ich vor dreißig und mehr Jahren, als ich katholisch wurde, in erster Linie den Wunsch hatte, die Anerkennung sowohl des Papstes als dann auch der Bischöfe der katholischen Gemeinschaft in England zu erhalten. Ich habe mich sogleich bei ihnen, bei einem nach dem anderen vorgestellt und war erfreut, das Interesse wahrzunehmen, das sie an mir hatten. Wenn mir jetzt die Bischöfe die hohe Ehre erweisen, mir zu versichern, daß sie und ihre Vorgänger mich während der letzten dreißig Jahre 'mit einer so aufrichtigen Freundschaft und Verehrung' geachtet haben, erfahre ich die Genugtuung, daß meine ehrliche Mühe, ihnen zu gefallen, nicht umsonst

---

[886] LD XXIX, 391.
[887] Bei dem Terroranschlag Anfang der 1990er Jahre blieb die zur Jahrhundertfeier angebrachte Gedenktafel unbeschädigt: „Joannes Henricus S. R. E. Cardinalis Newman Theologus - Oecumenismi Fautor - Sodalis Oratorii S. Philippi Nerii sed ante omnia Christianus huic diaconali ecclesiae ut attributae sibi sedi honoris praefuit an. MDCCCLXXIX - an. MDCCCLXXXX: Consociatio amicorum cardinalis Newman saeculo exacto ex quo is in purpuratos patres est cooptatus hunc titulum posuit." (John Henry Newman, Der Heiligen Römischen Kirche Kardinal, Theologe, Förderer der Ökumene, Mitglied des Oratorium des hl. Philipp Neri, vor allem jedoch Christ, war von 1879 - 1890 Vorsteher dieser Diakonatskirche, die ihm als Sitz ehrenhalber zugewiesen war: Die Gesellschaft der Freunde Kardinal Newmans hatte diese Gedenktafel nachdem ein Jahrhundert vollendet ist, seit er unter die Purpurträger erwählt worden war, errichtet.)

gewesen war; mehr kann ich mir nicht wünschen."[888] - Briefe und Telegramme gingen zwischen Newman mit dem Herzog von Norfolk hin und her, der offensichtlich einen englischen Arzt nach Leghorn entgegen schickte. Die Rückreise ging über La Spezia, Genua, Nizza und Marseille. Von dort über Mâcon, Lyon und Paris nach Boulogne. Von Mâcon aus wäre es eine Kleinigkeit gewesen, die langjährige Freundin der Familie, Maria Rosina Giberne, in Autun zu besuchen, die dort als Schwester Pia im Orden der von Franz von Sales gegründeten Schwestern von der Heimsuchung Marias lebte. So war es jedenfalls vereinbart gewesen, aber in allerletzter Minute von seinem Arzt untersagt worden; „und mein Doktor hatte große Angst, daß das Warten an den verschiedenen Stationen, das Wechseln der Kutschen mit der Feuchtigkeit, dem Luftzug und dem Trubel, der damit verbunden ist, (wieder) Fieber mit sich bringen würde usw., denn Sie stellen sich kaum vor, wie schwach ich bin und welche geringsten Unklugheiten einen Rückfall ausgelöst haben … Wir müssen uns dem Willen Gottes unterwerfen. Was ist unsere Religion, wenn wir es nicht können?"[889]

Am 27. Juni landete Newman in Folkstone, froh, wieder englischen Boden unter den Füßen zu haben, und machte einen Zwischenhalt in Brighton. Zur Freude seines früheren Oxforder Kaplans John Bloxam (1807 - 1891), der seine Pfarrei in der Nähe in Upper Beeding hatte, stattete er diesem einen Besuch ab.

Nach zweieinhalb Monaten, am 1. Juli 1879, zog Newman in die überfüllte Kirche der Oratorianer in Birmingham ein. Mitbrüder und Gemeindemitglieder bereiteten ihm einen herzlichen Empfang. „Wieder heim zu kommen! Wieviel ist in diesem Wort 'daheim' enthalten!" Newman war in vollem Ornat in die Kirche eingezogen und saß nun auf dem Thronsessel vor seiner Gemeinde, den Kopf in seine Hand gestützt, als er sprach. Er dankte für ihre große Sympathie, ihre Glückwünsche, ihren Empfang. Manchmal habe er das Gefühl gehabt, das Nachhausekommen nicht mehr zu erleben. Er zeichnete das Leben Jesu in Nazaret und das Leben im Oratorium des hl. Philipp als Stätten des Daheimseins und der familiären Existenz. Und er sprach auch über den vor

---

[888] LD XXIX, 137.
[889] LD XXIX, 148.

"DAMIT ER EUCH ERHÖHT, WENN DIE ZEIT GEKOMMEN IST" (1877 - 1890)

Hauskapelle Newmans nach seiner Ernennung zum Kardinal (neben dem Arbeitszimmer).

ihm liegenden Weg zur ewigen Heimat bei Gott. Er dankte dem Papst für seine Güte und Freundlichkeit und der Gemeinde für die Gebete, die ihn begleitet hätten. „Und jetzt, meine lieben Freunde, möchte ich Sie bitten, für mich zu beten, daß ich wie die Gegenwart des Heiligen Vaters unter ihnen sein möge und daß der Heilige Geist über dieser Kirche sei, über dieser großen Stadt, über ihrem Bischof, über all ihren Priestern, über all ihren Einwohnern, Männern, Frauen und Kindern und als dessen Unterpfand und Beginn gebe ich ihnen meinen Segen."[890] Henry Lewis Bellasis (1859 - 1938), der nach seinem Bruder Richard zwei Jahre zuvor ins Oratorium eingetreten war, war Zeuge der großen Empfangszeremonie für Newman und nannte seinen Angehörigen seine Eindrücke: „Ich sollte noch anfügen, daß er von seiner jüngsten Krankheit schmal und geschwächt ausschaut, aber das hebt seine großartige Erscheinung gerade noch zusätzlich hervor. Ich wollte, Ihr hättet seine Predigt hören können. Sie brachte uns alle mehr oder weniger zum Weinen."[891] Die Presse berichtete vielfältig über das große Ereignis von Edgbaston. „Er sprach langsam und mit häufigen Pausen, so, als würde er unfähig fortzufahren", hieß es in einer Zeitung, „seine Rührung machte in Verbindung mit seiner physischen Schwäche den Großteil dessen, was er sagte, unhörbar außer für die, die ihm ganz nahe standen … Das Schauspiel des ehrwürdigen alten Mannes, dessen individueller Wert mehr geachtet wurde als seine kirchliche Würde" habe die Menge völlig ergriffen.[892]

Doch Newman erholte sich in seiner gewohnten Umgebung alsbald und beantwortete in den folgenden Monaten unzählige Briefe und Grußadressen. Noch im selben Monat Juli ehrten ihn die Schüler der Oratory School mit ihren Darbietungen; im August wurden ihm die Glückwünsche verschiedener katholischer Vereine und Vereinigungen Englands überbracht. Er antwortete jeweils in der ihm eigenen differenzierten und gedankenreichen, aber nichtsdestoweniger herzlichen und bescheidenen Art, mit der er allem Lob gegenüber distanziert reagierte. So zeigen es die von William Neville, seinem Sekretär,

---

[890] Der Textwurde von William Neville als Nachschrift der Begrüßungspredigt aufgezeichnet: WW II,47i.
[891] Trevor II, 575.
[892] Trevor II, 575.

gesammelten Ansprachen, die er später in Buchform herausgab.[893] Allein am 15. August, dem Fest Mariae Himmelfahrt, wurden Newman fünf verschiedene Glückwunschadressen dargebracht. Der Marquis von Ripon, der an jenem Tag vom frühen Morgen an dabei war - Newman selbst feierte die Heilige Messe um acht, das Hochamt war um zehn Uhr, - hielt seine Eindrücke in seinem Tagebuch fest: „Die Antworten des Kardinals waren höchst interessant und zum Teil äußerst ergreifend ... Es schien ihm gut zu gehen, aber er war schwach und deutlich älter als das letzte Mal, da ich ihn sah. Wie immer war seine Bescheidenheit das beeindruckendste Merkmal: Die Art und Weise, wie er in seinen Antworten auf die Grußansprachen das ihm gezollte Lob zur Seite rückte, indem er es einmal auf den Heiligen Vater bezog, dann auf die Würde des Kardinalats, ein anderes Mal durch direkte Zurückweisung, es ein anderes Mal in Tadel verwandelte, wie, als er sagte: 'Vielseitig zu sein, heißt oberflächlich sein', war einfach wunderschön. Seine Beschreibung der Kirche als 'das ökumenische Reich' war sehr packend -; dann wiederum (beeindruckte) seine vollkommene Einfachheit, wenn seine Patres und die Novizen ihn einfach nur 'Father' ... nannten ... Es gab (eine Abendandacht mit) Segen um einhalb neun Uhr. Ich kniete neben einem Arbeiter, der mit schmutzigen Händen frisch von der Arbeit gekommen sein mußte und der ohne Buch perfekt die lateinischen Hymnen sang."[894]

Im November besuchte Newman Oxford. Er brachte dieses Mal seine gesammelte Korrespondenz mit John Keble mit und stiftete sie persönlich dem dortigen Keble College. Er besuchte auch Edward B. Pusey und eine Reihe von anderen Leuten. Manche traf er bei seiner spontanen Visite nicht zu Hause an, wie etwa den anglikanischen Pfarrer Octavius Ogle (1829 - 1894), dem er dann lediglich durch die Verwandten, die ihm die Tür öffneten, Grüße hinterließ. Erst im nachhinein fiel ihm ein, daß er sich zwar nach ihm, aber nicht nach seiner Frau erkundigt habe; so entschuldigte er sich in einem Brief zwei Tage später: „Ich war entzückt, Ihre Nichten zu sehen - aber, als ich von ihren lieblichen Gesichtern Abschied genommen hatte, überkam es mich: Ach, ach, wie ungehörig habe ich Ihrer Frau gegenüber gehandelt, indem ich nicht fragte, ob *sie* zu

---

[893] W. Neville, Hrg., Addresses to Cardinal Newman with his Replies 1879 - 1881, London 1905.
[894] LD XXIX, 168.

Hause war, nachdem ich erfahren hatte, Sie seien es nicht. Aber das hohe Alter ist voller Absurditäten - und gerade, wie ich Treppenstufen hinabpurzle, so bin ich in der Lage, alle Arten von Fehlern zu begehen, besonders, wenn ich außer Haus bin und mich unter Umständen befinde, die ich nicht gewohnt bin. Würden Sie das bitte Ihrer Frau erklären ..."[895] Ogle war aufs tiefste von Newmans Aufmerksamkeit selbst für diese einfachsten Dinge gerührt. In seinem Antwortbrief sagte er unter anderem: „Ich frage mich, ob Sie wissen, wie sehr Sie von England geliebt werden. Ich frage mich, ob irgend ein Mensch, zumindest zu unserer Zeit, überhaupt von England so geliebt worden ist - von allen religiös Gesinnten in England. Selbst die Glaubensgegner werden sanfter durch ihr Gefühl für Sie. Und ich frage mich, ob diese außerordentliche und unvergleichliche Liebe nicht genützt werden könnte und sollte als ein Mittel, um alle Engländer, die gläubig sind, in eine Herde zusammenzufassen. Ich kann mir kein mächtigeres und wahreres Eirenikon vorstellen. ..."[896]

Als es auf Weihnachten 1879 zuging, schenkten ihm die alten Freunde William J. Copeland, Richard W. Church, Lord Blachford und andere eine Kutsche, um ihm angesichts seiner fragilen gesundheitlichen Konstitution und seines neuen Standes ein eigenes Gefährt zur Verfügung zu stellen.

In den ersten Monaten des Jahres 1880 hatte sich Newman bei Stürzen im Hause zweimal Rippenbrüche zugezogen. So mußten die öffentlichen Empfänge, die im Norfolk-Haus in London vorgesehen waren, auf die zweite Maiwoche verschoben werden. Am 12. Mai hielt Newman dort vor der „Katholischen Union" bei ihrer Halbjahresversammlung eine weithin in der Presse beachtete Ansprache „Über die Bekehrung Englands zum katholischen Glauben". Eingangs räumte Newman mögliche Mißverständnisse einer politischen Deutung seines Themas aus. Er sehe sich vielmehr in der Tradition der katholischen englischen Martyrer des 16. Jahrhunderts, die für ihre Landsleute und deren Bekehrung gebetet hätten. Er setze nicht auf eine wunderbare plötzliche Verwandlung der

---

[895] LD XXIX, 194/195.
[896] LD XXIX, 195, Anm. 1. - Octavius Ogle war der Sohn von einem der Tutoren des Trinity College aus Newmans Studienzeit und war seiner Vater mit Newman befreundet worden. Schon 1865 hatte er den Vorschlag überlegt, ob Newman nicht „zu einem unserer Colleges in positive Beziehung gebracht werden" könne: LD XXI, 376. Octavius Ogle war anglikanischer Geistlicher und gehörte zum Gelehrtenkollegium Oxfords.

"DAMIT ER EUCH ERHÖHT, WENN DIE ZEIT GEKOMMEN IST" (1877 - 1890)

herrschenden Verhältnisse, sondern empfehle, daß man für das Gebet jeweils ein konkretes und naheliegendes Ziel auswähle,

"und das wäre, wenn es sehr genau formuliert werden soll, nicht die Bekehrung Englands zur katholischen Kirche, sondern das Wachstum der katholischen Kirche in England." Katholiken sollten durch ihr Beten nichts Plötzliches, Gewaltsames, nichts offensichtlich Mirakulöses anstreben, nichts, das mit dem freien Willen und der Würde ihrer Landsleute unvereinbar sei, "nichts, das nicht mit dem majestätischen Gang des langsamen, aber sicheren Triumphes der Wahrheit und des Rechts in dieser turbulenten Welt in Einklang stehe. Sie würden nach dem allmählichen, stetigen und gesunden Fortschreiten der Katholizität durch ordentliche Mittel und Wege Ausschau halten, also wahrscheinlich Akte und Vorgehensweisen, die gut und heilig sind. Sie würden um die Bekehrung von Einzelpersonen beten, und zwar für eine große Zahl von ihnen und aus allen Schichten und Klassen und für jene besonders, die in ihrem Glauben und in ihrer Hingabe der katholischen Kirche am nächsten seien ..." Newman schloß in der für ihn charakteristischen Weise, die eigene Unzulänglichkeit zu betonen: "Ich könnte kein bedeutenderes Thema gewählt haben, um es zu Ihrer Kenntnis zu bringen; aber in dem Maß, in dem ich seine Bedeutsamkeit verstehe, ist mir bewußt, daß es eine weit bessere Darstellung verdient, als ich sie ihm gegeben habe."[897] So berichteten es jedenfalls wörtlich die Zeitungen.

Obgleich Newman in London eine ganze Woche hindurch Tag für Tag zum Teil hunderte von Personen, Priester, Ordensleute, Laien zu Grußadressen und in Audienzen begegnet war, schloß er nach einer Erholungspause von einer Woche ein Besuchswochenende in Oxford an, bei dem er dem Trinity College einen offiziellen Besuch als Kardinal abstattete. "An jenem Abend (Samstag, den 22. Mai) wurde in den Gärten

---

[897] John Sinkins, Hrg. (?), Sayings of Cardinal Newman, London o. J., 390 - 396. Es handelt sich um eine Sammlung von Zeitungsberichten über Newmans öffentliche Reden von 1849 - 1890. Das schmale Bändchen von 75 Seiten beginnt mit der Seitenzählung 329 und endet auf der Seite 404. Die zitierte Rede über die Bekehrung Englands vgl. 390 - 396. Vgl. dazu LD XXIX, 429f.

von Trinity zu seinem Willkommen ein Unterhaltungsabend geboten. Der Kalksteinweg war mit Lampen erleuchtet und der Speisesaal in einen Gesellschaftssalon umgewandelt und mit Blumen geschmückt. Dort fand ein Festbankett zu Newmans Ehren statt. Am Dreifaltigkeitssonntag nahm Newman am Hochamt der wenige Jahre zuvor neu erbauten Aloysius-Kirche teil, wo inzwischen die Jesuiten mit Henry James Coleridge (1822 - 1883) die Seelsorge innehatten. Newman predigte am Vormittag über den Dreieinen Gott und am Abend über den Guten Hirten. Der Dreifaltigkeitssonntag fasse die Geschichte Jesu auf Erden, wie sie im liturgischen Jahr seit Advent gefeiert worden sei, zusammen, begann Newman seine Predigt am Vormittag. Einerseits sei es ganz leicht, Gott als Vater im Glauben zu erfassen, ebenso Jesus Christus als Sohn Gottes und schließlich Gott als Heiligen Geist. Die Schwierigkeit beginne, wenn diese einfachen Aussagen in Eins zusammengefaßt werden sollen, umso den Einen wahren Gott zu erfassen. Das sei schon die Schwierigkeit gewesen, die Arius im 4. Jahrhundert gehabt habe, der bestimmte Wahrheiten auf seine persönliche Weise zu vereinigen suchte, deren Zusammenhang menschliches Denken übersteige. Damit sei er in einer Irrlehre gelandet, führte Newman aus und berührte damit das Thema jener ersten Monographie, die er an diesem Ort fast fünf Jahrzehnte zuvor verfaßt hatte.[898] Jetzt war seine Sprache und Absicht eher darauf gerichtet, überhaupt Verständnis für Gottes Botschaft zu suchen. Das unerforschliche Geheimnis Gottes - weshalb hatte er es den Menschen offenbart? Hätte er es nicht getan, wie unwissend würden wir uns von hier in eine uns völlig unbekannte Welt begeben? Wohin würde die Menschheitsgeschichte treiben, ohne die Bekundung und Erfahrung der Liebe Gottes? Die Eingeschlossenheit in seine einsame Existenz würde den Menschen in den Wahnsinn treiben. So sollten sie jetzt darüber nachdenken, welches ihr Seelenzustand hernach wäre, wenn sie nichts hätten, worauf sie sich verlassen können, wenn sie nichts hätten, wohin sie gehen könnten, wenn sie niemand hätten, zu dem sie beten könnten, falls sie in diesem Leben nicht gebetet hätten.[899] Am Nachmittag ging Newman, begleitet vom

---

[898] The Arians of the Fourth Century, London 1833
[899] Sayings of Cardinal Newman, London o. J., 382 - 386. Die Wiedergabe der Predigt als Zeitungsbericht zeigt die Undeutlichkeit der konkreten Details in den Formulierungen, gibt jedoch gleichwohl einen Eindruck von dem Stil, der sich auf die Verstehensvoraussetzungen der Hörerschaft ausrichtet.

Präsidenten und einigen Fellows, durch das Trinity College und suchte seine alten Räume auf, die jetzt von einem Douglas Sladen bewohnt wurden, sprach mit ihm über die Unterschiede des Studentenlebens zu seiner Zeit und in der Gegenwart. „Ein bleicher, kleiner alter Mann mit einem runzeligen Gesicht und einer großen Nase ..., der mich mit seiner auserlesenen Bescheidenheit verlegen machte", erinnert sich der Student später.[900]

Im Herbst des Jahres 1880 machte sich Newman wieder an die Weiterarbeit zur Vorbereitung der Neuausgabe von „Ausgewählten Abhandlungen des heiligen Athanasius in der Kontroverse mit den Arianern". „Dieser unerwartete Zwischenfall hat 'dem Athanasius' der Sache nach geschadet. Es ist ein großer Kummer für mich", hatte er an W. J. Copeland geschrieben und jener hatte ihn bestärkt: „Es ist zutiefst interessant zu sehen, wie Du bis zum letzten dem treu bist, was in einem höheren Sinn Deine 'erste Liebe' genannt werden darf."[901] - So blieb Newmans Befassung mit der Lehre von der wahren Wesenheit Jesu Christi als Gottessohn und Menschensohn, wie er sie besonders bei Athanasius in seinem Kampf gegen Arius kennengelernt hatte, das Thema, das in veerschiedenen Abständen gewissermaßen sein ganzes Leben durchzog. Denn die Glaubensauseinandersetzungen des 4. Jahrhunderts waren schon Gegenstand seines ersten Buches über „Die Arianer des vierten Jahrhunderts" (1833) gewesen, wie wir bereits erwähnten, und die 4. Auflage der „Ausgewählten Abhandlungen des heiligen Athanasius", an der er später arbeitete, erschien 1887. Zu Athanasius, dem Kirchenvater des 4. Jahrhunderts, hatte Newman das Verhältnis ehrfürchtiger Verehrung, als er ihn als den nach den Aposteln wichtigsten Glaubenszeugen bezeichnete. Er bewunderte nicht nur dessen Kraft in der mehrfachen Verbannung, als er „von Stätte zu Stätte heraumgejagt wurde".[902] Newman spürte auch eine innere geistliche Verwandtschaft zu Athanasius, „insofern, als dieser große Theologe nur schrieb, wie er es tat, wenn er einen Ruf zum Schreiben hatte".[903]

---

[900] Ker, 726.
[901] LD XXIX, 103.
[902] Ath I, VI - VII; vgl. G, 78.
[903] Vorwort zur 3. Auflage: Die 3. Auflage der „Select Treatises of St. Athanasius in Controversy with the Arians" wurde am 2. Februar 1881 abgeschlossen. Zum Vorwort

„DAMIT ER EUCH ERHÖHT, WENN DIE ZEIT GEKOMMEN IST" (1877 - 1890)

„Wie Ehrfurcht gebietend ist das stille Schreiten der Zeit - so still und doch so sicher; wie ein anwesender Repräsentant des höchsten Wesens oder sogar ein Aspekt oder ein Attribut von ihm, der der Ewige ist. Über Jahre habe ich danach Ausschau gehalten, achtzig zu sein, und jetzt ist es so weit,"[904] schrieb Newman Anfang Februar 1881 an einen Freund. In jenen Februartagen bestätigte er die Anordnungen über seine Beisetzung und die Inschrift für seine Votivtafel.[905] Am Geburtstag selbst hielt Newman zum ersten und einzigen Male ein Pontifikalamt. Die Flut der Glückwunschbriefe beantwortete er an alte und neue Freunde oft in wenigen Zeilen. Dem Dichter und Jesuitenpater *Gerard Manley Hopkins* schrieb er: „Sie führen ein Leben höchster Selbstverleugnung und müssen Verdienste aufhäufen. Es beschämt einem, daran zu denken." Und bezugnehmend auf eine seiner Fragen antwortet Newman in Kurzform: „Ich habe wenig von Carlile gelesen und noch weniger von George Eliot, aber ich habe immer Carliles 'Französische Revolution' sehr bewundert und denke wie Sie, daß George Eliot, so groß ihre Fähigkeiten auch sein mögen, gleichwohl überbewertet wird. ...Eine Seite von Carlile zählt für viele von G. Eliot."[906] Dem Weihbischof von Birmingham, *Edward Ilsley* (1838 - 1926), der später Ullathornes Nachfolger werden sollte, dankt er für die Gebete der Seminaristen, von denen er geschrieben hatte, und fügte hinzu: „Ein langes Leben ist wie eine lange Leiter, die gefährlich unter den Füßen des Menschen, der darauf hinaufsteigt, schwingt und federt, je höher er geht. Und wenn es jemanden gibt, der Gebete um Beharrlichkeit nötig hat, dann ist es ein Mann mit achtzig."[907]

Ende Juni, Anfang Juli 1881 verbrachte Newman wie im Vorjahr zwei Wochen zu Besuchen in London. Schon letztes Mal hatte er die Mitbrüder im Brompton-Oratorium besucht und sie an seiner neuen Position in der Kirche teilhaben lassen. Dieses Mal folgte er ihrer Einladung, auch dort zu wohnen. Er brachte ihnen mehrere Bände seiner Bücher als Geschenk mit und schrieb eine lateinische Widmung zum Dank für ihre

---

im 1. Band vgl. LD XXIX, 335, wo er von der Mühe schreibt, die Fußnoten der vorherigen Ausgabe jetzt „in einen substantiösen Text zu verwandeln ., eine mühseligere (Arbeit) als die Übersetzung in eine Fremdsprache ..."
[904] LD XXIX, 335.
[905] BG, 361: 13. Februar 1881
[906] LD XXIX, 340.
[907] LD XXIX, 340.

Gastfreundschaft: „Meinen Gastgebern, den Patres des Londoner Oratoriums, die mich in diesen Tagen ebenso mit Liebe wie mit Sorgfalt aufgenommen haben."[908] So hatte er bei dieser Gelegenheit zu einem Ort kleinlicher Streitereien und großer Gerüchte, die ihm nicht selten das Leben vergällt hatten, durch eine großzügige Geste in persönlicher Begegnung von Mensch zu Mensch eine friedvolle Beziehung geschaffen. - Einer der Gründe für Newmans Londoner Aufenthalt war die Einladung von John Everett Millais (1829 - 1896). Millais war bereits als Mitbegründer der Präraphaeliten ein bekannter Künstler, und Newman wußte es zu schätzen: „Ich soll die Ehre haben, bei Ihnen für mein Portrait zu sitzen." Angetan mit dem vollen Kardinalpurpur, dessen schimmerndes Licht Millais ebenso auffing, wie er die vergeistigten Züge von Newmans Antlitz herausarbeitete, erhielt er so das prächtigste der zahlreichen Portraits jener Jahre. „Mr. Millais denkt, sein Portrait sei das beste, das er geschaffen hat, und dasjenige, mit dem er wünscht, in die Nachwelt einzugehen. Jeder, der es gesehen hat, ist davon beeindruckt. Er vollbrachte es in wenigen kurzen Sitzungen."[909] Newman hatte die Gelegenheit seines Londoner Aufenthaltes auch dazu benutzt, Freunde zu besuchen oder zu empfangen, wie Tom Mozley, Lord Blachford (Frederic Rogers). Auch dem Hause Kardinal Mannings stattete er einen Besuch ab.

Gewißheit und Zweifel in Theologie und Naturwissenschaft

Newman bestritt von Zeit zu Zeit, ein Theologe zu sein. „Ich bin wirklich und wahrhaftig kein Theologe. Theologe ist einer, der die Theologie beherrscht - der sagen kann, wieviele Meinungen es über jeden Punkt gibt, welche Autoren sich zu dieser oder jener Meinung bekannt haben und

---

[908] LD XXIX, 390: „Hospitibus meis patribus Oratorii Londonensis, qui me in his diebus tam amanter, tam sedulo exceperunt, haec qualiacumque ego, Joannes Henricus, Cardinalis Newman d. d. in fest. Visit. B. M. V. 1881."
[909] LD XXIX, 398. das Original befindet sich in der National Portrait Gallery London. - Im selben Jahr 1881 entstand im Auftrag der Pfarrgemeinde des Oratoriums in Edgbaston/Birmingham ein Portrait von Walter William Ouless (1848 - 1933), der auch zwei weitere Portraits von Newman mit dem Kardinals-Pileolum schuf für das Oriel College und für das Trinity College, Oxford.

welche die beste ist - ... Wer in einer Reihe von Jahrhunderten die Geschichte der Lehren verfolgen und die Prinzipien früherer Zeiten auf die Bedingungen der Gegewnart anwenden kann. Das ist nötig um Theologe zu sein - dies und noch hundert Dinge dazu ..."[910] In Wirklichkeit war Newman jedoch ein Gottesgelehrter von großer Originalität und aus dem Innersten seines Herzens, der im selben Zusammenhang sagen konnte: „Wie der heilige Gregor von Nazianz gehe ich gern meinen eigenen Weg ...". In der Tat, wer die feierliche Aufnahme in das Kardinalkollegium der katholischen Kirche als „einen Zwischenfall" bei seinen historischen Studien über die Christologie des heiligen Athanasius einstuft, bezeugt damit seine unvergleichliche Liebe zur Entwicklung der Offenbarung Gottes in der Geschichte der Kirche. Dazu paßt auch die Tatsache, daß Newman ein über 55 Seiten langes Briefmanuskript von William Froude, einem Bruder seines frühen Freundes Richard Hurrell Froude, exzerpierte und den Text mit nach Rom nahm. Er wollte dem naturwissenschaftlich und technisch orientierten Freund, der in religiösen Fragen ein Skeptiker war, antworten, so bald es die Zeitumstände erlaubten. So kam es, daß Newman die Tage zwischen seinem ersten Besuch bei Leo XIII., am 27. April, und dem geheimen Konsistorium, am 12. Mai, zu einem guten Teil der Auseinandersetzung mit Glaubensgewißheit und Zweifel im Zeitalter der Technologie widmete. Er begann die Antwort damit, daß er zeigte, in manchen Grundsätzen stimme er mit dem überein, was der Ingenieur und Skeptiker William Froude als Grundlagen und Voraussetzungen naturwissenschaftlichen Denkens betonte: Etwa wenn, er sage, jeder Wissenschaftler hege einen Rest von Zweifel auch gegenüber den bestens erwiesenen wissenschaftlichen Wahrheiten. Er als Theologe messe der Tatsachenerfahrung mindestens eine genauso große Bedeutung zu wie Froude. Ja, er gehe darüber hinaus, insofern er konkrete Dinge für nicht beweisbar halte, sondern nur in Aussagen repräsentierbar: „Niemand kann Dinge, die außerhalb des Geistes existieren und ihm durch Erfahrung bekannt sind, vollständig definieren", zitiert Newman aus dem Brief von William Froude und verweist auf seinen eigenen diesbezüglichen Grundsatz im „Essay über die Entwicklung der christlichen Lehre" und besonders in der „Grammar of Assent": „Konkretes läßt sich nicht beweisen."[911] Für

---

[910] Brief v. 10. 2. 1869: B 530
[911] LD XXIX, 112 - 120; vgl. dort auch die Belegstellen.

Newman zentral: „Wir unterscheiden uns in der Bedeutung und im Gebrauch des Wortes *gewiß*. Ich gebrauche es vom Verstand, Sie von Sätzen. Ich gestehe völlig die *Ungewißheit* aller Schlußfolgerungen in Ihrem Sinn des Wortes zu, halte jedoch daran fest, daß sich der Geist nach meiner Auffassung über Schlußfolgerungen *gewiß* sein kann, die in Ihrem Sinn *ungewiß* sind"

Von der Gewißheit zum Zweifel: „Ihre Auffassung des Wortes 'Zweifel', nämlich eine Erkenntnis und ein Urteil, daß der Beweis nicht ganz vollständig ist, bezieht sich auf alle Aussagen; das würde ich genauso behaupten wie Sie. Wenn Sie jedoch meinen, daß die Gesetze des menschlichen Geistes ihn nicht veranlassen und zwingen, Aussagen, die nicht logisch aufgewiesen sind, als wahr zu akzeptieren und ihnen absolut zuzustimmen, halte ich das für ein so großes Paradox, daß alle wissenschaftlichen Philosophen in Europa selbst bei ihrem vereinten Zeugnis nicht in der Lage wären, mich das glauben zu machen." Newman greift ein Beispiel auf, das er schon in der Grammar of Assent benützt: „Daß Großbritannien eine Insel ist, ist eine geographische, wissenschaftliche Wahrheit. Wissenschaftler sind sich dessen gewiß; sie haben in ihrem Verstand keinerlei Zweifel darüber ..." Selbst, wenn eine anerkannte wissenschaftliche Autorität versuchen würde, das Gegenteil darzustellen, würden sie zwar vielleicht aus Anstand seinen Argumenten lauschen, aber ihre Gewißheit nicht verlieren. „Was Wissenschaftler in Bezug auf Großbritannien glauben, daß nämlich seine Insellage eine absolute Wahrheit ist, das glauben wir in Bezug auf die Göttlichkeit des Christentums." Auch er würde zwar den Argumenten der Ungläubigen fairerweise zuhören, meint Newman, aber ohne seine Überzeugung, daß das Christentum eine wahre und göttliche Botschaft sei, in Gefahr zu sehen. Newman zielt darauf, daß Philosophen und Naturwissenschaftler ebenso wie Theologen Wahrheiten als gewiß betrachten, die nicht logisch bewiesen sind. „Ich halte dafür, daß ein Folgerungsakt vom Zustimmungsakt verschieden ist", sagt Newman und verweist auf eine spezifische Fähigkeit des Geistes, die er in anderem Zusammenhang als Folgerungssinn bezeichnet hat (Illative sense)[912]. Mittels ihrer entscheidet der Mensch, ob er „jenseits technischer Regeln ...von der Folgerung zur

---

[912] Vgl. dazu, was wir im Kapitel „Über Glaube, Vernunft und Gewißheit" aus Newmans „Grammar of Assent" aufgegriffen haben

Zustimmung übergeht und wann und unter welchen Umständen nicht ..." Mit dieser Geisteskraft - der aristotelischen Phronesis entsprechend - forme doch auch der religiöse Skeptiker seine Überzeugungen, aus denen er etwa die Nutzlosigkeit des Gebetes, die Ablehnung ewiger Höllenstrafe, die Unhaltbarkeit von Buße und Sühne u. a. für *gewiß* halte und als Argumente in der Auseinandersetzung zum Ausdruck bringe. „Ich werde also zu der Folgerung geführt, daß Sie ... zwei meines Erachtens höchst bedeutsame Prinzipien in dieser Sache festhalten: 1. daß es eine Fähigkeit des Geistes gibt, die ihr Denken in einer höheren Weise einsetzt als lediglich um die Stärke der Schlußfolgerung aus der Stärke der Prämissen zu ermessen; und 2. daß der Geist die Kraft hat, ethische Fragen zu bestimmen, die als Hauptprämissen zu Schlußfolgerungen dienen, ohne von der Erfahrung abhängig zu sein. Und jetzt füge ich ein 3. hinzu, das genauso bedeutsam ist: der allmähliche Prozess, in dem große Folgerungen sich dem Geist aufdrängen ... (Gradualität)." - In Bezug auf die stufenweise Erfassung von Wahrheit sieht Newman wieder Gemeinsamkeit mit William Froude, jedoch auch eine Differenz. „Ich bedenke, wenn ich den Gedankenverlauf, auf Grund dessen ich im Katholizismus gelandet bin, zusammenfasse, daß er in drei Thesen besteht: Daß es eine Offenbarung gegeben hat oder geben wird, daß das Christentum diese Offenbarung ist und daß ihr legitimierter Ausdruck der Katholizismus ist; und daß diese Thesen sich natürlich gegenseitig bestärken."

In diesem Zusammenhang macht Newman auf einen grundlegenden Unterschied zwischen Denken und Erfahrung, Theorie und Lebenspraxis aufmerksam, die für ihn in der Weise seines Predigens wie im Dialog mit Glaubensuchenden spezifisch ist.

> „Dies ist nur die Weise, wie ich Außenstehenden eine zusammenfassende Idee meiner Argumentationslinie geben würde, nicht, als sei ich selbst durch abstrakte Thesen unmittelbar überzeugt worden. Ich habe gewiß in meinem Essay of Assent auf nichts ernstlicher insistiert als auf der Notwendigkeit, abstrakte Thesen konkreten (Lebensvorgängen) gründlich hintanzustellen. Die Kraft der Religion wird doch in der Erfahrung des täglichen Lebens erlernt. Sie werden sagen, daß Deismus oder Skeptizismus aufgrund eben dieser Erfahrung erlernt werden. Natürlich! Aber

ich argumentiere gar nicht, sondern stelle fest, was meine Einstellung ist ... - Und ich wiederhole: Nicht durch Schlußfolgerungen oder andere logische Prozesse werden Schlüsse gezogen, denen man vertrauen kann, so daß sie unsere Zustimmung hervorrufen, sondern durch jenes minutiöse, fortgesetzte, erfahrungsbezogene Denken, das auf Papier nicht gut aussieht, das aber in aller Stille in einem überwältigenden Beweis aufgipfelt und das uns, - wenn unser Ausgangspunkt wahr ist, - zu einem wahren Ergebnis bringt. - So geschieht es, daß ein Mensch vom Skeptizismus, Deismus, Methodismus, Anglikanismus in die katholische Kirche geführt wird, während Gott durch all diese Wechsel hindurch bei ihm ist ... Und er wird einfach lachen und spotten über Ihre Lehre, daß seine Beweislage notwendigerweise defizient ist und daß wissenschaftliche Autoritäten sich darüber einig sind, er könne sich nicht gewiß sein."

Eine weitere entscheidende Parallele sieht Newman zwischen der Struktur der Naturwissenschaften und der Theologie: „So, wie Newtons Theorie die Entwicklung der Bewegungsgesetze und der ersten Prinzipien der Geometrie darstellt, so ist das Gesamt der katholischen Lehre der Ausfluß der apostolischen Predigt." Von da her würden beide großen Wert auf maßgebliche Autoritäten legen, die dieser Entwicklung durch ihre Expertenschaft bzw. ihren theologischen Instinkt in besonderer Weise vorangetrieben hätten. Deshalb gelte: „Was Sie von der mechanischen Naturwissenschaft sagen, sage ich ganz betont von der Theologie; daß sie nämlich immer lebendig, ihrer eigenen fundamentalen Ungewißheiten bewußt, fortschreitet.'" -

Newman läßt zwei Seiten seines pastoralen Anliegens bei aller Wissenschaftlichkeit der Darstellung nicht außer acht. Er greift einerseits das Argument von William Froude auf, mit dem dieser an den Standpunkt seines Bruders Hurrell erinnert: „Wer immer von Herzen sein Bestes tut, um Gottes Willen zu vollbringen, soweit er ihn kennt, werde auf göttliche Weise zu einem klaren Wissen der theologischen Wahrheit geführt." Newman stimmt zu: „Nun, das ist es, was ich in allem, was ich geschrieben habe, zum Ausdruck brachte oder impliziert habe." Wem es ernst ist um sein Heil, der wird es finden, auch wenn ihm seine

Schwierigkeiten gegenüber dem christlichen Glauben unüberwindlich erscheinen. - Wenn es jedoch - und das ist die andere Seite pastoralen Engagements - bei einem Menschen nur um unwichtige Differenzpunkte zwischen seiner Überzeugung und dem Glauben der katholischen Kirche gehen würde, er beispielsweise „nicht darüber hinwegkommen würde, (daß) der Drache in der Apokalypse rot sei und auch die Farbe der Kardinalsgewänder rot sei, dann würde ich sagen, es wäre die Pflicht eines Freundes, ihm mitzuteilen, daß er seine Schwierigkeiten durch einen kräftigen Willensakt zur Seite räumt und katholisch wird." In einer abschließenden Zusammenfassung greift Newman die spezifisch religiöse Gewißheit noch einmal auf: „Ich glaube, daß der moralische Lenker der Welt den natürlichen Bemühungen (des Menschen), die religiöse Wahrheit zu finden, übernatürliche Hilfe angedeihen läßt, was er den Forschern in der Theorie der Naturwissenschaften nicht gewährt; daß die Vernunft, die in jedem Forschungsbereich notwendig ist, um Wissen zu erlangen, im Bereich der Religion von ihm geführt und erleuchtet wird, um zu richtigen Ergebnissen zu gelangen, während sie im Bereich der Kunst und Wissenschaft keine übernatürliche Förderung erfährt. Und die Bedingung zur Erlangung solcher Hilfe ist der Glaube, das Sich-Verlassen auf Ihn und die Geisteshaltung des Gebets. Dieses Sich-auf-Gott-Verlassen ist nach meinem Verständnis ebenso wirklich eine Eigenschaft des Geistes und ein primäres Element des Verpflichtungssinnes wie Gerechtigkeit oder Wohlwollen." Hier läßt Newman für seinen Freund William Froude ebenso wie den Lesern des Essay über die Zustimmungslehre deutlich werden, daß der Sinn für Verantwortung und Verpflichtung, also der Gewissenssinn des Menschen die Befähigung enthält, sich auf Gott hin zu ver-lassen und die Befähigung, gut und böse zu unterscheiden: den Sinn für Gerechtigkeit. So wiederholt Newman den im Gewissen gegebenen Zusammenhang von Ethos und Religion einerseits wie den im Verstand gegebenen Zusammenhang von Naturwissenschaft und Theologie anderseits. Wenige Jahre später wird er in der Kontroverse mit A. M. Fairbairn noch einmal und abschließend die Thematik „Glaube und Vernunft" behandeln. - Der Brief an William Froude erreichte den

Adressaten nicht mehr. Er war während seiner Südafrikareise genau zur Zeit der Abfassung gestorben.[913]

Am 4. August 1879 veröffentlichte Papst Leo XIII. die Enzyklika *„Aeterni Patris"* über die grundlegende Bedeutung der Philosophie und Theologie des Thomas von Aquin für die katholische Kirche. Newman, der 1846/47 den Mangel einer guten Theologie und Philosophie in Rom beklagt hatte, war über diese Amtshandlung des neuen Papstes noch während des ersten Jahres seiner Leitungstätigkeit an der Spitze der Kirche hocherfreut und teilte seine Gründe dem Papst persönlich mit. „Alle guten Katholiken müssen es als eine erstrangige Notwendigkeit empfinden, daß die geistigen Tätigkeiten, ohne die die Kirche ihre übernatürliche Sendung nicht erfüllen kann, sowohl auf umfassende wie wahre Prinzipien zu gründen sind, daß die geistigen Erzeugnisse ihrer Theologen, ihrer Verteidiger und ihrer Pfarrer in der katholischen Tradition der Philosophie wurzeln und nicht von einer neuen und schlechthin originellen Tradition ausgehen sollten, sondern in der Substanz mit der Lehre des heiligen Athanasius, des heiligen Augustinus, des heiligen Anselm und des heiligen Thomas übereinstimmen sollen, so wie diese großen Lehrer ihrerseits untereinander eins sind. – In einer Zeit, in der es so viel Geistesbildung gibt, so viele intellektuelle Anregung, so viele neue wahre und falsche Ansichten und so viele Versuchungen, die alte Wahrheit zu entstellen, brauchen wir genau das, was Eure Heiligkeit uns in Ihrem jüngsten Pastoralschreiben gegeben haben ..."[914]

---

[913] „Warum nahm William Froude die Lösung Newmans nicht an? – Die Erklärung dafür liegt jenseits aller Logik und der eigentlichen Wissenschaft, wie Froude sie verstand. Newman hatte die Antwort schon vorweg genommen in den University Sermons und kommt in der Grammar of Assent noch einmal flüchtig darauf zurück: 'Unser Kriterium der Wahrheit ist nicht so sehr die Handhabung der Sätze als vielmehr der intellektuelle und sittliche Charakter der Person, die sie behauptet.": Nicolas Theis, An den Quellen des persönlichen Denkens. Einführung in J. H. Newmans Grammar of Assent, in: NSt II, 1954, 165 - 218; 202f.

[914] LD XXIX, 212f. – Unübersehbar ist die in dieser Gedankenlinie liegende Enzyklika „Fides et Ratio" Johannes Pauls II. vom 14. Sept. 1998, in der über die bleibende Bedeutsamkeit des Inhalts der Lehre von Thomas von Aquin zu dem auf seine „Beziehung, die er im Dialog mit dem arabischen und jüdischen Denken seiner Zeit herstellen konnte", hingewiesen wird (Nr. 43). „Den Beweis für die Fruchtbarkeit einer solchen Beziehung (zwischen Philosophie und Theologie, G. B.) liefert die persönliche Geschichte großer christlicher Theologen, die sich auch als große Philosophen auszeichneten und Schriften von so hohem spekulativem Wert hinterließen, daß sie mit Recht neben die Meister der antiken Philosophie gestellt werden können. Das gilt sowohl für die Kirchenväter, von denen wenigstens die Namen des hl. Gregor von

Im Herbst 1881 herrschte in *Irland* ein kriegsähnlicher Aufstand der Einheimischen gegen die englischen Großgrundherren. Offensichtlich waren auch Priester auf der Seite der rebellierenden Bevölkerung. „Einige Mitglieder des römisch-katholischen Priestertums in England halten gewisse Predigten und äußern sich auch sonst in einer Weise, die meine Zeigungsausschnitte ausweisen", schrieb William E. Gladstone, damals Premierminister, an Newman und äußerte die Meinung, Newman könne vielleicht seinen Einfluß in Rom zur Mäßigung der irischen Auseinandersetzungen geltend machen. „Denn ich weiß sehr wohl, daß er (d. h. der Papst) die Mittel hat, sie zum Schweigen zu bringen."[915] Doch Newman war anderer Ansicht als der Premierminister. Was die politische Lage anging, hatte er schon im Oktober gesagt: „Was Irland angeht, wenn ich von dem aus urteile, was ich vor zwanzig Jahren in Irland gesehen habe, so ist es nicht eine Frage des Landes oder des Eigentums zwischen den beiden Nationen, sondern der Verbundenheit. ... Sie (die Iren, GB) sind zu einzelnen Engländern überaus warmherzig und freundlich, davon habe ich eindeutige Erfahrungen in meinem eigenen Fall. Aber ich glaube, ... es gibt nicht einen in der Nation, der anglophil ist." In Irland habe er von einem der Führer der Aufständischen gehört, „daß das Volk seit den Zeiten Heinrichs II. (1154 - 1198, GB) die englische Besetzung nie verziehen habe. Sie haben durch fortgesetzte Aufstände von damals bis jetzt dagegen protestiert ... Wir leiden teilweise für die 'delicta maiorum' (Vergehen der Vorfahren, GB), teilweise für unsere eigenen."[916] Infolgedessen hatte sich Newman auch eine theologische Meinung über die Situation gebildet, die er in der Korrespondenz mit William J. Walsh, dem Präsidenten des Patrick College in Maynooth, darstellte: Es ist nach den üblichen Kategorien der Moraltheologie „eine wahrscheinlich (sichere) Meinung, nach der deshalb der einzelne handeln darf, daß das

---

Nazianz und des hl. Augustinus genannt seien, als auch die mitelalterlichen Gelehrten mit dem großen Dreigestirn hl. Anselm, hl. Bonaventura, hl. Thomas von Aquin. Die fruchtbare Beziehung zwischen der Philosophie und dem Wort Gottes schlägt sich auch in der mutigen Forschung nieder, die von einigen jüngeren Denkern geleistet wurde. Unter ihnen möchte ich aus dem westlichen Bereich Persönlichkeiten nennen wie John Henry Newman, Antonio Rosmini, Jaques Maritain, Etienne Gilson und Edith Stein"(Nr 74). Charakteristisch für den slawischen Papst als Verfasser der Enzyklika ist es, daß er auch „aus dem östlichen Bereich . Gelehrte wie Vladimir S. Solov'ev, Pavel A. Florenskij, Petr J. Tschaadaev und Vladimir N. Lossky" nennt (ebd.)..

[915] LD XXX, 36.
[916] LD XXX, 9f.

irische Volk in fortgesetzter Weise seit der Zeit Heinrichs II. gegen die Souveränität Englands protestiert und sie zurückgewiesen hat und sie offenkundig nur zuließ, wenn sie zu schwach waren, um Widerstand zu leisten; und daher ist es keine Sünde, das zu sein, was im allgemeinen ein Rebell genannt wird."[917] Auf diesem Hintergrund überrascht es nicht, daß Newman sich außerstande sah, dem Ansinnen des Premierministers zu entsprechen. Er schrieb ihm: „Ich denke, daß Sie die Macht des Papstes in politischen und sozialen Angelegenheiten überschätzen. Sie ist in Fragen der Theologie absolut, aber nicht in praktischen Dingen. Wenn es in der Sache Irlands darum ginge, festzustellen, ob Rebellion oder Raub eine Sünde sei, könnten wir von ihm erwarten, daß er deren Leugnung unter Anathem setzen würde. Aber in konkreten Dingen, wo es darum geht, ob eine politische Partei unter Zensur gesetzt werden darf oder nicht, ist seine Handlungsweise nicht direkt und wirkt sich nur auf die Dauer aus."[918] Ein halbes Jahr später formuliert Newman in Bezug auf die Irlandkrise eine prophetische Bilanz: „Was die Zukunft angeht: Es scheint, als ob letzten Endes ein Gericht für seine jahrhundertealte Eingebildetheit und Selbstsicherheit über England komme."[919]

Vom Oktober 1881 bis zum Frühsommer 1882 bearbeitete Newman Manuskripte, die ihm ein Oxforder Freund, *William Palmer von Magdalen College (1811 - 1879)* testamentarisch in Rom vermacht hatte. W. Palmer, der in der Anfangsphase der 1830er Jahre als Tutor in Durham tätig war, hatte einen besonderen Beitrag zur Oxford-Bewegung geleistet. Er war 1840 und 1842 nach Rußland gereist, um bei Vertretern der russich-orthodoxen Kirche eine Bestätigung für die Zugehörigkeit der Anglikaner als Zweig zur wahren Kirche Jesu Christi zu erreichen. Der Versuch, der bis zur Interkommunion hätte führen sollen, schlug fehl. 1849 reiste Palmer in derselben Intention zu Gesprächen mit der orthodoxen Kirche nach Griechenland. Auch dort hatte er keinen Erfolg, selbst sein Versuch, zur dortigen Kirche zu konvertieren, wurde abgelehnt. Damit war sein Ziel, das er 1846 in einer Monographie zum Ausdruck gebracht hatte: „Harmonie der anglikanischen Lehre mit der Lehre der Ostkirche", praktisch gescheitert. Ein Jahrzehnt nach Newmans Aufnahme in die

---

[917] LD XXX, 32f.
[918] LD XXX, 37.
[919] LD XXX, 113.

römisch-katholische Kirche konvertierte William Palmer in Rom, wo er sich auch zu weiterer schriftstellerischer Arbeit niederließ. Bei seinem Tod hatte er noch nicht edierte Manuskripte Newman hinterlassen. Dieser sah seine Aufgabe darin, aus dem Vermächtnis von Palmer „Notizen eines Besuchs bei der russischen Kirche" unter diesem Titel herauszugeben. Im April 1882 war er so weit, daß er Palmers Bruder Edwin vom Christ Church College, Oxford, das Vorwort zuschicken konnte mit der Aufforderung, ohne Skrupel alles zu streichen, was ihm daran nicht behage. Doch dessen Antwort war voller Zustimmung: „Ich kann Ihnen nicht sagen, mit welcher Freude ich die Worte des Vorworts gelesen habe, das Sie mir freundlicherweise zusandten ... Ich wußte sehr wohl, daß darin keine Silbe sein würde, die ich verändert haben möchte .. Ich bin sicher, daß alle, die William gern hatten, mit mir einer Meinung sind."[920] Newman sah den bleibenden Wert dieser Aufzeichnungen vor allem darin, daß sie „einen sehr exakten Bericht vom Stand der russischen Kirche geben" und daß Palmer damals bei der orthodoxen Kirche „die Idee und die Wünschbarkeit der Einheit" der Christenheit aus der Sicht der anglikanischen Kirche bekannt machte.[921]

Am 2. März des Jahres 1882, als Newman bei der Beantwortung von Geburtstagsgrüßen zum 21. Februar über altersbedingte Schwierigkeiten beim Schreiben klagte, notierte er an den untersten Rand jener merkwürdigen autobiographischen Miniatur, mit der wir die Darstellung seines Lebens begonnen haben: „Und jetzt ein Kardinal, 2. März 1882."[922]

Worauf bezieht sich die Inspiration der Heiligen Schrift?

Der Theologiestudent Ernest Renan (1823 - 1892) verließ am 6. Oktober 1845 kurz vor seiner Subdiakonatsweihe das Priesterseminar von St. Sulpice in Paris; genau drei Tage, bevor sich John Henry Newman in die

---

[920] LD XXX, 76f.
[921] LD XXX, 6.
[922] SB 6. Sowohl die deutsche Übersetzung wie das englische Original haben als Jahreszahl 1884; das Manuskript zeigt aber eindeutig 1882.

römisch-katholische Kirche aufnehmen ließ. Wurde Newman einer der größten Glaubenszeugen für die Kirche in seinem Jahrhundert, so Renan einer ihrer größten Kritiker. Die Kritikfeindlichkeit der katholischen Kirche veranlaßte ihn, sich sich gerade mit allen Formen der historisch-kritischen Forschung zu befassen. Er entwickelte sich zu einem der bedeutendsten Orientalisten und Religionshistoriker seiner Zeit. In seiner siebenbändigen „Geschichte der Ursprünge des Christentums" stellte er gleich im ersten Band auf anstoßerregende Weise das „Leben Jesu" zur Diskussion.[923] Renans Erklärung, „daß die römisch-katholische Kirche in Sachen der Bibelkritik und der biblischen Geschichte keine Zugeständnisse macht," obgleich „etwa das Buch Judith eine geschichtliche Unmöglichkeit ist," seine Anschuldigung, daß damit von Katholiken eine Einstellung zur Schrift gefordert werde, die für Christen der protestantischen Kirchen längst nicht mehr existiere, war für Newman der Anlaß, das Problem der „Inspiration in ihrem Verhältnis zur Offenbarung" im Sommer des Jahres 1882 anzugehen[924]. Newman verfaßte einen Artikel, in dem er die grundlegenden Lehren der katholischen Kirche über die Inspiration der Heiligen Schrift nach seiner eigenen Sicht der Dinge zusammenfaßte. Er versandte den als Einzelschrift gedruckten Beitrag an verschiedene Bischöfe und Theologen, an deren Rat ihm gelegen war. William Clifford, dem Bischof von Clifton, unterbreitete er seine Auffassung, daß „wir nicht gebunden sind zu denken, Paulus habe den Hebräerbrief geschrieben, obgleich jedoch, der der ihn schrieb, inspiriert war."[925] Entsprechend den Anregungen, die er erhalten hatte, revidierte Newman seinen Text und veröffentlichte ihn 1884 in der Zeitschrift „The Nineteenth Century". Sein Anliegen war es, vor allem den gebildeten Christen Zweck und Ziel der Inspiration zu erschließen und damit zwischen berechtigten Rückfragen im Interesse des Glaubens und rationalistischen Infragestellungen zu unterscheiden. Nach Newman gehört die Inspiration in den Zusammenhang der Wahrheitsgarantie, die Gott für seine Offenbarung gibt. Das ergab sich für ihn schon aus dem

---

[923] La Vie de Jésus, Paris 1863. Vgl. Wilfrid Ward, Newman and Renan, in: Problems and Persons, London 1903; J. Guitton, Parallèles Renan et Newman, Aix en Provence 1938; G, 361 u. 546.
[924] Bereits 1861 - 1863 hatte Newman „An Essay on the Inspiration of Holy Scripture" verfaßt, das unveröffentlicht blieb: TP II, 3 - 98
[925] J. H. Newman, On Inspiration of Scripture, ed. J. D. Holmes - R. Murray, London u. a. 1967, 28.

Zusammenhang der unveränderlichen Prinzipien in seinem „Essay über die Entwicklung der christlichen Lehre" (1845).

Auf die Frage, welchen Dienst am Glauben der Glaubenssatz von der Inspiration der Heiligen Schrift leisten soll, antwortet Newman: „Die Sätze, auf die sie (d.h. die Kirche) uns verpflichten kann, daß wir sie mit einer inneren Zustimmung annehmen, sind der Inhalt jener Offenbarung der Wahrheit - geschrieben oder ungeschrieben - die durch unsern Herrn und seine Apostel in die Welt gekommen ist ... Der einzige Sinn, in dem die Kirche irgendeine These, mag sie biblischer oder anderer Art sein, . vertritt,... ist der, daß jene These ein Teil der ursprünglichen Offenbarung ist."[926] Es gibt zwei Glaubenssätze, die sich auf die Sicherung der Offenbarungsquellen beziehen, so Newman: der eine auf die Autorität der Heiligen Schrift, der andere auf ihre Interpretation. „Was die Autorität der Bibel betrifft, so glauben wir, daß sie in allen Dingen des Glaubens und der Sitten durchgängig von Gott inspiriert ist. In Bezug auf ihre Auslegung glauben wir, daß die Kirche in Bezug auf Glauben und Sitte die einzige unfehlbare Verkünderin jenes inspirierten Wortes ist." Damit kommt Newman zum zentralen Glaubenssatz, der vom Konzil von Trient und noch deutlicher vom I. Vatikanischen Konzil formuliert worden sei: „Es sagt, die gesamten Bücher (der Heiligen Schrift, GB) seien in allen ihren Teilen von Gott inspiriert. ... - Und jetzt kommt die wichtige Frage: In welcher Hinsicht sind die kanonischen Bücher inspiriert? Sicher nicht in jeder Hinsicht! Sonst wären wir verpflichtet zu glauben ..., daß der Himmel über uns sei und daß es keine Antipoden gäbe", weil das Weltmodell der Hebräischen Bibel die Erde als Scheibe betrachtete. Inwieweit sollen historische und naturwissenschaftliche Tatsachen überhaupt als inspiriert gelten, da sich die Offenbarung ja nur auf Glaube und Sitte beziehe? Dagegen weitet Newman den Blickwinkel, daß „die heilige Geschichtserzählung, die sich durch so viele Jahrhunderte hinzieht ..., der eigentliche Inhalt unseres Glaubens und die Richtschnur für unseren Gehorsam" geworden sei. „Und unter diesem Gesichtspunkt ist die Heilige Schrift nicht nur in Dingen des Glaubens und der Sitte inspiriert, sondern in allen Teilen, die auf den Glauben Bezug haben, die Tatsachen mit eingeschlossen." Da der einzelne Leser aber überfordert sei

---

[926] Vgl. dieses und die folgenden Zitate diese Abschnitts: J. H. Newman, Die Inspiration in ihrer Beziehung zur Offenbarung: G, 361 - 399, §§ 1 - 15.

„Damit er euch erhöht, wenn die Zeit gekommen ist" (1877 - 1890)

J. H. Newman, 1881: Ölgemälde von John Everett Millais. (National Portrait Gallery, London)

herauszufinden, was in der Bibel „didaktisch und was historisch, was Tatsache und was Vision, was allegorisch und was buchstäblich, was idiomatisch und was grammatisch exakt ist, was ausdrücklich verkündert wird und was nebenbei („obiter") hinzukommt, was nur für eine Zeit und was für dauernd verpflichtet", zeige sich: *„Die Gabe der Inspiration erfordert als Ergänzung die Gabe der Unfehlbarkeit"* zur Auslegung der Heiligen Schrift. Um es noch einmal zusammenfassend zu sagen: Newman konzentriert und reduziert die Diskussion auf zwei flankierende Glaubenssätze, die das Verhältnis von Bibel und Kirche kennzeichnen: 1. Die Heilige Schrift ist in allen Angelegenheiten des Glaubens und der Sitte göttlich inspiriert. 2. Die unfehlbare Auslegung der Inhalte von Glaube und Sitte in der Heiligen Schrift ist dem Lehramt der Kirche anvertraut, denn die Bibel ist das Buch der Kirche.

Im folgenden zieht Newman die Konsequenz aus der Kenntnis, daß es nach dem Grundverständnis von Inspiration *„ein Zusammenwirken eines göttlichen und eines menschlichen Geistes* bei der Entstehung des Heiligen Textes gibt. Dann ist es nicht verwunderlich, daß öfters ein doppelter Sinn in diesem Text vorhanden ist und daß man - einige offensichtliche Fälle ausgenommen - niemals sicher weiß, ob nicht ein solcher besteht." Newman geht bei seiner Analyse der Inspiration von einem Sparsamkeitsprinzip aus, das Gottes Bewirken zur Gestaltung und Erhaltung der Wahrheitsaussage letzten Endes auf den jetzt vorliegenden Text konzentriert oder reduziert: „Das Evangelium des heiligen Lukas ist inspiriert, da es durch einen inspirierten Geist gegangen und von ihm her gekommen ist. Aber es war nicht notwendig, daß die äußeren Quellen seines Berichtes alle inspiriert waren ...; solche Quellen existierten jedoch. Denn im Gegensatz zu dem Zeugnis der tatsächlichen Augenzeugen der Ereignisse, die er berichtet, sagt er von sich selbst, daß er auf Grund einer sorgfältigen Nachforschung schrieb." (Lk 1, 1ff.). In ähnlicher Weise erörtert Newman die Frage nach der bibischen Autorenschaft, etwa des Daniel-Buches oder der Psalmen, und kommt zu der Folgerung, „daß die Titel der kanonischen Bücher und ihre Zuteilung an bestimmte Autoren entweder nicht unter ihre Inspiration fallen oder doch nicht wörtlich genommen zu werden brauchen". - Newman ist für eine weitere Behandlung dieses Themas offen, da er auf Grund der historischen und naturwissenschaftlichen Forschungen mit Ergebnissen rechnet, die den inspirierten Schriftstellern nicht bekannt waren und die deren Aussagen, soweit sie sich nicht auf Glaube und Sitte beziehen, in Frage stellen können. Sein Anliegen sei in aller erster Linie pastoraler Art: „Was haben die Katholiken verbindlich über die Heilige Schrift zu glauben und zu bekennen? Das heißt, in welchen Punkten besteht die Kirche auf ihrer Glaubensforderung?" Wie zumeist, so stellt Newman auch hier das, „was ich geschrieben habe, vorbehaltlos dem Urteil des Heiligen Stuhles anheim, da ich mehr den Wunsch habe, daß die Frage überhaupt befriedigend beantwortet wird, als daß meine eigene Antwort sich in jeder Hinsicht als richtig erweist."

Nicht der Heilige Stuhl, wohl aber einer der Professoren, John Healy vom St. Patrick's College in Maynooth in Irland, nahm Anstoß an Newmans Versuch, die Inspirationslehre mit den Erkenntnissen der historisch-kritischen Forschung in Verbindung zu bringen. „Jedermann scheint Angst zu haben, das Thema anzugehen, aber es muß angegangen werden ...", hatte der Bischof Clifford von Clifton geschrieben; Newman hatte diese Angst nicht. Nun wurde er in der „Irish Ecclesiastical Record", deren Herausgeber John Healy war, der Verkürzung des Inspirationsbegriffs bezichtigt: „Die Heilige Schrift sei der Wirkung nach und tatsächlich nicht nur in Sachen des Glaubens und der Sitte inspiriert, ... sondern in jeder Beziehung und für alle Zwecke und in allen Gegenständen, so daß keine Klausel in der ganzen Bibel irgend einer Kritik unterworfen sei und kein guter Katholik anders denken könne."[927] Newman nahm die etwas pauschale Herausforderung gelassen an. In seiner Antwort ging er von der theologischen Beobachtung aus, daß die Inspiration eine göttliche Gabe sei, die manchem Menschen im Dienste Gottes verliehen werde. Schon da zeige sich: „Göttliche Gaben haben sich, wie wir in der Geschichte der Offenbarung lesen, nicht immer über alle Gebiete des Dienstes erstreckt, sondern hatten in jedem Einzelfall einen besonderen Zweck ..., so daß es durchaus mit dem Walten der Vorsehung übereinstimmt ., wenn man auch bei der biblischen Inspiration eine . Begrenzung ihrer Gewährung finden wollte." Aus einer Reihe von Schrifttexten entnimmt Newman, daß „jene, welche vom Geist zu Diensten zwischen Gott und den Menschen erwählt

---

[927] Vgl. Newmans Antwort, die er in Form einer „Nachbemerkung" zu seinem Artikel als Separatdruck veröffentlichte: OIS 129 - 153; dtsch.: G. 381 - 399. Vgl. zum ganzen Themenkomplex: Jaak Seynaeve, Cardinal Newman's Doctrine on Holy Scripture According to his Published Works and Previously Unedited Manuscripts, Louvain 1953.

wurden, wie Mose, Samuel, Elias, Jesaja, die Apostel und Evangelisten, mit den hohen Gnadengaben ausgerüstet wurden, die für ihr Amt nötig waren, aber nicht unbedingt mit anderen Gaben." Deshalb scheint es ihm ganz und gar in Übereinstimmung mit dem, worauf das Konzil von Trient (1545 - 1563) und das I. Vatikanische Konzil (1869 - 1870) besonderen Wert legen: „Auf die Inspiration der Heiligen Schrift gerade in Sachen des Glaubens und der Sitte." Newman zögert auch nicht, seinem Kritiker gegenüber nachzuweisen, daß er ihn verkürzt, entstellend und falsch zitiert habe. Die Tatsache, daß John Healy kurz darauf, wie so zahlreiche Professoren des Patrick College von Maynooth Weihbischof und später Erzbischof von Tuam wurde, führte dazu, daß beide in der Sache einlenkten und sich versöhnten.

Newman nahm Erkenntnisse vorweg, die manche Verlautbarungen der päpstlichen Bibelkommission im Verlauf der ersten Hälfte dieses Jahrhunderts unnötig gemacht hätten und die erst durch die Enzyklika Pius' XII. „Divino Afflante Spiritu" (von 1943) und vor allem durch Erklärungen des II. Vatikanischen Konzils über die jeweils verschiedene Verbindlichkeit verschiedener Textsorten der Heiligen Schrift offiziell geklärt wurden. Seine eigene Schwierigkeit bestand darin, daß er feststellen mußte, „Theologen entscheiden viele Fragen über die (Heilige) Schrift, die die Kirche nicht entschieden hat", die vielmehr offen zur Diskussion stehen, wie er in einem Brief vom April 1883 schrieb. „Eine andere große Schwierigkeit ist die Unwissenheit unserer Leute über die Heilige Schrift. Sie ist für sie ein unbekanntes Land. Insbesondere das Alte Testament erregt kein Empfinden von Liebe, Ehrfurcht, Andacht oder Vertrauen. Sie hören, daß man verwegene Dinge gegen es sagt ... Das ist nicht (die Folge dessen, GB), was der Heilige Stuhl tut, denn Sie erinnern sich wohl an das Breve Pius' VI., das in unseren Bibeln voran steht. Im Katechismus unserer Bischöfe gibt es keinen Hinweis auf die Heilige Schrift als ein Buch, das uns von Gott gegeben ist, inspiriert, ein Führer - und ein Tröster. Ein solcher Hinweis ist die Ausnahme, nämlich: 'Wir sollen häufig gute Bücher lesen, wie das Heilige Evangelium, Heiligenbiographien und andere geistliche Werke.'"[928]

---

[928] LD XXX, 201 Das päpstliche Breve von 1778 betont, daß die Gläubigen die Bibel lesen sollen.- Zum Zitat aus The Catechism of Christian Doctrine, autorisiert von den englischen Bischöfen, Antwort Nr. 360, vgl LD XXX 201 Anm. 4..

"DAMIT ER EUCH ERHÖHT, WENN DIE ZEIT GEKOMMEN IST" (1877 - 1890)

Der junge Baron *Friedrich von Hügel (1852 - 1925)*, Sohn eines deutschen Diplomaten im österreichischen Dienst, der von seinem 15. Lebensjahr an in England lebte, war stark von Newmans Schriften beeinflußt. „Newman war es, der Hügel dahin führte, sich seiner Zugehörigkeit zur römisch-katholischen Kirche zu rühmen und diese Kirche groß und weit aufzufassen 'als langsam wachsend durch die Jahrhunderte, als innerlich verwandt allem Guten und Wahren, das sich, vermengt mit Irrtum und Übel in dieser buntgewürfelten Welt findet'."[929] So war es wohl Newman, dem er seine religiöse und religionswissenschaftliche Grundauffassung, den 'Inkarnationalismus' verdankt, die Auffassung nämlich, daß das Christentum als die Religion der Menschwerdung Gottes, daß der Katholizismus als die Fülle des Christentums Anerkennung, Hineinnahme und Harmonie aller großen religiösen Einsichten und Kräfte und auch alles außerreligiösen Guten fordere."[930] Im Juni 1876 verweilte von Hügel mehrere Tage im Oratorium in Edgbaston. Der angehende Religionsphilosoph und alttestamentliche Exeget, der hernach eine wichtige Rolle in der Kommunikation mit Modernisten, wie George Tyrrell und Alfred Loisy, spielte, meldete sich zu Newmans Inspirationsartikeln zu Wort und dankte ihm für die hilfreiche Klärung zwischen dem, was durch lehramtliche Vorgaben festgelegt und dem, was für die theologische Forschung offen war. Er konnte Newman auch von der Rezeption seiner Thesen auf dem Kontinent berichten. „Ich war sehr interessiert, neulich in Paris bei einer Soirée, die der Direktor des Institut Catholique gab, selbst zu hören, daß der Rektor (Msgr. d'Hulst), der Professor für Apologetik (Abbé de Broglie) und der Professor für Kirchengeschichte (Abbé L. Duchèsne), alle drei während der Diskussion über Ihre Artikel in ihren Folgerungen übereinstimmend die Auffassung vertraten, daß deren Thematik die brennende religiöse Frage der Stunde sei und daß unsere Apologetiker ihre gebührende Wirkung nicht mehr verfehlen würden, wenn sie die Spielräume, die Sie zulassen, in vollem Maße anwenden und ausdrücklich vertreten würden."[931]

---

[929] F. v. Hügel, The Mystical Element as studied in St. Catherine of Genoa and her Friends, Nachdruck 1927, S. XV
[930] Maria Schlüter-Hermkes, Die geistige Gestalt Friedrich von Hügels. Nachwort in: F. v. Hügel, Religion als Ganzheit, Düsseldorf 1948, 429.
[931] LD XXX, 383.

"DAMIT ER EUCH ERHÖHT, WENN DIE ZEIT GEKOMMEN IST" (1877 - 1890)

Am 22. März 1884 starb *Newmans Bruder Charles Robert Newman* mit 81 Jahren in Tenby in Wales, wo er seit drei Jahrzehnten in völliger Zurückgezogenheit gelebt hatte.. Er selbst hatte sich von der Familie distanziert, die ihm „zu religiös" war und sich die Ansichten des Sozialreformers Robert Owen zu eigen gemacht. Die Brüder waren für seinen Lebensunterhalt aufgekommen. Als John Henry, von Arzt und Pfarrer über den besorgniserregenden Gesundheitszustand unterrichtet, seinen Bruder im September 1882 besuchte, empfing ihn Charles nicht. Der anglikanische Ortspfarrer George Huntingdon berichtete Newman über Charles' Sterben „ohne Todeskampf und offensichtlich ohne Schmerz". Newman bezahlte für die Beerdigung und den Grabstein und sandte dem Pfarrer eine Prachtausgabe der drei Bände der „Historical Sketches" mit Goldschnitt und goldgeprägtem Lederrücken. Die Widmung lautet: „Dem Hochw. George Huntingdon, Pfarrer von Tenby, als ein Erinnerungszeichen der Dankbarkeit für seine Freundllichkeit zu meinem Bruder im Leben und im Tod: von J.H. Card. Newman.- 12. Juni 1884."[932]

Moderne Gesellschaft und das Schwinden der Religion

Im Januar 1885 besuchte *Wilfrid Ward (1856 - 1916),* der Sohn von Newmans großem Kontrahenten William George Ward, den greisen Kardinal in Birmingham. Newman habe ohne Stock, aber mit Mühe gehen können, schildert Ward. Er habe ihn sogleich nach seinem Gepäck und nach seinen Reiseplänen gefragt und ihm Unterkunft im Oratorium angeboten und das für mehrere Tage. Wilfrid Ward war Philosophieprofessor am Ushaw College/Durham. So unterhielten sie sich alsbald intensiv über seine Vorlesungen, die er in Vorbereitung hatte und in denen er über modernen Unglauben sprechen wollte. Newman habe sich lebendig dazu geäußert, in welcher Weise gläubige junge Menschen um die zwanzig mit der Gefahr des Unglaubens vertraut zu machen seien. Er bejahte Wards Vorhaben, mit plausiblen Thesen über die Bedeutsamkeit

---

[932] Widmungsexemplar: Privatbesitz, GB. - Zu den Zitaten vgl. LD XXX, 128 u. 335, sowie O'Faolain 273 - 278.

und auch über die Unhaltbarkeit des Atheismus zu beginnen. Newman „sagte dann, ihm sei es immer so erschienen, daß die ganze Frage zwischen Glauben und Unglauben sich um die Grundprinzipien drehe, von deren Annahme man ausgehe. Und die große Schwierigkeit sei, daß man von Annahmen ausgehen muß; aber wie will man beweisen, daß unsere Annahmen richtig sind und die der Ungläubigen falsch?"[933] Newman habe zwar bejaht, daß ein Mensch für die grundlegenden Prinzipien seines Denkens und Handelns selbst verantwortlich sei, aber eine Vielzahl von Beispielen gebracht, weshalb eine skeptische Einstellung so viel Plausibilität in der Gesellschaft finde. Newman argumentierte mit großer Einfühlsamkeit aus der Perspektive der Menschen „dieser Welt": „Ist das ideale christliche Leben nicht ein sehr gewagtes Abenteuer, das vielleicht auf einer Schlußfolgerung beruht, die aus einem Vorurteil und aus Fanatismus resultiert? Das ist zumindest eine allzu mögliche Hypothese, um es weise erscheinen zu lassen, alles zu wagen in der Annahme, daß das Christentum wahr sei; all die sicheren Freuden dieses Lebens für das aufzugeben, was zumindest so unsicher ist." - Nach einem ersten ausgedehnten Gespräch und gemeinsamen Abdenssen sei Newman ermüdet gewesen. „Er lächelte wenig, und sein Gesicht hatte jenen kritischen und ziemlich unglücklichen Ausdruck, der auf manchen seiner Fotos zu sehen ist."

Beim zweiten Gespräch, das sie für den nächsten Vormittag vereinbart hatten, begann Newman in voller Frische und mit der Bemerkung, daß er über das ganze noch einmal nachgedacht habe und Ward einige seiner Erkenntnisse mitteilen wolle, so lange sein Gedächtnis noch frisch sei. Zwar gebe es keine direkten Beweise für die Richtigkeit der zugrunde liegenden *ersten Prinzipien* des christlichen Denkens, so knüpfte Newman an das Vortagsgespräch an, aber einige indirekte: „Sie können Ihren jungen Männern zeigen, daß wenn es einen gewissen ernsten und philosophischen Geisteszuschnitt gibt, der in verschiedenen Sachgegenständen zur Wahrheit führt, es dann wahrscheinlich ist, daß unter normalen Umständen ein solcher Geisteszuschnitt auch zur Aneignung gesunder erster Prinzipien führt. Soweit die skeptische Geisteshaltung mit Mangel an Tiefe und Ernsthaftigkeit einhergeht, haben

---

[933] Vgl. die Schilderung der ganzen Begegnung nach der Niederschrift von Wilfrid Ward in: WW II, 490 - 497; bes. 492 f.

Sie ein starkes Argument gegen die Wahrscheinlichkeit skeptischer Erstprinzipien": dagegen, daß sie zur Wahrheit führen. Und Newman fügte nach einer Pause hinzu: „Nehmen Sie nun die andere Seite der Frage. Nehmen Sie die Erstprinzipien, von denen die Ungläubigen ausgehen.... die Unerkennbarkeit von allem außer den Phänomenen, die inhärente Unmöglichkeit etwas über Gott zu wissen, die Herleitung des Gewissens aus einer Ideenassoziation. Dies sind alles oder fast alles reine Annahmen. Und ich wäre geneigt zu sagen, daß selbst wenn (was Gott verbiete) unser Glaube an Gott selbst eine pure Annahme wäre, bar jedes Beweises, wir keinen Deut weniger vernunftgemäß handeln würden, wenn wir zu unserer Religion stehen als diese Leute mit ihrem Unglauben, zu dem sie auf der Basis purer, gänzlich unbewiesener Annahmen stehen"[934]. - Newman betonte mehrfach, daß sein Gedächtnis schlecht geworden sei, und er deshalb seinen Gedankengang zu Ende bringen müsse, bevor er auf Rückfragen eingehe. - Gegen Ende kamen sie auch auf das Verhältnis von Wards Vater, William George Ward, zu Newman zu sprechen, und Newman sei sichtlich überrascht gewesen, zu hören, daß jener seinem Sohn über den Tod hinaus geraten habe, sich Newmans persönlichem Einfluß auszusetzen. In diesem Zusammenhang habe der Kardinal lächelnd gesagt: „Ich glaube in der Tat, daß seine Theorie war, ich sei umso gefährlicher, weil ich so viel Anziehungskraft ausübte, daß ich eine Art Sirene war, vor deren Faszination sich alle in acht nehmen sollten", um nicht dem vermeintlich „liberalen Katholizismus" Newmans zu verfallen.

Im Jahre 1885 erschienen Artikel des protestantischen Theologen *Andrew Martin Fairbairn (1838 - 1912),* der damals Direktor des Airedale Theological College in Bradford und später Leiter des Mansfield College in Oxford war, in denen er Newman und insbesondere seine „Grammar of Assent" als „durchdrungen vom intensivsten philosophischen Skeptizismus" bezeichnet.[935] Einerseits wurde Newman in diesen Artikeln gelobt, anderseits behauptete Fairbairn, Newman habe den Glaubensakt vom Bereich des Verstandes in den Tätigkeitsbereich des Gewissens und der Vorstellungskraft (Imagination) verlagert. Er beschuldigte Newman, daß er die Gottesbeweise nicht mit der Verstandeskraft verbinde, sondern

---

[934] WW II, 494
[935] In: Contemporary Review, Mai 1885, 667

„DAMIT ER EUCH ERHÖHT, WENN DIE ZEIT GEKOMMEN IST" (1877 - 1890)

J.H. Newman, ca. 1888: Photographie von Herbert Rose Barraud.
(National Portraits Gallery Archive, London)

„DAMIT ER EUCH ERHÖHT, WENN DIE ZEIT GEKOMMEN IST" (1877 - 1890)

im „Sinn für Verpflichtung" (sense of duty) angesiedelt habe. Er halte die Vernunft für unfähig, die großen Geheimnisse der christlichen Botschaft, wie die Dreieinigkeit Gottes oder die Menschwerdung, als solche zu erfassen. Newman antwortete im Herbst des Jahres mit einem Artikel. Darin stellt Newman zunächst klar: „Es wäre ein leichtes, sowohl die faktischen als auch die logischen Irrtümer aufzuzeigen, die Direktor Fairbairn in der 'Contemporary Review' mir gegenüber begangen hat. Aber das würde dem Zweck, der mich zum Schreiben veranlaßt, durchaus nicht entsprechen." Eindrucksvoll weist Newman die Anschuldigung zurück, insgeheim ein Skeptiker zu sein, also einer, der Wahrheit und insbesondere die Wahrheit in Aussagen über Gott nicht für möglich hält: „Ich darf . mit dem dankbaren Geständnis antworten, daß ich mir über etwa siebzig lange Jahre mitten in bitteren und schweren inneren Prüfungen an einem Platz und innerhalb meiner Grenzen die Worte zu eigen machen kann, die der heiligen Polykarp (von Smyrna, GB) vor seinem Martyrium gesagt hat: 'Viermal zwanzig Jahre und sechs habe ich meinem Herrn gedient, und niemals hat er mir Böses getan, vielmehr viel Gutes; kann ich ihn etwa jetzt verlassen?'"[936] Newman macht deutlich, daß er weniger auf Fairbairns Angriffe um dessentwillen antwortet als vielmehr, weil die Verwirrung, die möglicherweise von solchen Anschuldigungen ausgehen könnte, verhindert werden soll; auch, um mögliche Mißverständnisse abzuklären, die sich offenkundig aus seinen eigenen Werken ergeben können. So sollen seine Überlegungen nicht der Kontroverse dienen, sondern haben grundlegenden und klärenden Charakter. Dabei ist sein Stil so präzis und dynamisch wie eh und je, ohne eine Spur erlöschenden Glanzes.

Newman warnt vor einer einseitigen Bewertung der Vernunft und vor ihrer Überschätzung. Sie sei zwar das zuverlässige Werkzeug für schlußfolgerndes Denken, aber sie habe immer Voraussetzungen. Solche Voraussetzungen des logischen Denkens sind nach Newman zweierlei: 1. Annahmen, denn jeder Mensch gehe von Annahmen (assumptions) aus. 2. Der moralische Sinn (moral sense), der ebenfalls eine individuelle Ausprägung hat und die sittliche Dimension ins Denken einbringt. In diesem Sinne hatte Newman schon immer auf die individuell verschiedene

---

[936] Vgl. die von J. Derek Holmes u. a. herausgegebenen „Theological Papers": TP I, 1979, 140 - 157: Revelation in its Relation to Faith; übersetzt: G, 399 - 424.

Einfärbung des Denkens aufmerksam gemacht und die Auffassung vertreten: „Ein guter und ein schlechter Mensch werden sehr verschiedene Dinge für wahrscheinlich halten. Im Urteil eines richtig disponierten Geistes sind Gegenstände wünschenswert und erreichbar, die unreligiöse Menschen nur als Phantasien ansehen. Solch ein richtiges moralisches Urteil ... ist aber gerade das Medium, in dem der Beweis für das Christentum seinen zwingenden Einfluß besitzt."[937] Sind also die Annahmen, von denen ein Mensch ausgeht bzw. das, was er für wahrscheinlich hält, für religiöse Inhalte offen, und ist sein moralischer Sinn entwickelt und ausgeprägt, so hat dieser Mensch mit seiner Vernunft keine Probleme, der Existenz Gottes zuzustimmen und die Möglichkeit der Offenbarung des Geheimnisses Gottes zu akzeptieren. - Newman sieht zu seiner Zeit allerdings den Einfluß jener Vernunft wachsen, die er „Vernunft der Welt" nennt. Er versteht darunter die im Johannes-Evangelium genannte, von Gott abgewandte Welt (Joh 1, 10c; 15, 18ff u.a.). Er illustriert sie als: „Die Vernunft, wie sie faktisch und konkret im gefallenen Menschen ist, die Vernunft in der geistigen Verfassung der Gebildeten, die Vernunft im ungezügelten Intellekt des Menschen, jenes Übermaß an Gedankenfreiheit, jener tiefe Skeptizismus, der die Entwicklung der menschlichen Vernunft ist usw." Diesem allgemeinen Entwicklungstrend in der Gesellschaft sieht er den Menschen als einzelnen in wachsendem Maße ausgesetzt. „Indem ich so den Tadel der Religionsfeindlichkeit vom denkenden Individuum auf den Menschen im gesellschaftlichen Verbund übertrage, könnte es scheinen, als ob ich eine göttliche Einrichtung - denn das ist die menschliche Gesellschaft - für das verantwortlich machen wollte, was man nach meiner Überzeugung dem Vermögen der menschlichen Vernunft nicht zur Last legen kann. Aber das hieße, meine Meinung mißzuverstehen." Vielmehr sieht Newman im Blick auf die wachsende Vergesellschaftung der Menschheit und somit intensivere Kommunikationsmöglichkeit auf dem Weg zur Globalisierung die Gefahr, daß sich die einzelnen „für die Wahrheit ihrer Behauptungen aufeinander und auf das Ganze verlassen. So werden Annahmen und falsche Schlußfolgerungen unbesehen als sichere Wahrheiten angenommen, gestützt auf gegenseitige Berufung, auf wechselseitige Beifallsbezeugung und Förderung der Publikation." Wenn nämlich die

---

[937] G, 146: Aus der 10. Universitätspredigt zum Fest Epiphanie, 1839.

sogenannte Gesellschaft, die immer wichtiger werdende Bestimmungsgröße für die Meinungsbildung des einzelnen werde, wenn mit anderen Worten die Einzelnen die Voraussetzungen ihres Denkens aus der Kommunikation mit anderen beziehen, dann bestehe die Gefahr, daß der Unglaube wachsenden Einfluß unter der Menschheit gewinne. Weshalb? Einerseits, weil die Zahl derer wächst, die von der skeptischen Annahme ausgehen, die Wahrheit lasse sich sowieso nicht erkennen, und daraus entsteht eine gegenseitige Bestätigung im Relativismus, Indifferentismus und Skeptizismus. Andere gehen von den Annahmen naturwissenschaftlich-technischen Denkens aus, das in seiner strengen Ursache-Wirkung-Struktur für eine Größe oberhalb des Universums und damit für einen Gottesglauben keinen Platz hat. Mit dieser Zuspitzung haben wir Newmans Gedankenansatz bereits über seine Formulierung hinaus fortgeschrieben. Vergewissern wir uns des genauen Wortlauts seiner Gedankenführung:

> „Wenn, wie ich glaube, die 'Welt', die von den Aposteln so streng als falscher Prophet bezeichnet wird, mit dem identisch ist, was wir heute menschliche Gesellschaft nennen, dann hat es seit der Entstehung des Christentums noch nie eine Zeit gegeben, in der sie zusammen mit den überreichen zeitlichen Vorteilen, die sie uns vermittelt, so viel Gelegenheit hatte, ein schlimmer Feind der Religion und der religiösen Wahrheit zu sein, wie wohl in den Jahren, die nun für die Menschheit anbrechen. Ich sage das, weil diese Gesellschaft weit und breit so viel besser gebildet und unterrichtet ist als je zuvor und wegen ihrer Pluralität und Fast-Allgegenwart. Ihre Entdeckungen auf dem Feld der Naturwissenschaft, ihre ständige Kommunikation von Ort zu Ort sind eine Quelle für ihren Stolz und ihren Enthusiasmus. Sie hat über Zeit und Raum triumphiert. Wissen hat sich ausdrücklich als Macht erwiesen. Kein Problem des Universums, sei es materiell, moralisch oder religiös, ist zu groß für ihr ehrgeiziges Streben und ihren festen Willen, es zu meistern. Es gibt nur ein einziges Hindernis auf ihrem Weg: den Bereich der Religion. Aber darf die Religion da auf Erfolg hoffen? Schon gibt sie nach, so denken

viele, angesichts des Anbruchs einer neuen Ära in der Geschichte der Menschheit, jedenfalls so, wie die Welt sie sieht."[938]

Newman greift in diesem Zusammenhang noch einmal seine Verwunderung darüber auf, daß die „Religion des Tages", der beliebig variierbare und manipulierbare Deismus, offensichtlich keines Beweises bedürfe, während die verfaßte Offenbarungsreligion gerade dazu immer herausgefordert würde. „Jegliche Religion hat ihre Geheimnisse, und alle Geheimnisse stehen in Wechselbeziehung mit dem Glauben; und wo kein Glaube ist, geht die Tätigkeit des erbarmungslosen Verstandes unter den Voraussetzungen der gebildeten Gesellschaft weiter ... vom Katholizismus zum Theismus und vom Theismus zur materialistischen Ursache aller Dinge." In der Auseinandersetzung mit den Gegnern der Religion gilt es deshalb, darauf zu achten, daß für die „Welt" ihre ersten Prinzipien oder vorausgesetzten Annahmen genauso unfehlbar sind, wie sie dies den Christen vorwerfen, meint Newman: „Ich habe schon früher gesagt: Die Hälfte aller Kontroversen in der Welt würden zu einem schnellen Abschluß gebracht werden, wenn man sie auf einen einfachen Ausgangspunkt zurückführen könnte. Die in sie verwickelten Parteien würden dann erkennen, daß ... ihr Unterschied schon in den ersten Prinzipien liegt ... Wenn die Menschen erst einmal verstehen, was sie beiderseitig meinen, sehen sie meist, daß die Kontroverse entweder überflüssig oder aussichtslos ist."[939]

Anderseits ist es Newmans Anliegen zu klären, daß er mit seinem Verweis auf die Voraussetzungen des Denkens nicht der Tätigkeit der Vernunft selbst mißtraut und etwa die Möglichkeit der zuverlässigen Wahrheitserkenntnis selbst in Abrede stellt, was eigentlich der Vorwurf des Skeptizismus beinhaltet. Er bringt deshalb einen allgemein akzeptierten Definitionsbegriff ins Spiel, um der Diskussion eine allseits anerkannte Basis zu geben: „Skeptizismus ist das System, das behauptet, es sei keine Gewißheit erreichbar, und zwar wie in anderen Bereichen, so auch in Fragen religiöser Wahrheit und religiösen Irrtums." Newman wendet diese Definition auf seine Weise des Denkens und seine Publikationen an und fragt: „Wie habe ich mir diesen Vorwurf zugezogen?

---

[938] G, 407.
[939] G, 408, vgl. G, 40f.

„DAMIT ER EUCH ERHÖHT, WENN DIE ZEIT GEKOMMEN IST" (1877 - 1890)

Ich habe doch im Gegenteil nicht nur meinen Glauben an religiöse Wahrheiten mit so starken Worten versichert, daß sie manchmal getadelt wurden, sondern ich habe auch auf der Gewißheit solcher Wahrheiten bestanden, wie daß die Gewißheit einen Platz unter den Grundlagen des menschlichen Denkens hat. Zu diesem Zweck habe ich die (religiöse) Wahrheit analysiert, abgegrenzt und Zeugnisse dafür herangezogen, indem ich mich unmittelbar zu ihr bekannte. Ich bin in einer Weise auf sie eingegangen, die mit der Annahme völlig unvereinbar ist, ich hätte mich nie gefragt, ob ich nicht vielleicht selbst in irgend einem Sinn Skeptiker sei oder nicht. Mir erscheint der Vorwurf des Skeptizismus, der gegen mich - in England und anderswo - erhoben wurde, als ein ganz leeres Wort, das nur zu polemischen Zwecken gebraucht werden kann." Und er fügt hinzu, es wäre von seinem Gegner freundlicher gewesen, wenn er Newmans kritische Äußerungen in kirchlichen Kontroversen als ein „tollkühnes Vertrauen auf die Wahrheit" ausgelegt hätten statt als Skeptizismus.

Auf einen weiteren Diskussionsbeitrag Fairbairns folgte eine Nachschrift Newmans, die er aber im März 1886 an den Autor persönlich sandte. Newman zog sich damit aus der öffentlichen Kontroverse zurück. Einige seiner Freunde hatten sich eingeschaltet, um mit weiteren Beiträgen die Klärung und Verteidigung seiner Positionen gegen Mißverständnisse und mißverständliche Darstellungen zu übernehmen.

Sorge um sein Vermächtnis

In die Gefahr, in vielfältiger Hinsicht mißverstanden zu werden, war Newman in seinem Leben so oft geraten, daß er sich daran gewöhnt hatte, Vorsorge zu treffen, um ihr zu begegnen. Die Angst davor hätte ihn traumatisch beeinflussen und mißtrauisch machen können, zumal sein Leben so sehr von gewohnten Bahnen und vorhandenen Beurteilungsschemata abgewichen war. Sein unbeugsames Vertrauen in die Kraft der Wahrheit, die sich im Leben jedes einzelnen, dank der individuell liebenden Vorsorge Vorsehung Gottes, am Ende bewähren würde, bewahrte ihn vor großer Ängstlichkeit. Gleichwohl war er realistisch genug, selbst immer wieder Aufzeichnungen für die Klärung seiner eigenen Positionen und Gedächtnisstützen über den wirklichen Verlauf der Vorgänge anzulegen (Memoranda). Er verfaßte auch Texte, die den Werdegang seiner eigenen Person, seine religiösen Überzeugungen, seine Auseinandersetzungen und überhaupt sein Lebenswerk betrafen, um so insbesondere seinen Mitbrüdern im Oratorium nach seinem Tode Dokumente zur Argumentation über den Verlauf der Dinge aus seiner Sicht als Protagonist oder Augenzeuge zu hinterlassen.

Eine wichtige Initiative in autobiographischer Hinsicht ergriff Newman, als er seine Schwägerin Anne Mozley (1809 - 1891) einlud, eine Auswahl seiner Briefe und Tagebuchaufzeichnungen aus der anglikanischen Zeit herauszugeben. Anne, die Schwester seiner beiden Mozley-Schwäger, war wie diese in der anglikanischen Kirche geblieben und hatte somit zu jener Phase von Newmans Leben auch den nötigen kirchlichen Verstehenshintergrund. Das war Newman persönlich wichtig. Modellfall für diese Herausgeberarbeit war Newman jenes Verfahren, das er selbst mit John Keble bei der Edition der Remains von Richard Hurrell Froude im Jahre 1838 befolgt hatte. Anne Mozley nahm Newmans Einladung an und formulierte als ihr Arbeitskriterium, das sie Newman mitteilte: „Alles soll so wahr und so einfach sein, wie ich es machen kann." In der Tat drängte Newman darauf, daß sie ganz unabhängig entscheiden solle. Er versorgte sie mit allen nötigen Unterlagen und äußerte den Wunsch, das Ergebnis ihrer Arbeit nicht sehen zu wollen. Es solle erst nach seinem Tod veröffentlicht werden. Zu Beginn des Jahres 1885 machte sich Anne Mozley an die Arbeit, nachdem ihr Newman sein autobiographisches Memoir als Hintergrundinformation gesandt hatte.[940] Er hatte sie um ihr Urteil gebeten, und ihre erste Reaktion war: „Es scheint mir wundervoll, denn die vollkommene Wahrhaftigkeit und Ehrlichkeit der Erzählung ist so durchsichtig wie der Gedankenfluß."[941] Newman empfahl ihr als künftige Berater für ihre Herausgeberarbeit seine Freunde Lord Blachford (Frederic Rogers) und Richard William Church. Letzterer war zur gleichen Zeit mit der Abfassung seiner Geschichte über „Die Oxford-Bewegung" beschäftigt, von der er Newman noch einige Entwürfe zur Lektüre und Kritik sandte.[942] Anne Mozleys zweibändige Ausgabe der „Briefe und

---

[940] SB, 23 - 136.
[941] LD XXXI, 14.
[942] Richard William Church, The Oxford Movement. 12 years 1833 - 1845, London 1891.

Korrespondenz von John Henry Newman während seines Lebens in der englischen Kirche" wurde wenige Monate nach seinem und vor ihrem Tod veröffentlicht.[943]

Die letzten Jahre

In der zweiten Hälfte der 80er Jahre gab es mehr und mehr Briefe, die Newman nicht mehr selber schrieb, sondern diktierte und unterschrieb. Im September 1886 war Newman besorgniserregend krank geworden. „Eine Woche lang und länger war ich ans Zimmer gefesselt und bettlägerig. Die Ärzte verboten mir zu sprechen, zu schreiben oder irgend etwas von dem zu tun, was mich interessieren könnte. Sie waren bestürzt und dachten, ich sei dem Tod nahe", schrieb er Anne Mozley und kündigte ihr den Besuch von Pater William P. Neville an, der als Bote zwischen der Herausgeberin der Korrespondenz und dem Briefarchiv im Oratorium tätig wurde.[944] An Lord Blachford schrieb er Anfang Oktober: „Wenn man sich nicht unterhalten oder Briefe schreiben oder lesen darf, bleibt einem nichts übrig, als nachzudenken. Um die Wahrheit zu sagen, genau das wollten meine medizinischen Berater nicht, daß ich tue, wenn mich der Gegenstand interessierte ... Ich möchte nicht, daß sich wiederholt, was meinem Gefühl nach aus ihrer großen Besorgnis um mich kam. Aber sie sprachen von mir, als ob der nächste Pulsschlag den Pfad öffnen würde, den ersten Schritt bedeuten würde zum Tod. Und in der Tat ist es wahrscheinlich, daß ich ganz plötzlich in einen Erschöpfungs- und Krankheitszustand fallen werde."[945]

---

[943] Letters and Correspondence of John Henry Newman During his Life in the English Church, with a Brief Autobiography, ed. at Cardinal Newman's Request, by Anne Mozley, vols I-II, London 1891. - Da die 31bändige Ausgabe der Briefe und Tagebücher Newmans einschließlich des Bandes VIII (1999) nur bis zum April 1842 reicht, bleibt die Newman-Forschung für die Korrespondenz der Jahre (Mai) 1842 bis (Oktober) 1845 weiterhin auf Band II der Letters and Correspondence von A. Mozley angewiesen.
[944] LD XXXI, 162.
[945] LD XXXI, 165.

„Damit er euch erhöht, wenn die Zeit gekommen ist" (1877 - 1890)

Im letzten längeren Brief, den der greise Kardinal eigenhändig im Januar 1887 geschrieben hat, wird noch einmal die Hauptsorge seiner späten Lebensjahre thematisch, aber jetzt in einer weiten Perspektive der Hoffnung. „In diesen Tagen der religiösen Indifferenz und des Unglaubens ist es seit langem meine Hoffnung und mein Trost gewesen, daran zu denken, daß in den Herzen vieler ein stiller und verborgener Prozeß vor sich geht, der, - obgleich er sein Ende und seine Tragweite nicht in dieser oder der nächsten Generation erreichen wird, - im Blick auf den Stand der Religion ein eindeutiges Werk der Göttlichen Vorsehung ist, solcherart wie es die Welt noch nie gesehen hat. Dabei spielt in der Tat ein Jahrtausend keine Rolle, sondern es handelt sich um eine öffentliche Meinung, die zur Ausbreitung und Erhöhung und damit für den Einfluß und das Gedeihen der göttlichen Wahrheit über die ganze Welt hin kraftvoll genug ist." Zu Beginn des Briefes hatte Newman schon auf die Ungelenkheit seiner Finger und sein schwächer gewordenes Sehvermögen hingewiesen. Am Schluß erklärt er, daß er den Brief vorzeitig abbrechen muß: „Ich bin zu müde, um weiterzumachen ... Ich hätte nicht anfangen sollen, was ich nicht zu Ende bringen kann ..." Im Nachsatz erklärt er, daß William Neville, der sonst für ihn geschrieben hätte, krank zu Bett liegt. - Die Spannung zwischen der körperlichen Last des hohen Alters, dem ungetrübten Glanz seines Glaubens und der Hoffnung, die ihn beseelte angesichts der Vision vom Niedergang der Religion, aber auch seiner offenkundigen Bescheidenheit sind der bleibende und unauslöschliche Eindruck, den seine Persönlichkeit gerade auch in einem solchen Brief an einen ihm vergleichsweise unbekannten Korrespondenten vermittelt. William Knight, ein Edinburgher Moralphilosoph, an den er diese Sätze gerichtet hatte, dankte ihm denn auch für „Ihren sehr freundlichen Brief, (der) ein Lichtstrahl für mich war."[946]

Im August 1887 beschrieb Newman seinen Zustand ganz offen an seinen Londoner Freund Richard William Church, dem er erklärte, weshalb er nicht zu Besuch kommen könne: „ Niemand außer mir selbst weiß, wie wacklig ich bin und mit welchen Schwierigkeiten, ja Schmerzen, ich einige wenige Schritte gehe; wie Mangel an Kraft und an Gedächtnis mich in der Unterhaltung behindern und welche unangenehmen Leiden es sind ..., die

---

[946] Brief an William Knight (1836 - 1916): LD XXXI, 181.

ich niemand anderem erklären kann. So muß ich Dir leider absagen, und Du darfst mich nicht für undankbar halten. Ich würde gerne mehr schreiben, aber ich kann nicht ..."[947] Anderseits war Newman aber weder zu wacklig noch zu steif, um sich vor seinem Bischof Bernard Ullathorne bei dessen letztem Besuch niederzuknien und ihn um dessen Segen zu bitten. Ullathorne berichtet, wie er sich gegen das Ansinnen, einem Kardinal den Segen zu geben, gesträubt hatte; aber vor Newmans eindeutiger Geste sei er nicht davon gekommen. „In diesem Mann steckt ein Heiliger," kommentierte er sein Erlebnis.[948] Im März 1889 starb der bei seinem Rücktritt zum Erzbischof ernannte Bernard Ullathorne. In den letzten Jahrzehnten hatte ihn mit Newman ein Gefühl gegenseitiger Hochschätzung verbunden.

Im Mai bedankte sich Newman bei Wilfrid Ward für dessen historische Studie „William George Ward und die Oxford-Bewegung"[949]: „Ihr Buch ist herausragend, sehr gekonnt und mir persönlich gegenüber sehr freundlich." Dem nach Diktat geschriebenen Brief fügte er den Satz zu: „Ich bedaure sagen zu müssen, daß ich zu alt bin, um den Versuch zu machen, Briefe zu beantworten."[950] - Als er im September von Lord Blachford (F. Rogers) die Nachricht erhielt, daß er von den Ärzten aufgegeben worden sei, schreibt er ihm zum Abschied: „Obgleich ich die ganze Zeit wußte, was eines Tages der Fall sein würde und meine zartesten Erinnerungen zerstören würde, war ich auf Deine so freundlich gehaltene und klare Ankündigung doch nicht vorbereitet, als sie kam." Und an Lady Blachford in den Wochen des Sterbens: „Ich danke Ihnen dafür, daß Sie in all Ihrer Sorge um jemanden, der Ihnen noch teurer ist als ein lebenslanger Freund, meiner gedenken."[951] - In jenem September 1889 konnte Kardinal Manning auf Grund seines Eintretens für soziale Belange und seines Ansehens in der englischen Öffentlichkeit den Streik der Londoner Dockarbeiter beilegen. Newman beglückwünschte ihn zu diesem bedeutsamen Erfolg. Manning antwortete: „Ihr Brief von heute morgen ist

---

[947] LD XXXI, 225.
[948] Cuthbert Butler, The Life and Times of Bishop Ullathorne 1806 - 1889, 2 Bde., London 1926, II, 283f.
[949] Wilfrid Ward, William George Ward and the Oxford Movement, London 1889.
[950] LD XXXI, 273.
[951] LD XXXI, 276 - 277.

für mich so dankenswert wie unerwartet; und ich danke Ihnen dafür ganz herzlich ... Vergessen Sie mich nicht ihn Ihren Gebeten. Ich gedenke Ihrer täglich am Altar ..."[952]

Am Weihnachtsfest 1889 konnte Newman zum letzten Mal die Heilige Eucharistie feiern. Seine erste Eucharistiefeier als katholischer Priester auf englischem Boden war im Jahre 1847 ebenfalls Weihnachten gewesen. - Im Juli 1890 hielt Newman seine letzte Ansprache: eine Antwort auf die Grußadresse bei der Konferenz der Catholic Truth Society in Birmingham. Er versicherte den Mitgliedern der Gesellschaft, die sich um die Öffentlichkeitsarbeit im Dienste des katholischen Glaubens bemühten, daß durch ihre Tätigkeit das Defizit an Information über die katholische Kirche in England beseitigt worden sei. „Der Lohn ist nun in unsern Händen, und wir haben Gott dafür zu danken, daß er uns solche Hoffnung gibt. Ich darf von mir selbst sagen, daß ich mir viel Sorgen darüber gemacht habe, daß die Hoffnungen und Aussichten unserer Kirche so wenig Zeichen der Aufhellung gegeben haben. Es gab und es gibt jetzt eine große Gegnerschaft gegen die Kirche; aber in dieser Zeit und in diesen Tagen sind die Anfänge des Umschwungs. ... Wir haben Gott zu danken und um seinen besten Segen und seine Barmherzigkeit zu bitten. Möge er Sie unterstützen. Gott läßt es nicht fehlen, wenn wir bereit sind uns zu mühen ..."[953]

Noch am 9. August, dem Monat da Newman starb, erhielt Newman unverhofften Verwandtenbesuch. Seine Nichte Grace Langford, das einzige Kind seiner Schwester Harriett weilte aus Australien kommend in England. Newman hatte sie zuletzt als Vierjährige gesehen, denn vom Jahre 1843 an, als er sich immer mehr dem katholischen Gedankengut näherte, hatte Harriett, wie wir gesehen haben, den Kontakt zu ihm abgebrochen und war schon 1852 gestorben. Ihre Tochter Grace war nach ihrer Hochzeit mit ihrem Mann nach Australien ausgewandert und nun im Sommer 1890 nach jahrelanger Abwesenheit nach England gekommen, um Verwandte zu besuchen. Diese hatten die Visite bei Newman für sie erbeten. Er hatte postwendend Grace in einem kurzen spontanen und

---

[952] LD XXXI, 276 Anm. 3
[953] Anonymous, ed., Sayings of Cardinal Newman, London o. J., 404. Es handelt sich um gesammelte Zeitungsberichte, wie es in einer „Notiz des Verlegers" in dem Buch heißt.

herzlichen Brief zum Kommen eingeladen. „Er war sehr freundlich", schreibt die Nichte in ihren Erinnerungen, „hielt die ganze Zeit über meine Hand in der seinen ... Er erzählte mir, daß er mich eines Tages in der Sternwarte von Oxford gesehen habe, als ich drei Jahre alt war... Zum Schluß gab er mir, wie allen Besuchern, den Segen."[954]

Newmans Tod und der Nachruf

Im August 1890 starb John Henry Newman. Der Mann, der sich in der großen Bedrängnis angesichts seiner eigenen Gewissensnöte und Glaubensentscheidung an das Wort von Blaise Pascal erinnert hatte „Man stirbt allein", er sagte vor seinem Sterben zu seinem besorgten Mitbruder: „Ich kann meinem Ende allein entgegengehen". Zwei Tage vor seinem Tod, so wird von ihm berichtet, sei er „ungebeugt und zur vollen Höhe wie in seinen besten Jahren aufgerichtet ... und ohne Stütze irgend einer Art" durch das Zimmer gegangen, so daß sein Wärter ihn nicht, wie gewohnt, an seinem Schritt erkannt habe.[955] Am Abend des 11. August 1890 entschlief Kardinal Newman an den Folgen einer Lungenentzündung.

Der tote Kardinal wurde in der Kirche seines Oratoriums in Birmingham aufgebahrt. Einer aus der Schar der unzähligen Besucher, die dort von Newman Abschied nahmen, war der Außenminister und spätere Premier Lord Archibald Rosebery (1847 - 1929). In seinen Aufzeichnungen überliefert er seine Eindrücke: „Der Kardinal, gerade wie die Reliquien eines Heiligen über einem Hochaltar, wächsern, fern, ausgemergelt, mit einer Mitra, reich bestickten Handschuhen, darüber der Ring (den ich küßte), kostbare Schuhe, mit dem Kardinalshut zu Füßen. - Und das war das Ende des jungen Calvinisten, des Oxford-Gelehrten, des asketischen Pfarrers von St. Marien. Es scheint, als ob eine ganze Abrundung menschlichen Denkens und Lebens in der erhabenen Ruhe konzentriert sei. Das war mein überwältigender Gedanke. Das 'Freundliche Licht' hatte

---

[954] LD XXXI, 299.
[955] A, 254; WW II, 537.

Newman geführt und ihn zu diesem seltsamen, brillanten, unvergleichlichen Ende gelenkt."[956]

„The Record", druckte in seiner Freitagsausgabe vom 22.8.1890 noch einmal jene fünf Briefe Newmans über Kirchenreform ab, die er dieser Zeitung in Ergänzung seines Tract Nr. 1 der Tracts for the Times 1833 zugesandt hatte. Über die Beisetzungsfeierlichkeiten berichtete die Zeitung im zeitgenössischen Stil, sie seien „am Dienstag (19.8.) mit großem Gepränge abgehalten worden. In der Oratoriumskirche zu Edgbaston wurde ein großes Requiem gehalten ... Die Kirche war in schwarz und gelb drapiert ... Der Sarg war mit violetten Samttüchern bedeckt. Vor dem Sarg ruhte der Hut des Kardinals mit den Quasten, sein rotes Birett lag auf einem Ständer, an dem auch das Wappen des Verstorbenen hing mit den drei Herzen und dem lateinischen Motto 'Herz spricht zum Herzen'. Der äußere Eichensarg trug die Inschrift: Eminentissimus et Reverendissimus Joannes Henricus Newman, Cardinalis Diaconus Sancti Georgii Velabro, obiit die XI Augusti MDCCCXC R. I. P." - Über hundert Kleriker, sechzehn Bischöfe, eine große Zahl von Ordensleuten und eine unüberschaubare Menge von Laien, die nur mit Eintrittskarten in die Kirche kommen konnten, nahmen an dem Pontifikalrequiem teil, das der neue Bischof von Birmingham Edward Ilsley (1838 - 1926) hielt. Nach dem Gottesdienst wurde der Sarg auf einem Leichenwagen mit Pferden die zwölf Kilometer lange Strecke „durch eine dichte Masse von Zuschauern, die die Hagley Road säumten" nach Rednal gebracht. Im kleinen Friedhof der Oratorianer, der hinter dem Studienhaus liegt, in dem Newman so manche Seite seiner Bücher und Artikel verfaßt hatte, fand er seine letzte Ruhestätte. Er wurde im Grab seines Freundes Ambrose St. John beigesetzt; heute stehen die Namen beider auf dem einfachen vermoosten Irischen Grabkreuz. Bischof W. J. Clifford von Clifton, der einst als Theologiestudent des Collegio Inglese in Rom bei Newmans erster Heiliger Messe ministriert hatte, hielt die Totenpredigt. Er rühmte den unerschrockenen Verteidiger des Glaubens, der den größten Wandel in der katholischen Kirche Englands nicht nur erlebt, sondern großteils selbst herbeigeführt habe. „Mehr als durch seine Gelehrsamkeit hat er durch seine liebenswürdige und edle Art gewirkt, durch seine Geduld und

---

[956] The Marquess of Crewe, Lord Rosebery, London 1931, Bd. II, 356f.

Sympathie, durch seine Kenntnis, wie man Schwächen anderer erträgt und wie man nicht nur mit dem Geist der Menschen umgeht, sondern auch mit deren Herzen."[957]

In der Durchgangshalle zur Kirche der Oratorianer wurde eine Marmorplatte befestigt, auf der es heißt: „Joannes Henricus Cardinalis Newman, 1801 - 1890: Ex umbris et imaginibus in veritatem" (Aus Schatten und Bildern in die Wahrheit).

„The Church Times" vom 15. August 1890 beschrieb die geistige Seite: „In einem Zeitalter, da lärmende Materialisten gar zu gern die Scheidung von Verstand und Glaube proklamieren, haben wir mit einem Gefühl von Trost und Hoffnung auf die Tatsache geschaut, daß dieser große Geist mit vorbehaltloser Treue zur Person und dem Glaubensbekenntnis von Jesus Christus gehalten hat ... Es kann kaum eine Frage sein, daß der Einfluß von Kardinal Newman unter den Kräften unserer Zeit, die sich für den Glauben einsetzen, ein sehr machtvoller Faktor war." Und in der selben Ausgabe sagt der Verfasser einer biographischen Skizze: „Das Genie Newmans vermochte es, den Glanz seines Stiles und hoher Imagination selbst über die ermüdendsten schwierigen Details auzubreiten, ob er Kontroversen der antiken Welt berührte oder ob er sich Gegenwartsfragen widmete ... Ob man Newman als Theologen oder als religiösen Lehrer und Führer betrachtet oder als Dichter oder Prediger, ob als Meister des Stils oder als literarischen Kritiker oder großen Denker in der Philosophie ..., sein Genie steht außer Zweifel. Und dies begründet seinen Ruhm."[958] Bei dem Totengottesdienst, der im Londoner Oratorium für Newman gehalten wurde, predigte Kardinal Manning und setzte mit seiner Würdigung Newman und sich selbst ein Denkmal.

„Es ist zu früh, das Werk abzuschätzen, das im Stillen durch das Leben Kardinal Newmans gewirkt worden ist. Kein Lebender hat einen solchen Wandel im religiösen Denken Englands herbeigeführt wie er. Sein Tod bringt ein Kapitel zum Abschluß, das im religiösen Leben dieses Jahrhunderts einzigartig dasteht. Zum größten Teil wurde es im Schweigen geschaffen, denn die

---

[957] Trevor II, 646.
[958] The Church Times, London vom 15. Aug. 1890, 781/782.

zurückgezogene Art dieses Mannes und die wachsende Last seines Alters ließen ihn in der letzten Zeit nur noch wenig durch Reden in Erscheinung treten. Nichtsdestoweniger waren seine Worte früher 'wie ein Hammer, der Felsen in Stücke schlägt, und wie ein Lichtstrom, der brausend dahinfährt' (Jer 23, 29). Es ist kühn, aber zu Recht behauptet worden, er sei in gewissem Sinne der Begründer der Kirche von England, wie wir sie heute sehen. Was die Kirche von England ohne die Traktarianer-Bewegung wäre, können wir nur schwach ahnen. Newman war die lebenspendende Seele, der inspirierende Geist der Bewegung ... Diese geistige Bewegung wurde begonnen und in Gang gehalten von *einem* Mann. ... Der durchdringende Einfluß dieses einen Geistes hat auch die von der Staatskirche getrennten und ihr am meisten entgegengesetzten Gemeinschaften erfaßt. ...

Wir können nicht vergessen, daß wir ihm unter anderem eine einzigartige Großtat verdanken. Niemand, der sich nicht der Gefahr aussetzen will, verlacht zu werden, wird künftighin sagen, daß die katholische Religion nur die Religion schwacher Geister und unmännlicher Gehirne ist. ... Der heilige Thomas von Aquin ist von solchen Schwätzern zu weit entfernt, und er ist ihnen zu wenig bekannt ... Aber der Verfasser (der Grammar of Assent) kann sie veranlassen, zweimal nachzudenken, ehe sie sich bloßstellen. Zudem hat der Initiator und Herausgeber der Bibliothek der Kirchenväter sich in die ungeteilte Kirche der ersten sechs Jahrhunderte hineingestellt und behauptet das Feld und kann daraus nicht mehr vertrieben werden. Seine Hymnen leben überdies in den Herzen der Engländer, und sie haben eine verwandelnde Macht. Er lehrt uns, daß Schönheit und Wahrheit unzertrennlich sind ... Das englische Volk hat dieses Gedanken aus seinen transparenten Worten gelesen und hat die Schönheit der ewigen Wahrheit darin gesehen, wie sie in seinem Geist aufbricht.

Weit über die Macht aller seiner Bücher hinaus ging das Beispiel seines demütigen und weltlosen Lebens. er war stets der gleiche, mit Gott vereint, und verausgabte sich in vielfältiger Nächstenliebe an alle, die ihn suchten. Er war der Mittelpunkt unzähliger Seelen, die er als ihr Lehrer, ihr Führer und ihr Tröster lange Jahre hindurch - und besonders während der mehr als vierzig Jahre seines Lebens als Katholik - in seinen Bann zog. Er war ihnen der Quell des Lichtes und der Kraft, der aus dem Übernatürlichen gespeist wurde. Ein edles und schönes Leben ist die am stärksten und eindringlichsten wirkende Predigt, und wir alle haben ihre Kraft gespürt ...

Die Geschichte unseres Landes wird später den Namen John Henry Newmans unter die größten seines Volkes zählen, als Bekenner des Glaubens, als großen Lehrer der Menschheit, als Prediger der Gerechtigkeit, der Frömmigkeit und des Mitgefühls ... Jemand hat gesagt: 'Ob Rom ihn heilig spricht oder nicht, er wird in den Gedanken der frommen Leute vieler Glaubensbekenntnisse in England als Heiliger gelten.'"[959]

Tatsächlich sagte fast ein Jahrhundert später Papst Johannes Paul II. während seines ersten Besuches von Großbritannien am 30. Mai 1982: „Ich kann nicht in die Midlands (von England) kommen, ohne an jenen großen Gottesmann zu erinnern, jenen Pilger zur Wahrheit, Kardinal John Henry Newman. Seine Suche nach Gott und nach der Fülle der Wahrheit - ein Zeichen, daß der Heilige Geist in ihm am Werk war - brachte ihn zu einer Gebetsfülle und Weisheit, die uns noch heute inspirieren. In der Tat spiegeln Kardinal Newmans viele Jahre der Suche nach einem erfüllteren Verständnis des Glaubens sein bleibendes Vertrauen in das Wort Christi: 'Ich werde den Vater bitten und er wird euch einen anderen Beistand geben, der immer bei euch bleibt, den Geist der Wahrheit, den die Welt nie erhalten kann, weil sie ihn weder sieht noch kennt.' (Joh 14, 16f.). Und so empfehle ich euch dieses Beispiel von Ausdauer im Glauben und Sehnsucht nach der Wahrheit. Er kann euch helfen, Gott näher zu kommen, in dessen Gegenwart er lebte und dessen Dienst er sich völlig hingab. Seine Lehre hat heute auch große Bedeutung in unserer Suche nach christlicher Einheit, nicht nur in diesem Land, sondern in der ganzen Welt. Ahmt seine Demut und seinen Gehorsam Gott gegenüber nach. Betet

---

[959] Edmund S. Purcell, Life of Cardinal Manning, Archbishop of Westminster, Bd. II, London 1896, 749 - 752; 750. - Der letzte Satz ist aus „The Times" zitiert.

„DAMIT ER EUCH ERHÖHT, WENN DIE ZEIT GEKOMMEN IST" (1877 - 1890)

Newmans Grab im Park des Studienhauses der Oratorianer in Rednal in den Lickey Hills bei Birmingham. Nach seinem Wunsch wurde er im Grab seines Freundes Ambrose St. John beigesetzt.

um eine Weisheit, die der seinen gleich ist, eine Weisheit, die allein von Gott kommen kann."[960]

In einem längeren Untersuchungsprozeß, der im Sommer 1958 in der Kirche des Oratoriums feierlich eröffnet worden war, wurden die vielfältigen Zeugnisse über die Heiligmäßigkeit von Newmans tugendhaftem Leben im religiösen sowohl wie im sittlichen Bereich gesammelt und ausgewertet. Als erste Stufe auf dem Weg zur Seligsprechung wurde schließlich von Papst Johannes Paul II. in einem Dekret vom 22. Januar 1991 attestiert, daß der „Ehrwürdige Diener Gottes" Kardinal Newman in heroischer Weise ein Leben christlicher Vollkommenheit geführt hat.[961]

Besondere Zeugnisse von Newmans Wirkungsgeschichte in Deutschland

Schon zu Lebzeiten Newmans waren seine Schriften in deutschen Übersetzungen zugänglich gemacht worden. Seine spirituellen, philosophischen und theologischen Gedanken wurden in Deutschland durch einzelne und Gruppen, durch „Newman-Bewegungen", besonders nach dem Ersten und und Zweiten Weltkrieg fruchtbar.[962]- In seiner Biographie „Kardinal Newman" vom Jahre 1921, mit der er seine mehrbändige Ausgabe ausgewählter Werke Newmans vorbereitete, schreibt *Matthias Laros (1882 - 1965)*: „Newmans Lebenswerk (liegt) ganz in der Richtung der modernen Geistesentwicklung und ist berufen, aus der urchristlichen Ideenwelt heraus eine Erneuerung an der Wurzel anbahnen zu helfen. In den Kontroversen der Gegenwart bedeutet sein Name ein Programm, das Altes und Neues, urkirchliche Tradition und

---

[960] The Catholic Truth Society, Hrg., The Pope Teaches, London 1982/5, S. 172.
[961] Congregation for the Causes of Saints, Birmingham: Cause of Canonisation of the Servant of God John Henry Cardinal Newman, 2 Bde., Rom 1989; Congregatio de causis sanctorum, Birminghamiensis: Causa Canonisationis Servi Dei Joannis Henrici Newman. Relatio et vota congressus peculiaris, Rom 20. April 1990.
[962] Vgl. dazu bes. W. Becker, Newman in Deutschland, in: NSt II, 1954, S. 281 - 308. - R. Siebenrock, Die Aktualität John Henry Kardinal Newmans, in: NSt XV, 1996, S. 19 - 94

modernen Fortschrittsgeist in organischer Weise vereinigt. Nicht zuletzt scheinen auch seine Ideen über die Entwicklung des Dogmas und der Kirche, die gegenwärtig im Zentrum der Fragestellung stehen, zum Steuer zwischen Scylla und Charybdis geeignet, dessen die besten strebenden Geister der Zeit innerhalb wie außerhalb der Kirche bedürfen."[963]

In der Einführung zur systematischen Anthologie „J.H. Kardinal Newman, Christentum. Ein Aufbau" (1922) spiegelt der Herausgeber, *Erich Przywara (1889 - 1972)*, noch das Odium des Modernismus-Vorwurfs, mit dem Newmans Gedankengut belastet war. "Die Zeit kam, da die vorhergesehene Sturmflut hereinbrach - und die Hilfen, die der große Kardinal in der Arbeit eines neunzigjährigen Lebens gefertigt hatte, wurden von den Verteidigern der Kirche liegen gelassen, und die Feinde nahmen sie an sich und mißbrauchten sie gegen die Kirche. - Vielleicht ist es noch nicht allzu spät, ihnen das mißbrauchte Kirchengut zu entreißen und ein Unrecht ... an einem gut zu machen, der nur *eine* große Liebe im Herzen trug: Christi Heilige Römisch-Katholische Kirche."[964] Im Jahrzehnt nach dem Zweiten Weltkrieg, im Jahre 1956, bezeichnet Przywara Newman als den Augustinus der Neuzeit und schreibt: „Newman ist möglicher Heiliger und Kirchenlehrer der Neuen Zeit, da er, wohl als einziger, die unselige Wandlung der Weltzeit zwischen Aufgang und Untergang immer neu in ihren Katastrophen anbetend durchschaut in das Geheimnis der seligen steten Wandlung durch den Unwandelbaren Gott ..."[965]

Auch *Theodor Haecker (1889 - 1945)* gehörte zu jener Generation, die in den weltanschaulichen Auseinandersetzungen der zwanziger Jahre den Weg zu Newman fanden. Als Protestant aus der Denktradition Sören Kierkegaards leuchtete ihm als leidenschaftlichem philosophischem Denker Newmans Beschreibung der Rolle der Vernunft beim Akt des Glaubens und besonders der Glaubensgewißheit ein. „Hier finden sich nun

---

[963] M. Laros, Kardinal Newman, Mainz 1921, 14 - 15. Falsch ist u.a. die aus Henri Bremonds Newmanbiographie übernommene Angabe, Newman entstamme einer jüdischen Familie aus Holland (S. 16, Anm. 2).
[964] J.H.Newman, Christentum. Ein Aufbau. Aus seinen Werken zusammengestellt und eingeleitet von Erich Przywara, Übertragungen von Otto Karrer, 8 Bde., Freiburg 1922, hier Bd I, S XI
[965] E. Przywara, Newman - möglicher Heiliger und Kirchenvater der Neuen Zeit, in: NSt III, S. 28 - 36; hier 36

zwei große Denker des 19. Jahrhunderts, Newman und Kierkegaard, in einer Hinsicht in schroffstem Antagonismus zueinander" über das Paradox, „daß, was logisch nur wahrscheinlich ist, zu unbedingter Gewißheit führen soll ... Während der eine, Kierkegaard, den Weg des feurigen Jünglings und absoluter Leidenschaft geht und sozusagen alle menschlichen Wahrscheinlichkeiten wegschafft und wenn möglich, den Raum noch luftleer macht, um den 'Sprung' zum äußersten Glaubenswagnis zu machen (...), geht Newman den Weg des reifen Mannes und der Besonnenheit und füllt, wo immer er kann, die Lücken und häuft die Wahrscheinlichkeiten immer mehr bis zu dem Punkt, wo der Qualitätsübergang zur Gewißheit stattfindet."[966] Nach der Übersetzung der „Grammar of Assent" ließ sich Haecker in die Katholische Kirche aufnehmen. Was Newman für ihn in diesem Zusammenhang bedeutete, sagt er so: „Die Sache des Christentums wird in ... höherem Grade durch die Personen entschieden als durch die Systeme. Die Katholische Kirche lehrt durch göttliche Gnade und Verheißung das wahre Glaubenssystem, das ist unerschütterlich wahr; aber das allein und ohne die Person wäre doch nur tönend Erz und eine klingende Schelle, hätte sie nicht so heilige Seelen wie Newman. ... Das Geheimnis der Überzeugungskraft Newmans liegt darin, daß er einmal die für unsere Zeit bestehenden intellektuellen Schwierigkeiten des Glaubens klar erkannt und gewürdigt hat und ohne die strengste Verantwortung jedes einzelnen ... auch nur einen Augenblick zu leugnen, nie der naiven Meinung war, daß ihnen mit einem nackten Syllogismus begegnet werden könne ... (vielmehr) in einer edlen Humanität und in seinen geheiligten Tugenden der Liebe, Wahrheit und Gerechtigkeit. So hat er, soweit das eben ein Mensch kann, dem Arme Gottes geholfen."[967]

Der Leipziger Oratorianer *Werner Becker (1904 - 1981),* langjähriger Sekretär von Romano Guardini und profilierter Ökumeniker, hat wie wenige Newmans Lebenswerk gekannt und im deutschen Sprachraum

---

[966] So T. Haecker im „Nachwort" zu seiner bis heute - in der Revision von J. Artz - maßgebend gebliebenen Übersetzung der GA: „Philosophie des Glaubens", München 1921, S. 442. Vgl. dazu G. Biemer, Theodor Haecker, ein prominenter Konvertit im Bannkreis J. H. Newmans, in: NSt XVI 108 - 131

[967] T. Haecker, in: J.H.Newman, Philosophie des Glaubens, München 1921, S. 444 u. 447 - 448. Als entschiedener Gegner des Nationalsozialismus und mit Schreibverbot belegt, publizierte Haecker Übersetzungen von Newman-Predigten über „Die Kirche und die Welt" (1938) u.a.

verbreitet. In den „Erfurter Theologischen Studien" schrieb er 1962: „Es geht darum, die Gottesführung in diesem Leben zu erkennen, das so sichtbar unter seiner Sendung stand. Daß die Lehre Newmans mit seinem Leben in einem unlösbaren Zusammenhang steht, ist ein Zeichen dafür, daß es Newman um nichts anderes ging als die Verwirklichung christlicher Existenz. Ein Mensch, der durch die Größe und Mannigfaltigkeit seiner Gaben berufen war, einem kommenden Zeitalter seinen Stempel aufzuprägen, von den Kräften seines Jahrhunderts getragen und doch ein Kämpfer gegen seine Zeit, lebend auf einer hohen Stufe der Reflexion und zugleich im dauernd lebendigen Austausch mit Freunden und Zeitgenossen, das ist Newman."[968]

Als „Lebensgeschichte im Dialog mit Kardinal Newman" bezeichnete *Heinrich Fries (1911 - 1998),* mit Werner Becker der Mitbegründer der Kardinal Newman-Studien, seinen Rückblick als Fundamentaltheologe, den er wenige Jahre vor seinem Tod gehalten hatte. Darin erinnert er an die Aktualität von Newmans Predigttexten: „Dies Predigten sind hundert Jahre alt und wir merken es nicht. Newman spricht zu uns als sei er der Gefährte unserer Tage und der Vertraute unserer Schicksale. Seine Worte besitzen eine unverwelkliche Frische..." „Zu meiner Lebensgeschichte im Dialog mit Newmans Haltung und Gesinnung darf ich bekennen," so betont Fries, „daß er für mich Trost und Hilfe, Ermutigung und Hoffnung war, besonders in einigen Turbulenzen, in die ich durch meine Arbeit geraten bin." Da „war mir Newman und sein eigenes Schicksal eine große Hilfe: sein Vertrauen auf die Vorsehung, auf die Durchsetzungskraft der Wahrheit, seine Geduld, seine Gelassenheit, seine Unverdrossenheit, seine Hoffnung auf die Zukunft, seine Verbindung von Kritik und Loyalität, wobei Kritik eine Form von Loyalität und ein Zeugnis des Glaubens sein kann. Mißverständnisse, Angriffe, auch Unterstellungen und Verleumdungen gehören zum Schicksal eines Theologen. Wer niemals Anstöße in der doppelten Bedeutung des Wortes gegeben hat, muß sich wahrscheinlich fragen oder fragen lassen, ob er seinem Beruf und seiner Berufung immer treu gewesen ist." Unter den Kennzeichen von Newmans Theologie, die auch für ihn wegweisend gewesen seien, nennt Fries „die

---

[968] W. Becker, Zum Problem der Einheit von Leben und Werk bei John Henry Newman, in: E. Kleineidam - H. Schürmann, Hrg., Miscellanea Erfordiana, Leipzig 1962, 293 - 313; 313 (Erfurter Theologische Studien, Bd. 12)

für ihn einzigartige Verbindung von theologischer Reflexion und Spiritualität, von Theorie und Praxis, das Verständnis der Theologie als Seelsorge, seine Orientierung an den Quellen der Theologie, an Schrift und Tradition der ungeteilten Kirche und ihrer normativen Kraft und zugleich seine Offenheit für die Fragen und Herausforderungen der Zeit."[969]

Joseph Kardinal Ratzinger, schon durch seinen Lehrer Gottlieb Söhngen (1892 - 1971) mit „Kardinal Newman,- Sein(em) Gottesgedanke(n) und seine(r) Denkergestalt"[970] vertraut, beruft sich bei der Darstellung des Gewissens „auf Kardinal Newman ., dessen Leben und Werk man geradezu als einen einzigen großen Kommentar zur Frage des Gewissens bezeichnen könnte."[971] Die Schwierigkeit, die der moderne Mensch mit der Entgegensetzung von Subjektivität und Autorität hat, von Freiheit und Eingefordertwerden, werde von Newman dadurch gelöst, daß er beide unter den Anspruch der Wahrheit stelle: „Ich stehe nicht an zu sagen, daß Wahrheit der zentrale Gedanke von Newmans geistigem Ringen ist; das Gewissen ist bei ihm deshalb zentral, weil die Wahrheit in der Mitte steht." Ratzinger verweist auf Newmans Rückbindung an die Anthropologie der Kirchenväter: „Gewiß, das Subjekt findet bei Newman eine Aufmerksamkeit, wie es sie in katholischer Theologie vielleicht seit Augustin nicht mehr erfahren hatte. Aber es ist eine Aufmerksamkeit auf der Linie Augustins und nicht auf derjenigen der subjektivistischen Philosophie der Neuzeit." In der Kurzfassung: „Gewissen bedeutet für Newman nicht die Maßstäblichkeit des Subjekts gegenüber der Autorität in einer wahrheitslosen Welt, die vom Kompromiß zwischen Ansprüchen des Subjekts und Ansprüchen der sozialen Ordnung lebt. Es bedeutet vielmehr die vernehmliche und gebieterische Stimme der Wahrheit im Subjekt selbst; Gewissen ist die Aufhebung der bloßen Subjektivität in der Berührung zwischen der Innerlichkeit des Menschen und der Wahrheit von Gott her. ... So zeigen sich zwei Maßstäbe für die Anwesenheit eines

---

[969] H. Fries, Lebensgeschichte im Dialog mit Kardinal Newman. Rückblick eines Fundamentaltheologen. In: NSt XVI, 1998, 132 - 147; hier 136, 138/39, 144

[970] So der Titel von Söhngens Newmanstudie (Bonn 1946), aus deren Text er, wie er im Vorwort sagt, „während einer Newman-Woche, . vom 7. bis 13. Oktober 1945 in der Kölner Universität" vortrug. Vgl. J. Ratzinger, Das Ganze im Fragment. Gottlieb Söhngen zum Gedächtnis, in: Christ in der Gegenwart, 23, 1971, 398 - 399.

[971] J.Ratzinger, Wenn du den Frieden willst, achte das Gewissen jedes Menschen. Gewissen und Wahrheit. In: ders., Wahrheit, Werte, Macht, Frankfurt 1999, S.40. Daraus auch die folgenden Zitate: 42 - 45.

wirklichen Gewissenswortes: Es fällt nicht zusammen mit den eigenen Wünschen und dem eigenen Geschmack; es fällt nicht zusammen mit dem, was das sozial Günstigere ist, mit dem Konsens der Gruppe, mit den Ansprüchen politischer oder sozialer Macht."

Immer deutlicher wurde im Verlauf der Jahrzehnte der Newman-Rezeption in Deutschland: Newman steht am Rande eines epochalen Abbruchs als Zeuge für die unverwechselbare und unverrechenbare Eigenständigkeit und Berechtigung von Religion im Leben der einzelnen und der Gesellschaft und zwar mit der ihm eigenen eindeutigen Alternative, „daß es in echter Philosophie kein Mittelding gibt zwischen Atheismus und Katholizismus und daß ein vollkommen konsequenter Geist unter den Umständen, unter denen er im Diesseits lebt, entweder den einen oder den anderen annehmen muß."[972]

---

[972] Z 346; zu Newmans provokanter Alternative Atheismus - Katholizismus, vgl. NLex 17.

Index

—A—

Achilli 258; 259; 262; 264; 290; 302; 330; 398
Achilli, Giacinto 450
Acton 236; 312; 313; 323; 340
Aischylos 41
Alban Hall 62
Ambrosius 33; 82; 94; 169; 229; 230; 395; 475
Anti-Spy 26
Appleton, Charles 422
Aquin, Thomas von 231; 276; 473; 523; 551
Arianer 82; 90; 95; 173; 181; 184; 200; 204; 317; 320; 469; 497; 515
Ariost 287
Aristoteles 41; 55; 203; 231; 272; 273; 276; 409; 417; 431; 432
Arius 83; 434; 514; 515
Arnold 330
Athanasius 6; 82; 83; 84; 85; 88; 93; 119; 169; 173; 200; 229; 230; 320; 378; 392; 475; 490; 497; 515; 518; 523
Augustinus 6; 33; 81; 82; 158; 159; 229; 230; 320; 358; 436; 523; 555

—B—

Babington 268
Bacchus, Francis 506
Barberi, Domenico 212; 213; 214; 492
Barnabò, Alessandro 302; 303; 304; 305; 324; 366; 367; 368; 369; 380; 490
Barth, Karl 130
Bartholomäusnacht 39

Basilius der Große 82; 126; 285
Becker, Werner 17; 554; 556; 557
Beholder 26
Bellasis
  Edward 192; 195; 450; 452
  Henry Lewis 452; 510
  Richard 452
Belloc, Hilaire Joseph 329
Bentham, Jeremy 162
Beveridge, William 33
Biemer, Günter 57; 78; 84; 89; 96; 115; 139; 162; 179; 213; 227; 232; 301; 317; 351; 480; 556
Bittleston 368; 369
Blehl, Vincent F. 17
Bloxam, John 508
Bodley 372
Borromaeus 161
Bowden
  Charles B. 236
  Elizabeth 214; 224; 225; 236; 303
  John Edward 225
  John William 38; 39; 41; 42; 52; 101; 111; 197; 213; 224; 454
Bowles
  Frederic 179; 329
Bowles, Emily 329
Bowles, Frederic 193; 214; 222; 223; 234
Bramhall 153
Broglie 533
Brome, Adam de 49; 50; 116; 126
Brompton Oratory London 304; 516
Brougham, Henry Peter 162
Brown, Thomas Joseph 322; 366; 368; 428
Bryce, James 484
Buckler, Reginald 439
Butler, Joseph 57; 180

561

INDEX

—C—

Cameron, J. M. 425
Cape, John Moore 253; 311; 312
Caterini, Prespero 427
Cervantes 287
Chadwick
  Henry 129; 130
  Owen 152
Church, Richard William 138; 146; 336; 342; 343; 346; 361; 362; 454; 457; 500; 512; 543; 545
Clemens von Rom 109
Clifford, William Joseph Hugh 502; 527; 531; 549
Coffin, Robert 234; 239; 240
Coleridge, Henry James 438; 497; 514
Copeland
  William J. 335; 342; 454; 477; 490; 512; 515
Copleston, Edward 50; 70
Cranmer, Thomas 147
Cullen, Paul 261; 265; 290; 291; 292; 293; 294; 298; 299; 302; 469; 473
Curtis, John 293
Cyrillus von Jerusalem 393

—D—

d'Hulst 533
Dalgairns, John D. 179; 212; 214; 229; 233; 234
Dante, Algheri 361
Darbois, George 441
Darnell, Nicholas 328; 330
Dixon 298
Döllinger, Ignaz von 130; 235; 312; 323; 444; 445; 446; 447; 473; 486; 487; 506; 507
Duchèsne, Louis 533
Dupanloup, Felix 433

—E—

Elgar, Edward 361
Eliot, George 516
Ellacombe, Henry Thomas 444
Epiphanius 82
Eton 26; 39; 68
Euklid 39
Eutyches 156; 157

—F—

Faber, Frederick William 228; 236; 237; 238; 239; 240; 303; 304; 307; 308; 311; 330; 371; 381
Fairbairn, Andrew Martin 522; 536
Fessler, Josef 468; 470
Fisher, John 319
Flanagan, John Stanislas 430
Franchi, Kardinal 379
Fransoni, Giacomo 232
Frideswide, hl. 247
Fries, Heinrich 17; 78; 487; 557; 558
Froude
  James Anthony 336
  Richard Hurrell 75; 76; 77; 80; 89; 91; 95; 98; 101; 105; 113; 122; 123; 124; 139; 146; 147; 218; 332; 342; 518; 543
  Robert H. 77; 89; 144
  William 342; 404; 435; 518; 520; 521; 522
Fulgentius von Ruspe 393

—G—

Galilei, Galileo 286
Gibbon, Edward 41
Giberne, Maria Rosina 199; 200; 222; 258; 449; 450; 508
Gilber, Daniel 497
Gillow, John 314; 322
Gilson, E. 289; 524

Gladstone, William Ewart 456; 457; 458; 459; 461; 462; 468; 469; 524
Goethe, Johann Wolfgang von 276
Gorham, George C. 250
Görres, Ida F. 101
Grant, Thomas 291; 366
Gregor I. 475
Gregor von Nazianz 242; 475; 518; 524
Gregor von Nyssa 82
Gregor XVI. 501
Gutch, John 61

—H—

Haecker, Theodor 50; 126; 337; 408; 555; 556
Hampden, Renn Dickens 80
Harrison, Benjamin 114
Hawkins, Edward 57; 71; 72; 79; 181; 211; 277; 342; 346
Healy, John 531
Hefele, Karl Josef von 445
Helbert, Magdalene 434
Henry Duke of Norfolk 329
Hergenröther, Josef 506
Herzog von Norfolk 16; 291; 379; 447; 458; 459; 467; 468; 471; 491; 492; 496; 498; 508
Hilarius 320
Hirscher, Johann Baptist 473
Holmes, John Derek 15; 16; 189; 332; 418; 429; 430; 527; 538
Homer 26; 55; 287
Hopkins, Gerard Manley 329; 516
Hopkins. Gerard Manley 329; 516
Howard, Henry Edward 491; 492; 502
Hügel, Friedrich von 533
Hume, David 29
Huntingdon, George 534
Hutton, Richard H. 237; 249; 250; 357
Huxley, Aldous 424; 425

—I—

Ignatius von Antiochien 81; 109; 113
Ignatius von Loyola 189; 242
Ilsley, Edward 516; 549

—J—

Jager, Jean Nicolas 114; 115; 120
Jägerstätter, Franz 5
James, William 57; 77; 231; 251; 344; 357; 359; 373; 379; 386; 398; 410; 425; 429; 438; 452; 484; 497; 514
Johannes Paul II. 552; 554
Johnson, Samuel 192
Jubber 112
Julian der Abtrünnige 285

—K—

Keble College 212; 483; 484; 485; 511
Keble, John 14; 49; 52; 53; 76; 77; 79; 80; 101; 102; 104; 105; 110; 122; 145; 162; 197; 198; 199; 211; 212; 234; 332; 336; 342; 346; 382; 384; 385; 386; 397; 454; 511; 543
Kempen, Thomas von 506
Kenrick, Francis Patrick 310
Ker, I. T. 13; 17; 129; 254; 269; 300; 349; 411; 506; 515
Kierkegaard, Sören 556
Kingsley, Charles 336; 337; 338; 339; 344; 358; 475
Kirby, Tobias 291
Konstantin 95; 229
Kraus, Franz Xaver 486; 487
Küng, Hans 130
Kyrill von Alexandrien 82

—L—

Langford, Grace 547
Laros, Matthias 163; 554; 555
Laud, William 70; 180
Law, William 33
Leo I. 157
Leo XIII. 447; 473; 481; 486; 491; 492; 501; 502; 518; 523
Lepelley, C. 301
Lerins, Vincentinus von 114
Lisle, Phillipp de 380; 381
Livius 41; 55
Lloyd, Charles 59; 68; 147; 440
Locke, John 425
Lockhart, William 190; 198; 222
Loisy, Alfred 533
Lord Blackford (Rogers, Frederic) 97; 145; 336; 342; 346; 362; 454; 517; 543; 546
Lynch, Patrick Nelson 231; 310

—M—

Manning, Henry Edward 198; 216; 251; 297; 323; 358; 364; 366; 368; 369; 370; 372; 373; 374; 375; 376; 377; 378; 379; 382; 385; 429; 438; 457; 470; 472; 491; 492; 494; 495; 496; 497; 499; 500; 507; 546; 550; 552
Mayers, Walter 31; 32; 42; 55; 57
McHale, John 298
Meynell, Charles 14; 17; 217; 331; 410
Mill, Stuart 425
Millais, John Everett 517
Milner, Joseph 33; 230
Mirow, Matthew C. 265
Möhler, Johann Adam 84; 179; 232; 319
Monika, hl. 230
Monsell, William 367

Moriarty, David 293; 298; 433; 437; 469
Morris, John B. 159
Morus, Thomas 5
Mozley
  Anne 449; 543; 544
  Henry William 447
  James B. 191; 201; 217
  John C.M. 123; 447
  Tom 123; 124; 449; 517

—N—

Neri, Philipp 212; 234; 238; 268; 288; 475; 488; 495; 507
Nestorius 434
Neville, William 14; 15; 406; 476; 483; 510; 511; 544; 545
Newman
  Charles Robert 28; 53; 58; 450; 534
  Francis 28; 42; 48; 53; 58; 71; 102; 449
  Harriett 28; 45; 70; 81; 123; 124; 125; 129; 192; 201; 217; 449; 547
  Jemima, jr. 28; 42; 67; 72; 81; 93; 123; 124; 129; 161; 191; 195; 197; 201; 217; 447
  Jemima, sen. 28; 40; 43; 45; 48; 53; 78; 81; 92; 123; 139; 347
  Jemima. jr. 159
  John 28; 29; 30; 37; 44; 47; 48; 53; 54; 55
  Mary 28; 67; 71
Newsham, Charles 264
Newton, Isaac 41; 276
Nicholas, George 26; 28; 158; 167; 220; 245; 251; 328; 330
Niebuhr, Barthold Georg 301
Nietzsche, Friedrich 5
Nina, Lorenzo 491; 494; 495; 496; 497; 499; 500

—O—

Oakeley, Frederick 374; 375
Ogle, Octavius 511; 512
Oriel College 49; 50; 51; 52; 53; 54; 55; 56; 61; 67; 69; 70; 71; 72; 74; 75; 76; 78; 80; 81; 98; 104; 105; 116; 124; 125; 135; 145; 209; 211; 213; 223; 224; 230; 272; 333; 348; 362; 424; 444; 452; 455; 481; 482; 483; 484; 517
Origines 82
Ornsby, Robert 292
Oscott College 158; 220; 221; 265; 324; 410
Ovid 26
Owen, Robert 152; 534

—P—

Palmer
 Edwin 526
 Roundell 492
 William 525
 William Patrick 88; 105
Palotti, Vinzenz 369
Pascal, Blaise 123; 161; 548
Pattison, Mark 179; 424
Pattloch, Paul 360
Pecci, Vincenzo Gioacchino 492; 506
Peel, Robert 78; 162; 163; 261
Pelikan, Jersoslav 289
Penny, William 234
Perceval, Arthur 105; 110; 442
Perrone, Giovanni 231; 319
Pius IX. 230; 235; 250; 251; 290; 304; 305; 320; 324; 365; 427; 432; 472; 473; 492
Pius V. 323
Pius VI. 532
Pius VIII 119
Pius XII. 532
Plautus 448
Pollen, John Hungerford 294

Polykarp, hl. 538
Pope, Alexander 554
Przywara, Erich 555
Pugin, August N. 220
Pusey, Edward Bouverie 12; 16; 67; 68; 69; 78; 81; 95; 110; 145; 156; 179; 193; 195; 198; 224; 336; 346; 381; 382; 384; 385; 389; 390; 392; 396; 398; 483; 484; 511

—R—

Ramsbottom 30
Ratzinger, Joseph Kardinal 6; 558
Reding, Charles 234
Renan, Ernest 526; 527
Ripon, George Frederick Samuel Marquis von 491; 511
Ripon, Marquis von 220
Rogers, Frederic 145; 336; 342; 346; 362; 517; 543; 546
Rogers, Frederic (Lord Blackford) 97; 454
Rose, James Hugh 82; 105
Russel, Odo 438
Ryder, Ignatius Henry Dudly 430

—S—

Sales, Franz von 506; 508
Scott, Thomas 32; 33; 57; 61; 251; 344; 357; 398; 410; 452
Selborne, R. P. 492
Shairp, John 131; 195
Shakespeare, William 287
Sheil, Denis 471
Short, Thomas 8; 39; 40; 51; 483
Simpson, Richard 312; 316
Sinkins, John 513
Sladen, Douglas 515
Smith 139
Sobotta, Johannes 289
Söhngen, Gottlieb 558
Sokrates 5

565

Sophokles 36; 41
St. Clement 61; 63; 68; 69; 148; 214
St. John, Ambrose 179; 212; 214; 221; 223; 229; 230; 234; 235; 236; 240; 245; 297; 303; 304; 305; 330; 335; 368; 406; 434; 454; 471; 476; 549
Stanton
  P. 305
  Richard 179; 214; 223; 234; 236; 307
Stern, John 115
Stokes, Scot Nasmyth 312; 313
Sullivan, William K. 300
Svaglic, Martin, J. 12; 357

—T—

Talbot, George 252; 253; 324; 365; 368; 369; 372; 429
Taylor, Fanny Marguerite 359; 481
Terentius 448
Tertullian 393
Thukydides 55
Traktarianer, s. Oxford Bewegung 111; 114; 130; 156; 159; 160; 168; 243; 424; 453; 551
Trinity College 35; 36; 37; 38; 40; 41; 45; 49; 50; 69; 293; 333; 455; 481; 485; 487; 512; 513; 517
Tulloch, Hugh 323

—U—

Ullathorne, Bernard 237; 239; 253; 291; 312; 314; 322; 324; 358; 364; 365; 368; 376; 378; 427; 436; 439; 470; 482; 494; 495; 496; 497; 500; 546
Ushaw College 221; 264; 314; 534

—V—

Vaughan, Herbert 358; 365; 429
Vere, Aubrey de 403; 407
Veyriras, P. 301
Via Media 14; 114; 117; 118; 120; 126; 130; 152; 157; 159; 160; 173; 180; 186; 197; 224; 477
Vicari, Hermann von 259
Victor Emanuel 442
Vigilius 434
Voltaire 29

—W—

Walsh, William J. 524
Ward
  Wilfrid 17; 534; 535; 536; 546
  William George 311; 358; 364; 429; 430; 500; 534; 536; 546
Wayte, Samuel Taylor 481
Weedall, Henry 324
Wesley, John 469
Whateley, Richard 49; 113; 124
Whately, Henry 46; 55; 56; 62; 342
Wilberforce
  Henry 97; 98; 123; 135; 138; 179; 213; 223; 224; 230; 239; 251; 409; 452; 500
  Robert Isaac 75; 80; 101
Williams, Isaac 78; 80; 111; 145; 336; 346; 385
Wiseman, Kardinal 97; 158; 160; 167; 220; 222; 228; 237; 245; 251; 258; 290; 303; 304; 308; 310; 312; 322; 334; 368; 376; 472; 490
Wittgenstein, Ludwig 425
Witty, Robert 438
Wood
  Samuel F. 145; 454
Woods, Henry George 485; 487
Woollcombe, Edward 484
Wootten, Frances 330

—X—

Ximenes (Cisneros) 161

—Y—

Young, Percy N. 29; 361

—Z—

Zigliara, T.M. 506

INTERNATIONALE CARDINAL-NEWMAN-STUDIEN

Herausgegeben von Günter Biemer und Heinrich Fries
Begründet von Heinrich Fries und Werner Becker

Band 1-15 sind im Verlag Regio / Glock & Lutz erschienen. Die Bücher sind von der Deutschen Newman-Gesellschaft zu beziehen.

Band 16 Günter Biemer / Lothar Kuld / Roman Siebenrock (Hrsg.): Sinnsuche und Lebenswenden. Gewissen als Praxis nach John Henry Newman. 1998.

Band 17 Günter Biemer: Die Wahrheit wird stärker sein. Das Leben Kardinal Newmans. 2000.